신은 성서를 쓰지 않았다

신은 성서를 쓰지 않았다

천 년에 걸친 인류사의 기록 다시 읽기

카럴 판스하이크 · 카이 미헬 지음
추선영 옮김

시공사

일러두기

지은이들이 인용한 성서는 《킹 제임스 성서King James Bible》, 옮긴이가 번역문에 인용한 성서는
《공동번역성서》이다. 성서 검색은 인터넷 사이트 홀리넷(www.holybible.or.kr)을 이용했다.

차례

서문

성서가 단 한 번도 제대로 대우받은 적이 없다고 하면 사람들은 대부분 터무니없는 말이라고 생각할 것이다. 어쨌든 이 책이 주제로 삼은 성서, 즉 유대교와 그리스도교의 성스러운 경전은 오랫동안 수백만에 이르는 사람들이 면밀히 검토해온 책이기 때문이다. 그럼에도 성서가 정당한 대접을 받지 못했다고 확신하는 것은 인류의 모든 것을 기록한 책이자 세상에서 가장 중요한 책이라는 관점에서 성서를 들여다본 사람이 없었기 때문이다. 성서만큼 인간을 여실히 드러내는 책은 없다. 즉 성서는 인간 본성의 기록이다.

이 명제의 신빙성은 수치를 통해 확인할 수 있다. 성서는 1,000년이 넘는 시간에 걸쳐 쓰였고, 거의 2,000여 년에 걸쳐 전 세계 사람 대부분의 운명을 좌우했다. 오늘날에도 20억 명이 넘는 이들이 성서를 성문서로 소중하게 생각하는데, 약 50억 권이 시중에 유통되고 있고 전 세계 모든 베스트셀러 목록에서 1등을 차지한 성서의 지위를 넘볼 만한 책은 앞으로도 없을 것이다.[1]

절대적 가치든 다른 종교의 경전과 비교한 상대적 가치든, 성서의 가치를 입증할 요량으로 이와 같은 수치를 제시한 것은 아니다. 그저 그토록 오랜 시간 동안 그토록 다양한 문화권의 많은 사람을 사로잡은 성서에는 인간 본성에 관한 근본적 정보가 상당수 포함되어 있다는 사실을 강조하고 싶었을 뿐이다. 성서는 종교적 기록이라는 가치를 뛰어넘는 가치를 지녔다. 즉 성서는 인류의 문화적 진화 과정을 담은 기록이다.

이러한 깨달음을 얻게 되자 성서가 다르게 보였다. 그래서 인지과학과 진화생물학 분야에서 새로 발견된 상당한 성과물을 마음에 새긴 상태에서 성서를 다시 읽으며 성서가 인간의 본성에 대해 무엇을 말하는지 살펴보았다. 에덴동산의 아담Adam과 이브Eve(성서에서는 하와Hawwāh─옮긴이주) 이야기로 시작한 여정은 이내 구약성서에 등장하는 광활한 사막에서 모세Moses와 그가 선택한 민족의 만남으로 이어지고, 여러 왕과 예언자를 거쳐 시편Psalms으로 흘러갔다. 이어 천국과 지옥을 오르락내리락하다 마침내 나자렛 예수Jesus of Nazareth가 십자가에 못 박힌 로마제국 시대의 예루살렘에 이르렀다. 물론 세계의 종말에 악한 세력과 싸울 최후의 전쟁터인 아마겟돈(성서에서는 하르마게돈─옮긴이주)도 빠짐없이 확인했다.

생물인류학이라는 관점에서 보니 성서 속 수많은 이야기가 새로운 모습으로 다가왔다. 한때 궁금하게 여긴 수수께끼가 풀리면서 하느님의 다소 독특한 성격도 이해되기 시작했다. 게다가 성서인류학에서도 문화적 진화 과정에 대해 새롭게 이해하는 통찰력을 얻을 수 있었다. 성서인류학 덕분에 초자연적 존재에 대한 믿음이 인류가 엄청난 시험을 이겨내는 데 영향을 미친 방식을, 인간의 본성이 문화의 변화에 영향을 미쳐 그 궤적이 오늘날 인류가 인식하는 방향으로 흘러가게 된 과정을, 그리고 (마지막이지만 중요한) 성서가 오늘날을 살아가는 우리에게 스스로를 제대로 파악하는 데 도움이 되는 열쇠를 제공하는 방식을 이해할 수 있게 되었다. 성서에는 인류가 안고 있는 가장 큰 질문에 대한 답이 숨어 있다. 성서는 비단 종교적 차원의 답뿐 아니라 인간이 죽음을 두려워하는 이유, 인간이 큰 불행에 대처하는 방식, 정의를 향한 인간의 뿌리 깊은 열망의 기원에 대해 알려주고 거대한 익명의 사회에서 인류가 살아남은 방식, 현대인의 삶이 때로 무의미해 보이는 이유, 인류가 낙원에 대한 갈망이라고 표현할 수 있는 욕구에 시달리는 이유를 드러낸다. 성서에 드리운 후광을 걷어내면 인류의 모든 것에 관한 중요한 이야기를 들을 수 있다.

아무도 이런 관점으로 성서를 읽지 않은 까닭

지금까지 이런 방식으로 성서에 접근한 사람은 아무도 없다. 덕분에 이 책이 지금까지 알려지지 않은 성서의 한 측면, 즉 성서가 인류의 진화에 관해 많은 것을 이야기한다는 사실을 밝혀낸 최초의 책이 된 사정에 대해 생각해봐야 했다.

그동안 성서는 주로 하느님의 말씀을 기록한 성문서로 인식되어왔다. 그러나 지난 수십 년간 성서의 다른 측면을 밝히려는 흥미로운 시도가 끊임없이 있었고, 이는 유일신교의 탄생 과정을 재구성하는 사료로 활용되었다. 예를 들어 베르너 켈러Werner Keller가 쓴 《역사로 읽는 성서The Bible as History》와 이스라엘 핑컬스타인Israel Finkelstein과 닐 실버먼Neil Silberman이 쓴 《성경: 고고학인가 전설인가The Bible Unearthed》 같은 책은 고고학을 기반으로 이스라엘 민족이 이집트에서 탈출한 이야기나 다윗David과 솔로몬Solomon 왕 이야기를 설명해 수백만 독자를 끌어모았다. 심지어 성서는 상담실 소파에서 상담을 받기도 했다. 서른네 명의 심리학자가 프로이트Freud나 융Jung의 심리학을 바탕으로 저마다 다른 성서 해석을 제시하거나 외상후스트레스장애의 흔적을 추적했다. 그러나 성서에 숨어 있는 인류학적 보물과 통찰력을 찾아내 인간의 본성과 문화적 진화를 설명하려고 나선 용감한 사람은 아직 없다. 왜일까?[2]

사실 진정한 의미의 성서 전문가인 신학자들도 이따금 성서인류학에 간여했지만, 인류에 대한 성서의 관점을 재구성하려는 신학자들의 노력은 진화의 시각이 아닌 철학이나 역사학의 시각[3]에서 성서를 보는 데 그치고 말았다. 신학자들은 여전히 주석학에 매달리고 있다. 탐정에게나 기대할 법한 재능을 발휘해 성서의 복잡한 기원을 밝히고, 가능한 모든 방법을 동원해 성서를 해석하려 애쓰는 대부분의 신학자는 아직도 고대 이야기에서 신성한 영혼을 추출해내기 위해 전력을 다한다. 쉬운 작업일 리 없다. 전능全能한 존재의 의지는 명백하게 표현할 수 있는 성질의 것이 아니기 때문이다. 그리스도교 신자는 대부분 인식하지 못하지만 사실 성서 속 이야기와 관련해 일반적으로 받아들여지는 신학적 해석이란 거의 존재하지 않는다. 성서가 수천 년 전 고대 근동에서 쓰인 이후 여러 차례 다시 쓰인 텍스트임을 고려하면 오늘날 독자들이 명확하게 이해할 수 없는 것은 지극히 당연하다. 따라서 성서에 대한 평범한 그리스도교 신자들의 지식과 신학자들이 수년에 걸친 연구를 통해 밝혀낸 지식 사이에는 커다란 간극이 존재한다.

일반인은 성서 연구에서 두 번째로 주요한 역할을 수행하는 종교학자들의 연구에 대해서도 거의 모르는 경향이 있는데, 종교학자들은 비교 문화 연구를 통해 성서 고유의 것이라고 생각해온 이야기가 실은 고대 근동의 문화에 깊이 뿌리내린 이야기라는 사실을 밝혀냈다. 한편 고고학자들은 고대 이스라엘의 모습이 성서에 나타난 이스라엘과는 사뭇 다르다는 사실을 밝혀냈는데, 심지어 구약성서를 보면 언제나 홀로 외로이 존재할 것 같은 야훼Yahweh에게도 한때는 "아내"가 있었을 가능성이 높다.[4] 그러나 이런 작업의 목적은 성서와 성서를 경전으로 삼은 종교가 등장한 역사적 환경을 재구성하는 것이기에 종교학자나 고고학자도 성서를 인간 본성의 기록으로 여기지는 않는다. 다만 성서를 인간 본성의 기록으로 여긴다면 성서를 보는 관점을 확장할 수 있을 뿐 아니라, 선사시대의 가장 깊은 곳에서 흘러나와 오늘날에도 유유히 흐르는 강의 어느 지점에 성서가 위치해 있는지 정확히 파악할 수 있을 것이다.

생물학자들은 제법 오래전부터 인간 본성의 연구에 관심을 보였지만, 종교의 본질과 기능에 대해 검토하기 시작한 것은 불과 얼마 전의 일이다. 이를 통해 학제 간 접근이 가능해진 덕분에 시대를 막론하고 역사상 인간의 문화를 유지하기 위해서는 특정 유형의 신념 체계가 필요하다는 사실에 착안할 수 있게 되었다. 이와 같은 연구의 핵심 논점은 바로 종교성이란 모든 사건의 이면에는 반드시 사건을 일으키는 행위자가 있다고 생각하는 인간의 성향에서 비롯했을 가능성이 높은 특성으로, 인간의 심리 근간에 자리 잡은 보편적 특성이라는 것이다. 인간이 타고난 경향, 즉 초자연적 힘을 거의 모든 일을 일으키는 원인으로 지목하는 경향은 적응을 통해 탄생한 것이든 아니든 인간의 기본 조건이다.

한편 신경생리학자들은 그리스도교의 수녀와 불교의 승려를 대상으로 자기공명영상MRI을 촬영해 이들이 영적 체험을 하는 동안 뇌의 어느 부위가 활성화하는지 관찰하기 시작했다. 유전학자들은 무엇을 믿는 성향이 인간의 유전자에 새겨져 있는지 탐구하기 시작했고, 심리학자들은 의학적 관점에서 본 기도의 힘에 대해 연구하기 시작했다.[5] 그러나 이와 같은 연구는 아직 획기적 성과를 내지 못하고 있는 형편이다. 그보다 전도유망한 것은 진화생물학적 접근법인데, 진화심리학자들은 대부분 하느님에 대한 믿음이 협동을 촉진하고 종교 의례가 공동체 의식을 증진한다고 생각한다. 이 이론에 따르면 종교는 "사회의 결속을 다지는 접착제"로 기능해 도덕성을 공고히 하는 데 기여한다.[6]

마지막으로 진화의 관점에서 이루어지는 종교사 연구[7]를 생각해볼 수 있는데, 성서를 통해 자신이 세운 가설을 입증할 수 있는지 확인할 요량으로 성서에 대한 포괄적 분석을 수행한 종교사가는 지금까지 없었다. 기껏해야 인류학적 관점에서 성서의 개별 구절을 검토한 것이 전부인데, 진화심리학자 스티븐 핑커Steven Pinker는 "충격을 안겨주는" 구약성서의 "야만성"을 지적하며 폭력을 금기시하는 오늘날 사회에서 아직도 폭력이 사라지지 않는 이유를 설명했고, 인류학자 메리 더글러스Mary Douglas와 마빈 해리스Marvin Harris는 성서에 나타난 음식 관련 금기에 대해 언급했다. 로버트 라이트 Robert Wright와 존 티한John Teehan은 종교의 진화에 관한 저술에서 성서를 다루었지만 단 하나의 이야기만 검토하는 데 그쳤다.[8] 성서를 체계적으로 읽고 성서가 인류의 문화적 진화에 대해 무엇을 말해줄 수 있는지 파악하려고 시도한 사람은 아직 없는 것이다.

이런 결과는 어쩌면 과학자가 문헌을 다루는 작업에 익숙하지 않다는 사실과 관련이 있을지도 모른다. 게다가 신학자들이 문헌을 보호한다며 그 주위에 높은 산맥 같은 거대한 장벽을 두른 덕분에 문헌 연구에 관심을 보이는 과학자들의 접근이 차단되는 결과를 낳았다. 결국 성서의 모든 구절이 이미 면밀한 연구를 거쳤다는 건 사실이 아닐 수 있다는 말이다. 신학이라는 학문의 최고봉을 더 높이려고 시도하는 사람이라면 누구든 그 봉우리가 이미 아찔할 정도로 높다는 사실을 인정하지 않을 수 없을 것이다. 왜냐하면 성서가 지금의 모습을 갖추기까지 사연이 지극히 복잡할뿐더러 그 해석 역시 믿을 수 없을 만큼 다양하기 때문이다. 게다가 성서의 저술 시기와 번역을 둘러싼 문제에 대해서는 아직 운조차 떼지 못한 상태라는 사실도 잊어서는 안 된다.

성서에 대한 학문적 연구를 방해하는 또 하나의 장애물은 종교와 과학 사이에 우뚝 솟은 단단한 벽이다. 이러한 경향은 특히 미국에서 두드러지는데, 아마 미국에서는 "하느님의 말씀"을 과학적 탐구의 주제로 삼게 되는 날이 온다 해도 그날을 세상에서 가장 좋은 길일로 여기지는 않을 것이다. 오늘날 가장 유명한 종교 비평가 리처드 도킨스Richard Dawkins는 그에 대해 이렇게 언급했다. "공정하게 말하면 성서의 대부분은 멀쩡한 악마라고 할 수조차 없다. 성서는 기괴한 모습을 한 일개 괴물에 불과하다. 성서는 오늘날 인류가 알지 못할뿐더러 서로 누구인지 몰랐던 수백 명의 무명작가, 무명 편집자, 무명 필사자의 손에서 9세기에 걸쳐 구성, 수정, 번역, 왜곡, '개선'된 이치에 맞지 않는 문서를 두서없이 이리저리 대충 꿰맞춘 문집에 불과하다."[9] 도킨스의 이런 주장에 동의하는 연구자가 많을 것이라 생각한다. 그러나 종교의 초기 역사에 대한 자료가 지극히 적다는 이유만으로 성서를 간단하게 무시해버려서는 안 된다. 종교의 진화, 그리고 문화의 진화에 대한 통찰력을 성서만큼 제대로 제공하는 문헌은 없기 때문이다. 그리고 한 구절, 한 구절 성서를 깊이 파헤치기 위해 공을 들이는 사람이라면 누구나 성서가 "두서없이 이리저리 대충 꿰맞춘 문집에 불과"한 것은 아니라는 사실을 이내 깨닫게 될 것이다.

"인류 역사상 최악의 실수"

그렇다면 성서가 독실한 그리스도교 신자나 관심을 보일 만한 것 이상의 통찰력을 제공할 수 있다고 믿도록 우리 두 사람을 이끈 것은 무엇일까? 운이 좋게도 진화생물학자와 역사학자인 우리는 우연한 기회에 성서가 우리에게 말해주어야 하는 것에 대한 호기심을 공유하고 있다는 사실을 알게 되었다. 두 사람 모두 불가지론자이면서도 구약성서와 신약성서에 등장하는 환상적인 이야기와 그 수수께끼에 매료되어 있었던 것이다. 우리 손에는 웅장하고 화려한 이야기를 통해 인간의 존재를 드러내는 다채로운 만화경이 들려 있었다. 사랑, 죽음, 악마, 재물, 폭력, 학살을 이야기하는 성서는 지상과 천상의 도덕과 천사의 본성 같은 문제를 제기할 뿐 아니라 근친상간과 동성애, 인간 제물, 기껏해야 난혼 통제 조치라고 묘사할 수밖에 없을 법한 규범같이 눈길을 잡아끄는 이야기로 가득하다. 감수성이 예민하지 않은 사람이라도 충분히 이 성스러운 경전을 읽을 수 있을 것 같았다. 그래서 우리는 성서를 읽기 시작했다.

이 책을 쓰면서 진화생물학과 문화과학의 도움을 많이 받았다. 즉 우리는 성서를 쓰기 **전**과 쓴 **후** 세상에 무슨 일이 일어났는지 알고 있고, 그 덕분에 성서의 진짜 정체에 대해 조금은 더 수월하게 이해할 수 있었다. 단도직입적으로 말하면 우리는 호모사피엔스가 어떻게 오늘날 인간의 모습을 갖추게 됐는지 그 과정에 대해 대략적으로나마 알고 있고, 지난 200만 년 동안 인간이 진화한 과정에 대해 알고 있으며, 선사시대의 환경이 인간의 심리를 형성한 방법과 그 정도에 대해 알고 있다. 다시 말해 인간의 정서와 행동 양식은 이미 오래전에 사라진 세계에 적응하는 과정에서 형성되었는데, 이 점에 착안하면 오늘날을 살아가는 사람들의 삶이 그리 녹록지 않은 이유를 찾을 수 있을 뿐 아니라 성서가 해결하려 애쓴 문제를 재구성할 수 있다. 이와 같은 지식을 바탕으로 하니 성서에서 놀라운 통찰력을 찾아낼 수 있었고, 그 과정에서 성서가 야기한 문제도 규명할 수 있었다.

성서를 체계적으로 읽으면 적어도 세계의 어느 한 지역에 등장한 종교 및 문화의 발전 과정과 그 이면에 자리 잡은 원동력과 법칙을 재구성하는 데 도움이 된다는 사실을 이내 깨닫게 되었다. 이를 이해하는 열쇠는 토라Torah, 즉 모세오경Pentateuch에 있었다. 놀랍게도 성서를 읽기 시작한 이들을 처음 맞이하는 것은 셀 수 없이 다양한 재앙이었다. 하느님은 자신의 피조물인 인간을 위해 낙원을 만들었지만 결국 인간은 에덴동산의 동쪽에 자신의 길을 내야 했다. 에덴동산의 동쪽에 자리 잡은 인간은 출산의 고통을 느껴야 했고 가부장제 아래 생활해야 했으며, 이마에 땀을 흘리는 수고를 해야 생활을 유지할 수 있을 뿐 아니라 가정불화, 살인, 재앙도 겪어야 했다. 이 모든 문제가 창세기Genesis라는 짧은 책을 빼곡히 채우고 있다.

뒤이어 등장하는 기념비적 서사시, 즉 모세와 이스라엘 민족의 이집트 탈출 이야기에서는 인간의 행동을 제어할 목적으로 탄생한 규범의 집합을 마주하게 되었다(십계명Ten Commandments은 빙산의 일각에 불과하다). 하느님의 노여움을 진정시켜 모든 재앙을 멈추는 것이 주요 목적 중 하나인 이 규범의 집합은 토라에 수록된 613개의 율법에 응축되어 있고, 세련된 원형과학이라는 점에서 깊은 인상을 남긴다. 토라를 꼼꼼히 읽어본 사람이라면 종교를 비합리적인 것으로 치부하지 못할 것이다.

인류의 생활환경이 애초부터 줄곧 카인Cain과 아벨Abel 이야기처럼 형제가 서로 으르렁거리는, 재앙으로 가득한 환경은 아니었다는 점을 이해하는 것이 중요하다. 이 단순한 사실을 이해하기 위해서는 먼저 지구상에서 살아가는 어느 생물 종의 행동 양식에 나타난 하나의 거대한 변화를 면밀히 검토해야 한다. 인류의 정착 생활이 그것이다. 인류가 정착 생활을 시작하면서 여러 변화가 잇따라 일어났다. 수십만 년 동안 황야를 떠돌며 수렵·채집 생활을 해온 인류의 조상은 어느 순간 떠돌이 생활을 멈추고 정착하기 시작했다. 모든 구성원이 서로 알고 지내는 소규모 집단에서 생활하는 대신 거대한 익명의 사회에서 생활하게 된 인류는 더 심한 스트레스에 시달렸고, 사회적 불평등 역시 부풀어 오르기 시작했다.

사람들이 대부분 '신석기 혁명Neolithic Revolution'이라 부르며 감탄하는 이 사건을 재레드 다이아몬드Jared Diamond는 "인류 역사상 최악의 실수"라는 도발적인 문구로 표현했다. 다이아몬드는 고전의 반열에 오른 《총, 균, 쇠Guns, Germs, and Steel》의 대부분을 1만 년에서 1만2,000년 전에 일어난 정착 생활로의 전환을 다루는 데 할애했는데,[10] 아쉽게도 이후로는 홀로세Holocene世로 접어들 무렵 시작된 이 중대한 변화의 결과를 조명한 책을 거의 찾아볼 수 없다. 문화적 진화의 원리를 추적하는 진화생물학자들만이 선사시대와 인류의 초기 역사에 조금씩 관심을 보이는 형편이다. 사정이 이러한데도 역사학자들은 자신의 연구 영역을 침범하는 행위를 달가워하지 않는 부류이므로, "인류 역사상 최악의 실수"가 인류의 진화에서 결정적 전환점을 의미한다는 사실을 이해하게 되기까지 앞으로도 많은 시간이 필요할 것으로 보인다.

보통 사람들은 신석기 혁명 단계에 나타난 진보에 초점을 맞춘다. 물론 신석기 혁명이 유례를 찾을 수 없을 만큼 인류에게 번영을 위한 무대를 마련해주었다는 점에는 의심의 여지가 없다. 400만 명에 불과하던 호모사피엔스는 1만여 년을 거치며 폭발적으로 증가해 80억 명에 달했고, 기술도 혁명적으로 발전했다. 그러나 이와 같은 인구 증가와 경제적 성공 신화에 따른 부수적 피해는 거의 다루어지지 않았다. 고고학이 발굴을 통해 밝혀낸 바에 따르면 그 시대에는 폭력이 일상의 일부로 자리 잡았다. 한편 정착 생활에 나선 사람들은 수렵·채집 생활을 하던 조상에 비해 체구가 작아졌고, 더 자주 굶주림에 시달렸으며, 더 어린 나이에 사망했다. 동물을 길들이면서 가축이 앓던 여러 질병이 인간에게 넘어왔고 페스트, 천연두, 홍역, 인플루엔자, 콜레라 같은 질병이 등장해 빠르게 확산되었으며 충치를 앓는 사람도 많아졌다. 그와 동시에 새로운 사회에는 불평등과 억압이 자리 잡았는데, 그 과정에서 가장 큰 타격을 입은 존재는 여성이다. 이와 같이 다양한 골칫거리는 요한의 묵시록 Revelation에 기록된 네 명의 기사騎士처럼 이후 수천 년에 걸쳐 인류를 꾸준히 괴롭혔다. 그러나 이미 돌이킬 수 없을 만큼 멀리 떠나온 탓에 과거의 생활 방식으로 돌아갈 수는 없었다.

그럴수록 사람들에게는 전염병과 그 밖의 재난에 대처할 수 있는 수단이 필요했다. 이런 문제는 목숨을 위협하는 너무나 시급한 사안이기에 그냥 무시하고 지나갈 수는 없었다. 생물학적 진화를 통해 이런 위협에 적응하기만을 하염없이 기다렸다면 인류는 아마 살아남지 못했을 것이다. 결국 인류의 가장 위대한 재능인 문화가 주도권을 쥐게 되었다. 사람들은 불행을 제어하기 위해 이 모든 재앙, 폭력, 전염병의 원인을 찾아 나섰고 이를 바탕으로 장차 일어날 위험으로부터 스스로를 보호할 수 있는 방법을 개발했다. 이처럼 문화에서 해결책을 찾으려는 노력은 문화적 "빅뱅"으로 이어졌다.

당시에는 과학, 의학, 법학, 종교 등의 영역이 독립되지 않은 상태, 즉 일종의 원시적 문화 수프의 형태로 존재했다는 점을 기억해야 한다(여기서 "당시"란 최초의 족장사회와 도시국가를 거쳐 메소포타미아 문명과 이집트 문명 같은 선진 문명의 등장으로 이어지는 수천 년에 걸친 기간을 의미한다). 개별 지식의 영역은 아주 서서히 분화되어 결국 저마다 전문성, 방법론, 제도를 발전시키며 독자적 영역을 구축하지만, 그럼에도 이들에게 미친 종교의 영향력은 제법 커서 초자연적 힘이 지배한다는 믿음이 생활의 모든 측면에 서려 있었다. 어떤 종류의 불행이든 그 원인은 영혼과 신의 노여움에 있었다.

역경을 딛고 일어서기 위해 다양한 전략을 펴는 과정에서 사람들은 두 가지 과제에 직면하게 되었다. 한편에는 완전히 상이한 생활 방식에서 유래한 완전히 상이한 문제를 해결하며 진화해온 인간의 기본적 심리 구조는 정착 생활을 하는 사람들이 직면한 새로운 장애물을 해결하는 데 적합하지 않다는 과제가, 다른 한편에는 정착 생활에서 유래한 불행의 근원에 대해 전혀 알지 못한다는 과제가 자리 잡고 있었다. 예를 들어 정착 생활을 시작한 사람들에게는 병원균이나 그 감염 경로에 대한 지식이 전혀 없었다. 따라서 사람들은 당시 상황에서 할 수 있는 최선을 다해 문제를 해결하려 했다.

결국 사람들은 규범을 만들고 그 밖의 조치를 취하기 시작했다. 그리고 그것은 신의 노여움을 진정시켜 질병과 재난으로부터 사람들을 보호하고, 횡행하는 폭력을 저지하고, 협동을 증진하는 것이 목적인 총체적 위기관리 시스템으로 발전해나갔다. 오늘날 "종교"에서 기인한 것으로 여기는 많은 것이 이와 같은 "문화적 보호 시스템"의 일환으로 시작된 것이다. 앞으로 이 주제를 깊이 있게 다룰 예정인데, 그와 더불어 종교가 여기서 그치지 않은 이유, 즉 종교가 위기에 대응하는 수단 이상의 것을 제공하게 되는 이유에 대해서도 상세히 짚어볼 것이다.

다만 그에 앞서 혹시 있을지 모를 오해에 대비해 몇 마디 하면, 우선 이 책은 성서가 인류의 정착 생활을 직접 반영했다고 주장하지 않는다. 실제 사건이 일어난 시점과 이를 기록한 문서가 등장한 시점 사이에 수천 년의 시간이 자리해 성서는 인류의 정착 생활을 직접 반영할 수 없었기 때문이다. 더 중요한 점은 정착 생활이 가져온 여러 문제가 꽤 오랜 기간 위협 요소로 작용했다는 것인데, 그중 일부는 사실상 오늘날에도 사람들을 위험에 빠뜨리고 있을 정도다. 질병이 좋은 예다. 시간이 지날수록 질병의 독성이 누그러지고 질병에 맞서 싸울 치료제도 개발했지만, 그럼에도 인류는 여전히 감기에 걸릴 가능성을 안고 살아간다. 사실 수렵·채집 시대에는 이런 불행을 거의 겪지 않았다.

성서는 단순히 역사적 환경을 반영하는 데 그치지 않고 "인류 역사상 최악의 실수"와 그로 인해 발생한 모든 재앙에 대처할 수 있는 전략 가운데 가장 야심 찬 전략을 제시한다. 성서는 역사상 가장 결정적인 전환점을 맞이한 시기에 인류가 경험한 것을 응축해 기록하는 한편, 미래 세대의 운명을 결정지을 수 있는 경로를 제시한다. 요컨대 성서는 인류가 기록한 일기장이다. 그리고 거기에는 인류의 조상이 직면한 문제뿐 아니라 그들이 발견한 해결책도 함께 기록되어 있다.

성서의 중심 주제에 초점을 맞추면 수천 년에 걸쳐 사람들이 싸워온 문제를 역추적해 재설계할 수 있다. 이런 접근법을 활용하면 새로운 사회환경, 생태환경과 인간의 타고난 직관 사이에 난 틈이 어디에 자리 잡았는지 파악할 수 있다. 무엇보다 이 책은 사람들이 사유재산, 가부장제, 일부일처제, 유일신교같이 새롭게 등장한 수많은 문화적 개념을 다룬 방식에 대해 탐구함으로써 단순한 회상에 그치지 않을 수 있었다. 진화의 관점으로 성서를 읽으면 인류를 이해하는 열쇠를 손에 넣을 수 있을 뿐 아니라 오늘날 우리가 매일 직면하는 다양한 문제까지도 설명할 수 있다.

우리의 접근 방식

이 책은 성서의 연대를 그대로 따라가며 가장 흥미로운 사실을 드러내는 이야기에 집중한다. 의외로 성서에는 흥미로운 이야기가 넘쳐나기에 핵심을 이루는 이야기를 중심으로 개관하는 것만으로도 모자람이 없을 정도다. 성서를 한 장 한 장 넘기는 여정은 나선형 계단을 오르는 것과 같아서 같은 주제를 다른 차원에서 반복적으로 만나는 일도 종종 있다. 이런 현상은 과거의 인류를 지속적으로 괴롭힌 문제, 즉 새로운 해결책을 끊임없이 찾아 나설 수밖에 없는 문제가 존재했음을 의미한다. 한편 성서와 함께하는 여정은 일종의 학습 과정과도 같은데, 종교라고 불리는 매력적인 연구 대상을 이해하는 것에 관한 한 특히 그러하다. 사실 애초부터 종교라는 용어는 정의와는 인연이 없었다.

이 책은 성서 중에서도 특히 구약성서에 주목하는데, 인류의 역사에 영향을 미친 전무후무한 사건들에 대한 가장 직접적인 반응을 기록한 것이 구약성서기 때문이다. 한편 이 책은 신약성서를 이해할 수 있는 토대도 마련하는데, 신약성서에는 오늘날을 살아가는 사람들의 마음까지 사로잡는 카리스마 넘치는 인물, 바로 나자렛 예수가 등장한다.

구약성서의 경우 종교나 교파에 따라 판본이 달라지는데, 이 책에서는 히브리 성서의 순서에 따라 구약성서를 검토한다. 히브리 성서 《타나크Tanakh》는 토라, 느비임Nevi'im, 케투빔Ketuvim으로 구성되어 있다. 이 책은 1부와 2부에서 "율법"을 의미하는 토라에 대해 논의하는데, 1부는 창세기로 시작한다. 성서에서 가장 유명한 몇몇 이야기가 등장하는 창세기에는 여러 문제가 나타나 있어 그토록 독창적인 종교가 형성되는 과정을 묘사하는 출발점으로 삼기에 손색이 없다. 2부에서는 모세오경 중 나머지 네 권에 초점을 맞추는데, 여기서 이집트를 탈출한 이스라엘 민족을 만날 수 있다. 또한

모세율법Mosaic Law으로 알려진 문화적 걸작을 발견할 수 있을 뿐
아니라 평범한 전쟁과 날씨의 신이던 존재가 성취한 성공담도 들을
수 있다. 세상에 하나뿐인 유일한 하느님에 대한 믿음이 일정 수준
의 종교적 고통을 유발하는 방식에 대한 인식도 키울 수 있다.

3부에서는 "예언서"를 의미하는 느비임에 주목한다. 느비임에
는 여호수아Joshua, 판관기Judges, 사무엘Samuel상하, 열왕기Kings상하
와 예언자의 이름을 붙인 예언서가 포함된다. 여기서는 신의 정의
와 도덕의 문제뿐 아니라 천상의 폭력이라는 민감한 주제도 다루는
데, 이기적인 폭군이 결국 사회적 자본을 파괴하고 마는, 누구나 충
분히 예상할 수 있는 상황에 대해서도 이해할 수 있다.

4부에서는 "성문서"를 의미하는 케투빔을 다루는데, 케투빔에
는 시편과 욥기Job 같은 텍스트가 포함된다. 여기서는 오늘날 신자
들에게 익숙한 새로운 유형의 종교를 만날 수 있는데, 바로 신자
개개인과 개별적으로 관계를 맺는 하느님이 등장한다. 또한 케투빔
은 실존적 문제, 즉 "고통의 근원"과 "죽음을 두려워할 수밖에 없는
이유" 같은 문제도 다룬다. 이 책은 유일신교의 하느님이 이런 불
확실성의 등장에 한몫했으리라 생각한다. 즉 오늘날까지도 사람들
이 해결하기 위해 고군분투하는 몇몇 문제는 유일한 하느님이 스스
로 자아낸 것이다.

마지막으로 5부에서는 신약성서를 들여다본다. 신약성서의 특
별한 성격을 명확하게 이해하려면 히브리 성서라는 배경을 항상 염
두에 두어야 한다. 문화적 진화는 인류의 욕구를 완벽하게 충족하
는 믿을 수 없을 만큼 경이로운 업적을 남겼는데, 그 과정에서 하
느님이 나자렛 예수라는 인간의 모습으로 세상에 왔다는 사실이 근

본적 역할을 수행했다. 그러나 신약성서에는 마리아Maria에서 악마, 부활에서 종말에 이르는 다채로운 이야기도 담겨 있다. 따라서 인간 본성이 느끼는 목마름은 성서에 마지막으로 추가된 신약성서를 통해 완벽하게 해소된다.

성서 저자들의 사고방식을 따라가는 것은 성서를 탐구하는 여정에서 가장 놀라운 측면 가운데 하나였는데, 성서의 내용 변화에는 문제와 과제가 차고 넘치는 세계에 대응하는 과정에서 인류가 수세기에 걸쳐 겪은 고투가 반영되어 있기 때문이다. 성서의 각 권을 저술한 사람들은 신성한 힘이 현실에 더 잘 부응하는 세계를 만들어가는 방식을 저마다 모델로 삼아 이를 차근차근 기록해나갔다. 1,000년이 넘는 시간 동안 성서는 하나의 고정된 문서가 아니라 자기 운명을 통제하려는 인류의 시급하고도 지속적인 임무로서 존재해온 것이다.

진화의 맥락에서 성서를 고찰하는 것이 이 책의 기본 취지임에도, 역사적 방식이나 신학적 방식으로 논의를 진행해야 하는 경우도 제법 있었다. 성서가 매우 특별한 서식지에서 성장해왔기에 다른 방식으로 접근하는 것은 불가능해 보였다. 만일 이런 기본적 사실을 무시했다면 이 책의 모든 논의는 터무니없는 것이 되고 말았을 것이다. 한편 원문에서 벗어나지 않고 근거 없는 은유나 성서 해석으로 후퇴하는 것을 피하려고 끊임없이 노력했는데, 그 과정이 어렵지 않았기에 우리가 올바른 방향으로 가고 있다는 사실을 다시 한번 확인할 수 있었다. 진화의 관점에서 성서를 고찰함으로써 검토하는 모든 이야기에 대해 역사적 현실에 부합하면서도 통찰력 넘치는 포괄적 해석을 제시할 수 있었으며, 이는 기존의 성서 해석에서는 거의 찾아볼 수 없는 소중한 결과물이라 할 수 있다.

성서의 구절을 인용할 판본으로는 그리스도교 성서 중 가장 유명한 《킹 제임스 성서King James Bible》를 선택했다. 물론 더 정확한 번역본이 있을 수 있다. 하지만 어차피 히브리어, 아람어, 그리스어로 쓰인 원문을 읽을 수 없기는 마찬가지라는 점에서 어떤 판본의 성서를 선택하든 결과가 크게 다르지는 않았을 것이라고 생각한다. 다행인 것은, 이 책은 성서의 개별 구절이 아니라 큰 그림에 주목하므로 성서를 현미경으로 들여다보듯 세세하게 살필 필요가 없었다는 점이다.

성서의 구절을 직접 인용할 때는 가독성을 고려해 구체적인 장과 절을 되도록 밝히지 않았는데, 논의 중인 책을 주로 참고했기에 해당 구절을 어렵지 않게 찾을 수 있으리라 생각한다. 다만 출처가 명확하지 않아 찾기 어려울 것으로 보이는 경우에는 구체적인 장과 절을 밝혀두었다.

그렇다면 순서는 히브리 성서 《타나크》를 따르되, 《킹 제임스 성서》를 인용한다는 말인가? 그렇다. 이 책의 접근법은 다소 절충적이다. 그러나 성서는 유대교의 성문서인 동시에 그리스도교의 성문서고, 이 책은 두 종교를 차별화하는 요소보다는 두 종교가 공유하는 요소에 주목한다. 결국 문화적 진화는 누적적 과정이다. 이런 이유로 이 책에서는 "히브리 성서"와 "구약성서"라는 용어를 자유롭게 바꿔 쓴다. 오히려 중요한 점은 유대교와 그리스도교의 관계를 바라보는 관점, 즉 유대교를 어머니로, 그리스도교를 딸로 보는 시각에서 벗어나는 것이다. 현재의 랍비 유대교는 그리스도교와 같은 시대, 같은 환경에서 태어났다. 모두 제2성전 시대(기원전 515

년~기원후 70년)에 나타난 초기 유대교를 바탕으로 발전한 종교인데, 초기 유대교는 종교라고 명확하게 규정하기 어려운 존재였다(영어권에서는 "유대교"를 유대인이 초기에 발전시킨 다양한 종교 체계를 포괄적으로 일컫는 말로 사용한다).[11] 따라서 랍비 유대교와 그리스도교는 서로 밀접하게 연관돼 발전해온 종교다. 이런 이유로 두 종교를 "동기간同氣間"이라 해도 무방하다고 생각하는데, 이는 하버드 대학교 종교학자 케빈 매디건Kevin Madigan과 존 레벤슨Jon Levenson의 견해와도 일치한다.[12]

그리고 그것이 바로 이 책이 안고 있는 흠의 원천이다. 성서 연구의 범위를 그리스도교의 신약성서로 한정함으로써 그리스도교가 유대교보다 발전한 종교라는 인상을 남길 수 있는 가능성을 떠안은 것이다. 물론 그것은 이 책이 의도한 바가 아니다. 기원후 70년 로마인이 예루살렘 성전을 파괴한 이후 유대교와 그리스도교는 각자의 방식으로 발전해왔다. 그러므로 랍비 유대교의 핵심 경전인 《미슈나Mishnah》와 《탈무드Talmud》까지 이 책의 연구 대상에 포함하는 것이 마땅하지만 구약성서와 신약성서를 모두 다루기로 결정한 것만으로도 이미 지나친 만용을 부린 것이라고 생각하므로, 독자들의 너그러운 이해를 바란다.

이 책에 사용한 용어에 대해서도 미리 밝혀두면, 구약성서 시대, 주로 왕국 시대와 바빌로니아(성서에서는 바빌론―옮긴이주) 포로 시대(기원전 900~500년경)를 다룰 때는 일반적으로 고대 이스라엘과 이스라엘 민족이라는 표현을 사용했다. 기억해두어야 할 점은 고대 이스라엘이 원래 두 왕국, 즉 북왕국과 남왕국(유다왕국)으로 이루어져 있었다는 것이다. 이 책에서 이스라엘왕국이라고 칭하는 왕국은 기원전 722년 아시리아에 의해 무너진 북왕국을 말한다.

마지막으로 명확히 짚고 넘어가야 할 것이 하나 더 있다. 이 책을 쓴 목적은 신학적 또는 학문적 연구를 통해 성서에 대한 종교적 해석을 제시하는 것이 아니라는 점이다. 물론 신학자, 종교학자, 고고학자가 연구를 통해 밝혀낸 사실에서 많은 도움을 받긴 했지만 성서에서 찾을 수 있는 그 밖의 모든 것을 보여주는 것이 이 책을 쓴 목적이다. 성서에는 아직 밝혀지지 않은 부분이 분명 남아 있다. 따라서 그런 부분을 조명함으로써 구약성서에 나타난 하느님의 노여움이나 하느님을 믿지 않는 사람까지 예수라는 인물에게 매력을 느끼는 놀라운 현상 같은 불가사의한 문제의 해답을 찾는 데 기여할 수 있을 것이다.

한편 진화의 관점에서 성서를 연구하는 작업은 신자들에게 일종의 단서를 제공해 그들이 수백 년 동안 이어 내려온 전통이나 교리의 산물인 믿음과 자신의 진짜 욕구를 구별하도록 도울 수도 있다. 다만 이 책이 진정으로 의도하는 바는 단순하다. 바로 성서가 얼마나 흥미로운 책인지 독자들에게 알리는 것이다. 성서에는 아직 발견하지 못한 보물이 차고 넘친다. 사람들이 미처 그 보물을 모두 찾아내지 못했기 때문이다. 그런 의미에서 성서를 종교라는 테두리 안에 가둔다면 매우 부끄러운 일일 것이다.

아담과 이브 이야기를 본격적으로 파헤치기에 앞서, 독자들에게 현대의 성서 연구에 대해 간략히 소개하고 문화적 진화와 인간 본성을 통해 이 책이 말하고자 하는 바를 설명하려 한다. 이 책이 인류에 대한 결정론적 관점을 고수한 나머지 다른 문화의 가치를 저평가하는 것은 아닌지 우려하는 독자도 있을 것이다. 그러나 그것은 사실이 아니라고 단호하게 말하고 싶다. 인간은 단 하나의 본성만을 가진 존재가 아니다. 앞으로 살펴보겠지만, 사실 인간은 세 가지 본성을 지닌 존재다. 그리고 이 책의 신조(또는 단순한 작업가설)에 따르면 성서야말로 이 세 가지 본성을 모두 이해할 수 있도록 도와주는 길잡이가 될 것이다.

성서의 간략한 역사

성서는 하느님이 쓰지 않았고 모세오경도 모세가 쓴 책이 아니다. 이런 통찰은 17세기에 등장했는데, 당시에는 이에 대해 격렬한 저항이 일었다. 영국 철학자 토머스 홉스Thomas Hobbes(1588~1679년)는 모세가 히브리 성서의 토라(모세오경)를 직접 쓴 것이 맞는지 의문을 품은 최초의 인물 가운데 한 명이었다. 그 뒤를 이은 것은 암스테르담 출신의 유대인 철학자 바뤼흐 스피노자Baruch Spinoza(1632~1677년)였다. 1670년 《신학-정치론Tractatus Theologico-Politicus》을 펴낸 스피노자는 모세가 쓰지 않은 것으로 판단되는 구절, 즉 모세가 사망한 후 벌어진 사건에 대해 언급한 구절을 조목조목 지적했다. 덕분에 유대교회당 시너고그의 출입이 금지되어 곤란을 겪었을 뿐 아니라 두 차례에 걸친 암살 시도에 노출되기도 했지만, 적어도 그는 살아남았다. 그러나 에스파냐의 인문주의자 미카엘 세르베투스Michael Servetus(1509년 또는 1511년~1553년)에게는 행운이 따르지 않았다. 성부聖父, 성자聖子, 성령聖靈이 셋이자 하나라는 그리스도교의 삼위일체 교리가 신약성서에 명시되어 있지 않다는 사실을 스피노자보다 거의 한 세기나 앞서 밝힌 세르베투스는 화형을 당했다.[13]

성서가 어떻게 쓰였는지 확인할 수 있는 최초의 단서는 18세기에 이르러 발견되었다. 독일 신학자 헤닝 베른하르트 비터Henning Bernhard Witter(1683~1715년)와 프랑스 학자 장 아스트뤼크Jean Astruc(1684~1766년)는 창세기에 하느님을 엘로힘Elohim으로 지칭한 구절이 있는가 하면, 다른 구절에서는 야훼라고 지칭한다는 사실을 밝혀냈다.[14] 성서를 읽어본 독자라면 천지창조 이야기에서 하늘과 땅을 창조한 "하느님God"이 아담과 이브를 에덴동산에서 내쫓을 때는 갑자기 "야훼 하느님LORD God"으로 바뀐다는 사실을 금세 알아봤을 것이다. 이는 적어도 두 명의 저자가 작업에 참여했다는 사실을 시사한다.

초기에 이루어진 이런 노력 덕분에 모세오경이 탄생한 방식을 연구하는 참된 전통이 등장했고, 모세오경이 여러 차례 편집 과정을 거쳐 서로 다른 자료를 결합하고 재구성하는 방식으로 작성되었다는 이론이 확립되었다. 그리고 마침내 독일 성서학자 율리우스 벨하우젠Julius Wellhausen(1844~1918년)이 문서가설documentary hypothesis을 제시해 명성을 얻었다. 모세오경이 네 가지 서로 다른 자료를 연속적으로 엮은 결과물이라고 주장하는 문서가설은 20세기에 들어서도 상당한 영향력을 행사했다. 그러나 오늘날 문서가설은 시대에 뒤떨어진 이론으로 치부되는데, 특히 기원전 950년 무렵 텍스트를 작성한 것으로 보는 가설상의 저자를 지칭하는 "야훼주의자Yahwist"의 존재를 인정받지 못한 것이 주된 이유다. 오늘날에는 성서가 아주 복잡한 과정을 거쳐 탄생한 만큼 그 과정을 세밀하게 재구성하는 것은 불가능에 가깝다는 사실을 인정하는 추세인데, 그럼에도 성서가 "다수에 의해 쓰인 저술"이라는 개념만은 아직까지 살아남았다.[15]

오늘날 학자들은 히브리 성서가 800여 년(기원전 900~100년경)에 걸쳐 쓰였을 것으로 추정한다. 따라서 성서는 과거의 연구자들이 생각한 것보다 훨씬 후대에 쓰였다고 볼 수 있다. "역사적 성서 연구를 통해 지금까지 수집한 증거만으로도 페르시아제국과 헬레니즘 시대(기원전 540~100년경)의 유대교 신학이 오늘날 사람들이 사용하는 구약성서에 영향을 미쳤다는 사실을 충분히 입증할 수 있다."[16] 물론 성서의 저자들은 그보다 오래된 자료에 의존했을 것이다. 그렇더라도 성서에 기록된 사건의 발생 시점이 그 사건을 기록하고 재작성한 시점보다 훨씬 오래전이라는 것만은 분명한 사실이다. 따라서 성서에 기록된 내용 자체에 의존해서는 당시의 역사적 현실을 정확하게 파악할 수 없다. 결국 성서가 들려주는 건 이야기일 뿐이다.

성서의 각 권이 쓰인 시기를 둘러싼 논쟁에 많은 시간을 할애할 생각은 없다. 전문가들조차 그 시기를 특정하는 데 어려움을 겪고 있기 때문이다. 고대 이스라엘 연구에 집중하는 가장 권위 있는 고고학자 가운데 한 명인 윌리엄 데버William Dever는 이렇게 말했다. "성서 텍스트(또는 '전통')가 너무나 다양해 정확한 연대 측정은 사실상 불가능하다. 심지어 주류 성서학자들조차 자료의 연대 측정에 500년 정도의 격차를 보이는 형편이다."[17]

뒤죽박죽 엉망진창: 성서는 어떻게 창조되었나?

이제 성서의 탄생과 관련해 진실이라고 생각하는 것을 간략하게 소개하고자 한다. 여기서는 히브리 성서, 즉 그리스도교에서 "구약성서"라고 부르는 성서를 집중 조명한다. 사실 하느님의 말씀은 하나부터 열까지 인간이 작업한 것이다. 가장 중요한 점은 이 성스러운 경전이 단일한 저술이 아니라 서로 다른 여러 저술을 집대성한 결과물이라는 것이다.[18] 성서는 실제로 도서관 전체를 아우르기 때문에 문자 그대로 책 중의 책이라고 해도 과언이 아니다. 총서의 구성과 권수는 다양해서 현재 히브리 성서는 창세기, 예언서, 룻기Ruth와 욥기 등을 포함한 서른아홉 권[19]이고 그리스도교의 구약성서는 교파에 따라 달라진다.[20] 게다가 성서를 구성하는 개별 책조차 같은 저자의 단일한 저술이라고 할 수 없다. 이렇듯 오랜 시간 여러 저자와 편집자의 손을 거쳐 현재의 모습을 갖춘 성서이기에 서로 모순되거나 반복되는 내용이 있는 것은 당연하다. 그래서 취리히 대학교 신학 교수 콘라트 슈미트Konrad Schmid는 저서 《구약성서: 문헌의 역사The Old Testament: A Literary History》에서 성서를 "합작품"이라고 표현했다.[21]

구전의 전통은 그것을 처음 기록한 시기보다 훨씬 오래전에 시작되는 경향을 보이는데, 성서의 원재료 역시 세대를 거치며 전해내려온 다양한 기원의 이야기에서 출발해 차츰 족장 야곱Jacob 같은 인물 중심의 서사로 발전해나갔을 것이다.[22] 기원전 9세기에 이스라엘왕국에서 저술 활동이 꽃피면서[23] 학자들이 이야기를 기록하기 시작했고, 이렇게 기록한 이야기는 시간의 흐름에 따라 결합되고 재해석되며 확대되어갔다. 신학자 크리스토프 레빈Christoph Levin은 그 과정을 눈덩이 만드는 일에 비유했다. "조그만 눈 뭉치가 구를 때마다 새로운 층을 덧입으며 커지는 것처럼" 구약성서에는 "단일한 텍스트가 단 하나도 없다. 구약성서는 여러 층으로 이루어진 문학 텍스트다."[24] 노벨 문학상 수상에 빛나는 독일 소설가 토마스 만Thomas Mann(1875~1955년)도 비슷한 생각을 품었다. 그는 성서를 "인류의 연대기"라고 지칭하면서 "서로 다른 지질학적 시대의 암석에서 함께 성장한 책의 산"에 지나지 않는다고 했다.[25] 이러한 이유로 특정 텍스트가 쓰인 시기를 "명확하고 배타적으로" 확정하기란 사실상 불가능하고,[26] 거기에 "명확하고 배타적인" 최종 해석을 부여하는 것 역시 사실상 불가능하다. 이런 사정 역시 성서의 눈부신 다양성에 힘을 보탠다.

이런 성서의 발전 과정은 이례적인 것이 아니다. 《일리아드The Iliad》와 《니벨룽겐의 노래The Nibelungenlied》를 비롯한 세계의 위대한 이야기도 대부분 오랜 세월에 걸쳐 대서사시나 영웅전설로 발전한 것이기 때문이다. 다만 성서의 발전 과정에 독특한 점이 있다면 그것은 성서가 하나의 왕국이 아니라 두 개의 왕국, 즉 예루살렘이 수도인 남쪽의 유다왕국과 사마리아가 수도인 북쪽의 이스라엘왕국이라는 역사적 배경에서 탄생했다는 것이다. 그러나 문제는 이 두 왕국이 당대를 지배한 세계의 위대한 문화, 즉 인류 역사상 가장 오래된 문명이 서로 교차하는 지점에 자리 잡았다는 것이다. 파라오와 피라미드의 고향인 이집트를 서쪽에, 아시리아와 바빌로니아, 페르시아제국이 태동한 메소포타미아를 동쪽에 둔 이 "거룩한 땅"은 망치와 모루 사이에 끼여 있어 툭하면 왕국이 초토화되고 국민이 포로로 끌려가는 힘한 일을 겪을 수밖에 없었다. 앞으로 살펴보겠지만 이런 재앙이 없었다면 성서는 오늘날과 같은 모습을 갖추지 못했을 것이다.

이 지역은 유례없이 생산적인 용광로였다. 뒤이어 등장한 주요 강대국 히타이트, 불레셋, 페니키아, 그리스, 로마제국과 그 문화뿐 아니라 구약성서에서 자주 볼 수 있는 아람, 아모리, 모아브, 에돔 같은 군소 국가도 팔레스타인의 역사 발전에 영향을 주었다. 이와 같이 영향력 있는 문화와 종교가 극심한 경쟁을 벌이면서 얽히고 설키는 복잡한 상황은 성서 발전에 지대한 영향을 미쳤다. 여러 신 가운데 하나에 불과하던 야훼는 훗날 유일신교를 옹호하는 존재로 탈바꿈하지만, 성서를 기록하던 시기에는 아직 미완성의 존재였다. 한편 당시 종교에서는 혼합주의가 대세였으므로, 의식했든 의식하지 않았든 이스라엘 민족도 이웃 민족에게 종교와 관련한 영감을 얻었다. 이를테면 노아Noah의 방주 이야기는 그보다 오래된 고대 메소포타미아의 이야기에 뿌리를 두고 있고, 어린 모세가 왕골로 엮은 바구니에 담겨 강을 떠내려간 이야기는 아시리아 왕의 탄생을 둘러싼 전설에서 차용한 것이다.[27]

간단히 말해 텍스트의 형식, 기원, 종교적 의도라는 측면에서 볼 때 매우 이질적인 재료들을 결합했으므로 편집과 검열을 거쳐 이들을 무난하게 연결해야 했지만 성서는 체계적으로 계획해 기록한 작품이 아니다. 성서 창조 과정을 오늘날의 언어로 표현하면 "짜깁기"나 "표본 추출" 같은 용어가 가장 잘 어울릴 정도다. 한편 이스라엘 민족의 유일신 하느님은 고대 근동의 만신전에 모신 다신교의 여러 신을 대체했지만 과거의 신념 체계가 남긴 흔적을 완전히 지우지는 못했다. 그 결과 유일신에 반대하는 입장이 명맥을 유지하면서 낯선 유령이 성스러운 경전 곳곳을 떠돌고 마술에서 사악한 마법에 이르는 온갖 것이 성서에 등장하게 되었다.

스위스 구약성서 학자 오트마어 켈Othmar Keel과 토마스 스타우블리Thomas Staubli는 성서를 "100인의 목소리가 흐르는 강"이라고 표현했는데, 대부분의 신자는 이 말을 쉽게 받아들일 수 없을 것이다.[28] 독실한 신자에게는 차라리 "하늘에 계신 하느님이 커다란 떡갈나무 책상 앞에 앉아 흠잡을 데 없는 많은 비서에게 말씀을 그대로 받아쓰게 했다"는 A. J. 제이컵스A. J. Jacobs의 말이 받아들이기 쉬울 것이다. 그는 실제로 1년 동안 모세율법에 따라 생활해보고 그 경험담을 기록한 흥미로운 책을 펴냈다.[29] 하지만 사실 성서는 수많은 저자의 손을 거쳤고, 하느님은 그들 중 한 명이 아니었을 가능성이 크다.

또한 "100인의 목소리가 흐르는 강"인 성서는 문화적 진화 과정을 미려하게 묘사한다. 호모사피엔스의 성공 비결은 지식을 창조하고, 스스로 사고하며 새로운 것을 발견하는 방법을 이해할 수 있는 능력이 있을 뿐 아니라 그와 관련한 의견을 주고받고, 그것을 개선하며 또 다른 내용을 지속적으로 추가해나가는 방법을 이해할 수 있는 능력 또한 갖추었다는 데에 있다. 이를 가리켜 "누적적인 문화적 진화"라고 하는데, 이제부터 이런 고대인의 특기에 의지해 인류가 세 가지 서로 다른 본성을 지닌 존재로 탈바꿈하는 과정을 살펴보고자 한다.

문화적 진화와 인간의 세 가지 본성

순전히 역사적 측면에서 성서를 연구하는 접근법과 다르게 이 책에서 채택한 인류학적 접근법은 인류 자체를 문화적 진화라는 거대한 무대에 등장하는 하나의 행위자로 간주한다. 인류는 생물학적 존재, 즉 동물이지만 문화적 진화를 마음대로 활용할 수 있다는 점에서 친척 관계인 다른 영장류와 차별화된다. 인류는 무언가를 발명하고 그것을 다른 사람에게 전수할 수 있는 능력이 있을 뿐 아니라, 발명한 것을 개선하고 그것을 다른 사고와 결합해 점점 더 복잡한 체계로 발전시킬 수 있는 능력도 있다. 문화적 진화를 통해 인류는 새로운 서식지에 빠르게 적응하고, 나아가 자신의 필요에 따라 환경을 바꿀 수 있게 되었다. 문화적 진화를 통해 수많은 세대를 거치면서 마주친 생태적 문제에 적응해나가는 사이 인류는 유전물질의 변화를 야기하는 "생물학적"(생물학자들이 선호하는 표현으로는 "유기적") 진화를 넘어서게 되었다.[30]

정착 생활은 인간의 행동에 유례없이 큰 변화를 몰고 왔다. 호모사피엔스는 정착 생활이 야기한 문제를 해결하고 위기를 극복하기 위해 문화적 전략을 활용했는데, 바로 그 내용이 성서에 등장한다는 점은 여간 흥미로운 일이 아닐 수 없다. 이제 이런 과정이 인류와 인간의 심리에 미친 영향을 간략히 살펴보고자 한다. 이때 염두에 두어야 할 점은 이런 변화가 비교적 짧은 기간, 정확하게는 지난 1만2,000년 사이에 이루어졌다는 것이다. 그러나 비교적 짧은 시간 동안 이루어졌음에도, 문화적 진화는 약 200만 년에 걸쳐 진행된 호모 속屬의 생물학적 진화에 견줄 수 있을 만큼 위력적이었다. 그리고 문화적 진화의 기간이 비교적 짧다는 점을 고려할 때, 오늘날을 살아가는 사람들조차 정착 생활이 미친 악영향을 의식하는 것도 무리는 아니다.

문화의 비약적 발전

이 책이 다른 생물 종이 아닌 인류만을 주제로 삼은 이유를 묻는다면 사람들은 대부분 쓸데없는 질문이라고 생각할 것이다. 결국 인간만이 문화를 이루었기 때문이다. 그러나 지난 수십 년간 다른 생물 종도 저마다 문화를 이루었다는 사실이 밝혀졌다. 각각의 생물 종은 서식지에 따라 특유의 행동 패턴을 보일 뿐 아니라, 한 개체가 유용하면서도 참신한 신기술을 발명하면 다른 개체가 그 기술을 받아들이면서 집단 전체로 확산되는 모습 또한 보였다. 이런 과정은 혁신이 더 이상 확산되는 것을 가로막는 어떤 장벽에 부딪힐 때까지 계속된다. 오랑우탄을 예로 들어보자. 수마트라섬 늪지대 숲에는 오랑우탄 두 무리가 건널 수 없는 강을 사이에 둔 채 서식하고 있다. 한 무리는 막대기를 이용해 네시아 열매의 날카로운 털을 피해 영양이 풍부한 씨앗을 먹을 수 있지만, 강 건너편에 서식하는 무리는 막대기를 이용하는 기술을 터득하지 못해 나무에 매달린 네시아 열매를 그냥 내버려두거나 단단한 그 열매를 힘으로 깨서 먹는다.[31]

이처럼 간단한 문화적 기술이라도 지역의 조건이나 환경 변화에 적응하는 데 미치는 영향력은 결코 작지 않다. 그 기술 덕에 개체의 생존 가능성이 높아지기 때문이다. 한편 생물학적 진화는 크든 작든 언제나 한 개체의 유전적 변이에서 출발하므로 수많은 세대를 거쳐야 집단 수준의 변화를 유발할 수 있는데, 모든 변이가 실질적 개선으로 이어지는 것은 아닌 데다 일반적으로 적응에는 바람직한 변종이 하나 이상 필요하므로 새로운 적응이 그리 쉽게 일어나지는 않는다. 이와 같은 여러 요소를 감안할 때 유기적 진화는 고통스러울 정도로 느리게 진행될 뿐 아니라 해당 지역의 환경에 맞춰 세밀하게 조정할 수도 없다. 장기간에 걸쳐 진행되는 적응 과정에서 최적의 결과가 도출되기 전에 환경 조건이 변화하는 경우에는 특히 더 그러하다.[32] 따라서 해당 지역의 환경과 생물 종의 행동적 적응이 정확하게 일치할 가능성은 높지 않다. 그에 비해 문화적 적응은 훨씬 빠르게 진행되는데, 새로운 유형의 행동이나 기술 혁신 같은 문화적 "변이"는 보통 특정한 필요를 충족하거나 특정한 문제를 해결할 목적으로 출현하기 때문이다.

유인원도 그런 변화를 이끌어낼 능력이 있으므로 문화를 가졌다고 할 수 있다. 그러나 인류의 가장 단순한 문화와 비교하더라도 유인원의 문화는 근본적인 면에서 차이를 보인다. 인류의 조상은 누적적인 문화적 진화라는 참신한 과정을 구축하는 데 성공한 덕분에 혁신을 개선 또는 수정하거나 다른 사고와 결합할 수 있게 되었다. 그리고 인류의 조상은 유인원과 달리 다른 사람과 적극적으로 의사소통할 수 있는 능력이 있어 발전된 내용을 다른 사람에게 직접 전수할 수 있었다. 바로 이것이 결정적 차이다. 인류에게는 문화를 지속적으로 향상하고 확장할 수 있는 독창적 능력이 있다. 앞으로 이 책을 통해 성서를 읽으며 특정한 변화가 추진력을 얻을 수 있었던 방법과 그 추진력을 통해 더 많은 변화를 이끌어낼 수 있었던 방법에 대해 살펴볼 것이다.

문화적 진화 과정을 통해 인류는 주요한 생활양식의 변화를 여러 차례 겪었다. 지난 10만여 년 사이 변화의 속도가 급격히 빨라지면서 그 어느 때보다 정교한 무기, 도구, 예술, 상징적 행동이 탄생했고, 다양한 유형의 농업이 시작된 1만여 년 전후에는 그 속도가 더욱 빨라졌다. 이미 예상했겠지만 이러한 변화를 거쳐 거대 사회가 탄생했고 왕, 도시, 전쟁이 생겨났다.[33] 인구수가 중요한 역할을 하는 선순환 구조, 즉 인구가 많을수록 더 많은 발명이 이루어지고 그럴수록 인구가 더 많아지는 구조가 변화의 속도를 유례없이 빠르게 가속화했을 것이다. 그러나 이 모든 변화로 인해 인류는 자신이 만들어낸 문제를 해결할 새로운 방법을 찾아야 하는 과제를 안게 되었다. 그리고 더 빨라진 재배치 속도는 유연성과 혁신성에 부담을 주기 시작했다.

이런 관점에서 보면 정착 생활은 무엇과도 비교할 수 없을 만큼 비약적인 문화 발전을 의미하는 것이었다. 인류는 지극히 짧은 시간에 산더미 같은 문제에 봉착하게 되었다. 무엇보다 중요한 것은 정착 생활을 하며 나타난 질병이었지만 극심한 경쟁으로 인한 굶주림과 폭력 역시 생존을 위협하는 실존적 문제였다. 변화가 급격하고 극적으로 이루어진 탓에 유전적 변이를 통해 적응하기에는 시간이 턱없이 부족했다. 이런 경우 보다 적합한 지역을 찾아 떠나거나 아니면 멸종하는 것이 보통이지만, 인류의 조상은 최대한 빨리 구현할 수 있는 새로운 생존 전략을 개발해냈다. 그것은 바로 영리한 사고와 추측, 그리고 그 둘의 적절한 조합이라는 문화적 방식을 활용해 문제에 대처할 해결책을 찾는 전략이었다. 사람들은 온갖 종류의 새로운 도구를 발명했고, 새로운 행동 규범과 의례를 발전시켰다. 제의를 치를 장소를 마련해 영혼을 불러냈고, 나중에는 신까지 소환했다. 이런 혁신이 항상 유효하게 작용한 것은 아니지만, 그럼에도 문화는 계속 발전해 인류의 성공 비결로 자리 잡았다. 결국 문화가 오늘날 인류가 살아가는 세계를 창조한 것이다.

단순한 수단에 불과한가?

문화적 진화는 인류에게 새로운 환경에서 생존하는 데 필요한 도구를 제공했고, 그 덕분에 생물학적 적응은 거의 불필요해졌다. 인류는 대체로 이런 과정을 진보라 여기지만 문화를 통해 인류가 직면한 모든 문제를 (완전히) 제거할 수 없다는 사실은 거의 깨닫지 못한다. 안경을 쓰면 낮은 시력을 보완할 수 있지만 시력 자체를 개선할 수는 없는 것과 같은 이치다. 문화는 인류가 직면한 새롭고 불안정한 생활환경을 개선하는 데 도움을 주는 도구를 제공할 뿐이다. 개중에는 목발 같은 단순한 도구도 있지만 인류가 상상도 못한 높은 수준에 도달할 수 있는 첨단 인공 삽입물도 있었다. 이런 도구가 없으면 인류는 편안한 생활을 영위할 수 없다. 이런 도구를 사용할 수 없게 된다면 인류는 더없이 큰 곤란에 처하고 말 것이다.

여기서 잠시 멈추고 혹시 있을지 모를 오해에 대해 짚고 넘어가고자 한다. 우선 이 책은 문화비관주의를 경계한다. 프랑스 철학자 장자크 루소Jean-Jacques Rousseau(1712~1778년)는 문명의 때가 묻지 않은 자연 상태의 생활을 "고귀한 야만noble savage"이라고 표현하며 극찬했지만, 그것은 이 책을 쓴 의도와는 거리가 멀다. 인간은 예나 지금이나 진정으로 고귀해본 적이 없기 때문이다. 이 책이 말하고자 하는 바의 핵심은 문화가 인류에게 미친 영향에 대해 인식하는 것이 중요하다는 것이다. 인류가 문화에 의지할수록 문화는 양날의 검으로 작용한다. 즉 문화 덕분에 인구가 크게 늘고 유례없는 풍요를 누리게 되었지만 생각지 못한 여러 문제가 발생하기도 했다. 그리고 안타깝게도 인류는 그런 문제에 대처하는 데 필요한 심리적 도구를 갖추지 못했다.

간단히 말해 인류는 생물학적 진화 덕분에 자기가 처한 환경에 육체적·정신적으로 어느 정도 적응할 수 있었다. 그러나 문화적 진화는 인류에게 생물학적 진화가 제공한 것과 같은 마음의 평화를 주지 못했다. 오히려 문화는 인류가 마음속 깊이 선호하는 것과 실제 정신 (또는 육체) 상태 사이에 커다란 균열을 일으켰다.[34] 이 책에서는 문화가 야기한 이와 같은 부적응을 "부조화"라 칭한다. 부조화는 적응(특정한 행동 양식)이 진화해온 환경과 적응이 표출되는 환경이 전혀 달라 적응이 쓸모없어지는 경우에 등장한다. 오늘날을 살아가는 사람들은 특별한 육체적 필요를 안고 수렵·채집 생활을 한 조상과는 전혀 다른 방식으로 먹고 생활하므로 그들보다 더 배가 나오고 "문명의 질병"이라 부르는 비만에도 걸리기 쉬워졌다.[35] 아마 독자들은 대부분 이런 관점을 접해보았을 것이다.

그러나 오늘날을 살아가는 사람들이 사회적 행동의 영역에서도 그와 같은 부조화 문제를 겪고 있다는 사실을 인식하는 독자는 훨씬 적다. 이런 문제가 고개를 내밀면 보통 사람들은 개인의 잘못된 선택을 비난할 뿐, 그것이 문화의 산물이라는 사실을 인식하지 못한다. 앞으로 창세기를 검토하는 과정에서 이런 사례를 유달리 많이 볼 수 있는데, 여기서는 일상생활과 결부된 예를 소개하고자 한다. 인류는 역사의 대부분을 모든 구성원이 다른 구성원과 알고 지내는 소규모 공동체를 이루어 생활했다. 당시에는 다른 구성원이 특정 구성원을 어떻게 평가하느냐에 따라 해당 구성원의 운명이 결정되었으므로 누구나 공동체 안에서 자신의 평판을 유지하기 위해 아낌없는 노력을 기울였다. 자연히 모든 낯선 존재는 잠재적 위협으로 간주되었다. 그러나 도시가 등장하면서 인류는 거대한 익명의 사회에서 생활하게 되었다. 이런 상황에 대처하기 위해 문화적 혁신을 거듭한 인류는 가장 까다로운 문제와도 타협할 수 있게 되었다.

그 덕분에 모두 무기를 지닐 필요가 사라졌고 대개의 경우 낯선 존재도 위협으로 여기지 않게 되었다. 예의범절을 통해 예측 가능한 범위에서 행동하게 되었고, 예방접종을 통해 낯선 존재가 가져올지 모르는 감염성 질환으로부터 스스로를 보호할 수 있게 되었다.

지금까지 논의한 내용만 보면 문화적 적응의 성공 사례처럼 보일 것이다. 그러나 여전히 조화를 이루지 못하는 몇 가지 문제가 존재한다. 도시의 익명성이 평판은 과거만큼 중요하지 않다고 웅변하고, 평판보다는 금전이 사회적 지위를 결정하는 데 훨씬 큰 영향을 미치는 오늘날에도 사람들은 여전히 좋은 평판을 유지하기 위해 공을 들인다. 그리고 번잡한 백화점 같은 곳에서 사람들에게 에워싸이면 주변의 낯선 사람들을 의식하지 않기 위해 애쓴다. 낯선 사람이 많은 장소에 가면 어떻게 대처해야 할지 몰라 쩔쩔매는 이들이 있는데, 그것은 그들에게 문제가 있어서가 아니다. 그런 감정은 완전히 자연스러운 반응에 기원을 두고 있다. 사실 오늘날 공포증이라고 부르는 대부분의 증상은 위험을 피하려는 합리적 적응 전략에서 그 기원을 찾을 수 있다.

세 가지 본성

진화의 관점에서 성서를 읽는 데 도움이 될 수 있도록 인간의 정신을 단순한 모델로 만들어보았다. 이 모델을 활용하면 문화가 사람들에게 미친 영향을 묘사할 수 있는데, 이 모델은 인간 성격의 생물학적 차원뿐 아니라 문화적 차원에도 주목한다. 그 과정에서 인간 본성을 세 가지 유형으로 구분할 수 있는데, 이는 모든 사람에게서 찾아볼 수 있는 것이다.

인간이 타고난 감정, 반응, 선호로 구성된 **첫 번째 본성**은 수십만 년에 걸쳐 진화하면서 수렵·채집 생활을 하는 소규모 집단의 일상생활에 효과적이라는 사실이 입증된 본성이다. 첫 번째 본성, 즉 직관 덕분에 사람들은 대체로 자신이 처한 사회적 환경과 생태적 환경에서 매우 무난하게 기능할 수 있었다. 첫 번째 본성은 인간의 유전자에 새겨져 있어 따로 교육할 필요가 거의 없다. 부모와 자식 간 사랑, 공정성에 대한 감각, 부당함과 불평등에 대한 격분, 근친상간과 영아 살해에 대한 거리낌, 낯선 존재에 대한 두려움, 평판을 중요시하는 태도, 선물이나 뭔가 도움을 받았을 때 이를 갚아야 한다는 의무감, 질투, 혐오감, 그리고 (인간의 종교성을 대변하는) 온갖 곳에서 초자연적 존재의 영향을 보는 경향은 모두 첫 번째 본성에 따른 것이다. 요컨대 인간의 첫 번째 본성은 직관과 직감의 형태로 나타난다.

앞서 언급한 것처럼 정착 생활을 시작하면서 나타난 실존적 문제는 너무나도 혹독했다. 따라서 이런 문제에 빠르게 대처하기 위해 활용할 수 있는 문화적 해결책이 절실했고, 그 해결책은 다시 새로운 습관, 관습, 사고방식의 탄생으로 이어졌다. 그러나 이런 문화의 산물은 유전되는 성질의 것이 아니기에 일단 그 유용성이 입증되면 교육을 통해 전수해야 했다. 어른들은 이를 아이들에게 어린 시절부터 가르쳐 내면화하게 했는데, 바로 이것이 인간의 **두 번째 본성**을 이루게 되었다. 두 번째 본성 역시 정당화할 필요는 없다. 첫 번째 본성이 "자연적 본성"이라면 두 번째 본성은 "문화적 본성"이기 때문인데, 프랑스 사회학자 피에르 부르디외Pierre Bourdieu 는 이런 현상을 설명하기 위해 "아비투스habitus"라는 용어를 만들었다.[36] 인간의 두 번째 본성은 종종 문화에 따라 다르며, 첫 번째 본성과 같은 감정적 깊이인 당연한 것으로 받아들이는 수준에 도달하는 경우는 드물다. 그러나 두 번째 본성은 자신의 목적을 달성하기 위해 그 밑바탕에 유유히 흐르는 인간의 타고난 감정을 끌어들이기도 한다. 바로 이런 이유로 사람들은 다른 문화의 식습관(두 번째 본성)에 혐오감(첫 번째 본성)을 느끼며 "어떻게 개고기를 먹을 수 있지?"라고 반문하는 것이다. 전통과 풍습, 문화의 산물인 종교(예컨대 교회에서 행하는 관례)와 노르베르트 엘리아스Norbert Elias가 《문명화 과정The Civilizing Process》에서 언급한 대부분의 것(품위, 예의범절, 나무랄 데 없는 태도 등)이 두 번째 본성에 속한다.[37] 다시 말해 두 번째 본성은 "이곳에서는 그렇게 하지 않아요!"라거나 "그것이 이곳의 방식입니다!"라고 말할 수 있는 모든 것을 의미한다.

세 번째 본성은 인간의 합리적 측면을 반영한다. 인간이 특정 상황에 대한 분석을 통해 의식적으로 따르는 규칙, 관례, 제도로 구성된 본성이다. 물론 이 규범이 항상 완벽하게 이치에 들어맞는 것은 아니다. 하지만 인간은 보통 이를 따르는 것이 옳다고 믿는데, 그렇게 하지 않으면 곤란한 상황에 처할 가능성이 높기 때문이다. 세 번째 본성이 빚어낸 결과물 역시 어느 정도 내면화되지만, 학교나 그 밖의 기관을 통해 인간의 발달단계 후반부에 내면화가 이루어지므로 그 정도가 깊지는 않다. 개중에 첫 번째 본성과 상충하지 않고 어린 시절 내면화한 것은 시간의 흐름에 따라 두 번째 본성의 수준까지 내려가 터를 잡지만, 인간의 합리적 본성인 세 번째 본성은 인간이 타고난 첫 번째 본성의 성향과 갈등을 일으키는 경우가 많을뿐더러 인지적 복잡성이 농후한 탓에 대부분 여전히 피상적 수준에 머물러 있다. 그 결과 세 번째 본성은 마지못해 하는 행동으로 이어진다. 건강한 식습관과 규칙적인 운동, 음주운전하지 않기, 제한속도 지키며 운전하기 등 유익하다는 것을 알면서도 잘 실천하지 못하는 모든 것이 세 번째 본성에 포함된다. 새해 들어 하는 결심도 세 번째 본성이 빚어낸 전형적 결과물이다. 그렇기 때문에 거의 대부분 작심삼일로 끝나고 마는 것이다. 결국 새해 들어 하는 결심은 신중함의 산물에 불과하다.

직감 예찬

인류의 진화를 위한 무대였던 선사시대의 환경에서 인간은 첫 번째 본성인 감정과 직관을 일상생활의 나침반으로 삼았고, 두 번째 본성을 활용해 집단별로 상이한 특별한 습관, 기법, 도덕적 처방, 의례 같은 사회적 관습을 만들었다. 인간의 세 번째 본성은 새로운 과제에 직면했을 때 유효성이 입증된 기존의 방식이 그 과제를 해결하는 데 기대만큼 효과를 보이지 않는 경우처럼 위급한 상황에만 모습을 드러낸다. 인간의 상식에서 출발하는 인지적 해결책은 바람직할 뿐 아니라, 첫 번째 본성과 크게 충돌하지 않는 경우 습관과 관습이 되어 결국 두 번째 본성의 지위를 획득하게 된다. 이런 문화적 축적 과정은 인간이 마음대로 할 수 있는 행동의 범위를 지속적으로 확장하는데, 인류의 조상이 생활한 환경에서는 진정 새로운 과제라고 할 만한 것이 나타나지 않았으므로 이와 같은 확장 과정은 인류의 역사에서 대부분 적당한 속도로 진행되었다.

홀로세 초기에 나타난 인간 행동의 극적 이행은 인류에게 새로운 세상을 열어주었다. 그러나 인류는 그런 세상에서 살아가도록 진화해온 존재가 아니기에 첫 번째 본성만으로는 정착 생활 초반에 나타난 변화, 즉 높은 인구밀도와 막대한 기술 발전을 감당할 수 없었다. 결국 주도권을 장악한 인간의 세 번째 본성이 매우 효율적으로 기능해 깊은 인상을 남겼고, 그 결과 오늘날에는 첫 번째 본성에 기쁜 마음으로 주도권을 넘겨줄 수 있는 상황을 거의 만날 수 없게 되었다. 세 번째 본성이 능숙한 솜씨로 인간의 생존을 보장하는 사이 자연선택은 근본적 변화를 겪을 기회를 잡을 수 없었고, 결국 급격한 변화에 따른 부조화 문제가 인간 생활의 일부로 자리 잡게 되었다.

이런 결과는 필연적인 것이었다. 인간의 첫 번째 본성은 유전자에 새겨진 반면, 인간의 심리적 선호를 수정하기에 1만2,000년은 짧은 시간이었으므로 인간은 부조화 문제를 안고 살아갈 수밖에 없었다. 요한 볼프강 폰 괴테Johann Wolfgang von Goethe(1749~1832년)의 소설 속 주인공 파우스트Faust는 자기 내면에 두 개의 혼이 깃들어 있다고 말하면서 인간의 첫 번째 본성이 모습을 드러낼 때면 늘 행복하다고 말했다. 인간의 첫 번째 본성은 인간의 정신 이면에 자리 잡고 앉아 새로운 생활 방식이라고 여기는 것에 저항하며 인간을 도덕적 딜레마에 빠뜨린다. 첫 번째 본성의 도발에 맞서 통제력을 유지하려면 그동안 교육받은 모든 것을 지속적으로 떠올려야 하는데, 때로는 그렇게 할 여력이 충분하지 않은 경우도 있다. 최근 한 실험을 통해 인간의 자기 규율이라는 자원에 한계가 있다는 사실이 밝혀졌다. 육체적으로 몹시 지치고 피곤한 경우처럼 특정 상황에 놓이면 인간은 자신의 바람에 자기 자신을 내주고 만다. 바로 그때 인간의 첫 번째 본성이 주도권을 잡고는 괴테의 파우스트처럼 찰나의 유혹에 이렇게 호소하는 것이다. "오, 아름다운 이여, 떠나지 마시오!" 그러나 안타깝게도 결국에는 이 꿈같은 시간이 느닷없이 깨지고 만다는 것을 사람들은 너무나 잘 알고 있다.

결혼한 여성이 다른 남성과 사랑에 빠지거나 헌신적이던 남편이 다른 여성에게 빠지는 고전적인 사례를 들어보자. 첫 번째 본성은 기쁨에 겨워 "오, 사랑이여!"라고 탄성을 지르겠지만 두 번째 본성은 "신의를 지켜야지!"라고 호통을 칠 것이고, 세 번째 본성은 "모기지론, 변호사 비용, 위자료를 생각해야지!"라며 반대 의견을 낼 것이다. 이런 도덕적 딜레마는 전적으로 현대적 문제인데, 일부일처제가 두 번째 본성의 지위를 얻는 데 가까스로 성공한 문화의 발명품이기 때문이다(따라서 성서에서는 대부분 일부일처제를 찾아볼 수 없다). 이런 상황을 타개해보려는 교회의 시도("그러니 하느님께서 짝지어주신 것을 사람이 갈라놓아서는 안 된다")는 그다지 효과를 보지 못했다.

인류학자 파스칼 부아예Pascal Boyer는 이렇게 설명한다. "사회적 상호작용을 위한 인류의 시스템은 국가, 기업, 노동조합, 사회계층 같은 대규모 집단과 추상적 제도라는 맥락에서 진화한 것이 아니다. 진화의 시각에서 볼 때 정착지, 거대한 부족, 왕국, 그 밖의 현대적 제도는 비교적 최근에 생긴 것이어서 인류는 거기에 걸맞은 믿을 만한 직관을 개발하지 못했다."[38] 그 결과 문명에 대한 잠재된 불만, 위아래가 뒤집힌 것 같은 세상에서 살아가는 느낌이 되풀이해 나타났다. 문화의 산물인 인간의 두 번째 본성과 세 번째 본성은 인류의 생존에 기여했지만 반드시 인류를 행복하게 하지는 못한다. 해결 방법에 따라 이미 오래전에 잊힌 세계로 되돌아가려는 인간의 욕구를 부분적으로만 충족할 수 있을 뿐이다. 이동하며 생활하는 수렵·채집인의 삶을 포기한 그 순간부터 인간의 삶은 가슴이 아닌 머리의 문제가 되었다.

인류학의 관점에서 성서를 읽으며 인간의 직감에 대해 제대로 파악할 수 있었고, 그 덕분에 연구의 방향을 잡아줄 효과적인 길잡이를 얻을 수 있었다. 즉 우리 눈에 어색해 보이는 무언가를 발견할 때마다 또 다른 부조화 문제와 마주쳤다는 사실을 깨달았는데, 우리 내면에 자리 잡은 인간의 첫 번째 본성이 무언가 매우 잘못되었다고 속삭였기 때문이다. 사실 성서의 첫 부분에 등장하는 아담과 이브 이야기부터 이상한 점이 발견되기 시작했다. 솔직히 말하면 성서는 정말이지 기괴한 이야기로 시작된다. 왜 하느님은 자신이 창조한 피조물을, 그리고 그들의 모든 자손을 사소한 잘못을 저질렀다는 이유로 낙원에서 내쫓은 것일까? 이처럼 잔인한 행동은 정의롭지 않은 것에 반감을 느끼는 인간의 첫 번째 본성을 건드려 저항만 불러올 뿐이다.

Part 1

창세기

삶이 고달파질 때

이야기의 보고寶庫, 창세기! 말하는 뱀, 에덴동산에 뿌리내린 신비한 나무, 진흙으로 최초의 인간을 빚은 하느님, 노아와 동물들을 태운 방주, 하늘에 닿을 듯 솟아오르는 탑, 아브라함Abraham의 사생활, 아브라함의 아내 사라Sarah와 하갈Hagar, 아브라함의 수많은 자손. 심지어 존경받는 신학자들조차 성서에서 "가장 놀라운 이야기"는 모두 창세기에 등장한다고 확신한다.[1] 그리고 그 말은 옳다. 그토록 오랜 시간 인간의 상상력을 사로잡은 책은 창세기 외에 거의 없기 때문이다. 그렇게 된 데에는 창세기에 등장하는 (그리고 실제로 창세기를 읽기 어렵게 만드는) 풀리지 않는 수수께끼 같은 이야기가 한몫한 것은 아닐까?

오늘날 독자들은 성서를 펼치자마자 마주치는 재앙이 그렇게나 많다는 사실에 놀라움을 금치 못한다. 아담과 이브는 낙원에서 추방됐다. 카인은 동생 아벨을 살해했다. 인류는 재앙이나 다름없는 홍수를 견뎌냈고, 대담하게 바벨탑을 건설했다는 이유로 전 세계로 흩어지는 고초를 겪었다. 족장들의 이야기에는 음모, 살인, 대혼란이 차고 넘친다.

히브리 성서 중 토라의 첫 번째 책 베레쉬트Bereshit는 "태초에"라는 뜻이고 창세기를 뜻하는 그리스어는 "탄생", "기원" 또는 "출현"을 의미한다. 그리고 이 명칭은 이 책이 다루는 진화의 관점과도 완벽하게 맞아떨어진다. 성서는 인간이 겪는 불행의 진정한 기원과 그 결과 나타난 소외의 감정, 즉 살아가기에 부적합한 세계에서 생활하는 존재가 느끼는 감정을 규명하는데, 이런 감정은 아직도 우리 주변에서 쉽게 만날 수 있다.

일부 성서 주석가들은 인간이 겪는 이와 같은 어려움을 그저 타락의 결과라고 단순하게 해석한다. 그들은 이렇게 말한다. "그것이 세계가 돌아가는 방식이다. 인간이 겪는 어려움은 하느님의 명령에 불복한 결과 에덴동산에서 쫓겨나며 시작되었다." 이런 설명이 설득력 있다고 생각지는 않지만 호모사피엔스가 애초부터 줄곧 힘들고 단조로운 일, 출산의 고통, 골육상잔의 비극 같은 시련과 더불어 살아온 것은 아니라는 놀라운 결론에는 동의한다. 인류의 조상이 농경과 목축을 시작하며 행동에 변화가 나타났고, 그 결과 이와 같은 문제가 생겨났다. 이런 혁신은 세계에 불평등과 질병, 대규모 폭력을 가져왔다.

이와 같은 이유로 성서는 그 무엇과도 비교할 수 없을 만큼 무궁무진한 인류학적 자원을 품은 보고가 되었다. 성서에 묘사한 문제들을 살펴보면 인류를 괴롭히는 고통을 구체적으로 파악할 수 있다. 성서는 서사를 통해 인류가 새롭고 긴급하지만 유전적 진화로는 효과적인 적응 방법을 찾을 수 없었던 문제에 직면한 당시 상황을 설명한다. 따라서 사람들은 저마다 대응 전략을 수립해야 했고, 그 결과 오늘날에도 반향을 일으키는 문화적 빅뱅이 일어났다. 성서는 인류가 수천 년 동안 직면한 온갖 슬픔에 대처하기 위해 시도한 가장 체계적이고 지속적이며 야심 찬 전략에 대해 알려준다. 성서에는 문화적 진화에 관한 이야기가 차고 넘친다.

창세기 여행을 마칠 즈음 이런 불행 속에서 하느님의 손길을 만날 것이고, 성서 속 이야기가 오늘날에도 사람들의 마음을 사로잡는 이유에 대한 답을 찾게 될 것이다. 무엇보다 종교가 다양한 문화적 역할을 수행하는 진짜 스위스 아미 나이프로 바뀌어가는 과정을 만날 수 있을 것이다. 성서를 읽는다고 해서 모두가 하느님에게 이르는 길을 찾을 수 있는 것은 아니겠지만 적어도 인간 본성에 대해서만큼은 제대로 이해할 수 있을 것이다.

1

아담과 이브

타락의 진짜 의미

아담과 이브 이야기만큼 좋은 출발점은 없다. 솔직히 이야기해 보자. 아담과 이브가 열매 하나를 은밀히 베어 먹었다고 하느님이 그들을 낙원에서 내쫓았다는 사실에 놀라지 않은 사람이 있을까? 그로 인해 모든 인류가 영원한 파멸에 이르게 되었는데도?

성서를 여는 이야기부터 어색함이 물씬 풍긴다. 아담과 이브의 운명에 대한 이런저런 의문이 꼬리를 물고 이어지자 이 이야기의 의미를 찾을 필요성이 절실해졌다. 시대를 막론하고 사람들은 근본적 부당함에 맞서 "옳지 않다!"고 주장해왔다. 어떻게 하느님이 아담과 이브를 에덴동산에서 내쫓을 수 있다는 말인가. 인간의 본능적 직감은 이 사실을 쉽게 받아들이지 못한다.

사실 성서를 여는 이야기 하나만으로도 성서에는 독자들이 아직 발견하지 못한 무언가가 숨어 있다는 의혹을 충분히 입증할 수 있다.[1] 그렇지 않고서야 2,000년이 지난 지금도 여전히 이 이야기에 대해 일반적으로 받아들여지는 일관된 해석이 없다는 사실을 어떻게 설명할 수 있겠는가. 사람들은 대부분 이 점을 인식하지 못한다. 세계 최초로 탄생한 연인의 비극을 다룬 이야기의 제목은 바로 "타락Fall of Man"이고, 독자들은 그것이야말로 이 이야기가 인간에게 전하는 진정한 메시지라고 생각한다. 그러나 "타락"이라는 제목은 사실 다소 편향적 시각을 지닌 후대의 사람들이 덧붙인 것[2]이다.

　이런 이유로 아담과 이브 이야기를 면밀히 조사해보고자 한다. 1장에서 다룰 여러 이야기 중에서도 아담과 이브 이야기를 특히 상세히 살펴볼 생각인데, 인류학적 관점에서 성서를 읽는 방식도 함께 소개하고자 한다. 첫 번째 단계는 수천 년에 걸친 사유를 통해 완성된 이야기가 아니라 에덴동산에서 일어난 실제 사건을 재현하는 것이다. 따라서 지상에 등장한 최초의 두 사람을 둘러싼 이야기 가운데 윤색된 부분은 없는지 자세히 들여다볼 것이다. 이는 정말 흥미로운 작업인데, 하느님의 말씀 중 무난히 받아들일 수 있는 최소한의 해석을 찾아내는 문제에서 우리의 상상력을 제한하는 것은 아무것도 없다는 사실을 알게 되었기 때문이다. 실제 이야기는 의미를 찾으려는 이전의 숱한 시도에 묻힌 지 오래되었다. 이것이 고고학자들처럼 우리가 문명의 잔해를 모두 치워야 하는 이유다.

　전통적으로 종교사가들은 히브리 성서, 즉 구약성서가 탄생한 역사적 환경을 비판적으로 분석해왔는데, 아담과 이브 이야기에 대한 분석의 두 번째 단계에서는 이들의 통찰력을 활용해 고대 근동의 찬란한 세계를 연다. 그럼으로써 아담과 이브 이야기가 등장한 고대의 기질基質, 즉 수렵·채집 생활을 버리고 농경과 목축 생활을 받아들이기 "이전"의 역사적 상황을 심도 있게 규명할 것이다. 결과적으로 교회의 해석이 옳았다. 아담과 이브 이야기는 인류의 원죄에 관한 이야기다. 그러나 이 책에서 말하는 원죄는 수세기에 걸쳐 교회가 주장해온 원죄와는 완전히 다른 의미다.

이 책에서 수행하는 인류학적 성서 연구의 세 번째 단계는 복합적이다. 성서 속 이야기가 실은 정착 생활이 시작되면서 나타난 급격한 행동 변화로 호모사피엔스가 겪게 된 실존적 어려움에 대한 이야기라는 사실을 고려하면 놀라운 관점과 마주치게 된다. 이런 방식으로 성서를 독해하다 보면 분명 성서의 모든 것을 투명하게 이해할 수 있을 것이다.

의미를 찾아서

구약성서의 첫 번째 장을 주의 깊게 들여다본 사람이라면 누구나 모든 이야기가 얼마나 낯설게 시작되는지 깨닫고 놀라움을 금치 못할 것이다. 창세기는 하느님이 하늘과 땅을 창조하고, 남은 세계의 모든 것을 창조한 과정을 이야기한다. 엿새째 되는 날 "우리 모습을 닮은 사람을 만들자!"라고 혼잣말을 하고는 "당신의 모습대로 사람을 지어내셨다. 하느님의 모습대로 사람을 지어내시되 남자와 여자로 지어내"신 하느님이 내린 지침은 명확했다. "자식을 낳고 번성하여 온 땅에 퍼져서 땅을 정복하여라."

문득 기이한 일이 일어났다. 창조물을 본 하느님은 "참 좋다" 하고는 하루 동안 휴식을 취했다. 그다음 이야기는 무엇일까? 어이없게도 다시 모든 것을 창조하는 이야기다. 하느님은 진흙으로 아담을 만들고 코에 입김을 불어넣었다. 그러고 나서 "동쪽에 있는 에덴이라는 곳에 동산을 마련하시고" 아담을 데려가 거기서 살게 했다. 하느님은 "아담이 혼자 있는 것이 좋지 않"다는 것을 깨닫고

"그의 일을 거들 짝을 만들어주리라" 생각했다. 진흙을 가져다 들짐승과 하늘의 새를 만든 하느님은 이들을 아담에게 보여주고 이름을 짓게 했다. "그 가운데는 그의 일을 거들 짝이 보이지 않았다." 그제야 하느님은 갈빗대를 뽑을 생각을 했다.

하느님은 아담을 깊이 잠들게 한 뒤 갈빗대를 하나 뽑아 여자를 만들었다. 아담은 그 존재를 즉시 알아보았다. "내 뼈에서 나온 뼈요, 내 살에서 나온 살이로구나.""아담 내외는 알몸이면서도 서로 부끄러운 줄을 몰랐다." 만족한 하느님은 뱀의 존재를 잊어버리고 말았다.

그 뒤의 이야기를 모르는 사람은 없을 것이다. 이브는 뱀의 꾐에 넘어가 하느님의 명령을 어기고 선과 악을 알게 하는 나무의 열매를 따 먹었고, 아담은 이브를 말리지 않았다. 이때부터 두 사람은 알몸을 부끄럽게 여기게 되었다. 하느님은 두 사람을 낙원에서 내쫓았고, 이후 인간은 영원히 에덴동산의 동쪽에서 살게 되었다.

창세기의 모든 말씀이 성스럽다고 여기는 신자들은 (두 가지 창조 이야기가 결합되었다는 사실을 인식하지 못한 채) 그 세부 내용에 혼란을 느낀다. 맨 처음 창조한 두 사람에게는 무슨 일이 일어난 것일까? 실은 이브가 아담의 두 번째 아내라는 소문이 떠돌기 시작한 것도 무리가 아니다. 아담의 첫 번째 아내가 떠나버렸기 때문에 하느님은 갈빗대라는 수단에 의존한 것이다.

당연히 낙원에 대한 이야기는 끝없는 의문을 불렀고, 그중 대부분은 불경하게 들리는 새로운 이야기를 낳았다. 아담의 일을 거들 짝을 찾던 하느님은 왜 동물을 먼저 보여준 것일까? 독일 구약성서 학자 에르하르트 블룸Erhard Blum을 비롯한 신학자는 이를 "시행착

오 과정"으로 설명했고[3] 한계를 뛰어넘는 상상력을 발휘한 《바빌로니아 탈무드Babylonian Talmud》는 아담이 동물의 암컷과 차례로 짝을 지으려 시도했을 것이라고 추측했다.[4]

정말 흥미롭지 않은가? 인류 역사상 특이한 발전 과정을 설명하려고 시도한 창조 이야기는 결국 인간의 운명에 관한 이야기이므로 그 세부 사항을 하나도 놓치고 싶지 않았다. 새로운 해석을 내놓는 데에는 한계가 없으며, 아주 사소한 것에도 주의를 기울일 가치가 있다. 어머니의 자궁에서 태어나지 않은 아담과 이브에게는 배꼽이 있었을까? 화가들은 대부분 두 사람에게 배꼽이 있었다고 생각하는 것 같다. 아담의 갈빗대로 이브를 만들었으니 이브는 아담보다 갈빗대가 하나 더 많을까? 그렇지 않다. 남자와 여자의 갈빗대 수는 동일하기 때문이다. 그렇다면 아담은 애초에 갈빗대가 열세 개였을까? 어쩌면 그럴지도 모른다. 인구의 10퍼센트는 열세 개의 갈빗대를 가지고 태어나기 때문이다. 뱀은 이브를 유혹한 죄로 배로 기어 다니는 벌을 받았다. 그런데 뱀은 원래 기어 다니는 생물 아닌가? 아니다. 일부 그림은 뱀을 두 발로 한가롭게 걸어 다니는 모습으로 묘사했다. 심지어 낙타를 탄 뱀을 그린 그림도 있다.[5]

있지도 않은 사과 때문에 벌어진 일

이야기의 세부 사항뿐 아니라 이야기가 전하고자 하는 메시지에 관한 문제도 해결되지 않은 상태로 남아 있다. 학자들이 제시한 해석이 매년 쌓여서 거대한 산을 이루었음에도 여전히 가장 중요한 문제에 대한 납득할 만한 해답은 나오지 않았다. 성서가 아담과 이브 이야기를 통해 전하려는 메시지는 무엇인가? 하느님이 아담과 이브에게 벌을 준 이유는 무엇인가? 랍비와 신학자라면 누구나 이 주제에 대한 견해를 가지고 있을 것이다.

이쯤 되면 혼란을 느낀 많은 신자가 고개를 절레절레 저으며 이렇게 말할 것이다. "전혀 문제없어요! 이건 그냥 인간의 불복종에 대한 이야기란 말입니다." 하지만 이 이야기에서 정말 이상한 점을 찾지 못했다는 말인가? 인류가 단체로 책임을 지면서 수백 세대에 걸쳐 벌을 받고 있는데, 이 모든 것이 고작 사과 하나 때문에 일어난 일이라고 하니 어이없지 않은가? 게다가 성서는 그저 "열매"라고 표현할 뿐, 사과는 언급조차 하지 않는다. 고대 후기로 접어들면서 학자들이 그 열매를 사과라고 지칭하기 시작했는데, 아마 사과를 의미하는 라틴어 말룸mālum이 "악행", "악" 또는 "재앙"을 뜻하는 라틴어 말룸malum과 비슷하기 때문일 것이다.[6]

이 책의 성서 분석과 관련해 보다 중요한 것은 에덴동산의 이야기에 죄에 대한 언급이 전혀 없다는 점이다.[7] 죄라는 용어는 카인과 아벨 이야기에 처음 등장한다. 그리고 사형에 처해도 될 만큼 무거운 죄에 대한 하느님의 처벌이 한없이 가볍다는 점을 고려할 때 (인류 최초의 살인을 저지른 카인은 추방되는 벌을 받는 데 그쳤다) 인류의 첫 조상에게 내린 가차 없는 형벌은 지나치게 균형이 맞지 않는다고 할 수 있다. 왜 하느님은 고작 열매 한 조각을 훔친 죄를 용서하지 않았을까?

혹시 하느님이 자기 죄를 감추기 위해 그런 것은 아닐까? 결국 하느님이 창조한 피조물에 대한 책임은 오롯이 하느님에게 있기 때문이다. 하느님은 아담과 이브 이야기에 등장하는 인물을 창조했다. 이브를 유혹한 뱀조차 하느님이 창조했다. 피조물들이 행동 원칙을 모를 뿐 아니라 그중 하나가 최초의 기회를 엉망으로 만들었다면 그것은 그들을 창조한 하느님의 문제인 것이다. 그러니 하느님이 책임져야 마땅하지 않은가?

이런 문제에 대해 생각하면 또 다른 문제가 잇따라 나온다. 인류 최초의 연인은 실제로 그토록 가혹한 벌을 받을 만한 행동을 했나? 그저 알고 싶다는 이브의 바람이 그렇게 큰 잘못인가? 신학자 라이너 알베르츠Rainer Albertz는 그에 대해 이렇게 지적했다. "선과 악에 대한 지식을 추구하는 것은 현명해지고 싶은 인류의 바람을 의미한다. 구약성서의 다른 어떤 부분에서도, 그리고 고대 근동의 어느 지역에서도 이를 두고 '원죄'라고 표현하지는 않는다."[8] 한발 더 나아가 알베르츠는 이렇게 반문한다. "그렇다면 하느님은 인류가 멍청하고 무능력한 존재이기를 바란 것인가?"[9] 이러한 발상은 과거였다면 화형대에 오를 수도 있는 위험한 문제 제기다.

아담과 이브를 옹호하는 사람들은 이들이 죄를 지을 수 있는 상태였는지에 대한 의문을 제기한다. 죄를 지을 당시 두 사람에게는 선과 악에 대한 지식이 없었다. 악을 몰랐기에 두 사람은 자신의 행동이 잘못됐다고 생각하지 않았다. 죄를 지을 수 있는 상태가 아니었으므로 당연히 처벌해서는 안 된다. 사실 신학자들은 이들의 행동을 죄라기보다는 "철부지 어린아이"의 행동에 가깝게 묘사한다.[10] 따라서 도덕의 문제에 관해서라면 두 사람은 관대한 처우를 받을 자격이 있다. 적어도 정상참작 정도는 가능할 것이다.

어쩌면 두 사람이 받은 벌은 실로 관대한 처벌이었는지도 모른다. 하느님이 이상하리만큼 일관성 없는 벌을 내렸기 때문이다. 처음에 하느님은 아담에게 이렇게 위협했다. "그것을 따 먹는 날, 너는 반드시 죽는다." 그러나 실제로는 그렇게 되지 않았다. 믿거나 말거나 아담은 930세를 일기로 세상을 떠났다. 타락한 후에도 몇 세기나 더 산 것이다. 이브에게 열매를 맛보라고 권하면서 "절대로 죽지 않는다"고 한 뱀의 말이 사실이었던 것일까? 초기 유대교 주석가들은 하느님의 명예를 지키기 위해 숫자 놀음을 선보였다. 실은 아담과 이브가 지식의 나무 열매를 따 먹은 그날 죽었지만, 하느님의 하루는 인간에게 1,000년이나 다름없는 시간이라 아담이 930세까지 살 수 있었다는 주장이다.[11] 여담이지만 이 대목에서 고대 학자들이 일관성 없는 하느님 덕에 얼마나 곤욕을 치렀을지 충분히 짐작할 수 있다.[12]

창세기는 하느님이 내린 벌을 어떻게 기록했을까? 하느님은 아담과 이브를 에덴동산에서 내쫓으며 이브에게 이렇게 말했다. "고생하지 않고는 아기를 낳지 못하리라. 남편을 마음대로 주무르고 싶겠지만, 도리어 남편의 손아귀에 들리라." 아담에게는 이렇게 말했다. "너는, 흙에서 난 몸이니 흙으로 돌아가기까지 이마에 땀을 흘려야 낟알을 얻어먹으리라. 너는 먼지이니 먼지로 돌아가리라." 그러나 선고를 마친 하느님은 놀랍게도 두 사람을 배려하는 모습을 보여주었다. 가죽옷을 만들어 아담과 아담의 아내에게 입힌 것이다. 하느님이 양심의 가책을 느낀 것일까? 성서에 등장하는 최초의 이야기는 정말이지 기이하기 짝이 없다.

사실임이 틀림없다!

이런 의혹을 제기하자면 한도 끝도 없지만, 이 책을 읽을 신학자들이 지루해하기 전에 간략히 정리하고 넘어가고자 한다. 지금까지 제기한 비일관성 문제는 이 책에서 처음 이야기하는 것이 아닐뿐더러 창세기의 구절과 관련한 새로운 의문 역시 지금도 꾸준히 제기되고 있는 형편이다. 게다가 하느님이 전하고자 하는 메시지도 명확하지 않다. 자녀를 둔 독자라면 무슨 말인지 이해할 것이다. "아빠, 뱀이 왜 나빠요? 하느님은 왜 뱀을 선하게 만들지 않았어요?" 이런 의문을 비단 어린아이만 품는 것은 아니기 때문이다.

진화생물학에서 영감을 얻은 인문학자 조너선 갓셜Jonathan Gottschall은 호모사피엔스를 가리켜 "스토리텔링 애니멀"이라 했고,[13] 인류학자 파스칼 부아예는 인간의 정신을 "서사"나 "문학" 같다고 묘사했다. "인간의 정신은 주변에서 일어난 어떤 사소한 일도 인과관계로 엮인 **이야기**로 표현하려 애쓴다. 개별 사건은 다른 사건의 결과물이자 또 다른 사건을 일으킬 소지가 있는 원인이다." 그리고 인간은 이런 이야기에 일관성이 있는지 주의 깊게 살핀다.[14] 환상적인 내용을 다루더라도 이야기 자체는 논리적이어야 한다.

인간의 내면에는 일관성을 추구해 "인지 부조화를 줄이려는" 강박이 존재한다.[15] 인간은 자신이 한 일과 자신에게 영향을 미치는 일에 의미를 부여하려 하는데, 예부터 지금까지 바로 여기에 인간의 생존이 달려 있기 때문이다. 주변 환경에서 확인할 수 있는 표식을 적절히 해석하지 못하는 사람은 생존을 장담할 수 없다. 이런 이유로 인간의 "스토리텔링 정신"은 불확실성과 진짜 우연의 일치에 반감을 보인다. 의미 있는 해석을 도출하지 못했다면 지어내서라도 해석을 확보하려 하는 것이 인간의 정신이다.[16] 앞으로 이 책에서 이런 상황을 꾸준히 만나게 될 것이다.

인지심리학자들이 "인지적 오류의 아버지"[17]라고 부르는 확증 편향도 중요한 역할을 한다. 정보를 확보하는 과정에서 인간은 사전에 형성된 사고에 부합하는 정보를 채택하는 경향을 보이는데, 사전에 형성된 사고와 충돌하는 정보는 아예 인식조차 하지 못하는 일도 일어난다. 확증 편향 덕분에 근본적 가정에 대한 문제 제기가 잘 이루어지지 않게 되었다. 따라서 아담과 이브가 에덴동산에서 쫓겨났다면 그만한 이유가 **있어야 한다.**

삶이 고달파진 이유를 설명한다고 주장하는 이야기를 접하면 인간 내면의 사고 체계는 평소보다 빠르게 작동한다. 그런 상황을 초래한 실수를 규명해 반복하지 않으려는 것이다. 성직자들은 하느님이 신비한 방식으로 역사役事한다고 주장하겠지만 사람들은 이에 아랑곳하지 않고 줄기차게 암호를 해독하려 할 것이다.

두서없는 텍스트 길들이기

신학자들은 창세기가 첫 부분부터 "타당성 공백"을 안고 있다고 말한다. 이는 세계가 "하느님이 의도한 창조 계획과 명백히 다르다"는 의미인데,[18] 이런 생각은 '어떻게 하느님이 직접 만든 작품을 확고하게 통제하지 못하는가?'라는 이단적 의문으로 이어진다. 앞서 해석과 관련한 내용을 다룬 부분에서 이미 느꼈겠지만, 이야기를 지어내고자 하는 열정의 핵심에는 체제 전복적 경향이 있다. 따라서 대부분의 이야기는 그다지 경건하지 않다. 아담은 동물과 관계를 맺는다! 아담의 첫 번째 아내는 아담을 버리고 도망갔다! 심지어 이브는 악마와 동침해 결국 형제를 살해하고 마는 카인을 잉태했다는 의혹에 휩싸였다. 그런데도 사람들은 이런 생각의 이면에 몹쓸 의도가 숨어 있다고 비난하지도 못한다. 어쨌든 이런 이야기는 성서 속 이야기에 논리성을 부여하려는 인간의 필사적 시도를 반영한 것이기 때문이다.

따라서 종교가 수용할 수 있는 해석을 찾으려는 시도가 수없이 이어졌다. 유대 철학자 필론Philon(기원전 15년경~기원후 45년)은 그리스 철학에서 비유를 차용해 성서 주석을 시도한 최초의 인물로 알려졌다. 덕분에 필론 이후의 철학자들은 "전혀 모르는" 것, "신을 의인화"한 것, 또는 "동방의" 것을 만날 때면 무조건 "비유적 의미"가 있다고 주장하게 되었다.[19] 이를테면 하느님이 인간을 창조한 것을 후회했다거나, 인간에게 낙원을 만들어주고는 어린아이 같은 실수를 저질렀다는 이유로 낙원에서 내쫓았다거나, 화가 나서 그리고(또는) 경쟁이 두려워서 인간이 쌓아 올린 높은 탑을 무너뜨리고는 서로 언어가 통하지 않게 했다거나 하는 것이 여기에 속한다. 이 공식을 따른다면 아무리 두서없는 텍스트를 만나더라도 적절한 의미를 추출할 수 있을 것이다.[20]

이제 아담과 이브 이야기에 일관성을 부여하기 위한 시도 중 가장 중요한 몇 가지를 검토해보고자 한다. 이런 시도는 모두 일관성을 추구하는 인간 내면의 강박을 보여주는 것일 뿐 아니라 성서의 기질에 도달하기 위해 가장 먼저 파헤쳐야 하는 돌무더기를 대변한다. 피할 수 없다면 즐기자. 사실 성서를 읽는 여정은 그 돌무더기 덕분에 더욱 흥미진진해진다.

뱀에 깃든 악마

앞서 에덴동산 이야기에는 죄에 대한 언급이 없다고 밝혔다. 따라서 죄라는 개념이 등장하지 않는 이야기에서 아담과 이브뿐 아니라 그들의 모든 자손에게 영향을 미칠 정도로 파급력이 큰 원죄 개념을 도출했다는 점은 흥미롭지 않을 수 없다. 원죄 개념은 창세기에서 비롯한 것이 아니다. 구약성서를 통틀어도 원죄 개념을 통해 사망, 질병 또는 고통의 존재를 설명하는 경우는 찾아볼 수 없다.[21] 유대교와 개신교에서 외경으로 여기는 집회서Book of Sirach(기원전 175년경)에 처음으로 치명적인 문장이 등장한다. "죄는 여자로부터 시작하였고, 우리의 죽음도 본시 여자 때문이다." 이후에도 이런 생각이 설득력을 얻는 데에는 시간이 걸렸다. 그러다 바룩묵시록Syriac Apocalypse of Baruch에 다시 모습을 드러낸다. "최초의 여자가 뱀의 꾐에 넘어가 모든 자손이 타락하고 불에 삼켜진 사실에 대해 어찌 말하겠는가?"[22] 그리스도교의 바울로Paul(5~64년경)[23]와 교부敎父인 히포의 아우구스티누스Augustinus(354~430년)[24] 역시 원죄의 개념을 널리 퍼뜨린 장본인이다.

　　한편 지금쯤이면 악마도 훨씬 후대에 등장한 존재, 더 정확하게 말하면 훨씬 후대에 이르러 뱀에 깃들게 된 존재라는 사실을 눈치챘을 것이다.[25] 그런데도 창세기에 악마가 등장한다는 해석은 지배적이지는 않지만 여전히 일반적으로 통용된다. 현재 가톨릭교회 교리서에는 이렇게 기록되어 있다. "악마에게 유혹을 받은 인간은 자신의 마음속에 있는 창조주를 향한 신뢰가 죽게 버려두었으며, 자신의 자유를 남용함으로써 하느님의 계명에 불순종하였다. 바로 여기에서 인간의 첫 범죄가 성립하는 것이다."[26] 그러나 창세기에서는 사탄이나 베엘제붑Beelzebub 또는 타락한 천사나 악령의 질투에 대해 전혀 언급하지 않는다.

　　이런 이유로 부지런한 성서학자들은 대안으로 삼을 수 있는 해석을 내놓았는데, 여기서는 그 가운데 세 가지를 검토해볼 것이다. 첫 번째는 매우 현대적인 해석으로, 인류 최초의 연인이 오만함 때문에 하느님의 명령을 거역했다는 주장이다. 이 이론에 따르면 이브는 마치 자신이 하느님인 양 스스로 운명을 개척하기로 마음먹었다. 독립하고자 하는 열망이 "사악함으로 낙인"찍힌 것이다.[27] 두 번째는 성性을 중심으로 한 해석이다.[28] 중세 초기 학자들은 알몸이면서도 부끄러운 줄 몰랐던 인류 최초의 연인이 달콤한 나무 열매가 아니라 성행위의 매력에 푹 빠졌으리라 생각했다. 쿠르트 플라슈Kurt Flasch는 이렇게 기록했다. "하느님은 먹지 말라ne edatis고 한 것이 아니라 어울리지 말라ne coeatis고 말했다."[29] 죄로 얼룩진 행동을 한 결과 여자는 출산의 고통을 겪어야 하는 벌을, 남자는 힘들게 노동해 가족을 부양해야 하는 벌을 받은 것이다.

에덴동산 이야기를 사춘기에 빗댄 이야기로 풀이하는 세 번째 해석은 지적 부담이 더 크다. 이 이론에 따르면 사과는 성숙한 존재를, 사과를 한 입 베어 문 행위는 성인이 되었다는 것을 의미한다. 취리히 대학교 신학 교수 콘라트 슈미트는 그 결과를 이렇게 설명한다. "'선과 악을 분별할 수 있는' 성인은 (…) 하느님에게서 멀어질 수밖에 없다."[30] 슈미트의 독일인 동료 에르하르트 블룸은 에덴동산 이야기가 "인간 스스로 축복받은 유년 시절과 결별한" 사건을 대변한다고 생각한다.[31]

어떤 경우든 저마다 자신의 해석을 성서에 슬그머니 밀어 넣어 다루기 까다로운 이야기를 좀 더 다루기 쉬운 이야기로 바꾸어놓았다. 그러는 사이 원본 텍스트에서 어느 정도 멀어질 수밖에 없었는데, 없는 이야기를 더한 경우(눈을 씻고 찾아봐도 에덴동산에 숨어 있는 악마를 찾을 수는 없을 것이다)도 있고 비유적으로 해석한 경우도 있다. 2,500여 년 동안 주석을 달아왔지만 아담과 이브 이야기에 대한 결정적인 신학적 해석은 아직 나타나지 않았다. 그보다는 오히려 종교사가들의 연구 성과가 조금 더 그럴듯해 보인다.

빛나는 근동

종교사 연구는 에덴동산 이야기를 해석하는 데 유용한 두 가지 틀을 제시한다. 첫 번째 해석 틀에 따르면 이집트에서 시작되었든, 메소포타미아에서 시작되었든, 그리스에서 시작되었든 신이 등장하는 이야기는 우주와 인간의 창조 과정, 우주와 인간이 지금의 모습을 갖추게 된 이유를 설명한다는 점에서 모두 엇비슷하다. 이때 이런 이야기를 뭉뚱그려 인과론적 이야기라고 부른다.[32] 이 해석 틀에 따르면 에덴동산 이야기는 이 땅에서 살아가는 인간의 삶이 무엇보다 고된 노동을 중심으로 이루어진 이유를 설명한다. 또한 가부장제의 등장 배경과 안식일이 신성한 이유, 하느님이 더 이상 인간의 곁에 머물지 않는 이유도 알려준다.

두 번째 해석 틀에 따르면 실낙원失樂園 이야기는 이스라엘 민족이 처한 삶의 현실을 설명한다. 북왕국 이스라엘은 기원전 722년 아시리아에 의해 파괴되었고 남왕국 유다는 기원전 587년 바빌로니아가 수도 예루살렘을 함락하면서 상류층 인사들이 포로로 잡혔는데, 이를 두고 사제들은 하느님이 외국 군대의 손을 빌려 이스라엘 민족의 불복종을 벌한 것이라고 말한다. 아담과 이브가 규칙을 어기는 바람에 낙원에서 쫓겨난 것처럼 이스라엘왕국과 유다왕국도 하느님의 명령을 무시해서 아시리아와 바빌로니아에 의해 파괴된

것이다. 이런 역사의 신학적 해석에 따르면 약속의 땅Promised Land
과 에덴동산을 잃은 것은 모두 하느님에게 충성하지 않아 내려진
벌이다.[33] 따라서 디아스포라Diaspora는 이미 아담과 이브 이야기에
서 시작된 것이다.

　　이런 해석을 접하고 하느님의 말씀은 결국 특정 시대에 얽매이
지 않는 영원한 것이라며 안도감을 느끼는 신자는 거의 없을 것이
다. 그러나 이런 역사적 분석만이 아담과 이브 이야기가 오늘날까
지 사람들의 상상력을 사로잡는 이유를 설명할 수 있다. 한편 이런
분석 틀은 성서의 세계를 넘어선 영역에도 확대 적용할 수 있는데,
그 범위를 나일강에서 티그리스강과 유프라테스강에 이르는 광범
위한 지역의 1,000년에서 2,000년에 걸친 역사로 확대하면 분석의
힘이 더 강력해지면서 성서 속 이야기를 납득하기가 한결 쉬워진다.
창세기의 이야기가 바로 고대 근동에 파묻혀 있기 때문이다.

　　고대의 거대 문명이 교차하는 지점에 자리 잡은 팔레스타인은
이집트나 메소포타미아에서 출발한 물자, 생각, 이야기가 드나드는
통로였다. 구약성서 속 이야기 대부분은 바빌로니아 포로 시대나
그 후에 쓰이거나 재작성된 것으로, 그 배경에는 당시 동방 종교가
있다. 구약성서의 저자와 편집자는 다른 종교가 모시는 신과 관련
된 이야기에 익숙한 사람들이었다. 그래서 그 이야기를 거리낌 없이
활용했을 뿐 아니라 일부 이야기는 전체를 베끼기도 했다.[34]

　　성서학자들은 창세기에 등장하는 이야기에 녹아든 고대의 이
야기를 몇 가지 밝혀냈는데, 그 가운데 이 책에서 논의하는 내용
과 관련해 가장 흥미로운 이야기는 메소포타미아에서 시작된 것이
다. 우선 기원전 2000년경으로 거슬러 올라가는《에누마 엘리쉬

Enuma Elish》는 창세기와 마찬가지로 천체와 인간의 창조에 관한 이야기를 담았고,[35] 기원전 1800년경 쓴 것으로 추정되는 아트라하시스Atrahasis 신화는 대홍수를 다룬다. 아트라하시스 신화에 등장하는 신은 신과 마찰을 빚는 인간을 멸망시키기 위해 대홍수를 내렸는데, 또 다른 신 엔키Enki가 아트라하시스에게 미리 경고해주었다. 아트라하시스는 방주를 준비해 동물들과 함께 탔고, 그 덕분에 목숨을 건질 수 있었다.[36] 한편 홍수 이야기는 수메르 왕 길가메시Gilgamesh의 업적을 노래한 당대 가장 유명한 서사시에도 흘러들었는데,[37] 여기서도 성서를 읽는 이들에게 익숙한 이야깃거리를 확인할 수 있다. 예를 들어 길가메시는 애써 찾은 생명의 나무를 뱀에게 빼앗겼고,[38] 성스러운 동산에 자라는 훌루푸나무 뿌리에 숨어 있던 두 번째 뱀과 마주치기도 했다.[39] 마지막으로 2014년 성서학자 마르요 코르펄Marjo Korpel과 요하네스 더모르Johannes de Moor는 가나안인의 도시 우가리트(지금의 시리아 지역)에서 아담과 이브 이야기를 기록한 저자가 모델로 삼았을 만한 이야기를 발견했다고 발표했다. 기원전 13세기로 거슬러 올라가는 그 텍스트에는 호론Horon이라는 신이 뱀의 모습으로 나타나 "신들의 포도원"에서 자라는 생명의 나무를 깨물어 죽음의 나무로 바꾸어놓는다.[40]

표절이라고 비난하든 "짜깁기"나 "표본 추출" 같은 인문학적 방법이라고 치켜세우든 이런 유형의 적용은 인류의 가장 오래된 문화적 기법 가운데 하나다. 문화적 진화의 관점에서 볼 때 "다른 문화와의 끝없는 상호 교류"는 당연한 것이다.[41] 이야깃거리, 등장인물, 생각이 여러 문화 사이를 오가면서 서로 얽히고설켜 새로운 이야기를 창조했다.

하느님은 혼자가 아니었다

더 오래된 이야기에서 차용한 이야깃거리가 차고 넘치는 창세기뿐 아니라 지금까지 소개한 이야기 대부분이 고대 중동Middle East의 우주관을 배경으로 등장했다. 이런 이야기 속 세상은 생명으로 가득한 다채로운 세상, 즉 신과 영혼으로 가득한 다신교적 세상이자 추상적 생각과는 거리가 먼 구체적인 세상이다. 그리고 그 세상은 도덕을 명시적으로 내세운 적이 없을 뿐 아니라 심지어 부도덕한 경우도 있다.

유일신교라는 새로운 관점을 채택한 성서의 최종 편집자는 성서보다 오래된 이야기에서 이런 동방의 유산을 솎아내고 새로운 종교에 걸맞은 이야기로 재탄생시키기 위해 애썼다. 이런 노력은 특히 홍수 이야기에서 두드러지는데, 메소포타미아의 홍수 이야기에는 세 명의 남신과 여신이 등장하지만 성서에는 오직 하느님만 등장해 이 세 신의 역할을 모두 수행한다. 그리고 이런 사실에서 하느님의 행동에 "일관성이 없는" 이유를 쉽게 짐작할 수 있다.[42]

성서의 저자들은 창조 이야기에서도 다양한 신이 저마다 짊어진 무게를 덜어낸다. 이웃 문화에서는 태양과 달이 강한 신으로 등장하지만 성서의 하느님은 태양과 달을 단순한 "빛"으로 치부한다.[43] 무시무시한 여신 티아마트Tiamat는 원시 대양의 화신이었지만 하느님 앞에서는 그냥 물로 전락한다. 동방의 신들은 진흙으로 빚은 인간을 깨우는 데 필요한 피를 얻기 위해 서로 살육해야 했지만[44] 성서의 하느님은 신성한 생명의 숨결만으로 인간을 빚어냈다. 여기서 막스 베버Max Weber가 "세계의 탈마법화disenchantment of the world"라고 언급한 내용을 쉽게 찾아볼 수 있다.[45]

그러나 탈마법화 과정은 완료되지 못했다. 어떻게 그럴 수 있겠는가. 탈마법화 과정이 완료되었다면 아담과 이브 이야기가 지금까지 이어질 수 없었을 것이다. 다시 말해 탈마법화 과정이 완료되지 않았기에 말하는 뱀이 등장한 것이다. 말하는 뱀은 사악한 침입자가 아니라 에덴동산의 원주민이다.[46] 한편 뱀과 마찬가지로 하느님도 에덴동산의 원주민으로, 창조를 시작할 당시에는 더 오래된 다신교 세계를 대변하는 신과 다름없었다. 하느님은 구체적이고 육체가 있는 존재였다. 하느님은 모든 것을 아는 존재도 아니고 어디에나 있는 존재도 아니었다. 저녁에 동산을 산책한 하느님은 직접 빚은 피조물인 아담을 찾지 못해 결국 불러야 했다. "너 어디 있느냐." 한편 하느님은 누군가에게 이렇게 말한다. "우리 모습을 닮은 사람을 만들자!" 종교학자들은 이것을 한때 신성한 수행원단이 하느님 곁을 지켰다는 증거로 본다.[47] 로버트 라이트는 저서 《신의 진화Evolution of God》에 이렇게 기록했다. "하느님이 애초부터 유일신인 것은 아니었다."[48]

오늘날 사람들은 신으로 가득한 고대 우주의 잔해를 감지할 만한 감각을 잃어버리고 말았다. 그 가운데 일부 잔해는 사람들에게 잘 알려지지 않았는데, 이를테면 "인류의 어머니"라는 이브의 별명은 사실 여신 아세라Asherah에서 유래한 것이다.[49] 옛날 옛적에 아세라는 하느님의 아내였을 것으로 추정되는데, 이에 대해서는 뒤에서 자세히 다룰 것이다. 한편 오늘날 사람들이 신들의 잔해라고 여기지 않기 때문에 조금 더 명확해 보이는 단서도 있다. 예를 들어 오늘날 사람들은 하느님이 에덴동산 입구에 칼을 든 천사를 세워 지키게 했다고 생각하지만 실은 훨씬 낯선 두 존재가 그 자리를 지

켰다. 바로 인간이면서 동물인 날개 달린 거룹Cherub과 번개를 구체화한 돌아가는 불칼이다.[50]

도덕의 문제가 아니다

이런 배경을 이해하고 나면 창세기가 정말 생생하게 다가오기 시작한다. 아담과 이브 이야기는 초자연적 존재로 가득한 과거의 다신교 세계에서 기원했다. 초자연적 존재들이 서로의 일을 방해하는 일도 많았다. 뱀조차 신의 계획을 망칠 수 있었다. 이렇게 눈부신 힘의 배열 덕분에 선과 악의 구별은 불가능했다.

이런 사실에 비춰 볼 때 성서에 등장하는 에덴동산 이야기에는 원래는 없던 무언가가 포함되어 있다는 것을 알 수 있다. 바로 아담과 이브가 열매를 따 먹었다는 선과 악을 알게 하는 나무다. 성서에 따르면 선과 악을 알게 하는 나무는 에덴동산 한가운데에 뿌리내린 생명의 나무 옆에 있었다. 그러나 이 이상하리만큼 긴 이름이 암시하듯 선과 악을 알게 하는 나무는 에덴동산에 원래부터 있던 토착종이 아니다.[51] 그렇다면 성서가 서사의 경제성을 해치면서까지 두 그루의 나무를 언급한 이유는 무엇일까? 게다가 두 그루의 나무 중 한 그루만 중요하게 다룬다. 이와 관련해 주석가들은 뱀이 접근했을 때 이브는 선과 악을 알게 하는 나무만 알고 있는 것처럼 보인다고 지적해왔다.[52]

사실 생명의 나무는 오래전부터 고대 중동에 뿌리내린 익숙한 존재다. 가나안인[53]은 생명의 나무를 여신의 거처로 생각했고, 앞서 살펴본 《길가메시 서사시》에서는 뱀과 영원한 생명의 나무 사이에 연관성이 있다는 것을 엿볼 수 있다. 그러나 고대 중동 어디에서도 선과 악을 알게 하는 나무는 찾아볼 수 없다.[54] 따라서 일부 성서학자들은 선과 악을 알게 하는 나무가 후대에 추가되었을 것이라고 추측하는데[55] 이 책 역시 그 주장에 동의한다. 선과 악을 알게 하는 나무로 대변되는 선과 악의 흑백논리는 에덴동산 이야기가 처음 등장한 번쩍번쩍 빛나는 고대 세계에는 어울리지 않는다. 이와 같이 엄격한 도덕은 유일신교가 자리 잡은 곳에만 등장한다. 하느님이 진정 세상에 하나뿐인 유일신이라면 하느님과 함께하거나 하느님과 맞서는 길 말고 다른 길은 없기 때문이다. 선하지 않으면 악하다는 흑백논리는 배중률排中律, 즉 제3자 배척의 원칙을 바탕으로 하는데,[56] 다신교의 우주에는 그처럼 경직된 이원론이 없다. 다신교의 우주에서는 아무리 신성한 결정일지라도 돌이키지 못할 것은 없다. 다른 신이 모든 일을 손쉽게 뒤집을 수 있기 때문이다. 그리고 사람들은 그런 세계에 매력을 느낀다. 어느 신의 사고방식에 동의할 수 없다면 다른 신에게 의지하면 그만이다. 아담과 이브도 하느님의 뜻 대신 뱀의 뜻을 따랐다. 따라서 후대에 추가된 선과 악을 알게 하는 나무는 지대한 영향을 미친다. 아담과 이브 이야기가 전하는 메시지는 여전히 불분명하지만, 적어도 선과 악에 대한 지식이나 인류가 도덕을 갖게 되었다는 메시지를 전하려는 이야기가 **아니라**는 것만큼은 분명하게 알 수 있다.

에덴동산에서 쫓겨난 진짜 이유

지금까지 아담과 이브 이야기가 무엇을 다루지 않는지 집중적으로 파헤쳤다면, 이제부터 이야기의 실제 주제를 본격적으로 다루고자 한다. 에덴동산 이야기는 생활환경의 악화, 즉 문화적 발전

단계에 관해 이야기한다. 처음에 사람들은 풍요로운 생활을 누렸지만 점차 고된 경작에 시달리는 처지로 변해갔다. 그 변화 과정을 따라가다 보면 인류의 문화적 진화에서 결정적 전환점으로 여기는 역사의 현장과 마주치게 되는데, 그것은 바로 정착 생활의 시작이다.

먼저 원시 인간이 창조된 다음 문명화된다는 주제는 고대 중동의 여러 이야기에 다양한 모습으로 등장한다. 《양과 곡물의 논쟁 The Debate between Sheep and Grain》이라는 재미난 제목의 수메르 문학 작품은 문화를 모르는 인간이 동물처럼 생활하는 모습을 묘사하며 시작한다. "당시 사람들은 빵을 먹을 줄 모르고, 옷을 지어 입을 줄 몰라 그 땅에서 벌거벗은 몸으로 돌아다녔다. 양처럼 풀을 뜯어 먹고 도랑에서 물을 마셨다." 이런 상황에서 신들은 인간에게 문명을 전해 자신에게 양식을 바치게 하리라 마음먹는다. 아트라하시스 신화에 따르면 인간은 신에게 봉사하도록 창조한 존재인데, 신들은 시끄러운 소음을 낸다는 이유로 역병을 내려 인간을 무참히 학살했다.[57]

종교사의 관점에서 볼 때 에덴동산 이야기와 가장 가까운 이야기는 아마 초기 바빌로니아의 《길가메시 서사시》 중 길가메시의 친구 엔키두Enkidu의 생애를 기록한 부분일 것이다. 진흙으로 빚어 만든 엔키두는 동물들과 더불어 야생에서 살았는데, 그를 문명화한 것은 신이 아니라 유혹의 기술에 통달한 어느 창녀였다. 모든 동물이 그의 곁을 떠나고 달리기 능력도 쇠퇴했지만 그 대신 지성이 확장된 엔키두는 창녀의 말을 알아들을 수 있게 되었다. 창녀는 그런 변화에 대해 이렇게 표현했다. "현명한 엔키두여, 이제 신처럼 되었구나." 어디서 많이 들어본 소리 아닌가? 그렇다. 바로 뱀이 아담과 이브에게 한 약속에도 이런 내용이 있다. "하느님처럼 될 것이다."

그 유사성은 참으로 충격적이다. 《길가메시 서사시》에도 문명화가 낳은 부정적 결과가 등장한다. 엔키두는 동물들과 더불어 살았을 때의 안전감과 순수함을 잃는다. 문명화된 엔키두는 행동과 영광을 갈망하면서 동물을 해치고 신을 공격하기에 이르렀고, 결국 신의 분노를 사 비극적인 최후를 맞는다.[58]

헨리크 파이퍼Henrik Pfeiffer는 고대 중동에서 흔히 접할 수 있는 이런 이야기를 "2단계 인류 발생론"으로 설명한다.[59] 즉 자연인에서 문화적 존재로 전환하면서 인간은 등골이 휘는 노동으로 점철된 생활을 하게 되었다. 구약성서 학자 오트마어 켈과 실비아 슈뢰어 Silvia Schroer는 이렇게 말한다. "이런 문서에선 언제나 노동을 힘들고 단조로운 일로 묘사한다."[60] 그러나 이 모든 이야기를 관통하는 핵심은 문명화 과정을 위반 행위의 결과로 이해한다는 것이다. "하느님의 명령을 거역한 결과 주어진 생활환경을 (…) 사람들은 분명 부정적인 것으로 인식한다. 그리고 그것은 인류의 파멸로 이어질 터였다."[61] 새로운 생활 방식은 부담이었다. 놀랍게도 이런 해석은 2단계 인류 발생론이 역사적 현실에 매우 근접했다는 사실을 드러낸다. 이제 이런 내용을 바탕으로 진화론적 해석으로 나아가고자 한다.

정말 놀라운

인류가 소규모 집단을 이루어 수렵·채집 생활을 하던 선사시대로 돌아가보자. 첫 번째 본성이 형성된 이 시기에 인간은 어렵지 않게 유지할 수 있는 소규모 집단에서 생활하는 데 필요한 타고난 정서, 심리적 욕구, 도덕적 직관을 형성해나갔다. 그리고 이 수렵·채집 시대는 성서에 등장하는 현상을 이해하는 데 필요한 배경을 제공한다.

부끄러운 줄 몰랐다

인류는 역사상 대부분의 시간을 수렵·채집 생활을 하며 떠돌아다녔다. 오늘날에도 여전히 그렇게 흩어져 살아가는 소수의 사람이 있으므로 그들의 생활 방식을 통해 과거의 삶을 재구성해볼 수 있을 것이다. 수렵·채집인은 여러 가족이 30~50명의 소규모 집단을 이루어 떠돌아다니며 살았다. 지속적으로 접촉하지는 않았지만 이웃 집단과 느슨한 관계망을 형성했다. 이들에게는 광활한 영토가 필요했다. 이따금 이런 "확대 집단"의 구성원이 모두 모여 결혼을 주선하거나 동맹을 위해 봉사했다.

개별 집단의 구성원들은 서로 친밀한 관계를 형성했다. 기후가 따뜻한 지역에서는 생식기 정도만 가리고 살았다. 사유물은 거의 없었다. 뚜렷한 위계질서도, 권력의 집중도 없었다. 사회 분화는 개인의 능력이나 두드러진 성격적 특성에 의해 결정되는 미미한 수준이었다. 자원, 특히 사냥감은 공유했다. 관대함은 사냥꾼의 평판을 드높였다. 즉 가장 오랜 시간 동안 인류는 대체로 평등하고 민주적으로 생활했다. 이것은 인간의 심리에 새겨져 오늘날까지 사회적 환경을 인식하고 해석하는 기준이 된다.[62]

협동이 모든 것이었다. 집단 구성원의 상호 의존은 공동체 생활의 기초였다. 모든 결정은 길고 긴 논의를 거쳐 집단 차원에서 내렸고 개인의 평판은 그 무엇보다 중요했다. 그 사람의 지식과 경험에 의존해도 될까? 그 사람은 믿을 만한가? 그 사람에게 나를 도울 의향이 있는가? 평판은 선사시대의 자본이었다. 당시 인류는 마음대로 처분할 수 있는 비축 식량이 없었기 때문에 사회적 관계에 많은 시간을 투자해야 했다. 여기에는 같은 공동체 안 다른 집단과의 관계도 포함되었다. 공동체의 다른 구성원을 도울 준비가 되어 있다는 것을 입증한 사람은 필요할 때 다른 사람의 도움을 받을 수 있었다. 협동은 일종의 생명보험이었다.

따라서 조화가 무엇보다 중요했다. 공동체 생활을 해치는 모든 행위는 기록되었고, 필요한 경우 처벌도 이루어졌다. 심각한 경우 집단에서 내쫓거나 사형에 처했다.[63] 그러나 이런 일은 매우 드물었다. 혼자 힘으로는 살아갈 수 없는 환경이었으므로 누구나 훌륭한 구성원이 되기 위해 노력했기 때문이다. 한편 문제를 일으킨 장본인이 뉘우치면 죄를 용서해주기도 했다. 황야를 누비며 생활하는 집단에서 남녀는 동등한 지위를 누렸다. 엄숙주의는 발을 붙일 곳이 없었다.

첫 번째 본성에 따른 정서가 사람들이 더불어 살아가는 방법을 주관했다. 수렵·채집인은 수십만 년에 걸쳐 진화하면서 형성된 타고난 선호와 도덕적 직관을 바탕으로 다른 사람이 의지할 수 있는 존재가 되었다. 풍습이나 의례 같은 특별한 전통은 오랜 시간에 걸쳐 두 번째 본성으로 자리 잡았고 세 번째 본성이 나서서 해결해야 할 만한 문제는 거의 나타나지 않았다. 하느님의 은총을 받은 아담과 이브의 생활은 선사시대 인류의 생활과 매우 닮았다. "아담 내외는 알몸이면서도 서로 부끄러운 줄을 몰랐다."

혹시 있을지 모를 오해를 피하기 위해 한마디 덧붙이면, 정착 생활을 시작하기 전 선사시대를 미화하려는 것이 아니다. 단지 이후 도래하는 생활환경에 비해 수렵·채집 시대의 생활환경이 그나마 "낙원에 가까웠다"는 사실을 보여주고자 할 뿐이다. 인류가 수십만 년에 걸쳐 유전적으로 적응한 환경에서 살았다는 것은 흥미로운 사실이 아닐 수 없다. 당연히 이른바 "부조화"도 없었다. 정착 생활을 시작하기 전에는 "과거의" 심리와 "새로운" 환경 사이에 틈이 없었다. 그런데 어느 순간 벌어진 그 틈이 모든 암담한 현실의 원천이 되었다. 따라서 수렵·채집 생활은 정착 생활에 비하면 이른바 소풍을 온 것과 같았다.

실낙원

약 1만5,000년 전 마지막 빙하기가 저물면서 서쪽의 나일강과 동쪽의 티그리스강, 유프라테스강 사이에 위치한, 비옥한 초승달 지대로 알려진 지역의 대부분은 말 그대로 젖과 꿀이 흐르는 땅으로 변모했다. 영양, 가젤, 말, 야생 소 떼가 광활한 초지를 뒤덮으면서 수렵·채집인은 더 이상 이곳저곳 떠돌면서 생활하지 않아도 된다는 사실을 깨달았다. 인류는 한곳에 머물면서 풍요를 누리기 시작했다. 초기에는 에덴동산에서 살 때와 큰 차이가 없었지만 행운은 그리 오래가지 않았다.

1만2,000년 전 무렵 인류는 더 이상 낙원 같은 생활환경에서 살 수 없게 되었는데, 선사시대를 연구하는 학자들은 지금도 그 이유를 두고 논쟁을 지속하고 있다. 그 이유가 기후변화든 아니면 인간의 활동에서 비롯한 것이든 남획으로 동물의 개체 수가 크게 줄어든 것만은 분명한 사실이다. 따라서 동물처럼 멸종하고 싶지 않으면 새로운 해결책을 찾아야 했다. 떠도는 생활로 돌아가기에는 인구밀도가 너무 높을 뿐 아니라 자기 땅을 마음대로 지나가도록 내버려두는 공동체도 사라지고 없었다. 또 다른 문제는 정착 생활을 시작하며 황야에서 생활하는 데 필요한 지식을 대부분 잃어버렸다는 것이었다. 과거로 돌아갈 수 없게 된 사람들은 필사적으로 새로운 생존 전략을 찾기 시작했다.

"유레카! 농부가 되자!"라고 외친 사람은 분명 없었을 것이다. 초기 농업은 무계획적으로 이루어졌다. 산딸기, 견과류, 야생 곡물을 채집하며 생활한 인류의 정착지 주변에는 항상 씨앗이 떨어져 있었다. 즉 인류가 채집해 정착지로 가져온 열매의 씨앗은 무엇이든 주변에 뿌려졌을 것이다. 그러던 어느 날 인류는 체계적인 방식으로 씨앗을 뿌리기 시작했고, 비슷한 시기에 염소와 양 같은 동물을 가축화했다.

창세기에 간략하게 요약해놓은 것처럼 새로운 생활 방식은 그리 만만치 않았다. 창세기에서 에덴의 동쪽에 자리 잡은 아담과 이브는 하느님의 벌을 받아 들에서 일하며 잡초를 제거해야 생계를 유지할 수 있게 되었다. "땅 또한 너 때문에 저주를 받으리라." 하느님은 아담과 이브에게 그들이 처한 새로운 운명을 아주 명확하게 설명해주었다. "너는 죽도록 고생해야 먹고살리라. 들에서 나는 곡식을 먹어야 할 터인데, 땅은 가시덤불과 엉겅퀴를 내리라. (…) 이마에 땀을 흘려야 낟알을 얻어먹으리라."

새로운 생활 방식은 진정 저주처럼 보였고, 몇 세기가 흐르는 동안 상황은 악화되어갔다. 선사시대의 유골에서 그 증거를 찾을 수 있다. 정착 생활은 인류에게 맞지 않는 옷 같았다. 정착해 생활한 사람들은 수렵·채집 생활을 하던 조상에 비해 체구가 작아졌고,

굶주림[64]과 질병으로 고통을 받았으며 더 어린 나이에 사망했다. 들에서는 고된 노동에 시달렸다. 품질 좋은 씨앗이나 비료도 없고 효과적인 관개시설도 없었으므로 수확량은 운에 맡길 수밖에 없었다. 특정 지역에 정착해 생활했으므로 가뭄과 홍수로 인한 타격도 과거보다 크게 받았다. 샌타페이 연구소Santa Fe Institute의 경제학자이자 인류학자 샘 볼스Sam Bowles가 계산해본 결과, 인류 최초의 농부는 수렵·채집인이 섭취한 양과 동일한 칼로리를 얻기 위해 훨씬 많은 시간을 일해야 했다.[65] 즉 수렵·채집인은 사회적 관계를 유지하는 데 더 많은 시간을 투자할 수 있었다. 이런 관점에서 볼 때 인류 최초의 농부들 눈에는 수렵·채집 생활을 하던 조상의 생활이 낙원처럼 보였을 것이다.

결국 성서가 옳은가?

가장 큰 의문은 구약성서의 저자들이 어떻게 이 모든 일을 기억할 수 있었는가 하는 것이다. 구약성서는 정착 생활이 시작되고 수천 년이 지난 기원전 1000년 무렵 작성하기 시작했으므로 두 사건 사이에는 어마어마한 시간적 공백이 있다.

인문학에 "집단기억"이라는 개념이 있다.[66] 집단기억은 개인의 "의사소통적 기억"과 "문화적 기억"으로 구성되는데, 전자가 3세대 이상의 기억을 보존하지 못하는 데 비해 후자는 신화, 의례, 믿음, 이야기, 노래, 속담의 형태로 훨씬 먼 과거의 기억도 보존할 수 있다. 문자가 발명되기 수천 년 전에 발생한 사건이 문화적 기억을 통해 보존될 수 있다는 증거는 어디서도 찾아볼 수 없지만 성서의 여러 이야기, 특히 성서보다 오래된 전통에 의지하는 이야기는 먼 과거에 일어난 신석기 혁명의 반향처럼 보인다. 이어지는 내용을 통해 확인할 수 있겠지만, 성서는 신석기 혁명이 일어난 그 시기에 나타난 문제들에 거듭 천착한다.

대안적 해석도 있다. 실낙원, 황금시대, 젖과 꿀이 흐르는 땅은 전 세계 모든 지역의 신화와 이야기에 등장한다. 즉 "자연의 축복은 인간의 손길과 무관하게 저절로 나타난다"라는 생각은 인류 역사상 끊임없이 되풀이되는 환상으로 보인다.[67] 이런 이야기는 유토피아를 회상하면서 현실을 비판하는 것으로 해석되곤 하는데, 어쩌면 그럴지도 모른다.

서로 반대되는 경험이 조우하는 경우에 대해서도 생각해볼 수 있다. 일부 지역에서는 농경 생활을 하는 사람들이 이따금 수렵·채집인과 마주치거나 그들과 물자를 거래했을 것이다. 여행자들은 옷을 입지 않은 사람들이 부끄러움도 모른 채 자연의 축복을 받으며 살아가고 있다는 소문을 퍼뜨렸다. 어쩌면 농경 생활을 하는 사람들의 눈에는 수렵·채집인의 떠돌이 생활이 원시적인 것으로 비쳤을 수도 있다.

먼 과거에 일어난 일에 대한 반향이든 유토피아에 대한 회상이든 상반된 경험이든 어느 것 하나 배제할 수 없지만, 궁극적으로 볼 때 얽힌 이야기를 풀어내려는 이와 같은 노력은 역사적 관심에 그치고 만 것으로 보인다. 그런 분석으로는 성서의 많은 이야기가 오늘날까지 사람들의 마음을 그토록 깊이 사로잡는 이유를 설명하지 못하기 때문이다. 그러나 바로 그것이 이 책에서 다룰 인류학적 논의 대상이다! 인류의 조상이 애초부터 줄곧 정착 생활이 야기한 문제를 처리해야 한 것은 아니라는 사실을 사람들이 인식했는지 여부는 그다지 중요한 문제가 아니다. 그런 문제는 대부분 수천 년이 지난 오늘날에도 지속되고 있기 때문이다. 이마에 땀을 흘리며 들에서 수고롭게 일해야 한 첫날부터 무언가 잘못되었다고 느낀 인간의 첫 번째 본성은 오늘날에도 여전히 그 감정을 고스란히 간직하고 있다.

이런 문제가 처음 나타난 이후 수천 년이 흘렀지만, 진화의 관점에서 볼 때 그 시간은 인간이 심리적으로 적응하기에는 부족한 것으로 보인다. 심리적 진화가 이루어졌다면 인간은 새로운 생활환경을 문제시하는 것이 아니라 정상적인 것으로 여겼을 것이고, 그러는 사이 문제가 저절로 사라졌을 것이기 때문이다. 명확한 내용은 이야깃거리가 되지 못하므로 이런 문제를 주제로 흥미진진한 이야기가 등장하는 일도 당연히 없었을 것이다. 따라서 그런 이야기는 공들여 완성한 일종의 시뮬레이션, 즉 문제를 반영한 이야기를 지어냄으로써 해결책을 모색하려 한 시도다. 조너선 갓셜은 스토리텔링을 과제에 이론적으로 접근해 가능한 행동을 결정하고 그 실현 가능성을 타진하는 강력한 "가상현실"에 빗대어 설명했다. "비행기 조종사가 비행 시뮬레이션 장비를 통해 안전하게 훈련할 수 있는 것처럼 인간도 이야기를 통해 안전하게 교육받아 사회가 직면한 커다란 문제를 해결해나간다."[68] 전 세계 어느 지역에서든 사람들은 항상 이야기, 즉 부조화 문제라는 씨앗에서 싹을 틔운 이야기라는 수단에 기대어 삶의 불행을 녹여냈다. 그리고 사람들이 가장 타당하다고 여기는 설명을 제시한 이야기만이 살아남아 후세에 전해졌다.

이 책은 진화의 관점에서 성서를 독해함으로써 이런 이야기의 핵심을 노출해 역사상 가장 거대한 변화를 겪은 호모사피엔스가 직면하게 된 문제는 무엇인지, 그리고 진화가 인류에게 부여한 과제는 무엇인지 규명하고자 한다. 그 과제는 어느 한 개인이 겪는 독특한 문제가 아니라 크든 작든 모든 사람에게 지속적으로 영향을 미치는 문제다. 바로 그런 이유로 성서는 오늘을 사는 사람들, 심지어 성서가 하느님의 말씀이라고 생각하지 않는 사람들에게까지 말을 건네는 것이다.

낙원의 스캔들

이런 내용을 모두 마음에 새기고 아담과 이브 이야기로 돌아가보자. 우리는 이 이야기를 통해 대부분의 사람이 힘들고 단조로운 일을 하며 생활해야 하는 이유를 살펴보고자 했다. 이제 보게 되겠지만, 이 이야기에는 우리가 이해하려는 것보다 더 많은 내용이 들어 있다. 인류가 새로운 생활환경에서 겪게 된 두 가지 중요한 문제를 추가로 다루기 때문이다. 바로 사유재산의 발명과 여성에 대한 억압이다.

사유재산의 발명

하느님이 에덴동산에서 내린 첫 번째이자 유일한 규칙은 단순했다. "이 동산에 있는 나무 열매는 무엇이든지 마음대로 따 먹어라. 그러나 선과 악을 알게 하는 나무 열매만은 따 먹지 마라." 선과 악을 알게 하는 나무는 하느님의 재산이었다. 그리고 아담과 이브는 이 간단한 규칙을 지키지 못해 낙원에서 쫓겨났다. 사실 사유재산의 발명은 정착 생활이 낳은 가장 중대한 결과고, 정착 생활을 시작한 세계에서 하느님이 내린 첫 번째 명령은 다른 사람의 재산을 존중하라는 것이다.

오늘을 살아가는 사람들은 이것이 얼마나 중요한 변화인지 상상하기 어렵다. 오늘날 재산권은 자연권으로 여길 만큼 너무나도 익숙하고 당연한 권리이기 때문이다. 그러나 수렵·채집 생활을 하며 떠돌아다닌 인류의 조상은 꼬챙이나 고기 자르는 칼처럼 일상생활에 꼭 필요한 몇 가지 도구 외에는 사유물을 챙기지 않았다. 사냥한 동물, 큰 물고기, 꿀은 나눠 먹었는데, 심지어 그 나눔을 기념하기도 했다. 고기를 혼자 독차지하려 하는 사람은 누구든 명성을 잃을 수 있고 그런 일이 반복되면 혹독한 제재를 받을 수 있었다. 토지는 집단, 즉 부족의 소유였다. 모든 사람이 이웃 부족의 영역이 어디까지인지 정확하게 알고 선을 그었지만, 자신이 속한 부족의 토지는 누구나 동등하게 사용할 수 있었다. 당시 "저 나무는 내 것이므로 아무도 그 열매를 먹어서는 안 된다"라고 주장하는 사람이 있었다면 웃음거리가 되었을 것이다.

정착 생활이 시작되면서 모든 것이 변했다. 농사를 지으면서 공유할 수 없는 것이 생긴 것이다. 들판의 열매를 누구나 따 먹을 수 있다면 어떻게 풍성한 수확을 기대할 수 있겠는가. 그 시점부터 농부는 이렇게 주장했을 것이다. "이 땅은 내 것이다! 이 땅의 작물은 내가 심었으니 내 재산이다!" 이제 다른 사람은 거기에 손을 댈 수 없게 되었다. 그러나 사유재산이라는 새로운 개념이 쉽게 자리 잡은 것은 아니다. 특정 자원을 개인이나 가족이 소유할 수 있다는 개념을 공동체의 모든 사람이 납득하기까지 막대한 지적 노력이 수반되었다. 왜 갑자기 이 땅에 들어가면 안 되고, 이 나무 열매를 따먹으면 안 된다는 것인가? 전에는 누구나 지나다닌 땅이고 누구나 열매를 따 먹은 나무인데! 저 사람은 무슨 권리로 이 땅이, 그리고 이 나무가 자기 것이라고 주장하는가?

민족학자 프랭크 말로Frank Marlowe는 오늘날 탄자니아에서 생활하는 하자Hadza 부족을 관찰한 결과, 수렵·채집 생활을 하는 이들은 작물을 기르더라도 다른 사람이 그것을 거둬 먹으면 이내 소유권을 포기한다는 사실을 알게 되었다. 오늘날 사람들은 파렴치한 행동이라고 비난하겠지만, 하자 부족 사람들은 단 한순간도 그것이 잘못된 행동이라고는 생각하지 않을 것이다.[69]

솔직히 그리 놀랄 일은 아니다. 수렵·채집인에게는 사유재산이라 할 만한 것이 없었고, 그렇기에 사유재산에 대한 인식은 절대로 첫 번째 본성이 될 수 없었다. 미국 심리학자 조너선 하이트Jonathan Haidt와 크레이그 조지프Craig Joseph는 다음과 같은 다섯 가지 보편적 도덕 범주를 제시했다. "(다른 사람을 해치지 않고 돕는 것을 바람직하게 여기는) 고통, (공정성에 대한 감각에서 출발한) 호혜, (연장자와 정당한 권위를 지닌 사람을 존중하는) 위계, (집단에 대한 충성을 의미하는) 유대감, (청결을 높이 평가하고 오염된 것이나 성욕을 추구하는 행동을 배척하는) 순결."[70] 여기에 다른 사람의 재산에 대한 존중이 포함되어 있지 않다는 사실이 눈에 띄는데, 사유재산이라는 개념을 인간의 유전자에 새겨 넣기에 1만2,000년은 충분한 시간이 아니었기 때문이다.

사유물을 효과적으로 보호하기 위해 사람들은 새로운 생각을 도입해야 했다. 그리고 이것은 인간의 세 번째 본성, 즉 인간의 합리성이 처리해야 할 고전적 과제였다. 새로운 생각이 자리 잡는 데 도움이 될 만한 문화적 규범이 필요했는데, 성서에서 확인할 수 있는 것처럼 과거에는 어떤 일을 금지할 때 위협을 동반하는 경우가 허다했다. "그것을 먹으면 나쁜 일이 일어날 것이다." 한편 수렵·채집 생활을 하며 작물을 기르는 사람들은 주인이 자리를 비우면 영혼이 대신 그 작물을 돌본다고 생각한다. 민족학자들은 폴리네시아인들이 자기가 기르는 작물을 대상으로 금기를 선언한 뒤 도둑을 벌하는 것은 신에게 맡긴다는 사실을 확인했다.[71]

그러나 성서는 말로 조치를 취하는 것만으로는 부족하다는 사실을 여실히 보여준다. 뱀이 귓가에 속삭이자 이브는 하느님의 명령이 정확히 무엇을 의미하는지 확신할 수 없게 되었다. 단순한 말 한마디보다는 강력한 제도가 효과적이다. 하느님은 울타리를 둘러 낙원을 폐쇄하고 입구에 보초를 세워 인간이 생명의 나무 열매를 따 먹지 못하게 했다.

몇 세대에 걸쳐 사유재산에 관한 새로운 규범이 자리를 잡아갔다. 더 많은 사람이 그 제도를 받아들일수록 그에 대한 교육이 삶의 일부로 들어왔고, 그렇게 다른 사람의 재산에 대한 존중은 인간의 두 번째 본성이 되었다. 그러나 그 지위는 여전히 보잘것없어서 "재산"이라는 개념을 아이들에게 가르치지 않으면 안 될 뿐 아니라 ("네 것이 아니니 장난감을 돌려줘라!"), 심지어 성인이 되어서도 부자의 재산을 털어 가난한 사람에게 나눠주는 로빈 후드Robin Hood 같은 도둑을 의적이라고 치켜세우는 것이다.

이런 관점에서 볼 때 낙원에서 일어난 진짜 스캔들이 무엇인지 반문하지 않을 수 없다. 앞서 살펴본 것처럼 아담과 이브가 하느님이 내린 첫 번째 명령을 어긴 것 자체는 낙원에서 일어난 진짜 스캔들이 아니다. 즉 이 문제는 종교적 시각으로 바라볼 문제가 아닌 것이다. 수렵·채집인으로 살아보지 않더라도 특정 나무 열매를 따 먹으면 안 된다는 금기는 받아들이기 어렵다는 사실을 금세 알 수 있다. 다른 사람이 열매를 따 먹기 전에 먼저 따 먹는 것, 그것이 바로 인간의 첫 번째 본성이다.

따라서 진짜 스캔들은 다른 곳에 있다. 정착 생활을 시작한 사람들은 공존에 필요한 기본 규칙, 즉 수십만 년에 걸쳐 발전해온 일상적 규범(식량은 공유해야 한다, 이기심은 파렴치한 것이다)을 내던졌고 이런 현실은 세대를 거듭하며 더욱 명백해졌다. 사유재산이라는 새로운 개념은 연대를 중요하게 여긴 선사시대의 규범을 전복했다. 자연이 제공하는 음식처럼 공동의 소유였던 자원이 갑자기 한 사람의 손아귀에 들어갔다. 이것이 바로 진짜 스캔들이다! 열매를 채집하는 것 같은 일상적 활동, 심지어 필수불가결한 활동이 금기를 넘어 범죄로 규정된 것이다. 이 스캔들은 오늘날 사람들의 마음에도 반향을 일으킨다. 아담과 이브가 금기인 열매를 따 먹었다는 이유로 하느님에게 벌을 받은 것을 사람들이 합당하게 여겼다면 이 이야기가 이토록 오랜 시간 사람들의 마음을 사로잡는 일은 없었을 것이다.

물질적 풍요 속 사회적 빈곤

정착 생활은 인간 사회에 급진적 변화를 일으킬 여러 과정을 불러왔다. 앞서 식량을 저장할 수 없는 수렵·채집인이 어떻게 사회적 관계에 투자해 비상시에 서로 도움을 주고받을 수 있었는지 언급했다. 그때는 협동이 모든 것이었고 연대는 일종의 생명보험이었다. 그러던 어느 날 갑자기 세상이 뒤집어졌다. 자원의 사유화로 농부는 이웃에 대한 의존도가 크게 낮아졌다. 사람들은 더 이상 다른 가족의 결정적인 지원에 의존하지 않았고, 덜 중요한 사회적 관계는 소홀히 하기에 이르렀다.

그렇게 인류는 물질적으로 그 어느 때보다 풍요를 누렸지만 사회적으로 그리고 정서적으로는 그 어느 때보다 빈곤한 삶을 살게 되었다.[72] 가족을 제외한 사람들과의 관계는 점차 그 중요성이 줄어갔다. 게다가 재산은 반드시 보호해야 했으므로 필요하다면 폭력 행사도 불사했다. 피는 물보다 진하다고 하지 않았던가. 가장 믿음직한 동맹은 일가친척이므로 아들은 장성해도 집을 떠나지 않고 아버지 곁에 남아 재산을 지켰다. 이 말은 여자를 다른 곳에서 데려와야 한다는 의미였다. 이렇게 발전한 가부장제 사회에서 여성의 존재는 거래할 수 있는 상품, 즉 동산動産으로 전락하고 말았다.

새로 도입한 비축 경제가 성공적으로 정착한 곳이라면 어디든 인구가 급증하기 시작했다. 경쟁이 심화되고 사회적 격차가 커졌다. 위계질서가 생기고 특권계층이 등장했다. 재산도 없고 여자도 구하지 못한 사람들의 불만이 들끓기 시작했다. 이것이 의미하는 바는 단 하나, 바로 더 많은 폭력이었다. 이런 관점에서 보면 철학자 장자크 루소의 말도 귀담아들을 만하다.

땅을 자기 소유물로 규정하고 울타리를 친 최초의 사람이 "이 땅은 나의 것"이라고 선언했고, 사람들이 이 규칙을 따르면서 문명사회가 나타났다. 그가 몰고 온 범죄, 전쟁, 살인, 불행과 공포로 얼마나 많은 사람이 목숨을 잃었나. 그가 박은 말뚝을 뽑고 그가 조성한 도랑을 메우는 사람들은 다른 사람들에게 이렇게 외쳐야 했다. 이 사기꾼의 말을 듣지 마시오. 땅은 누구에게도 속한 것이 아니고, 땅에서 나는 열매는 모두의 것이라는 사실을 잊지 마시오! 그 순간 모든 것을 잃고 말 것이라오.[73]

이제부터 성서를 좀 더 자세히 살펴보면서 사유재산을 바탕으로 새롭게 등장한 사회의 생활 방식이 낳은 다양한 문제를 파헤쳐 보고자 한다. 가장 먼저 희생된 존재는 여성이다. 그리고 그 결과 이 새로운 생활 방식의 두 번째 주요 문제가 등장한다.

이브의 모든 것

불쌍한 이브. 우선 이브가 겪은 고통을 살펴보자. 하느님은 이브를 이렇게 저주했다. "너는 아기를 낳을 때 몹시 고생하리라. 고생하지 않고는 아기를 낳지 못하리라." 그리고 그것으로는 모자랐는지 이렇게 덧붙였다. "남편을 마음대로 주무르고 싶겠지만, 도리어 남편의 손아귀에 들리라." 성서 주석가들은 이브가 원죄를 저지른 주범이라고 주장하면서 이브 때문에 고통이 자자손손 대물림되었다고 목소리를 높였다.

여성에 대한 이러한 편견은 비교적 최근에 나타난 현상이다. 수렵·채집 시대에는 남성과 여성의 관계가 훨씬 균형 잡혀 있었다. 남성이 주도적 역할을 수행한 것은 사실이지만, 현재의 남편이 횡포를 부릴 경우 여성은 언제든 가족에게 돌아갈 수 있었고, 심지어 배우자를 바꿀 수도 있었다. 배우자는 배타적 관계가 아니어서 한 남성과 한 여성이 평생 서로만 바라보며 살아간다는 것은 당시로서는 낯선 개념이었다. 때로 여성이 여러 남성과 관계를 맺기도 했는데,

최근까지 파라과이의 산악 지역에서 수렵·채집 생활을 한 아체Aché 부족을 관찰한 민족학자들은 이 부족 여성이 평생 평균 열두 명의 남편을 둔다는 사실을 확인했다.[74] 여러 남성과 성관계를 갖는 것은 여성에게 가장 큰 관심사였는데, 아이들을 위해 잠재적 아버지의 관계망을 형성할 수 있었기 때문이다.

성적 자유를 누린 여성들은 자신의 매력을 최대한 활용하는 방법을 잘 알고 있었다. 수렵·채집 생활을 하는 집단에서 여성은 가슴을 가리지 않고 지냈다. 성서가 전하는 대로 여성은 사실상 알몸으로 지내면서도 부끄러워하지 않았다. 평등한 집단에서는 보이지 않는 "사랑의 관계망"을 형성해 모든 구성원을 보다 가깝게 이을 수 있었기 때문에 성적 자유가 효과적으로 작용했다(물론 당시에도 질투는 오늘날만큼 큰 골칫거리였다). 그러나 집단적 생활 방식이 허물어진 순간 그 모든 것이 사라졌고, 모든 사람이 자신의 재산을 염려하며 아내에게 절대적 정절을 요구하는 생활 방식이 자리 잡았다.

앞서 언급한 것처럼 소유라는 새로운 개념이 들어오면서 장성한 아들이 아버지 곁에 남아 재산을 지키는 환경이 조성되었다. 만일 장성한 아들이 농장을 떠나는 반대의 상황이 조성되었다면 그 씨족은 유전자를 공유한 덕분에 싸움꾼으로 의지할 수 있는 신체 건강한 남성을 잃는 것은 물론이고, 가족은 낯선 사람을 딸의 남편으로 집에 들여야 했을 것이다. 그리고 분쟁이 발생하면 그 외부인이 원래 가족 편을 들 위험이 항상 있었다.

이에 따라 딸을 다른 가족에게 시집보내는 풍조가 자리 잡았다. 그 과정에서 딸들은 동맹을 공고히 하는 수단이나 거래할 수 있는 단순한 상품으로 취급되었다. 그러나 새로운 가족은 그 딸에게 의혹의 눈초리를 보냈다. 집안의 결정에 따른 정략결혼일 뿐 사랑으로 맺어진 관계가 아니므로 며느리는 새로운 가족에게 강한 유대감을 느끼지 못했다. 이런 상황은 며느리가 아이를 낳아 기르기 시작하면서 달라지는데, 아이를 낳으면 유전자를 공유하는 이해관계가 형성되어 가족 전체를 끈끈하게 맺어주기 때문이었다.

이런 상황에서 족장들은 아내가 다른 남자와 동침하는 것을 막기 위해 가능한 모든 수단을 동원했고, 부와 권력을 손에 쥔 남성은 한 명 이상의 여성과 결혼하는 일부다처제로 눈을 돌렸다. 구약성서에는 이런 이야기가 차고 넘친다. 카인의 자손인 라멕Lamech에서 아브라함과 솔로몬Solomon에 이르는 거의 모든 남성이 한 명 이상의 아내를 두었다. 여성이 남성의 소유물로 전락하면서 대부분 성적 매력을 기반으로 한 여성의 힘은 제한될 수밖에 없었다. 성서는 이 점을 강조한다. 아담과 이브는 무화과 나뭇잎을 엮어 앞을 가렸고, 하느님은 옷을 만들어 두 사람에게 직접 입혀주었다. 창세기를 통해 두 사람 모두 옷을 입게 되었지만, 농경 사회로 접어들면서 수렵·채집 시대에 비해 복장이 훨씬 얌전해진 쪽은 여성이었다.

수간하는 시대의 정절

가부장제 세계는 남편에 대한 정절을 지켜야 하는 아내의 의무를 "계명" 수준으로 격상시켰다. 바로 이것이 에덴동산 이야기에 등장하는 도덕 가운데 하나다. "남편을 마음대로 주무르고 싶겠지만…." 그러나 한 남성과 성관계를 해야 한다는 것은 문화적 규범이지 생물학적 규범은 아니다. 비교적 최근의 상황을 통해 정절이라는 도덕적 문제가 주기적으로 변화하는 개념이라는 사실을 확인할 수 있다. 피임약이 개발되면서 서구에서는 성性이 해방되었고, 그에 따라 성생활이 전반적으로 문란해졌다. 그러자 정절의 개념은 오히려 1980년대 수준으로 회귀했는데, 그 원인은 바로 에이즈에 있었다. 성행위를 통해 전염되는 질병인 에이즈는 서구 사회의 성생활 풍속도를 바꿔놓았다. 에이즈에 감염되지 않으려면 남자든 여자든 성행위를 하는 상대의 수를 최소화하는 수밖에 없었다.

　인류가 농경을 시작했을 때 성행위를 통해 전염되는 질병은 정절이라는 규범을 확립하는 데 지대한 영향을 미쳤다. 미생물학자 도로시 크로퍼드Dorothy Crawford는 《치명적 동반자, 미생물Deadly Companions》에서 동물의 가축화로 동물의 몸에 머물던 미생물이 인간에게 옮아오는 과정을 설명하며 근접성, 주거지 공유 또는 우유나 육류 섭취 등을 그 원인으로 꼽았다.[75] 인간은 처음 접한 미생물에 대한 면역력이 없을 뿐 아니라 유전적으로 새로운 위협에 저항할 수 있는 힘도 없었다. 미생물은 새롭게 자리 잡은 인간 사회에 파괴적 영향을 미쳤다.

　동물의 몸에 머물던 미생물이 인간에게 옮아오는 과정과 관련해 크로퍼드가 언급하지 않은 요인이 있는데 바로 수간獸姦, 즉 동물과의 성행위다. 재레드 다이아몬드는 《총, 균, 쇠》에서 인류 최초의 농부가 직면한 질병을 다루며 남편이 걸린 이름 모를 질병이 "최근 가족 농장에 들어온 양과 성행위를 되풀이한 탓"이라는 말을 듣고 격분한 아내가 남편의 머리를 금속 그릇으로 내려친 사연을 소개한다.[76] 수렵·채집인은 수간할 기회가 비교적 적었을 뿐 아니라, 성적 활동에 관대한 당시의 분위기를 고려할 때 수간을 하겠다고 나설 만한 이유도 없었다. 농경이 시작되면서 인간은 길들인 동물을 가까운 곳에 두고 길렀는데, 이 새로운 사회에는 성적 욕구를 충족할 기회를 얻지 못한 남성이 상당히 많았다. 따라서 신석기 혁명을 통해 수간이라는 성행위가 나타났고, 그 결과 성행위를 통해 전염되는 질병 수가 크게 증가했다. 동물과의 성행위와 은밀한 신체 부위에 나타난 질병의 징후를 연계해 생각하는 건 그리 어렵지 않았다. 그래서 구약성서는 수간을 사형에 처할 만큼 무거운 범죄로 규정하고, 여러 차례에 걸쳐 맹비난하는 것이다.[77]

가부장제가 여성이 여러 남성과 성행위를 하지 못하도록 제한한 데에는 두 가지 목적이 있었다. 하나는 혼외자의 출생을 막는 것이고, 다른 하나는 성행위를 통해 전염되는 질병을 피하려는 것이다. 물론 모든 것을 자신의 통제 아래 두는 것에 가장 큰 관심을 보인 사람은 한 명 이상의 아내를 둔 남성이었다. 대부분의 남성이 한 명의 아내를 두는 데 비해 한 명 이상의 아내를 둔 남성은 성행위를 통해 전염되는 질병에 걸릴 위험이 더 높았기 때문이다.[78] 따라서 사회 지도층은 여성의 "순결"을 유지하고 여성의 성적 활동을 제한하는 일에 각별한 관심을 기울였다.

한편 가부장제 사회에서 결혼하지 않은 여성의 처녀성을 중심으로 한 제의가 등장한 데에는 또 다른 이유가 있는데, 이 내용은 성서에도 기록되어 있다.[79] 성 접촉 경험이 없는 여성은 질병에 걸리지 않은 것으로 여겼다. 여성을 거래 대상으로 삼은 시절이므로 질병에 걸리지 않았음을 입증함으로써 여성의 상품성을 크게 높일 수 있었다. 성행위를 통해 전염되는 질병에 걸리는 일이 드물었던 수렵·채집인은 결혼하지 않은 여성은 성 접촉을 해선 안 된다는 생각을 이해할 수 없었을 것이다. 그리고 당연하게도 오늘날 남아 있

는 수렵·채집인 사이에서는 "혼전 성관계"라고 할 만한 상황이 자주 연출된다.[80]

아담의 첫 번째 아내가 떠난 이유

그렇다면 여성은 이 모든 일을 고스란히 참고 견뎠을까? 사실 이 질문에는 명확히 답할 수 없다. 여성들의 반응을 기록한 텍스트가 없기 때문이다. 성서는 남성의 이해를 대변하는 남성이 기록한 것이다. 구약성서에 등장하는 이름 중 여성은 10퍼센트에도 못 미친다는 사실만 봐도 쉽게 알 수 있다.[81] 하지만 단 하나의 단서도 놓치고 싶지 않기에 아담의 첫 번째 아내였다는 소문의 주인공인 릴리스Lilith에 관한 이야기를 다루지 않고 넘어갈 수 없다. 엄밀히 말해 릴리스의 이야기는 이 책에서 다루는 범위를 벗어난 내용이다. 구약성서가 문서화되기 시작한 뒤로 1,500년에 가까운 세월이 흘렀음에도 에덴동산 이야기에 릴리스가 등장하지 않기 때문이다. 그럼에도 여기서 릴리스의 이야기를 다뤄보고자 한다.

창세기에 따르면 하느님은 자기 모습대로 남자와 여자를 창조했지만 이내 아담의 갈빗대를 뽑아 다시 여자를 창조했다. 이와 관련해 가장 유력한 해석은 사실은 이브가 아담의 두 번째 아내라는 것이다. 첫 번째 아내는 떠나버렸다! 아담이 이브와 결혼하기 전에 릴리스와 결혼했다는 소문은 1000년 무렵 작성한 문서《벤 시라의 알파벳Alphabet of Ben Sira》에 등장한다. "곧 두 사람은 언쟁을 벌이기 시작했다. 릴리스는 아담에게 말했다. '네 밑에 눕지 않을 거야.' 아담은 이렇게 말했다. '나도 네 밑이 아니라 위에 누울 거야. 네가 아래에 눕고 내가 위에 눕는 것이 세상의 이치니까.' 릴리스는 이렇게 응수했다. '너나 나나 똑같이 흙에서 창조되었으니 평등한 존재야.' 두 사람은 서로의 말에 귀 기울이지 않았다." 릴리스는 하늘 높이 날아올라 사막으로 떠난 뒤 자취를 감췄다.[82]

종교학자들은 릴리스가 수메르 서사시 《길가메시, 엔키두, 지하 세계Gilgamesh, Enkidu, and the Underworld》에서 언급한, 하늘의 여신 이난나Inanna의 나무에 깃든 악령을 재해석한 존재일 것이라고 추측한다. 히브리 성서에서 릴리스는 이사야Isaiah에 등장해 사달을 일으킨다. 또한 릴리스는 랍비 문헌에도 등장하는데, 아기를 잡아먹거나 그러지 않을 때에는 잠들어 있는 남성을 찾아가 정기를 빨아먹는다. 릴리스는 독일 시인 요한 볼프강 폰 괴테 덕분에 지금의 유명세를 얻었다. 괴테의 소설 속 주인공 파우스트가 발푸르기스의 밤에 릴리스를 보자, 흑마술에 대해 누구보다 잘 아는 메피스토펠레스Mephistopheles는 이렇게 경고한다. "저 여자가 릴리스다. 아담의 첫 번째 아내지. 저 아름다운 머리칼을 주의하도록." 여자 악마 릴리스는 모든 팜파탈의 어머니이자 페미니스트를 수호하는 일종의 주상성자柱上聖者다.

여기서 릴리스 이야기를 꺼내는 이유는 오늘날 사람들이 공식 성서에서 느끼는 불편함의 또 다른 원인을 이 이야기가 제공하는 것처럼 보이기 때문이다. 불평 한마디 하지 않고 주어진 운명을 받아들이는 고분고분한 이브가 아담의 첫 번째 아내였을까? 인간의 직감은 무언가 잘못되었다고 귓가에 속삭인다. 타고난 직관에 관한 한 인간의 본능적 직감은 거짓말을 하지 않는다. 아담과 이브가 에덴동산에서 쫓겨난 후, 이브가 남편에게 종속된 지위를 받아들인다는 개념은 그리스도교 교회에서 남성의 희망을 반영해 구축한 것이다. 반면 릴리스는 남성의 지배를 위협하는 모든 것의 화신이다. 남성을 유혹하는 릴리스의 힘은 막강하다. 성서를 읽는 동안 이런 원시 여성의 힘을 다시 만나게 될 것이다.

릴리스 이야기는 이브와 이후 세상에 나타난 모든 여성에게 하느님이 행한 모든 일이 본질적으로 의혹투성이라는 사실을 드러낸다. 남성은 아내의 주인이고, 여성은 남편을 갈망하는 존재가 될 것이다. "남편을 마음대로 주무르고 싶겠지만…." 이 이야기를 통해 전하고자 하는 메시지는 분명하다. 성적 욕망의 원천인 여성은 나약하므로 남성의 강력한 지배를 받아야 한다. 수세기에 걸쳐 아담과 이브 이야기는 남성의 통제가 느슨해지면 어떤 일이 일어나는지 보여주는 데 활용되었다. 그 기나긴 시간 동안 설교단에 선 남성은 이렇게 설파했다. "우린 낙원에서 추방당했습니다. 남자가 아내의 말을 들었기 때문입니다." 따라서 아담과 이브 이야기는 일종의 여성 혐오 이야기라고도 할 수 있다.

출산의 고통

이브에 대한 하느님의 판결로 돌아가보자. "너는 아기를 낳을 때 몹시 고생하리라. 고생하지 않고는 아기를 낳지 못하리라." 전통적으로 이 판결은 인과론적 이야기로 해석된다. 즉 출산의 고통을 설명하기 위한 이야기라는 말이다. 매우 흥미로운 관점인데, 나무에서 떨어졌을 때 느끼는 고통과 달리 사람들이 출산의 고통을 당연한 것으로 자연스럽게 받아들이지 못한다는 말처럼 들리기 때문이다. 나무에서 떨어졌을 때 느끼는 고통은 따로 설명할 필요가 없다. 그런 이유로 나무에서 떨어졌을 때 느끼는 고통을 설명하기 위한 이야기가 성서에 등장하지 않는 것이다.

그러나 아무도 출산의 고통에 관한 한 성서가 옳다는 것을 알아차리지 못했다. 출산의 고통은 정말 설명이 필요한 현상이기 때문이다. 다시 말해 출산의 고통은 비교적 최근의 현상, 즉 부조화의 산물이기에 정상은 아니다. 농경 생활을 시작하면서 생활환경이 열악해지고 질병이 증가함에 따라 여성의 신체는 점차 작아졌다. 하지만 자궁 속에서 자라는 아기의 크기, 특히 아기의 머리 크기는 크게 달라지지 않았다. 덕분에 아기가 산도産道를 빠져나오는 여정이 더 힘들어졌고, 산모가 느끼는 고통도 그만큼 심해졌다. 출산의 위험 역시 커졌다. 고인구학의 분석에 따르면 초기 농경 시대에 산모와 아기의 주산기사망률(사산과 신생아 사망 비율)도 수렵·채집인에 비해 월등히 높았다.[83] 여기에 농경 생활을 하며 이동성이 감소한 것도 출산을 더욱 고통스럽게 하는 원인으로 작용했을 것이다.

이 모든 정보를 바탕으로 생각해보면 창세기는 여성이 출산의 고통을 겪지 않은 시절의 기억을 감추려는 시도라고 할 수 있다. 출산의 고통은 지난 수천 년 동안 여성이 겪은 고난이기에 적절한 심리적 대응기제를 개발할 시간이 없었다. 그 고통은 생명을 위협하는 위험이었지만 그것을 막을 뾰족한 방법도 없었다. 바로 이것이 이브에게 내린 저주의 효과였다. 심지어 이 조악한 이야기는 출산의 고통이 정상이라고 이야기함으로써 여성의 불안을 누그러뜨리는 힘도 있었다. "모든 여성은 에덴동산에서 이브가 하느님의 명령을 거역한 대가를 치러야 한다." 이런 말이 출산의 고통 자체를 경감할 수는 없겠지만, 적어도 그에 대한 공포를 누그러뜨려 출산 과정을 좀 더 수월하게 받아들이도록 도울 수는 있었을 것이다. 사실

클로로포름을 처음 도입한 19세기 중반 이전에는 "저주"라는 단어를 출산의 고통과 동의어로 사용했다.[84]

하느님 탓으로 돌리기 쉬운 이유

그렇다면 성서가 사람들에게 전하려는 진짜 이야기는 무엇인가? 창세기에 등장하는 대부분의 인과론적 이야기는 사람들이 세상에서 낯설게 느끼는 다양한 측면을 설명하려 애쓴다. 진주조개가 생명을 위협하는 이물질을 에워싸 반짝이는 진주를 만들어내듯 성서에 등장하는 반짝반짝 빛나는 여러 이야기는 부조화 문제를 둘러싸 형성된 것이라고 말할 수 있다. 따라서 성서 속 이야기는 사람들이 정상 상태를 되찾으려고 노력하는 가운데 탄생한 결과물이다.

이러저러한 하느님의 행동에 대한 이유를 설명하는 이야기는 "물화物化"라는 말로도 표현할 수 있다. 사회학자 피터 버거Peter Berger와 토마스 루크만Thomas Luckmann은 물화를 이렇게 정의했다. "자연의 사실, 우주 법칙의 결과, 신의 의지 표현 같은 인간 활동의 산물을 인간이 아닌 다른 무언가의 산물**인 양** 이해하는 행위다."[85] 주어진 문제의 원인이 영원불변하는 현상이라고 믿을 때 물화가 일어난다. 따라서 여성의 종속 또는 사유재산의 등장이 하느님의 뜻이므로 당연한 결과라고 제시하는 에덴동산 이야기는 일종의 이데올로기라고 볼 수 있는데, 여기서는 주로 기만과 권력의 정당화가 중요한 역할을 수행한다.

성서 속 이야기가 인류의 역사에서 지배, 폭력, 억압을 정당화하는 데 이용되어왔다는 사실에는 의문의 여지가 없다. 그러나 아담과 이브 같은 이야기가 가부장제의 규범을 공고히 하기 위해 한 무리의 남성이 만들어낸 것이라는 일부 교회 비평가들의 주장은 지나치다. 인간의 심리적 성향은 눈길이 닿는 모든 것에서 영혼, 신, 악령의 영향을 본다. 따라서 당시 사람들은 하느님이 그렇게 행동한 이유에 대한 설명을 듣고 싶었을 것이다. 어쩌면 인간의 정신이 세계를 설명하는 방식이 의도치 않게 현상을 하느님의 뜻으로 정당화하는 결과를 낳았을지도 모른다. 말할 필요도 없이 이런 논리로 이익을 보는 사람들은 반대할 이유가 없었을 것이다. 어쨌든 그런 설명은 사회의 조화를 이끌어내기도 한다. 현재의 상황이 하느님 때문이라고 설명하면 모든 논의가 급격히 짧아지기 때문이다. 한편 그런 설명을 통해 사람들은 출산의 고통같이 절대 해결할 수 없는 문제에 대한 두려움도 덜어낼 수 있다.

낙원이여 안녕

아담과 이브 이야기는 세 가지 중요한 주제를 드러낸다. 첫째 인간의 삶이 그토록 힘들고 단조로운 일로 이루어진 이유에 대한 의문, 둘째 사유재산이라는 개념을 받아들이는 데에 따르는 어려움, 셋째 여성이 남성에게 종속되는 기이한 사실이 바로 그것이다. 이것은 정착 생활을 시작한 이래 인류가 가장 시급히 대처해야 한 세 가지 문제, 즉 진정한 원죄다. 이런 관점에서 본다면 1만여 년이라는 세월이 흘렀음에도 세상은 크게 변하지 않았다고 할 수 있다. 앞으로 살펴보겠지만 이런 문제는 물론 다른 여러 문제도 성서의 초반부에 등장하는 많은 이야기의 바탕을 이룬다. 창세기는 오늘날 사람들이 "영원한 것"이라고 생각하는 구원이나 삶의 의미 같은 문제를 다루지 않는다. 사실 당시 사람들은 새로운 생활 방식을 받아들이면서 직면한 불평등, 폭력, 억압, 질병, 여성 혐오 같은 재앙을 두려워했다. 과학도, 철학도, 약학도 없고 정치 윤리도 없는 세상에서 사람들은 종교를 대응 전략으로 삼았고 그 선택은 지극히 성공적이었다. 종교의 유일한 해결책("하느님") 덕분에 사람들은 이런 문제에 대처할 수 있었다. 그러나 그렇다고 해서 문제 자체가 사라진 것은 아니었다. 문제는 치명적인 상태 그대로 여전히 남아 있었다. 그리고 그 덕분에 성서 속 이야기는 계속 기록되어 그 후에도 우리에게 감동을 선사할 수 있었다.

이제 에덴동산을 벗어날 때가 되었다. 성서를 읽는 많은 이들은 아담과 이브가 에덴동산을 나서자마자 모든 일이 그렇게 빨리 꼬이고 형이 동생을 살해하는 일이 벌어졌다는 사실에 충격을 받는다. 그러나 우리는 놀랍지 않다. 결국 그렇게 될 수밖에 없는 일이었기 때문이다.

2

카인과 아벨

폭력의 탄생

어쩌면 재앙은 에덴동산에서 싹을 틔웠는지도 모른다. 그러나 어쨌든 모든 일은 타락 이후에 시작되었다. 카인은 아벨을 죽였고 홍수가 수백만 목숨을 앗아갔으며 심지어 바벨탑도 무위로 돌아갔다. 창세기에서는 재앙이 끊이지 않는데, 그 한가운데에는 "재난의 달인" 하느님이 있다.

무언가 어색하지 않은가? 전능한 하느님이 세상을 창조했다면 형제가 서로를 죽이지 않고 하느님의 노여움에 두려워 떠는 사람도 없어야 하지 않을까? 예언자 이사야는 늑대가 새끼 양과 어울리고 사자가 풀을 뜯을 것이라고 약속하지만 아담과 이브가 낙원에서 쫓겨난 뒤로 세상은 혼돈의 연속이었다.

이토록 무시무시한 장면으로 시작된다는 것은 성서가 현실에 근거한 기록이라는 증거로 해석할 수 있다. 신자라면 누구나 하느님에게 그런 무거운 책임을 지우고 싶지 않을 것이다. 그러나 성서의 저자들은 이런 이야기의 핵심에 자리 잡은 실제 사건을 무시하고 지나갈 수 없었을 것이다.

　앞으로 살펴보겠지만 (흔히 원시시대로 일컫는) 성서상의 역사와 수렵·채집인이 정착 생활을 시작한 실제 선사시대 사이에는 밀접한 상관관계가 있다. 여기서는 이 새로운 생활 방식이 야기한 문제점을 면밀히 검토할 것이다. 아담과 이브가 낙원에서 쫓겨난 뒤 성서가 최초로 언급한 중요한 사건은 살인, 그것도 형제 살해였다. 그리고 이 사건에는 새로운 생활환경이 불러온 필연적 결과가 반영되어 있다.

형제 살해의 비극

　카인과 아벨 이야기는 그리 길지 않다. 농부인 형 카인은 들에서 거둔 곡식을 하느님에게 바쳤고 목자인 동생 아벨은 양 떼 중 첫 새끼와 그 기름으로 제사를 지냈다. "그런데 야훼께서는 아벨과 그가 바친 예물은 반기시고 카인과 그가 바친 예물은 반기지 않으셨다." 이에 격분한 카인은 그를 달래려는 하느님의 노력에도 아랑곳하지 않고 동생 아벨을 들판으로 불러내 죽였다. 동생을 죽인 죄로 카인은 떠돌아다니며 살아야 하는 벌을 받았다. 그러나 한편으로 하느님은 다른 사람이 카인을 죽이지 못하도록 그에게 표식을 남겼다. 누구든 카인을 죽이는 사람에게는 "일곱 갑절로 벌을 내리리라." "카인은 하느님 앞에서 물러나와 에덴의 동쪽 놋이라는 곳에 자리를 잡았다." 훗날 카인의 자손은 번성하게 된다.

　카인과 아벨 이야기는 즉각적인 질문을 불러일으킨다. 이 유혈 참사에 하느님은 정말 일말의 책임도 없는가? 두 형제 모두 하느님을 공경했다. 만약 하느님이 그들의 제물을 모두 받아들였다면 아무 일도 일어나지 않았을 것이다. 하느님이 장자인 카인의 제물을 무시한 이유는 무엇일까? 그 의도가 궁금해진 순간 또 다른 의문이 꼬리를 문다. 하느님은 아벨에게 호의를 베풀었으면서 왜 그가 살해되도록 내버려두었을까? 하느님은 카인에게 왜 그토록 관대한 처벌을 내렸을까?

당연히 성서 주석가들은 카인과 아벨 이야기로 골머리를 앓았을 것이다.[1] 하느님은 모든 비판을 초월한 존재이기에 많은 랍비와 신학자는 카인이 바친 제물에 무언가 문제가 있었을 것이라고 가정했다. 일부 저술가는 카인이 탐욕을 부렸을 가능성을 제기했고 또 다른 저술가는 사탄을 끌어들였다. 이들의 해석에 따르면 카인의 아버지는 아담이 아니라 악마고, 그런 이유로 하느님이 장자인 카인의 제물을 받아들이지 않은 것이다.[2]

오늘날 학자들은 카인과 아벨 이야기가 하느님이 어떻게 죄인에게도 자비를 베푸는지 분명히 보여준다고 추정한다.[3] 하지만 이런 해석은 신뢰하기 어려운 것이, 불과 두 장만 넘기면 하느님이 골육상잔의 비극에 갖다 대기도 민망할 만큼 경미한 죄를 이유로 대홍수를 일으켜 전 인류를 익사시키는 이야기가 나오기 때문이다. 자비는 모세오경에 등장하는 하느님의 장기에 속하지 않는다. 한편 카인과 아벨 이야기를 인간의 진정한 본성을 말해주는 인류학적 진술로 해석하는 학자도 있다. 즉 인류는 카인과 아벨처럼 죄를 지을 수 있고 쉽게 죄를 짓는 존재라는 것이다.[4] 그러나 이런 해석은 또 다른 불편한 질문을 야기한다. 그렇다면 하느님이 인류를 그렇게 창조한 이유는 무엇인가?

일부 성서학자들은 카인과 아벨 이야기가 켄족Kenites으로 알려진 유목민족의 기원을 밝히는 인과론적 이야기라고 생각하고,[5] 또 어떤 학자들은 첫 새끼를 제물로 삼는 일이 그토록 중요한 이유를 설명하는 이야기라고 해석한다.[6] 그러나 고작 그 정도의 이유로 에덴동산에서 쫓겨난 바로 그 순간부터 유혈이 낭자한 이야기를 배치할 필요가 있었을까? 신학자 베네딕트 헨젤Benedikt Hensel의 이론은 조금 더 흥미롭다. 그는 창세기에서 "하느님이 약속한 '이스라엘 민족'의 혈통을 이은 존재는 중요성이 더 큰 첫아들이 아닌 작은아들인 경우가 많다"는 사실을 지적하며 그것이 카인과 아벨 이야기의 뼈대를 이루는 서사적 주제라고 주장했다. 즉 성서의 저자들은 하느님의 선택을 받는 자의 지위는 첫아이에게 자동으로 주어지는 특권이 아니라 의식적 결정이라는 사실을 말하려 했다는 것이다. 헨젤은 이 모든 것의 이면에 "더 크고, 더 오래되고, 문화적으로 더 지배적인 수많은 국가의 틈바구니에서" 자신의 존재 가치를 천명하고자 애쓴 이스라엘 민족의 입장이 담긴 자기 타당성에 대한 진술이 자리 잡고 있다고 추정했다. 다시 말해 이스라엘 민족은 "손위 형제들, 주위를 둘러싼 강대국들"의 틈바구니에서 존재감을 잃지 않기 위해 애썼다는 것이다.[7] 그러나 아벨의 사례를 볼 때 이스라엘 민족이 아벨과 자신을 동일시하는 것은 좋은 전조가 아니다. 아벨이 하느님의 호의를 받았을지 모르지만 결국 살해당했기 때문이다. 그 결과 아담과 이브의 셋째 아들 셋Seth이 이스라엘 민족의 조상이 되었다.[8] 이 책은 헨젤의 비유적 해석을 따르지 않는다. 그럼에도 그가 내린 결론의 핵심 내용에 대해서는 생각해볼 필요가 있다. 작은아들에게는 무언가 특별한 것이 있기 때문인데, 이 이야기는 뒤에서 좀 더 자세히 다룰 것이다.

카인과 아벨 이야기에 등장하는 골육상잔의 비극에 대한 타당한 해석으로 인정받으려면 반드시 다음 네 가지 질문에 합당한 답을 제시할 수 있어야 한다. 하느님이 여러 형제 중 한 명에게만 호의를 베푼 이유는 무엇인가? 하느님이 둘째 아들 아벨을 선택한 이유는 무엇인가? 카인이 아벨을 살해한 이유는 무엇인가? 하느님이 살인자에게 관대한 처벌을 내린 이유는 무엇인가? 이제부터 이 네 가지 질문에 대한 답을 제시해보고자 한다.

하느님이 한 명에게만 호의를 베푼 이유

아벨이 하느님의 은총을 독차지한 이유는 하느님이 선택의 기로에 놓여 있었기 때문이다. 에덴의 동쪽에 자리 잡은 새로운 세계의 법칙은 하느님에게 한 명의 선택을 강요했다. 농경이 시작되면서 인구가 크게 늘자 비옥한 땅이 부족해졌고 이로써 과거에는 없던 문제, 즉 자녀에게 재산을 물려주는 방식에 관한 문제가 등장했다. 여기서 적합한 해결책이 없는 또 다른 부조화 문제를 만나게 된다. 토지를 여러 상속자에게 나누어 물려주면 들과 초지의 규모가 너무 작아져 생존할 수 없게 될 터였다. 그러자 여러 지역에서 한 가지 해결책이 떠올랐다. 바로 한 명의 아들에게 모든 재산을 물려주는 방식이다. 족장은 이 방식에 지대한 관심을 보였다. 왜냐하면 모든 재산을 단 한 명의 상속자 손에 넘겨주면 풍성한 수확을 통해 가족의 강한 힘을 유지함으로써 이웃과의 경쟁에서 살아남을 가능성이 높아지기 때문이었다. 그러나 이 방식에는 피할 수 없는 단점이 있었다. 상속을 받지 못한 나머지 형제는 빈털터리가 될 수밖에 없으므로 눈 깜짝할 사이에 재산이 없는 사람들로 구성된 사회계층이 생길 터였다.[9] 그럼에도 한 명의 아들에게 모든 재산을 물려주고 나머지 형제는 빈털터리가 되는 상황이 이내 대세로 자리 잡았다. 그리고 히브리 성서에 등장하는 하느님도 이런 상속 방법을 전폭적으로 지지했다.

부조화의 문제와 마주칠 때 인간의 첫 번째 본성은 언제나 반기를 드는 경향을 보인다. 소수에게 재산을 몰아주는 상속 방식은 평등주의와 협동을 바탕으로 수렵·채집 시대에 형성된 인간의 타고난 선호에 위배되는 것이다. 인간은 특정인이 다른 사람에 비해 지나치게 좋은 대접을 받으면 매우 부당하다고 느끼는데, 물론 자신이 그 수혜자인 경우에는 그렇지 않다.

하느님이 올바른 사람을 선택하지 않은 이유

하느님은 새로운 관습에 따라 형제 중 한 명을 선택했지만, 잘못된 형제를 편애함으로써 그 관습을 거슬렀다. 토지법은 장자가 모든 것, 적어도 재산의 대부분을 물려받는 장자상속제로 제도화되었다. 따라서 형인 카인이 정당한 상속자였다. 이것은 이들의 분업에서도 확연히 드러난다. 카인은 농부, 즉 미래의 지주인 반면 아벨은 결국 형의 소유물이 될 가축을 돌보는 지저분한 일을 하는 목동이었던 것이다.

지주는 되도록 갈등을 최소화하면서 재산을 물려주어야 하는 까다로운 과제에 직면했다. 다른 각도에서 문제를 제기해보면 이 문제의 중요성을 더욱 잘 이해할 수 있다. 아버지는 어떻게 자녀 대부분의 상속권을 박탈할 수 있었을까? 지주는 가장 적합하다고 판단한 아들, 즉 가장 능력 있는 아들 아니면 가장 가깝게 느끼는 아들을 선택할 것이다. 그러나 이런 방식으로 상속하면 미묘한 상황이 발생할 수 있는데, 시간의 흐름에 따라 지주의 선호가 바뀔 수 있을 뿐 아니라 다른 아들이 문제를 제기할 가능성도 있었다. 만일 상속자를 지명하지 않은 상태에서 족장이 갑자기 세상을 떠나기라도 하면 상속을 둘러싸고 형제들 사이에 잔인한 싸움이 벌어질 것은 불을 보듯 뻔했다.

이처럼 족장이 마음 가는 대로 즉석에서 상속자를 결정할 경우 분쟁은 불가피했다. 선택된 상속자의 능력이 탁월한 것은 물론 이를 입증할 수 있어야 하는데, 그렇다고 다툼의 여지가 완전히 사라지는 것은 아니므로 누구라도 쉽게 가족 간 갈등이 일어나리라는 것을 예견할 수 있었다. 특히 장자의 힘이 형제 중 가장 강하고, 따라서 상속권이 자신에게 있다고 믿는 상황에서 족장이 그를 선택하지 않은 경우에는 더욱 그러했을 것이다. 아버지가 일찍 사망한 경우 장자가 형제 중 가장 먼저 어른이 되므로 논리적으로 볼 때 장자를 상속자로 지명하는 장자상속제가 이 문제를 풀 확실한 해결책인 것만은 분명하다. 따라서 족장의 주관에 따라 상속자를 결정하던 방식에서 장자에게 상속권을 주는 객관적 방식으로 제도화되었다. 나중에 하느님은 토라를 통해 사랑하지 않는 아내에게 얻은 아들이라도 장자라면 상속권을 인정해야 한다는 법을 세웠다.[10] 놀라운 점은 창세기 초반부에 등장하는 하느님은 장자의 제물을 받아들이지 않음으로써 스스로 세운 그 법을 어겼다는 것이다.

하느님은 어느 쪽을 선택하든 마음이 편하지 않았을 것이다. 그렇지 않고서야 모든 면에서 나무랄 데 없던 제자 아벨을 보호하는 데 실패했다는 것을 어떻게 설명할 수 있겠는가? 앞서 언급한 것처럼 창세기의 하느님은 아직 전능한 존재에 이르지 못했다. 창세기의 하느님은 다신교 세계에서 쉽게 찾아볼 수 있는 여러 신과 다름없는 존재다. 심지어 하느님은 카인과 개인 대 개인 자격으로 이 문제를 논의한다. 그리스 만신전에서 가장 높은 신 제우스Zeus 조차 실수를 저질렀고 아폴론Apollon처럼 강한 신도 아끼는 헥토르 Hector를 (여신 아테나Athena의 수호를 받은) 아킬레우스Achilleus의 노여움에서 구해내지 못했다는 점을 고려하면 하느님의 입장도 이해하지 못할 일은 아니다. 성서 속 카인과 아벨 이야기는 그보다 앞선 다른 이야기, 즉 여러 신이 사건에 개입하는 이야기에서 출발했는지도 모른다. 미국 신학자 존 바이런John Byron은 성서 속 카인과 아벨 이야기에서 많은 구문 오류, 텍스트상 공백, 일관성 없는 내용을 발견했다. 이 모든 것은 카인과 아벨 이야기가 강도 높은 수정을 거쳤을 가능성을 시사한다. 이 이야기의 기원에 대한 연구자들의 의견도 분분한데,[11] 어떤 결론이든 필연적으로 생각해볼 여지를 남긴다. 그럼에도 우리에게는 아직 진화의 관점을 통한 성서 독해라는 강력한 무기가 남아 있다.

문화적 진화의 관점에서 카인과 아벨 이야기를 보면 하느님의 특이한 결정을 통해 실제로 일어난 사건을 재구성해볼 수 있다. 하느님은 의견이 분분한 상속 문제를 다루지 않을 수 없었다. 새로운 상속 제도를 두고 거센 저항이 일었기 때문이다. 우선 인간의 첫 번째 본성이 저항에 나섰다. 같은 말을 반복하는 셈이지만 다시 한번 강조하면 수렵·채집 시대에는 평등주의를 바탕으로 집단을 이루었을 뿐 아니라 사유재산이라고 할 만한 것이 전혀 없었다. 당시 사람들은 수렵 기술과 식량을 채집할 수 있는 최고의 장소에 대한 지식 같은 가장 중요한 소유물을 모든 자녀에게 물려주었다. 모든 것의 중심에는 협동이 있었다. 자원을 사유화하고 그것을 단 한 명의 상속자에게 물려줄 수 있다는 개념은 수렵·채집 생활을 하는 사람들에게는 어불성설이었다.

나아가 법은 상속 문제에 대한 만족할 만한 해결책을 제시하지 못했다. 장자가 무능력한 인물이라면 어떻게 할 것인가? 히브리 성서에는 장자지만 아무짝에도 쓸모없는 인물이 대거 등장한다. 에사오Esau는 불콩죽 한 그릇에 상속권을 팔아넘겼고 르우벤Reuben은 아버지의 아내와 동침했으며 다윗 왕의 장자 암논Amnon은 이복 여동생 다말Tamar을 강간했다. 이 정도면 하느님이 카인의 제물을 받아들이지 않을 만한 이유가 되지 않겠는가?

마지막으로 장자상속제를 가장 강력하게 반대한 이들 중 일부가 사실 성적 매력이 우월했다는 점을 잊지 말아야 한다. 성서를 읽은 대부분의 독자는 인식하지 못할지도 모르지만, 성서 시대에 부유한 남성은 종종 일부다처제를 실현했다. 한 남성이 여러 명의 아내를 두었고, 나이가 들어 더 많은 권력을 거머쥐면 새로운 아내를 얻었다. 그래서 나중에 얻은 아내는 일반적으로 이전에 결혼한 아내보다 젊었다. 이들은 자기 아들을 상속자로 만들기 위해 수단과 방법을 가리지 않았다. 그래야 자기 아들의 유전자, 결국에는 자기 유전자를 후대에 남길 최상의 기회를 얻을 수 있기 때문이다. 따라서 성서에서 어린 아들이 가장 사랑받게 된 이유는 일부다처제에서 찾을 수 있다. 젊은 여성은 그들의 사랑스러움으로 남성들을 매료시켰다. 이들 중 가장 잘 알려진 것은 바쎄바Bathsheba다. 바쎄바가 목욕하는 모습을 훔쳐보고 그녀의 아름다움에 사로잡힌 다윗 왕은 자신을 위해 군대에 복무 중인 그녀의 남편을 전장으로 보내 전사하게 한 뒤 바쎄바와 결혼했다. 그렇다면 손위 형제들을 모두 제치고 다윗 왕의 왕위를 물려받은 아들은 누구였을까? 다름 아닌 바쎄바의 아들, 솔로몬이다.

카인이 자기 동생을 살해한 이유

하느님이 아벨에게 호의를 베풀면서 모든 것이 뒤집어졌다. 자신의 정당한 권리를 보호하려 한 카인은 그 과정에서 폭력을 행사했는데, 그 폭력이 극단으로 치달았다는 사실만으로도 그것이 카인에게 얼마나 중요한 권리였는지 알 수 있다. 동생을 살해한 카인의 행동에 충격을 받은 독자도 있겠지만 진화의 역사에서 동기간 갈등은 그리 새로운 현상이 아니다. 생명과학에서는 동기간 경쟁이 널리 연구되는 익숙한 주제다. 어린 동물은 보통 부모가 제공하는 제한된 자원을 두고 경쟁하기 마련인데, 예를 들어 조류의 경우 둥지에서 가장 강한 새끼만이 살아남아 성체成體로 성장하는 경우가 다반사다.

당연히 인간 사회에서도 동기간 경쟁은 특별한 일이 아니다. 만약 한 아이가 다른 형제에 비해 부당한 대우를 받는다고 느낀다면 그 결과 발생하는 소란은 매우 극적일 수 있다. 그러나 "협동하여 자녀를 양육하는" 인간은 이 문제를 통제할 방법을 찾아냈다. 바로 어린 형제자매를 돌보는 일에 손위 형제자매를 참여시켜 경쟁이 아닌 이타심을 키우게 하는 것이다.[12]

이 방법은 유전적으로도 바람직하다. 형제자매는 유전적 기질을 대부분 공유한다. 따라서 수렵·채집 생활을 하는 집단에서 가장 신뢰할 수 있는 동반자는 형제였고, 그렇기에 형제간 우애를 다지는 방법도 잘 알고 있었다. 예를 들어 수렵·채집 생활을 하는 집단에서 서로에 대한 이해의 폭이 넓은 형제는 말 한마디 하지 않고도 협동해 사냥할 수 있었고 그 결과 가장 좋은 성과를 올릴 수 있었다. 이런 결과는 다시 형제의 평판에 긍정적 영향을 미쳐 더 많은 자손을 남길 기회를 얻을 수 있었다. 당시 형제를 살해하는 것은 자기 팔을 잘라내는 것이나 마찬가지였다. 바로 이것이 카인과 아벨 이야기의 스캔들이다. 새로운 세계에서는 자원을 완전히 부당하게 배분한 탓에 형제가 다른 형제를 살해하는 비극이 벌어진 것이다.

카인이 무거운 처벌을 면한 이유

하느님이 카인에게 그토록 관대한 벌을 내린 이유는 무엇일까? 나중에 모세가 계시한 율법에 따르면 살인은 목숨으로 갚아야 하는 무거운 죄였다. 나아가 카인의 행동은 하느님의 권위에 대한 도전이었다. 따라서 평생을 떠돌아다니며 살라는 추방형은 놀라울 정도로 자비로운 벌이라고 할 수 있다. 물론 훗날 등장한 전설에서는 형제를 살해한 카인이 그에 합당한 벌을 받게 되는데, 이 전설에 따르면 눈먼 라멕이 사냥에 나섰다가 카인을 동물로 착각해 활로 쏘아 죽이고 만다.[13]

앞서 설명한 것처럼 이 책은 수렵·채집 생활에서 정착 생활로 전환되는 과도기에 대해 다룬다. 이 시기에는 합리적 논리를 바탕으로 새로운 법을 제정했는데, 이 법은 강한 저항에 부딪혔다. 인간의 세 번째 본성이 관여하는 이런 규범은 아직 두 번째 본성의 지위를 획득하지 못했으므로 사람들은 이에 대해 의문을 품을 수밖에 없었다. 카인과 아벨 이야기에서 하느님은 이야기 자체만큼이나 어수선한 심리 상태를 보인다. 이 시기에는 다양한 사건이 벌어졌는데, 다가올 미래를 암시하는 것처럼 보이는 이 사건들은 아담과 이브의 자손에게는 재앙과도 같았다.

인류 역사상 카인만큼 관대한 처벌을 받은 살인자는 없을 것이다. 인류의 사촌 격인 침팬지와 고릴라 같은 유인원에게 무엇보다 중요한 것은 육체의 힘이지만 수렵·채집 생활을 하는 사람들에게는 그것이 결정적 역할을 하지 못했다. 수렵·채집 생활을 하는 사람들이 사용한 무기는 먼 거리에서도 사냥감을 죽일 수 있을 정도로 위력적이었기에 수렵·채집 생활을 하는 집단에서는 육체의 힘 대신 협동의 힘이 중요한 요소로 자리 잡았다. 인류학자 크리스토퍼 보엠Christopher Boehm은 평등주의를 바탕으로 한 집단의 경우 어느 시점에 이르면 과도하게 폭력적인 성향을 보이는 개인을 집단의 유전자 풀에서 조직적으로 배제하기 시작했다고 생각한다.[14] 당연히 폭군이 발붙일 자리는 전혀 없었다.

그러나 새로운 세계 질서가 자리 잡으면서 씨족(부계가족)은 똘똘 뭉쳐 그들의 재산을 지켜내야 했다. 그러자 인간의 첫 번째 본성에 자리 잡은 이기적 충동이 유리하게 작용하기 시작했다. 한때 집단에 의해 엄격하게 통제되던 족장은 이제 무엇이든 마음껏 누릴수 있게 되었고, 경쟁자를 물리치기 위해 수단과 방법을 가리지 않았다. 씨족의 결속을 굳건히 다지기 위해서는 혹독한 조치가 필요했고 외부의 위협에 맞서기 위해 폭력 행사도 불사했다.

바로 이것이 카인과 아벨 이야기가 그토록 완벽하게 들어맞는 이유다. 새로운 사회질서에서는 폭력에 의존하는 씨족이 특히 큰 성공을 거뒀다. 하느님의 명령에 따라 카인은 들판을 비워주어야 했다. 하지만 진정한 의미에서 그는 하느님의 신성한 표식으로 보호받았다. "카인을 죽이는 사람에게는 내가 일곱 갑절로 벌을 내리리라." 추방된 카인은 "모든 문화의 아버지"로서 비교적 성공적인 삶을 살았다.[15] 카인의 아들 에녹Enoch은 인류 최초의 도시를 건설했고, 카인의 자손인 라멕은 두 명의 아내를 두고는 이런 말로 그들을 구슬렸다. "내 말을 들어라. 라멕의 아내들아, 내 말에 귀를 기울여라. 나를 해치지 마라. 죽여버리리라. 젊었다고 하여 나에게 손찌검을 하지 마라. 죽여버리리라. 카인을 해친 사람이 일곱 갑절로 보복을 받는다면, 라멕을 해치는 사람은 일흔일곱 갑절로 보복을 받으리라."

진화는 특정한 목표를 추구하지 않는다. 오래전 과거에서 온 구시대적 행동의 원동력, 즉 지배하고 독점하려는 충동이 새로운 세계의 생활 방식으로 자리 잡았고 집단의 우두머리에게는 두 번째 기회가 찾아왔다. 무자비한 폭력을 휘두르는 그들의 경향은 새로운 생활환경에 적응하는 데 유리하게 작용했고, 그들을 견제하던 의무의 그물망은 순식간에 찢어졌다. 성서가 들려주는 대로 카인의 자손은 재산, 여자, 폭력의 독점에 뛰어난 재능을 보였다. 독재와 폭정의 근원을 상징하는 집단의 우두머리 남성은 문명의 다음 단계, 즉 최초의 족장사회와 도시국가를 이끄는 주인공이 될 터였다. 그들이 일으킨 전쟁은 전 세계 사람들을 불행에 빠뜨렸다. 같은 말을 자꾸 반복하는 것 같아 미안하지만, 성서는 이런 내용을 간결하게 요약해 전한다.

돌아갈 수 없는 낙원

카인과 아벨 이야기를 통해 당시를 지배한 사회적 혼돈을 일별할 수 있다. 사유재산을 바탕으로 새로 등장한 사회에는 경쟁, 불평등, 폭력이 난무했다. 사람들은 말 그대로 그런 사회에 적응할 준비가 되어 있지 않았다. 진화의 관점에서 볼 때 이 모든 일이 지나치게 빨리 일어나 인간의 정서가 자연선택을 통해 적응해나갈 수 없는 상황을 초래했다. 새로운 규범은 오래전에 자리 잡은 타고난 감정과 충동에 걸맞지 않았다. 대신 "힘이 권력을 만든다"는 말이 재기에 성공하면서 마치 고전 그리스 비극에서처럼 과거의 원칙과 새로운 원칙이 맞부딪쳤다. 이런 부조화의 결과는 대혼란이었다.

성서는 카인과 아벨 이야기를 적절한 곳에 배치했다. 형제간 갈등은 정착 생활의 필연적 결과로 그 뒤를 따른다. 과거의 가족관계가 파탄 나면서 다양한 원심력에 의해 가족이 뿔뿔이 흩어질지도 모른다는 위기감이 팽배해졌다. 놋 땅으로 쫓겨난 카인은 낙원에서 멀어졌다. 따라서 극악무도한 카인의 행동은 그의 개인적 결함, 즉 무절제한 천성 때문이 아니라 조화롭지 않은 사회적 상황이 촉발한 것이다. 앞으로 성서를 읽는 과정에서 이런 사건을 거듭 만나게 될 것이다.

3

사람의 아들들, 하느님의 아들들

먼 친척

골육상잔의 비극에서 홍수라는 대재앙으로 직행하려니 우울한 감이 없지 않아, 두 이야기 사이에 끼인 두 장에 걸친 성서 내용을 간단하게 검토해보려 한다. 성서인류학의 관점에서는 실수에 불과한 이 내용은 오랜 세월 크게 주목받지 못한 채로 남아 있었다. 앞서 다룬 주제의 연속선상에 있는 이 두 장의 내용은 가부장제 시대 아들에 관한 것으로 한 장은 사람의 아들을, 다른 한 장은 하느님의 아들을 언급한다. 한 집단은 혼돈을 잠재울 의도로 활용되었고 다른 한 집단은 혼돈을 더 가중시키고 말았다.

우리는 한 가족

창세기 5장에는 성서 최초의 족보가 등장한다. 그것만큼 성서를 처음부터 끝까지 읽으려는 이들의 선의를 무참히 짓밟는 내용은 또 없을 것이다. 심지어 아담에서 노아에 이르는 족보를 기록한 문장은 눈에 잘 들어오지도 않는다. "셋은 백오 세에 에노스를 낳았다. 셋은 에노스를 낳은 다음 팔백칠 년 동안 살면서 아들딸을 더 낳았다. 셋은 모두 구백십이 년을 살고 죽었다." 족보를 꼼꼼히 읽는 것은 정말 지루하고 고된 일이 아닐 수 없다. 특히 바로 뒤에 나오는 홍수 이야기에 이어 노아의 세 아들로 시작하는 민족의 계보 Table of Nations가 다시 등장한다는 사실을 생각하면 더욱 그러하다. 그 족보는 이렇게 시작한다. "야벳의 아들은 고멜, 마곡, 메대, 야완, 두발, 메섹, 디라스, 고멜의 아들은 아스그낫, 리밧, 도가르마, 야완의 아들은 엘리사아…."

그러나 족보를 아무짝에도 쓸모없는 것으로 치부해서는 안 된다. 고대에는 족보가 혼돈을 다스릴 목적으로 쓰이는 유효성이 입증된 수단이었기 때문이다. 이집트든, 그리스든, 메소포타미아든 신, 왕, 귀족의 족보를 작성하는 일이 각광을 받았다. 족보를 통해 자신이 다른 사람과 어떻게 연결되어 있는지 파악할 수 있었기 때문이다.[1] 그러니 족보를 앞에 두고 좌절감에 고개를 저을 필요는 없다. 적어도 계보적 의미에서만큼은 족보가 오늘날 페이스북 같은 소셜 미디어의 조상이기 때문이다.

이런 의미에서 볼 때 창세기를 관통하는 주제는 "계보학"이라고 할 수 있다.[2] 창세기는 아담과 이브부터 야곱과 야곱의 아들들을 거쳐 이스라엘 열두지파로 이어지는 모든 자손에 대해 빠짐없이 설명한다. 여기서 더 나아가 히브리 성서는 하느님이 인간을 세상에 내놓은 그 순간부터 성서의 저자들이 살아간 시대에 이르는 모든 자손에 대해 빠짐없이 설명하고, 훗날 복음서를 기록한 루가 Lucas는 아담에서 시작되는 예수의 족보를 추적해 기록한다. 오늘날 영상 기기의 빠르게 감기 버튼을 떠올리면 이런 족보 작성 작업을 쉽게 이해할 수 있는데, 고대인은 그 방법으로 기나긴 역사를 빠르게 훑고 지나간 것이다. 몇 세기에 걸친 시간을 휙휙 지나치다 보면 어느새 눈길을 사로잡는 사건 앞에 도달해 있는데, 이때 중요한 것은 연속성을 유지하는 것이다.

진화생물학의 관점에서 보면 새삼스러운 일도 아닌데, 어떤 사회든 사회적 관계망을 구축해 앞서 언급한 원심력을 제어해야 했기 때문이다. 따라서 모든 사회는 개인의 이기적 이해관계가 공동체를 혼돈에 빠뜨리지 못하도록 가능한 수단을 모두 동원했다.

소규모 집단을 이루어 생활한 수렵·채집인은 세 가지 방법으로 이타적 행동을 장려했다. 친족 관계("친척을 돕는 것은 내 유전자를 물려줄 가능성을 높이는 일이다"), 호혜 관계("네가 내 등을 긁어주면 나도 네 등을 긁어줄 것이다"), 간접 호혜 관계("내가 아는 사람이 다른 사람을 도울 수 있도록 도울 것이고, 그것이 내 평판을 높일 것이다")가 바로 그것이다. 그러나 사람들의 관계가 단절되고 다시 만날 가능성이 거의 없어 내가 베푼 호의를 간접적으로나마 돌려받을 기회가 없는 사람들과 섞여 생활하는 사회에서 협동을 증진하려면 어떤 방법을 써야 할까?

바로 이 지점에서 족보가 등장한다. 전통 사회의 족보는 대화를 나누는 상대방과 조금이라도 연관이 있는지 알아볼 목적으로 작성한 것이 아니다.[3] 족보는 사회적 공간을 촘촘히 엮은 뒤 거기에 씨족 관계를 그려 넣은 그물망, 즉 최초의 소셜 네트워크다. 어느 두 가족이 간접적 친족 관계로 엮여 있다 하더라도 이런 그물망을 활용해 범위를 넓히면 하나의 거대한 가족 구성원에 속한다는 결론을 얻을 수 있다. 그리고 유전자를 공유하는 것은 곧 문화적

정체성을 공유한다는 말과 같다.[4]

이런 방식으로 수렵·채집 생활을 하는 공동체에서 통용되던 개념이 익명성이 삶의 근간인 새로운 시대에도 명맥을 유지할 수 있게 되었다. 다음에 일어난 일은 가히 환상적이라 할 수 있는데, 사람들이 원시시대에 통용되던 인간의 이타심 그 원천 가운데 하나에 다가가기 시작한 것이다. 인류학자들은 좀 더 규모가 큰 사회에서 연대를 촉진하기 위해 "친근감의 문화적 조작"이라는 방법을 사용했다고 지적하는데, 가상의 친족 관계를 구성하는 족보도 그런 방법에 속한다.[5] 따라서 성서는 가상의 대가족을 창조해 익명성을 실제 과거, 아니 대부분은 지어낸 과거를 공유한다는 사실에서 유래한 익숙함으로 바꿔놓는다. 가상의 친족 관계는 오늘날에도 종교의 중요한 구성 요소로 남아 있다. 그래서 교회에 가면 일면식도 없는 사람끼리 "형제", "자매"라 부르고, "하느님 아버지"와 "성모마리아"에게 기도하는 모습을 볼 수 있는 것이다.[6]

그러면 여성은?

성서 속 족보에서 중요한 또 하나의 측면은 여성을 소홀히 하고 부계 혈통만 강조한다는 것이다. 여성은 그저 "딸들"이라는 말로 뭉뚱그려 표현하는데, 여성을 무시하는 이런 태도는 인간의 첫 번째 본성에 위배되는 것이다. 인간의 첫 번째 본성은 아버지뿐 아니라 어머니도 (동등하게) 중요시하기 때문이다. 성서에서 제시하는 족보는 장자상속제를 칭송하지만 현실은 사뭇 달랐다. 창세기의 마지막 부분에서 보게 되겠지만 사라, 리브가Rebecca, 라헬Rachel 같은 여성이 상속자를 결정하는 데 중요한 역할을 하기 때문이다. "시

스템은 남자가 운영하지만, 여자가 없으면 돌아가지 않는다"라고 해도 과언은 아니다.[7]

이집트 왕에 대한 목록을 조사하던 이집트학자 얀 아스만Jan Assmann은 이런 문서가 역사의 중요성을 강조하기 위해서가 아니라 역사의 하찮음을 보여주기 위해 기록한 것이라는 결론을 내렸다. 중요한 것은 수천 년 동안 변한 것은 아무것도 없다는 연속성이다. 따라서 이 문서들은 "역사를 멈출" 목적으로 작성한 것이라 할 수 있다.[8] 창세기에 등장하는 족보 역시 동일한 목적으로 작성되었다. 성서의 저자들은 기나긴 족보를 작성해 시간을 빨리 돌림으로써 태초부터 지금까지 아무것도 달라지지 않았다는 사실을 입증하려 했다. 족보를 읽는 독자라면 누구나 아버지가 장자에게 모든 것을 물려주었다는 사실을 인식하게 될 것이고, 그와 동시에 현상 유지에 대한 의문도 사라질 것이다. 창세기는 정상성을 창조할 뿐 아니라 그것을 공고히 하는 역할도 한다.

성서에 등장하는 인물들의 수명 문제

성서 속 족보에 따르면 아담은 930년, 야렛Jered은 962년, 므두셀라Methuselah는 969년을 살았다. 그러나 성서가 제시한 인간의 수명은 많은 추측의 여지를 남긴다. 미생물학자 데이비드 클라크David Clark는 이렇게 반문한다. "성서의 족보를 보면 대부분의 조상이 지극히 오래 살았다는 사실을 알 수 있다. 이는 영웅에 대한 기억에 덧입힌 단순한 과장인가, 아니면 지금보다 기대 수명이 훨씬 긴 시대가 있었지만 잊히고 말았다는 의미인가?"[9] 수렵·채집인은 농부에 비해 건강했을 뿐 아니라 수명도 길었다. 농경 사회가 도래하기

전에는 인간에게 치명적인 질병이 거의 유행하지 않았기 때문이다.[10]

짚고 넘어가야 할 점은 이 문제를 설명할 방법이 무궁무진하다는 것이다. 성서가 단순히 월을 년으로 혼동했다는 주장(사실 므두셀라는 81년을 살았다는 의미)은 그럴듯해 보이지만, 그러면 셋은 고작 여덟 살이라는 어린 나이에 첫아들을 본 셈이 된다. 아니면 성서가 1,000년을 통치한 신화적 왕이 주인공인 이야기를 품고 있는 메소포타미아에서 영감을 받았을 가능성도 있다. 역시 그럴듯해 보이지만, 그보다 단순하면서 배타적이지 않은 설명도 있다. 성서 속 족보에서 제시한 나이는 예루살렘 성전을 되찾아 재건한 기원전 164년이 창조 이후 꼭 4,000주년이 되는 연대기를 만들기 위해 늘인 것이라는 설명이다.[11]

누가 그들을 낳았나?

다음은 하느님의 아들들에 관한 이야기인데, 그리 길지 않으므로 창세기 6장에 등장하는 관련 구절 전체를 인용하면서 시작한다.

땅 위에 사람이 불어나면서부터 그들의 딸들이 태어났다. 하느님의 아들들이 그 사람의 딸들을 보고 마음에 드는 대로 아리따운 여자를 골라 아내로 삼았다. 그래서 야훼께서는 "사람은 동물에 지나지 않으니 나의 입김이 사람들에게 언제까지나 머물러 있을 수는 없다. 사람은 백이십 년밖에 살지 못하리라" 하셨다. 그때 그리고 그 뒤에도 세상에는 느빌림이라는 거인족이 있었는데 그들은 하느님의 아들들과 사람의 딸들 사이에서 태어난 자들로서 옛날부터 이름난 장사들이었다.

남자들은 마음에 드는 여자를 골라 아내로 삼았다. 이것이 창세기가 주장하는 현실이다. 여성은 재산이었고, 그들이 거래되거나 팔리는 것은 드문 일이 아니었다. 권력을 거머쥔 남성은 마음에 드는 여성이라면 누구든 자기 것으로 삼았다. 분명 이런 일은 그리 오래가지 못했을 텐데, 질투를 일으켜 잠재적 갈등의 원천이 되고 성행위를 통해 전염되는 질병이 널리 퍼졌기 때문이다(여성들이 겪은 고통은 이루 말할 수 없었을 테지만 성서는 이를 싹 무시하는 경향이 있다).

여기서 다양한 연결 고리를 만들 수 있다. 예를 들어 《길가메시 서사시》나 그리스 만신전에서는 신과 사람이 뒤섞이는 것을 볼 수 있다.[12] 올림포스의 신 제우스는 암피트리온Amphitryon의 아내 알크메네Alcmene를 통해 헤라클레스Heracles를 얻었고, 백조로 변신해 스파르타 왕비 레다Leda를 유혹했다. 제우스와 레다 사이에서 태어난 자식 가운데 한 명인 폴리데우케스Polydeuces는 형제인 카스토르Castor와 함께 마음에 드는 여자를 납치했는데, 페테르 파울 루벤스Peter Paul Rubens가 그린 바로크 시대의 걸작 〈레우키포스 딸들의 납치The Rape of the Daughters of Leucippus〉는 이 일화를 캔버스에 옮긴 것이다. 그러나 세상에 하나뿐인 참된 하느님에 대한 모든 것을 기록한 성서에 등장하는 하느님의 아들들은 무엇을 하고 있는가? 그들의 어머니는 누구인가?

지금 다루고 있는 내용은 세계화 초기에 발생한 사건일 가능성이 높다. 당시 팔레스타인은 여러 문화가 만나는 장소였는데, 특히 종교에서는 혼합주의가 대세여서 사람들은 다른 문화가 품은 신화에 대해 잘 알고 있었다.[13] 헬레니즘 시대, 셀레우코스왕국의 안티오코스 4세Antiochos IV(기원전 215~164년) 치세에는 예루살렘에 제우스 숭배 제의가 전파되기도 했다.[14] 선사시대의 역사를 기록하는 명백한 목적 가운데 하나는 지금까지 알려진 세계의 기원에 대해 설명하는 것이므로 성서는 대홍수와 바빌로니아왕국의 대규모 건축물을 비롯해 세계에 관한 모든 지식을 이야기로 엮어 넣었다. 그럼으로써 성서에 대한 신뢰도를 높일 수 있었기 때문이다. 따라서 "옛날부터 이름난 장사들"이라는 표현이 성서에 포함된 이유도 이런 차원에서 생각해볼 수 있다. 즉 길가메시, 아킬레우스 또는 헤라클레스같이 이웃 문화의 중심에 자리 잡은 영웅들이 성서 속 서사에 녹아들어 통합되면서 세계의 보편적 역사를 설명하려는 성서의 열망을 충족하는 데 기여했다고 볼 수 있다.

한편 지금까지 제시한 이론이 성서에 등장하는 하느님의 아들들이 수렵·채집인과 만난 기억을 상징한다는 생각과도 양립한다는 점에 주목해야 한다. 정착 생활을 한 사람들은 다양한 시대에 다양한 장소에서 개별적으로 수렵·채집인과 마주쳤을 텐데, 인류학자들은 당시 그들에 비해 수렵·채집인이 평균적으로 머리 반 정도 더 컸다는 사실을 밝혀냈다.[15] 따라서 "옛날부터 이름난 장사" 이야기의 바탕에는 수렵·채집인이 있을지도 모를 일이다.

물론 대중적 주석도 있다. "하느님의 아들들이란 육체를 가진 하느님의 '아들들'이라는 의미가 아니라 신성한 본성을 지닌 천상의 존재를 의미한다. 모든 민족은 이와 같은 존재를 각자의 신으로 모신다."[16] 그러나 1장에서 이미 여러 차례 언급한 것처럼 히브리 성서의 세계는 다신교 세계, 즉 여러 신이 존재하는 세계다. 홀로 시간과 공간을 주관하는 유일신교의 하느님은 후대에 만들어낸 발명품이다. 그럼에도 오늘날 사람들은 대부분 성서를 읽을 때마다 세상에 하나뿐인 참된 하느님만을 떠올린다. 그래서 더 성서를 이해하기 어려운 것이다.

성서 속 많은 이야기가 신성한 존재로 가득한 시대에 등장했다는 사실을 깨닫기 전에는 성서의 비일관성을 쉽게 이해하지 못할 것이다. 나아가 성서 속 이야기에 스며든 다신교의 흔적은 바빌로니아 포로 시대 또는 그 후에 지워지기 시작했는데, 끝내 말끔히 제거하지는 못했다. 에덴동산의 말하는 뱀과 낙원을 지키는 날개 달린 거룹에 대해서는 이미 설명했고 천사에 대해서는 나중에 다룰 것인데, 이 모든 존재는 현란하게 펼쳐진 신성한 고대 우주의 유물, 즉 "몸집을 줄인 만신전"의 생존자다.[17] 하느님의 아들들 역시 이런 범주에 속한 존재다. 후대, 즉 헬레니즘 시대에는 하느님의 아들들을 타락한 천사로 해석하기에 이르는데, 그 결과 성서 속 족보는 악마와 그 동료들까지 포함하게 되었다.[18]

성서의 첫 부분에서 마주치는 하느님은 많은 신이 공존하는 세계에 존재하는 하느님이라는 점을 잊지 말아야 한다. 당시 모든 신은 저마다 장점과 단점이 있을 뿐 아니라 좋아하는 것과 싫어하는 것도 분명한 존재였다. 따라서 어느 신도 진리의 유일한 수호자라고 주장할 수 없었다. 바로 이것이 성서에서 마주치는 하느님이 때로 일관성 없는 것처럼 보이고 괴팍해 보이는 이유다. 하느님은 그 시대의 산물에 불과하다. 그리고 다신교의 신들은 추상적 원칙이 아니라 인간과 매우 흡사한 존재였다.

여기서 종교도 다른 모든 제도와 마찬가지로 시대에 따라 변화한다는 중대한 결론에 이르게 된다. 즉 종교는 진화한다. 하느님은 애초부터 그토록 거대한 존재가 아니었다. 처음 만난 하느님은 오

늘날 사람들이 성서를 통해 접하는 하느님보다 훨씬 작은 존재였
다. 그렇다면 무엇이 하느님을 그토록 강력한 존재로 만들었을까?
이 문제에 대해서는 다음 장에서 규명하고자 한다.

4

홍수
하느님의 노여움

"야훼께서는 세상이 사람의 죄악으로 가득 차고 사람마다 못된 생각만 하는 것을 보시고 왜 사람을 만들었던가 싶으시어 마음이 아프셨다." 성서는 하느님이 세상에 홍수를 내리기로 결정한 이유를 담담하게 기술하지만 인간인 우리는 하느님이 정말 왜 그랬는지 너무나도 간절히 알고 싶다. 도대체 사람들이 무슨 짓을 저질렀기에 하느님은 자포자기의 심정으로 이 땅의 모든 생명체가 익사할 때까지 40일 동안 밤낮으로 비를 내린 것일까? 홍수 이야기가 성서 전체를 통틀어 가장 충격적인 이야기 중 하나라는 사실에는 의문의 여지가 없다.

물론 누군가는 살아남아야 했다. 바로 노아다. 하느님은 그에게 홍수가 일어날 것을 경고했고, 방주를 지어 그의 가족과 모든 생물 종을 한 쌍씩 태우라고 지시했다. 생존자가 있다고 해서 기본적 사실이 바뀌는 것은 아니다. 인간이 저지른 죄 때문에 인간은 물론이고 모든 동물도 함께 사라졌는데, 진화심리학자 스티븐 핑커는 성서에 묘사한 것처럼 실제로 홍수가 일어났다면 거의 2,000만 명이 목숨을 잃었을 것이라고 추정했다.[1]

인류 최초의 연인이 에덴동산에서 쫓겨난 이후 인류가 처한 상황은 점점 악화되어 재앙과 같은 수준으로 떨어지고 말았다는 것을 창세기 전반에 걸쳐 확인할 수 있다. 그러나 홍수 이야기만큼 나쁜 행동의 결과를 명백하게 보여주는 경우는 없을 것이다. 인류를 기다리고 있는 것은 바로 하느님의 진노였다. 제우스가 번개를 내렸다면 하느님은 재난을 내렸다. 그리고 거의 예외 없이 하느님은 일말의 자비도 베풀지 않았다.

이 문제는 놀랍게도 지금까지 거의 관심을 받지 못한 많은 의문을 낳는다. 사람들은 왜 하느님이 자신을 벌하기를 원했다고 믿는 것일까? 오늘날 사람들은 하느님의 사랑과 긍휼에 대해 많은 이야기를 하지만 성서의 첫머리에서는 그에 대한 언급조차 찾아보기 어렵다. 당시 사람들이 자신의 행동이 끔찍했음에 틀림없다고 가정하고 그렇기 때문에 하느님이 인간을 꾸짖고 처벌하고 심지어 지구상에서 쓸어버려야겠다고 결심하게 되었다고 생각한 이유는 무엇인가? 만약 이 질문에 답할 수 있다면 인간 심리의 근본적 특징을 확인하고 인간을 종교적으로 만드는 요소를 파악할 수 있을 것이다. 이런 식으로 대홍수 이야기는 종교의 문화적 진화에 대한 통찰을 얻는 데 도움을 줄 수 있다.

"하늘에 계신 빅브러더"

하느님이 노여움을 표출하기 위해 대홍수를 일으킨 것은 아니라고 주장하는 일부 학자들의 주장은 받아들이기 어렵다.[2] 지독한

화가 아니라면 도대체 어떤 정서가 인류를 싹 쓸어버리겠다는 결정을 내리게 할 수 있다는 말인가? 노여움은 구약성서에 등장하는 하느님의 특징 중에서도 가장 눈에 띄는 특징인데, 신학자들은 이런 사실 앞에서 당혹감을 감추지 못한다. 불과 얼마 전인 2009년, 성서학자 외르크 예레미아스Jörg Jeremias는 이런 불만을 토로했다. "하느님의 분노를 만족스럽게 설명한 주석이 아직도 제시되지 않는 이유는 대부분의 신학자가 이 주제를 다루려 하지 않기 때문이다. 신학자들은 하느님의 노여움과 마주하지 않으려고 이 주제를 눈에 잘 띄지 않는 곳에 감춰버렸다."[3] 그러나 언제까지나 하느님의 노여움을 부정할 수만은 없을 것이다. 구약성서에는 하느님의 노여움을 언급한 구절이 적어도 390개 이상 등장하고 하느님이 직접 노여움에 대해 말한 사례도 130개가 넘기 때문이다.[4]

오늘날 신자들도 신학자들과 마찬가지로 이런 하느님의 진노를 쉽게 받아들이지 못하는 경향을 보인다. 복수심이 강하고 폭력적인 하느님의 모습은 오늘날 사람들이 종교에 기대하는 것과는 완전히 상반되기 때문이다. 하느님은 인간을 편안하게 하고, 인간에게서 죽음에 대한 두려움을 거두어가고, 인간이 예상하지 못한 삶의 위기에 대처할 수 있도록 도와주고, 인간이 안전함을 느끼게 해주어야 한다. 하느님은 자비로운 아버지이지 성마른 대량 학살자가 아니다.

하느님의 전통적 고객이 툭하면 화를 내는 하느님의 성마른 성격 때문에 골머리를 썩는 사이 진화심리학자와 사회생물학자가 처벌을 좋아하는 하느님의 성향에 관심을 보이기 시작했다. 하느님이 그토록 쉽게 격분하는 이유를 두고 논쟁을 벌인 끝에 진화심리학자와 사회생물학자는 비단 유대·그리스도교의 종교적 전통에서만 천상의 감독관이라는 개념을 발견할 수 있는 것은 아니라는 결론을 내렸다. 어느 민족의 신이든 역병을 내려 지상의 민족을 벌했다. 최근 일부 학자들은 이것이 바로 종교의 핵심 측면이라고 주장하기 시작했다. 이들의 이론에 따르면 초자연적 존재는 지상에서 일어나는 모든 사건을 지켜보다가 잘못된 행동에 대한 벌을 내려 도덕적 행동을 장려한다.[5]

이런 주장을 펴는 학자들은 그들의 연구 결과를 바탕으로 이른바 "초자연적 징벌 가설"을 공식화했다.[6] 진화심리학자 제시 베링Jesse Bering은 이렇게 설명한다. "인류의 조상은 진화 과정에서 가상의 도덕적 감시자를 창조해 동물적 충동을 억제하려 했다."[7] 실제로 누군가 자신을 지켜보고 있다고 생각하는 사람일수록 그리고 나쁜 행동으로 평판이 훼손되거나 제재를 받을지 모른다고 염려하는 사람일수록 더 바람직한 행동을 한다는 사실이 여러 실험을 통해 입증되었다. 멀리사 베이트슨Melissa Bateson이 이끄는 뉴캐슬 대학교 연구팀이 진행한 실험 결과는 특히 인상적이다. 이들은 학과 휴게실에 무인 음료 판매대를 설치했는데, 그 위에 인간의 눈을 형상화한 장식품을 걸어두자 값을 치르는 비율이 껑충 뛰었다. 사람들이 무의식적으로 누군가 자신을 지켜보고 있다는 생각을 한 것이다.[8] 제시 베링이 별도로 진행한 실험에서도 같은 결론이 도출되었다. 교실에 혼자 남은 아동에게 과제를 주고 이를 수행하게 하는 실험이었는데, 실험에 앞서 앨리스라는 보이지 않는 공주가 지켜보고 있다는 말을 들은 아동은 성실히 과제에 임하는 경향을 보였다.[9]

물론 누군가 자신을 지켜보고 있다는 생각을 꼭 초자연적 존재와 연결할 필요는 없다. 인간은 원래 평판에 촉각을 곤두세우는 존재이기에 누군가 자신을 지켜보고 있다고 느끼면 그것이 원동력이 되어 무의식적으로 평판을 훼손하지 않도록 두 배의 노력을 기울인다. 그러나 일단 누군가 자신을 지켜보고 있다는 느낌이 들면 인간의 도덕을 규제하는 신이 나서서 인간의 악행을 처벌하기 좋은 상황이 조성되는 것 또한 사실이다.

리처드 소시스Richard Sosis와 에릭 브레슬러Eric Bressler가 진행한 연구 결과에 따르면 초월적 존재인 도덕적 감시자가 지켜보고 있다는 느낌이 자아내는 효과는 상당히 오래 지속된다. 19세기 미국에 존재한 공동체 200개의 존속 기간을 분석한 두 사람의 연구는 종교 공동체가 세속 공동체보다 오래 존속했다는 사실을 보여준다.[10] 사회생물학자 에카르트 볼란트Eckart Voland는 "도덕에 입각해 공동체의 구성원을 처벌하는 하느님이라는 개념"의 성공적 정착이 종교 공동체의 사회적 안정성에 결정적으로 기여했다고 지적한다. "신이 벌을 내린다는 관념은 사회적 계약 이면에 자리 잡은 단순한 도덕적 사고의 바탕을 이룬다. 나쁜 일을 하지 않으면 벌도 받지 않는다는 이 사고는 철저히 세속적이다. 따라서 여러 문화를 비교해볼 때 벌을 내리는 신이 존재하는 문화가 협동에 의존하는 문화보다 큰 성공을 거두는 것"도 무리는 아니다.[11] 도미닉 존슨Dominic Johnson과 제시 베링은 반사회적 행동을 하지 못하도록 막는 데에는 "당근"보다 신의 "회초리"가 훨씬 효과적이라고 더 자극적으로 표현하기도 했다.[12]

이런 논리에 따르면 사람들이 문명화된 사회에서 공존하기 위해서는 천상의 감독관인 하느님, 즉 감시하고 처벌하는 역할을 수행하는 하느님이 필요하다. 그렇다면 천국에서 모든 것을 꿰뚫어 보는 눈(이집트의 태양신 라Ra의 동반자 호루스의 눈과 그리스도교 교회의 상징이자 미국 1달러 지폐의 상징인 섭리의 눈)이야말로 하느님, 즉 "하늘에 계신 빅브러더"에게 진정 완벽하게 어울리는 상징일 것이다.[13] 이런 논리에 따르면 사람들은 하느님이 휘두르는 커다란 회초리가 두려운 나머지 점잖게 행동한다. 즉 사람들은 일종의 "팬옵티콘Panopticon"에 갇힌 채 살아가는 존재로 전락한다. 영국 철학자 제러미 벤담Jeremy Bentham(1748~1832년)이 구상한 팬옵티콘은 높은 감시탑을 중심으로 중앙으로 문이 열리는 감방을 고리 모양으로 배치해 단 한 명의 경비가 모든 죄수를 한눈에 감시할 수 있고 누군가 규칙을 어길 경우 바로 개입할 수 있는 완벽한 감옥으로, 미셸 푸코 Michel Foucault가 지은 《감시와 처벌: 감옥의 탄생Discipline and Punish: The Birth of the Prison》덕분에 세간의 주목을 받았다.[14] 그렇다면 세상은 사람들이 생각하는 것처럼 눈물의 골짜기가 아니라 궁극의 교도소장인 하느님이 지키는 하나의 거대한 감옥이라는 말인가?

종교의 본질

규범을 파괴한 사람을 처벌하고 문명화된 생활을 보장하는 하느님에 대한 이 모든 이야기는 '종교란 무엇인가?'라는 본질적 질문을 제기하게 한다. 누구도 이에 대한 결정적 해답이 있었다고는 말할 수 없다. 실제로는 정반대로 그에 대한 정의가 오히려 차고 넘친다. 《어제까지의 세계The World until Yesterday》에서 재레드 다이아몬드는 종교에 대한 열여섯 가지 정의를 제시한 뒤 자신의 의견인 열일곱 번째 항목을 덧붙였는데, 그의 글을 인용함으로써 이것이 얼마나 복잡한 질문인지 엿보고자 한다. "종교는 특성의 집합이다. 이 집합을 단일한 형태로 공유하는 하나의 사회 집단은 이 집합을 단일한 형태로 공유하지 않는 다른 집단과 구별된다. 종교는 초자연적인 설명, 통제할 수 없는 위험에 대한 불안을 의례를 통해 해소, 삶의 고통과 필연적인 죽음에 대한 위로 제공 가운데 적어도 한 가지 이상의 특성을 공유하는데, 대부분의 종교는 세 가지 특성을 모두 공유한다. 초기 종교를 제외한 모든 종교는 표준화된 조직을 구성하고, 정치적으로 복종하며, 자기가 믿는 종교 안에서는 낯선 이에게 관용을 베풀고 다른 종교를 믿는 집단에 대해서는 정당성을 입증하기 위한 전쟁을 치르는 방향으로 발전해나갔다."[15]

다이아몬드가 제시한 종교의 정의를 통해 오늘날 사람들이 이해하는 종교가 실은 오랜 역사적 과정을 거쳐 우여곡절 끝에 지금의 모습을 갖춘 것이라는 사실을 명확히 확인할 수 있다. 종교는 영원불변하는 실체가 아니라 누적적인 문화적 진화의 산물이다. 즉 종교는 여러 가지 상이한 요소가 복합적으로 얽혀 있는 믿음과 실천의 "문화 패키지"다.[16]

수천 년에 걸쳐 종교가 주관하는 영역이 변화했고, 이에 따라 종교의 기능도 급격히 변화해왔다. 그럼에도 사람들은 대부분 종교에 대한 지금의 잣대를 가지고 과거의 종교를 이해하려 한다. 그러나 오늘날 하느님이 수행해야 하는 업무를 기록한 직무 명세서는 하느님이 신이라는 경력을 시작할 무렵의 그것과는 사뭇 다르다. 그리고 인류를 익사시키려 한 당시의 직무 명세서 역시 오늘날의 그것과는 사뭇 달랐을 것이다.

지금까지 검토한 모든 내용이 시간의 흐름에 따라 종교의 개념이 크게 변화해왔다는 사실을 가리키는 만큼 오늘날의 잣대를 그대로 과거에 들이대서는 안 된다. 따라서 이 책은 인간의 생물학적 기질이자 첫 번째 본성 가운데 하나인 종교성의 기초에서 출발하고자 한다. 초자연적 존재에 대한 믿음인 **종교성**이 호모사피엔스와 영겁의 시간을 함께해온 인간의 보편적 특성이라는 통념은 옳다. 많은 과학자가 종교성을 "원인, 행위자, 의도를 추론하고 위험을 예상하고 이를 바탕으로 인류가 생존하는 데 도움이 된 예측 가치에 대한 인과적 설명을 공식화하는" 역할을 하는 뇌의 인지능력이 빚어낸 부산물로 여긴다.[17] 심지어 오늘날에도 아이들은 "자연 세계의 여러 측면에 대한 이유나 목적을 밝히는 데 지나치게 집착하는 경향"을 보인다는 것을 알 수 있다.[18] 아이들은 누군가가 특별한 목적을 가지고 동물부터 태양과 별에 이르는 모든 것을 창조했다고 확신한다. 즉 모든 행동의 배후에 누군가가 있다고 생각하는 것이다. 사실 인간은 학습을 통해 초자연적 존재를 믿지 **않게 되는**데,[19] 이 문제에 대해서는 뒤에서 다시 다룰 것이다. 개개인에 따라 매우 다른 모습으로 나타나고 사회화와 사회환경에 많은 영향을 받는 것은 사실이지만, 종교성은 분명 타고난 인간의 본성이다.

종교성은 유령, 조상, 동물의 영혼으로 가득한 자연환경에 대한 믿음이라는 형태로 선사시대에 처음 나타났다. 19세기 사회인류학자 에드워드 타일러Edward Tylor는 "애니미즘animism"이라는 용어를 창안해 이런 현상을 설명했다. 오늘날 수렵·채집 생활을 영위하는 집단에 대한 연구에서 알 수 있듯이 이들은 "눈이 내리는 이유, 바람이 부는 이유, 구름이 달을 가리는 이유, 번개가 치는 이유, 꿈에 죽은 사람이 보이는 이유 등"을 설명할 수 있는 존재로 가득한

우주관을 가지고 있다.[20]

주문呪文과 의례, 감사 기도, 보호 마법은 문화의 산물이다. 영혼의 문제를 처리하는 전문가로 샤먼이 등장했고, 이때부터 종교적 가르침을 담당하는 전문가 집단을 통해 "특정한 사고와 활동 영역"을 주관하는 **종교**가 탄생했다.[21] 종교성은 타고난 인간의 본성이지만 종교는 그렇지 않다. 종교는 제도화 과정의 산물이다. 따라서 인간은 어린 시절 사회화 과정을 거쳐 종교를 내면화해야 한다. 그러지 않으면 종교를 본성의 자연스러운 일부, 즉 두 번째 본성으로 받아들일 수 없다. 따라서 제도화된 시스템인 종교는 문화의 일부, 즉 역사를 거치면서 변모할 수밖에 없는 존재다. 이런 이유로 전 세계에 그토록 다양한 종교가 존재하는 것이다.

도덕은 원래 종교가 주관하던 영역이 아닌데, 사람들은 이 사실을 간과하곤 한다. 영혼과 조상은 인간의 도덕적 행동을 지키는 수호자가 아니었다. 다시 말해 영혼과 조상을 동원해 도덕적 행동을 수호할 필요가 없었다. 관리가 가능한 소규모 집단을 이루고 생활한 시대의 사람들은 자신이 저지른 악행을 다른 사람의 눈에 띄지 않게 숨길 수 없었다. 로버트 라이트는 이렇게 설명한다. "뒤지개를 훔쳤다면 어디에 숨길 수 있을까? 숨길 수 있다손 쳐도 사용할 수 없는데 훔칠 이유가 없지 않을까? 다시 말해 뒤지개는 뒤지개 주인, 그의 가족, 그의 가까운 친구의 노여움을 사고 모든 사람에게 의혹의 눈초리를 받으면서까지 손에 넣어야 할 만큼 가치 있는 물건이 아니다." 구성원의 변동이 거의 없는 집단에서 평생을 살아야 하는 사람들은 행동거지를 바르게 할 수밖에 없다. "수렵·채집인이 솔직함과 정직함의 귀감인 것은 아니다. 다만 그런 이상에서 이탈하면 금세 눈에 띄었으므로 수렵·채집 생활을 하는 집단은 그런 문제에 크게 시달리지 않았다. 종교의 힘에 기대지 않고도 얼마든지 사회질서를 유지할 수 있었다."[22]

이런 역사적 관점을 고려하면 천상의 감독관인 하느님이 인간의 "동물적 본능"을 제어한다고 주장하는 "초자연적 징벌 가설"은 매력을 잃는다. 처벌하는 하느님에 대한 믿음은 적응이나 유전자에 바탕을 둔 인간의 보편적 특성이 아니라 문화적 진화 과정에서 뒤늦게 나타난 산물이다.[23] 신이 인간의 활동을 심판하는 데 필요한 모든 정보를 가진 행위자라는 개념 역시 차츰 발전해온 것이다.[24] 수렵·채집 생활을 하는 공동체에서 영혼은 놀라울 정도로 많은 일에 대해 알고 있는 존재였지만, 그렇다고 모든 것을 아는 존재는 아니었다. 때로는 그 반대인 경우도 있었다. 파스칼 부아예는 이렇게 말한다. "대부분의 영혼은 정말 어리석다." 사람들은 영혼을 쉽게 속일 수 있었다.[25] 영혼은 도덕적 정직함을 심판할 수 있을 만큼 충분한 자질을 갖춘 존재가 아니었다.

나아가 악랄한 행위가 처벌받지 않는 일도 빈번히 일어나고 범죄자가 처벌을 모면하기도 한다. 그렇지 않다면 아무도 금지된 일을 하고 싶은 유혹에 굴복하지 않을 것이다. 한편 모든 사람이 그간 살아온 삶에 합당한 운명을 맞이하는 차별화된 저승의 개념은 문화적 진화의 훨씬 나중 단계에 등장했다. 적어도 성서와 관련해서는 말이다. 이 문제에 대해서는 16장에서 다시 만나게 될 것이다.

대형 신의 등장

영혼이 신으로 탈바꿈하면서 종교의 문화적 진화가 결정적 단계로 접어들었다. 신으로 격상된 영혼이 막대한 힘을 거머쥐면서 주관하는 영역도 크게 확대되었다. 신이 이토록 비약적으로 경력을 끌어올릴 수 있었던 이유는 무엇일까? 신은 왜 갑자기 인간의 도덕에 관심을 보이면서 그에 대한 노여움으로 나쁜 행동을 처벌할 준비를 했는가?

이런 질문을 받으면 보통은 처벌하는 신에 대한 믿음의 유용한 기능을 언급하며 프랑스 사회학자 에밀 뒤르켐Émile Durkheim (1858~1917년)을 들먹이기 마련이다. 종교적 의례의 사회적 측면을 중요시한 뒤르켐은 종교를 이렇게 정의한다. "종교는 성스러운 것, 즉 구분된 것과 금지된 것의 집합에 관련된 단일한 신념 체계이자 실천 체계로, 동일한 믿음을 가지고 실천하는 사람들이 모여 교회라는 이름의 단일한 도덕 공동체를 형성한다."[26] 따라서 종교는 협동을 촉진한다.

그리고 이런 협동은 절실하게 필요한 것이었다. 정착 생활을 시작한 이후 수천 년이 흐르는 동안 인간 "공동체"는 "부족사회"가 되었고, "족장사회"로 발전했으며, 최종적으로 "도시국가"로 진화했다. 그리고 그 오랜 기간에 걸친 진화의 결과로 "대형 신"이 새롭게 등장했다. 따라서 전통적으로 종교는 진화생물학의 핵심 문제, 즉 새로운 생활환경에서 뼈아픈 문제로 등장한 무임승차 문제를 풀어낼 해결책으로 이해해왔다. 일면식도 없는 사람들과 어울려 살아가야 하는 사회에서 사람들이 이기적 행동 대신 이타적 행동을 하도록 만들 수 있는 방법은 무엇인가? 이런 문제는 종교가 "사회의 결속을 다지는 접착제"로 기능함으로써 해결되었다. 즉 거대한 사회에서 살아가는 사람들에게 공동체에 대한 인식을 심어주고 사회의 결속을 강화하는 규범과 방법을 제공해 무임승차 문제를 제어하는 역할을 종교가 수행한 것이다.

종교라는 사회적 접착제는 믿음과 의례를 공유하는 과정에서 나타나는데, 바로 이때 초자연적 행위자가 지켜보고 있다는 느낌이 중요해진다. 심리학자 아라 노렌자얀Ara Norenzayan이 간결하게 표현한 것처럼 "감시당하는 사람은 행동거지가 올바른 사람"이다.[27] 그의 동료 조너선 하이트는 보다 자세히 설명한다. "모든 것을 파악하는 신, 사기꾼과 거짓말쟁이를 싫어하는 신을 만들어내는 것은 사기와 거짓말을 줄이는 훌륭한 방법이었다."[28] 따라서 도덕을 중요하게 여기는 신을 모시는 사회는 갈등의 소지를 줄이고 구성원의 협동 능력을 크게 높일 수 있다.

이런 재구성은 그럴듯하게 들려 광범위하게 받아들여지지만 문제는 남아 있다. 아무도 사회의 결속을 다지는 접착제라는 종교의 역할에 의문을 제기하지 않는데, 그렇다면 애당초 누가 영혼을 신으로 격상시킨 것인가? 간혹 몹쓸 장난이나 치던 영혼이 잔소리를 늘어놓는 초자연적 존재로 갑작스레 탈바꿈한 이유는 무엇인가? 영혼은 무슨 수로 종교라는 문화 체계에 그런 혁신을 도입할 수 있었는가? 오늘날 종교의 진화에 관한 학술 논쟁 대부분이 인간의 도덕을 규제하는 신을 모시는 종교의 실질적 용도를 신이 등장하게 된 이유로 너무 성급하게 인식한다는 인상을 지우기 어렵다.

노렌자얀은 이런 실수를 저지르지 않는다. 그는 신석기 혁명이 시작된 이후 문화적 진화가 급속히 진행되면서 문화적 "변종"이 생겼다고 생각한다. 바로 "개입주의 성향을 지닌 감시하는 대형 신"이 등장한 것이다. 감시하는 신을 모시는 집단은 보다 효율적으로 협동을 촉진할 수 있었으므로 다른 집단을 짓밟으며 빠르게 세력을 넓혔고, 이는 다시 신이 경력을 한 단계 끌어올리는 데 기여했다.[29]

하지만 이 가정, 즉 인간의 도덕을 규제하는 신이 우연한 기회에 천상의 감독관 반열에 올랐다는 말이 타당해 보이는가? 아마 그렇지 않을 것이다. 왜냐하면 지금 내부의 분열 가능성이라는 위험에 직면한 사회를 다루고 있기 때문이다. 이런 사회에서는 사람들이 신을 절실히 필요로 하지 않는 한, 제아무리 협동을 촉진하는 신이라도 입지를 확보하기 어렵다.

다음과 같은 표현이 보충적 설명, 어쩌면 대안적 설명이 될 수 있을 것이다. "족장사회"와 최초의 도시국가는 "도둑정치"로 묘사되곤 하는데,[30] 이는 "조직폭력배"가 힘을 앞세워 "보호세" 명목으로 "금품을 갈취"하는 것에 빗댄 표현이다.[31] 도둑정치가 이루어지는 사회에서는 소수의 개인이 대부분의 사회 구성원을 희생시키면서 잉여를 편취해 부를 축적했는데, 인간 사회에서 권력의 집중 현상이 나타나면서 영혼 사이에서도 같은 현상이 일어났을 것으로 보인다. 쉽게 말해 타인에 대한 지배를 정당화하는 사회가 도래한 것이다. 그리고 지상에 권력자가 있다면 천상에도 대형 신이 있어야 마땅했다.

그러나 이런 설명으로도 신이 느닷없이 사람들의 바른 행동에 관심을 갖게 된 이유까지 완벽하게 납득하긴 어렵다. 권력의 정당화 같은 도덕적 감시 기능은 신이 경력을 끌어올릴 가능성을 높이는 데 기여했지만 대형 신이 최초로 등장하는 데는 기여하지 못했다. 여기서 성서는 사뭇 다른 궤적을 제시하는데, 바로 그 궤적을 토대로 인간의 문화를 이해하고자 한다. 격분해서 인류를 세상에서 쓸어버릴 가공할 물 폭탄을 투하하는 신이 등장하는 이야기만 큼 대형 신의 탄생 과정을 명백하게 설명하는 이야기는 또 없을 것이다. 이제 그 격류 속으로 빠져들어보자.

죄의 등장 과정

정말 놀라운 것은 성서의 하느님이 그렇게 빨리 "왜 사람을 만들었던가" 후회하기 시작했다는 사실이다. 하느님이 아담과 이브의 불복종과 카인의 형제 살해를 겪으면서 이미 몇 차례 실망한 것은 사실이지만, 불과 얼마 전까지만 해도 "보시니 참 좋았던" 피조물이 그렇게 빨리 하느님을 크게 실망시켰다는 사실에는 무언가 어색한 점이 있다. 격분한 하느님은 거의 폭발하기 직전이었다. "내가 지어낸 사람이지만, 땅 위에서 쓸어버리리라. 공연히 사람을 만들었구나. 사람뿐 아니라 짐승과 땅 위를 기는 것과 공중의 새까지 모조리 없애버리리라. 공연히 만들었구나!" 그러나 하느님이 정말 리셋 버튼을 누른다면, 자신의 실패를 인정하는 것이나 다름없는 일 아닌가?

그다음에 무슨 일이 벌어졌는지는 세 살배기 어린아이도 알고 있다. 하느님은 40일 동안 밤낮으로 비를 내렸고, 그것으로 모자라 땅 밑에 있는 큰 물줄기를 터뜨렸다. 하느님은 오직 노아에게만 자비를 베풀었다. 하느님의 허락에 따라 노아는 (성서에 기록된 치수대로라면 절대 물에 뜰 수 없었을) 방주를 짓고 거기에 가족을 태웠으며 (세부 사항은 조금씩 다를지라도) 모든 생물 종을 한 쌍씩 태웠다. 그 밖에 생명을 가진 모든 것은 홍수를 만나 사라졌다. 미켈란젤로Michelangelo부터 귀스타브 도레Gustave Doré에 이르는 예술가들은 방주에 타지 못한 사람들이 나무나 높은 바위에 기어오르기 위해 필사적으로 애쓰는 장면을 회화나 프레스코화에 담아 홍수 이야기를 묘사했다.

홍수 이야기는 감수성이 예민한 사람들의 마음을 불편하게 한다. 이 책의 저자 중 한 명의 딸 애나는 일곱 살 때 아동용 성서를 읽다가 홍수를 내린 하느님을 이해할 수 없어 책장을 덮기도 했다. 어떻게 하느님이 모든 사람을 물에 빠뜨려 죽일 수 있는가? 죄 없는 아이들, 아기들, 기니피그까지 모조리! 어차피 다 쓸어버릴 작정이었다면 하느님은 왜 그 모든 것을 창조한 것인가?

성서를 하느님의 말씀으로 여기는 사람들, 즉 성서를 고대의 텍스트를 집대성한 문서 그 이상의 것으로 여기는 사람들은 성마르고 변덕스러운 존재의 전형이라는 하느님의 평판을 지우기 위해 이 사건을 일으킨 하느님의 의도를 열심히 파헤쳤다. 누가 툭하면 화를 내는 성마른 성격의 하느님에게 기도하고 싶겠는가? 따라서 비난은 주로 홍수가 있기 직전에 마음대로 지상의 여자를 골라 아내로 삼은 하느님의 아들들에게 떨어졌다. 그렇지 않으면 이번에도 역시 여성에게 책임을 돌렸다. 그들이 천사를 유혹하는 바람에 재앙이 일어났다는 것이다.[32]

애당초 홍수가 일어난 적이 없다고 주장하는 주석도 있다. 예를 들어 신약성서에서 베드로Peter는 홍수 이야기를 비유적으로 해석해 세례 의식의 원형으로 보았는데,[33] 홍수에서든 세례에서든 물은 인류의 악을 씻어내는 수단으로 쓰인다. 결국 성서는 또다시 인류에게 모호한 메시지를 남기고 말았다.

홍수는 실제로 일어난 사건이었다

앞서 언급한 것처럼 이런 무서운 이야기의 책임을 자신이 모시는 신에게 떠넘기고 싶은 사람은 없을 것이다. 따라서 사람들은 실제로 비슷한 일이 일어났어야 한다고 생각한다. 지리학자 위르겐 헤르게트Jürgen Herget는 이렇게 말한다. "홍수는 가장 흔하고 가장 큰 영향을 미치는 자연재해 중 하나로 모든 자연환경에서 항상 일어나고 있다."[34] 실제로 전 세계적으로 알려진 홍수만 250여 개에 이른다.[35] 선진 문명은 나일강, 티그리스강, 유프라테스강, 갠지스강, 황허강, 양쯔강 같은 큰 강을 중심으로 발전했다. 이런 강은 특히 홍수에 취약했고, 인구밀도가 높은 중심부는 더욱 큰 피해를 입었다.

지난 수십 년 동안 고고학자와 지질학자는 홍수 이야기의 원형으로 볼 만한 대홍수의 흔적을 더듬었다. "우르 주변(기원전 4000년경), 슈루팍Shurrupak 주변(기원전 2800년경), 키시 주변(기원전 2600년경)에서 일어난 홍수를 고려해볼 수 있다. 오늘날에는 흑해 홍수(기원전 5600년 이전)도 물망에 올라 있다."[36] 심지어 학자들은 에덴동산이 지금의 페르시아만 바닷속에 있었을 것이라고 추정하기도 한다.[37] 전문가들은 일반적인 강우량의 변동성 외에도 홍수의 원인으로 운석 충돌, 화산 폭발, 쓰나미 등을 언급한다.

다른 곳에서도 언급한 것처럼 성서 속 홍수 이야기는 메소포타미아의 문헌에 기초한 것이다. 성서의 저자들은《길가메시 서사시》와 아트라하시스 신화를 토대로 홍수 이야기를 기록했다. 다시 말해 창세기의 홍수 이야기는 표절이다.[38] 그러나 창세기의 저자들은 흥미로운 방식으로 이야기를 변형했다. 원래 이야기에는 여러 신이 등장하지만 히브리 성서에서는 세상에 하나뿐인 유일한 하느님이 이 모든 일을 처리한다.

가장 오래된 홍수 이야기는 아트라하시스 신화에 등장한다. 아트라하시스 신화에서 인류는 죄로 얼룩진 행동을 해서가 아니라 인구 과잉으로 파멸할 위기에 처한다. 인간이 너무 시끄럽다고 생각한 신들은 기근과 가뭄을 내려 그 수를 줄여보려 하지만 별 효과를 거두지 못하자 궁극의 무기인 홍수를 활용한다.

세상에는 다양한 홍수 이야기가 존재하므로 홍수는 실제 일어난 사건이라고 볼 수 있다. 어쩌면 홍수가 여러 차례 일어났을지도 모른다. 그러나 성서에 등장하는 규모의 홍수는 일어나지 않았다. 대홍수는 근동 사람들의 집단 기억 속에 깊이 새겨진 역사적 사실이었고, 성서는 그 사건을 그냥 지나칠 수 없었다.

그것이 인간의 잘못인 이유

홍수는 실제로 일어난 매우 폭력적인 사건이고, 반드시 그에 대한 설명이 필요했다. 신이 홍수를 내린 이유를 명확히 설명하려는 모든 시도는 사건이 일어난 다음에 이루어지는 합리화에 불과했다. 그러나 한편으로는 이해할 수 없는 자연재해를 납득할 수 있는 방식으로 설명하기 위한 필사적인 노력의 결과라고 할 수 있다. 하지만 무슨 이유로 사람들은 신이 자연재해를 유발했다고 생각한 것일까? 그리고 무슨 이유로 사람들은 신을 불쾌하게 한 원인이 그들 자신이라고 믿은 것일까?

《우상의 황혼Twilight of the Idols》에서 "쇠망치로 철학하기"를 주장한 독일 철학자 프리드리히 니체Friedrich Nietzsche(1844~1900년)는 인류가 범하는 "잘못된 인과관계의 오류"가 인류의 "가장 오래된 심리"에서 출발한다고 분석해 정곡을 찔렀다. 니체는 인류의 가장 오래된 심리에 대해 이렇게 기록했다. "모든 사건은 행동이고, 모든 행동은 의지의 결과물이었다. 이 논리에 따르면 세계는 다수의 행위자로 가득해지는데, 이때 행위자('주체')는 모든 사건을 교묘하게 조종한다."[39] 그러나 이런 심리를 눈치챈 사람은 니체 말고도 더 있었다. 스코틀랜드 철학자 데이비드 흄David Hume(1711~1776년)은 니체보다 한 세기나 앞서 그와 유사한 현상을 포착하고 《종교의 자연사The Natural History of Religion》에 이렇게 기록했다. "인간은 달에서 인간의 얼굴을 찾아내고 구름에서 군대를 발견한다. 이는 타고난 성향으로, 경험과 성찰을 통해 수정하지 않으면 인간은 자기를 기쁘게 하거나 자기에게 상처를 주는 모든 것을 선한 의지와 악한 의지의 탓으로 돌리고 말 것이다."[40]

최근 몇 년 동안 많은 학자가 인류의 "가장 오래된 심리"를 자세히 분석했고, 흄과 니체의 애니미즘 심리학을 현대적으로 공식화한 것이 "과민반응 행위자 감지 장치Hyperactive Agency Detection Device(HADD)"다. 이는 스튜어트 거스리Stewart Guthrie, 저스틴 배럿Justin Barrett, 파스칼 부아예를 비롯한 여러 연구자가 발전시킨 개념으로, 인간이라면 누구나 이 장치를 갖추고 있다.[41] 부아예는 행위자를 파악하는 인지적 감지 장치가 과민반응을 보여 잘못된 양성반응을 지나치게 많이 생성하는 이유에 대해 이렇게 설명한다. "인류 진화의 유산은 포식자와 피식자 문제를 동시에 처리해야 하는 유기체가 남긴 것이다. 어떤 경우든 행위자를 지나치게 많이 감지하는 유기체가 행위자를 적게 감지하는 유기체보다 생존에는 훨씬 유리하다.

(행위자가 없는데 있다고 감지하는) 잘못된 양성반응의 대가는 최소화된다. 잘못된 직관을 폐기하면 그만이기 때문이다. 반면 (포식자든 피식자든) 행위자가 실제로 존재하는데도 감지하지 못한 대가는 매우 클 수 있다."[42] 간단히 말해 밑져야 본전인 것이다.

물론 잘못된 경보를 발령할 수 있는 인지 시스템이 인간의 뇌에 자리 잡았다는 사실을 받아들이기는 쉽지 않다. 그러나 과민반응 행위자 감지 장치는 세 가지 측면에서 인간에게 매우 유용하게 작용한다. 이미 언급한 것처럼 과민반응 행위자 감지 장치는 우선 생존에 도움이 된다. 유령을 보는 사람은 웃음거리가 될 수 있지만, 순수한 합리주의자에 비해 생존 가능성이 높을 것이다.

과민반응 행위자 감지 장치의 두 번째 기능은 인간이 최악의 시나리오에 민첩하게 반응하도록 지원한다는 것이다. 이 장치는 단서를 검토하고 행동 패턴을 인지하도록 인간을 훈련하지만 동시에 누가 위협을 대표하고 재난에 책임이 있는지 끊임없이 생각하게 한다. 거기에는 함께 살아가는 사람들을 면밀히 관찰하고 스스로에게 이렇게 묻는 것 또한 포함된다. "나에게 해를 끼치길 원하는 존재가 있는가?"

세 번째로 사람들은 과민반응 행위자 감지 장치 덕분에 안심하고 살아갈 수 있다. 프리드리히 니체도 이런 기능을 이해했다.

모르는 무언가를 추적해 알게 되면 안도하고 안심하며 만족하게 된다. 더불어 큰 힘을 가진 것만 같아 든든한 느낌마저 든다. 반면 모르는 것이 있으면 위험, 불안, 초조를 느낀다. 원초적 본능은 이런 고통스러운 조건을 **제거하려 하는데,** 그 첫 번째 원칙은 무엇이 되었든 설명이 있는 것이 없는 것보다 낫다는 것이다. 불안한 생각을 떨쳐내는 것이 그 무엇보다 중요하기 때문에 사람들은 그 과정에서 동원한 수단에 대해서는 괘념치 않는다. 따라서 모르는 것이 아는 것으로 전환되는 바로 그 순간 그것은 "진실"로 받아들여지고, 인간은 평온을 되찾는다.[43]

"무엇이 되었든 설명이 있는 것이 없는 것보다 낫다." 이 놀라운 인식은 오늘날 심리학에도 확실히 자리매김했다. 심리학자 앨리슨 고프닉Alison Gopnik은 이를 내재적 "이론 형성 체계"로 설명하는데, 인과적 지식을 갈구하고 만약 답을 찾는다면 엄청난 만족감을 주는 것으로 보상하는 시스템을 말한다. 니체와 마찬가지로 고프닉도 인간이 느끼는 평온함은 설명의 옳고 그름과는 무관하다는 결론을 내린다.[44]

과민반응 행위자 감지 장치는 또한 인간으로 하여금 어디에서든 행위자를 찾아내게 한다. 평범하지 않은 일이 일어나면 인간은 그 이유를 사회적 용어로 설명한다. 과거에는 거의 모든 것, 심지어 오늘날 "무생물"이라고 묘사하는 것에도 저마다 영혼이 깃들어 있다고 생각했다. 오늘날에도 수렵·채집 생활을 하는 집단을 연구하는 민족학자들의 설명에 따르면 그들은 자연발생적 사건을 다양한 연기자가 상호작용하는 "사회극"으로 인식한다. 오늘날 오리건주에서 수렵·채집 생활을 하는 "클래머스Klamath" 부족은 구름이 달을 가리면 남풍 무아시Muash가 달을 살해하려 하는 것이라고 생각한다. 달을 살해하려는 남풍의 시도는 성공하는 듯 보이지만 결국 달의 부활로 막을 내린다."[45]

요약하면, 인간은 진화 과정에서 자신을 둘러싼 세계를 추상적 자연법칙의 산물이라기보다 살아 있는 존재가 가득한 곳으로 인식하게 되었다. 심지어 보이지 않는 존재조차 있다고 믿는 인간은 사회적 용어를 활용해 세계를 이해한다. 즉 모든 사람에게 신념과 의도가 있다고 보고(마음 이론으로 알려진 경향) 누구나 목적을 달성하기 위해 행동한다고 생각한다. 인간이 다른 동물에 비해 특히 더 그런 경향을 보이는지는 아직 확실히 밝혀지지 않았지만, 인간에게 그런 경향이 있다는 것 자체는 그리 특별한 일이 아니다. 그러나 인간이 정확하게 이와 동일한 추론 방식을 자연발생적 사건에도 적용한다는 점에는 놀라지 않을 수 없는데, 인간에게 정교하고 객관적인 방식으로 세계에 접근하는 자질이 필요 없다고 판단한 자연선택의 결과일 것이다. 사실 복잡한 천문학적 또는 기상학적 메커니즘이 천체를 움직이는 원동력이라는 사실은 배우지 않으면 알 수 없다. 아이들은 애니미즘적 사고방식으로 이런 현상을 이해하려는 경향이 있기 때문이다. 이런 사실은 1920년대에 이미 알려졌다. 발달심리학자 장 피아제Jean Piaget(1896~1980년)는 아이들이 생물과 무생물에 모두 목적이 있다고 생각한다는 것을 밝혀냈다. 아이들은 자신을 해한 것이 무엇이든 의도를 가지고 있다고 생각한다. 예를 들어 바위에 부딪힌 아이는 바위가 나쁘다고 생각하고, 벽에 부딪혀 손을 다친 아이는 벽이 자신을 때렸다고 생각한다.[46] 이런 이유로 인간이 그토록 많은 종교적 설명은 직관적으로 쉽게 이해하면서 과학적 설명은 상당한 노력을 기울여야 이해할 수 있는 것이다. 철학자 로버트 매콜리Robert McCauley는 저서《종교는 자연스러운데 과학은 그렇지 않은 이유Why Religion is Natural and Science is Not》의 제

목을 통해 이 문제의 핵심을 짚고 있다.[47]

　무언가 평범하지 않은 일이 일어나면 사람들은 그 일을 일으킨 행위자를 찾기 시작했다. 동물 아니면 사람? 그러나 사람도, 동물도 일으킬 수 없는 사건이라면 그때는 어떻게 할 것인가? 홍수 같은 사건이 그 예다. 이럴 때는 다른 행위자가 필요한데, 마침 그 행위자는 사람들 가까이에 있었다.

죽은 사람을 욕하지 말라

　인간이 세계를 해석하는 방식에 대해 이해하게 되었으므로 지금쯤이면 인간 본연의 심리가 물리적 세계와 영혼의 세계를 명확히 구분하지 않는다는 사실에 놀라는 독자는 없을 것이다. 인간의 영혼이 육체를 벗어날 수 있다는 믿음은 선사시대의 가장 어두운 심연에서 그 기원을 찾을 수 있다. 깨어 있는 동안에도 인간의 영혼이 육체를 떠나 세계 곳곳을 누비는 것처럼 보일 때가 있는데, 인간이 잠든 동안 그 영혼이 무엇을 하고 돌아다닐지 상상해보라! 인간의 영혼은 모험을 즐긴다.

　죽음은 인간에게 그보다 강한 영향을 미친다. 사람들은 인생에는 보고 느낄 수 있는 구체적인 것을 넘어서는 무언가가 존재해야 한다고 생각한다. 살아서 웃고, 춤추고, 뛰어다니다가 한순간에 갑자기 모든 것이 끝나버리는 것이 인생이기 때문이다. 육체는 손가락 하나 까딱하지 못하는 상태로 누워 체온을 잃어가고, 결국에는 차갑고 뻣뻣한 인간의 껍데기만 남는다. 무슨 일이 일어난 것일까? 죽어가는 사람의 마지막 숨결과 함께 무언가가 미끄러지듯 빠져나가지는 않았을까? 이제부터 그 존재를 영혼 또는 혼이라고 부르자.

인간의 경험, 예컨대 죽은 사람이 꿈에 나타난다는 사실을 떠올려 보면 죽은 뒤에도 무언가 존재하는 것이 분명하다. 죽은 사람이 혼을 잃고 육체만 남은 존재라면 육체를 잃은 혼은 어디로 간 것일까?[48] 육체를 잃은 혼은 영혼의 형태로 존재해야 한다. "죽은 사람이 (어떤 형태로든 존재한다는) 불멸성에 대한 믿음은 (역시 어떤 형태로든) 조상을 기리는 모든 문화에서 찾아볼 수 있다."[49]

그러나 저승은 없다. 죽은 사람의 영역은 산 사람의 세계와 아직 완벽하게 분리되어 있지 않다. 영혼은 초자연적 존재가 아니다. 영혼은 초월적 존재지만 그 행동의 결과를 이승에서 확인할 수 있다는 점에서 산 사람의 세계와 동일한 세계에 존재한다고 할 수 있다. 사람들은 영혼과 상호작용할 수 있고 자신의 목적을 달성하기 위해 영혼에게 영향력을 행사할 수도 있다.[50] 결국 영혼도 인간과 같은 방식으로 행동하는 존재이므로, 인간은 영혼에 대해 많은 것을 파악할 수 있다. 그리고 누구든 언젠가는 자기 혼이 육체를 떠나는 날을 맞게 될 것이다.

조상은 후손의 삶에 참여한다. 마치 살아 있는 사람처럼 후손을 보호하거나 괴롭힌다.[51] 조상의 노여움을 달래려면 수렵·채집인이 체득한 생활 방식과 동일한 방식으로 행동해야 한다. 즉 조상에 대해 좋은 말을 하고 음식을 제공해야 한다. 바로 여기서 제사의 기원을 찾을 수 있다. 홍수 이야기에서 조상을 기리고 조상에게 음식을 바치는 행위의 효과를 확인할 수 있다. 물이 빠진 뒤 노아는 제단을 쌓고 들짐승과 새를 제물로 바쳤다. "야훼께서 그 향긋한 냄새를 맡으시고 속으로 다짐하셨다. (…) 다시는 사람 때문에 땅을 저주하지 않으리라."

영혼의 환심을 사는 것이 바람직하다. 수렵·채집인은 간혹 아무 생각 없이 영혼을 탓해 기분 상하게 했을 수도 있지만, 그전에 먼저 또 다른 영혼의 보호를 받을 수 있도록 조치를 취해 만일의 경우에 대비했을 것이다. 다른 세상의 존재를 우롱하는 건 피하고 볼 일이다.[52] 죽은 사람도 산 사람을 죽일 수 있다. 이것은 고대부터 전해 내려온 선천적 지식의 일부다.

시체가 육식동물을 끌어들일 뿐 아니라 썩기 시작하면 감염의 온상이 될 수 있다는 것도 잘 알려진 사실이다.[53] 여기서 정말 흥미진진한 일이 시작된다. 미생물이나 다른 감염 수단에 대한 지식이 전혀 없던 과거에도 사람들은 죽은 사람의 육체가 "보이지 않을 뿐 아니라 말로 표현할 수 없는 위험을 불러오는 원천"이라는 사실을 알고 불안에 떨었다.[54] 죽은 사람은 보이는 어떤 행동도 하지 않고 산 사람을 병들게 하거나 심지어 죽음으로 몰아갈 수도 있었다. 이처럼 심란한 깨달음은 인간의 정신 깊은 곳에 새겨졌고 강한 추진력을 얻기 시작했다. 죽은 사람의 영혼은 육체에 의지하지 않고도 무엇이든 할 수 있는 존재가 되었다. 따라서 어떤 종류의 불행이든 일단 조상을 용의선상에 올리는 것도 무리는 아니다. 무슨 일이든 조상 탓일 수 있기에 죽은 사람의 장례를 적절한 방식으로 치르고 조상에 대해 좋은 말을 하는 것이 중요하다. 죽은 사람에 대해선 좋은 말만 하라. 그러지 않으면 그들이 복수에 나설 것이다.

모닥불 주위에 둘러앉아 영혼에 대해 나누는 이야기는 무서울수록 멀리 퍼져나가고 더 크게 부풀려지기 마련이다. 바로 이런 방식으로 초자연적 존재로 가득한 우주가 탄생했다. 애니미즘 세계에 살게 된 인간은 불행을 일회성 사건에 그치게 하고 그 영향이 개인에게 한정되도록 유도하기 위해 최선을 다했다. 불행이 극심해지면 사람들은 영혼과 소통하는 전문가인 샤먼에게 도움을 청할 수 있었다. 한편 인간의 첫 번째 본성에서 비롯한 느낌과 직관도 영혼의 세계와 상호작용하는 방법을 충분히 보여줄 수 있었다. 결국 영혼을 대할 때는 살아 있는 사람을 대하는 방식을 알려주는 바로 그 느낌과 직관을 활용해야 했다. 영혼과 인간의 관계는 이런 방식으로 수천 년 동안 이어졌다. 그러나 신석기 혁명 이후 세계는 다른 방식으로 작동하기 시작했고, 영혼은 그 과정에서 자기 경력을 쌓아나갔다.

극적인 사건에는 극적인 설명이 필요하다

이 새로운 세계에 대해 조금 더 검토해보자. 성서는 에덴의 동쪽에서 시작된 정착 생활의 매우 중요한 특성 가운데 하나를 보여준다. 바로 재난이다. 재난은 플라이스토세Pleistocene世 말기에 시작되었다. 사냥하던 동물이 사라지면서 인류는 수천 년 동안 유지해온 생활 방식을 어쩔 수 없이 포기해야 했다. 정착 생활을 시작한 인간은 생존을 위해 투쟁해야 했다. 과거처럼 이동할 수 없었기에 인간은 가뭄과 그 밖의 자연재해에 그 어느 때보다 취약한 상태였다. 과거의 사회구조는 산산이 흩어졌다. 새로운 사회구조는 경쟁을 부추겼고 폭력을 유발했다. 가족의 평화조차 유지하기 어려웠다.

가장 치명적이고 낯선 변화는 불쑥 모습을 드러낸 전염병이었다. 어디서 왔는지조차 알 수 없는 전염병에 사람들은 속수무책으로 죽어갔다. 인류 최초의 농부는 새로운 미생물의 손쉬운 먹잇감이었다. 소규모 집단을 이루어 수렵·채집 생활을 한 사람들은 한 장소에 오래 머물지 않았으므로 감염성 질환에 노출될 가능성이 거의 없었다. 우연히 새롭고 끔찍한 바이러스에 노출되더라도 그 집단이 사라지고 나면 바이러스도 생존할 수 없었다. 그러나 인류가 정착 생활을 시작하면서 인구가 크게 늘어 수렵·채집 생활을 하던 집단보다 10배에서 100배가량 큰 공동체를 이루게 되었고 사람들은 다닥다닥 붙어 살게 되었다.[55] 또한 농업의 발달과 더불어 교역을 통한 연계망이 형성되면서 바이러스나 박테리아의 온상이 되었다. 어느 마을에나 아픈 사람은 항상 있었고 이를 바탕으로 병원균이 번성했다. 도시가 발달하기 시작하면서 상황은 더욱 악화되어갔다.

위생 환경도 크게 달라졌다. 사람들이 폐기물을 아무렇게나 버리면서 인간의 배설물이 식수를 오염시켰다. 온갖 균과 기생충이 살기 좋은 환경이 조성되면서 감염이 지속될 수 있는 길이 열린 것이다. 분석糞石(동물 배설물의 화석)을 분석한 결과 농경이 시작된 초기에 회충과 편충이 극적으로 증가했다는 사실이 밝혀졌다.[56]

미생물과 기생충에게 농경의 시작은 "노다지"[57]나 다름없었지만 그로 인해 등장한 새로운 전염병은 인간에게 충격을 안겼다. 질병이 불쑥 찾아오는 이유를 아는 사람은 아무도 없었다. 인류 역사상 전염병은 대부분 예측할 수 없을 뿐 아니라 치명적인 수수께끼였다. 전염병의 영향을 줄이는 것은 무엇이든 생존 가능성을 높이는 일과 직결되었다. "치명적인 역병이 사회 전체에 급속히 퍼지면 수단과 방법을 가리지 않고 그것을 멈추는 일에 매진하는 수밖에 없었다."[58] 그러나 인간의 첫 번째 본성은 이런 어려움에 효과적으로 대응할 방법을 제시하지 못했으므로 세 번째 본성의 활약이 그 어느 때보다 절실해졌다. 질병에 맞서 싸울 새로운 예방 조치를 고안하기 위해 인간은 합리화하는 능력을 최고조로 끌어올려야 했다.

인간이 사건을 설명하기 위해 사용하는 수단에 대해서는 이미 설명했다. 인간의 뇌에 자리 잡은 과민반응 행위자 감지 장치가 "행위자는 반드시 존재한다!"라고 외치면 바이러스, 박테리아 또는 기후학에 대한 지식이 전혀 없는 사람들이 가장 먼저 용의선상에 올리는 것은 당연히 항상 모든 일에 관여하는 존재인 영혼이다! 지난 수천 년 동안 영혼은 일상적 문제에서 인간의 질병에 이르는 모든 사건에 관여해왔다. 그러나 이번에 일어난 사건은 영혼이 과거에 일으킨 그 어떤 사건보다도 규모가 컸다.

이런 변화는 조상에게도 영향을 미쳤다. 과거에는 영혼이 한두 사람에게 고통을 주었다면 이번에는 마을이나 부족 전체를 쓸어버릴 수 있는 사건을 벌이고 있었다. 바로 여기서 사건의 규모와 그 원인의 위력 사이에 균형을 맞추려는 경향인 "비례 편향"이 나타난다. 예를 들어 끔찍한 전염병은 반드시 강력한 존재가 벌인 일이어야 한다는 생각이다. 파스칼 부아예는 이렇게 일깨운다. "인간에게는 극적인 사건은 극적으로 설명하려는 경향이 있다."[59]

오늘날에도 이런 현상을 찾아볼 수 있다. 예를 들면 비례 편향은 음모 이론에 불을 붙인다. 세계에서 가장 큰 권력을 거머쥔 케네디John F. Kennedy 대통령이 오스왈드Lee Harvey Oswald 같은 고독한 패배자의 손에 죽음을 맞았다는 사실을 사람들은 있는 그대로 받아들이지 못한다. 그래서 마피아의 소행이니, CIA의 작품이니, 소비에트연방이 벌인 짓이니 하는 소문이 무성한 것이다. 비례 편향 덕분에 사람들은 거대한 사건에는 반드시 그 사건을 일으킬 만큼 거대한 음모가 있다고 생각하는데, 심리학자들은 이런 인간의 경향을 여러 차례 실험을 통해 재현해왔다.[60] 새로운 악에 직면한 인류는 비례 편향을 작동시켰고, 그 과정에서 조상은 자기 경력을 비약적으로 끌어올릴 수 있었다. 그렇게 영혼은 신으로 격상되었다.

죄의 발명

그리고 신으로 격상된 영혼은 화내는 존재였다. 화는 구약성서에 등장하는 하느님의 전매특허가 아니었다. 고대 근동 전역에서 사람들은 누구나 신의 노여움을 두려워하며 살았고[61] 고대 그리스에서도 마찬가지였다. 호메로스Homeros의 《일리아드》는 자신의 사제를 웃음거리로 만들었다는 이유로 아폴론이 트로이를 포위한 그리스군에게 역병을 내리는 장면으로 시작한다. 질병, 가뭄, 지진, 패전은 일반적으로 신이 유발한 것이었다. 재난 역시 신이 인간에게 내리는 벌이었다.[62]

독일 고전학자 발터 부르케르트Walter Burkert는 처벌하는 신이라는 개념 이면에는 "지나치게 정교한 인과관계의 원칙"이 자리 잡았다고 지적한다. 재난은 개인화된다. 재난은 "자기가 주관하는 존재를 벌하는 더 우월한 존재의 노여움"을 반영한 것으로, "노여움에 사로잡혀 벌을 내리는 신이라는 개념은 인류가 기록을 시작하기도 전인 먼 과거에 이미 구축되었을 것이다." 그러나 부르케르트는 이런 행동 프로그램이 "인간이 타고난 보편적이고 전형적인 정신이자 일반적인 행동"이라고 주장한다.[63] 맞는 말이다. 이것이 바로 흄과 니체가 논의한 "가장 오래된 심리"이자 오늘날 인류학자들이 말하는 과민반응 행위자 감지 장치다.

부르케르트는 과민반응 행위자 감지 장치가 개인의 머릿속에서 작동하는 과정을 재구성한다. 재난을 경험한 사람들은 이렇게 묻는다. "이유가 뭐지? 왜 하필 지금일까? 왜 우리에게 이런 일이 벌어진 것일까?" 그 해답은 "인간을 초월한 지식의 소유자라 주장하는 특별한 매개자, 즉 점술가, 사제 또는 해몽가"가 제공한다. 매개자는 재난의 원인을 "진단하고" 규명하며 "최근 또는 오래전에 누군가 저지른 잘못을 찾아내" 비난의 화살을 돌린다. 이어서 "악을 피하고 구원받을 수 있는 의례와 실천을 통해 적절히 속죄하는 조치"가 뒤따르는데, 이는 보통 제물을 바치거나 재난의 원인을 제거하는 방식으로 이루어진다.[64]

이런 분석 과정은 현대 의학이 활용하는 몇 가지 단계, 즉 증상 파악, 진단, 치료로 나누어볼 수 있는데, 이 책은 여기에 또 다른 요소를 추가하려 한다. 사실상 토라의 구성에 결정적 역할을 수행한 예방이라는 요소다. 생존은 앞으로 재난이 발생하지 않도록 막을 방법을 찾아낼 수 있는지 여부에 달려 있었다. 따라서 사람들은 신의 노여움을 산 당장의 원인을 진단하는 것은 물론, 신을 화나게하는 행동을 미리 파악해 미래의 벌을 모면할 방법을 찾는 데 초점을 맞추기 시작했다. 그리고 모든 형태의 "잘못된" 행동을 아우르는 죄라는 새로운 개념이 등장했다. 신의 등장은 인간이 잘못을 저지를 가능성을 낳았다. 결국 처벌은 죄를 전제로 한다.

바빌로니아인은 이미 무엇이 신의 분노를 야기하는지 알아내기 위해 점술, 즉 천체의 운행 경로와 새의 비행경로 또는 제물의 내장을 해석하는 정교한 방법을 발전시켰다. 사람들은 점술가가 파악한 내용을 잘 갈무리해두었다가 재난 방지 시스템의 효과를 평가하고 개선책을 마련하는 데 활용했다.[65] 어느 지역에서든 사제들은 "죄의 목록"을 작성해 병들거나 불행에 빠진 사람들을 조사하는 데 사용했다. 그 목록을 활용하면 위반 행위가 무엇인지 신속하게 규명할 수 있었기 때문이다. 사회학자 막스 베버는 "신의 노여움을 나타내는 표식이 증가함에 따라" 무엇이 죄인지 규명하려는 사회적 관심도 커졌다고 설명한다.[66] 신이 공동체 전체를 벌할 것처럼 맹렬히 화를 내면 사람들은 신의 화를 누그러뜨리기 위해 수단과 방법을 가리지 않을 준비가 되어 있었다.

이런 현상은 종교의 제도화를 위한 기폭제로 작용해 새로운 규범이 끊임없이 생겨나고 복잡한 체계에 통합되었다. 사람들은 의례를 시험하고 새로운 성지聖地를 건설했다. 점점 더 많은 사제가 신을 진정시키기 위해 "죄로 얼룩진" 개인을 훈육하거나 아예 제거하는 새로운 수단을 시도해야 했다. 종교는 전례 없이 높은 수준으로 제도화되었다. 새로운 유형의 도덕이 수립되어 일종의 재난 방지 시스템으로 기능했는데, 이를 관리하는 역할을 맡은 사제들은 시스템 유지에 온 힘을 기울였다. 이 재난 방지 시스템은 성서 탄생에 큰 영향을 미쳤는데, 그 내용은 2부에서 자세히 다룰 것이다.

인류 역사상 처음으로 도덕이 발전하기 시작했다. 이를 구성하는 규칙은 인간의 세 번째 본성에 내재된 합리성의 산물로, 현실을 관찰한 끝에 도출해낸 새로운 규범이었다. 물론 수렵·채집 시대에도 고유의 도덕이 존재했지만 그것은 인간의 첫 번째 본성에 뿌리내린 것이었다. 당시 도덕은 인간이 타고난 정서에서 출발한 것이므로 누구나 허락되는 것과 허락되지 않는 것의 경계를 알고 있었다. 문제가 발생한 경우 또는 누군가 선을 넘은 경우 구성원들은 이 문제를 심도 있게 논의했다. 해결책을 찾기 위해 사건의 모든 측면에 대해 논의했는데, 때로는 며칠씩 걸리기도 했다. 극단적인 경우 집단은 구성원 가운데 한 명을 사형에 처하기도 했지만, 그 정도로 심한 처벌을 내리는 일은 드물었다. 수렵·채집 생활을 하는 집단에서는 모든 사람이 다른 사람에게 의존해 생활했고, 구성원이 서로 조화를 이룰 수 있는지 여부에 집단의 생존이 달려 있었다. 따라서 사람들은 합의를 도출하는 데 익숙했다. 수렵·채집 생활을 하는 집단에서 엄격한 규범을 엄정하게 고수하는 비타협적 도덕을 채택했다면 그 집단은 몰락하고 말았을 것이다.

그러나 새로 등장한 농경 사회에서는 엄격하고 비타협적인 규범이 구축되었다. 점점 커지는 사회를 전문가들이 감시했다. 전문가들은 생존을 위해 그리고 자기가 누리는 특권을 보호하기 위해 신의 분노를 억제해야 했다. 비타협적인 새로운 도덕은 기본적으로 신이 공동체 전체를 벌하려 하는 것처럼 보인다는 사실에서 출발했다. 질병, 홍수, 가뭄은 결국 모든 사람에게 영향을 미치는 재난이었다. 따라서 성서에는 한 사람의 악행으로 민족 전체가 벌을 받는 이야기가 자주 등장한다. 이런 생각은 유대교 외에 다른 종교에서도 찾아볼 수 있는데, 예를 들어 고대 그리스인은 "한 시민의 사악함으로 인해 하늘의 노여움이 도시 전체에 떨어질 수 있다는 사실"을 두려워했다.[67] 다른 사람이 지은 죄 때문에 고통을 받고 싶은 사람은 아무도 없으므로 이제는 모든 사람이 다른 사람의 행동을 감시해야 했다!

이런 현상의 결과를 냉정하게 평가해보자. 질병의 확산은 성행위, 위생 또는 식습관과 관련된 것처럼 보이므로 이와 관련한 행동이 가장 먼저 용의선상에 올랐다. 따라서 토라에는 이런 영역에 대응하는 규범이 차고 넘친다. 덕분에 오래전에 인간의 유전자에 새겨진 행동의 원동력을 만족시키려는 첫 번째 본성의 욕망은 무참히 짓밟혔다. 첫 번째 본성의 욕망은 대부분 어느 날 갑자기 죄로 얼룩진 것으로 규정되었다. 즉 인간의 "일상적 욕망과 열정"[68]은 이제 저주가 되었다. 오늘날 많은 종교는 성性이나 물질에 관련된 모든 것을 부정하는 경향이 있는데, 이는 이런 과정을 거쳐 생겨난 것이다.

그러나 이렇듯 경직된 문화 시스템은 성공을 거뒀다. 그런 노력 덕분에 사실상 위생이 개선되어 질병의 확산을 막을 수 있었고, 도덕적 행동과 규범 준수 여부를 감시함으로써 사회의 결속을 높이는 데 기여했다. 나아가 이 통제 시스템을 통해 권력을 강화한 샤먼과 사제는 이를 유지하기 위해 많은 노력을 기울였다.[69] 마지막으로 이 시스템을 통해 사회 지도층은 공동체의 규범을 정의하고 자신의 권위를 정당화할 수 있는 기회를 얻었다.[70]

종교, 재난을 통제하는 문화

이와 같은 주장은 매우 중요하므로 여기서 간단히 요약하고 넘어가고자 한다. 생태적 재난, 전염병, 사회적 긴장은 위대한 신의 탄생을 도운 산파다. 오늘날 사람들이 생각하는 의미의 종교와 도덕은 문화적 보호 시스템의 형태를 띠고 등장했다. 이 시스템은 재난이 발생한 이유와 재난을 예방할 수 있는 방법을 설명하려고 애썼는데, 그 과정에서 우연히 사회질서를 정당화하는 데 기여했다. 이 새로운 시스템이 필요해진 이유는 타고난 인간의 직관이 정착 생활이라는 새로운 현실을 따라잡지 못했기 때문이다. 이 시스템의 기본 전제는 신을 격분하게 한 원인은 인간이므로 신의 노여움을 누그러뜨리는 데 필요한 것이라면 무엇이든 수행해야 한다는 것이었다. 그럼으로써 신이 개인의 악행을 처벌하기 위해 공동체 전체에 역병이나 재난을 내리는 일이 재발하지 않도록 미연에 방지하고자 했다.

새로운 신은 사회의 도덕과 협동에 영향을 미쳤고, 그 결과 신이 성공적으로 정착하는 데 기여했다. 이 사실에는 의문의 여지가 없다. 그러나 이 책이 내세우는 이론에 따르면 초기 사회가 직면한 일차적 위협은 사회문제가 아니다. 오히려 질병이야말로 실질적이고 실존적인 위험이었다. 따라서 가장 많은 혁신을 이끌어낸 장본인 역시 질병이다. 인류의 역사를 통틀어 전쟁이나 기근보다 박테리아, 바이러스, 곰팡이가 앗아간 목숨이 훨씬 많다.[71] 따라서 전례 없는 문화적 성과인 종교가 이 골칫거리를 제거하는 임무를 맡아 처리한 것도 무리는 아니다. 한편 종교의 성공은 그 추종자들을 얼마나 제대로 보호할 수 있는지 여부에 달려 있었다. 미생물학자 데이비드 클라크는 이렇게 말한다. "대부분의 역사에서 주요 사망 원인은 감염성 질환이다. 따라서 종교가 어떤 방식으로 질병에 대처하느냐의 문제가 중요한 사안으로 떠올랐다."[72] 고전학자 발터 부르케르트도 이 사실을 인정한다. "사실 대부분의 문명에서 질병은 종교와 가장 밀접하게 결부되어 있다."[73] 따라서 신은 질병을 제어하는 실질적 행위자로 광범위하게 받아들여졌다.

재난과 질병은 신이 경력을 차곡차곡 쌓을 수 있는 탄탄대로를 조성했을 뿐 아니라 가장 강력한 선전 도구로 기능했다. 새로운 전염병이 돌고 홍수와 기근이 찾아올 때마다 초자연적 행위자라는 개념은 강화되었고, 그때마다 인간의 비례 편향이 작용하면서 신의 권위는 나날이 막강해졌다. 구약성서에 등장하는 하느님처럼 대홍수를 내릴 수 있는 신이라면 엄청나게 강한 존재일 것이다! 이런 논리는 역사의 상수로 남아 재난이 일어날 때면 어김없이 종교적 열정이 거세게 불타올랐다.

최근 한 연구 결과를 통해 가혹한 환경에서 생활하는 사람일수록 도덕적 요구가 분명한 전능한 신을 믿는 경향이 강하다는 사실[74]과 "자연재해가 빈번하게 휩쓸고 지나가는 지역에서 생활하는 사람일수록 종교성이 강하다는 사실"이 입증되었다.[75] "하느님이 재난을 일으킨다"는 믿음의 근거[76]는 전통적 해석에서 추정하듯 위안이 필요해서가 아니다. 재난이 예측할 수 없는 방식으로 흔하게 일어나는 지역에서 생활하는 사람들이 재난이 발생하는 이유와 재난을 일으키는 행위자에 대한 질문을 더 시급한 마음으로 더 자주 했기 때문이다. 그리고 그 질문에 답하는 과정에서 인간의 잘못된 행동이 신의 개입을 불러 온갖 불행을 겪게 된다는 생각이 자연스럽게 발전했다.

재난이 재발하면 그에 대응하는 전략으로서 종교는 극도로 높은 압력을 받으며 작동한다. 문화적 진화의 용광로에 연료를 공급하는 것은 재난이었다. 새로운 불행이 닥칠 때마다 보다 세분화한 규칙, 정교하게 다듬은 지침으로 시스템을 개선해야 할 필요성이 대두되었다. 특히 사제들이 궁지에 몰렸다. 효과적으로 대처하지 못했다는 이유로 그들이 살해되는 것은 드문 일이 아니었다.[77] 치명적인 질병이 치명적인 종교를 만든다.

이제 종교가 사회의 결속을 다지는 접착제로 기능한다는 이론으로 돌아가보자. 많은 이들이 사회의 결속을 다지는 접착제의 기능이야말로 인류가 수렵·채집인의 삶을 포기하고 규모가 크고 인구밀도가 높은 농경 사회에서 생활하게 되면서 등장한 종교의 존재 이유라고 여긴다. 그러나 재난 같은 위험에 대응하는 과정을 통해 단순한 존재였던 영혼이 어떻게 대형 신으로 진화했는지에 대해서는 이 책이 새롭게 제시한 문화적 보호 가설이 사회의 결속을 다지는 접착제 이론보다 더 잘 설명한다고 생각한다. 종교가 사회의 결속을 다지는 접착제 역할을 수행한 것은 사실이지만, 그런 기능은 좀 더 이후에 등장했다. 말하자면 우연히 발견한 장점이었다.

"살아남으리라"

이제 홍수 이야기로 돌아갈 준비가 되었다. 홍수 이야기에서 합리적으로 기능하는 종교의 힘을 확인할 수 있기 때문이다. 직접 창조한 모든 것을 파괴하기로 결심한 하느님은 큰 물줄기를 터뜨리고 하늘에 구멍을 내어 비를 내렸다. 날려 보낸 비둘기가 부리에 올리브 가지를 물고 돌아오자 "그제야 노아는 물이 줄었다는 것을 알았다." "새나 집짐승이나 땅에서 기어 다니는 길짐승까지… 모든 동물을 데리고" 생존자들은 뭍으로 돌아갔다. 노아는 제단을 쌓고 하느님에게 제물을 바쳤다. 그제야 모습을 드러낸 하느님은 부드러운 음성으로 이렇게 말했다. "다시는 전처럼 모든 짐승을 없애버리지 않으리라. 땅이 있는 한, 뿌리는 때와 거두는 때, 추위와 더위, 여름과 겨울, 밤과 낮이 쉬지 않고 오리라."

이 책에서 다루는 논의와 관련해 중요한 일은 그다음에 일어난다. 하느님은 이렇게 말했다. "나는 너희와 계약을 세워 다시는 홍수로 모든 동물을 없애버리지 않을 것이요, 다시는 홍수로 땅을 멸하지 않으리라."

이 구절은 합리화하는 힘인 종교를 통해 성취할 수 있는 것이 무엇인지 간결하게 요약한다. 종교는 하느님과 하느님이 내리는 모든 재난을 예측 가능하게 한다. 가장 높은 곳에 자리 잡은 하느님은 이제 계약에 매인 몸이 되어 더 이상 마음대로 노여움을 터뜨릴 수 없다. 감정을 다스려 스스로 믿을 만한 협상 상대라는 사실을 입증해야 했다. 이제 사제들은 추종자들에게 최악의 사태는 지나갔다고 말할 수 있었다. 또 다른 홍수가 일어나지 않으리라는 확신이 서면 미래를 계획할 수 있었다. 그리고 나심 탈레브Nassim Taleb가 묘사한 대로 재앙에 가까운 홍수가 "블랙스완(흑조黑鳥)",[78] 즉 지극히 드물게 일어나는 사건이라는 사실은 사제들의 말이 틀릴 가능성도 희박해진다는 것을 시사한다.

그러나 거기서 더 나아가 하느님은 사람들에게 계약이 지속된다는 표식을 남겼다. 하느님은 노아에게 이렇게 말한다. "내가 구름으로 땅을 덮을 때, 구름 사이에 무지개가 나타나면, 나는 너뿐 아니라 숨 쉬는 모든 짐승과 나 사이에 세워진 내 계약을 기억하고 다시는 물이 홍수가 되어 모든 동물을 쓸어버리지 못하게 하리라."

프리드리히 니체는 종교를 통해 모든 재난을 이미 알려진 힘의 탓으로 돌림으로써 사람들이 "마음의 평화를 얻고 자유로워지며 안심하게 된다"고 지적했다. "새로운 요소, 즉 경험해보지 못해 익숙하지 않은 것은 재난의 원인으로 지목되지 않는다."[79] 이브에게 내린 출산의 고통이라는 저주를 분석하며 확인한 것처럼 여기서 다시 한번 종교의 진화적 가치가 명확하게 입증된다. 무지개는 최악의 폭풍우가 닥쳐도 사람들이 두려움에 떨지 않기를 바라며 붙여놓은 가상 팻말과 같다. "두려워하지 마시오!"라는 문구가 쓰인 이 팻말은 "살아남을 수 있다"라는 메시지를 전한다. 종교를 통해 사람들은 평정을 유지할 수 있고, 판단력을 잃지 않으면 스스로를 구할 해결책을 찾을 수 있다고 생각하게 되었다.

생존자

홍수로 이야기를 시작했는데, 이제 홍수가 휩쓸고 지나간 자리를 보고 있다! 그러나 바벨탑으로 넘어가기 전에 노아와 관련해 몇 마디 덧붙이고자 한다. 한 남자와 그의 가족이 대재앙에서 살아남았고 이들을 통해 새로운 인류가 탄생한다. 이를 진화의 역사라는 관점에서 보면, 인류의 조상은 지금까지 일어난 모든 재난과 전염병을 극복하고 살아남아 자손을 남긴 존재라는 사실을 알 수 있다.[80] 노아가 살아남은 것은 신이 의도적으로 선택한 결과가 아니라 자연선택의 우연한 결과다. 그렇다고 생각하면 왠지 모르게 마음이 불편해지는데,[81] 바로 이런 이유로 대홍수 같은 이야기가 아직도 대중의 사랑을 받는 것이다. 한 남자가 살아남았고, 그는 그럴 만한 자격이 있었다. 이것이 성서가 우리에게 들려주는 이야기의 핵심이다.

성서의 저자들은 환경에 떠밀려 그런 이야기를 쓸 수밖에 없었다. 이야기가 논리적이려면 노아는 살아남을 만한 가치가 있는 사람이어야 했다. 여기서 다시 한번 인간이 타고난 일관성을 추구하는 사고방식을 엿볼 수 있다. 하느님이 진정 세상에 하나뿐인 유일한 신이라면 모든 일을 주관하는 존재일 것이다. 다시 말해 하느님이 공동체 전체를 벌했는데 이를 모면하고 살아남았다면 그는 반드시 선한 사람일 것이다. 그렇지 않다면 하느님이 그를 살려두었을 리 없기 때문이다. 세상에 하나뿐인 유일한 하느님이라는 개념이 생기면서 선 아니면 악이라는 도덕적 이원론이 등장했는데, 이와 관련해서는 뒤에서 자세히 다룰 것이다.

사제들은 생존자 노아에게 주목하며 그를 성자聖者로 선언했다. "그 당시에 노아만큼 올바르고 흠 없는 사람이 없었다. 그는 하느님을 모시고 사는 사람이었다." 사제들에게는 선택의 여지가 없었다. 그렇지 않으면 자신의 주장이 틀린 것으로 판명될 것이기 때문이었다. 홍수가 지나간 후에도 사람들은 홍수가 나기 전과 마찬가지로 나쁜 행동을 하며 살았는데, 사제들의 주장이 틀렸다는 것을 입증할 수 있는 사례는 이것만이 아니었다. 홍수 이야기의 후반부에는 노아가 신의 구원을 받을 만한 존재가 아니었을지도 모른다는 인상을 주는 장면이 등장한다. 홍수가 지나간 직후 노아는 술을 마시고 취해서 "벌거벗은 채로 천막 안에 누워 있었다." 그다음에 일어난 일은 많은 생각할 거리를 낳은 수수께끼로 남아 있다. "마침 가나안Canaan의 조상 함Ham이 아버지가 벗은 것을 보고 밖에 나가 형과 아우에게 그 이야기를 하였다. 셈Shem과 야벳Japheth은 겉옷을 집어 어깨에 걸치고 뒷걸음으로 들어가 아버지의 벗은 몸을 덮어드렸다. 그들은 얼굴을 돌린 채 아버지의 벗은 몸을 보지 않았다. 노아는 술이 깨어 작은아들이 한 일을 알고 이렇게 말하였다. '가나안은 저주를 받아 형제들에게 천대받는 종이 되어라.'"

노아가 자기 손자 가나안을 저주한 이유는 무엇일까? 가나안은 부끄러운 줄 모르고 벌거벗은 채 잠든 할아버지의 이야기를 주위에 퍼뜨린 아버지 함과 달리 노아에게 아무런 잘못도 하지 않았으므로 이 문제는 수수께끼로 남아 있다. 그러나 여기서 홍수 이야기의 흥미로운 측면을 발견하게 된다. 홍수가 지나간 후에도 가족의 삶은 카인과 아벨의 시대와 마찬가지로 혼돈 그 자체였다는 것이다. 사람들의 행동거지는 별반 나아지지 않았다. 심지어 성서는 이런 사실을 적나라하게 드러낸다.

5

바벨탑

죽음의 덫

바벨탑 이야기는 성서에서도 고전에 속한다. 대 피터르 브뤼헐 Pieter Bruegel the Elder이 남긴 유명한 그림에는 산 같은 탑이 구름을 뚫고 우뚝 솟아 있는데, 이는 진보에 대한 한없는 믿음의 오만함을 상징한다. 완공하지 못한 바벨탑 건설 프로젝트는 과대망상의 원형이다.

바로 그것이 고작 몇 줄에 불과한 바벨탑 이야기가 그토록 큰 성공을 거둔 이유다. 홍수가 지나간 이후 늘어난 사람들은 이내 메소포타미아로 모여들었다. 당시 사람들은 "한 가지 말을 쓰고 있었다. 물론 낱말도 같았다." 사람들은 서로 말했다. "어서 도시를 세우고 그 가운데 꼭대기가 하늘에 닿게 탑을 쌓아 우리 이름을 날려 사방으로 흩어지지 않도록 하자." 사람들이 주고받은 말은 하느님에게 경보를 발령했다. "사람들이 한 종족이라 말이 같아서 안 되겠구나. 이것은 사람들이 하려는 일의 시작에 지나지 않겠지. 앞으로 하려고만 하면 못할 일이 없겠구나. 당장 땅에 내려가서 사람들이 쓰는 말을 뒤섞어놓아 서로 알아듣지 못하게 해야겠다." 그 말이 떨어지기가 무섭게 이를 실행에 옮겼다. "야훼께서는 사람들을 거기에서 온 땅으로 흩으셨다. 그리하여 사람들은 도시를 세우던 일을 그만두었다. 야훼께서 온 세상의 말을 거기에서 뒤섞어놓아 사람들을 온 땅에 흩으셨다고 해서 그 도시의 이름을 바벨이라고 불렀다."

주목할 점은 하느님이 친히 내려와 모든 일을 바로잡았다는 것이다. 바벨탑 이야기에 등장하는 하느님은 신들로 가득한 과거의 세계를 대표하는 존재로, 성서 후반부에 등장하는 하느님처럼 높은 곳을 떠다니는 형체 없는 존재로 격상되지 못한 상태다. 또 하나 놀라운 사실은, 지금까지 이야기를 잘 따라온 독자라면 그리 놀랄 일도 아니지만, 바벨탑 이야기와 관련해 보편적으로 받아들여지는 해석이 아직 없다는 것이다.

여러 차례 수정을 거친 바벨탑 텍스트는 세상의 여러 민족이 흩어져 살아가며 서로 다른 언어를 사용하는 이유를 설명하는 인과론적 이야기로 해석되거나 인간의 오만함을 다스리기 위해 신이 벌을 내린 이야기로 이해된다. 일부 학자들은 지구라트$_{ziggurat}$(테라스를 계단처럼 쌓아 올린 신전)를 지은 아시리아와 바빌로니아의 과도한 권력욕을 비판한 이야기로 해석하기도 한다.[1]

다닥다닥 붙은 집

바벨탑 이야기는 성서의 저자들이 훌륭한 역사학자였다는 사실을 입증한다. 바벨탑 이야기 이전의 역사, 즉 (원시시대로 표현하는) 성서상의 역사에 등장하는 일련의 사건에는 수렵·채집 생활을 하던 인류가 선진 문명이 건설한 대도시에서 정착 생활을 하게 되는 실제 역사의 발전 과정이 반영되었기 때문이다. 도시는 문화의 비약적 발전을 의미한다. 수렵·채집인은 너른 황야를 누비며 생활했지만 도시가 등장하면서 수천의 사람이 스스로 창조한 한정된 공간에서 생활하게 되었다. 이런 상황은 인간의 첫 번째 본성에 심각한 도전을 안겼다. 수렵·채집 생활을 하던 사람들은 서로 잘 아는 사람들과 평생을 어울려 지냈지만, 도시에서 생활하는 사람들은 일면식도 없는 사람들에게 둘러싸여 살아야 했다.

사유재산과 마찬가지로 도시 역시 문화의 새로운 발명품이라는 사실을 잊지 말아야 한다. 도시가 등장하기 전에 사람들은 도시가 무엇인지 그에 대한 개념조차 없었다. 차탈회위크Çatalhöyük(오늘날 튀르키예에 속하는 중부 아나톨리아고원에 위치)는 인류 최초의 대규모 정착지 가운데 하나로, 지금까지 고고학자들은 도시의 원형인 차탈회위크에서 기원전 7400년부터 기원전 6200년 사이에 쌓아 올린 14개 층을 확인했다. 2,500여 명의 주민이 생활했을 것으로 추정되는 차탈회위크는 "접합 방식", 즉 벌집처럼 집 옆이나 집 위에 또 다른 집을 짓는 방식으로 건설했다. 길도, 골목도, 통로도 없었으므로 다른 집으로 이동하려면 지붕을 타고 다녀야 했다! 이동이나 위생 문제는 차치하더라도 이런 생활환경이 얼마나 다양한 문제를 야기했을지 상상하긴 그리 어렵지 않을 것이다.[2]

고고학자들은 이 원형도시가 거친 전형적 발전 패턴을 밝혀냈다. 레반트 전역에 자리 잡은 원형도시는 모두 호황을 누린 뒤 버려졌고 이후 유럽에 등장한 도시 역시 그 전철을 밟았다.[3] 거의 모든 집을 동일한 크기로 지은 점도 그렇고, 이런 초기 정착지에서는 놀립게도 어떤 기능적·사회적 차별의 증거도 보이지 않는다. 과거 수렵·채집 생활을 하던 사람들의 정신세계가 여전히 유효하게 작용한 덕분에 이런 원형도시에는 "경쟁"이 자리 잡지 못한 것일까? 아무튼 원형도시에서는 누군가가 다른 사람 위에 군림하는 장면을 떠올리기 어렵다.

그토록 규모가 큰 공동체를 유지하기 위해서는 위계질서가 필요하지만, 고고학자 이안 카위트Ian Kuijt는 당시에는 사람들의 평등주의 정서가 크게 훼손되지 않은 상태였을 것으로 추정한다. 덕분에 엄청난 사회적 긴장을 유발해 최초의 대규모 정착지의 몰락으로 이어졌을 것이다.[4] 과학 저술가 애널리 네위츠Annalee Newitz는 이렇게 말한다. "기원전 4000년 무렵 다시 등장한 도시에는 왕, 샤먼, 노예 등 엄격한 사회적 위계질서가 존재했다는 점을 고려할 때 이는 매우 흥미로운 가설이다."[5]

종교가 도시 생활에 필요한 사회적 요령을 제공해 도시가 메소포타미아 우루크에서 기원전 4000년경 등장한 형태로 발전하는 데 기여했다는 증거가 있다. 신으로 탈바꿈한 영혼은 새로운 권력 구조를 정당화하는 데 동원되었다. 신으로 격상된 영혼은 주로 사람들의 도덕성을 감시하는 역할을 수행했고, 신을 기리는 축제와 의례는 공동체 사회의 결속을 다지는 접착제로 기능했다. 그러나 사회적 긴장이 가라앉기까지 약간의 시간이 필요했다. 새로운 관계가 인간의 두 번째 본성으로 자리 잡아야 했기 때문이다. 그렇지 않다면 도시 같은 거대한 실체나 기념비적 건축물은 등장할 수 없었을 것이다.[6]

이런 배경을 마음에 새기고 보면 성서 속 바벨탑 이야기는 이 과정을 정확히 반대로 기록한 이야기라는 기막힌 사실을 알 수 있다. 하느님은 사람들의 결속을 깨뜨렸고 사람들의 집단적 노력을 무산시켰으며 사람들을 사방으로 흩어버렸다. 여기서 도시의 몰락에 기여한 또 다른 힘이 존재했을지도 모른다는 사실을 깨달을 수 있다.

보이지 않는 군대

창세기를 읽는 독자들은 하느님이 도시를 아끼지 않았다는 사실을 금세 깨닫게 될 것이다. 바벨탑 이야기가 끝나고 몇 장 지나지 않아 하느님이 소돔Sodom과 고모라Gomorrah를 심판하는 이야기가 등장하기 때문이다. 그렇다면 하느님과 도시 사이에는 정확히 어떤 문제가 있었던 것일까? 이 질문에 답하기는 어렵지 않은데, 그러려면 먼저 성서 속 바벨탑 이야기가 일회성 사건이 아니라는 사실을 이해해야 한다. 탑 건설이 잘못된 것과 관련한 이야기는 다른 민족의 설화에서도 찾아볼 수 있다. 따라서 성서 속 바벨탑 이야기를 그보다 앞서 메소포타미아에 떠돌던 서사를 바탕으로 기록했다는 사실은 더 이상 놀라운 일이 아니다. 원래 바벨탑 이야기는 "민족의 흩어짐이나 언어의 혼란 같은 이야깃거리"와는 아무 관계가 없었다.[7] 이야기의 인과론적 측면은 부차적 주제였다는 말이다. 따라서 중요한 문제는 아직 해결되지 않은 채로 남아 있다. 바벨탑 건설 프로젝트가 실패한 이유는 무엇일까?

오늘날에도 미완성 상태로 흉물스럽게 남아 있는 건축물이 많다. 기념비적 건설 프로젝트에는 건축 기술이나 물자 확보 같은 측면에서 막대한 과제가 뒤따르기 때문이다. 사정이 이러하므로 문명의 초기 단계, 즉 일면식도 없는 사람들로 구성된 대규모 집단이 효율적으로 공존할 수 있는 방식을 실험하던 시기에 완공하지 못한 건설 프로젝트가 많은 것도 무리는 아니다. 구조공학적 문제가 없는 상황에서도 많은 대형 건설 프로젝트가 완공되지 못했다. 이집트의 사막에 잠들어 있는 미완성 피라미드가 얼마나 많은지 떠올려 보면 무슨 말인지 쉽게 이해할 수 있을 것이다.

완공되지 못한 건축물과 몰락한 여러 도시의 이면에는 무엇이 숨어 있을까?《균, 유전자, 문명Germs, Genes, & Civilization》에서 데이비드 클라크는 그 원인을 간결하게 밝힌다. "조만간 염병 또는 역병이 신흥 도시에 들이닥칠 것이다."[8] 재레드 다이아몬드는 이렇게 설명한다. "따라서 미생물에게 농업이 노다지였다면 도시는 더 큰 노다지였다. 많은 인구가 좁은 공간에 조밀하게 모여 살면서 갈수록 위생이 악화되었기 때문이다."[9] 역사상 처음으로 도시는 여러 질병이 영구적으로 머물 수 있는 온상을 제공하는 거대한 저수지가 되었다. 전염병을 이겨내고 살아남은 도시의 생존자들은 시간이 지날수록 면역력을 키운 반면, 외부에서 유입된 사람들은 새로 터를 잡은 지역의 병원균과 접해본 경험이 없으므로 위험에 노출될 수밖에 없었다.[10] 그 결과 사실상 도시는 출생 인구보다 사망 인구가 더 많은 죽음의 덫으로 변해갔다. 주변 지역에서 사람들이 끊임없이 유입되어 줄어든 인구를 보충할 수 있는 도시만이 성장할 수 있었다. 그리고 새로 유입된 주민은 종종 새로운 질병을 도시에 들여왔다.[11]

고대에는 대규모 건설 프로젝트 자체가 거대한 감염원이었다. 그곳에는 전쟁포로, 노예, 추방된 사람 등 각지에서 모여든 다양한 사람이 섞여 있었다. 그들은 온갖 종류의 세균이 서식하기에 이상적인 환경에서 열악한 위생과 영양 상태에 내몰린 채 일했다. 이런 상황에서 전염병이 유발하는 고통은 상상을 초월했다. 전염병이 돌기 시작하자 수백 명의 인부가 목숨을 잃었다. 질병은 언제나 신이 내리는 형벌로 여겨졌다. 전염병을 통해 사람들은 격분한 하느님이 얼마나 파괴적일 수 있는지 똑똑히 확인할 수 있었다. 하느님의 힘은 헤아릴 수 없을 만큼 강대했다. 사람들은 "보이지 않고 알려지지도 않은 미생물 군대"가 도시 주민의 삶을 피폐하게 하는 원인이라는 사실을 까맣게 몰랐다.[12] 당시 사람들이 분명히 알 수 있었던 것은 오직 한 가지, 하느님이 도시를 싫어한다는 것뿐이었다.

신이 격분한 이유는 자명했다. 하늘에 닿을 듯 거대한 궁전, 신전, 요새를 지으려는 사회 지도층의 과대망상은 신에 대한 도전을 의미했다. 따라서 바벨탑 이야기는 고대에 반복해서 일어난 사건과 관련이 있을 뿐 아니라 거기에 관련된 사람들의 해석을 제시하는 이야기다.

이 책은 이 책에서 묘사하는 현상에 대한 유일한 원인이나 배타적 해석을 제시하는 일을 경계한다. 완성된 형태로 성서에 등장하는 모든 이야기는 다양한 해석의 여지를 제공한다. 앞서 언급한 것처럼 성서 속 이야기는 언덕을 굴러 내려가는 눈 뭉치처럼 제 몸집을 불리며 지금의 모습을 갖추었다. 바벨탑 이야기 역시 비슷한 과정을 거쳐 지금의 모습을 갖추었을 것이다. 즉 전염병이 돌아 완공하지 못한 대규모 건설 프로젝트라는 역사적 핵심에 새로운 층을 덧입히면서 언어의 혼란과 민족의 흩어짐 같은 요소가 이야기의 일부로 자리 잡았을 것이다.

역사상 처음으로 초기 도시국가가 건설되었다. 동맹을 맺은 여러 부족이 함께 도시를 건설하고 도시국가를 세웠으므로 도시 주민은 더 이상 씨족 구성원 또는 적어도 신화 속 조상을 공유하는 사람들과 어울려 살 수 없게 되었다. 사람들은 서로 다른 배경에 다른 언어를 사용하는 사람들과 더불어 살아가는 방법을 배워야 했다. 사회적 분열이 심화되면서 이런 삶은 더욱 힘들게 느껴졌고 심한 경우 사회적 그물망이 갈가리 찢어지는 일도 벌어졌다. 따라서 성서에 언어의 혼란과 민족의 흩어짐 같은 이야깃거리가 등장하는 것도 무리는 아니다.

문제에 진지하게 접근하기

바벨탑 이야기와 더불어 원시시대로 표현되는 성서상의 역사, 그 끝에 도달했다. 그사이 에덴동산에서 출발해 바벨탑에 이르렀고, 수렵·채집 생활을 하며 떠돌아다니던 사람들은 최초의 도시 주민이 되었다. 인류역사학 관점에서 창세기를 읽는 것은 놀라울 정도로 수월했다. 원시 역사는 위험할 정도로 맹렬한 기세를 발산하는 문제와 마주쳐 예상하지 못한 상황에서 생존의 기로에 놓인 인간의 이야기를 기록한다. 사람들은 그런 문제를 일으킨 행위자, 즉 그 모든 재앙을 내린 장본인으로 하느님을 지목할 수밖에 없었다. 한 가지 확실한 것은 이런 문제에 대한 해결책이 시급하게 필요하다는 점이었다. 재앙을 피하려면 하느님의 노여움을 사지 않도록 최선을 다해야 했다.

많은 주석가가 들인 노력에 비해 비교적 적은 노력을 들이고도 성서를 무난히 읽을 수 있었다. 적어도 이 책을 읽는 학자들은 이

점이 무척 마음에 들 것이라고 생각한다. 오캄의 면도날 또는 절약의 원칙은 다양한 해석이 존재할 경우 가장 간결한 것을 선택해야 한다고 말한다. 바로 그런 이유로 이 책은 성서에 쓰인 문제를 비유로 파악하지 않고 문자 그대로 받아들이려고 노력했다.

이제 창세기의 마지막 이야기에 다가설 수 있게 되었다. 아브라함, 사라, 하갈 그리고 그들의 수많은 자손에 대한 이야기다. 재미있고 조금 더 인간적인 이야기지만, 그렇다고 해서 지금까지 다룬 문제에 비해 중요성이 떨어지는 것은 아니다.

6

족장과 그의 아내들

가정불화

앞서 이 책은 형이 동생을 살해한 카인과 아벨 이야기를 새로운 환경에 직면한 사람들이 겪은 엄청난 어려움을 명확히 보여주는 지표라고 해석했다. 이 이야기는 사유재산을 두고 벌이는 경쟁이 가족의 심장부에 어떤 영향을 미치는지 명확히 보여주었다. 물론 이 것이 한 가족을 대상으로 한 편협한 실험을 바탕으로 공식화한 빈약한 가설이라는 사실은 인정하지만, 성서에 따르면 당시 이 가족 구성원을 제외한 다른 사람은 존재하지 않았으므로 어쩔 수 없는 일이었다. 그러나 다행히 창세기에는 또 다른 가족 전설이 등장한다. 따라서 4대에 걸친 어느 씨족의 운명을 따라가면서 이 책이 제시한 가설의 약점을 보완하는 기회로 삼고자 한다.

고대 이스라엘 민족의 족장인 건국의 아버지 아브라함과 이사악Issac, 야곱에 대한 이야기다. 오늘날 독일 주석가들은 건국의 아버지 대신 시조始祖라는 표현을 사용하며 "족장의 아내들", 즉 사라, 리브가, 라헬을 족장과 나란히 언급하기도 하는데,[1] 그들이 가족 전설에서 핵심적 역할을 담당한다는 점에서 충분히 납득할 수 있는 해석이다. 사람들은 이 세 명의 족장이 최소 네 명의 아내를 더 두었다는 사실을 쉽게 잊는 경향이 있다. 성서에서는 하갈, 크투라Keturah, 빌하Bilhah, 질바Zilpah를 언급한다. 한두 명의 아내 이름쯤은 빠지고도 남았을 것이라고 충분히 짐작할 수 있는 대목이다.

전통적으로 족장 이야기는 "하느님이 족장과 맺은 약속, 즉 그의 자손이 위대한 민족을 이루고 대를 이어 살아갈 땅을 소유하게 되리라는 약속"으로 해석된다. 대중적 주석은 족장 이야기에 약속 이상의 무언가가 있다고 언급한다. 그중 한 주석은 이렇게 말한다. "인류가 온갖 거짓말을 늘어놓고 기만을 일삼아도 하느님의 구원 계획은 무효로 돌아가지 않는다."[2] 이는 홍수가 지나간 후 상황이 진전되었음을 알리는 표식이다. 하느님은 분노를 다스릴 방법을 찾았고, 자기가 창조한 피조물을 인내심을 갖고 지켜볼 수 있는 방법을 터득했다. 물론 유황불을 내려 파괴하기로 마음먹은 소돔과 고모라의 주민 같은 예외도 없지는 않지만, 6장에서는 하느님의 활동보다는 "거짓말을 늘어놓고 기만을 일삼는" 인류의 놀라운 능력에 주목할 것이다. 한편 6장의 마지막에 이르면 일부일처제가 제법 괜찮은 제도인 이유도 이해하게 될 것이다.

드라마 <족장들> 시즌 1~4

미국 드라마 〈댈러스Dallas〉의 위대한 전통을 이어받아 이 가족 전설을 TV 드라마로 각색해보고자 한다. 드라마 〈족장들The Patriarchs〉은 부富가 가족에게 어떤 영향을 미치는지 완벽하게 보여준다. 아들들은 아버지의 아내들과 동침하고, 시아버지는 며느리와 동침하고, 심지어 딸들은 아버지의 아이를 가진다. 여성들은 권모술수에 능하고 형제들은 음모를 꾸며 피비린내 나는 복수극을 펼친다. 네 개 시즌으로 구성한 〈족장들〉의 내용을 시즌별로 간략히 훑어보자.

시즌 1의 주인공은 단연 아브라함이다. 하느님의 부름에 응했다는 이유로 유대교, 그리스도교, 이슬람교를 믿는 모든 신자가 유일신교의 창시자로 숭배하는 바로 그 아브라함이다. 아브라함의 아버지는 갈대아 우르 출신이고, 아브라함은 가나안으로 이주하라는 하느님의 명령에 따라 조카 롯Lot을 데리고 메소포타미아 북부에 위치한 하란을 떠났다. 두 사람은 "가축과 은과 금을 많이 가진 큰 부자가 되었다." 두 사람은 천막을 치고 이동하며 생활했다.

임신하지 못한 사라가 남편 아브라함에게 이렇게 조언했다. "내 몸종을 받아주십시오. 그 몸에서라도 아들을 얻어 대를 이었으면 합니다." 그 말을 즉시 실행에 옮긴 아브라함은 하갈을 아내로 삼아 아들 이스마엘Ishmael을 얻었다. 몇 년 뒤 하느님이 아들을 낳게 해주겠다고 약속하자 사라는 그 약속을 비웃었다. "내가 이렇게 늙었고 내 남편도 다 늙었는데, 이제 무슨 낙을 다시 보랴!" 그럼에도 사라는 아들을 낳았고 이사악이라 이름 지었다.

이로써 가족의 평화는 막을 내렸다. 사라는 아브라함에게 하갈을 멀리 떠나보내라고 요구했다. "그 계집종과 아들을 내쫓아주십시오. 그 계집종의 아들이 내 아들 이사악과 함께 상속자가 될 수는 없습니다." 하느님은 괴로워하는 아브라함에게 사라의 말을 들어주라고 조언했고, 아브라함은 두 번째 아내 하갈과 아들 이스마엘을 사막으로 내쫓았다. 두 사람이 갈증으로 죽어가는 순간 천사가 나타나 구해주었는데, 오늘날 이슬람교도는 이스마엘을 아랍 민족의 아버지라고 생각한다.

시즌 2의 주인공은 이사악이다. 사실 이사악은 시즌 1에서 기 사회생한 인물이다. 하느님이 아브라함에게 이렇게 명령했기 때문 이다. "사랑하는 네 외아들 이사악을 데리고 모리야 땅으로 가거라. 거기에서 내가 일러주는 산에 올라가 그를 번제물로 나에게 바쳐 라." 아브라함은 하느님의 명령을 실행에 옮겼다. 칼을 치켜들고 아 들 이사악을 찌르려는 순간 천사가 나타나 아브라함을 제지했다. 하느님이 아브라함의 충심을 시험한 것이다.

사라가 죽자 아브라함은 다시 아내를 맞았다. 새로 맞은 아내 크투라가 여섯 명의 아들을 낳았지만 아브라함은 전 재산을 이사 악에게 물려주었다. 이사악은 하란에 살고 있던 친척 리브가와 결 혼했다. 리브가는 쌍둥이 에사오와 야곱을 낳았다. 이사악의 재산 은 점점 늘어나 이웃 간 다툼을 불러일으켰다. 시즌 2에 등장하는 이사악은 다소 평면적인 인물인 탓에 진짜 주인공은 그의 아내 리 브가로 보인다. 분명한 것은 수천 년을 거치는 사이 시즌 2에 등장 하는 이야기 가운데 많은 에피소드가 살아남지 못하고 소실되었다 는 점이다.[3]

시즌 3에서는 모든 일이 사뭇 다른 양상으로 흘러간다. 쌍둥이 형 에사오는 장자상속권을 불콩죽 한 그릇에 팔아넘겼다는 오명을 쓰게 되었다. 리브가는 팔을 걷어붙이고 둘째 아들 야곱이 눈먼 아 버지 이사악을 기만해 형 대신 축복받을 수 있도록 적극적으로 지 원했다. 에사오의 분노가 하늘을 찌르자 야곱은 삼촌 라반Laban의 집으로 피신했는데, 여기서 사기꾼이 도리어 사기를 당한다. (딸과 결혼하는 조건으로) 7년을 일했는데 라반은 야곱에게 동생 라헬이 아니라 언니 레아Leah를 아내로 주었다. 야곱은 라헬을 사랑했으므로 라반의 집에서 다시 7년을 일한 끝에 결국 그녀도 아내로 맞았다. 두 아내의 사이가 좋을 리 없었다. 이내 두 아내는 각자 종까지 끌어들이며 출산 경쟁에 열을 올렸다. 훗날 강간의 희생양이 되는 디나Dinah를 제외하고는 딸들에 대한 언급이 나오지 않는데, 디나의 오빠들은 동생을 강간한 가해자를 상대로 피비린내 나는 복수극을 벌인다. 천사가 오르락내리락하는 천상의 사다리를 꿈꾸고 하느님과 씨름을 벌이기도 한 야곱 역시 큰 부자가 되었다.

〈족장들〉 시즌 4의 주인공은 요셉Joseph이다. 요셉은 야곱의 열한 번째 아들로 아버지의 사랑을 독차지했지만, 그 때문에 다른 형제들의 공분을 샀다. 형제들은 요셉을 죽이려 했지만 결국 이집트에 팔아넘겼고, 요셉은 그곳에서 온갖 우여곡절을 겪는다. 주인 보디발Potiphar의 아내가 요셉을 유혹했지만 거절당하자 강간미수죄로 고발했고, 요셉은 감옥에 갇히고 말았다. 그러나 요셉은 탁월한 해몽 능력을 바탕으로 이집트에서 새로운 경력을 쌓게 된다. 7년은 풍년이 들고 7년은 흉년이 들 것이라는 요셉의 예언이 정확히 들어맞자 파라오는 그에게 이집트의 통치권을 내주고 태양신을 모시는 사제의 딸을 아내로 주었다. 굶주린 형제들이 이집트에 오자 요셉은 그들을 용서했다. 〈족장들〉 시즌 4는 행복하게 막을 내리는데, 성서 속 이야기치고는 사뭇 색다른 결말이다.

낙타 문제

족장 이야기는 너무나 생생해서 마치 "역사적 인물로 가득한 현실 세계를 묘사한 이야기"인 것 같은 착각을 불러일으킨다.[4] 족장 이야기는 가축을 기르는 목장을 배경으로 농촌 세계에서 펼쳐지는 이야기로, 씨족은 도시가 아니라 천막에서 생활하며 시리아·팔레스타인 지역을 이리저리 떠돌아다닌다. 족장 이야기의 시대적 배경이 언제인지 알아낼 수 있는 단서는 그것뿐인데, 오랫동안 사람들은 성서에서 제시한 연대를 바탕으로 아브라함이 기원전 2300년에서 기원전 2200년 사이에 살았을 것으로 추정해왔다.

오늘날 학자들은 아브라함의 생존 시기에 대한 추정이 잘못되었다는 사실을 알고 있다. 이야기 속 족장들이 이동한 경로가 그 시기의 현실에 전혀 부합하지 않을뿐더러 그즈음 존재하지도 않은 도시가 등장하기 때문이다. 게다가 지위를 상징하는 품목으로 낙타를 거래하는 장면이 등장하는데, 낙타는 기원전 1000년 이후에야 팔레스타인에 모습을 드러낸 동물이다. 쉽게 말해 족장 이야기는 기원전 2300년에서 기원전 2200년 무렵이 아니라 훨씬 이후에 창조한 작품으로, 그 시점에서 과거를 돌아본 회상에 불과하다.[5]

아브라함에서 이사악, 야곱을 거쳐 요셉에 이르는 4대에 걸친 족장 이야기는 허구라는 사실이 입증되었다. 게다가 이들은 원래 서로 아무 관련이 없는 인물로, 각 족장을 주인공으로 한 네 편의 이야기가 한데 뒤섞여 있다는 사실도 알 수 있다. 족장 이야기 중 일부는 북왕국 이스라엘에서, 일부는 남왕국 유다에서 쓰였다. 북왕국 이스라엘이 기원전 721년 아시리아에 패해 멸망한 이후 대규모 난민이 남왕국 유다로 흘러들었는데, 이때 북왕국 이스라엘에서 쓰인 족장 이야기도 함께 남왕국 유다로 건너갔다. 구약성서 학자 바르바라 슈미츠Barbara Schmitz 교수에 따르면 성서의 저자들은 북왕국 이스라엘과 남왕국 유다의 족장 이야기를 한데 뒤섞어 대작으로 통합함으로써 새로 유입된 난민을 사회에 수월하게 통합하려 했다. 이런 방식으로 "**한** 가족"인 족장과 그의 아내들이 "민족 전체의 **공통** 조상"으로 추대된 것이다.[6]

족장 이야기는 기원전 587년 남왕국 유다가 무너지고 사회 지도층이 포로가 되어 바빌로니아로 끌려가면서 새로운 의미를 갖게 된다. 민족의 "조상"이 고국인 갈대아 우르를 떠나 하느님이 약속한 미지의 땅으로 이동한 사건은 이스라엘 민족이 바빌로니아에서 겪은 포로 생활을 반영한 이야기로 승화되었다. 즉 "바빌로니아(= 갈대아 우르)를 떠나는 일은" 바빌로니아와 페르시아제국에서 태어난 2세대와 3세대에게는 외국이 되어버린 고국으로 돌아가는 여정을 상징하게 되었고,[7] 아브라함은 그 여정을 지지하는 대표적 인물이 되었다. 이런 배경을 고려할 때 하느님이 아브라함을 선택해 그를 비롯한 그의 자손과 계약을 맺고 살아갈 땅과 자손의 번성을 약속했다는 사실을 쉽게 이해할 수 있다. 그러나 이런 세부 사항은 종교사가들의 관심사일 뿐, 이 책의 주요 관심사는 아니다. 이제부터 이 책은 족장 이야기와 관련한 "거짓말과 기만"에 주목하고자 한다.

거짓말과 기만의 네 가지 사례

족장과 그의 가족을 다룬 다양한 이야기가 서로 다른 시대, 서로 다른 장소에서 출발했을 것이라는 문헌사가들의 결론은 매우 중요하다. 그 결론은 이 책이 다루는 족장 이야기가 성서를 기록한 어느 한 저자의 기분에 따라 쓰인 것이 아니라는 사실을 의미하기 때문이다. 오히려 족장 이야기에서는 구조적 문제가 일으킨 영향을 확인할 수 있다. 성서의 시대에는 어디에서든, 아니 적어도 사회 지도층에게는 가족의 행복이 희귀한 자원이었다.

이 모든 갈등의 근본 원인은 잘 알려져 있다. 그것은 바로 농경 사회로 진입하면서 나타난 토지, 가축, 식량의 소유권이다. 소유의 개념은 인류 진화의 역사에서 완전히 새로운 것이었지만, 많은 지역에서 새로운 생활 방식이 성공적으로 자리 잡으면서 사람들은 잉여물자를 축적할 수 있게 되었고, 그 결과 아내를 두 명 이상 둘 수 있을 만큼 부유한 사람이 생겨났다. 물론 현실에서와 마찬가지로 고대 이스라엘 공동체에서도 극소수의 남성만이 족장의 지위를 얻을 수 있었다.[8] 일부다처제 덕분에 부자는 많은 자녀를 둘 수 있었다. 아내가 많을수록 자녀도 많은 것이 당연한 일이기 때문이다. 그러나 아내가 많을수록 많은 문제가 일어날 수밖에 없었다. 결국 족장과 그의 가족을 끊임없이 괴롭힌 "거짓말과 기만"의 궁극적 원천은 일부다처제에 있었다.

이제 드라마 〈족장들〉에 등장하는 주요 인물을 중심으로 새롭게 떠오른 재산 관계가 유발한 네 가지 갈등에 대해 논의해보고자 한다. 그러고 나서 씨족이 자멸하지 않을 방법을 찾기 위해 문화적 진화가 실험해본 전략을 자세히 살펴볼 것이다.

아내들 간 경쟁

일부다처제는 수렵·채집 생활을 하는 집단에서도 이미 시행되고 있었다. 드물기는 했지만, 여성이 다른 여성과 남편을 공유할 수 있었기 때문이다. 이것은 어느 모로 보나 자발적 약속이었고, 능력

없는 사냥꾼을 유일한 남편으로 두거나 아예 남편이 없는 것보다는 남편을 공유함으로써 여성이 누릴 수 있는 이점이 더 많았다. 그러나 새로운 생활환경에서는 이런 결정을 여성 혼자 독자적으로 내릴 수 없게 되었을 뿐 아니라 오히려 정반대의 상황이 연출되었다. 여성은 가축이나 다름없는 대접을 받았고 심지어 물건처럼 거래되기도 했다. 적어도 부자들에게는 사랑으로 맺어진 결혼이 예외적인 일이었다. 일부다처제의 기능은 기본적으로 동맹을 공고히 다지는 것이었다.

여성이 남편의 집에 들어가 사는 시집살이가 정착되면서 여성은 더 많은 권리를 박탈당했다. 친정은 여성을 "잠깐 머물다 떠날 구성원이자 상속에서 배제된 존재"로 취급한 반면, 시집은 "낯선 혈통"을 타고난 외부인으로 대했다.[9] 생물학자 윌리엄 해밀턴William Hamilton은 일부다처제가 발전한 이유를 이렇게 공식화했다. 가까운 친족 관계일수록 더 많은 유전자를 공유하기 때문에 서로 더 이타적으로 행동하게 된다. 바로 이것이 친족 선택의 기본 법칙이다.

해밀턴의 법칙을 활용하면 일부다처제를 받아들인 가족의 여러 아내가 갈등할 수밖에 없는 이유도 설명할 수 있다. 아내들은 보통 친척 관계로 매여 있지 않다. 즉 서로에게 이타적으로 행동할 이유가 없는 것이다. 사실 그들은 남편이 소유한 제한된 자원을 두고 경쟁하는 관계이기에 그 반대로 행동할 가능성이 높다. 그들은 남편의 사랑을 독차지하기 위해 고군분투했는데, 그것이 자신이 처한 상황을 개선하고 자기 아들이 상속 경쟁에서 선두에 서게 할 최선의 방법이었기 때문이다.

카인과 아벨 이야기를 다룬 장에서 논의한 것처럼 장자상속제는 이런 유형의 갈등을 방지하기 위해 만든 제도로, 가장 나이 많은 아들에게 상속권을 보장했다. 족장의 입장에서 볼 때는 장자에게 상속하는 것이 합리적이었다. 원칙적으로 가장 나이 많은 아들이 씨족을 이끌어갈 만한 권위를 갖고 있을 가능성이 높기 때문이었다. 족장의 첫 번째 아내도 장자상속제를 지지했다. 자신도, 자신의 아들도 나머지 아내의 아이들을 두려워하지 않아도 되기 때문이었다.

그러나 성서에는 장자상속제가 완벽하게 자리 잡지 못한 사례가 되풀이해서 나타난다. (사막으로 쫓겨난) 이스마엘, (동생의 잔꾀에 속아 불콩죽 한 그릇에 상속권을 넘겨버린) 에사오, (아버지의 아내와 동침한 후 상속권을 박탈당한) 르우벤은 모두 족장의 장자였지만 아버지의 축복을 받지 못했고, 장자가 아닌 이사악, 야곱, 요셉이 실제 상속자가 되었다. 앞서 언급한 대로 토라는 장자상속제의 결점을 보완하기 위해 사랑하지 않는 아내가 낳은 자식이라도 장자라면 상속자로 지정해야 한다고 법으로 정했다.[10]

장자상속제는 모든 재산을 물려받는 장자를 제외한 나머지 가족 구성원의 이익에는 정면으로 배치되는 제도다. 어느 어머니가 자기와 아무런 관련이 없는 아들이 남편의 모든 재산을 물려받는 상황을 강 건너 불구경하듯 보고만 있겠는가? 게다가 그래야 할 이유도 전혀 없었다. 성서는 부의 상속 과정에서 벌어지는 다툼의 이면에서 활약하는 여성의 모습을 명확히 보여주는데, 이는 일부다처제가 어떻게 "아내들"의 경쟁으로 이어지는지 보여주는 민족학 연구에서도 입증되었다. 한 지붕 아래 함께 살지만 아무런 관련이 없는 사람들이 공유할 수 없는 자원을 두고 직접 경쟁을 벌이는 탓에

일부다처제를 받아들인 가정에서는 폭력, 학대, 방임, 심지어 살인의 위험까지 매우 높았다.[11]

이런 내용을 염두에 두고 족장과 그의 가족에게 눈을 돌리면 족장 이야기에 등장하는 여성들의 사납고 가차 없는 행동이 더 이상 놀랍지 않을 것이다. 사라의 종 하갈이 아브라함의 아이를 임신하자마자 문제가 불거졌고, 사라가 아들을 낳으면서 그들의 갈등은 더욱 깊어졌다. 아브라함의 첫 번째 아내(이자 이복동생) 사라는 정당한 상속자인 장자 이스마엘을 그의 어머니 하갈과 함께 사막으로 내쫓았다. 천사가 나서지 않았다면 두 사람은 결국 죽음을 맞이하고 말았을 것이다.

한편 리브가는 둘째 아들 야곱에게 상속권을 물려주기 위해 배후에서 바쁘게 움직였다. 이는 매우 놀라운 일인데, 장자 에사오에게서 상속권을 빼앗으려 한 리브가는 그를 낳은 어머니이기도 했기 때문이다. 결국 에사오도 야곱만큼 리브가와 같은 유전자를 공유했다. 그럼에도 리브가는 둘째 아들 야곱의 편을 들고 나섬으로써 스스로 가족의 적이 되었다. 이처럼 이치에 맞지 않는 이야기가 등장한 데에는 이사악에 관한 대부분의 이야기가 성서에 기록되지 않은 탓이 크다.[12] 즉 성서 속 이사악 이야기는 축약된 버전일 가능성이 매우 높다. 야곱에게 상속권을 물려주려 애쓴 리브가의 행동을 성서에서는 에사오와 야곱의 행동, 키, 외모(체모의 많고 적음) 등이 전혀 달랐기 때문이라고 설명하는데, 여기서 이사악이 한때 리브가보다 나이 많은 다른 아내를 두었을 가능성을 생각해볼 수 있다. 그러면 야곱에게 상속권을 물려주기 위해 음모를 꾸민 리브가의 행동을 훨씬 수월하게 이해할 수 있다. 이런 해석이 훨씬 그럴듯하지만, 추측에 근거한 것임을 잊어서는 안 된다.

야곱은 레아, 라헬 자매와 결혼했다. 언니 레아는 야곱에게 네 명의 아들을 낳아준 반면, 동생 라헬은 아이를 낳지 못했다. "한편 라헬은 야곱에게 아기를 낳아주지 못하게 되자 언니를 시새우며 야곱에게 투덜거렸다. '저도 자식을 갖게 해주셔요. 그러지 않으면 죽어버리겠어요.' 야곱은 라헬에게 화를 내며 야단을 쳤다. '하느님께서 당신의 태를 닫아 아기를 못 낳게 하시는데 나더러 어떻게 하란 말이오?' 그러자 라헬이 말하였다. '저에게 몸종 빌하가 있지 않습니까? 그의 방에 드셔요. 빌하가 혹시 아기를 낳아 제 무릎에 안겨줄지 압니까? 빌하의 몸에서라도 아들을 얻어 당신의 혈통을 이어드리고 싶어요.'" 빌하가 두 명의 아들을 낳으면서 라헬은 승리의 기쁨을 만끽할 수 있었다. "내가 언니와 겨루는데 하느님께서 편들어주셔서 드디어 이겼구나." 이에 레아도 지지 않고 자기 종을 출산의 도구로 이용했다. 두 아내가 출산 경쟁을 벌인 탓에 야곱은 네 명의 아내에게서 열두 명의 아들을 보았다.

여기서 라헬의 행동과 관련해 한 가지 반드시 이해하고 넘어가야 할 것이 있다. 구약성서의 세계에서는 불임이 이혼 사유였다는 것이다. 최악의 경우 "불임은 여성에게 사형선고나 다름없었다."[13] 여성은 아들을 통해 영향력을 키웠다. 아들이 있어야 제대로 대우받을 수 있었다. 늘그막에 권력을 행사하며 더 나은 삶을 누리려면 반드시 아들을 낳아야 했다. 따라서 아들을 낳을 수만 있다면 라헬처럼 종을 대리모로 내세우는 일도 불사할 수밖에 없었다.

언뜻 장자상속제는 논리적이고 실용적인 제도로 보이지만 그 안에 근본적 결함이 숨어 있었다. 가장 어린 아들의 어머니가 가장 젊기 때문에 가장 매력적인 아내였다. 따라서 자신의 매력을 이용해 족장의 귀를 어둡게 할 가능성이 높았다. 즉 가장 어린 아들의 어머니는 장자의 지위를 빼앗기 위해 음모를 꾸미고 거짓말을 하며 기만을 일삼았고 상속은 그녀의 뜻대로 이루어졌다! 족장 이야기는 일부다처제라는 새로운 결혼제도가 불러온 갈등을 완벽하게 묘사한다. 다양한 배경의 여성들이 치열한 경쟁에 내몰렸고, 자기 지위를 지키기 위해 아들을 낳았다. 물론 딸도 낳고 유산하는 일도 있었지만 성서는 이런 사건에 대해서는 언급할 필요를 느끼지 못했다.

최근 성서 연구는 상속자를 결정할 때 여성이 주도권을 행사했다는 점을 강조하는데,[14] 생물학적 차원에서 그 이유를 설명할 수 있다. 족장은 아내에 비해 더 편안한 마음으로 상속 문제에 접근할 수 있었다. 모든 아들에게 유전자를 평등하게 물려주었으므로 누구에게 상속하든 그에게는 별다른 문제가 없었던 것이다. 그러나 여성은 달랐다. 라헬의 애원은 아내의 입장이 얼마나 절박했는지 여실히 보여준다. "저도 자식을 갖게 해주셔요. 그러지 않으면 죽어버리겠어요."

형제간 경쟁

카인과 아벨 이야기를 다룬 장에서 상속 문제가 형제 사이에 폭력적 갈등을 불러오는 과정을 검토했으므로 여기서는 간략히 설명하고 넘어가고자 한다. 히브리 성서를 주의 깊게 읽은 이라면 이내 형제간 경쟁이 예외적 문제가 아니라 하나의 법칙이라는 결론에 도달할 것이다. 압살롬Absalom은 암논을 살해했고, 솔로몬은 아도니야Adonijah를 살해하라고 명령했다. 그리고 아비멜렉Abimelech은 예순아홉 명의 형제를 살해했다(일흔 번째 형제만이 간신히 도망쳐 목숨을 건졌다). 족장 이야기 역시 한때 최고의 동반자였던 형제가 생사를 걸고 싸우게 되는 과정을 여실히 보여준다.

심지어 이사악은 이스마엘에게 직접 손을 쓸 필요도 없었다. 어머니 사라가 나서서 이스마엘을 일찌감치 내쫓았기 때문이다. 한편 쌍둥이 형제 에사오와 야곱은 "어머니의 자궁에서 나오기 전부터 이미 다툼을 벌였다."[15] 두 형제는 누가 먼저 태어날 것인지를 두고 경쟁했다. 야곱은 에사오의 발꿈치를 잡았지만, 그럼에도 에사오가 먼저 태어났다.

특히 쌍둥이의 출생을 통해 장자상속제가 얼마나 제멋대로인 제도인지 확인할 수 있다. 어머니의 자궁에서 먼저 빠져나오는 행운을 누렸다는 이유만으로 재산을 물려받고, 그렇지 못했다는 이유만으로 빈털터리가 되어야 한다. 따라서 에사오가 불과 몇 초 차이로 거머쥔 권리를 빼앗기 위해 야곱이 수단과 방법을 가리지 않은 것도 무리는 아니다. 야곱이 이사악의 축복을 받는 데 성공하자 상속권을 빼앗긴 에사오는 "속으로 '아버지상을 입을 날도 머지않았으니, 그때 동생 야곱을 없애버리리라' 하고 마음먹었다." 리브가의 경고를 들은 야곱은 얼른 도망쳤다.

요셉은 어땠을까? 형제들은 요셉을 뼈에 사무치도록 미워했다. 요셉이 아버지 야곱의 사랑을 독차지했기 때문이다. "야, 꿈쟁이가 오는구나." 형제들은 서로에게 말했다. "저 녀석을 죽여 아무 구덩이에나 처넣고는 들짐승이 잡아먹었다고 하자." 그러나 마침 그 자리를 지나던 상인에게 은 스무 냥을 받고 요셉을 팔아넘겼다.

여기서 다시 한번 생물학이 결정적 역할을 수행한다. 그들은 대부분 이복형제였기에 그런 극단적 조치를 취하는 데에도 거리낌이 없었다. 해밀턴의 법칙에 따르면 유전자를 덜 공유할수록 연대의 수준도 낮아지기 마련이다. 요셉이 베냐민Benjamin과 특히 가까웠다는 사실 역시 이 법칙을 따른다. 요셉과 베냐민은 라헬이 낳은 아들로, 한배에서 나온 온전한 형제였기 때문이다. 성서 속 이야기는 생물학 수업을 위한 훌륭한 예시 자료를 제공한다.

부자간 경쟁

그토록 많은 아내와 그토록 많은 아들이 끝 모를 혼란을 일으킨 것으로 모자라 족장의 가장 어린 아내가 장자의 눈길을 사로잡기 시작했다. 가장 어린 아내는 장자와 비슷한 연배인 경우가 많고 친척 관계도 아니므로 서로에게 성적 매력을 느낄 가능성이 높았다. 유년기를 함께 보내며 성장한 것도 아니므로 성관계를 갖는 것에 혐오감을 느끼지도 않았다.[16] 장자는 아버지보다 훨씬 젊을 뿐 아니라 상속권도 있었으므로 아버지의 나이 어린 아내 역시 장자에게 관심을 보이지 않을 수 없었다. 장자와 관계를 맺으면 더 나은 지위를 보장받을 수 있기 때문이었다. 이런 이유로 야곱의 아내 중 한 명인 빌하는 야곱의 장자 르우벤과 동침했다. 야곱은 이를 자기 권위에 대한 도전으로 받아들여 르우벤의 상속권을 박탈했다.

그 반대의 경우도 가능했다. 야곱의 또 다른 아들 유다Judah는 며느리 다말Tamar과 동침했다. 아이를 낳지 못한 다말은 남편이 죽어 과부가 되자 창녀처럼 꾸미고는 시아버지를 유혹했다. 상속자를 낳기 위한 다말의 작전은 적중해 두 사람 사이에서 베레스Pharez가 태어났고 다윗 왕의 조상이 되었다. 다말의 이야기는 이중 잣대가 존재했다는 사실을 부각한다. 유다는 아무 거리낌 없이 창녀와 동침했으면서 며느리가 "창녀"였다는 사실이 드러나자 분노해 엄한 처벌을 명령했다. "유다는 그를 끌어내어 화형에 처하라고 명령하였다." 자신이 동침한 남자가 다름 아닌 유다였다는 사실을 입증한 뒤에야 다말은 목숨을 건질 수 있었다.

패배자들: 소돔과 고모라

지금까지는 성서에 등장하는 사회 지도층, 즉 "행복한 소수"에 대한 이야기만 검토했다. 힘 있는 개인이 한 명 이상의 아내를 거느릴 수 있는 일부다처제는 장자상속제 문제를 더 뼈저린 문제로 만든다. 한 명의 아들이 모든 것을 물려받으면 다른 아들은 모두 빈털터리가 되어 떠날 수밖에 없다. 부유한 가정에서 태어난 아들들은 아브라함의 아들들이 그랬듯 최소한의 선물을 받을 것이다. 결국 족장이 재산을 지키려면 아들들의 도움이 필요했기 때문이다. 그러나 장자가 아닌 대부분의 아들은 타지로 떠나 자신의 운을 시험해보는 수밖에 다른 방도가 없다. 특히 가난한 가정은 장자가 아닌 아들에게 선물을 줄 만큼 형편이 넉넉지 않았다.

또한 일부다처제는 사회 전체에 부정적 영향을 미친다. 성서는 이야기를 통해 이런 현실을 입증하는데, 바로 족장 이야기에 포함된 소돔과 고모라 이야기다. 소돔과 고모라는 한 개인이 토지, 재산, 여자를 독점한 사회의 어두운 이면을 드러낸다. 이런 사회는 패배자를 양산하고, 무일푼에 토지를 갖지 못한 남성이 늘어난다. 결국 그들은 늘 공급이 부족한 여성을 얻기 위해 공격적이고 위험한 전략을 동원한다. 인류학자들은 이런 결론을 내렸다. "그 결과 살인, 절도, 강간, 사회 분열, (특히 여성의) 납치, 성노예, 매춘이 크게 늘었다." 빈털터리가 된 미혼 남성은 언제 폭력적으로 돌변할지 모르는 사회적 위협이었다.[17]

도시는 무일푼의 사람들이 모여드는 용광로였다. 5장에서 논의한 것처럼 감염성 질환이 만연한 도시는 죽음의 덫일 뿐 아니라 시민 소요의 온상이었다. 도시 거주민은 대부분 씨족에서 떨어져나와 생활하는 사람이었으므로 이들을 통제할 사회적 장치는 절대적으로 부족했다.

이런 소란은 급기야 하느님의 귀에까지 들어갔다. "소돔과 고모라에서 들려오는 저 아우성을 나는 차마 들을 수가 없다. 너무나 엄청난 죄를 짓고들 있다." 하느님은 천사 두 명을 소돔으로 보내 의로운 사람이 있는지 살피게 했다. 천사들은 아브라함의 조카 롯의 집을 찾아갔다. "그들이 아직 잠자리에 들기 전이었다. 소돔 시민이 늙은이 젊은이 할 것 없이 온통 몰려와 롯의 집을 둘러싸고 롯에게 소리치는 것이었다. '오늘 밤 네 집에 든 자들이 어디 있느냐? 그자들하고 재미를 좀 보게 끌어내어라.'" 이 성서 구절은 강간, 즉 동성 강간을 의미하는데, 이 점에 대해서만큼은 성서 주석가들도 만장일치를 보인다. 동성애를 의미하는 영어 단어 "sodomy"가 바로 여기서 유래했다. 오늘날 감옥에서 볼 수 있는 것처럼, 남성이 남아도는 도시에서는 남성이 다른 남성을 강간하는 일이 벌어질 수 있는 것이다.

손님을 보호하려는 롯의 마음은 매우 고귀하지만 실제로 그가 취한 조치에는 아연실색하지 않을 수 없다. "롯이 밖으로 나가 등 뒤로 문을 닫고 사정하였다. '여보시오, 제발 이런 못된 짓은 하지

들 마시오. 아시다시피 나에게는 아직 남자를 모르는 딸이 둘 있소. 그 아이들을 당신들에게 내어줄 터이니 마음대로 하시오. 그러나 내가 모신 분들에게만은 아무 짓도 말아주시오.'" 결국 족장은 자신의 우선순위를 똑바로 지켜야 했다. 다행히도 천사들이 문 앞에서 벌어진 꼴사나운 광경을 보고는 롯을 집 안으로 불러들였다. 그리고 다음 날 "야훼께서 손수 하늘에서 유황불을 소돔과 고모라에 퍼부으시어 거기에 있는 도시들과 사람과 땅에 돋아난 푸성귀까지 모조리 태워버리셨다." 오직 롯의 가족만이 화를 면할 수 있었다.

아주 다양한 개별적 이야기를 토대로 히브리 성서를 구성한 편집자들이 인류학 교과서를 쓰려고 시도한 것은 분명 아닐 것이다. 그러나 족장 이야기에 포함된 소돔과 고모라 이야기만큼 적절한 인류학 교과서는 또 없을 것이다. 일부다처제를 용인하는 생활 방식은 패배자를 양산했고, 패배자들은 인류 최초의 폭도가 되었다.

문화진화연구소 엿보기

진화의 역사라는 관점에서 볼 때 가부장적 가족이 야기한 문제는 새로운 생활환경의 산물로, 결코 작은 문제는 아니었다. 되도록 많은 아들을 두고 싶은 족장의 바람 덕분에 원심성의 역학이 나타났다. 유전자를 공유하지 않은 씨족 구성원이 상속 문제를 둘러싸고 극심한 경쟁을 벌인 것이다. 동맹의 힘이 내부에서 붕괴되는 일을 막으려면 새로운 해결책이 필요했고, 그 결과 왕국이 등장했다. 여기서 다시 성서는 문화진화연구소에서 그 장면을 엿볼 수 있게 해주는데, 크게 세 가지 전략으로 나눠볼 수 있다.

전략 1: 더 많이!

첫 번째 전략은 명약관화하다. 바로 확장이다! 자원을 늘리는 데 매진하면 모두와 나누고도 남을 만큼 부를 축적할 수 있을 것이다. 이런 측면에서 볼 때 족장들은 매우 성공적인 삶을 살았다고 할 수 있다. 성서는 족장들이 계속 부를 쌓았다는 사실을 자랑스레 언급한다. 야곱과 에사오는 부가 평화를 유지하는 수단이라는 사실을 입증하는 명확한 사례다. 외국에서 부자가 된 야곱은 두려움에 떨며 고향으로 돌아왔다. 그런 야곱을 에사오는 반갑게 맞이했다. 에사오 역시 오래전부터 부를 축적해왔지만 야곱이 선물 공세를 펼치지 않았다면 그를 반갑게 맞이하는 일은 없었을 것이다. 더 이상 자원을 두고 경쟁할 필요가 없어진 후에야 비로소 그들은 자연스러운 형제 관계, 즉 피로 맺어져 가장 신뢰할 수 있는 동반자 관계로 돌아갈 수 있었다.

이렇듯 피로 맺어진 관계에 의존할 수 있어야 했다. 이웃들 역시 같은 확장 전략을 채택했기 때문이다. 안정적 동맹 체제를 구축하는 데 사력을 다한 족장에게 최고의 동반자는 일가친척이었다. 아브라함과 그의 조카 롯이 친밀한 관계를 유지했다는 사실에 이런 현실이 반영되어 있다. 아브라함과 롯은 물이나 가축을 먹일 초지를 두고 이웃과 다투곤 했는데, 어느 날 롯이 납치당하자 아브라함은 "집에서 길러낸 사병 삼백십팔 명을 소집하여 단까지 쫓아갔다. 아브람과 그의 부하들은 여러 패로 나뉘어 밤을 틈타 그들을 기습, 다마스쿠스 북쪽에 있는 호바까지 추격하면서 모든 것을 되찾았다. 조카 롯과 그의 재물과 부녀자들과 그 밖의 모든 사람들을 되찾아냈다."

족장은 경쟁자를 제압할 힘이 있다는 것을 증명해야 했다. 창세기에는 이런 전략을 보여주는 이야기가 여러 차례 등장하는데, 그중 두 가지는 특히 심란하다. 첫 번째 이야기는 이른바 "강간당한 디나와 세겜Shechem 대학살"인데, 스티븐 핑커는 이 이야기를 다음과 같이 간결하게 정리한다.

이사악의 아들 야곱에게는 디나라는 딸이 있었는데, 어느 날 디나는 납치되어 강간당하고 말았다. (…) 강간범의 가족이 야곱에게 재물을 주고 디나를 데려와 강간범의 아내로 삼으려 했지만 디나의 오빠들은 중요한 도덕적 원칙을 지키지 못했으므로 이 거래가 성립될 수 없다고 선을 그었다. 즉 강간범이 할례를 받지 않았다는 것이 문제였는데, 디나의 오빠들은 강간범의 고향 사람들이 모두 할례를 받는다면 디나를 주겠다는 대안을 제시했다. 강간범의 고향 사람들이 모두 할례를 받고 고통스러워할 때 디나의 오빠들은 도시를 공격해 약탈하고 파괴했다. 남자는 모두 죽였고 여자와 아이들은 사로잡아 데려갔다. 이웃 부족이 복수에 나서지 않을까 하고 야곱이 염려하자 아들들은 그만한 가치가 있는 일이라고 설명했다. "그자가 우리 누이를 창녀 다루듯이 했는데도 가만히 있어야 한단 말입니까?"[18]

이 이야기가 이웃 부족에게 전하는 메시지는 크고 선명하다. "우리는 자비를 모르는 사람이니 건드리지 말라! 특히 우리 여자들에게는 관심을 갖지 않는 것이 좋으리라."

아브라함이 기꺼이 아들을 제물로 바치려 한 이야기 "제물이 된 이사악"역시 같은 전략을 구사한다. 이 이야기는 일반적으로 하느님에 대한 아브라함의 무조건적 충심의 증거로 알려져 있다. 그렇다 하더라도 이 이야기는 몇 가지 의문을 남긴다. 왜 하느님은 아브라함에게 그런 도덕적 딜레마를 안겨준 것인가? 아브라함에게 더 많은 충심의 증거를 요구한 이유는 무엇인가? 사실 하느님에게는 그 증거가 필요 없었다. 증거가 필요했다면 애초에 아브라함을 선택하지 않았을 것이기 때문이다. 따라서 아브라함의 행동은 하느님이 아니라 다른 사람에게 자신이 어디까지 갈 수 있는 사람인지 보여주기 위한 것이었다고 볼 수 있다.

구약성서 열왕기하에 실린 이야기는 이런 메시지를 강조한다. 모압Moab에 대항한 이스라엘의 전쟁에 대해 이야기하는데, 이스라엘군이 승리를 눈앞에 둔 상황에서 특이한 일이 벌어진다. "모압 왕은 이미 전세가 기운 것을 깨닫고는 군인 칠백 명을 이끌고 칼을 빼들고 포위망을 뚫어 아람 왕에게로 탈출하려고 하였다. 그러나 그 일도 실패하였다. 모압 왕은 세자인 맏아들을 죽여 성 위에서 번제를 드렸다. 그러자 무서운 신의 진노가 이스라엘군에 내려, 이스라엘군은 진을 거두고 본국으로 돌아갔다."[19]

생물학자들은 이런 현상을 "값비싼 신호" 또는 "신뢰도를 높일 증거Credibility-Enhancing Display(CRED)"라고 표현한다.[20] 자신에게 가장 가치 있는 것(장자)을 내놓음으로써 모압 왕은 자기가 어디까지 갈 수 있는 사람인지 적에게 드러냈다. 그와 동시에 모압 왕이 모시는 신은 그가 바친 제물에 보답하지 않으면 안 되는 상황에 놓이는데, 그 제물이 가치 있는 것일수록 그에 대한 신의 보답 역시 그만큼 강력할 터였다. 결국 모압 왕의 적인 이스라엘군은 도망칠 수밖에 없었다.

이 문제는 나중에 자세히 논의할 것이다. 아버지가 아들을 제물로 내주는 완전히 친숙한 두 번째 이야기가 신약성서에 등장하기 때문이다. 바로 하느님이 예수를 십자가에 못 박도록 내버려둔 이야기다. 아들을 내주는 하느님의 행동 하나로 그리스도교는 강력한 설득력을 얻게 되었다. 인간의 죄를 사하기 위해 자기 아들을 희생할 의지를 지닌 하느님이라면 의심할 여지가 없기 때문이다. 오늘날 대부분의 신자는 예수가 십자가에 못 박힌 사건을 그 누구도 따를 수 없는 하느님의 큰 사랑을 입증하는 증거로 여기는데, 인간을 위해 자기 아들을 포기할 정도라면 하느님은 인간을 깊이 사랑하는 것이 틀림없기 때문이다.

이사악을 제물로 바칠 의지가 있다는 것을 보여준 아브라함의 행동을 값비싼 신호로 이해하는 해석은 이 사건이 족장 이야기의 맥락에 얼마나 잘 들어맞는지 보여준다. 이 이야기가 전하는 메시지는 크고 선명하다. 아브라함의 씨족을 건드릴 생각조차 하지 말라는 것이다.

내부적으로 확장 전략은 가족의 결속력을 이끌어내는 데 기여하는데, 재산이 늘면 모든 구성원이 그 혜택을 누릴 수 있기 때문이다. 외부적으로는 다른 씨족과의 경쟁을 유발해 폭력의 악순환을 만들어낼 수 있다. 상속 경쟁에서 패한 남성은 뒤따르는 전쟁에 자발적인 전투원으로 참여하게 된다. 폭력만이 여성과 재산에 접근할 권한을 획득할 수 있는 유일한 희망이기 때문이다.[21] 폭정의 시대에 오신 것을 환영합니다!

전략 2: 단결

족장 이야기에서 두 번째 전략은 다소 놀랍게도 근친상간으로
의 이행을 보여준다. 심지어 오늘날 신학자들은 족장이 어떻게 "대
가족 집단 내부에서 족내혼族內婚"을 장려했는지 언급한다. 반면 에
사오의 사례에서 볼 수 있듯 족장은 "'외부(다른 씨족이나 부족 출신)'
여성과의 족외혼族外婚"을 못마땅하게 생각했다.[22] 에사오는 두 명
의 가나안 여성과 결혼했는데, 그 때문에 이사악과 리브가는 "마음
이 몹시 상했다." 이사악과 리브가가 족외혼을 탐탁지 않게 여겼다
는 것은 이 이야기가 바빌로니아 포로 시대나 그 이후에 다시 쓰였
다는 사실과 연관되는데, 디아스포라에서는 족내혼의 중요성이 커
졌기 때문이다. 그래야 "부가 외부로 유출되지 않을 수 있고, 더욱
중요하게는 유대인이라는 정체성을 유지할 수 있을 터였다."[23]

이런 주장이 올바르다는 것에는 의문의 여지가 없다. 그러나 여
기에는 훨씬 오래된 메커니즘도 간여하고 있다. 경쟁이 치열해지면
서 씨족은 재산을 지키는 동시에 내부적 연대의 힘을 강화해야 했
다. 그리고 친척 간 결혼은 이를 위한 유효성이 입증된 수단이었다.
예를 들어 딸만 가진 아버지는 딸을 남자 친척의 아들과 결혼시켜
가족의 재산을 남성 혈통에게 물려줄 수 있었다.[24] 또한 가부장
제 사회에서는 신부 가격도 족내혼을 장려하는 중요한 원인이었다.
친척 중에서 아내를 고르면 외부 여성을 아내로 들일 때보다 가격
이 쌌기 때문이다. 무엇보다 족내혼은 신부 가격이 외부로 유출되
지 않는다는 점에서 바람직한 제도였다. 덕분에 재산이 줄어들 염
려 없이 씨족 간 결속을 더 공고히 할 수 있었다. 이런 관점에서 볼
때 당시에는 친척끼리 결혼하는 족내혼을 합리적 선택으로 받아들

였을 것이다.

성서에서 그 증거를 살펴보자. 아브라함은 아버지가 같은 이복동생 사라와 결혼했고, 이사악과 야곱은 친척 중에서 아내를 골랐다. 심지어 야곱은 자매와 결혼했는데, 일부다처제 사회에서는 흔한 일이었다. 자매는 유전자를 공유하기 때문에 경쟁을 완화할 수 있다는 장점이 있었기 때문이다. 그러나 안타깝게도 레아와 라헬의 경우에는 이런 법칙이 전혀 통하지 않았는데, 레아는 자녀를 많이 둔 반면 라헬은 늘그막에 겨우 아들을 낳을 수 있었다.

이런 맥락에서 볼 때 오명을 남긴 오난Onan에 대해 언급하지 않을 수 없다. 오난은 형이 죽고 아이가 없는 상태에서 과부가 된 형수 다말에게 아이를 남겨주지 않으려 했다. 하지만 다말과 동침해 아기를 만드는 것은 오난의 의무였다. "형제역연혼兄弟逆緣婚"은 씨족의 번성을 위해 형제의 미망인과 결혼하는 풍습으로, 사망한 형제의 대를 잇고 가족의 재산을 지킬 수 있다는 장점이 있었다. 정액을 바닥에 흘려버린 오난이 가부장제 사회의 규범을 어겼으므로 하느님은 그를 죽여 벌했다. 앞서 언급한 것처럼 아이를 낳지 못한 채 과부가 된 다말은 시아버지 유다를 속여 임신할 계획을 세우고 이를 실행에 옮길 수밖에 없었다.

마지막으로 족장 이야기는 친척 관계 중에서도 가장 가까운 관계에 대해 다룬다. 가족과 함께 소돔을 떠난 롯은 아내를 잃었다. 하느님이 소돔과 고모라를 심판할 때 롯의 아내가 하느님의 경고를 무시하고 뒤돌아본 탓에 소금 기둥으로 변해버린 것이다. 롯은 두 딸과 함께 살아남았다. 두 딸은 (적어도 성서의 공식 기록에 따르면) 아이를 임신하기 위해 아버지를 술에 취하게 하기로 결심한다. 결국 두 딸 모두 아들을 낳았고, 그들은 이스라엘 민족의 원수 암몬인과 모압인의 조상이 되었다. 이를 통해 성서가 전하는 메시지는 더없이 명백하다. 이웃 부족은 추잡한 놈들이다!

이제 모든 것이 분명해졌다. 창세기에 등장하는 이야기는 얼마나 가까운 친족끼리 결혼이 가능한지, 그리고 성관계가 가능한지 밝히려는 시도다. 이는 그리 놀라운 일이 아니다. 인류의 역사를 되짚어볼 때 특히 부유한 계층은 가족 구성원 중에서 배우자를 찾는 경향을 보였다. 고대 이집트의 파라오나 근대 유럽 왕실이나 모두 마찬가지다. 그러나 가족 간 결혼 역시 근친상간으로 치러야 할 비용이 만만치 않다는 사실이 널리 알려졌다. 유전 질환의 발병률이 높아지고 지능 장애로 이어지는 경우가 많았다.

성서 시대에 사람들은 이런 사실을 알고 있었을까? 알고 있었을 것이라고 생각한다. 근친상간의 효과는 때로 매우 노골적이다. 비록 당시 누구도 유전학에 대한 지식이 없었지만, 부모가 가까운 혈연관계라면 그것이 아이들에게 나쁜 영향을 미친다는 사실을 알아낼 수 있었을 것이다. 입술입천장갈림같이 쉽게 인지할 수 있는 장애나 병약한 체질이 가족 대대로 반복되어 나타났다. 가까운 친척 간 결혼이 일반적이었으므로 사람들은 그 둘의 연관성을 충분히 짐작할 수 있었을 것이다. 요르단 바스타 지역의 9,000년 전 유적에서 발굴한 쉰 개가 넘는 유골의 치아를 분석한 결과, 그곳에서 생활한 사람들에게는 근친상간이 흔한 일이었다는 사실이 밝혀졌다. 3분의 1 이상의 유골이 상악 측절치가 소실된 상태로 발견된 것이다.[25] 신은 근친상간을 달가워하지 않는 것이 분명했다.

근친상간에 대한 본능적 혐오감이 있을 뿐 아니라 잠재적 건강상의 위험까지 인지하고 있었음에도 고대 이스라엘에서 근친혼이 성행했다면[26] 그로 인한 이익이 훨씬 컸기 때문일 것이다. 여기서도 문화와 생물학은 변증법적 관계에 놓인다. 문화적 관점에서 근친혼은 특히 경쟁이 치열할 때 씨족의 결속을 다지는 수단을 제공하지만, 이 장점은 건강이라는 생물학적 위험에 의해 상쇄된다. 상충되는 이 두 가지 힘은 타협점을 도출해낸다. 즉 근친혼을 금기시하는 대신 일정한 수준을 넘어서는 친척 관계에서는, 특히 재산과 관련한 문제가 있을 때는 결혼을 허용한다. 오늘날에도 사촌 간 결혼은 세계의 많은 지역에서 정상적인 것으로 간주한다. 그것의 긍정적인 사회적 효과가 높아지는 유전적 결함의 위험을 상쇄할 만큼 크다고 보기 때문이다.

나중에 토라(레위기Leviticus)는 가까운 친척의 성 접촉을 금지하는 율법을 밝힌다. 흥미로운 점은 법적으로 맺어진 가족 사이에서 태어난 자손에게는 건강상의 문제가 발생하지 않을 가능성이 높은데, 이들의 성관계도 금지했다는 것이다.[27] 여기서 과도한 일반화의 사례를 엿볼 수 있다. 가까운 친척의 성관계를 금지하는 생물학적 이유를 정확히 파악하지 못했기에 가능성이 엿보이는 유사 사례로 규범을 확대 적용한 것이다. 그러나 여기에는 또 다른 이유가 있을 것으로 보이는데, 그런 관계를 허용할 경우 지나치게 많은 갈등을 유발해 가족이라는 예민한 관계망의 결속을 유지할 수 없기 때문일 것이다.

어쨌든 아브라함이 모세가 세상에 나기 전 시대를 산 것은 천만다행이었다. 하느님이 예언자 모세에게 내린 판결은 그 어떤 죄에 대한 벌보다 가혹한 것이었기 때문이다. "제 아비의 딸이든지, 어미의 딸이든지, 제 누이를 데리고 살면서 누이의 부끄러운 곳을 벗기고 여자는 오라비의 부끄러운 곳을 벗겼으면 그들을 겨레가 보는 앞에서 없애야 한다. 이것은 파렴치한 짓이다."[28] 아브라함은 아버지가 같은 이복동생 사라와 결혼했으므로 만일 모세 시대 이후에 태어났다면 사형을 면하기 어려웠을 것이다. 그랬다면 아브라함 종교 역시 세상의 빛을 보지 못했을 것이다.

전략 3: 조화

확장과 결속이라는 두 가지 전략은 서로 맞물리면서 외부와의 경계를 선명하게 그었다. 그러나 요셉 이야기는 또 다른 전략을 보여준다. 위대한 문학작품으로 인정받는 요셉 이야기는 한 명의 저자가 기록했을 가능성이 매우 높다. 야곱의 열한 번째 아들 요셉은 눈에 띄게 똑똑했다. 그는 해몽 능력과 사람들에게 현명한 조언으로 길을 열어주는 능력을 바탕으로 지하 감옥을 벗어났을 뿐 아니라 당시 가장 강력한 국가인 이집트에서 가장 높은 자리로 단번에 뛰어올랐다. 요셉은 정서지능도 높았다. 자신을 죽이려 한 형제를 용서했을 뿐 아니라 그들이 어려움에 처했을 때 도움의 손길을 내밀었다.

이 이야기는 두 세계의 충돌을 묘사한다. 요셉의 형제들은 가부장적 교리인 복수(디나 이야기에서 오빠들의 복수)에 얽매인 반면 요셉은 화해하기 위해 노력한다. 요셉은 성서에 새롭게 등장한 유형의 인물을 상징한다. 즉 요셉은 언어의 힘만으로 연대를 이룰 수 있는 사회적 재능을 타고난 존재다. 요셉이 이집트라는 고도로 발전된 국가, 즉 가족관계보다 능력을 훨씬 가치 있게 여기는 국가에서 경력을 쌓을 수 있었던 것은 우연이 아니다. 요셉은 족장도 아니고 폭군은 더더욱 아니다. 단 한 명의 아내만 둔 요셉은 당시 평범한 사람들과 같은 가족 모델을 지향한 것으로 보인다. 그러나 이런 성향 덕분에 요셉은 한동안 예외적 인물로 남아 있게 될 것이다.

일부일처제의 장점

다시 한번 언급하지만, 족장 이야기는 성서에 꼭 필요한 순간에 등장하는 것처럼 보인다. 여성과 사유재산의 독점이 야기한 중대한 문제의 사례를 인상적으로 보여주는 족장 이야기에는 이 이야기를 인류학 고전의 반열에 올려놓을 만한 무언가가 숨어 있다. 즉 일부다처제라는 새로운 제도가 양산한 사회적 문제를 묘사한 족장 이야기를 통해 결국 일부일처제가 자리 잡는 과정을 이해할 수 있는 것이다.

그러나 일부일처제가 자리 잡은 것은 필연적인 일이 아니다. 오늘날 대부분의 경제 선진국은 일부일처제를 표준으로 삼고 있지만, 인류 역사를 돌이켜보면 사뭇 다른 양상을 확인할 수 있다. 잊지 말아야 할 것은 여기서 논의하는 것은 오늘날 일부일처제라고 부르는 제도, 즉 한 남성과 한 여성이 배타적 관계를 지속하는 제도라는 점이다. 수렵·채집 시대의 결혼도 대부분 일부일처제였지만, 그 관계가 평생토록 지속된 것은 아니다. 중요한 점은 일부다처제를 금지하지도 않았다는 것이다. 이례적으로 성공한 수렵인은 두 명(또는 지극히 드물지만 세 명)의 아내를 두는 경우도 있었다. 인류학자 프랭크 말로가 활용할 수 있는 민족학 자료를 모두 평가한 결과, 인류학자가 연구 대상으로 삼은 모든 사회의 85퍼센트가 남성이 여러 명의 아내를 두도록 허용했다는 사실이 밝혀졌다. 반면 (한 명의 여성이 두 명 또는 그 이상의 남편을 두는) 일처다부제는 모든 사회를 통틀어 1퍼센트에도 못 미쳤다.[29]

그렇다면 왜 일부일처제로 이행한 것일까? 일부일처제의 등장은 대체로 "이해하기 어려운 것"으로 묘사된다. "일부일처제가 역사에 등장한 이유는 특히 이해하기 어려운데, 일부다처제의 이익을 누리는 바로 그 남성(부유한 귀족)이 사회적 기준을 세우고 법을 수립하는 데 가장 큰 영향력을 행사하는 경우가 대부분이기 때문이다."[30] 그러나 (허구에 불과한 이야기일지라도) 족장 이야기를 읽고 일부다처제 사회의 가족이 처한 현실에 깊은 인상을 받았다면 일부일처제의 장점을 금세 이해할 수 있을 것이다. 일부일처제는 여성을 차지하기 위한 남성들의 경쟁을 완화할 뿐 아니라 아내와 그들의 아들이 치열한 경쟁을 벌일 필요 또한 없앤다. 나아가 일부일처제 사회에서는 미혼 남성이 줄어 폭력적 갈등을 일으키는 원인도 감소한다.

그러나 일부일처제가 사회 지도층의 일반적 결혼 제도로 자리매김하기까지는 아직도 갈 길이 멀다. 성서가 들려주는 이야기처럼 문화적 진화는 일부일처제가 아닌 다른 말에 운명을 걸었기 때문이다. 바로 삼손Samson과 다윗 왕 같은 폭군과 군벌이다. 이들은 마음에 드는 것은 무엇이든 제 것으로 삼았는데, 그 중심에는 예외 없이 여성이 있었다.

창세기를 마치며: 훌륭한 이야기의 힘

드디어 창세기의 끝에 도달했다. 당연히 이 책의 1부도 여기서 막을 내린다. 족장 이야기는 문화적 진화가 활용하는 가장 강력한 수단 가운데 하나를 보여주었다. 바로 잘 짜인 이야기의 힘이다. 고고학자 이스라엘 핑컬스타인과 닐 실버먼은 이렇게 기록했다. "아브라함, 이사악, 야곱의 자손들은 성서 속 이야기를 다듬은 예술가의 손에서 하나의 거대한 가족으로 재탄생했다. 전설의 힘은 가나안 산악 지역에서 양을 치는 몇몇 역사적 인물이 잠깐 경험한 모험의 힘보다 훨씬 강력하고 시간을 뛰어넘는 방식으로 족장을 하나로 단결하게 만들었다."[31] 전설의 힘이 강력하다는 데에는 의문의 여지가 없다. 그러나 생물학적 힘이 없었다면 이 이야기들은 지금까지 살아 숨 쉬지 못했을 것이다.

이는 창세기 전체에 적용된다. 인간이 겪는 어려움을 문학적으로 기록한 창세기는 오늘날을 살아가는 사람들의 마음까지 사로잡는다. 창세기는 생물학적으로 적응할 수 있는 시간이 부족한 상태에서 호모사피엔스가 새로운 생활 방식을 채택하며 나타난 온갖 불행을 시간 순으로 기록한 것이다. 정착 생활과 그것이 야기하는 온갖 장애물을 극복할 준비가 되지 않은 상태에서 인간은 눈앞에 닥친 문제에 임시방편으로 대응할 수밖에 없었다. 그럼에도 놀라울 정도로 잘 대처해 인간의 문화는 지구상의 가장 경이로운 불가사의 중 하나로 꼽힌다. 하지만 대가도 따랐다. 오늘날 인간의 실존은 자명함의 부족으로 고통받고 있다. 부조화가 인류의 운명이 된 것이다.

사람들이 끌어안고 살아가는 문제가 무엇인지 파악했으므로 이제 히브리 성서, 즉 구약성서의 핵심을 이루는 문화적 보호 시스템의 출현을 이끈 전략에 대해 검토할 수 있다. 이 시스템은 사회적 협력을 증진할 새로운 방법을 규정하고 재앙, 질병, 폭력을 제어하기 위해 분투한다. 사람들은 예언자 예레미야Jeremiah가 말한 대로 격분한 하느님이 "전쟁과 기근과 염병"을 내린다고 생각했는데,[32] 이 시스템은 인간의 행동을 제어해 그런 끔찍한 상황을 종식시키는 것을 목표로 한다.

토라는 영향력이 클 뿐 아니라 매우 인상적이다. 모세와 이스라엘 민족의 이집트 탈출기에서 훌륭한 이야기가 지닌 힘을 다시 만날 수 있을 것이다. 이제 성서가 들려주는 또 다른 위대한 이야기로 눈을 돌려보자.

모세와 이스라엘 민족의
이집트 탈출

하느님, 세상에 하나뿐인 유일한 존재로 발돋움하다

모세와 이스라엘 민족의 이집트 탈출 이야기보다 가공할 만한 이야기는 찾아보기 어렵다. 기억을 되살려보자. 요셉의 형제들이 이집트로 이주한 후 430년 동안 이스라엘 민족은 파라오의 거대한 건축물을 짓는 공사 현장에서 노예로 노역에 시달렸고, 그 과정에서 위대한 민족으로 변모했다. 파라오가 갓 태어난 히브리인 남자아이를 모두 죽이라고 명령했을 때 어린 모세는 왕골로 엮은 바구니에 담겨 나일강을 떠내려갔다. 하고많은 사람 중에 파라오의 딸이 그를 물에서 건져낸다. 어른이 된 모세는 불타는 떨기 속에서 모습을 드러낸 야훼의 명령을 받들어 이스라엘 민족을 이끌고 이집트를 떠나려 한다. 그러나 파라오는 그 땅에 열 가지 재앙이 찾아올 때까지 그들을 놓아주기를 거부한다. 하느님은 모세가 홍해를 갈라 그의 백성이 건널 수 있게 하고, 훗날 시나이산에서 모세에게 십계명을 내린다. 그러나 하느님의 명령을 잘 따르지 않은 탓에 이스라엘 민족은 사막을 떠돌다 40년 만에 겨우 약속의 땅 경계에 도달하게 된다.

1956년 제작한 할리우드 영화 〈십계The Ten Commandments〉는 찰턴 헤스턴Charlton Heston이 주연을 맡고 1만4,000명의 엑스트라와 1만5,000마리의 동물을 동원한 시대를 뛰어넘는 기념비적 작품으로 이스라엘 민족의 이집트 탈출 이야기를 담았다. 모세가 파라오 앞에서 "이스라엘 민족을 보내주시오!"라고 당당하게 외치는 장면이나 이스라엘 민족이 금송아지를 둘러싸고 춤추는 모습을 본 모세가 십계명을 새긴 돌판을 바닥에 던지는 장면은 관객을 압도하기에 충분했다. 이후에도 이 이야기는 여러 차례 영화화되었다.

　모세는 "히브리 성서의 가장 중요한 정경正經에 등장하는 이들 중 가장 두드러진 인물"이다.[1] 유일신교의 창시자로 여겨지는 모세의 이야기는 그의 이름을 딴 모세오경 다섯 권 가운데 네 권(출애굽기Exodus, 레위기, 민수기Numbers, 신명기Deuteronomy)에 등장한다. 토라, 즉 모세오경의 저자가 그가 아니라는 사실이 밝혀진 오늘날에도 그의 명성은 여전히 굳건하다. 그는 야훼와 마주 보고 끊임없이 대화를 나눴는데, 구약성서에 등장하는 어느 누구도 하느님과 그토록 친밀한 관계를 맺지는 못했다.[2]

　이스라엘 민족이 자유를 찾아 떠나는 대서사시를 담은 출애굽기는 오늘날에도 유대교의 자아상에 영향을 미치는데,[3] 지난 수천 년 동안 그들은 매년 유월절Passover(성서에서는 과월절)에 이 위대한 이야기를 되새기며 민족의 결속을 다져왔다. 출애굽기는 또한 그리스도교 전통에도 깊이 뿌리내렸다. 미국인, 아르메니아인, 영국인, 네덜란드인, 보어인 등 다양한 민족과 프로테스탄티즘, 경건주의, 청교도주의, 시민권 운동 같은 사회적·종교적 운동 그리고 라틴아메리카의 해방신학까지 이 이야기에 공감한다. 이러한 맥락을 바탕으로 이집트학자 얀 아스만은 "출애굽기에는 인류 역사상 가장 위대하고 영향력 있는 이야기가 담겨 있다"라는 결론을 내렸다.[4] 그러나 이스라엘 민족이 이집트를 탈출하는 서사시 자체가 출애굽기에서 가장 눈길을 잡아끄는 요소라고 생각지는 않는다. 이 책의 관점에서 볼 때 그 이야기는 정말 위대한 걸작을 운반하는 도구에 지나지 않는다. 바로 율법이다.

창세기가 신석기 혁명이 일어난 이후 수천 년 동안 사람들이 맞닥뜨린 과제에 대해 인상적으로 묘사한다면 토라의 나머지 네 권은 이 거대한 변화로 인해 나타난 온갖 질병, 전쟁, 그 밖의 재앙에 대처하기 위해 사람들이 발전시킨 전략을 펼쳐 보인다. 이 책의 2부에서는 토라가 613개의 명령과 금령이라는 형태로 이루어진 매우 세련된 문화적 보호 시스템이라는 점을 강조한다. 그리고 인류학적 관점으로 이 시스템을 검토하고 문화적 진화에서 진정 주목할 만한 이정표를 보여주고자 한다. 토라는 종교뿐 아니라 더 나아가 과학의 발전 방향까지 제시했다.

이스라엘 민족의 이집트 탈출 이야기에는 세 명의 주인공이 등장한다. 모세와 야훼 그리고 고집 센 이스라엘 민족이다. 그중 이스라엘 민족은 모세와 야훼의 말을 순순히 따르지 않고 시종일관 "투덜거린다." 이 책은 이들 주인공에게 각각 한 장씩 할애할 것이다. 우선 위대한 예언자 모세에 대해 면밀히 조사한 뒤 그가 하느님의 이름으로 세상에 전한 방대한 율법을 신중히 검토할 것이다. 그러고 나서 야훼에게 눈을 돌려 그가 아주 독창적인 유일신으로 탈바꿈하는 과정을 탐구할 것이다. 이를 통해 풀어야 할 숙제는 다음과 같다. (토라에서 표현한 대로) "어느 민족보다도 작은 민족"의 신이 세계의 모습을 바꾸는 일에 착수한 이유는 무엇인가? 마지막으로 이 책은 시종일관 투덜거리는 이스라엘 민족에 대해 검토한다. 이스라엘 민족이 시나이산에서 모습을 드러낸 종교를 받아들이기를 거부한 이유는 무엇인가? 그리고 여성과 새로운 종교는 어떤 관계였나? 이런 질문에 대한 답을 구하는 과정에서 사람들의 진정한 종교성에 대해 많은 것을 깨닫게 되었다. 2부를 마칠 즈음 마지막으로 야훼의 이름으로 제시된 이 문화적 보호 시스템이 가져온 놀라운 결과를 살펴볼 것이다. 그럼 이제 하느님의 가장 위대한 예언자, 모세를 만나보자.

7

모세

하느님의 의지, 법으로 승화하다

이스라엘 민족의 이집트 탈출 이야기에서 가장 중요한 장면은 무엇일까? 모세가 홍해를 갈라 이스라엘 민족을 광활한 사막으로 인도하는 장면? 아니면 이스라엘 민족이 거짓 신에게 경배하는 모습을 본 모세가 십계명을 새긴 돌판으로 바닥을 내리치는 장면? 모두 아니다. 결정적 장면은 사막을 헤매는 여정의 막바지에 이르렀을 무렵 느보산에서 일어난다. 멀리 사해와 그 너머 아지랑이가 피어오르는 언덕을 굽어보는 모세의 눈에 요르단강 건너 젖과 꿀이 흐르는 약속의 땅이 들어온다. 지난 40년 동안 모세가 기다려온 순간이었다. "야훼께서 그에게 말씀하셨다. '이것이 내가 아브라함과 이사악과 야곱에게 맹세하여 그들의 후손에게 주겠다고 한 땅이다.'" 모세에게 잠시 시간을 준 하느님은 이내 이렇게 덧붙였다. "이렇게 너의 눈으로 보게는 해준다마는, 너는 저리로 건너가지 못한다."

모세의 실망이 얼마나 컸을지는 독자의 상상에 맡긴다. 이집트에서 노예로 생활하며 겪은 고통과 온갖 우여곡절, 사막에서 느낀

목마름, 따르기를 거부하며 저항하는 이스라엘 민족을 어르고 달래며 이끌어 온 시련의 기억은 눈 녹듯 사라지고, 드디어 목표를 완수한 것이다! 하느님은 예언자 모세를 느보산으로 이끌어 약속의 땅을 보여주었다. 그리고 모세는 거기서 죽었다. 그것이 하느님의 뜻이었다.

과거 모세는 형 아론과 함께 므리바 샘에 이스라엘 민족을 모아놓고 지팡이로 바위를 쳐서 물이 솟게 했는데, 그때 저지른 잘못으로 하느님의 노여움을 사 약속의 땅에 들어갈 수 없게 되었다. "그러나 야훼께서는 모세와 아론을 꾸중하셨다. '너희는 나를 믿지 못하여 이스라엘 백성 앞에서 내 영광을 드러내지 못하였다. 그러므로 너희는 내가 이 회중에게 줄 땅으로 그들을 인도하여 들이지 못하리라.'"[1] 하느님은 아론에게 호르산에서 죽을 것이라 선고했고 이제 모세의 차례였다.

하느님에게 예외는 없다. 가장 충직한 종에게도 예외를 두지 않는다. 지난 40년 동안 모세가 변함없는 모습을 보였고 하느님이 "마치 친구끼리 말을 주고받듯이 얼굴을 마주 대시고 모세와 말씀을 나누"었음에도 아무 소용 없었다.[2] 하느님은 일말의 자비도 베풀지 않았고 느보산에 선 모세는 이것이 끝이라는 사실을 알았다.

성서는 모세의 죽음을 담담하게 기록한다. "야훼의 종 모세는 그곳 모압 땅에서 야훼의 말씀대로 죽어 모압 땅에 있는 벳브올 맞은편 골짜기에 묻혔는데 그의 무덤이 어디에 있는지는 오늘까지 아무도 모른다." 결국 여호수아가 이스라엘 민족을 이끌고 약속의 땅으로 들어갈 지도자로 낙점되었다. 하느님이 모세에게 내린 율법이 담긴 언약의 궤를 멘 사제들이 선두에서 걸었다. "용기 백배, 있는 힘을 다 내어라. 그래서 내 종 모세가 너에게 지시한 모든 법을 한 눈팔지 말고 성심껏 지켜라."[3] 하느님은 여호수아에게 그러면 모든 일이 뜻대로 될 것이라고 약속했다.

성서가 무미건조한 어투로 이야기한 바로 그 순간이야말로 세계의 역사가 바뀐 순간이다. "그 후로 이스라엘에는 두 번 다시 모세와 같은 예언자, 야훼와 얼굴을 마주 보면서 사귀는 사람은 태어나지 않았다. 모세가 야훼의 사명을 띠고 이집트 땅으로 가서 파라오와 그의 신하들과 그의 온 땅에 행한 것과 같은 온갖 기적과 표적을 행한 사람은 다시 없었다."[4] 율법이 모세를 대신했다. 하느님은 더 이상 사람을 내세워 자신의 의지를 세상에 공표할 필요가 없어졌다. 세부 사항까지 기록해 사람들에게 보여주면 될 터였다. 추상적 문자가 살과 피를 가진 인간의 자리를 차지했다. 이제부터 세상은 다시는 예전 같지 않을 것이다.

모세의 정체

수세기 동안 성서학자들은 이스라엘 민족의 이집트 탈출 이야기를 뒷받침할 수 있는 진실을 찾기 위해 많은 노력을 기울였다. 성서학자들의 눈을 가장 많이 잡아끈 것은 기적이었다. 이에 따라 기적을 과학적으로 설명하려는 시도가 수도 없이 이루어졌다. 조류의 증식으로 나일강이 피로 물들어(첫 번째 재앙) 개구리가 강을 떠난 것이 틀림없고(두 번째 재앙), 물고기가 모두 죽으면서 모기가 걷잡을 수 없이 불어났다(세 번째 재앙). 일부 학자들은 강한 바람이나 해저 지진의 영향으로 이스라엘 민족이 홍해를 건널 수 있었을 거라고 추측하기도 했다. 어쩌면 이스라엘 민족은 갈대가 우거진 습지를 지나갔을지도 모를 일이다. 그리고 사막에서 40년을 떠도는 동안 60만 명에 이르는 이스라엘 민족을 먹여 살린 전설의 음식 만나manna는 에셀나무에 서식하는 깍지벌레의 달콤한 분비물이 아니었을까?[5]

이런 생각은 흥미롭지만 소용없는 것이다. 연구자들은 입을 모아 이렇게 말한다. "성서에 기록된 이스라엘 민족의 이집트 탈출 이야기는 역사가 아니다."[6] 이를 입증할 증거는 풍부하다. 이야기에 등장하는 연대와 이스라엘 민족이 거친 경로에 관한 세부 사항이 일치하지 않는다는 사실도 그 증거 가운데 하나다. 더 중요한 것은 이집트에서는 이토록 중요한 사건을 기록한 자료가 하나도 나오지 않았다는 점이다. 고고학자 이스라엘 핑컬스타인과 닐 실버먼은 고전의 반열에 오른 《성경: 고고학인가 전설인가》에서 지금까지 출토된 어떤 고고학적 증거에서도 그 이야기를 뒷받침할 만한 것이 발견되지 않았다고 밝혔다. 이들은 이스라엘 민족의 이집트 탈출 이야기를 다룬 장에 정말 기막힌 제목을 붙였는데, 바로 "출애굽은 실제 사건이었는가?Phantom Wanderers?"다.[7]

적어도 여자만큼은 실존 인물이었다

그렇다면 모세는? 산 피에트로 인 빈콜리 성당에 있는 교황 율리오 2세Julius II의 무덤에 미켈란젤로가 세운 모세 조각상을 보면 찰턴 헤스턴마저 어린아이처럼 느껴질 정도다. 정신분석학의 창시자 지크문트 프로이트Sigmund Freud(1856~1939년)는 카라라 대리석으로 만든 모세상의 "경멸로 가득한 화난 시선"에 매료된 나머지[8] "인간 모세"에게 헌정하는 논문을 쓰기도 했다. 프로이트에 따르면 모세는 이크나톤Ikhenaton의 유일신교를 이스라엘에 전파한 이집트인이다. 이런 프로이트의 주장은 17세기와 18세기 학자들이 이미 제기한 사고, 즉 "성서에 등장하는 유일신교의 뿌리가 이집트"라는 주장에 뿌리를 두고 있다.[9] 투탕카멘Tutankhamen의 아버지 이크나톤은 이집트 만신전을 폐쇄하고 이집트인에게 태양신 아톤Aton만을 경배하라고 요구한 인물이다. 그러나 이집트 역사에서 이런 유일신 숭배는 스쳐 지나가는 하나의 사건에 불과했다. 기원전 1336년 또는 기원전 1334년 이크나톤이 사망하자 사제들은 만신전을 다시 열고 과거에 모시던 신을 모두 복귀시켰다.

프로이트의 가설은 틀린 것으로 밝혀졌다(다음 장에서 성서에 등장하는 유일신교의 진정한 기원을 밝힐 것이다). 사실 모세가 실존 인물인지조차 확인하기 어렵다. 성서를 제외하고는 다른 어디에서도 그에 대한 언급을 찾을 수 없기 때문이다. 나아가 이스라엘 민족의 이집트 탈출, 시나이산에서 새긴 십계명, 가나안 정복 이야기는 원래 각각 독립적으로 발전했다. 여러 이야기를 한데 뒤섞는 것, 즉 서로 다른 이야기를 결합해 짜깁기하는 것은 구약성서에서 그리고 문화적 진화 과정에서 매우 전형적인 현상이다. 아마 모세는 세 가지 이야기 가운데 하나에 등장한 인물인데, 바빌로니아 포로 시대에 서로 다른 세 가지 이야기를 조합해 오늘날 우리가 알고 있는 하나의 서사시로 재창조하는 과정에서 나머지 두 가지 이야기에 반영되었을 것이다. 모세는 세 가지 이야기의 모든 요소를 하나로 이어주는 서사적 장치 역할을 한다.[10]

모세라는 이름은 모세가 실존 인물이라는 사실을 뒷받침하는 근거로 사용되곤 한다. 모세가 이집트 출신이라는 사실을 입증하는 것처럼 보이기 때문이다. "모세라는 이름(히브리어 mošæh)은 '아이를 가지다'라는 의미의 이집트어 동사(mś/mśj)에서 파생한 것으로, 이집트에서는 '투트Thut 신의 아들'을 뜻하는 투트모세Thutmose처럼 이름에 붙여 사용한다."[11] 그러나 이것을 모세라는 인물의 기원을 밝히는 결정적 증거로 보긴 어렵다. 당시 팔레스타인은 이집트의 영향권에 있었기 때문에 그 지역에서도 모세는 흔한 이름 가운데 하나였을 것이기 때문이다.[12]

또 다른 이야기인 모세의 가족사 역시 매우 독창적이다. 출애굽기에 따르면 모세는 미디안족 여자 시뽀라Zipporah와 결혼했다. 바빌로니아 포로 시대에는 외국 여자와 결혼하는 것을 불쾌하게 여겼으므로 미디안족 여자와 결혼한 것 같은 세부 사항은 성서의 저자들이 꾸며낸 이야기가 아닐 것이다. 사실 미디안족과 전쟁을 치른 모세는 이렇게 명령했다. "아이들 가운데서도 사내 녀석들은 당장 죽여라. 남자를 안 일이 있는 여자도 다 죽여라."[13] 따라서 모세가 미디안족 여자와 결혼했다는 것을 누군가 꾸며냈다고는 상상도 하기 힘든 일이다.

이런 추측을 입증하는 증거는 또 있다. 사해에서 아카바만에 걸친 미디안족 베두인의 영역은 이 기념비적 서사시의 두 번째 주인공, 즉 야훼의 고향으로 추정된다. 모세의 전기傳記를 쓴 에카르트 오토Eckart Otto는 미디안족이 차지한 지역에서도 "전쟁과 날씨의 신인 야훼를 경배했다"고 설명한다. 즉 역사적 모세는 "미디안족의 야훼 숭배와 연관된 인물로, 미디안족의 영향권에 있던 팔레스타인 북부에 야훼 숭배를 전파하는 데 중요한 역할을 한 인물"일 가능성이 있다.[14]

이집트 사료에는 이스라엘 민족이 이집트에 살았다는 기록이 없지만 나일강을 따라 유목민이 이주했다고 보고한 내용은 있다. 그 문서에서 언급한 것이 셈족에 속하고 가축을 기르는 샤수Shasu 부족과 무법자 집단인 아피루Apiru 부족이다. 이집트 문헌은 이렇게 기록한다. "아시아계 부족 그리고(또는) 셈족이 나일강 삼각주에서 전쟁포로나 경제적 난민으로 생활하고 있다."[15] 이집트에 머문 셈족 중 소규모 집단이 미디안족의 땅으로 건너가는 일은 얼마든지 있을 수 있는 일이다. 그리고 그곳에서 모세라는 이름의 남자를 통해 야훼 종교를 접한 뒤 북쪽으로 이동했을 것이다. 오토는 이렇게 설명한다. "만일 이것이 사실이라면 종교의 창시자라는 성서 속 모세의 모습은 정확한 것이다. 팔레스타인의 문화적 토양에 사막의 신 야훼를 정착시키는 데 큰 역할을 했기 때문이다."[16] 모세가 이런 난민 집단 가운데 하나의 지도자였을 가능성을 제기하는 신학자도 있다.[17]

나일강과 관계없는 이집트

그러나 출애굽기에서 묘사한 이집트가 피라미드의 땅 이집트와 동일한 나라가 아니라면 어떻게 될까? 일부 성서학자는 그 이야기에 등장하는 "이집트"를 기원전 8세기와 7세기에 근동에서 충격과 공포를 안겨준 거대 권력, 즉 아시리아를 지칭하는 일종의 암호명으로 해석한다. 당시 서부 확장 정책을 펼친 아시리아는 잔혹하기로 유명했다. 기원전 722년 또는 721년 아시리아는 북왕국 이스라엘을 정복했고, 남왕국 유다는 멸망을 면하는 대신 아시리아에 조공을 바치는 속국으로 전락했다. 므나쎄Manasseh(기원전 708~642년경)

같은 유다 왕은 아시리아 신의 이름으로 아시리아 통치자에게 충성을 맹세해야 했다.

예루살렘에서 공공연한 반란은 선택 사항이 아니었지만, 성직자와 학자 같은 지식인을 중심으로 문학적 저항이 잉태된 것으로 보인다.[18] 북왕국 이스라엘에서 유래한 해방 서사시인 이집트 탈출기는 강대국 아시리아의 전제군주를 비판하는 참된 저항문학으로 재구성되었다. 그러나 이 이야기의 저자들은 적에게서 받은 영감을 활용하기도 했다. 어린 모세의 이야기는 기원전 3000년경 메소포타미아를 장악한 아카드 왕 사르곤 1세Sargon I를 둘러싼 전설에서 차용한 것으로 보인다. 이 전설에는 사르곤 1세가 왕골로 엮은 바구니에 담겨 강에 버려지는 이야기가 등장하는데, 아시리아제국을 다스린 사르곤 2세Sargon II(재위 기원전 722~705년)는 이 이야기를 자신의 왕권을 정당화하는 데 활용했다. 이 이야기는 같은 방식으로 모세의 전기로 흘러 들어갔을 것이다. 앞서 살펴본 것처럼 성서 속 최고의 이야기는 표절인 경우가 많다.[19]

지금까지 역사적 모세와 관련한 연구 성과를 살펴보았다. 이런 소모적 연구를 지켜보고 있노라면 성서학자 콘라트 슈미트의 주장에 동의하고 싶은 마음이 굴뚝같아진다. "모세와 이스라엘 민족의 출애굽 이야기는 역사적 사건을 기록한 것이 아니다. 그것은 다양한 기원에서 유래한 여러 가지 이야기를 집대성한 결과물이다." 이 책은 다음과 같은 슈미트의 주장에 동의한다. "성서에 등장하는 모세라는 인물에게는 너무 많은 이후 시대의 요소가 응축되어 있어 모세가 역사적 인물이라고 주장함으로써 얻을 수 있는 것에는 한계가 있다."[20]

하느님의 의지

역사적 모세 연구는 예언자에게 전혀 호의적이지 않았다. 역사적 모세 연구를 통해 "모세는 모세오경의 저자이자 이집트에서 억압당하는 이스라엘 민족을 이끌고 나와 가나안을 정복하기까지 일어난 모든 사건을 주도한 인물이라는 위대한 이름과는 사뭇 다른 난장이가 되어 알아보기조차 어려운 인물로 전락한다."[21] 이스라엘 민족의 이집트 탈출이라는 영광스러운 이야기의 운명 역시 다르지 않았다. 이야기에서 수십만 명을 헤아리는 이스라엘 민족은 그저 그런 소규모 난민 집단으로 전락하고 말았다.

그렇게 거인에서 난장이로 전락한 모세지만 장점이 없는 것은 아니다. 그를 제외하고 이야기를 보면 진정 토라를 규정하는 것이 무엇인지 수월하게 엿볼 수 있기 때문이다. 즉 모세오경 가운데 창세기를 제외한 네 권의 책에는 법, 규범, 율법이 빼곡히 들어차 있다. 널리 알려진 십계명은 사실 빙산의 일각에 불과하다. 토라가 세운 법은 정확히 613개로 365개의 명령과 248개의 금령으로 구성되었기 때문이다. 여기에는 "너희 하느님은 나 야훼다. 바로 내가 너희를 이집트 땅, 종살이하던 집에서 이끌어낸 하느님이다. 너희는 내 앞에서 다른 신을 모시지 못한다" 같은 고전적 율법이 포함된다. 일반적으로 "눈은 눈으로, 이는 이로"로 표현하는 응보의 법과 함께 "새끼 염소를 그 어미의 젖으로 삶아도 안 된다" 같은 율법도 들어 있다. 그 밖에 동성애, 수간, 혼외 성관계와 관련된 천상의 지침뿐 아니라 신전, 사제의 복장, 희생 의식에 관한 구체적 율법도 볼 수 있다.

성서를 읽는 이들은 모든 것에 관한 규범을 만드는 하느님의 관료주의 성향에 힘든 시간을 보낼 것이다. 어쩌면 이것이 결정타가 되어 성서를 덮어버리는 독자도 있을지 모른다. 훌륭한 이야기를 지어내는 데 통달한 것이 분명한 독일 시인 요한 볼프강 폰 괴테는 성서를 읽는 이들이 규정의 숲에서 길을 잃고 "당황해 이야기가 전하는 주요 메시지가 무엇인지 완전히 잊어버리는 것은 아닐까" 염려했다.[22] 괴테가 탄식한 이유는 충분히 이해할 수 있지만, 그렇다 해도 그의 의견에 동의하진 않는다. 성서가 모세와 이스라엘 민족의 이집트 탈출기를 통해 전하고자 하는 "주요 메시지"는 모세의 모험이 아니라 율법을 제시하는 것이기 때문이다. 종교가 아니라 문화적 진화에서 법의 진정한 의미에 대한 연구는 아직 제대로 이뤄지지 않았는데, 사실 법은 문화적 진화를 새로운 수준으로 끌어올리는 요인이었다. 만일 법이 없었다면 세계의 역사는 철저하게 다른 길을 걸었을 것이다.

새로운 규범

법의 복잡성과 그 어마어마한 수를 고려할 때 토라가 올바름에 관한 것이라는 의견을 처음부터 명확히 해두는 것이 바람직하다고 본다. 그러면 이어지는 세부 분석을 독자들이 훨씬 수월하게 따라올 수 있을 것이다. 고대 근동의 다른 법체계와 비교해보면 모세 율법이 얼마나 독창적인지 확인할 수 있다. 예를 들어 바빌로니아의 함무라비법전(기원전 18세기)과 비교해보면 두 가지 큰 차이점을 발견할 수 있다. 첫째, 토라에 명시된 규정은 법적 규정에서는 다루지 않는 측면까지 아우른다. 고대 근동의 법 텍스트는 "엄격하게 세속적"이다. 그들은 "법적·종교적·도덕적·윤리적 규범의 완전한 분리"를 전제로 한다. 따라서 토라와 달리 "제단 건설, 제물, 제의를 치르는 비용, 사제가 지켜야 할 규정 같은 것에 대한 법 조항"은 포함하지 않는다.[23] 그러나 토라의 규정은 성 문제, 개인의 위생과 식습관 같은 영역에까지 손길을 뻗친다.

둘째, 토라는 하느님의 법을 대변한다. 결국 하느님은 자신이 세운 원칙을 종이에, 보다 정확하게는 돌판에 새겼다. 모세에게 불러주어 받아쓰게 한 것이 아니다. 따라서 모든 규범, 심지어 인간의 배설물을 땅에 묻는 일을 관장하는 규정 같은 사소한 규정에까지 하느님의 의지가 반영되었다는 것을 알 수 있다. 반면 고대 근동에서는 신들을 "법의 수호자"로 여겼을 뿐 법의 원천으로 보지는 않았다.[24] 법 제정은 왕의 권한이었다. 이집트학자 얀 아스만이 설명한 것처럼 "이전에 세상은 법을 주는 신을 알지 못했다."[25] 자신이 새롭게 창조한 피조물에게 완벽한 규범을 제공하는 하느님은 성서의 발명품이다.

법은 야훼와 이스라엘 민족이 시나이산에서 맺은 계약의 기초를 형성하는 것으로, 하느님은 이 사실을 매우 명확하게 표현한다. 법을 지키면 평화가 깃들고, 법을 지키지 않으면 재앙이 찾아올 것이다. 심지어 토라는 축복과 저주에 관한 계약 조항을 두 차례에 걸쳐 반복적으로 제시할 만큼 비중 있게 다룬다.[26] 전체를 인용하기에는 내용이 너무 길어 일부만 발췌하지만, 그것만으로도 이해하는 데 모자람이 없을 것이다. 하느님은 이스라엘 민족이 법을 지킬 경우 비를 내려 풍성한 수확을 약속하고 평화와 자유를 보장하겠다고 하는 한편, 법을 지키지 않을 경우에 대해서는 이렇게 선언한다. "나는 너희에게 몹쓸 재앙을 내려 폐병과 열병으로 마침내 두

눈은 꺼지고 맥은 빠지게 하리라. 너희가 씨앗을 심은 보람도 없이 너희 원수가 그것을 거두어 먹으리라. 내가 너희를 엄한 눈초리로 쏘아보면 너희는 원수와의 싸움에 져서 적의 지배를 받으리라. 너희는 쫓는 사람이 없는데도 도망치게 되리라."[27]

이런 맥락에서 신학자들은 "행위와 결과의 연계"라는 다소 다루기 힘든 표현을 언급하는 경향을 보인다.[28] 막스 베버는 "정의로운 응보의 신"이라는 보다 간결한 표현을 사용했다.[29] 여기서 그는 계약의 논리를 언급한다. 규범을 지키면 하느님은 계약 당사자에게 보상을 내리고, 규범을 지키지 않으면 계약 위반의 책임을 물어 그들을 벌할 것이다. 성서학자들은 이 계약이 아시리아 왕이 속국과 맺은 계약과 형태 면에서 놀라울 정도로 닮았다는 점을 지적했다.[30] 아시리아 왕과 맺은 계약에서도 유다왕국의 운명은 그 조건의 준수 여부에 달려 있었다. 유다왕국이 계약 조건을 준수하지 않으면 아시리아 왕은 강한 군대를 일으켜 응징할 터였다. 강한 하느님과 강한 왕의 유사점은 너무 명백해서 무시하고 지나칠 수 없다. 이 문제에 관해서는 뒤에서 다시 만나게 될 것이다.

이 책은 하느님의 말씀에 틀림이 없다는 전제하에 다음과 같은 가설을 따른다. 법은 하느님과 이스라엘 민족이 맺은 계약의 세부 항목으로, 이스라엘 민족이 경험하는 세계에 재앙, 질병, 폭력이 없을 것을 보증한다. 따라서 토라는 놀라울 정도로 단순한 논리에 기반을 둔, 이례적으로 정교한 문화적 보호 시스템을 대표한다. 그 기본적 메커니즘에 대해서는 홍수 이야기를 다룬 장에서 설명했다. 전염병, 가뭄, 지진 같은 재난을 일으키는 진정한 원인에 대해 모르던 시절 사람들은 인간의 첫 번째 본성이 제공하는 진단에 의존했다. 재앙은 초자연적 행위자가 내리는 벌이라고 이해했다. 온갖 형태의 불행이 신의 노여움에 기인한다는 이런 해석 패턴은 고대에는 보편적이었고, 오늘날에도 여전히 우리 곁을 맴돌고 있다.[31] 여기서 신의 화를 잠재울 수단을 찾는 것이 문명이 직면한 가장 시급한 과제 가운데 하나였다는 사실을 알 수 있다. 그것을 찾지 못한 인간을 기다리고 있는 것은 파멸이었다. 따라서 호모사피엔스의 인지적 재능인 세 번째 본성이 작동해 애면글면하면서 문화적 보호 시스템을 발전시켜나갔다.

토라가 제공하는 문화적 보호 시스템은 단순한 가정에 의존한다. 모든 재앙, 모든 질병이 신이 내린 벌이라면 그것을 유발한 인간의 위반 행위를 역으로 추적할 수 있다. 따라서 다시는 그런 행위를 반복하지 않도록 죄를 명확히 규명해야 했다. 이런 분석이 취할 수 있는 경로는 두 가지다. 하나는 하느님의 노여움이 쉽게 일어나는 영역을 주목한 뒤 필요에 따라 제재하는 경험주의의 길이다. 다른 하나는 하느님의 바람을 파악하려고 노력함으로써 하느님을 화나게 하는 것이 무엇인지 이해하는 공감의 길이다. 파스칼 부아예는 사람들이 인간을 모델로 삼아 초자연적 존재를 이해할 수밖에 없다는 사실을 보여주었다. 몇 가지 예외가 있기는 하지만, 대체로 사람들은 신들이 인간과 같은 방식으로 반응하는 경향이 있다고 믿는다. 따라서 일반적으로 잘못이라고 여기는 행동을 하느님이 벌한다고 가정하는 것은 안전해 보인다. 하느님을 화나게 하는 행동이 무엇인지 규명해 그것을 금지하는 법을 만들면 문제는 간단하게 해결할 수 있었다. 모두가 이 규범을 따른다면 앞으로는 비슷한 불행을 겪지 않을 수 있을 터였다. 인간이 위반 행위를 저지르지 않는다면 신이 벌을 내리는 일도 없을 것이다.

이런 논리에 따라 사제들은 문제를 역추적해 하느님의 의지를 재구성했다. 이 책이 제시하는 문화적 보호 시스템 가설에 따르면 토라가 법으로 세운 명령과 금령은 이스라엘 민족이 경험한 불행을 바탕으로 한 것이다. 바로 이것이 하느님이 항상 그토록 노여워하는 것처럼 보이는 이유다. 따라서 토라는 농경의 발명으로 생활 방식을 근본적으로 바꿔야 한 사람들이 직면한 위기의 산물인 동시에 사람들이 그런 위기에 대처할 수 있도록 지원하는 강력한 문화적 도구다. 즉 토라의 목적은 질병, 재난, 전쟁을 내리는 하느님의 화를 달래는 것이다.

성서의 적재적소에 이런 위기관리 시스템이 배치되어 있다. 모세율법의 서문 격인 창세기에서는 사람들이 직면한 위험한 문제, 즉 폭력, 질병, 자연재해를 알려준다. 여느 때와 다름없는 평범한 일상을 사는 것은 불가능했다. 모세오경의 첫 번째 책을 읽은 독자라면 누구나 이 사실을 이해했을 것이다. 따라서 해결책이 필요했고, 그것이 모세오경의 나머지 네 권에 613개의 법이라는 형태로 기록되어 있다.

하느님의 의지가 이곳에만 존재하는 이유

이 책이 제시한 가설에 대해 적어도 두 가지 반론을 제기할 수 있을 것이다. 첫째, 인간의 기본 구성 요소인 그런 근본적 심리 기제가 여기서 작동한다면, 왜 이런 텍스트 기반 재난 방지 시스템을 다른 곳에서는 찾아볼 수 없는가? 둘째, 토라는 일회성 입법 행위의 결과가 아니고 특히 초기의 법에 관한 한 반드시 신의 법을 반영한 것은 아니라는 사실을 신학자들이 이미 밝히지 않았는가?[32]

앞으로 이 주제에 대해 상세히 검토할 것이기에 여기서는 간결하게 답하고 넘어가고자 한다. 사실 토라는 북왕국 이스라엘이 멸망한 기원전 8세기 후반부터 바빌로니아에서 귀환한 기원전 6세기와 5세기 사이에 형성되었다. 토라가 (두 차례에 걸쳐 반복적으로 제시할 만큼 성서에서 비중 있게 다루지만 그만큼 중요한 역할은 하지 못하는) 십계명 같은 더 간결한 텍스트를 비롯해 언약법전Covenant Code, 신명기법전Deuteronomic Code, 성결법전Code of Holiness 등 다양한 범주의 수많은 법전으로 구성된 이유가 바로 여기에 있다.[33] 게다가 모든 법이 여러 차례에 걸쳐 재구성되고 편집되었으며 저자들은 사제와 학자들의 다양한 파벌을 대표했다.

토라에서 가장 오래된 법전인 언약법전은 다소 세속적인 영역에 국한된 법으로 구성되어 있어 고대 근동의 다른 법과 형태 면에서 유사하다. 사실 브랜다이스 대학교 고대 근동 및 성서학 교수 데이비드 라이트David Wright는 바빌로니아의 함무라비법전이 언약법전의 형성에 직접적 영향을 미쳤을 것으로 추측한다.[34] 성서의 법이 개인 생활의 영역을 침범해 하느님의 의지가 주관하는 영역으로 바꾸어버리는 일은 훨씬 후대에 나타나기 때문이다. 한편 성서학자들은 이 과정을 막스 베버의 "법의 신학적 연구" 개념[35]을 통해 설명하는데, 문제는 여기에 훨씬 많은 것이 연관된다는 것이다. 따라서 이 과정은 그야말로 **일상생활의** 신학 연구 과정이라고 해도 과언이 아닌데, 삶의 거의 모든 측면에서 하느님의 노여움을 일으킬 수 있는 행동을 찾아내는 작업이기 때문이다. 이제 질문을 구체화할 수 있다. 어떻게 이런 일이 일어났고, 왜 고대 이스라엘에서만 일어났을까?

우선 지나치게 많은 재앙이 적군의 모습으로 이스라엘왕국과 유다왕국을 찾아왔고, 이는 결국 두 왕국의 분열로 이어졌다. 그리고 지적 능력을 최대한 발휘해 이 모든 불행의 근원을 밝히고 왕국이 완전히 파멸하는 것을 막아야 한다는 압박감을 높였다. 둘째, 세상에 하나뿐인 유일한 신 야훼에 관한 것으로, 재앙의 규모가 클수록 인간의 비례 편향 덕분에 야훼의 힘은 더 막강해진다. 그러나 그보다 중요한 것은 모든 불행을 주관하는 행위자가 유일한 존재라면 온갖 신의 상충하는 바람을 찾아낼 때보다 한결 수월하게 그의 동기를 재구성해 보다 일관성 있는 시스템을 창조할 수 있다는 점이다. 그리스인이 올림포스에 머무는 모든 신이 좋아하는 것과 싫어하는 것의 목록을 합리적으로 역추적해 작성할 수 없었다는 사실이 좋은 예다. 따라서 그리스나 그 밖의 문화권에서는 다른 유형의 재난 방지 수단을 개발해야 했다. 이와 관련한 내용은 뒤에서 상세히 다룰 것이다.

신이 세상에 하나뿐인 유일한 존재라면 상황은 완전히 달라진다. 앞서 언급한 것처럼 인간은 신이 일관성 있게 행동할 것이라고 기대한다. 다른 방식으로는 생각할 수 없다. 토라에도 이런 인간의 심리가 반영되었다. 야훼가 이런저런 행동에 대해 벌을 내렸다면 그런 행동을 싫어한다고 생각할 수 있다. 가장 좋은 방안은 애초부터 야훼가 싫어하는 행동을 금지하는 것이다. 토라에는 이런 단순한 논리에 의존한 법이 가득한데, 이것이 바로 인간의 강박적 일관성 추구다.

법 자체를 검토함으로써 이 책이 제시한 가설을 검증하기에 앞서 혹시 있을지 모를 오해에 대해 짚고 넘어가고자 한다. 히브리 성서의 일부에 불과한 토라에서는 놀라울 정도로 예측 가능한 하느님을 만날 수 있는데, 앞으로 성서를 읽는 과정에서 이 신은 엄청난 변화를 겪게 될 것이다. 성서를 경전으로 삼은 종교의 문화적 진화라는 관점에서 볼 때 토라는 중간 단계에 위치해 있지만, 그 중요성만큼은 다른 어느 단계에도 절대 뒤지지 않는다. 이 책에서 주장하는 바를 여기서 다시 한번 제시하면, 토라는 인류 역사상 가장 큰 실수, 즉 정착 생활이 야기한 거대한 문제에 대처하기 위해 인류가 생각해낸 가장 야심 찬 시도일 가능성이 높다.

이제부터 토라의 법을 검토하고자 한다. 물론 규범 하나하나를 논하지는 않을 것이다. 대신 토라가 세운 법을 몇 가지 기본 범주로 구분해 검토함으로써 그 작동 원리를 밝히고자 한다. 이 책에서 밝히고자 하는 내용이 무엇이든 법은 그 자체로 매우 흥미로운 연구 영역이다. 법을 통해 인간이 처한 난국을 직접 확인할 수 있는데, 결국 법은 위반 행위로 인식되는 행동이 일상에서 실제로 일어난 경우에만 필요하기 때문이다. 이런 관점에서 볼 때 십계명은 가장 흔히 일어나는 범죄, 즉 살인, 절도, 간통, 다른 신에 대한 숭배를 간략하게 정리한 목록이라고 할 수 있다. 그러나 이런 행동이 흔히 일어났다고 해서 그리 놀랄 일은 아닌 것이, 이미 창세기에서 같은 이야기를 만난 적이 있기 때문이다.

첫 번째 범주: 폭력 방지

카인과 아벨 이야기 또는 족장과 그의 가족에게 일어난 갖가지 혼돈, 거짓말, 기만만 떠올려봐도 폭력이 사람의 목숨뿐 아니라 사회구조를 파괴하는 주범, 즉 성서에 등장하는 세계에 나타난 가장 위험한 불청객 가운데 하나라는 사실을 쉽게 이해할 수 있을 것이다. 창세기는 이 점을 아주 분명히 드러낸다. 자연법칙이 예측 가능해짐에 따라 사유재산을 바탕으로 한 세계가 등장했고, 사회 통제를 포기한 이 세계에 만연한 부정의에서 폭력이 발생한다. 카인의 자손은 폭군이 되어 사회의 몰락을 재촉한다.

따라서 토라의 법 대부분이 폭력의 규제와 관련된 것도 무리는 아니다. 물론 역사의 기록에 살아남은 다른 사회의 법도 폭력을 규제하는 규범이 많은 것이 사실이다. 그럼에도 그와 관련한 토라의 사회적 추진력에는 남다른 구석이 있을 뿐 아니라 혼돈이 만연한 경우 하느님이 벌을 내릴 수 있다는 두려움이 반영되었다. 바로 이것이 홍수 이야기, 소돔과 고모라 이야기가 전하는 메시지다. 하느님은 사회가 폭력으로 물드는 모습을 보고만 있는 존재가 아니고, 인간의 정신에는 이런 고대의 경험 역시 새겨졌다. 불평등과 폭력이 만연한 사회는 몰락하고 만다. 이제 토라의 가장 명백한 법, 즉 야훼를 기쁘게 할 목적으로 사회와 가정생활을 규제하는 법부터 살펴보자. 그 범위가 정말 넓은데, 이를 통해 폭력으로 인한 불행이 얼마나 다양하고 빈번하게 일어났을지 충분히 짐작할 수 있다.

토라는 살인, 상해, 강도, 절도 같은 전형적 범죄에 대한 법을 포함하는데, 사안에 따라 처벌의 수위가 극과 극을 달린다는 점에서 놀라움을 자아낸다. 사형으로 다스려야 하는 범죄, 즉 "남을 때려죽인 자는 반드시 사형에 처하여야 한다"[36]라는 기록이 보이는 한편, 놀라울 정도로 관대한 처벌을 내리는 모습도 만날 수 있다. 상해를 입힌 사람은 처벌을 받지 않는 대신 상해로 인한 손실을 보전해주고 치료비를 물어주면 그만이다.[37] 한편 무거운 처벌의 위협은 범죄의 제어를 목적으로 한다. 반면 토라는 범죄에 대한 반응으로 나타나는 복수를 막으려고 시도한 것처럼 보인다. 어느 경우든 주요 목적은 폭력이 걷잡을 수 없을 정도로 확산하는 것을 방지하는 것이다. 그런 폭력을 행사한 자는 화를 입을 것이다. 세상을 통제 불가능한 폭력으로 물들이는 것이 무엇이든 하느님은 주저하지 않고 공동체 전체를 벌할 것이기 때문이다.

많은 법이 노예의 운명을 다룬다. 노예제는 고대 이스라엘에 널리 퍼진 관행이었고, 토라 역시 노예 소유주의 권리를 침해하지 않았다. 그에 반해 노예에 대한 상해는 피해자가 그 자리에서 사망한 경우에만 처벌할 수 있었다. "다만 그 종이 하루나 이틀만 더 살아 있어도 벌을 면한다. 종은 주인의 재산이기 때문이다."[38] 그럼에도 토라는 노예에게 최소한의 권리를 부여하려는 시도를 보여준다. 언약법전에는 채무로 인해 노예가 된 히브리인이 7년을 노예로 봉사하면 자유를 주도록 명시되어 있다. 이후의 법은 한 단계 더 나아가 자유를 얻은 노예에게 종자로 쓸 씨앗과 가축을 제공하도록 명한다. 이런 인도주의적 충동은 어디서 비롯한 것일까? 단순한 동정심의 발로로 생각할 수도 있다. 그러나 채무로 노예가 되는 사람이 많았다는 점을 고려할 때 가난한 해방 노예가 사회적 혼란의 원천이 되는 것을 방지하기 위해서였을 가능성도 배제할 수 없다.

이런 동정심이 남성에게만 적용된다는 사실을 짚고 넘어가야 한다. "남의 딸을 종으로 샀을 경우에는 남종을 내보내듯이 보내지는 못한다."[39] 사실 항상 더 끔찍한 상황에 처하는 것은 여성이었다. 가족이 재정적 어려움에 처했을 때 가장 먼저 노예로 팔리는 건

딸이었기 때문이다. 여성 노예는 고된 노동에 시달렸을 뿐 아니라 성 착취 대상으로 내몰렸다.[40] 남성 노예와 여성 노예에 대한 처우가 다른 것은 성서의 저자들이 남성 노예만을 하느님을 자극해 개입하게 할 만한 문제를 야기할 수 있는 원천으로 고려했다는 사실을 시사한다. 소돔과 고모라 이야기를 떠올리면 그 이유를 조금 더 쉽게 이해할 수 있을 것이다.

노예가 존재했다는 사실을 통해 고대 사회의 주요 문제 가운데 하나가 무엇이었는지 알 수 있다. 바로 빈곤이다. 사유재산의 축적으로 인구의 대부분이 빈곤의 나락으로 빠져들었다. 사람들이 불행의 늪에 빠지는 것을 방지하기 위해 토라는 채무에 대해 이자를 부과하지 못하도록 금지했을 뿐 아니라 담보도 한시적으로만 보유하도록 정했다. "만일 너희가 이웃에게서 겉옷을 담보로 잡거든 해가 지기 전에 반드시 돌려주어야 한다. 덮을 것이라고는 그것밖에 없고, 몸을 가릴 것이라고는 그 겉옷뿐인데 무엇을 덮고 자겠느냐?"[41] 하느님은 가난한 사람들의 보호자를 자처한다. "그가 나에게 호소하면 자애로운 나는 그 호소를 들어주지 않을 수 없다."[42] 외국인에게도 같은 법을 적용한다. "너희는 너희에게 몸 붙여 사는 사람을 구박하거나 학대하지 마라. 너희도 이집트 땅에서 몸 붙여 살지 않았느냐?"[43] 이는 이스라엘왕국이 아시리아에 정복당했을 때 많은 난민이 유다왕국으로 흘러들었을 가능성을 시사한다.[44]

이 모든 사례는 사회적 격변이 얼마나 심했는지, 부정의로 인해 사람들이 얼마나 혼란스러워했는지 입증하는 증거일 뿐 아니라 하느님이 자신들처럼 느끼고 행동할 것이라고 사람들이 얼마나 철저히 믿었는지도 여실히 보여준다. 그렇기 때문에 하느님은 혼돈을 내리고 가진 자에게서 가진 것을 빼앗아 벌하는 것이다. 그러나 앞서 논의한 가족의 역할 또한 무시해서는 안 된다. 그 문제에 대한 해결책도 족장 이야기에서 찾을 수 있다. "너희는 부모를 공경하여라." 십계명의 네 번째 계명으로, 이를 통해 부모를 공경하는 것이 당연한 일이 아니었음을 알 수 있다. 성서학자들조차 상속을 둘러싼 가족의 갈등이 얼마나 흉포했는지 지적했을 정도다.[45] 가족의 결속이 얼마나 중요한 것인지는 가족의 결속을 해쳤을 경우 내린 벌을 통해 확인할 수 있다. "부모를 때린 자는 반드시 사형에 처하여야 한다."[46] 이 말을 들으면 창세기가 들려준 진실조차 전부가 아닌 일부에 불과한 것이 아닐까 의심스러울 정도다.

이와는 별도로 토라는 성서가 시작되는 순간부터 나타난 문제를 다스리는 데 필요한 법도 명확히 규정하고 있다. 토라는 상속 과정에서 나타나는 다툼을 피하기 위해 명시적으로 장자상속제를 보호한다. 사랑하지 않는 아내가 낳은 자식이라도 장자의 권리는 침해할 수 없었다. 정당한 성적 접촉의 유형을 규정하는 지침도 있었는데, 근친상간이 흔한 상황에서 자손에게 나타난 생물학적 피해를 경험함에 따라 이런 지침이 생겼을 것으로 보인다. 아브라함은 아버지가 같은 이복동생 사라와 결혼하는 위험을 무릅썼다. 이는 토라에서 금지한 행위로, 그에 합당한 처벌은 무려 사형이었다! 고대 이스라엘 사람들은 배다른 여동생같이 매우 가까운 친척과 결혼해 임신할 경우 자녀가 선천적 질병이나 결함을 안고 태어날 수 있다는 사실을 알았을 것이고, 이를 하느님이 내린 엄중한 벌이라고 해석했을 것이다. 법으로 근친상간을 금지했다는 사실은 분명 많은 시사점을 던져준다.

이제 이 법의 이면에 자리 잡은 사회적 의도를 이해할 수 있게 되었다. 심지어 토라는 피가 섞이지 않은 친척 간 관계도 규정하는데, 이는 자녀에게 미칠 건강상의 문제 때문이 아니라 가족의 화합을 위협할 가능성을 미연에 방지하려는 의도였을 것이다. "네 며느리의 부끄러운 곳을 벗겨도 안 된다. 그가 네 아들의 아내인데 (…) 네 형제의 아내의 부끄러운 곳을 벗겨도 안 된다. 그것은 곧 네 형제의 부끄러운 곳이다."[47] 족장과 그의 가족들이 이 법이 존재하는 시대에 살았다면 분명 그처럼 심한 가정불화는 겪지 않았을 것이다.

"눈은 눈으로"에 담긴 인간미

구약성서는 오명도 안고 있다. "눈은 눈으로, 이는 이로"라는 말은 오늘날 복수에 대한 억제할 수 없는 갈증을 상징하는 말로 쓰이기 때문이다. 그러나 그런 해석은 잘못된 것이다. 이 단순한 논리는 문명이 이룩한 가장 위대한 성취 가운데 하나를 상징하기 때문이다. 이 개념이 정착되기 전 농경 사회에서 정의는 하느님이나 국가가 관장하는 영역이 아니었다는 것을 이해해야 한다. "사형과 가족에서의 제명을 비롯한" 법적 결정은 가장, 즉 족장의 몫이었고[48] 갈등은 "당사자 집단 간 직접 협상을 통해서만" 해결되었다.[49] 따라서 정의는 가장 강한 자의 권리였고, 유혈이 낭자한 복수의 악순환은 반복될 수밖에 없었다.

토라에서 볼 수 있는 것과 같은 법에 의지해 무한 반복되는 복수의 고리를 끊으려는 시도가 이루어졌다. 바로 도시에 장로회의를 두는 것이다. 이 시점부터는 간통한 사람이 현행범으로 잡히더라도 즉결 처분을 면할 수 있었다. 간통한 사람은 장로회의에 호소할 수 있었고, 토라는 명예훼손을 방지하기 위해 원고에게 두 명의 증인을 세우도록 했다.

이런 의미에서 "눈은 눈으로"라는 개념은 폐기 처분해야 할 낡은 것이 아니다. 이미 메소포타미아에 널리 알려진 응보의 법, 즉 "눈은 눈으로, 이는 이로, 손은 손으로, 발은 발로, 화상은 화상으로, 상처는 상처로, 멍은 멍으로 갚아야 한다"[50]는 응보적 정의의 개념은 지나친 복수를 방지하고 씨족 간 공정한 보상을 보장할 목적으로 만든 것이다.[51] 과거 카인의 자손인 라멕 같은 사람은 이 응보의 법을 가볍게 무시했다. "나를 해치지 마라. 죽여버리리라. 젊었다고 하여 나에게 손찌검을 하지 마라. 죽여버리리라." 그러나 이제 복수로 인한 폭력의 악순환이 그 끝을 향해 가고 있었다.

그렇다면 사형은 어떤가? 리처드 도킨스 같은 종교 비평가는 수시로 성서가 얼마나 많은 범죄를 사형으로 다스리는지 지적한다. "부모를 저주하거나, 간통하거나, 양어머니나 며느리와 동침하거나, 동성애를 하거나, 모녀와 동시에 결혼하거나, 수간하거나 (…) 어느 경우든 사형에 처해진다. 물론 안식일에 일을 해도 마찬가지다."[52] 그러나 구약성서에 기록된 벌이 아무리 혹독하더라도 당시에는 특별한 것이 아니었다는 사실을 짚고 넘어가야 한다. 다른 문화권에서 제정한 형법 역시 "이례적으로 엄격하고 잔인"했으며 형벌로 수족 절단이나 사형을 강조했다.[53] 그러나 토라는 그런 엄격함 속에서도 사후 처벌보다는 예방에 심혈을 기울인다. 신학자 에카르트 오토는 이렇게 말한다. "혹독한 처벌을 명시한 이면에는 기준을 위반하지 않도록 방지하려는 의도가 숨어 있다."[54]

예방을 강조하는 것은 사실상 시스템 자체의 논리에서 파생한 것이다. 애초에 위반 행위가 일어나지 않도록 모든 규범을 제대로 지켜야 했다. 그러지 않으면 개인의 범죄를 이유로 하느님은 민족 전체를 벌할 것이다. 결국 하느님은 공동체 전체를 벌하는 존재였다. 재앙과 전염병은 결코 죄인에게만 영향을 미치지 않았다.

"네 이웃을 네 몸처럼 아껴라"

지금까지 논의한 내용을 정리해보자. 폭력을 막기 위한 토라의 법은 문화적 재난 방지 시스템의 윤리적 요소로 구성되어 있다. 인간의 세 번째 본성이 빚어낸 결과물이긴 하지만, 부정의에 맞서는 경향을 보이는 인간의 첫 번째 본성에서 영감을 받은 것이 명백하다. 하느님과 인간의 심리가 유사하다고 생각한 히브리인은 하느님도 인간과 같은 방식으로 상황을 파악할 것이라고 가정했는데, 이기주의자들을 제어하지 못할 경우 살인과 대혼란이 확산된다는 단순한 경험적 관찰이 이 개념을 뒷받침했다.

이런 맥락에서 "네 이웃을 네 몸처럼 아껴라"[55]라는 유명한 문장을 만나게 된다. "토라의 핵심"[56]으로 여기는 문장으로, 간단히 말해 여기서 호혜의 개념을 발견할 수 있다. 사람들은 다른 사람과 동등한 대접을 받기를 바란다. 공정성과 관련된 이 근본적 규범은 인간의 기본 심리를 구성하는 핵심 요소인 만큼 성서가 고안해 낸 발명품이 아니다. 사실 이 규범은 인간의 모든 이타적 행동의 주요 원천으로, 인간은 (적어도 자기가 속한 공동체에서는) 정의와 평등을 요구하고 집단의 우두머리가 권력을 독점하려 하는 경우 약한 사람의 편에 선다. 이 황금률은 세속적이든 종교적이든 관계없이 전 세계의 모든 도덕 체계에 다양한 모습으로 반영되어 있다.[57] 수렵·채집 생활을 하는 공동체에서는 자명하던 규범이 이제는 명시적으로 언급하지 않으면 안 되는 규범이 된 것이다. 여기서 다시 한번 연대감의 결여를 인간이 싫어하기 때문에 하느님 역시 싫어하게 된 것이라는 사실을 확인할 수 있다.

평등주의를 지향하는 토라의 충동은 사회 지도층에게도 동일하게 적용되었다. 다른 곳에서는 법을 제정할 권리가 왕에게 있었던 반면, 토라를 기록한 제사장들은 왕도 법을 지켜야 한다고 명시했다. "마음이 부풀어 올라 제 동족을 얕잡아보는 일도 없고 이 계명을 어기는 일 또한 털끝만큼도 없어야 한다. 그리하면 그뿐 아니라 그의 후손들도 이스라엘 왕위에 오래도록 앉게 될 것이다." 나아가 왕은 "많은 후궁을 거느리지 못한다. 그러면 마음이 다른 데로 쏠릴 것이다. 은과 금을 너무 많이 모아도 안 된다."[58] 이런 법은 왕이 존재하지 않은 바빌로니아 포로 시대에 제정되었을 것이다. 그렇더라도 인간의 첫 번째 본성이 이 정도로 수준 높은 돌파구를 찾아냈다는 점에 놀라지 않을 수 없다. 수렵·채집 시대에는 그 누구도 다른 사람보다 높은 지위를 누릴 수 없었다.

토라가 문명화에 미친 영향에 경탄을 금치 못하는 한편으로 잊지 말아야 할 것은 그 법이 절충적 형태로 제시된다는 점이다. 여전히 토라는 사유재산을 철저히 보호한다. "그러나 해가 이미 떠오른 후에 그런 일이 생겼으면 죽인 사람에게 책임이 있다. 훔친 것은 반드시 다 갚아야 한다. 갚을 것이 없는 자는 제 몸을 팔아서라도 훔친 물건의 값을 물어주어야 한다."[59] 빈곤에 떠밀려 도둑질을 하면 그 결과 노예로 전락할 가능성도 있었다.[60] 한편 남성과 여성에게 이중 잣대를 적용하기도 했다. 간통의 경우를 예로 들어보자. "어떤

자가 남의 아내와 한자리에 들었다가 붙잡혔을 경우에는 같이 자던 그 남자와 여자를 함께 죽여야 한다."[61] 이 말은 결혼한 여성이 간통한 경우 죽음을 면치 못한 반면, 아내가 아닌 다른 여성과 동침한 남성은 그 여성이 결혼하지 않았다면 죽음을 면할 수 있었다는 사실을 의미한다.[62]

그렇더라도 이 모든 사회적 입법은 분명 효과가 있었을 것이다. 법을 따르면 폭력과 사회적 불평등이 줄고 협동이 증진된다. 이런 이유로 다른 문화권에서도 유사한 규범을 만날 수 있는 것이다. 다만 다른 지역에서는 아무도 이런 규범이 하느님의 의지를 표현한 것이라고 주장하지 않았다는 차이가 있을 뿐이다. 그러나 토라는 항상 두 가지 목적을 염두에 두었다. 하나는 사람들을 해치는 폭력을 방지하는 것, 그리고 무엇보다 중요한 다른 하나는 하느님이 개입하지 못하도록 방지하는 것이다.

두 번째 범주: 질병 예방

사람들은 법이 폭력을 방지하고 사유재산을 보호하며 평등을 촉진하기를 바란다. 그러나 이 책이 주장하는 대로 토라가 진정한 재난 방지 시스템이라면, 일반적 법에서는 다루지 않는 위협에도 개입해야 한다. 바로 질병이다. 병원균에 대한 지식이 전혀 없던 시대에 사람들에게 질병은 모든 위협 가운데 가장 불길하고 치명적인 위협이었다. 실제로 토라는 이 위험에 상당 부분을 할애하는데, 그동안 이 사실에 주목한 연구는 거의 없었다. 성서에 등장하는 법이 질병에 대한 내용을 포함한다는 사실을 다룬 학자가 없는 것은 아니지만, 토라에 질병과 관련한 제한 사항이 있다는 사실을 깨달은 것이 비교적 최근의 일인 데다 보통은 그 제약이 의학적 차원에서 어느 정도 의미를 가지는지에 초점을 맞추는 경향을 보일 뿐이다. 그러나 사실 질병에 관한 법은 그보다 훨씬 중요한 이야기를 들려준다.

홍수 이야기를 다룬 장에서 이미 이 주제에 대해 논의했다. 미생물학자 데이비드 클라크는 이렇게 기록했다. "고대 세계에는 박테리아에 대한 지식이 전혀 없었다." 대신 사람들은 "전염병이 신들이 불쾌감을 표현하는 주요 방법 중 하나"라고 믿었다.[63] 미국의 인류학자 조지 머독George Murdock은 이를 "영혼의 공격"으로 묘사하고 "악의를 품었거나 성난 초자연적 존재가 제멋대로 인간에게 적대감을 표현하는 과정에서 질병이 발생하거나, 그들이 질병을 통해 인간을 처벌한다고 생각하는 현상"으로 정의했다. 139개의 역사 속 혹은 현재 사회를 조사한 머독은 단 두 곳에서만 이런 믿음을 확인하지 못했다고 했다. 질병은 하느님의 존재를 알리는 가장 효과적인 선전 도구였다. 의학의 역사는 "응용 종교"의 역사라고 해도 과언이 아니라고 머독은 말한다.[64]

구약성서 역시 모든 질병을 한 개인이나 민족이 저지른 악행, 즉 죄를 처벌하기 위해 하느님이 내린 벌이라고 자연스럽게 해석한다. 질병은 "하느님의 존재를 알리는 선전 도구다."[65] 하느님 역시 자신이 병원균을 퍼뜨리는 궁극적 원인이라는 사실을 감추지 않았다. 여기서는 그 가운데 세 가지 사례만 뽑아 제시한다.

- "너 이스라엘이 너희 하느님 야훼의 말을 들어 순종하고, 그가 보기에 바르게 살며 그 명령을 귀에 담아 모든 규칙을 지

키면, 이집트인들에게 내렸던 어떤 병도 너희에게는 내리지 아니하리라. 나는 야훼, 너희를 치료하는 의사이다."[66]

- "야훼께서는 이집트의 악질 종기와 치질과 옴과 습진을 내려 너희를 치시리니 너희가 낫지 못하리라. 야훼께서는 너희를 쳐서 미치게도 하시고 눈멀게도 하실 것이다. 너희는 정신을 잃고…."[67]

- "너희가 만일 너희 하느님의 존엄한 이름 야훼를 두려워할 줄 모르고 이 책에 기록되어 있는 법의 한 조목 한 조목을 성심껏 지키지 않는다면, 야훼께서는 너희와 너희 후손에게 재앙을 내리실 것이다. 떠나지 아니하는 무서운 재앙, 고약한 악질로 치실 것이다. 너희가 그토록 무서워하던 이집트의 전염병을 다시 끌어들이시리니 그것이 너희에게 붙어 떨어지지 않을 것이다. 야훼께서는 이 법전에 기록되어 있지 않은 온갖 병, 온갖 재앙을 너희 위에 쏟으실 것이다. 그래서 너희는 멸망하고 말 것이다."[68]

그리고 하느님은 말로만 위협한 것이 아니었다. 모세의 누나 미리암Miriam이 모세의 권위에 의문을 제기하자 하느님은 그녀에게 피부가 눈처럼 하얗게 되는 벌을 내린다. 성범죄가 일어나면 하느님은 이스라엘 민족이 머무는 장막에 전염병을 내려 수천 명의 목숨을 앗아간다. 제우스가 하늘에서 번개를 내리는 신이었다면 하느님은 나병과 염병을 내리는 신이었다. 해결책은 명확했다. "하느님과의 관계를 온전하게 유지하는 것이야말로 가장 중요한 질병 예방 수단이었다."[69]

정결 대 불결

최근 몇 년 동안 "행동 면역 시스템"이라고 알려진 인간의 성향에 관한 연구가 많이 이루어졌다. 이 개념에 따르면 애초에 행동을 통해 병원균과의 접촉을 차단함으로써 감염을 예방할 수 있다. 그러나 이런 연구 전통이 종교를 언급할 때는 다른 신념 체계를 가진 사람들, 즉 낯선 사람과의 접촉을 제한하는 규범을 강조할 뿐이다. 이들의 설명에 따르면 낯선 사람과의 접촉을 피함으로써 외부인이 지닌 균의 확산을 방지하는 동시에 사회적 관계망을 강화할 수 있으므로 전염병의 충격을 최소화할 수 있었다.[70]

그러나 토라의 내용을 살펴보면 이런 이득은 사실상 종교가 유발한 부수적 효과에 불과하다. 토라가 질병을 예방한다는 점에는 의문의 여지가 없다. 그리고 그것은 이 책의 주요 가설이기도 하다. 그러나 토라가 제시한 시스템은 다른 집단으로부터 고립시켜 자기 집단을 보호하는 여느 시스템보다 훨씬 많은 것을 아우른다. 머독의 말에 빗대어 표현하면, 토라에서 찾아볼 수 있는 종교는 사실상 "응용 의학"이라고 해도 과언이 아니다.

전 세계 종교에 나타나는 가장 근본적 이원론 중 하나인 "정결" 대 "불결"에 위생적 측면을 무엇보다 우선시하는 태도가 담겨 있다는 사실은 그냥 지나칠 수 없다. 토라도 정결을 "신성한 세계와 소통하기 위한 기본 전제 조건"[71]으로 규정한다. 다른 종교 역시 마찬가지다.[72] 정결한 경배자만이 하느님에게 다가갈 수 있다. 그렇지 않은 사람은 하느님에게 다가갈 수 없을뿐더러 종교 공동체에서 배제될 것이다. 신학 백과사전도 비슷한 견해를 취한다. "일반적으로 정결은 건강한 생활 및 (우주와 사회의) 질서와 관련되는 반면 불결은 질병, 사망, (우주와 사회의) 혼란과 관련된다."[73]

정결과 불결의 관계는 명확하다. 질병은 하느님이 내린 벌이므로 병든 개인은 불결하고 하느님의 은총을 받지 못하는 존재다. 하느님의 불쾌감은 전염성이 있다. 아픈 사람과 가까이 접촉한 사람이 병에 걸렸다면 은총에서 멀어진 사람과 접촉했다는 이유로 하느님이 벌을 내린 것이다. 이런 논리를 따라가다 보면 그것을 고수하는 데 어려움을 겪게 된다. 이 논리가 인간의 첫 번째 본성인 공감하는 충동에 완전히 반하기 때문이다. 결국 사람들은 아픈 사람을 멀리하는 존재가 아니라 돌보는 존재다. 이 또한 부조화의 문제다. 수렵·채집 시대에는 감염성 질환이 예외적으로 발생하는 것이었기 때문이다. 이 문제에 대해서는 뒤에서 다시 다룰 것이다.

토라에서 "불결"하다고 간주한 것(체액, 배설물, 썩은 고기)은 대부분 잠재적 감염원이었다. 따라서 이에 대한 혐오감을 일으킴으로써 질병의 확산을 막는 데 기여할 수 있었다.[74] 한편 불결한 것에는 정교한 위생 조치, 즉 세척과 격리 같은 조치를 취해야 했다. 만일 이런 조치로도 질병을 없앨 수 없다면 그보다 강도 높은 조치가 필요했다. 이와 관련해 신학자들은 약간 우회적인 표현을 사용한다. "(나병의) 회복에 실패할 경우, 정화 의식을 통해 불결한 요소를 공동체 밖으로 내쫓을 수 있다."[75] 그러나 하느님은 직설적으로 표현한다. 불결한 체액의 목록을 일일이 열거한 뒤 이렇게 경고한다. "너희는 이렇게 이스라엘 백성에게 부정을 타지 않도록 일러주어서, 그들 가운데 있는 나의 성막을 더럽히다가 그 더럽힌 죄로 죽는 일이 없도록 하여라."[76]

이제 질병의 확산을 막기 위해 개발한 전략에 대해 살펴볼 것이다. 인류학자 메리 더글러스는 "가장 낯설게 느껴지는 고대의 의식조차 건전한 위생의 기초"라고 주장하며 이 원칙 하나로 모든 것을 설명할 수 있다고 여기는 "의학적 유물론"을 비판했는데, 이 책 역시 이를 추구하지 않는다.[77] 그보다 훨씬 큰 무언가를 추구한다. 이제 그 세부 사항에 대해 살펴보자.

혈액, 정액, 그 밖의 체액

성서를 성스러운 경전으로 보는 독자들은 체액에 지나치게 집착하는 하느님의 모습에 아연실색할 것이다. 그러나 우리 같은 성서인류학자에게는 그 이유가 명확하게 보인다. 감염성 질병, 특히 성병(STD)은 위험한 재앙이며, 감염된 사람의 체액에 닿는 것은 가장 신뢰할 수 있는 전염 경로 중 하나다. 따라서 감염의 위험을 최소화하기 위해서는 지나치다 싶을 정도로 경고하는 수밖에 없다.[78] 문헌사를 통틀어 이제부터 엿듣게 될 이야기만큼 어색한 이야기도 없을 것이다. 하느님이 모세와 아론에게 일종의 성교육을 하는데, 그냥 지나칠 수 없어 여기에 전문을 옮긴다.

어떤 남자의 성기에서 고름이 흘러나오면, 그 나온 것은 부정한 것이다. 이렇게 고름이 흘러나옴으로써 부정하게 되는 경우에는, 고름이 계속 나오고 있든지 나오고 있지 않든지, 그는 부정하다. 그렇게 고름을 흘리는 사람이 누웠던 자리와 앉았던 곳도 부정하다. 그 사람의 잠자리에 닿은 사람은 옷을 빨아 입고 목욕을 하여야 한다. 그는 저녁때가 되어야 부정을 벗는다. 그렇게 고름을 흘리는 사람이 앉았던 자리에 앉은 사람도 옷을 빨아 입고 목욕을 하여야 한다. 그도 저녁때가 되어야 부정을 벗는다. 그렇게 고름을 흘리는 사람의 몸에 닿은 사람도 옷을 빨아 입고 목욕을 하여야 한다. 그도 저녁때가 되어야 부정을 벗는다. 고름을 흘리는 사람이 뱉은 침이 정한 사람에게 튀면 그는 옷을 빨아 입고 목욕을 하여야 한다. 그도 저녁때가 되어야 부정을 벗는다. 고름을 흘리는 사람이 타고 다니던 것은 다 부정하다. 그가 깔고 앉았던 것에 닿은 사람도 누구든지 저녁때가 되어야 부정을 벗는다. 그런 물건을 가지고 다닌 사람은 옷을 빨아 입고 목욕을 하여야 한다. 그도 저녁때가 되어야 부정을 벗는다. 누구든지 고름을 흘리는 사람이 씻지 않은 손으로 건드렸으면 그는 옷을 빨아 입고 목욕을 하여야 한다. 그도 저녁때가 되어야 부정을 벗는다. 고름을 흘리는 사람의 몸이 닿은 오지그릇은 깨뜨려야 하고, 나무그릇은 물로 씻어야 한다.

고름을 흘리던 사람은 그 병이 나아 정하게 되는 경우에, 자기 몸이 정하게 되기까지 칠 일간을 꼬박 기다렸다가 옷을 빨아 입고 흐르는 물에 목욕을 하여야 한다. 그러면 그는 정하게 된다. 팔 일째 되는 날, 그는 산비둘기 두 마리나 집비둘기 두 마리를 가지고 만남의 장막 문간, 야훼 앞으로 나가 사제에게 그 제물을 드려야 한다. 사제는 그것을 받아 한 마리는 속죄 제물로, 한 마리는 번제물로 삼아 드려야 한다. 이렇게 하여 사제는 야훼 앞에서 고름을 흘리던 사람의 부정을 벗겨준다.

누구든지 고름이 나왔을 경우에는 온몸을 물에 씻어야 한다. 그는 저녁때가 되어야 부정을 벗는다. 고름이 묻은 옷과 가죽은 모두 물에 빨아야 한다. 그것은 저녁때가 되어야 부정을 벗는다. 여인이 남자와 한자리에 들었으면, 두 사람은 목욕을 해야 한다. 그들은

저녁때가 되어야 부정을 벗는다.[79]

이제 이 내용을 간략히 정리해보자. 우선 불결한 것을 감염성 분비물(가령 임질의 경우[80]), 몽정, 성행위 순으로 제시한 뒤 (오늘날의 관점으로 표현하면) 세부적 진단을 내리고 증상의 심각성에 따라 치료법을 명시한다. 마지막 두 경우는 일반적으로 문제가 없지만, 정액은 감염된 후 몇 주가 지나도 바이러스가 살아남아 감염을 일으킬 가능성이 있는 체액이다. 이런 과도한 일반화에는 그럴 만한 이유가 있다. 나중에 후회하는 것보다는 조심하는 편이 낫기 때문이다. 감염의 위험이 얼마나 오래 지속되는지 알 수 없는 상황에서는 조심하는 편이 낫다.

토라의 저자들은 체액이 위험한 이유는 몰랐지만, 체액이 위험하다는 사실은 알고 있었다. 체액이 관련된 경우 하느님이 이례적으로 많은 처벌을 내리는 것처럼 보였기 때문이다. 따라서 조심하는 편이 나았다! 같은 논리로 모든 여성의 체액도 대체로 의혹의 대상이었다. 심지어 출산한 여성조차 불결한 존재로 여겼다. 딸을 출산한 여성(66일)은 아들을 출산한 여성(33일)에 비해 두 배로 불결한 존재였다. 매월 찾아오는 월경 덕분에 여성은 7일간 불결한 존재가 되었다(그리고 월경 중인 여성과 접촉한 사람도 그날 저녁까지 불결한 존재였다). 무엇보다 중요한 것은 이례적인 출혈이 발생한 경우 불결한 기간이 추가되었다는 점인데, 이는 매월 찾아오는 월경보다 이례적인 출혈이 건강에 더 큰 위협이었다는 사실을 시사한다.

이유야 어찌 되었든 살균이 필요했다. 사람들은 "불결"해지거나 질병을 일으키는 효과가 물질 그 자체와 연관된 것은 아닐까 의

심했다. 월경하는 여자와 관련된 규정은 다음과 같다. "그 여인의 잠자리에 닿은 사람은 옷을 빨아 입고 목욕을 해야 한다. 그래도 저녁때가 되어야 부정을 벗는다. 그 여인이 앉았던 자리에 닿은 사람도 옷을 빨아 입고 목욕을 하여야 한다. 그래도 저녁때가 되어야 부정을 벗는다. 그 여인이 누웠던 자리나 앉았던 것 위에 있는 물건에 닿은 사람도 저녁때가 되어야 부정을 벗는다. 그 여자와 한자리에 든 남자는 그 여인의 불결이 묻었으므로 칠 일간 부정하다. 그 남자가 누웠던 잠자리도 부정하다."[81] 오늘날 병원의 위생 지침서도 이보다 상세하기는 어려울 것이다.

중요한 것은 의식적이든 무의식적이든 관계없이 전혀 다른 동기에서 출발하더라도 이와 같은 규범을 이끌어낼 수 있다는 점이다. 민족지학적 비교 연구를 통해 완전히 상이한 이유로 월경하는 여성이 불결하다고 규정했다는 사실을 확인할 수 있다. 예를 들어 서아프리카 말리에 거주하는 도곤족은 "초자연적 힘에 의해 여성이 강제로 피를 흘려 오염을 유발한다고 생각"한다. 따라서 월경하는 여성은 "월경의 집으로 들어감으로써 자기가 월경한다는 사실을 다른 사람에게 알려야 한다." 그 결과 "배란기에 (배우자와) 성관계를 할 가능성이" 증가하고, 결국 남편의 부권을 확립하는 데 기여한다.[82] 토라에 묘사된 규범은 여성이 남편이 아닌 남성을 통해 갖게 되는 아이의 수를 최소화하는 데 거의 확실히 기여한다. 이와 관련한 가부장적 의도를 고려할 때 그리 놀라운 일도 아니다.

구약성서에는 위생이 질병 예방의 한 형태로서 포괄적인 주제로 등장한다. 심지어 전쟁과 관련한 위생 지침도 있었다.

너희는 적을 치러 출전할 때 어떤 일이건 거리끼는 일이 없도록 몸조심을 해야 한다. 너희 가운데 누가 밤에 몽설을 해서 부정을 탔을 경우, 그 사람은 진 밖으로 나가서 진 안으로 들어오지 아니하다가 저녁 무렵에 목욕을 하고 해 질 때쯤 진 안으로 들어올 수 있다. 변소 자리는 진 밖에 마련해놓아야 한다. 너희는 그리로 나갈 때에 무기 외에 꼬챙이를 가지고 나가야 한다. 땅을 파고 뒤를 본 다음 그 뒤 본 것을 도로 묻을 때에 그것을 사용해야 한다. 너희 하느님 야훼께서 너희를 건져주실 뿐 아니라 너희 원수를 너희 앞에 굴복시켜주시려고 너희 진지 가운데 머무르며 같이 진군하시겠기 때문에 너희 진지는 깨끗해야 한다. 너희 가운데 더러운 것이 있는 것을 보시고 너희 진지에서 발길을 돌리시면 어찌하겠느냐?[83]

성서학자들은 이런 구절을 적절히 해석하지 못해 애를 먹었는데, 일부 학자는 하느님이 모두에게 "배설물은 각자 치워야 한다는 책임의 원칙"을 내린 것이라고 해석하기도 했다.[84] 그렇다면 하느님은 최초의 환경운동가인 셈이다.

그보다는 다음과 같은 대안적 해석이 더 그럴듯하다고 생각한다. 고대의 군영은 전염병을 기다리는 대기소나 마찬가지였다. "군대는 서로 부대끼며 먹고 자고 일하는 남자로 가득한데, 그런 환경은 질병의 확산에 이상적인 조건이다."[85] 성서는 기원전 701년 아시리아 왕 세나케리브Sennacherib(성서에서는 산헤립)의 군대가 예루살렘을 포위했을 때의 일을 기록한 열왕기하에서 모범적 사례를 제시한다. "그날 밤 야훼의 천사가 나타나 아시리아 진영에서 군인 십팔만오천 명을 쳤다. 아침이 되어 날이 밝았을 때 그들은 모두 시체로 발견되었다."[86] 아시리아 군대가 예루살렘의 포위를 풀고 돌아간 것은 역사적 사실이다. 그러나 유대 역사학자 티투스 플라비우스 요세푸스Titus Flavius Josephus(37년 또는 38년~100년)는 천사가 아닌 역병이 아시리아 군대에 사망자가 나온 원인이었을 것이라고 주장한다(물론 성서의 저자들에게는 천사와 전염병이 하나이자 동일한 것이었을 것이다).[87] 오늘날 학자들은 히즈키야Hezekiah 왕이 바친 조공이 예루살렘을 구했을 것이라고 생각하지만,[88] 그렇더라도 이 이야기는 당시 군대가 직면한 위협을 여실히 보여준다. 19세기까지만 해도 전투보다는 질병에 걸리거나 전염병이 유행해 희생된 군인이 훨씬 많았다.[89] 또는 데이비드 클라크의 말처럼 "20세기 이후에야 비로소 위생이 개선되었고… 그제야 미생물이 아닌 개선된 무기가 많은 사람을 죽일 수 있게 되었다."[90] 이제 아주 사소한 의혹에도 그에 맞는 예방 조치를 취하는 것이 왜 전적으로 합리적인지 이해하는 데 확실히 도움이 되었을 것이다.

인간의 배설물을 막사 밖 땅에 묻는 것과 관련한 토라의 율법도 위생을 위한 규제가 목표였다. 재레드 다이아몬드는 이렇게 지적했다. "수렵·채집 생활을 하던 사람들은 거주지를 자주 옮기는 과정에서 미생물과 각종 유충으로 가득한 배설물 더미를 남겨두고 떠났다. 그러나 정착 생활을 한 농부들은 자기 배설물 더미와 함께 살았으므로 미생물이 인간의 신체에 직접 침투하거나 식수를 통해 침입하게 되었다."[91] 배설물에 대한 인간의 선천적 혐오감은 쉽게 이해할 수 있지만 군대에서 막사 밖에 배설물을 묻도록 규정한 것은 역사적으로 볼 때 비교적 최근에 일어난 일이다. 질병은 신이 내리는 벌이므로 토라에서 배설물을 땅에 묻는 일에 집착하는 하느님을 만날 수 있다. 그리고 이런 율법은 군대를 보호하는 데 실제로 큰 도움이 되었다. 진단이 꼭 정확할 필요는 없었다. 중요한 것은 치료 효과였다.

동성애와 수간

질병 예방과 관련해 레위기는 두 차례에 걸쳐 반복해서 언급할 만큼 중요한 두 가지 명령을 추가하는데,[92] 늘 같이 붙어 다니는 동성애와 수간이 그것이다. 여기서는 이 문제와 관련한 두 번째 구절을 인용한다. "여자와 한자리에 들듯이 남자와 한자리에 든 남자가 있으면, 그 두 사람은 망측한 짓을 하였으므로 반드시 사형을 당해야 한다. 그들은 피를 흘리고 죽어야 마땅하다.""가축과 교접한 사람은 반드시 사형을 당해야 한다. 그 가축도 죽여야 한다. 어떤 여자가 짐승을 가까이하여 교접하였으면, 그 여자와 짐승을 반드시 함께 죽여야 한다. 그들은 이렇게 제 피를 흘리고 죽어야 마땅하다."

앞서 성병의 확산을 막기 위한 조치가 얼마나 중요한 역할을 하는지, 특히 혈액과 정액 같은 체액이 심각한 위협을 유발할 수 있는 요인으로 지목되었다는 사실을 살펴보았다. 남성이 단순히 사정하는 것만으로도 하느님의 화를 불러일으킬 수 있다는 것 또한 확인했다. 따라서 동성애와 수간 모두 성병의 감염과 확산에 기여하는 행위이기에 성서 저자들의 원형의학적 관심을 끈 것도 놀라운 일은 아니다.

수간은 바이러스와 그 밖의 미생물이 동물에서 인간 숙주로 건너오는 (이른바 동물원성 감염병을 유발하는) 경로로 작용한다. 심지어 토라는 총 세 번에 걸쳐 수간을 금지하는데, 이는 성서 시대에는 수간이 흔한 일이었다는 사실을 명백히 보여준다.[93] 그렇지 않다면 수차례에 걸쳐 금령을 내릴 이유가 없었을 것이다. 성서 시대에 성생활이 문란한 동성애자가 얼마나 많았는지 알 길은 없지만, 에이즈 확산에 대한 연구 결과가 보여주듯 성생활이 문란한 동성애자는 성병을 확산시키는 슈퍼전파자 가운데 하나다.[94]

사람들은 문란한 성생활과 신체에 사소한 영향을 미칠 수 있는 성 관련 행위가 더 큰 감염의 위험과 연관된다는 사실을 일찌감치 깨달았을 것이다. 당시의 논리에 따르면 하느님은 이런 행동을 문제로 여겨 질병이라는 벌을 내렸다. 그러나 흥미롭게도 인간의 첫 번째 본성은 동성애나 수간을 무리 없이 받아들인 것처럼 보인다. 그렇지 않다면 동성애나 수간을 금지하는 법을 만들 필요도, 수차례에 걸쳐 강조할 필요도 없었을 것이기 때문이다.

인간의 첫 번째 본성이 동성애와 수간에 거부감을 느끼지 않은 것도 무리는 아니다. 수간은 가축이 있어야 가능한 행위고, 동성애는 성병의 확산에 기여하는 경우에만 위험하기 때문이다. 따라서 인간은 동성애와 수간에 대한 선천적 혐오감이 없었다. 아이러니하게도 동성애와 수간을 비난하는 사람들은 그 행위가 "부자연스럽다"고 표현한다. 사실 동성애와 수간에 대한 혐오는 종교의 힘으로 인간의 두 번째 본성에 깊이 뿌리내릴 수 있었다. 그런 이유로 근본주의자들은 동성애와 수간을 신의 질서를 심각하게 침해하는 행위로 받아들이며 지나치게 감정적으로 반응하는 것이다. 오래된 인간의 심리 회로는 혐오감을 불러일으킴으로써 질병을 예방하는 데 기여해왔다. 그런데 동성애와 수간에 대한 맹렬한 증오를 통해 인간의 심리 회로가 새로운 용도로 전환될 수 있다는 사실을 엿볼 수 있다. 즉 동성애에 대한 혐오는 대체로 문화적 반응이라는 의미다. 토라가 동성애와 수간을 금지하는 또 다른 이유에 대해서는 뒤에서 다시 살펴볼 것이다.

나병

나병 환자의 피부에서도 걸쭉한 체액이 흘러내릴 수 있다. 따라서 나병도 토라가 큰 관심을 보인 또 다른 주제다. 나병과 나균 그 자체는 헬레니즘 시대에 아시아에서 근동으로 건너간 것으로 추정된다. 따라서 당시에는 나병이 "피부 질환 및 탈모를 일으키는 다양한 질병(습진, 옴, 개선疥癬, 건선, 괴사, 반점)"을 포괄적으로 지칭하는 용어로 쓰였을 것이다.[95] 나병을 불결한 것으로 여겼으리라는 사실은 굳이 말할 필요도 없을 것이다. 모세의 누나 미리암이 모세의 권위에 의문을 제기하자 하느님은 그녀에게 "피부가 눈처럼 하얗게 되는" 벌을 내린다.

나병에 대한 성서의 구절을 읽다 보면 의학 교과서를 손에 들고 있다고 생각하게 될지도 모른다.

> 야훼께서 모세와 아론에게 말씀하셨다. "누구든지 살갗에 부스럼이나 뾰루지나 어루러기가 생기면, 살갗에 문둥병이 생긴 것인지도 모르니 아론 사제에게나, 그의 아들 사제 중 누구에게든지 데려와야 한다. 사제가 그 피부에 생긴 병을 진단해보아 그 병든 자리에 난 털이 희어지고, 그 병든 자리가 우묵하게 들어갔으면, 그것

은 문둥병이다. 이런 것이 보이면 사제는 그를 부정한 자라고 선언해야 한다."

"그 살갗에 생긴 어루러기가 희기는 하나, 우묵하게 들어가지도 않고 털도 희어지지 않았으면, 사제는 그 병자를 한 주간 격리시켜두었다가 칠 일째 되는 날에 진단해보고 그 병이 더하지 않아 살갗으로 더욱 번지지 않았으면, 다시 그 병자를 한 주간 격리시켜두어야 한다. 두 주간이 지난 후 진단해보고 그 병이 좀 나아서 살갗에 더 번지지 않았으면, 사제는 그를 정한 사람이라고 선언해야 한다. 그것은 단순한 피부병에 지나지 않으니, 옷을 빨아 입으면 그는 정하게 되리라. 그러나 만일 사제가 진단해보고 정하다고 선언한 다음에, 그 살갗에 어루러기가 다시 번지면 그는 또다시 사제에게 진단을 받아야 한다. 진단해보고 어루러기가 살갗에 번졌으면, 사제는 그를 부정한 자라고 선언해야 한다. 그것은 악성 피부병인 것이다."[96]

사제는 성서가 알려준 진단 방법을 활용해 의사의 역할을 수행했는데, 이 모든 절차는 놀라울 정도로 과도한 일반화를 초래했다. 심지어 섬유나 가죽 또는 집의 벽 표면이 일어나도 그것을 나병으로 보아 사제가 검사해야 했다. 그러나 잘못된 양성반응이 유발하는 비용이 그리 크지 않았기에 시스템은 이를 용인했다. 어쩌면 그런 조치 덕분에 흰곰팡이의 발생을 막을 수 있었는지도 모른다.

기형

구약성서는 "히브리 성서 텍스트에서 쉽게 마주칠 수 있는" 질병과 신체의 기형을 구분하지 않는데,[97] 당시에는 관련 지식이 부족했기 때문이다. 평범함에서 벗어난 것은 무엇이든 하느님이 내린 벌로 여겼다. 특히 기형은 반드시 사제에게 보고해야 하는 민감한 문제였다.

소경이든지 절름발이든지 얼굴이 일그러졌든지 사지가 제대로 생기지 않았든지 하여 몸이 성하지 않은 사람은 아무도 가까이 나오지 못한다. 다리가 부러졌거나 팔이 부러진 사람, 곱추, 난쟁이, 눈에 백태 낀 자, 옴쟁이, 종기가 많이 난 사람, 고자는 성소에 가까이 나오지 못한다. 사제 아론의 후손으로서 몸이 성하지 못한 사람은 아무도 야훼께 가까이 나와 번제를 드리지 못한다. 몸이 성하지 못한 사람은 그의 하느님께 양식을 바치러 가까이 나오지 못한다.[98]

이런 논리를 따라가다 보면 흠 없는 동물만 제물로 바칠 수 있다는 결론이 나온다.

질병에 걸리는 일이 없도록 (또는 하느님의 노여움이 사제뿐 아니라 그 민족에게 미치는 일을 방지하기 위해) 사제는 처녀하고만 결혼해야 했다.[99] 처녀는 성병의 위험으로부터 안전하다고 여겼기 때문이다. 여기서 이런 시스템을 구축하기 위해 당시 사람들이 얼마나 많은 지적 노력을 기울였는지 엿볼 수 있다.

시체
앞서 시체가 본질적으로 위험한 존재라는 사실에 대해 논의했다. 따라서 성서를 기록한 위생 감독관들이 시체와 관련한 이야기를 쏟아놓은 것도 무리는 아니다. "어떤 사람의 시체이든 시체에 몸이 닿은 사람은 칠 일간 부정하다." 그 사람은 반드시 "잿물로" 죄를 씻어야 한다. 그 잿물은 "흠 없이 온전하고 멍에를 메어본 일이 없는 붉은 암소를 너에게 끌어오라고 하여라"라는 명령으로 시작하는 지극히 복잡한 제조법에 따라 만든 잿물이어야 한다. 만일 이런 규정을 충족하지 못하면 그 사람은 "이스라엘에서 추방당해야 한다."[100] 비슷한 이유로 썩은 고기도 금기시되었다.

낯선 사람

심리학자 마크 섈러Mark Schaller 같은 연구자는 외국인혐오증이 낯선 균과 접촉하지 않으려는 "행동 면역 시스템"의 일부라고 생각한다.[101] 이런 관점에서 보면 하느님은 자신의 백성이 외국인과 접촉하는 것을 금지할 때 오직 그들의 이익을 최우선으로 생각하는 것처럼 보인다. 성서는 이에 대한 극적인 예를 제시한다. "이스라엘이 시띰에 머물러 있을 때에 백성들이 모압 여인들과 놀아나는 음탕한 사건이 생겼다. 여인들은 자기들의 신에게 드리는 제사에 그들을 초청하였고 이스라엘 백성은 그 초청을 받아 함께 먹으며 그들의 신을 예배하였다. 이처럼 이스라엘이 브올 지방의 바알Baal 신과 어울리게 되자 야훼께서 이스라엘에 진노를 내리셨다." 그리고 역병이 돌아 2만4,000명이 목숨을 잃었다.[102] 이런 사건의 이면에 자리 잡은 실제 사건은 훨씬 시시했을 것이다. 세균총과 면역 체계의 변화는 음식이나 낯선 사람과의 성행위를 통해 감염이 훨씬 빠르게 일어날 수 있다는 사실을 의미하는데, 당시 사람들은 이것을 하느님이 내리는 벌이라고 생각했다. 그렇게 생각한 이유는 하느님이 인간과 같은 방식으로 반응했기 때문이다. 하느님은 질투하는 존재였다! 심지어 십계명을 통해 이런 사실을 인정했다. "나 야훼 너희의 하느님은 질투하는 신이다." 하느님은 자신의 백성이 외국인 그리고 그들이 모시는 신과 섞이는 것을 싫어했다. 그래서 질병이라는 벌을 내린 것이다.

음식

유대인의 식이법 카슈루트Kashruth도 이 책에서 논의하는 위생 담론에 포함된다. 식사 같은 단순한 일상도 건강을 지속적으로 위협하는 요인이 되기 때문이다. 따라서 토라는 질병 예방 시스템의 마지막 요소로 음식을 준비하는 과정에 대해 자세히 다룬다. 음식과 관련한 율법은 질병 예방 시스템 외에 또 다른 측면에 대해서도 설명할 수 있으므로 뒤에서 다시 한번 자세히 다룰 것이다.

원형의학

이 모든 증거를 보고도 여전히 토라가 원형의학으로서 기능했다는 사실에 의문을 품는 사람이 있다면, 그에게는 하느님이 나병, 배설물, 체액, 성행위, 식습관, 인간관계 같은 것에 그토록 깊은 관심을 보인 이유를 다른 방식으로 설명할 책임이 있다.

여기서 사용한 "기능"이라는 표현에 약간 오해의 소지가 있을 수 있다. 왜냐하면 토라는 특별한 목적을 위해 고안한 시스템이라기보다는 행위자를 찾아내려는, 인간이 타고난 심리적 경향에서 파생된 부수적 결과물이기 때문이다. 질병에 관해 생각해보면 언제나 확실한 용의자가 존재했다. 용의자는 분명 불만에 휩싸인 악령, 영혼 아니면 신이었다. 그러나 신이 세상에 하나뿐인 유일한 하느님으로 승화하는 순간, 질병은 인간의 특정한 위반 행위에 대한 하느님의 처벌이 되었다. 이제 질병의 원인을 규명할 수 있게 된 것이다. 율법 덕분에 사람들은 질병을 둘러싼 상황을 관찰한 뒤 적절한 경험 법칙을 수립할 수 있었다.

질병을 효과적으로 예방하기 위해서는 그 원인이 하느님인지 임균인지 밝히는 것보다 감염 가능성이 있는 상황을 파악하고 규제하는 것이 훨씬 중요하다. 격리, 세척, 감염원을 회피하거나 제거하는 것 같은 단순한 단계일지라도 성서가 제시한 처방은 확실히 효과가 있었고 감염률을 낮추는 데 기여했다. 따라서 이 책에서 다루는 시스템은 매우 민감한 영역에서 생존 가능성을 높이는 일종의 적응형 원형의학이라고 할 수 있다.

그러나 역사적 현상에 현대적 개념을 투사하지 않도록 주의해야 한다. 오늘날 사람들은 질병 그 자체를 하나의 현상으로 받아들이지만 과거에는 그렇지 않았다. 히브리어에는 질병을 의미하는 독립된 단어가 없어서 언제나 약점을 암시하는 다른 단어로 설명해야 했다. 따라서 "만지다", "때리다", "때려눕히다", "고통을 받다" 같은 동사나 동사구를 사용해 질병을 표현했다.[103] 이런 현상에 비춰 볼 때 애초에 사람들이 질병을 초자연적 행위자의 행동으로 이해했다는 사실을 짐작할 수 있다. 때리는 사람이 없으면 맞는 사람도 없는 법이므로 당시 사람들은 다른 방식으로는 생각할 길이 없었을 것이다. "'역병/염병/전염병'을 의미하는 단어 데베르$_{dævær}$"가 질병을 묘사하는 데 주로 사용되었다[104]는 또 다른 연구 결과도 이런 생각을 뒷받침한다. 흥미롭게도 데베르는 가나안인이 모시는 염병의 신 이름이었는데, 이 신은 나중에 야훼 하느님과 통합되었다.[105] 성서 시대에 질병은 하느님이 인간을 벌하는 과정에서 발생하는 고통 또는 상처와 같은 것이었다. 이런 의미에서 하느님을 연구하는 신학과 치료법을 연구하는 의학은 하나이자 동일한 것이라고 할 수 있다.

세 번째 범주: 시스템 보호

이제 오늘날 성서를 읽는 이들이 가장 소화하기 어렵다고 느끼는 율법을 살펴볼 때가 되었다. 1년 동안 구약성서의 모든 계명에 따라 살아보려 한 미국 작가 A. J. 제이컵스는 끝도 없는 금령에 파묻혀 헤어날 수 없는 지경에 이르고 말았다. "이렇게 높은 윤리를 요구하는 규범과 특이한 법이 한 권의 책에 뒤섞여 있다니! 같은 책이 아니라 같은 페이지에서조차 이런 일이 벌어진다. 이를테면 이웃을 아끼라는 명령에 이어 종류가 다른 실을 섞어 짠 옷을 입지 말라는 명령이 나오는 식이다." 실제로 성서에는 그런 기록이 있다. "종류가 다른 실을 섞어 짠 옷을 네 몸에 걸치지도 마라."[106] 하느님은 무슨 이유로 종류가 다른 실을 섞어 짠 옷을 그토록 반대하는 것일까?

토라가 제시하는 규범을 보면 마치 질서의식에 강박적으로 집착하는 것처럼 보인다. "너희는 포도원에 다른 씨를 뿌리지 마라." "소와 나귀를 한 멍에에 메워 밭을 갈지 마라."[107] 아니면 오늘날 사람들에게는 다소 당황스럽게 들릴 법한 이런 법은 어떤가? "사생아는 야훼의 대회에 참석하지 못한다. 그 후손은 십 대에 이르기까지도 야훼의 대회에 참석하지 못한다."[108]

　지금까지 검토한 법은 폭력과 질병이라는 부조화 문제를 다스
릴 목적으로 만든 문제 대처용이었다. 각각의 법에서 차이점도 느
낄 수 있는데, 폭력에 대처하기 위한 범주의 율법은 문제(빈곤화)와
그 원인(고리대금업)을 쉽게 파악할 수 있었던 덕분에 문제를 해결하
는 데 효과적인 조치(고리대금업 금지)를 도입할 수 있었다. 모두에
게 그 인과관계가 분명하게 보였으므로 하느님은 사람들이 법을 지
키도록 거기에 정당성만 더하면 그만이었다.

　그러나 질병에 대처하기 위한 범주의 율법은 상황이 사뭇 달랐
다. 의학적 증상(성기에서 흘러나오는 분비물)은 위협으로 규정했지
만 질병을 유발하는 진정한 원인은 여전히 수수께끼로 남아 있었
다. 아무도 그런 증상을 일으키는 임균이나 그 밖의 박테리아에 대
해 알지 못했다. 그럼에도 법은 기대한 효과(감염 확산 방지)를 거뒀
다. 위험한 행동(성행위)을 규명해 이를 금지했기 때문이다. 두 번째
범주의 율법에서는 하느님이 교사로 나섰다. 하느님은 사람들의 부
족한 지식을 메워 그들이 위생 관련 조치를 취하도록 인도했다.

　세 번째 범주의 율법은 상황이 완전히 다르다. 사실 이 범주는
문제에 대처하기 위한 유형의 율법이 아니라는 점에서 흥미롭다. 그
럼에도 토라에는 이 "원인 없는 법"이 필요한데, 신의 논리에 일관
성을 부여해 재난 방지 시스템의 안정성을 유지하는 유형의 율법이
기 때문이다.

시스템의 끈질긴 논리

　오늘날 하느님은 신비로운 방식으로 역사役事할지 모르지만 토

라의 하느님은 그렇지 않았다. 사실은 정반대였다. 토라라는 신념 체계의 근간은 베일을 완전히 벗은 하느님으로, "인간은 하느님의 의도를 이해할 수 있었다." 하느님은 제멋대로 사람들을 벌하는 존재가 아니라 근거를 가지고 벌하는[109] "정의로운 응보의 신"이라고 추정했고, 하느님이 세운 법의 논리는 이 추정에 근거했다. 심지어 하느님도 이 논리를 따라야 했다. 즉 위반 행위가 있으면 반드시 벌해야 했다. 여기서 모세에게도 예외를 두지 않은 이유를 찾을 수 있다. 거꾸로, 벌을 받은 곳이라면 그 재앙의 형태가 어떤 것이든 거기에는 분명 율법을 위반한 사례가 있을 터였다. 그렇지 않으면 시스템에 의문을 제기할 수밖에 없다.

당시에는 재난이 자주 일어났다. 전염병, 홍수, 사회 부정의, 전쟁이 넘쳐났고 사람들은 이런 재난을 하느님이 내린 벌이라고 여겼다. 사람들을 훈육하기 위해 하느님이 사용할 수 있는 무기는 한이 없어 보였다. 레위기의 그리 길지 않은 구절을 통해 불복종에 대한 처벌 사례를 살펴보자. 극심한 공포, 폐결핵, 열병, 실명, 기진맥진, 수확의 손실 및 강탈, 군사적 패배, 외국의 지배, 피해망상, 쇠로 변한 하늘, 놋쇠로 변한 땅, 불모의 땅, 열매를 맺지 않는 나무, 아이와 가축을 야생동물에게 빼앗김, 인적 없는 길, 보복성 전쟁, 염병, 패전, 양식 고갈, 굶주림, 자녀의 시신으로 연명, 언덕 위에 지은 귀한 건물 파괴, 죽음, 버려진 도시, 신성한 장소 파괴, 토지 파괴, 민족의 이산離散, 전쟁을 피해 도망치는 삶, 생존자가 느끼는 공포, 살인, 죽음, 소멸.[110] 이런 공포는 대부분 고대 이스라엘이 실제로 겪은 역사적 현실이다. 시스템의 끈질긴 논리에 따르면 이런 재난의 이면에는 반드시 인간의 위반 행위가 있었다. 하느님이 이유 없이 벌을 내릴 리는 없기 때문이다. 사람들은 하느님이 항상 지켜본다고 생각했다. 따라서 속죄하고 향후 같은 잘못을 반복하지 않도록 잠재적 악행을 필사적으로 감시해야 했다.

이 체계적인 강박증은 두 가지 결과를 초래했다. 하나는 기존법의 확장이다. 명확하지 않거나 포괄적이지 않은 조항은 개선해야 했다. 이런 내적 추진력을 바탕으로 기존 법을 확장한 사례는 토라 전반에 걸쳐 만날 수 있다. 예를 들어 안식일은 인간뿐 아니라 동물에게도 적용되고, 할례는 이스라엘 민족뿐 아니라 노예도 받아야 한다. 이런 현상은 이미 살펴봤는데, 바로 과도한 일반화다.

이런 강박적 일관성 추구는 새로운 유형의 법 제정으로 이어졌다. 어떤 형태로든 재앙이 닥치면 사제들은 그 자리에서 하느님을 불쾌하게 한 원인을 사람들에게 제시했다. 초기에는 사제들이 영혼을 불러내거나 신탁을 내려달라고 신에게 청했다. 그러나 이런 방법은 재앙이 닥친 후에야 취할 수 있었다. 토라의 핵심 전략은 예방이었다. 무엇보다도 하느님을 화나지 않게 하는 것에 초점을 맞췄다. 따라서 참사를 피하기 위해 사제들은 하느님의 의지를 재구성해야 했다. 그들은 작은 것 하나도 위반하지 않도록 신의 질서를 구석구석 살펴 법을 제정해야 했다.

뒤섞지 않기

이 지점에서 뒤섞는 것을 방지하는 법이 제 기능을 발휘한다. 하느님은 종류가 다른 실을 섞어 짠 옷을 걸치지 말라고 할 뿐 아니라 "네 가축 가운데서 종류가 다른 것끼리 교미시키지 마라. 네 밭에 다른 종자를 섞어 뿌리지 마라"라고 명령한다.[111] "사물을 별도로 분리된 상태로 유지하기" 또는 "서로 다른 사물을 뒤섞지 않기" 정도로 정리할 수 있는[112] 이 법의 바탕에는 하느님이 근거를 가지고 세상을 창조했으므로 인간이 그 질서를 어지럽혀서는 안 된다는 생각이 깔려 있다. 인간이 그 질서를 어지럽힌다면 대재앙을 초래할 수 있었다.

앞서 검토한 일부 법, 예를 들어 동성애와 수간을 금지하는 법도 이런 관점에서 이해할 수 있다. 이 법의 제정에 질병 예방은 분명 근본적 역할을 했다. 하지만 동성애와 수간은 신의 질서를 침해하는 행위로도 해석할 수 있다. 따라서 토라는 남성이 여성의 의복을, 여성이 남성의 의복을 입는 것 또한 금지한다.[113]

여기서 인간이 세계에 부여한 도덕적 개념 체계에서 문화가 형성되는 방식을 엿볼 수 있는데, 이를 두고 민족학자 클리퍼드 기어츠Clifford Geertz는 "인간 스스로 짠 의미의 그물망"이라고 표현했다.[114] 이 그물망은 질병과 폭력, 가뭄과 홍수라는 현실적 경험에서 비롯한다. 인간의 첫 번째 본성이 이런 경험을 하느님의 처벌로 해석하는 사이 세 번째 본성은 적절한 행동 규범을 개발한다. 그중에는 효과적인 규범도 있고 그렇지 않은 규범도 있으므로 끊임없이 수정하고 재구성해야 한다.[115] 이 작업은 모든 것이 하느님을 기쁘게 하거나 불쾌하게 하는 일의 범주와 정결 또는 불결의 범주에 하나도 빠짐없이 포함되는 순간까지 계속 이어지며, 그 결과 현실을 반영한 질서정연한 체계가 성립된다. 이 체계는 지침을 제공하고 안전을 보장하며 사회를 안정시키는데, 일단 체계가 성립되면 중립적 활동은 설 자리를 잃게 된다. 이 질서정연한 체계는 세대를 거쳐 이어지며 인간의 두 번째 본성과 결합한다. 이 체계를 위반할 경우 하느님의 벌이 내릴 가능성이 있으므로 사람들은 이를 거스르지 않으려고 노력했다.

단순한 돼지고기의 문제 그 이상

이런 개념을 바탕으로 토라의 율법 가운데 음식에 관해 규정한 법을 이해할 수 있다. 성서를 읽다 보면 음식과 관련한 법이 눈에 띄는데, 그럼에도 이런 규정의 존재 이유에 대한 설명은 아직 충분하지 않다. 주로 단일한 인과적 설명을 찾아 개별적으로 분석하는 경우가 많기 때문이다.

또 모든 것을 깔끔하게 분리된 상태로 유지하려는 바람은 동물을 코셔kosher와 비非코셔, 정결과 불결의 범주로 나누는 데 영향을 미친다. "땅 위에 있는 모든 네발짐승 가운데서 너희가 먹을 수 있는 동물은 이런 것들이다. 굽이 두 쪽으로 갈라지고 새김질하는 짐승은 먹을 수 있다."[116] 따라서 기준에 부합하지 않는 낙타, 오소리, 토끼, 돼지는 불결의 범주에 속한다. 이런 구분은 모든 종류의 조류와 파충류로 확대된다. 심지어 고대 유대인 공동체는 "식사법에 포함된 이해할 수 없는 분류법에 대한 근거"를 마련하기 위해 애썼는데, 그리스인과 로마인은 이런 풍습을 토대로 유대인을 "야만인"으로 간주했다.[117] 사랑의 하느님이 장어, 황새, 제비를 불결의 범주로 구분한 이유는 무엇일까? 기존 문헌이 제시한 다양한 이유 가운데 몇 가지를 간략히 검토해보자.

1세기에 활동한 유대 철학자인 알렉산드리아의 필론은 음식과 관련한 문제를 규정하는 법을 "모든 질병과 만성질환의 원인인 소화불량을 일으켜 혼과 육체에 모두 매우 위험한 영향을 미치는 과식"을 방지할 의도로 만들었다고 주장했고,[118] 유대 철학자이자 의사인 모세스 마이모니데스Moses Maimonides(1135~1204년)는 식이법에 생리학적 근거가 있다고 믿었다. "법으로 금지한 음식은 몸에 좋지 않다. 금지한 음식 가운데 돼지고기와 지방을 제외하고 해로운 성질이 의심되는 것은 없다. 그러나 이 경우에도 의심의 여지가 거의 없다. 돼지고기에는 (인간의 음식에) 필요한 것 이상의 수분과 그 밖의 여러 물질이 포함되어 있기 때문이다. 율법이 돼지고기를 금하는 이유는 기본적으로 돼지가 매우 더러운 환경에서 혐오스러운 음식을 먹으며 자라는 동물이라는 데서 찾을 수 있다."[119]

이런 주장은 1859년 덜 익힌 돼지고기와 회충에 의한 선모충증 사이의 의학적 연관성이 입증되면서 점점 더 인기를 끌게 되었다. 인류학자 마빈 해리스는 그 후 그것이 "유대교와 이슬람교의 돼지고기 금기에 대한 가장 인기 있는 설명이 되었다"라고 언급한다. 이어서 인기 있는 설명이든 아니든 그 설명은 여전히 부정확하다고 주장한다. "인간의 질병을 유발하는 원인이라는 이유로 돼지고기를 특별히 꺼릴 이유는 어디에도 없다. 모든 가축은 인간의 건강에 해를 입힐 가능성이 있기 때문이다." 그는 생태적 변화가 돼지고기 섭취 금지에 더 큰 영향을 미쳤을 것이라고 생각하는데, 돼지에서 얻을 수 있는 것은 오직 고기뿐이기 때문이다. 환경이 변화하면서 돼지 사육이 더 어려워지자 "돼지는 쓸모없는 가축으로 전락했을 뿐 아니라 심지어 유해한 동물로 인식되었다. 만지거나 쳐다봐서는 안 되는 동물로 전락한 것이다."[120]

요르단 서부 산악 지역의 발굴지에서는 돼지 뼈가 전혀 발견되지 않은 반면, 이웃한 불레셋과 암몬, 모압 지역에서는 돼지고기를 먹었다는 증거가 있다. 이에 이스라엘 핑컬스타인과 닐 실버먼은 대안적 해석을 제시했다. "아마도 이스라엘 민족의 조상은 그들의 적인 주변 민족이 돼지고기를 먹는다는 단순한 이유로 돼지고기를 먹지 않았을 것이다. 그리고 그럼으로써 자기 민족을 다른 민족과 차별화하기 시작했다. 차별화한 요리법과 식사 풍습은 민족의 경계를 형성하는 손쉬운 방법이기 때문이다."[121]

다른 학자들은 식사법은 사실상 훈육을 위한 기준에 불과하다고 주장했다. 이들의 주장에 따르면 이런 구분은 "비합리적이고 전적으로 독단적이었다. 바로 그 독단성이야말로 신자들의 복종심을 시험하는 기능을 할 수 있었다."[122] 진화생물학자들은 이런 규범을 "값비싼 신호"라고 부른다. 즉 맛있는 돼지고기를 섭취하지 않겠다는 의지를 보임으로써 종교에 대한 진지함을 증명한 것이다.

마지막으로 민족학자 메리 더글러스는 저서 《순수와 위험Purity and Danger》에서 정결한 동물과 불결한 동물을 구분하는 현상에는 질서를 유지하려는 시도가 반영되었다는 주장을 폈다. 돼지와 낙타는 불결한 동물로 여겼는데 "가축을 정의하는 특징", 즉 발굽이 갈라지고 되새김질하는 특징을 갖추지 못했기 때문이다. 나머지 동물은 창세기에서 만난 창조의 순서에 따라 구분되었다. "창세기에서는 땅, 바다, 하늘이라는 세 가지 분류법을 확인할 수 있다. 레위기는 이를 받아들여 각각의 원소에 적절한 동물을 배치했다. 하늘에서는 두 발 달린 동물이 날개로 날아다닌다. 바다에서는 비늘과 지느러미를 이용해 물고기가 헤엄치고, 땅에서는 네 발 달린 동물이 걷거나 뛰어다닌다. 올바른 방식으로 이동할 수 있는 수단을 갖추지 못한 피조물은 모두 성스러움에 반하는 것으로 간주되었다." 따라서 바다에 서식하지만 지느러미와 비늘이 없는 물고기는 불결한 존재였고, 날개가 있지만 발이 두 개 이상인 동물(예: 일부 메뚜기를 제외한 곤충) 역시 불결한 존재로 간주되었다.[123]

그러나 하느님이 왜 다른 범주를 적용했는지에 대한 의문은 남아 있다. 결국 돼지와 낙타는 땅에서 올바른 방식으로 이동한다. 하늘을 날아다니거나 너무 많은 발을 가진 것도 아닌데 불결의 범주에 속한 몇몇 조류도 마찬가지다. 여기까지 생각하고 보면, 애초에 하느님은 왜 자신의 질서 체계에 부합하지 않는 동물을 창조한 것일까?

그럼에도 메리 더글러스의 주장은 중요하다. 그녀는 토라의 동물 분류법에 질서를 유지하려는 바람이 반영되어 있다고 강조한다. 토라의 저자들은 분명 기존 집단이나 범주에 속하지 않는 "변칙"적 존재를 문제 삼았고, 바로 여기서 더글러스는 "제자리에 있지 않은 존재"가 불결한 것으로 낙인찍힌 이유를 찾았다.[124] 변칙적 존재는 기존 질서에 대한 문제를 제기한다. 그것은 하느님의 창조물에 위반하는 존재로 잠재적 위험성을 내포하고 있다. 따라서 정결한 것과 불결한 것을 명확하게 분리해야 한다. 그리고 이 논리는 옳고 그름 또는 선과 악의 개념으로 확장된다. 불명확한 것은 위협을 낳는다. 이런 행동과 저런 행동을 명확하게 구분할 수 없다면 하느님도 상황을 잘못 해석해 성급하게 채찍을 집어 들 수 있다.

도축이 허용되는 때

이제 논의의 폭을 넓혀보자. 식사법에 질병 예방 효과가 있다는 사실에는 의심의 여지가 없다. 음식은 항상 질병의 관문이었다. 심지어 인류의 조상인 영장류도 무엇을 먹을 수 있고 먹을 수 없는지 정확히 알고 있었다. 호모사피엔스가 영양과 관련해 한결 유연해지고 선천적 선호에 의존할 필요성이 사라지면서 인류의 조상은 가장 낯선 환경에서도 생활할 수 있게 되었는데, 바로 이런 이유로 먹을 수 있는 것과 먹을 수 없는 것에 대한 경험적 지식을 쌓고 서로 나누는 것이 무엇보다 중요해졌다. 정말 아슬아슬한 일이었다. 새로 발견한 먹을거리가 먹을 수 있는 것으로 판명되면 진화에 도움을 줄 수 있지만 그것이 마지막 식사가 될 가능성 역시 높았다. 심지어 오늘날에도 사람들은 식용버섯과 독버섯을 함께 요리하거나 달래 대신 은방울꽃을 넣어 만든 페스토를 먹고 사망에 이른다. 삶의 여러 측면 가운데 음식만큼 사람들이 민감하게 반응하는 것도 없다. 따라서 토라에서 음식에 관한 규범을 만날 수 있는 것도 무리는 아니다. 바로 이것이 토라에 음식과 관련한 규범이 존재하는 이유에 대한 기존의 설명이다. 즉 질병, 죽음과 관련한 삶의 영역은 하느님의 특별한 감독 아래 있는 것처럼 보인다.

그러나 성서에 등장하는 식사법의 기원을 완벽하게 이해하려면 역사적 환경도 고려해야 한다. 고대 이스라엘의 주식은 곡식과 콩류였고, 이후 과일과 채소가 추가되었다. "육류는 사실상 일상에서 별다른 역할을 하지 못했다. 육류는 특별한 경우에 그리고 엄격한 의례를 준수하며 섭취했다." 동물은 "종교적 규범에 따라, 즉 사제들이 감독하는 가운데 세세한 규칙에 따라 신전 안에 건설한 제단에서"만 도축할 수 있었다.[125] 사제는 흠 없는 동물을 제물로 바치고 먹을 수 있도록 각별한 주의를 기울였다.

기원전 7세기로 접어들며 제의를 거행하는 장소가 중앙화되었고, 이후 공식적으로는 예루살렘 성전에서만 야훼에게 제물을 바칠 수 있게 되었다. 더 이상 제물을 바칠 수 없게 된 지역의 신전은 버려졌다. 즉 더 이상 도축할 수 없게 되었다는 말이다. 사람들에게 아예 육류를 섭취하지 말라고 할 수는 없기에 종교 당국은 곧 신전 외부에서 도축을 허가했다. 프랑크 크뤼제만Frank Crüsemann은 토라를 분석하며 이렇게 말했다. "도축이 제의와 분리된 시점에 섭취해서는 안 되는 동물 목록이 등장한 것은 우연이 아니다."[126]

사제의 독점 권한이던 활동을 세속에 넘기는 것은 이례적인 일이므로 종교 당국이 나서서 도축 가능한 동물 목록을 명확히 해둘 필요가 있었다. 이에 따라 사제들은 하느님의 화를 불러일으키지 않으면서 섭취할 수 있는 동물 목록을 작성했다. 그들은 우선 하느님이 문제 삼지 않은 활동, 행동, 경험을 기록하기 시작했는데, 바로 이것이 오랜 기간에 걸쳐 자리 잡은 풍습이 식사법에 반영된 이유다. 스위스 신학자 토마스 스타우블리는 이렇게 설명한다. "오늘날 동물고고학자들은 석기시대에 가축화한 염소, 양, 소 같은 동물이 근동에서 가장 일반적으로 섭취하는 동물이 된 과정, 가젤과 영양같이 발굽이 갈라지고 되새김질하는 야생동물이 가장 중요한 사냥감으로 자리 잡은 이유를 완벽하게 이해하고 있다." 반면 낙타는 번식률이 낮아 섭취할 수 있는 육류로 분류하지 않았다. 그리고 돼지는 고대 근동 지역의 불모지에서는 희귀한 동물이었을 뿐 아니라 우유 같은 부산물을 제공하지 않았기에 사육하지 않았다.[127]

그러나 사제들은 유효성이 입증된 목록을 작성하는 데에 그치지 않았다. 만일의 사태에 대비해 섭취 가능한 동물 목록을 거의 "과학적 방식"으로 확대해나갔다.[128] 정확히 어떤 동물이 무슨 이유로 섭취 가능한 동물 목록에 오를 수 있었는지는 중요하지 않았다. 그것은 유일한 원인을 찾으려는 노력만큼이나 의미 없는 일이기 때문이다. 피에 대한 금기를 생각해보면, 그것이 형성되기까지 다양한 원인이 작용한 것을 알 수 있다. "어떤 생물의 피도 너희는 먹지 마라. 피는 곧 모든 생물의 생명이다. 그것을 먹는 사람은 내가 겨레 가운데서 추방하리라."[129] 앞서 인간의 혈액이 원형의학적 관점에서 어떻게 문제가 되는지 살펴봤는데, 피는 생명의 근원을 상징한다. 제의를 치르는 동안 사제들은 의례에 따라 제물을 도축해 죽음과 생명을 깔끔하게 분리했다.[130] 공동체가 함께 모여 육류를 섭취할 때에도 피만큼은 하느님에게 바쳤다. 따라서 누구든 피를 섭취하려 했다면 신성모독으로 여겼을 것이다.

단 한 줄의 추론으로 식사법을 설명하기는 어렵다. 중요한 것은 체계화하려는 의지다. 식사법은 하느님의 논리를 재구성하는 일과 관련돼 있었다. 하느님을 기쁘게 하는 일과 화나게 하는 일을 구분한 뒤 식사법을 통해 전자를 허용하고 후자를 금지하는 것이다.

민족의 정체성을 드러내는 표식

질서를 구축한다는 것은 경계선을 긋는 것을 의미한다. 오직 "정결한" 동물만 섭취해야 하는 사람이라면 "불결한" 동물을 섭취하는 사람과 한자리에 앉아 식사할 수 없기 때문이다. 덕분에 이 질서를 따르는 사람의 정체성을 강화하는데, 바로 이것이 토라가 가져온 결과다. 바빌로니아 포로 시대에 토라는 완성되지 않은 상태였지만, 토라의 저자들은 되도록 빨리 완성해야 한다는 압박감에 시달렸다. 국가를 잃고 성전에서 제의도 드릴 수 없게 된 이스라엘

인에게는 민족의 정체성을 드러낼 "휴대용" 표식이 필요했기 때문이다. 따라서 포로 시대에는 음식, 정결, 안식일 준수와 관련한 규정이 매우 중요한 문제로 부각되었다.[131] 이 규정은 국가를 잃은 이스라엘 민족을 하나의 공동체로 묶어주었을 뿐 아니라 야훼에 대한 이스라엘 민족의 충성심을 표현했다. 한편 이런 규범은 값비싼 신호로도 기능했다. 아무리 큰 희생을 치르더라도 규범을 준수함으로써 자기가 믿는 종교에 얼마나 충실한 사람인지 보여주고, 그럼으로써 믿을 만하고 협력할 만한 동반자라는 사실을 입증할 수 있었다. 따라서 토라의 율법에는 "민족의 정체성을 드러내는 표식"으로 활용할 수 있는 법이 포함되어 있다. "관자놀이의 머리를 둥글게 깎지 말고 구레나룻을 밀지 마라."[132] "네가 걸치는 옷자락 네 귀퉁이에는 술을 만들어 붙여야 한다."[133] 이런 조치는 다른 민족에 동화되는 것을 방지하는 데 도움이 되었고, 종교적 관점에서 볼 때 꼭 필요한 조치였다. 바빌로니아에서 모시는 외국의 신들은 "아주 매력적이어서" 포로 생활을 하던 중 그 신의 이름을 따서 자녀의 이름을 짓거나 그 신의 이름으로 가호를 비는 이들도 있었다.[134] 그러나 야훼는 질투하는 신이었다.

민족의 정체성을 드러내는 또 다른 표식은 남성 할례의 관행이었다. 오늘날에도 할례는 그 의학적 가치를 두고 논란의 여지가 있다. 사실 고대 근동의 생활환경에서 할례는 상당한 위험을 감수해야 하는 일이었다. 따라서 당시에는 할례가 값비싼 신호였다. 어쨌든 할례는 야훼 숭배가 시작되기 전부터 팔레스타인에서 시행한 "고대 의식"이고,[135] 이스라엘 민족뿐 아니라 이웃의 문화권에서도 할례를 행했다. 다른 점이 있다면 이스라엘 민족은 유아에게 할례를 시행한다는 것이다. "팔 일째 되는 날에는 그의 포피에 할례를 베풀어야 한다."[136] 한편 아시리아, 바빌로니아, 불레셋에서는 할례를 시행하지 않았다. 따라서 바빌로니아 포로 시대에는 할례가 민족의 정체성을 드러내는 경계선으로 기능했고, "신학적으로나 실용적 측면에서도 그 중요성이 크게 증가했다."[137] 이와 유사한 논리로, 나일강의 엘레판티네섬에 있는 유대인 군사 식민지에서는 할례를 하지 않았다.[138] 이집트에서는 모든 남성이 할례를 받았으므로 할례를 민족의 정체성을 드러내는 표식으로 활용할 수 없었기 때문이다.

보이지 않는 질서

이제 정리해보자. 세 번째 범주의 법에서는 전 세계에 하느님의 질서가 스며들었다는 가정에서 도출한 규범을 확인할 수 있다. 뒤섞는 일을 금지하는 법과 동물을 분류하는 법은 하느님의 질서를 재구성하려는 시도를 나타내는데, 이를 준수함으로써 이스라엘 민족은 하느님이 내리는 벌을 모면하려 했다. 나아가 사제들은 이 법을 활용해 이스라엘 민족에게 다시 재앙이 찾아온 이유를 설명할 수 있는 위반 행위를 추출할 수 있었다. 그럼으로써 그들은 신성한 질서를 보존하고 반박할 수 없게 한다. 따라서 과학이 탄생하기 훨씬 전부터 이미 현실을 체계적으로 해독하고 분류하려는 바람은 존재했다. 그리고 여기서 다시 한번 사회를 보호할 목적으로 원형과학의 기능을 수행하는 종교를 확인할 수 있다.

네 번째 범주: 모르는 죄로 인한 벌을 피하는 방법

지금까지 토라의 사제 계층 저자들이 하느님을 기쁘게 하는 행동을 장려할 규범을 정하는 데 얼마나 많은 공을 들였는지 살펴보았다. 그러나 이런 법을 적용했음에도 불행은 완전히 사라지지 않았다. 무엇이 잘못된 것일까? 이런 문제를 해결하기 위한 일련의 법이 토라에 포함되어 있는데, 이는 재난 방지 시스템의 결점을 은폐하는 역할을 했다. 예를 들어 범죄가 일어난 사실을 밝혀내지 못하거나 그 주범을 찾지 못한 경우에는 어떻게 해야 하는가? 개인이 지은 죄로 공동체 전체가 벌을 받을 수도 있는 상황에서 이는 심각한 문제가 아닐 수 없었다. 따라서 가해자를 찾아 정당하게 처벌하고 속죄하게 하기 위해 모든 노력을 기울여야 했다. 하느님의 심판을 피할 방법은 오직 이것뿐이었다. 하느님에게 애원해도 소용없었다. "하느님이여, 모든 사람에게 숨결을 불어넣어주시는 하느님이여, 죄는 한 사람이 지었는데 온 회중에게 화를 내십니까?"[139] 그 답은 경험이 말해주었다. 하느님은 위반 행위를 용서하는 존재가 아니었다.

따라서 인식하지 못한 상태로 지나치는 죄가 있어서는 안 되었다. 이를 위해 사제들은 다른 경우였다면 채택하지 않았을 법한 전략에 의존했다. 예를 들어 그들은 마술에 의지했다. "질투심"에 사로잡혀 아내의 부정을 의심하는 남편과 이를 강력하게 부인하는 아내가 있는 경우, 어떻게 해서든 시시비비를 가려야 했다. 아내에게 죄가 있다면 그녀가 불결하다는 의미이므로 하느님의 마음을 상하게 할 터였다. 그래서 사제들은 일련의 "까다로운" 절차를 도입해 하느님이 어떤 심판을 내릴지 파악하려 했다. 우선 성소 바닥의 먼지를 긁어 성수에 타서 "저주를 내려 고통을 주는 물"을 만들고 이를 용의자에게 마시게 했다. "그 물을 여인에게 마시게 하였을 때,

그 여인이 정말 몸을 더럽혀서 남편을 배신한 일이 있었다면, 그 저주를 내리는 물이 들어가면서 여인은 배가 부어오르고 허벅지가 말라비틀어질 것이다. 그리하여 제 겨레 가운데서 저주를 받은 여인의 본보기가 되리라. 그러나 만일 그 여인이 몸을 더럽힌 일이 없어 깨끗하다면, 아무런 해를 입지 않고 자식을 낳을 수 있을 것이다."[140] 그런데 질투심에 휩싸여 아내를 의심하고 결국 생명을 위협하는 절차로 내몬 남편은 그녀가 무고하다는 사실이 밝혀지더라도 처벌받지 않았다.

살인이 일어났지만 가해자를 찾을 수 없는 경우에도 이와 유사하게 위태로운 문제가 발생했다. 이런 경우 다음과 같은 절차를 따라야 했다. 우선 판관이 나서서 살인 현장에서 가장 가까운 마을을 지목하면 그곳에서 어린 암소를 데려가 미개간 계곡으로 인도한다. 거기서 장로들이 암소의 목을 벤다. "그 시체에서 가장 가까운 성읍의 장로들은 모두 그 골짜기에서 목 찍힌 암송아지에 대고 손을 씻으며 이렇게 말하여라. '우리의 손은 이 사람의 피를 흘리지 않았습니다. 우리는 현장을 목격하지도 못했습니다. 야훼여, 주께서 구해내신 주의 백성 이스라엘의 죄를 벗겨주소서. 주의 백성 이스라엘 가운데서 죄 없는 피가 흐르지 않게 하소서.' 이렇게 하면 그들은 그 피의 책임을 벗게 된다."[141] 이렇게 함으로써 재앙을 피할 수 있었다. 아니, 그러기를 기원했다.

실수로 계명을 어긴 경우는 어떨까? 토라는 죄의식에 대한 끊임없는 성찰이 사법적 진보를 가져왔다는 것을 보여준다. 토라의 저자들은 하느님이 그의 법을 의도적으로 위반한 경우에만 화를 낸다고 믿었다. 따라서 위반 행위가 우연히 발생했다면 제물을 바쳐

하느님의 노여움을 잠재울 수 있다고 생각했다.[142]

하느님의 심판을 불러일으킬 만한 문제를 필사적으로 탐구하던 사제들의 머릿속에 마침내 한 가지 생각이 떠올랐다. 미처 파악하지 못한 죄에 대해서도 하느님이 벌을 내릴 수 있지 않을까? 만약 그렇다면 그 벌을 피할 방법은 무엇인가? 그 과정에서 희생양의 필요성이 대두되었다. 그래서 토라는 속죄일(유대교 최대 명절인 욤키푸르Yom Kippur의 기원)이라고 알려진 제도를 도입했다. 속죄일에는 염소 두 마리를 준비해 한 마리는 하느님에게 제물로 바치고 다른 한 마리는 사막의 아자젤Azazel(악령)에게 보냈다. 그러나 염소를 사막으로 보내기 전에 먼저 다음과 같은 절차를 거쳐야 했다. "아론은 그 살려둔 염소 머리 위에 두 손을 얹고 이스라엘 백성이 저지른 온갖 잘못과 일부러 거역한 온갖 죄악을 고백하고는 그 모든 죄를 그 염소 머리에 씌우고 대기하고 있던 사람을 시켜 그 염소를 빈 들로 내보내야 한다. 그 염소는 그들의 죄를 모두 지고 황무지로 나간다." 이 의식을 통해 이스라엘 민족은 미처 파악하지 못한 죄를 포함한 모든 죄에서 자유로워질 수 있었다. 토라는 이렇게 기록한다. "그는 일 년에 한 번씩 이스라엘 백성에게서 모든 잘못을 벗겨주는 이 예식을 거행해야 한다. 이것이 너희가 길이 지킬 규정이다."[143] 사실 "일 년에 한 번 온 민족의 죄를 깨끗하게 씻는 날"은 하느님의 벌을 피하기 위해 꼭 필요한 날이었다.[144]

다섯 번째 범주: 제물과 제의의 확산

토라는 제의에 관한 규정을 상당 부분 기술하고 있는데, 이 문제를 마지막으로 토라에 대한 검토를 마무리하고자 한다. 사제와 제물에 대한 규범은 여러 장에 걸쳐 이어지는데, 그중 몇 가지만 뽑아 이 책의 논제와 관련된 측면을 중심으로 간략하게 소개하고자 한다. 고대에는 제물이 초자연적 행위자와 상호작용하는 수단을 상징했다. 에드워드 타일러는 제물이 일종의 선물 같은 특성을 지닌다고 언급했다("사람들이 서로 선물을 주고받는 것처럼 제물은 인간이 신에게 주는 선물이다").[145] 《증여론The Gift》에서 마르셀 모스Marcel Mauss는 사람들은 선물을 주면서 선물을 받게 될 것이라고 기대한다는 사실을 밝혀냈다. 그리고 이런 호혜의 논리는 인간과 신 사이에 이루어지는 상호작용에도 동일하게 적용된다.[146] 선물을 주고받는 목적은 관계를 원만하게 유지하는 것이다.

토라라는 이름의 재난 방지 시스템은 제물을 통해 하느님과 원만한 관계를 유지하고자 했다. 쉽게 말해 제물을 통해 분노에 휩싸인 하느님을 진정시키려 한 것이다. 하느님은 인간이 죄를 지을 때에만 화를 낸다. 따라서 그로 인해 무너진 관계를 회복할 수 있는 제물을 바쳐 초자연적 존재와의 관계를 정상으로 돌려놓을 필요가 있었다. 인간은 제물을 통해 빚을 갚고 균형을 회복한다. 여기서도 호혜가 핵심을 이룬다. 죄가 클수록 제물도 커야 한다. 같은 원리가 뒤집힐 수도 있다. 사람들은 하느님의 보답을 기대하며 제물을 바칠 수 있다. 즉 내가 주니 너도 주어야 한다는 쌍무계약의 원리가 적용되는 것이다.[147]

이런 관점에서 볼 때 제의는 재난 방지 시스템을 보완하기 위해 꼭 필요한 행위였다. 제의를 통해 인간의 위반 행위로 무너진 하느님과의 관계를 회복할 수 있을 뿐 아니라 범죄를 예방할 수도 있었다. 그러나 토라의 등장은 제의의 종말을 의미했다. 법이 정한 의무는 모든 위반 행위를 미연에 방지하기 위한 것이므로 제의의 필요성이 사라졌기 때문이다.

제의의 다양성은 주목할 만한데 토라는 이를 번제, 소제, 감사제, 속죄제, 속건제로 구분한다. 그러나 정말 놀라운 것은 제의를 둘러싼 규범의 복잡성이다. 사제가 주관해야 하는 영역을 세세히 규정했는데, 대표적 사례로 의복("금실과 자줏빛 털실, 붉은 털실, 진홍빛 털실, 가늘게 꼰 모시실로 짠 감으로 에봇을 만들었다"[148])을 꼽을 수 있다. 제단의 양식과 성소의 형태에 관한 명확한 지침이 있고, 의식 하나하나 아주 세부적인 부분까지 규제한다. 예를 들어 양이 흘린 피는 반드시 오른쪽 귓바퀴 끝에 먼저 바른 뒤 오른쪽 엄지손가락과 오른쪽 엄지발가락에 발라야 했다.

한편, 세부 사항에 대한 집착은 끊임없이 차별화를 시도하는 내적 추진력의 산물이었다. 내적 추진력은 어떤 행동이 바라던 결과로 이어지지 않아 개선의 필요성이 제기되는 경우에 작동한다. 반면, 많은 의례의 복잡성은 전문가 문화라는 측면에서 이해할 수 있다. 의례가 복잡해야 사제들이 자신의 전문성을 입증할 수 있기 때문이다. 하느님과 소통하는 것은 진정 위험한 일이므로 아무에게나 맡길 수 없었다. 규범에 따라 의식을 거행하지 못한 자에게는 저주가 내릴 수도 있었다. 심지어 그릇된 불을 사용해 하느님에게 제의를 바친 아론의 아들들은 죽고 말았다. 또한 의례가 복잡할수록 사제에게는 변명의 여지가 생기기 마련이었다. 잘못을 저지르고 속죄하기 위해 애썼음에도 이스라엘 민족에게 하느님이 벌을 내렸다면 사제는 복잡한 의례 가운데 사소한 무언가를 지키지 못해 그렇게 되었다고 변명할 수 있었다. 양의 피를 바른 발가락이 잘못되었나?

반드시 엄지발가락에 발라야 하는데! 그것도 오른쪽 엄지발가락에!

마지막으로 파스칼 부아예는 또 다른 요인을 추가하며 이 모든 다양한 의례에는 강박증을 안고 살아가는 사람들의 행동, 즉 하루에 손을 백번 씻어야 한다고 느끼거나 아무 의미 없는 일련의 활동을 모두 마치지 않으면 집을 나설 수 없는 사람들의 행동과 유사한 측면이 있다는 사실을 밝혀냈다. 부아예는 이를 토대로 인간의 정신 전염 시스템이 "닦고, 씻고, 정화하고, 특별한 공간을 더 안전하게 만들고, 그 공간에 있는 것과 외부에 있는 것이 서로 접촉하지 못하게 하는" 의례 활동과 연관되어 있다는 가설을 세웠다. "감지할 수 없는 위험에 대한 예방 관리"를 담당하는 인간의 정신 전염 시스템은 위험하다고 낙인찍은 문화의 모든 것에 대해 사람들이 공포나 혐오감을 느끼게 한 다음 그 감정을 가장 어린 공동체 구성원에게 주입한다. 이런 감정의 개입은 사람들로 하여금 자신이 볼 수 없는 위험에 대한 두려움 때문에 **올바른 방식으로 의식을 수행**"하게 한다.[149] 결국 사람들은 진정한 위험이 어디에 도사리고 있는지 전혀 알지 못하기 때문에 의식에 지나치게 의존하게 되는데, 의식을 너무 적게 치르는 것보다는 지나치게 많이 치르는 편이 낫기 때문이다. 부아예의 주장은 이런 유형의 제도적 종교에서는 질병 예방이 핵심적 역할을 한다는 이 책의 주장을 입증하는 또 다른 증거로 작용한다.

야훼의 모험: 참사 예방이라는 원형과학

토라의 율법을 다섯 가지 범주로 나누어 모두 검토했지만, 토라가 최고의 문화적 보호 시스템이라는 이 책의 가설을 명백히 반박할 만한 계명은 찾지 못했다. 그 이름에서 알 수 있듯 토라는 "율법"을 제공해 하느님의 노여움을 불러일으키지 않도록 미연에 방지한다. 성서의 저자들은 하느님의 창조물 안에서 살아갈 수 있는 규범을 얻었다고 확신했다. 모두가 이 규범을 따른다면 세계는 낙원이 될 터였다. 물론 나중에 《탈무드Talmud》는 이렇게 기록한다. "이스라엘 민족이 단 한 번이라도 안식일을 적절하게 지킨다면 메시아가 올 것이다. 안식일을 지키는 일이 곧 모든 명령을 지키는 일이기 때문이다."[150]

문화적 진화의 관점에서 다음과 같은 인상적인 주장을 도출할 수 있다. 가장 위험한 문제에 직면했을 때 그 위협의 실제 원인을 찾아내지 못하더라도 사람들은 예방 기능을 하는 시스템을 개발한다는 것이다. 하느님은 교사가 되어 지식이 부족한 상태에서도 올바른 해결책을 찾을 수 있도록 사람들을 지원했고, 그 시스템은 놀라울 정도로 원활하게 작동했다. 명백하게 잘못된 전제(사실 신이 전염병을 내린 것은 아니다)를 세웠음에도 실질적 효과를 내는 절차가 도출되었다. 위생 조치를 통해 전염의 위험을 낮추었다. 결혼과 관련한 법은 유전 질환의 발병 가능성을 줄였고, 사회에 관한 법을 통해 협동을 증진했다. 심지어 이런 법을 전한 하느님은 그 존재 여부가 불투명한데도 여전히 그 과정에서 큰 몫을 수행했다.

성서의 저자들이 이런 성공을 거둔 데에는 하느님이 세상에 하나뿐인 유일한 신이라는 믿음이 크게 작용했다. 따라서 다른 사람의 행동을 재구성할 수 있는 것처럼 (적어도 원칙적으로는) 하느님의 행동을 재구성할 수 있었다. 성서의 저자들이 다신교의 세계관을 가졌다면 도저히 일어날 수 없는 일이었다. 따라서 토라라는 이름의 지적 결작을 빚어낸 장본인인 유일신 하느님에 대해 면밀히 검토할 때가 되었다. 지금쯤이면 이 책이 진정 종교라고 묘사할 수 있는 문제를 다루는 책이 맞는지 의아해하는 독자가 나타났을 것이기 때문이다. 좀 더 자세히 들여다보면 토라의 율법 중에는 오늘날 우리가 믿음이라고 하는 현상과 관련된 법이 거의 없다는 사실을 알게 될 것이다. 신학자들은 토라가 현실의 모든 측면, 인간의 삶과 관련한 모든 것, 인간의 모든 경험을 야훼의 관점에서 검토한 결과물이라고 주장하지만 그것은 사실이 아니다. 인간의 삶을 이루는 핵심적 측면이 누락되었기 때문이다. 토라는 출산, 출생, 결혼, 병든 자와 죽어가는 자를 위한 목회 같은 문제를 중요하게 다루지 않는데, 사실 이런 것이 종교의 고전적 주제 아닐까?

이제 갈림길에 서게 되었다. 이 시점에 모세에 대해 검토한 7장의 출발점, 즉 모세가 서 있는 느보산으로 돌아간다. 그곳에서 새로운 종교, 즉 개개인의 영혼에 필요한 것이 아니라 사회 보호에 초점을 맞춘 종교가 탄생했기 때문이다. 특별한 사례는 중요시하지 않고 오로지 일반적 규범만을 염두에 두는 종교, 문제는 텍스트지 개인이 아니라고 말하는 종교가 탄생했다. 바로 이것이 모세가 느보산에 선 그 순간의 상징성이 세계사에서 그토록 중요한 의미를 가지는 이유다. 예언자는 죽어야 했고, 법이 그 자리를 대신했다. 이제 또 다른 주인공인 야훼에게 눈을 돌려 그의 독특한 경력에 대해 살펴보자.

8

야훼

하느님, 두 번 살다

이제부터 만날 하느님은 새로운 하느님이다. 아니, 적어도 철저히 모습을 바꾼 하느님이다. 성서는 이런 사실을 선뜻 인정한다. 호렙산 기슭에서 모세와 처음 만난 하느님은 불타는 떨기 속에서 이렇게 말했다. "나는 네 선조들의 하느님이다. 아브라함의 하느님, 이사악의 하느님, 야곱의 하느님이다." 그래도 모세가 이름을 묻자 하느님은 이렇게 답했다. "나는 곧 나다."

신학자들 역시 이런 하느님의 변신을 강조했다. 창세기에서 만난 하느님이 "가족과 씨족의 수호신"이었다면 이제부터 만나게 될 하느님은 "전쟁을 즐기고 폭력적인 '민족의' 하느님으로, 다른 민족과 다른 민족의 신을 거부하고 심지어는 파괴할 것을 요구하고 자기가 선택한 민족을 처벌하기 위해 폭력을 행사하는 하느님"[1]이다. 인정 많은 의사가 폭력적인 야수로 돌변하는 이야기를 담은 로버트 루이스 스티븐슨Robert Louis Stevenson의 《지킬 박사와 하이드 씨The Strange Case of Dr. Jekyll and Mr. Hyde》가 떠오르는 것도 무리는 아니다. 어쨌든 하버드 대학교 성서학자 제임스 쿠걸James Kugel은 모세가 호렙산에서 겪은 일을 이렇게 기록한다. "새로운 하느님이 이스라엘 민족의 삶으로 걸어 들어왔다. 그리고 바로 그 하느님이 신에 대한 세계의 생각을 근본적으로 바꾸어놓았다."[2]

하지만 어떻게 이런 역사적 전환이 일어났을까? 어떻게 자기가 세상에 하나뿐인 유일한 하느님이라고 스스로 주장할 수 있는가? 사람들은 대부분 바로 그 순간에 유일신교가 탄생했다고 생각하는데, 사실 유일신교는 상당한 논란을 불러일으키는 용어다. 어쨌든 여기서 기억해야 할 것은 유일신교를 둘러싼 논쟁이 아니라 유일신교라는 용어가 초기 영국 계몽주의의 산물이라는 점과 그것이 묘사하고 있다고 주장하는 현상이 사람들이 생각하는 것보다 거의 2,000여 년 앞서 일어났다는 점이다.[3] 한편 플라톤주의에서 출발한 추정, 즉 하느님의 전지전능하고 영원불변하는 속성에 너무 큰 의미를 부여해서는 안 된다는 점도 잊지 말아야 한다. 구약성서에는 이런 하느님이 등장하지 않기 때문이다. 어쩌면 이런 혼동은 성서에 등장하는 유일신교에 대한 설명이 아직 충분하지 않기 때문에 일어나는 것일지도 모른다.[4]

이제 이 책 고유의 추정을 제시해보고자 한다. 그것은 전염병에서 전쟁에 이르는 모든 재앙이 종교의 문화적 진화에 그리고 영혼이 신으로 탈바꿈하는 과정에서 근본적 역할을 했다는 가정에서 출발한다. 과도한 불행이 그동안 세계에서 찾아볼 수 없던 유형의 신을 창조한 것이다. 이런 전환을 설명하려면 잠시 성서를 접어두고, 자신이 문화의 산물이라는 사실을 야훼 스스로 입증해야 한 바로 그 환경에 대해 검토해봐야 한다. 야훼가 탄생한 역사의 현장은 차마 눈뜨고 볼 수 없을 만큼 참혹한 재앙이 넘쳐나는 곳이었다.

왜 야훼인가?

아마 구약성서에 등장하는 하느님과 관련해 가장 놀라운 점은 그 믿기 어려운 경력을 보고도 아무도 놀라지 않는 것처럼 보인다는 사실일 것이다. 어떻게 "어느 민족보다도 작은 민족"이 초대형 신을 창조해낼 수 있었는가? 그리고 어떻게 그 작은 민족이 그 초대형 신의 도움을 받아 최악의 재앙에서 살아남을 수 있었는가? 마르두크Marduk, 아멘Amen, 제우스 같은 강대국의 신은 시간의 모래에 휩쓸려 사라진 반면, 과거 초소형 국가의 신이던 야훼는 오늘날 전 세계 인구의 절반 이상이 믿는 신이 되었다. 그런데도 야훼가 이런 일을 해낼 수 있었던 이유에 의문을 품은 사람은 지금까지 아무도 없었던 것으로 보인다.

유대·그리스도교의 영향권에 있는 서구 문화에서는 이런 현상을 종교적 관점에서 바라보므로 지극히 당연한 현상으로 여길 수 있다. 하느님이 자신의 영광을 모세에게 드러냈다는 단순한 설명 정도로 충분히 넘어갈 수 있는 문제인 것이다. 설령 이 사실을 믿지 못하는 사람도 최소한 유일신교가 가장 순수한 형태의 종교이자 종교 발전의 논리적 최종 단계라는 사실만큼은 인정하기 때문에 야훼가 전 세계적으로 성공한 것을 당연하게 받아들인다. 그렇다면 이제 남은 질문은 무엇일까?

오늘날 고고학자와 종교학자들은 구약성서가 "이스라엘 민족의 종교사를 그대로 반영한 것이 아니라는" 사실과 히브리 성서가 역사적 현실을 묘사한 것이 아니라는 사실을 점점 더 분명하게 인식하고 있다. 오히려 구약성서는 이스라엘 민족의 역사를 수백 년이 지난 시점, 즉 페르시아제국과 헬레니즘 시대에 유대교의 입장에서 해석하고 기록한 것이다.[5] 성서는 역사서가 아닌 이야기책이다. 그리고 하느님이 경력을 쌓기 시작한 때의 상황은 성서가 사람들에게 들려주는 것만큼 독특하지 않았다.

　지난 수십 년간 고고학자들은 이스라엘왕국과 유다왕국의 종교가 유달리 독특한 것은 아니었다는 다양한 단서를 찾아냈다. 사실은 이웃 국가의 종교와 크게 다르지 않았다. 야훼의 땅에도 여러 신이 존재했다. 사람들은 이런 신의 모습을 본뜬 형상을 숭배했는데, 예루살렘 성전도 예외는 아니었다. 일부 현대 신학자는 고대 이스라엘의 종교를 "북서부 셈족 종교가 국지적으로 변형된 것"이라고 묘사하기도 한다.[6] 그렇다면 하느님이 하찮은 존재라는 말인가? 절대 아니다. 이런 사실은 하느님의 눈부신 경력을 오히려 돋보이게 한다. 만약 야훼가 고대 근동의 여러 신 가운데 하나로 경력을 쌓기 시작했다면 어떻게 그토록 높은 곳까지 오를 수 있었는가? 그리고 이웃 국가 모압의 신 카마시Chemosh(성서에서는 그모스─옮긴이주)와 아람의 신 하다드Hadad(성서에서는 바알─옮긴이주), 아시리아제국의 신 아수르Assur, 이집트제국의 신 아멘, 바빌로니아제국의 신 마르두크가 그럴 수 없었던 이유는 무엇인가? 정신이 멀쩡한 사람이라면 이처럼 쟁쟁한 경쟁자들을 물리치고 야훼가 승리할 것이라는 데 운명을 걸지는 않을 것이다.

하느님이 원한 일
야훼의 경력을 이해하려면 성서가 탄생한 기원전 첫 1,000년간 가나안의 상황을 먼저 살펴봐야 한다. 이 시기에 일어난 대부분의 사건은 역사 속으로 사라졌지만 기원전 10세기와 9세기 무렵부터 이곳의 "도시와 지역에 다채로운 모습의 신이 등장해 여러 유형의 믿음이 발전하기 시작했다"는 사실을 확인할 수 있다. 요르단 서부 구릉지대에 자리 잡은 족장사회가 소규모 국가인 이스라엘왕국과 유다왕국(오직 성서만이 다윗 왕과 솔로몬 왕의 위대한 왕국이라고 표현)으로 통합되면서 이 지역의 만신전에도 변화가 일어났다. 새롭게 탄생한 두 왕국에는 왕과 국가를 뒷받침할 종교적 기반을 제공할 공식적인 국가의 신이 필요했다.[7]

그들은 그 신을 긴 후보자 명단에서 고를 수 있었다. 구약성서 학자 오토 카이저Otto Kaiser는 이에 대해 이렇게 언급했다. "이스라엘 민족이 야훼가 아닌 엘El을 신의 이름으로 사용했다는 사실은 널리 알려졌는데, 그 이름은 이를테면 '엘(하느님)이 통치할/지배할 것이다' 같은 방식으로 사용되었다."[8] 오랫동안 근동에서는 엘을 "신들의 신"으로 생각했다. 엘은 만신전의 주인이자 현명한 창조자였다.[9] 한편 성서에는 시리아 북서부 지역에서 모신 날씨와 풍요의 신 바알에 대한 기록이 넘쳐나는데, 이를 통해 바알이 야훼의 주요 경쟁자 가운데 하나였다는 사실을 확인할 수 있다.[10] 또한 예루살렘에서는 이집트의 태양신도 숭배했을 가능성이 높다.[11] 그리고 당연하게도 남부 지역에서 숭배한 야훼가 있었다. 여신도 많았다. 가나안에는 아세라와 아스타르테Astarte(성서에서는 아스다롯―옮긴이주) 같은 천상의 여왕을 모시는 여신 제의가 있었는데,[12] 가부장제가 지배한 당시 최고의 직무를 수행할 적임자를 선정할 때 여신은 고려의 대상이 아니었다.

이제 적임자로 뽑힌 신이 수행해야 할 직무 명세서를 살펴보자. 거대한 제국에 에워싸인 팔레스타인은 망치와 모루 사이에 끼인 신세였다. 수백 년 동안 팔레스타인 사람들은 무자비한 정복자들 때문에 "극심한 불안"에 시달렸고, 그들을 짓누르는 "공포의 압력"을 이기지 못해 "전쟁공포증"을 겪어야 했다.[13] 가장 중요한 역사적 사건을 몇 가지만 떠올려보자. 먼저 아람이 이스라엘왕국을 침략했다. 그 후 아시리아가 북왕국 이스라엘을 전례 없는 수준으로 파괴했다. 기원전 722년에 이스라엘왕국은 멸망했다. 한편 남왕국 유다는 아시리아와 이집트 사이에서 아슬아슬한 줄타기를 하며 간신히 왕국을 유지했다. 기원전 701년 아시리아 왕 세나케리브가 예루살렘으로 진격했다. 그는 유다왕국 전역을 초토화했지만 돌연 예루살렘 포위 공격을 중단했다. 이후 유다왕국은 아시리아에 조공을 바치는 속국으로 전락했다. 요시야Josiah 왕(기원전 647~609년경)이 아시리아가 약해진 틈을 노려 반격을 꾀했으나 수포로 돌아갔다. 열왕기하는 기원전 609년에 일어난 사건을 다음과 같이 간결하게 기록한다. "그가 다스리고 있을 때, 이집트 왕 파라오 느고Necho가 아시리아 왕을 도우려고 유프라테스강을 향하여 출병하였다. 요시야 왕은 그를 맞아 싸우려고 출동하였다. 그러나 요시야는 므기또에서 파라오 느고와 접전하자마자 전사하였다." 결국 신바빌로니아 제국 왕 네부카드네자르Nebuchadnezzar(성서에서는 느부갓네살 — 옮긴이주)가 기원전 587년 유다왕국을 침략해 예루살렘을 파괴하고 중상류층 인사들을 포로로 끌고 갔다. 이때 끌려간 사람들은 60여 년 후 바빌로니아를 물리친 페르시아제국의 속주가 된 고향으로 돌아온다. 지금까지 제시한 사건은 단지 군사적 재앙에 불과하다. 전염병, 가뭄, 고통받는 난민에 대해서는 아직 언급조차 하지 않았다.

인간의 첫 번째 본성은 신이 이 모든 불행을 야기한다고 믿었다. 따라서 이런 재앙의 홍수에 맞설 수 있으려면 반드시 엄청난 힘을 가진 신이 필요했다. 지리적 위치로 인해 끝없는 전쟁과 파괴가 찾아왔으므로 이스라엘 민족은 자연스럽게 툭하면 화를 내는 성마른 성격의 신을 찾게 되었다. 오늘날 사람들이 알고 있는 살뜰히 보살피는 하느님 같은 신은 고대 이스라엘에서는 후보 명단에도 오르기 어려웠다.

야훼는 이런 직무 명세서에 완벽하게 들어맞는 후보였다. 전쟁과 날씨의 신인 야훼는 단연 돋보이는 자질을 갖추었다. 천둥과 번개로 무장한 야훼는 잔인한 성격이었다. 오트마어 켈은 고대 근동의 여느 신과 달리 야훼는 "화산 같은 특성"을 갖추었다고 지적했다. 야훼라는 화산은 마치 용광로처럼 연기를 내뿜었다. 야훼는 불기둥의 모습으로 야심한 밤에 이스라엘 민족 앞에 모습을 드러냈으며, 야훼가 등장하면 산이 녹아내렸다.[14] 툭하면 화를 내는 야훼의 성마른 성격이라면 이스라엘 민족이 겪고 있는 모든 불행을 원만하게 처리할 수 있을 터였다. 이런 과정을 통해 야훼는 이스라엘왕국과 유다왕국에서 "국가의 신, 민족의 신, 왕조의 신"으로 등극하게 되었다.[15]

재앙을 즐기는 신 야훼는 확장하는 제국 사이에 끼인 이 특별한 생태적 틈바구니에서 살아가는 사람들의 신이 될 자격이 충분했다. 야훼는 이스라엘왕국과 유다왕국 사람들이 느끼는 현실에 대한 공포를 완벽하게 반영한 화신이었다. 어찌 보면 야훼가 사람들이 느끼는 공포심의 혜택을 누렸다고 할 수 있다. 이미 살펴본 것처럼 야훼는 비례 편향 덕분에 급성장할 수 있었기 때문이다. 농경을 시작한 이후 사람들을 덮친 전염병 덕분에 영혼이 신으로 탈바꿈한 것처럼 두 왕국을 덮친 전쟁 때문에 야훼는 완전히 새로운 직급으로 수직 상승할 수 있었다. 막스 베버는 이렇게 기록했다. "세계의 그 어떤 종교에서도 야훼처럼 전례 없는 복수심을 드러낸 신은 찾아볼 수 없다."[16]

이런 사실을 통해 구약성서의 하느님이 엄청난 분노를 쏟아내는 존재인 이유를 쉽게 이해할 수 있을뿐더러 이스라엘 민족을 벌하기 위해 히브리인의 적과 공모하는 하느님의 특이한 성향에 대해서도 설명할 수 있다. 강박적 일관성 추구도 야훼의 권력을 강화하는 데 한몫 거들었다. 이스라엘 민족의 패배가 하느님이 내린 벌이라면 위대한 아시리아 왕은 이스라엘 민족을 벌하려는 하느님의 대리인으로서 이스라엘을 침략했을 뿐이라는 논리가 성립될 수 있었다. 바빌로니아가 예루살렘을 불태운 것도 하느님이 이스라엘 민족을 괴롭히기 위한 도구로 바빌로니아를 선택했기 때문에 가능했다. 심지어 위대한 왕조차 모두 야훼가 조종하는 꼭두각시에 불과했다. 성서는 이런 내용을 분명하게 명시하고 있다. "나의 분노의 지팡이요, 나의 징벌의 몽둥이였던 너 아시리아, 배신한 민족을 치라고 너희를 보냈고 나를 분노케 한 백성을 치라고 하였더니 마구 빼앗고 모조리 털고 길바닥의 진흙처럼 짓밟으라고 하였더니…."[17] 야훼는 폭력이 난무하는 세상에서 진가를 발휘했다.

두 개의 삶
이 모든 것이 논리적인 만큼 모순적이기도 하다. 가장 참혹한 패배를 겪은 이스라엘 민족이 모든 신 가운데 가장 위대한 신을 그들의 신으로 삼았기 때문이다. 그렇다면 이스라엘 민족과 유사한 상황에 처한 다른 나라에서 이런 일이 일어나지 않은 이유는 무엇일까? 그토록 큰 공포를 겪고 살아남은 신도, 민족도 없었기 때문일까? 그런데 이스라엘 민족은 어떻게 그런 상황을 이겨낼 수 있었을까? 그 해답은 바로 야훼가 두 개의 삶을 살았다는 데에 있다.

신학 교수 우베 베커Uwe Becker는 이렇게 말한다. "야훼와 관련해 **한 가지** 독특한 점은 야훼가 이스라엘왕국**과** 유다왕국에서 모두 공식적인 최고의 신 자리에 올랐다는 것이다. 카마시는 모압의 신, 하다드는 아람의 신, 밀곰Milcom은 암몬의 신, 카우스Qaus는 에돔의 신이지만 야훼는 이스라엘왕국의 신**이자** 유다왕국의 신이었다."[18] 야훼는 이스라엘왕국**과** 유다왕국에 모두 존재했다. 야훼는 분명 이중생활을 한 것으로 보이는데, 지금도 이런 상황에 관심을 기울이는 사람은 거의 없는 형편이다. 그러나 그렇다고 해서 야훼가 이스라엘왕국과 유다왕국의 신이었다는 사실의 중요성이 사라지는 것은 아니다.

이스라엘왕국과 유다왕국이 경쟁 관계에 있었다는 사실은 이 문제를 더 까다롭게 만들었다. 사마리아의 신 야훼가 예루살렘의 신 야훼를 상대로 전쟁을 벌이는 것은 드문 일이 아니었다.[19] 또 다른 까다로운 문제는 두 왕국이 야훼를 다른 방식으로 숭배했다는 점이다. 북왕국 이스라엘에서는 단과 베델의 신전에 수송아지 형상의 야훼를 모셨다(모세 이야기에 등장하는 금송아지 숭배 사건). 남왕국 유다에서는 야훼의 태양신 속성을 숭배하는 제의가 두드러졌다.[20] 일부 지역에서 출토된 금석문을 보면 야훼에게는 아세라라는 배우자도 있었던 것으로 추정된다.[21] 한편 이스라엘왕국과 유다왕국의 경쟁 관계를 통해 야훼를 숭배하는 적절한 방식을 정하는 일이 구약성서에서 그토록 중요한 문제로 떠오른 이유도 설명할 수 있다.

기원전 722년 아시리아가 이스라엘왕국을 멸망시켰을 때 유다왕국은 피란민뿐 아니라 이스라엘왕국의 신 야훼에게도 안식처 역할을 했다. 바로 이것이 핵심이다. 이로써 야훼는 남왕국에서 두 번째 삶을 살아갈 기회를 얻었기 때문이다. 이것은 이웃 나라의 신인 카마시, 하다드, 밀곰에게는 없는, 야훼만이 누릴 수 있는 이점이었다. 만일 북왕국에서만 야훼를 숭배했다면 아시리아에 북왕국 이스라엘이 패했을 때 분명 야훼의 생애도 끝났을 것이다. 야훼는 추종자들과 같은 처지가 되어 아시리아로 끌려갔을 것이고, 그들과 함께 역사 속으로 사라져 전설로 남게 되었을 것이다.

첫 번째 참화: 아시리아가 몰고 온 재앙

아시리아가 몰고 온 재앙 덕분에 야훼의 생애는 극적으로 바뀌었다. 당대에 가장 강력한 군사력을 자랑한 아시리아는 이스라엘왕국을 정복했고, 20년 뒤 예루살렘을 포위했다. 세계가 뒤집히던 그 순간, 앞날이 어떻게 결정될지는 아무도 몰랐다. 만일 아시리아 왕 세나케리브가 예루살렘을 공격했다면 오늘날 세계의 모습은 완전히 달라졌을 것이다. 유대교도, 그리스도교도, 이슬람교도 존재하지 않을 것이다. 아마 몇 안 되는 고고학자만이 야훼라는 이름을 겨우 알아보는 수준이었을 것이다. 그러나 이미 언급한 것처럼 아시리아 군대는 퇴각했다. 역사학자들은 마지막 순간에 아시리아에 바친 조공 덕분에 그날의 위기를 모면했다고 생각하지만, 성서는 하느님이 천사를 보내 하룻밤 사이 18만5,000명의 아시리아군을 시체로 만들었다고 기록했다. 그토록 강한 천사를 마음대로 부릴 수 있는 신 야훼는 사람들에게 큰 인상을 남겼을 것이다! 여기서 다시 한번 비례 편향이라는 익숙한 원칙이 떠오른다. 적이 강하면 강할수록 그에 비례해 하느님도 강해진다.

그러나 이 기적 같은 이스라엘의 회생이 이야기의 전부는 아니다. 아시리아의 영향력은 야훼의 권력을 강화하는 데 절대적으로 중요하게 작용했다. 그 과정을 이해하기 위해서는 먼저 국가 형성 과정을 검토해야 한다. 인류학자들은 연구를 통해 마을 공동체와 족장사회가 중앙집권 사회로 변모하는 과정이 인류 역사의 중요한 발전 과정이라는 사실을 밝혀냈다. 그들은 이 과정이 최초로 나타나는 경우, 즉 모방할 수 있는 역할 모델이 전혀 없는 상태에서 중앙집권 사회가 탄생하는 경우를 1차 국가 형성으로 설명한다. 메소포타미아와 이집트가 여기에 속한다. 한편 기존 국가 주변에 건국하는 경우는 2차 국가 형성이라고 한다. 이스라엘왕국과 유다왕국은 1,000년간 존재한 이웃 왕국 사이에서 기원전 10세기 무렵 탄생했다.[22] 인류학적 관점에서 볼 때 이들은 2차 국가에 속한다.

국가 형성 과정은 또한 신의 세계를 구성하는 데에도 영향을 미친다. "지상에서와 마찬가지로 천상에도 국가가 있다. 신은 이런 방식으로 정치에 좌우되는 존재였다."[23] 1차 국가 형성 과정에서는 다양한 부족의 신과 수호신이 공히 만신전의 신으로 등극했다. 그러나 새로운 국가에서는 신의 기능을 뒷받침하기 위해 모방할 수 있는 역할 모델이 없었으므로 지역의 지배자와 군벌의 세계에서 도출되었다. 지상의 사람들이 그러하듯 천상의 신들도 파벌을 형성하고 경쟁하며 음모를 꾸몄다. 메소포타미아와 이집트에서 그리스와 로마에 이르는 고대와 고전 세계의 파란만장한 만신전에는 모두 이런 원칙이 반영되었다.

그러나 2차 국가의 상황은 완전히 달랐다. 기존의 역할 모델을 모방해 만신전을 세울 수 있었다. 국가로 발돋움한 이스라엘왕국과 유다왕국은 많은 백성을 거느린 절대군주가 이끄는 제국과 마주 보고 있었다. 힘이 부족한 두 왕국은 기존 국가를 모델 삼아 각자 제도를 수립해나갔는데, 국가의 신을 모시는 과정도 모방했다.

이스라엘왕국과 유다왕국이 건설된 시기에는 신아시리아제국이 근동을 완전히 지배했고,[24] 그 덕분에 성서 저자들의 단골 메뉴가 되었다. 아수르라는 이름이 계속해서 등장하지만, "성서는 이 강력한 적의 힘을 충분히 설명하지 못한다." 아시리아에 대한 성서의 관심은 공포와 매료 사이를 오갈 뿐이다.[25] 아시리아의 영향은 강철을 얻기 위해 용광로에 고압산소를 주입한 것과 같은 효과를 낳았다. 성서의 저자들은 절대군주인 아시리아 왕을 역할 모델로 삼아 자기 국가의 신 야훼를 "고대 근동의 폭군"[26] 같은 모습으로 만들고 그에게 "제국의" 힘을 부여했다.[27] 이집트를 탈출해 약속의 땅을 정복하는 이야기에서 이스라엘왕국은 주변국을 차례차례 집어삼키는 "탐욕스러운 초강대국"으로 묘사되지만[28] 현실에서 초강대국은 아시리아제국이었다.

아시리아 왕이 야훼의 역할 모델이 되었다는 것은 정말 기이한 일이다. 런던에 있는 대영박물관은 아시리아의 부조를 소장하고 있는데, 세나케리브의 군대가 유다왕국의 도시 라기스를 정복한 당시 상황을 묘사한 유물이다. 그 부조에는 약탈당하는 도시, 감옥에 갇힌 주민, 잔인하게 창에 찔려 죽은 사람 등이 묘사되어 있다. 라삼 실린더Rassam Cylinder에 새긴 금석문은 아시리아 왕을 극찬한다. "나는 알타쿠와 탐나를 포위했고 정복했으며 짓밟았다. 나는 암카룬나로 진격해 위반 행위를 허용한 왕과 왕자들을 죽이고 그 시체를 도시를 에워싼 탑에 매달았다."[29] 이제 자신이 선택한 민족이 모압인과 어울렸을 때 야훼가 어떻게 행동했는지 살펴보자. "이처럼 이스라엘이 브올 지방의 바알 신과 어울리게 되자 야훼께서 이스라엘에 진노를 내리셨다. 야훼께서 모세에게 말씀하셨다. '백성의 수령들을 모두 잡아내어 야훼 앞에서 죽이고 백일하에 효시하여라. 그래야 야훼의 진노가 이스라엘에서 떠나리라.'"[30] 또 다른 성서 번역본은 이 내용을 사람의 몸을 꼬챙이에 꿰어 전시하는 형벌로 기록하고 있다.

그러나 이것으로 끝이 아니다. 아시리아 왕이 조공을 바치는 속국과 맺은 계약을 살펴보자. 오트마어 켈이 설명한 것처럼 유다왕국은 "아시리아의 위대한 왕 이외에는 어떤 왕도" 따르지 않기로 아시리아와 계약을 맺었다. 유다왕국은 "아시리아의 위대한 왕에게만 충성을 바치고, '사랑하며', 왕이나 왕의 아내 또는 왕의 자식이 이 배타적 계약을 어기려고 시도하거나 이집트 파라오에게 의탁하려고 시도하는 경우 무자비한 처벌"을 받겠다고 약속했다.[31] 이제 모세오경의 다섯 번째 책 신명기에서 야훼가 자신의 백성에게 하는 말을 들어보자.

이복형제, 동복형제 가릴 것 없이 너희 어느 형제나, 아들이나 딸이나, 너희 품에 안긴 아내나 너희가 목숨처럼 아끼는 벗들 가운데서 누군가가 너희와 너희 조상이 일찍이 알지 못한 다른 신들을 섬기러 가자고 가만히 꾀는 경우가 있을 것이다. 땅의 이 끝에서 저 끝까지, 너희의 주변에 멀리 또는 가까이 있는 백성들이 자기네의 신들을 섬기자고 하더라도, 그 말에 귀를 기울이지 마라. 그 말을 듣지 마라. 그런 사람을 애처롭게 보지도 말고 가엾게 생각하지도 마라. 감싸줄 생각도 하지 말고 반드시 죽여야 한다. 죽일 때에는 네가 맨 먼저 쳐야 한다. 그러면 온 백성이 뒤따라 칠 것이다. 돌로 쳐 죽여라. 그는 너희를 이집트 땅, 종살이하던 집에서 건져내주신 너희 하느님 야훼와 버성기게 하려고 꾀는 자이니 그대로 두어서는 안 된다. 온 이스라엘이 그 말을 듣고 두려워할 것이다. 그리하여 이런 나쁜 짓을 하는 자들이 너희 가운데 다시는 없게 하여야 한다.[32]

야훼가 아시리아 왕에게 빌려온 단서를 놓치기란 쉽지 않다. 예일 대학교 아시리아학 교수 에카르트 프람Eckart Frahm은 이것이 신학적으로 미묘한 문제를 제기한다고 생각한다. 그는 "절대 강자인 아시리아 섭정, 즉 지상 세계를 통치하는 통치자의 이미지가 (…) 성서의 하느님 개념에 영향을 미쳤다"고 믿는다. 그 결과 "아시리아 군주에 의해 나타난 절대 통치 사상이 종교에 활용되었다." 그리고 그것이 "아시리아 군주제의 독재적 성격"이 "성서에서 제시하는 유일신교의 뿌리"가 된 이유일 것이다.[33] 조금 더 극적으로 표현해보면, 아시리아 왕실의 이데올로기는 앞서 언급한 용광로에 사용하는 고압산소와 같다. 이것이 야훼를 담금질해 단련한다. 그리고 그 시점에 야훼는 자신에게 충성하지 않는다는 이유로 자신의 백성을 파멸로 몰아넣을 수 있는 통치자로 거듭났다.

이런 생각은 자칫 신학계에 폭발을 불러일으킬 수 있다. 독실한 유대인이라면 누구나 아침저녁으로 암송하는 유명한 셰마 이스라엘Shema Yisrael의 첫 구절을 살펴보자(셰마 이스라엘에 대해서는 뒤에서 좀 더 자세히 검토할 것이다). "너, 이스라엘아, 들어라. 우리의 하느님은 야훼시다. 야훼 한 분뿐이시다. 마음을 다 기울이고 정성을 다 바치고 힘을 다 쏟아 너의 하느님 야훼를 사랑하여라."[34] 이 구절은 그리스도교에서도 중요한 역할을 수행한다. 모든 계명 중에 어느 것이 첫째가는 계명인지 묻는 질문에 예수가 인용한 것이 바로 이 구절이기 때문이다(그리고 예수는 거기에 네 이웃을 네 몸같이 사랑하라는 계명을 추가한다).[35]

이 구절은 어디에서 유래했을까? 이것 역시 아시리아인의 손에서 나온 것으로, 신아시리아제국 충성 서약의 핵심 개념이다. "사랑"에 대한 요구는 "절대적인 정치적 충성의 정서"를 의미할 뿐 아니라 "자기를 사랑하는 것처럼 위대한 왕을 사랑해야 한다는 (…) 공식과도 연계된다."[36] 따라서 성서의 저자들은 아시리아 왕실의 이데올로기를 이루는 핵심 요소를 빌려와 국가의 신 야훼에게 적용, 사람들에게 국가의 신에 대한 충성심을 심으려 한 것이다. 야훼가 요구한 것은 사랑이 아니라 절대적 충성이었다.

따라서 성서의 저자들이 아시리아인의 공식을 가져와 이스라엘의 하느님에게 대입한 그 순간이야말로 "혁명적" 순간이라는 에카르트 오토의 주장에 동의하기는 어렵지 않다. 결국 유일신교의 전체주의적 성격은 다른 누구도 아닌 야훼만을 사랑하라는 첫 번째 계명에서 드러나는데, 여기서 유일신교의 주요 특징 가운데 하나, 즉 야훼가 세상에 하나뿐인 유일한 하느님이자 절대적 충성을 요구하는 신이라는 주장의 기원을 엿볼 수 있다.[37] 그러므로 하느님의 병적인 질투를 불러일으킨 아시리아인에게 감사해야 한다. 덕분에 문화적 진화가 놀라운 방향으로 나아갔기 때문이다.

토라 기록이라는 임무

예루살렘에 있는 야훼의 사제들은 북왕국 이스라엘의 멸망이 불러일으킨 충격을 강력한 이야기로 바꿔나갔다. 적절하지 않은 방법으로 야훼를 숭배한 것이 북왕국이 무너지는 참사를 불러왔다고 이해한 사제들은 야훼가 한 치의 망설임도 없이 군사적으로나 경제적으로 남왕국 유다보다 우세한 북왕국 이스라엘[38]을 쓸어버렸다는 사실에 착안했다. 따라서 야훼를 올바른 방식으로 열렬히 숭배하는 것이 약한 유다왕국의 생사를 가르는 중요한 문제로 떠올랐다. 사제들은 야훼 숭배만이 북왕국 이스라엘이 걸어간 끔찍한 운명을 피하는 유일한 방법이라고 믿었다.

바로 이것이 토라 기록이라는 위대한 임무, 즉 과거의 법을 매만져 하느님의 절대적 의지의 표현으로 재탄생시키는 임무의 출발점이었다.[39] 토라를 기록한 사회 지도층 사제들의 눈에는 그 임무가 신학적으로 시급히 필요한 일일 뿐 아니라 사회적으로도 필요한 일이었다. 아시리아군이 휩쓸고 간 자리에는 사망자가 즐비했다. 땅과 재산을 잃은 가족들이 뿔뿔이 흩어져 조상의 무덤과 조상을 기리는 제의에서 멀어져간 결과, "확대가족과 씨족의 계보를 바탕으로 하는 전통적 연대의 기반"이 무너지며 사회적 불평등이 커져만 갔다. 토라의 결정체인 신명기에 명시된 새로운 법은 이런 문제를 해결하기 위한 대응책이었다.[40] 전쟁의 공포와 난민이 겪는 고통을 완화하기 위해 최고의 문화적 보호 시스템을 창조해야 한 것이다.

아시리아가 몰고 온 대재앙의 결과를 요약해보자. 독재적인 아시리아 왕의 요구를 채택함으로써 다른 신과의 신성한 전투에서 승승장구한 야훼는 자신을 제외한 다른 모든 신을 질투하며 역할 모델로 삼은 아시리아 왕과 마찬가지로 추종자들에게 절대적 충성을 요구했다. 아직 다른 신의 존재에 대해 의문시하진 않았지만(여전히 일신숭배, 즉 여러 신 가운데 하나를 숭배하는 현상을 다루고 있기 때문에), 이 순간부터 이스라엘 민족에게는 금기였다. 야훼에 대한 충성을 보장하고 신의 노여움이 불러올 또 다른 참사를 방지하기 위해 사제들은 하느님의 의지를 작은 것 하나까지 기록하기 시작했다.

두 번째 참화: 바빌로니아가 몰고 온 재앙

이스라엘이 멸망한 후 야훼는 자신을 담금질해 단련할 두 번째 기회를 잡았다. 기원전 587년, 즉 바빌로니아가 남왕국 유다를 멸망시켰을 때다. 남왕국 유다의 수도 예루살렘을 초토화하고 성전을 파괴한 바빌로니아군은 시드키야Zedekiah 왕이 지켜보는 가운데 그의 아들들을 살해한 뒤 그의 눈알을 뽑아 장님으로 만들었다. 그리고 시드키야 왕과 상류층 인사들을 포로로 잡아 바빌로니아로 끌고 갔다.[41]

고대에는 그런 패배를 당한 국가의 경우 신을 숭배하는 제의가 완전히는 아니더라도 심각하게 약화되는 것이 보통이었다. 그러나 유다왕국에서는 정반대의 일이 벌어졌다. 이스라엘 핑컬스타인과 닐 실버먼은 이렇게 설명한다. "성서를 보면 이스라엘의 하느님이 지닌 힘이 가장 강한 시기는 남왕국 유다가 몰락하고 이스라엘 민족이 포로로 끌려간 이후라는 사실을 알 수 있다. 예루살렘 성전이 파괴되었음에도 이스라엘의 하느님은 초라해지기는커녕 오히려 타의 추종을 불허하는 힘을 지닌 신으로 군림했다."[42]

야훼는 어떻게 이런 일을 해낼 수 있었을까? 이 질문에 대한 가장 표준적인 답은 야훼가 "바빌로니아를 자신을 배신한 이스라엘 민족을 벌하는 도구"로 활용했다는 설명이다.[43] 그렇다면 세계의 다른 지역 사제들이 목숨을 부지하지 못한 이유, 즉 그들이 모시는 신의 몰락을 이와 유사한 방식으로 설명할 수 없었던 이유는 무엇일까? 아무도 그들의 말을 믿지 않았기 때문이다! 승자가 모시는 신, 즉 더 강한 힘을 입증한 신에게 전향하는 것이 훨씬 설득력 있는 설명이었다. 자기 백성을 파멸로 몰아넣는 신에게 충성을 바칠 이유가 없었던 것이다.

그렇다면 야훼의 사제들은 어떻게 자신이 모시는 신이 맛본 쓰디쓴 패배를 가장 위대한 승리로 바꿀 수 있었을까? 이 질문에 대한 가장 바람직한 답은 이미 언급한 것처럼 야훼가 두 개의 삶을 살았다는 사실에서 찾을 수 있다. 과거에 야훼는 북왕국 이스라엘의 몰락을 딛고 살아남았고, 이 사실은 사제와 추종자들의 마음에 깊이 새겨졌다. 사실 바빌로니아에 포로로 끌려간 사람들은 야훼가 남왕국 유다의 몰락을 단순히 뒷짐 지고 관전하기로 마음먹은 것인지, 아니면 자기와 자기 백성을 보호할 힘이 부족한 것인지 확신하지 못했다. 그러나 끌려간 사람들은 중상류층이었고, 그들은 항상 야훼의 가장 든든한 후원자였다.[44] 북왕국이 몰락한 뒤 자기 백성에게 벌을 내리는 신이라는 역사적·신학적 담론이 생겨나 이스라엘 민족의 두 번째 본성에 단단히 뿌리내렸다. 이후 이스라엘 민족은 다른 방식으로는 세계를 이해할 수 없게 되었다. 이스라엘 민족이 줄곧 전파해온 믿음, 즉 자기 백성일지라도 제대로 된 충성심을 보이지 않으면 적의 손에 기꺼이 넘기겠다는 하느님의 의지는 바빌로니아의 승리를 통해 가장 끔찍한 방식으로 입증되었다. 한편 이런 논리를 통해 중상류층 인사들은 거짓 우상을 숭배하는 일반 백성에게 쉽게 비난의 화살을 돌릴 수 있었다.

기이한 해석처럼 보이겠지만 이는 확증 편향에 부합할 뿐 아니라 지난 몇 세기 동안 약한 신을 모셔왔다고 인정하는 다른 대안적 해석에 비해 받아들이기도 쉬웠다. 한편 이런 해석 덕분에 야훼는 바빌로니아의 신들보다 훨씬 강한 신이 되어 포로로 끌려간 패배자들을 "단순히 고통받는 역할에서 벗어날 수 있게" 해주었다. 만약 그 재앙이 하느님이 내린 벌이라면 그들은 같은 잘못을 반복하는 것을 피해야 했다. 결국 이스라엘 민족은 "미래로 눈을 돌릴" 수 있는 기회를 잡았고,[45] 그 기회는 바빌로니아 포로 시대를 관통하는 핵심 개념이 되었다. 사제들이 재앙에 대한 문학적 해석을 시작하면서 "이스라엘 역사상 가장 생산적인 시대"가 막을 올렸다. "히브리 성서의 텍스트 가운데 절반 이상이 이 시기에 새로 쓰였거나 기존 텍스트를 수정하는 과정에서 탄생했다."[46] 이 모든 지적 활동을 통해 성서의 저자들은 나라를 잃은 원인을 설명하고 토라라는 문화적 보호 시스템을 완성해 이스라엘 민족이 앞으로 평화롭게 살 수 있도록 애썼다. 사제와 학자들은 옛이야기를 다시 쓰고, 이스라엘 민족이 이집트를 탈출해 노예 생활에서 벗어나는 대서사시에 하느님의 법을 끼워 넣었다.

고로재가 된 하느님

그러면 하느님은 어떻게 되었을까? 기원전 587년의 재앙은 또 다른 담금질로 작용해 하느님을 다시 한번 근본적으로 변화시켰다. 예루살렘 성전, 예루살렘, 남왕국 유다가 파괴되었다. 이에 하느님은 더 이상 예전의 하느님으로 남아 있을 수 없었다. 두 번째 담금질 과정에서 녹아내려 고로재가 되어버린 하느님은 자기 육체를 포기해야 했다.

예루살렘 성전의 파괴에 대처하기 위해 이스라엘 민족이 기울인 위대한 지적 노력을 이해하기 위해서는 먼저 고대 근동에서는 신전을 신들의 거주지로 여겼다는 사실을 기억해야 한다. 신들은 조각상이나 제의적 상징의 형태로 그곳에 머물렀다. 그러나 이 형상은 차가운 돌로 조각한 단순한 기념물이 아니라 살아 있는 신이었다(심지어 원할 때 언제든 그 조각상을 떠날 수도 있었다).[47] 구약성서 학자들은 전통적 믿음, 즉 야훼가 애초부터 조각상이나 형상의 도움 없이 직접 경배를 받았다는 믿음에 의문을 품기 시작했다. 유다 왕국이 예루살렘 성전에서 치른 제의는 고대 근동의 "정상적" 제의, 즉 "당대의 페니키아, 시리아, 또는 트란스요르단의 제의와 근본적으로 다르지 않았고" 그 제의에는 조각상이나 제의적 상징이 필요했기 때문이다. 따라서 예루살렘 성전에 머무른 유다왕국의 최고신 야훼는 분명 물적 형태를 갖추었을 것이다.[48]

성전을 집어삼킨 화염은 조각상이든, 언약궤든, 비어 있는 거룹의 보좌든(야훼를 형상화한 물건으로 가장 많이 언급되는 세 가지) 관계 없이 야훼를 시각화한 모든 것을 파괴했을 것이다. 야훼의 집은 파괴되었고 성스러운 물건도 사라졌다. 그의 수도는 초토화되었고 그의 나라는 점령되었다. 이런 물질적 현실 앞에서 내재적 연결을 유지하는 것은 형상을 지닌 야훼에게 사형선고를 내리는 것이나 다름없었다. 따라서 야훼는 더 이상 물질적 존재감을 뽐낼 수 없게 되었고, 야훼의 추종자들은 "야훼의 본질에 대해 전면적으로 다시 숙고" 할 수밖에 없었다.[49] 이 시점부터 하느님은 더 이상 이 세계에 거하는 존재가 아니었다. 초월적 존재로 거듭난 하느님은 파괴할 수 없는 존재로 격상되었다. 이후 하느님은 보이지 않았고 하늘에 자리 잡았다. 지상에는 오직 하느님의 이름만 남았다.[50]

하느님의 힘 역시 지상의 것이 아니었다. 덕분에 다른 신들의 힘은 하느님의 존재 앞에 초라한 잔재주로 전락했다. 추상적인 하느님에 대한 일관성을 추구하는 강박이 작동하면서 형상 제작과 함께 다른 나라의 신을 모시는 일이 금지되었다. 야훼는 십계명을 통해 다음과 같이 요구했다. "너희는 내 앞에서 다른 신을 모시지 못한다. 너희는 위로 하늘에 있는 것이나 아래로 땅 위에 있는 것이나, 땅 아래 물속에 있는 어떤 것이든지 그 모양을 본떠 새긴 우상을 섬기지 못한다. 그 앞에 절하며 섬기지 못한다. 나 야훼 너희의 하느님은 질투하는 신이다." 사실 하느님에게는 선택의 여지가 없었다. 예루살렘의 멸망에 한몫 거든 다른 신들을 하느님이 용납할 리 없었다. 그러나 하느님이 이스라엘 민족에게 절대적 충성을 요구한 이유는 다른 신에 대한 질투만이 아니었다. 신의 힘이 제의에 사용하는 형상이나 상징에 머문다면 예루살렘 성전의 파괴는 하느님에게 악영향을 미쳤을 것이다. 따라서 조각상의 제작을 금지하는 문제에 생존이 달려 있었다. 즉 야훼의 입장에서는 순수한 자기방어 차원의 조치였다. 그러지 않았다면 그 자신이 몰락했을 것이다.

담금질을 통한 이런 단련 과정에서 여러 신 가운데 하나를 숭배하는 일신숭배는 유일신교, 즉 세상에 하나뿐인 유일한 하느님에 대한 믿음으로 재구성되었다. 그리고 그때까지 받아들인 다른 신은 모두 거짓 우상으로 전락해 버려졌다. 야훼는 수행원단까지 모두 버렸다. 덕분에 포로 생활을 마친 야훼는 "홀아비"가 되어 고향으로 돌아왔고, 이후 한때 아내였던 아세라에 대해 일언반구조차 하지 않았다.[51] 이제 하느님은 유일한 존재가 되었다. 추상적 존재로 더 이상 지상에 속하지 않았고, 그 덕분에 순수한 영적 원리가 되어 보편적으로 적용할 수 있는 존재가 되었다. 로버트 라이트는 이렇게 정리했다. "포로 시대의 이스라엘 신학자들은 그들에게 찾아온 재난에서 최선의 것을 만들어냈다." 바빌로니아의 손에 남왕국 유다가 패배한 사건은 "야훼에게는 더없이 좋은 일이었다."[52]

갓 제련한 강철

지금까지 논의한 내용을 요약해보자. 툭하면 화를 내는 성마른 성격 덕분에 야훼는 다른 신을 물리치고 전쟁으로 황폐화된 이스라엘왕국과 유다왕국의 국가 신으로 등극할 수 있었다. 이후 야훼는 다른 신이었다면 한 번도 살아남기 어려운 참화 속에서 두 번이나 살아남았다. 첫 번째 참화에서 야훼는 아시리아의 지배자처럼 무조건적이고 절대적인 충성을 요구했고, 두 번째 참화에서는 자신의 물적 형태를 고로재처럼 털어버리는 동시에 경쟁자들을 쓸어버렸다. 불로 단련된 하느님은 초월적 존재로 다시 태어났다. 하느님의 의지를 텍스트로 기록한 토라를 통해 그의 추상화 과정은 시작되었다. 토라를 통해 하느님은 말씀이 되었고 지적 원리로 나아가는 초석을 다졌다. 독일 시인 하인리히 하이네Heinrich Heine의 말을 빌려 표현하면 토라는 이스라엘 민족의 "휴대용 고향"이었다.[53] 이 시점부터 하느님은 모든 목적에 부합하는 보편적 존재로 승화했다.

유일신 야훼는 한 줌에 불과한 사회 지도층의 손에서 탄생한 지적인 걸작이다. 야훼는 의도적인 창조물이 아니라 최종적 파괴에서 사람들을 보호하기 위해 가능한 모든 방법을 동원해야 하는 절대적 필요에 의해 탄생한 존재다. 이 과정은 종교의 문화적 진화에 재앙이 결정적 역할을 했다는 이 책의 주장을 입증하는 또 다른 증거가 된다. 재앙 덕분에 영혼은 신으로 격상되었다. 그리고 거듭된 불행은 지역에서 군림하던 신을 온 우주를 지배하는 초대형 신으로 바꿔놓았다. 이런 재앙이 없었다면 야훼는 호렙산 기슭의 불타는 떨기 속에서 단 한 걸음도 내딛지 못했을 것이다.

9

투덜거리는 민족

인간의 첫 번째 본성, 아우성치다

에리크 아우렐리우스Erik Aurelius는 구약성서를 읽다 보면 "이야기가 시작할 때부터 끝날 때까지 시종일관 자기가 믿는 종교와 열정적으로 공개적인 논쟁을 하는"[1] 민족을 만날 수 있다고 기록했다. 신학 교수이자 은퇴한 스웨덴 교회 주교인 아우렐리우스는 아마 이스라엘 민족의 이집트 탈출 이야기를 염두에 두었을 것이다. 이스라엘 민족은 사막을 떠도는 동안 한순간도 "투덜거림"을 멈추지 않았기 때문이다. 다시 말해 이스라엘 민족은 모세가 소개한 세상에 하나뿐인 유일한 하느님에게 저항했다. 하느님은 자신이 조상의 신이라고 주장했지만 실제로는 몰라볼 정도로 변해 있었기 때문이다.

어떻게 헤아리느냐에 따라 다르겠지만 토라에는 "투덜거림"에 관한 이야기가 족히 열 개는 넘게 실려 있다. 이스라엘의 자손들은 물이 부족하다고 투덜거리고, 이집트에서 먹던 고깃덩이를 그리워한다. 금송아지 주위에서 춤추고, 다른 나라의 신과 섞이고, 모세의 특권에 반발한다.[2] 성서는 새로운 상황에 대해 불만을 터뜨리는 이스라엘 민족의 모습을 적나라하게 보여준다. 결국 하느님은 자신이 선택해 이집트에서 데리고 나온 사람들을 사막에서 죽게 할 수밖에 없었다. 오직 다음 세대만이 약속의 땅에 들어갈 수 있을 것이다. 이스라엘 민족과 야훼의 관계는 지극히 불안정했다.

성서인류학자에게 이스라엘 민족의 투덜거림은 훌륭한 연구 주제로 다가온다. 이스라엘 민족의 투덜거림을 통해 새로운 신, 더 정확히 말하면 새로운 종교를 세우는 것이 얼마나 어려운지 알 수 있기 때문이다. 바로 이 지점에서 현실과 성서 속 이야기가 하나로 맞닿는다. 이스라엘 민족의 이집트 탈출 이야기는 성서의 저자들이 핵심으로 여긴 문제, 즉 사람들이 유일신교를 믿게 할 방법에 초점을 맞춘다. 바로 이것이 이스라엘 민족의 이집트 탈출 이야기가 토라 창조라는 임무를 수행하는 과정에서 야훼의 사제들이 극복해야 한 저항을 가장 잘 드러내는 최고의 선전 도구로 등극한 이유다.

고향으로 돌아온 하느님

앞서 살펴본 것처럼 야훼는 바빌로니아 포로 시대에 유일신으로 탈바꿈했다. 그러나 포로 시대는 결국 막을 내렸다. 기원전 539년 바빌로니아를 정복한 페르시아제국이 포로들을 고향으로 돌려보낸 것이다. 페르시아제국의 작은 속주인 예후드의 일부로 전락한 예루살렘으로 돌아온 이들은 기원전 520년 페르시아제국에서 자금을 지원받아 성전을 재건하기 시작했다. 그러나 포로로 끌려간 유다왕국 사람이 모두 고향으로 돌아온 것은 아니다. 바빌로니아에서 생활을 이어간 사람도 많다. 이야기에서나 들어본 나라, 전쟁이 휩쓸고 지나가 초토화된 나라로 돌아갈 이유가 없었던 것이다. 그러나 잘 알지도 못하는 고향으로 돌아가는 위험을 무릅쓰기로 결심한 사람들에게는 조상의 땅, 즉 성스러운 경전에 기록된 대로 야훼가 이스라엘 민족에게 약속한 땅으로 돌아간다는 절대적 확신이 있었다. 포로 시대가 끝나 고향으로 돌아가게 된 사실 자체가 하느님이 모든 것을 주관한다는 또 다른 증거였다. 이번에는 페르시아 제국을 통해 바빌로니아를 물리치고 그동안 복종한 이스라엘 민족에게 약속의 땅으로 돌아가는 보상을 내린 것이다.[3]

성서는 반대로 기록하고 있지만, 야훼의 충성스러운 추종자들이 돌아간 땅에는 사실 과거 포로로 끌려가지 않은 사람들이 그대로 살고 있었다. 결국 두 세계는 충돌할 수밖에 없었다. 한편에는 정식으로 교육받은 사회 지도층, 즉 티그리스강과 유프라테스강 유역에 자리 잡은 복잡한 국가에서 나고 자란 사람들이 있고 다른 편에는 외국이라고는 한 번도 가본 적 없는 가난한 농민들이 있었다. 사회 지도층은 과거 자신의 것을 되찾고자 하는 동시에 유일신 야훼만이 하느님의 나라에서 숭배를 받을 수 있게 하는 근본적 임무를 수행하기 시작했다. 그러나 유다왕국에 남아 있던 사람들은 다른 신을 용납하지 않는 추상적 신을 숭배하라는 요구를 쉽게 받아들일 수 없었고, 그래서 저항했다.

현대 세계에서는 종교와 유일신을 결부시켜 생각하는 것이 일반적일 뿐 아니라 공식 종교와 공식 종교가 정한 교리, 그 교리를 제외한 모든 것은 미신으로 치부하는 태도에도 익숙하다. 성서도 이런 입장을 취한다. 즉 정해진 방식으로 야훼를 숭배하기를 거부하는 사람은 모두 거짓 우상의 종이라는 입장이다. 그러나 이런 생각은 오늘날 사람들의 편견에 불과하다. 고고학자 윌리엄 데버는 이런 이분법을 다음과 같이 명쾌하게 요약한다. "사회 지도층(과 홍보 전문가들)이 기록한 히브리 성서는 대부분의 사람이 실제로 믿고 실천한 종교가 아니라 믿고 실천해야 하는 종교를 이상적으로 그려낸 초상화에 불과하다. 이런 일을 진행한 사람들은 바로 민족주의적 성격의 정통파였다." 지난 50여 년 동안 이스라엘에서 발굴 작업을 진두지휘한 데버는 당시의 실제 상황을 정확하게 이해하려면 "현대 고고학이 제공하는 정보를 토대로 삼아야 한다"고 말한다.[4]

오랫동안 사람들은 고대 이스라엘에 대한 성서의 기록을 비판 없이 받아들였다. 그래서 최근 고고학자들이 밝혀낸 풍부하고 다채로운 종교 세계에 대한 증거에 놀라움을 금치 못하는 사람이 많다. 프란체스카 스타브라코폴로Francesca Stavrakopoulou와 존 바턴John Barton은 《고대 이스라엘과 유다의 종교적 다양성Religious Diversity in Ancient Israel and Judah》에서 종교는 "일률적이지 않고 다원적"이라고 설명한다. "종교는 신전, 무덤, 집 등 장소에 따라 다른 모습으로 나타나고 농촌 가정부터 왕실, 수비대, 지역사회의 여성 관계망에 이르는 다양한 집단의 사람들 사이에 차이가 있을 수 있다." 즉 세계는 다양한 신이 머무르는 다채로운 공간이다. "사실 오늘날에는 야훼, 아세라, 바알, 특별한 재주를 지닌 신, 각 집안의 조상 같은 다양한 신과 신성한 존재가 서로 다른 조합을 이루면서 종교 세계에 머물렀을 가능성이 높다는 사실을 인정하는 추세다."[5]

종교의 세 영역

왕국 시대, 즉 포로 시대 이전 몇 세기 동안 고대 이스라엘이 경험한 종교적 다양성을 이해하기 위해서는 여러 가지 유형의 종교를 구별해야 한다.[6] 그중 가장 쉽게 만날 수 있는 종교 유형은 가족의 조상을 기리고 가족의 신을 숭배하는 "분권화된 개인과 가족의 종교적" 제의다. 다음으로는 "마을 수준의 지역 차원 제의"를 꼽을 수 있다. 지역 차원의 제의는 성서에서 자주 비난하는 것처럼 언덕 위 제의 장소에서 지역의 신으로 등장한 야훼를 비롯해 다양한 신을 숭배하는 형태로 나타나기도 했다. 마지막으로 중앙의 제의 장소에서 국가의 신으로 등극한 야훼를 숭배하는 "지역을 초월한 도시와 국가 차원"의 종교가 있다.[7]

각 종교 유형의 영역을 가르는 경계는 유동적이었다. 사람들은 "신이 주관하는 영역에 따라 (…) 다양한 수준에서 다양한 신에게 경배할 수 있었다."[8] 이런 사실은 그다지 놀랍지 않다. "삶 전체에 신들의 존재가 스며 있었기" 때문이다.[9] 그리고 이런 신은 사회적 영역에서 자기만의 방식으로 모습을 드러냈다. 이런 종교의 영역에 대해 조금 더 자세히 살펴보자.

그중 가장 낮은 수준은 일상의 영역으로 주로 평범한 사람들의 종교, 가족의 종교, 가정의 종교로 묘사된다.[10] 이 일상의 종교를 폄하해서는 안 되는데, 성서학자 캐럴 마이어스Carol Meyers는 그 이유를 다음과 같이 설명한다. "생산과 소비가 이루어지는 기본 단위"인 가정은 "가장 중요한 경제적·사회적 단위였다."[11] 사람들의 삶은 바로 이 수준에서 이루어졌다. 데버도 이에 동의한다. "사람들의 삶은 가족, 마을, 씨족, 자연 세계, 계절의 변화 주기를 중심으로 이루어졌다." 사람들은 대부분 예루살렘에 가본 적이 없었고, 그 집의 신당이 "그들이 아는 유일한 신전"이었다.[12]

"고대인의 삶은 '종교적'**이었다**"[13]라고 데버는 말했다. 덴마크의 성서학자 안네 카트리네 데 렘메르 구드메Anne Katrine de Hemmer Gudme는 "가족, 씨족, 친구의 안녕, 자녀와 가축의 건강, 풍성한 수확"을 강조하는 "일상생활의 종교"에 대해 언급한다. 이런 "종교 양식"은 실존적 문제에 집중했다. 다시 건강해질 수 있을까? 아내가 임신할 수 있을까? 비가 내릴까? 사람들은 종교 활동을 통해 "선물하기, 요리하기, 잔치하기, 예우하기, 청원하기 같은 일상적 관행을 수정해나갔다. 종교는 사람들에게 사회 세계에서 생활해나가는 데 필요한 일상적 지식과 경험을 제공했다."[14] 여성은 가정경제에서 중요한 역할을 했다. 따라서 가정의 종교에서는 여성이 진정한 "의례 전문가"였다.[15]

고고학자들은 고대 이스라엘 정착지의 유적에서 많은 형상, 부적, 인장을 찾아냈다. 따라서 고대 이스라엘 민족이 우상을 만들지 않았다는 주장은 사실이 아닌 것으로 드러났다.[16] 침실에는 조상의 형상, 즉 "가신상家神像"이라고 번역하는 데라빔teraphim이 서 있었다.[17] 한편 여성 형상의 테라코타도 출토되었는데, 1882년 그중 하나를 발굴한 프레더릭 존 블리스Frederick John Bliss는 벌거벗은 형상을 보고 "몹시 당황"하기도 했다.[18] 오늘날 "유대인 입상"으로 알려진 이 형상은 가슴을 부각한 모습이 가장 눈에 띄는 특징이다. 남아 있는 문헌 기록이 없어 이 형상이 누구의 모습을 본뜬 것인지는 추측할 수밖에 없는데, 사회학자 로버트 벨라Robert Bellah가 꼽은 가장 유력한 주인공은 여신 아세라, 즉 "하느님의 아내"다.[19] 금석문뿐 아니라 기원전 7세기까지 예루살렘 성전에 아세라의 형상이 서 있었다는 사실을 통해 아세라가 야훼의 동반자였다는 사실을 충분히 유추할 수 있다. 성서는 아세라를 40여 차례 언급하지만 단 한 번도 긍정적으로 묘사하지 않는다. 이런 여성의 형상이 3,000개 넘게 출토된 것으로 보아 당시 모든 가정에 적어도 하나씩은 있었던 것으로 보이지만, 성서는 이에 대해 단 한 번도 언급하지 않는다. 이와 관련해 데버는 "성서 텍스트는 침묵으로 일관함으로써 오히려 크게 웅변한다"라고 말했다. 그리고 그 형상의 기능에 대해 이렇게 언급한다. "그들은 틀림없이 번식과 관련이 있다. 안전하게 임신하고 출산하고 젖을 먹일 수 있기를 바라는 사람들의 욕망과 관련된 그것은 사실상 '점토 기도문'의 역할을 했다. 아이를 낳고 돌보고 양육하는 여성에게 위안을 주는 부적이었다."[20]

시간이 흐르면서 사회는 기능적으로 계층화되고, 종교도 같은 길을 걸으며 두 번째 영역으로 진입한다. 일상의 종교에서 성스러운 장소가 분리되어 나왔다. 영혼이나 신과 특별한 방식으로 연결되어 있다고 알려진 종교적 인물들이 그곳에 머물렀고, 씨족이나 부족의 행사가 그곳에서 열렸다. 사람들은 그곳에 특별한 신이 머무른다고 생각했다. 그 결과 그런 성스러운 장소에서 특별한 욕구를 충족하는 데 걸맞은 제의가 발달하기 시작했다. 어느 신전은 특히 치료에 효험이 있다고 알려졌다. 또 다른 신전은 임신이나 그 밖의 문제로 어려움을 겪는 여성들이 순례하듯 찾을 만큼 약초에 대한 풍부한 지식으로 명성을 얻었다.

더 너른 영토를 지배하는 사회가 등장하면서 종교도 세 번째 영역으로 들어섰다. 즉 정치 활동을 하는 신이 등장한 것이다. 그들의 신전에는 전문 사제가 머물렀다. 한편 문자가 발명되면서 사제들은 종교에 관한 전문 지식을 성문서의 형태로 축적했다. 군주는 종종 국가의 신을 모시는 사제의 우두머리 역할을 하곤 했다. 중앙 집권 국가가 나타나면서 중간 단위의 기관이 사라졌는데, 종교의 영역에서도 같은 현상이 나타났다. 로버트 라이트는 "한마디로 다수의 초자연적 존재는 왕권에 대한 위협이었다"라고 말한다. "온갖 신을 모시는 모든 예언자가 사방에서 신의 말씀을 외치고, 이스라엘 민족에 속한 모든 씨족이 저마다 가장 존경하는 조상의 영혼에게 정치 문제를 상의한다면 왕은 자기 목소리를 내는 데 어려움을 겪었을 것이다."[21] 지역과 지역 신전의 폐지는 군주의 권력을 강화했고 사회 지도층 사제들은 경쟁에서 자유로워졌다.[22] 그러나 국가의 신은 큰 그림만을 주관할 뿐 가장 낮은 영역에까지 관여하지는 않았으므로 일상에서는 왕의 종교나 평범한 사람들의 종교나 별반 차이가 없었을 것이다.[23] 실존을 위협하는 위기가 닥치면 사울Saul 왕 같은 통치자도 죽은 사람의 영혼을 불러내 도움을 청하는 수밖에 없었다.

마이너리티 리포트

바로 이것이 고대 이스라엘의 파란만장한 종교 세계다. 그러나 야훼를 섬기는 사제와 학자들의 작품인 토라는 오직 세 번째 영역의 단색적 관점만 제시한다. "토라는 사회적·정치적 피라미드의 꼭대기에 자리 잡은 '국가적' 활동에 대한 많은 정보를 제공하지만, 그 기층부를 이루는 무수한 가정의 활동에 대해서는 별다른 정보를 제공하지 않는다."[24] 이런 사실을 통해 토라에 대한 이 책의 해석이 올바르다는 것을 확인할 수 있다. 토라의 율법은 "건강과 다산, 자녀 양육을 둘러싼 문제나 결혼, 출산, 죽음 같은 삶의 중요한 사건" 등 "가정의 제의와 관련한 주요 관심사를" 다루지 않는다.[25] 이유는 단순하다. 야훼는 그런 사안에 관여할 필요가 없는 존재였기 때문이다. 그런 문제는 가정의 종교에서 처리하면 될 일이었다. 야훼가 그것을 용인한다는 전제하에 말이다.

토라가 종교의 세 번째 영역에 집중했다는 사실을 통해 야훼의 성스러운 경전에 여성이 그토록 보잘것없는 존재로 남게 된 이유도 설명할 수 있다. 히브리 성서에는 남성의 이름이 여성의 이름보다 열두 배 많이 등장한다.[26] 성서의 저자들은 여성이 중심적 역할을 하는 분야에 관심을 기울이지 않았다. 사람들의 삶에서 중심을 이루는 일임에도, 구약성서에서는 임신이나 출산과 관련한 문제에 적용되는 법이나 의례를 다룬 텍스트를 찾아볼 수 없다.[27] 히브리 성서는 인류 역사상 최고의 베스트셀러임에도 윌리엄 데버의 말에 따르면 사실상 "마이너리티 리포트"다.[28]

직관적 종교와 지성적 종교

한때 공존하면서 서로를 보완하던 다양한 믿음의 영역은 2세대에서 3세대에 걸친 바빌로니아 포로 시대를 지나며 분리되었다. 유다왕국의 농촌 지역은 가정의 제의와 지역의 제의가 지배했고, 무너진 예루살렘 성전에서는 여전히 야훼를 숭배했다. 따라서 모든 것이 과거와 마찬가지로 "다양한 형태"로 존재했다. 이런 유형의 종교는 인간이 타고난 심리적 성향과 수많은 영혼이 활동하는 신비로운 세계에 대한 인간의 믿음에 단단히 얽혀 있으므로 꾸준히 그 생명을 이어갈 수 있었던 것도 무리는 아니다. 이런 세계는 인간이 별도의 인지적 노력을 들이지 않고도 쉽게 이해할 수 있을 만큼 자명한 세계이기 때문이다. 모든 사람이 타고나는 직관에서 직접 흘러 나오는 이런 종교는 **직관적·개인적 종교**라고 할 수 있는데, 그 기초를 이루는 심리적 성향은 인간의 첫 번째 본성에 뿌리내리고 있다. 한편 직관적·개인적 종교의 실천은 수천 년은 아닐지라도 수백 년 동안 인간의 두 번째 본성의 일부로 영향력을 행사해왔다.

앞서 바빌로니아 포로 시대에 야훼에게 일어난 일에 대해 설명했다. 형상을 잃은 야훼는 세상에 하나뿐인 유일한 하느님으로 진화했고 철저한 전체주의자로 거듭났다. 아시리아의 영향을 받아 종교적 관심이 야훼에게 집중되는 현상이 나타났지만 유다왕국의 왕들은 여전히 과거의 다신교적 제의에 애착을 보였다. 외국의 신들을 수용함으로써 국제무역과 외교를 활성화할 수 있었기 때문이다.[29] 그러나 바빌로니아 포로 시대로 접어들면서 사제들은 바빌로니아로 인한 재앙의 첫 번째 원인으로 야훼에 대한 충성심 부족을 지목했다. 따라서 포로가 되어 끌려간 사회 지도층은 바빌로니아의 상아탑에 들어앉아 신의 의지를 완벽하게 해독하는 일에 매진했다. 토라에 대한 분석을 통해 확인한 것처럼 이런 유형의 종교는 앞으로 닥칠 재앙을 피할 목적으로 창조한 놀라울 정도로 합리적인 문화적 보호 시스템이다. 기본 원칙을 세우고 613개의 법으로 발전시키는 과정에는 엄격한 논리적 사고가 필요했으므로 직관으로는 절대 이해할 수 없었다. 따라서 제도에 정통한 전문가들이 나서서 수칙을 설명해주어야 했다. 인간의 세 번째 본성이 빚어낸 문화적 산물인 이 새로운 유형의 종교는 **지성적·제도적 종교**라고 부를 수 있다.

수세기 동안 직관적 종교와 지성적 종교는 서로를 보완하며 공존해왔다. 쉽게 말하면 인간 개개인이 겪는 어려움은 직관적 종교가 처리하고, 지성적 종교는 사회 전체의 안녕에 집중했다. 그런데 새로운 길을 개척한 야훼를 열렬히 신봉하는 사람들이 토라를 따르는 것이 참사를 피할 수 있는 완벽한 비결이라는 확신을 품은 채 바빌로니아에서 돌아왔다. 고향으로 돌아온 사회 지도층은 페르시아제국의 지원을 받아 지배권을 회복했다. 그들은 야훼를 세상에 하나뿐인 유일한 주권자라 선언하고 이 새로운 유일신이 불쾌하게 느낄 만한 일은 모두 금지했는데, 가정의 영역을 주관하는 직관적 종교를 특히 싫어했다.

사실 이 시기에 완성된 토라에서도 이런 갈등을 엿볼 수 있다. 토라는 다른 모든 신을 금지하고, 모든 우상과 조각한 형상을 몰아내고, 예루살렘에서만 제의를 행하라고 명령한다. 또 강신降神, 마법, 그리고 모든 형태의 점술을 금지한다. 토착 종교의 영역, 가정의 제의와 지역의 제의는 송두리째 뿌리 뽑혔고 규범을 바탕으로 하는 신이라는 새로운 개념이 그 자리를 메웠다. 예루살렘으로 귀환하는 이야기를 다룬 에즈라Ezra와 느헤미야Nehemiah는 믿음이 서로 다른 사람들이 결혼한 경우 이혼할 것을 종용하기도 한다. 이쯤 되면 평범한 사람들이 투덜거리기 시작할 만하지 않은가?

신학적으로 올바르지 않은

야훼의 지지자들이 맡은 바 소임을 다하기 위해 아무리 애써도 인간 본성이라는 매우 강력한 적수를 완전히 제거할 수는 없었다. 인간 본성은 초자연적 세계라는 직관적 관념을 꿋꿋하게 고수했다. 유일신교가 등장해 사회화를 거치고 일상적 활동에 결부되면서 인간의 두 번째 본성의 일부로 자리 잡자 직관적 종교는 이내 수세에 몰렸지만 완전히 사라지지는 않았다. 직관적 종교는 인간이 타고난 종교적 기질을 반영하기 때문이다. 인지과학적 접근법을 종교에 처음 도입한 대표적 학자 저스틴 배럿은 지배적인 지성적 종교가 말하는 "신학적으로 올바르다는 것"이 무엇인지 잘 알고 있는 신자들의 마음속에도 이런 가정이 살아남았다는 사실을 보여준다. 심지어 하느님에게 육체가 없다는 사실을, 하느님이 시공간을 초월한 존재라는 사실을 **아는** 신자들도 특히 영적인 순간에는 곁에서 위로의 말을 건네는 하느님을 **느낄** 수 있다.

여러 실험을 통해 종교를 가진 성인은 하느님에 대해 크게 두 가지 입장을 취하는 것으로 밝혀졌다. "하나는 어디에나 존재하고 모든 것을 알며 성찰적 상황에 등장하는, 인간과 전혀 다른 유형의 존재를 상정하는 신학적 입장이고 다른 하나는 인간에게 훨씬 가깝고 실제 상황에서 떠올리기 쉬운 유형의 존재를 상정하는 입장이다." 이런 신학적 올바름은 정치적 올바름과 매우 닮았다. "지적 안전망을 두른" 인간은 공개적으로 표현해도 되는 사고와 그렇지 않은 사고를 사려 깊게 구분해 처신하지만, 지적 안전망을 치워버린 인간은 정치적으로 올바르지 않을 수 있는 농담도 무람없이 던지며 거리낌 없이 박장대소할 수 있다.[30]

그리스도교도든 힌두교도든 유대교도든 관계없이 사람들은 공식 종교에서 제시하는 표현보다는 인간적인 용어를 사용해 각자의 신을 표현하는 경향이 있다.[31] 이런 경향은 "신학적으로는 올바르지 않지만" 인간의 두뇌 속에서 작용하는 "인지적 도구가 자아낸 자연스러운 부산물"이다.[32] 파스칼 부아예는 이런 현상을 "신학자의 비극"이라고 묘사한다. "사람들은 문자 그대로의 기억이 아니라 실제 마음을 가지고 있기 때문에 항상 신학적으로 올바르지 않을 수밖에 없다." 그리고 그들의 정신적 구조에 맞게 공식적 종교의 개념을 조정해나갈 것이다.[33]

모세의 구분

인지과학은 종교사 담론에 많은 재료를 제공한다. 이집트학자 얀 아스만은 "모세의 구분"이라는 개념을 제시해 많은 논란을 불러일으켰다. 그는 출애굽 이야기가 다신교에서 유일신교로, "제의 종교에서 문서 종교로" 전환하는 과정을 반영했다고 믿는다. 이런 특별한 전환이 "오늘날 인간이 살아가는 세계에 미친 영향"이 지금까지 일어난 어떤 정치적 변화가 미친 영향보다도 "심대"하다고 생각한다. 그의 견해에 따르면 다신교는 "대개 언어를 공유하고 단일한 문화를 유지하는 사회, 이런 요소들이 불가분의 관계에 놓인 사회에서 역사적으로 수백, 수천 년에 걸쳐 진화한 1차 종교"인 반면, "2차 종교는 계시 활동"에 의지해 그 존재를 드러내는 종교다. 2차 종교는 1차 종교에 기원을 두면서도 거리를 유지하며 1차 종교를 "토속신앙, 우상숭배, 미신"으로 폄하한다.[34]

아스만은 두 종교의 근본적 차이를 설득력 있게 제시했다. 앞서 직관적 종교라고 설명한 것과 기본적으로 같은 현상인 1차 종교는 본능적이고 자연스러운 매력을 지녔다. "누구도 신성한 힘의 존재를 부정할 생각은 하지 않을 것이다. 태양과 달, 공기와 물, 흙과 불, 삶과 죽음의 형태로 존재하는 신성한 힘을 알아보지 못할 사람은 없기 때문이다. 사람들은 신성한 힘을 무시하고, 별달리 숭배하지 않으며, 서로 다른 수백 가지 방식으로, 예컨대 신성한 힘에 결부된 금기 사항 가운데 하나를 어기는 식으로 죄를 짓는다. 하지만 신성한 힘과 관계를 맺고 끊는 것은 인간이 선택할 수 있는 문제가 아니다. 인간은 신성한 힘과 돌이킬 수 없는 관계를 맺고 태어나는 존재로, 그것은 인간이 결정할 수 있는 사안이 아니다." 한편 (앞서 지성적·제도적 종교라고 지칭한) 2차 종교는 "보거나 경험할 수 없는, 따라서 억지로 믿어야 하는" 계시를 바탕으로 한다는 사실을 극복해야 하는 과제를 안고 있다.[35]

아스만의 생각에 동의하지만 한 가지 짚고 넘어가야 할 문제가 있다. 아스만은 모세의 구분이라는 개념을 통해 2차 종교가 1차 종교를 완전히 대체했다고 주장하지만 그것은 사실이 아니다. 문화적 진화의 관점에서 보면 이런 현상은 아주 매력적인데, 문화의 산물(지성적 종교)이 인간의 생물학적 기반에 훨씬 가까운 현상(직관적 종교)을 지워버리지 **않고** 어떻게 중첩되는지 파악할 수 있기 때문이다. 사람들이 2차 종교, 제도적 종교를 받아들이려면 먼저 그 가정에 대한 믿음이 필요한데, 직관적 종교는 끝까지 살아남아 새로운 신념 체계에 끊임없이 의문을 제기한다. 인간의 본성은 시공간을 초월해 존재하는 추상적 존재를 쉽게 상상하지 못하기 때문이다.

하느님 스스로 야기한 문제

유일신교라는 합리적 개념에 대한 지적 확신이 얼마나 강력하든 관계없이 인간의 첫 번째 본성은 그 개념에서 몇 가지 문제를 발견했다. 이제부터 인간의 직관적 심리가 이질적이라고 느끼는 유일신교의 핵심 측면을 짚어보고자 한다.

우선, 유일신의 존재를 확신할 만한 증거가 부족하다. 하느님은 추상적이고 초월적인 존재다. 인간이 그 형상을 만드는 일은 금지되었다. 사실 하느님은 정말 상상조차 할 수 없는 존재다. 영혼과 신 모두 인간의 형상일 것으로 믿는 신인동형론神人同形論은 "가장 잘 알려진 종교의 특성 가운데 하나"이므로[36] 신이 직관을 거스르는 존재일지라도 그 정도가 지나쳐서는 안 된다. "신학적으로는 추상적이고 몰인간적인 하느님의 존재가 가능할 수 있지만 심리적으로는 크게 주목받지 못한다."[37]

두 번째는 하느님이 세상에 하나뿐인 유일한 존재라는 점이다. 고대 세계 사람들에게는 이런 유형의 개인주의가 아주 낯설었다. 성격은 집단 속에서 형성되는 것이고 모든 사람은 집단의 일원으로서만 그 존재를 인정받을 수 있었다.[38] 가족이 없는 신은 있을 수 없었다. 이런 이유로 하느님이 마음대로 부릴 수 있는 천사가 존재하는 것이다. 그러나 무엇보다도 유일신교는 인간의 타고난 HADD, 즉 과민반응 행위자 감지 장치에 부합하지 않는다. 이 장치는 수백만 년에 걸쳐 쌓은 경험을 바탕으로 세상에는 심술궂은 존재가 무수히 많다는 사실을 알고 있다. 따라서 단 하나의 존재가 사람들을 둘러싸고 벌어지는 복잡한 사건들을 일으킨다는 사실을 쉽게 납득할 수 없다.

세 번째는 하느님과 직접 소통할 수 없다는 점이다. 하느님과 소통하는 일은 사제들의 임무다. 토라는 개인의 기도 같은 주제를 전혀 다루지 않는다. 한편 사제들이 자기 마음대로 말할 가능성이 있기 때문에 그런 "간접"[39] 종교는 신뢰하기 어렵다. 나아가 인간 개개인이 하느님에게 영향력을 행사할 수 있는 마법 같은 다른 가

Part 2 모세와 이스라엘 민족의 이집트 탈출

능성도 모두 차단된다. 직접 소통할 수 없는 하느님이 사람들에게 무슨 소용이 있겠는가.[40]

네 번째는 유일신으로 인해 공백이 생긴다는 점이다. 합리적인 국가의 신 야훼와 그의 남성 사제들은 가정의 종교와 그 신들을 제거함으로써 생긴 공백을 메울 능력도, 그럴 마음도 없었다. 바로 이 것이 종교의 전형적인 주제를 토라의 율법에서는 다루지 않는 이유다. 그럼으로써 하느님은 전통적 "의례 전문가"였던 여성을 해고해 버렸다. 일상에서 직면하는 수많은 문제에 대해 그러했듯 하느님이 여성에게 해줄 수 있는 것은 거의 없었다. 심리학자 베냐민 베이트할라미Benjamin Beit-Hallahmi가 "신자 연구는 곧 여성 연구"라고 말할 정도의 현실을 고려할 때 이런 여성 무시 현상은 유일신교에 특히 치명적이다.[41]

지금까지 살펴본 내용을 통해 유일신교의 성립 과정이 그토록 길고 고된 여정이었던 이유를 이해할 수 있다. 성서의 저자들은 저마다 개념을 다듬어나가야 했을 것이다. 고대 이스라엘의 종교는 오랜 세월 다양한 모습으로 존재했지만 결국 승리한 것은 유일신교였다. 그 승리에 출애굽 이야기가 중요한 역할을 했는데, 투덜거리는 사람들의 불만을 잠재우기 위해 개념을 다듬고 또 다듬은 엄청난 노력이 숨어 있기 때문이다. 이제 그 노력을 자세히 살펴보자.

하느님의 영광

포로 생활을 끝내고 바빌로니아에서 돌아온 야훼의 추종자들은 모세와 운명을 함께했다. 야훼를 만난 미디안 사막에서 여러 해를 보낸 후 모세는 이집트로 돌아가 전에는 보지 못한 새로운 신을 받아들이도록 이스라엘 민족을 설득했다. 다른 점이 있다면 모세는 하느님의 기적에 기댈 수 있었던 반면, 성서의 저자들은 자신의 영감에 의지할 수밖에 없었다. 지금까지 검토한 내용으로 미뤄 볼 때 성서의 저자들이 얼마나 힘든 기념비적 투쟁에 직면했을지 충분히 짐작할 수 있을 것이다. 그리고 그들은 결국 승리를 거뒀다. 야훼를 믿을 만한 존재로 부각할 목적으로 설계한 여러 가지 천상의 특성을 인상적으로 제시하는 빛나는 선전 문구를 통해 인간의 첫 번째 본성에 따른 저항을 누그러뜨리는 데 성공한 것이다.

말보다 행동의 효과가 크다

새로운 유일신교에서 가장 중요한 선전 도구는 야훼의 사제와 율법 학자들이 발전시킨 생각인데, 이것은 무려 25세기나 지난 오늘날에도 할리우드의 영화감독이 영감을 받을 만한 이야기에 토라의 율법이라는 형태로 기록되어 있다. 제품 판매에서 포장이 극히 중요한 역할을 한다는 사실을 모르는 사람은 없을 것이다. 출애굽기는 하느님의 개인적 의지이자 신성불가침 존재인 토라의 율법을 제시하는 동시에 폭정을 비판하면서 인류에게 영감을 주는 해방의 서사시("이스라엘 민족을 보내주시오!")다. 이 이야기가 전하고자 하는 메시지는 분명하다. 법을 지키는 것이 자유에 이르는 지름길이라는 것이다. 그러니 누가 법에 복종하지 않을 수 있겠는가.

그러나 이야기가 훌륭하다는 사실 하나만으로 사람들에게 확신을 주기는 어렵다. 그렇다면 사람들에게 확신을 심어주기 위해 성서의 저자들이 활용한 수사학적 장치는 무엇인가? 그들은 자신이 직면한 문제(새로운 하느님에 대해 회의적인 사람들에게 확신을 심어

줄 방법)를 이야기 속에 엮어 넣었다. 야훼가 이스라엘 민족을 이끌고 이집트에서 떠나라는 과제를 주었을 때 모세는 주저했다. "그들이 저를 믿지 않으면 어떻게 합니까? 제 말을 듣지 않고, 야훼께서 저에게 나타나셨다는 말을 헛소리라고 하면 어떻게 합니까?" 그러자 하느님은 모세 앞에서 지팡이를 뱀으로 변하게 하고, (모세의 손을 나병 환자의 손으로 변하게 했다가 원상태로 되돌리고 나일 강물을 피로 바꾸는) 몇 가지 재주를 더 보여주었다. 정말 이 방법이 효과가 있었을까? 놀랍게도 효과가 있었다! 세 가지 기적을 본 사람들은 모세를 믿었다. 여기서 다시 한번 성서는 진화 과정에서 인간의 정신 깊은 곳에 새겨진 지혜, 즉 말보다 행동의 효과가 크다는 지혜를 되풀이해 이야기한다.[42]

심지어 하느님에게도 신뢰도를 높일 증거가 필요하다

인류학자 조지프 헨리크Joseph Henrich는 언어의 진화가 필연적으로 수반하는 문제의 심각성에 대해 언급했다. 마음대로 언어를 구사할 수 없던 시절, 인류의 조상은 행동을 통해 정보를 전달했다. 솜씨 좋은 사람이 손도끼를 만들면 그 과정을 사람들이 지켜보는 방식이었다. 상당한 노력이 필요한 방법이지만 그만큼 지식을 전달하는 사람이 진지하다는 것을 보여주었고, 동시에 그 해결책이 실제로 효과가 있다는 것을 입증할 수 있었다. 그러나 언어가 발전하면서 모든 것을 행동으로 보여줄 필요가 없어졌다. 덕분에 학습하기 쉬워졌지만 새로운 위험도 함께 나타났다. 바로 조작 가능성이다. 말하기는 쉽다! 누구나 힘들이지 않고 아무 말이나 지껄일 수 있다.

헨리크는 다음과 같은 예를 제시한다. "명망 있는 개인은 학습자의 믿음(과 그 밖의 정신 상태)에 영향을 미칠 수 있다. 마키아벨리 같은 명망 있는 인물이라면 누구나 훌륭하게 설계된 문화적 방식을 활용해 타인의 믿음과 선호를 전략적으로 바꾸는 '정신 바이러스'를 전파하는 능력을 극대화할 수 있는 것이다. 예를 들어 많은 지역 사람들은 '죽은 조상의 바람을 들어주어야 한다'고 믿는데, 어느 날 정신 조작자가 나타나 정작 자신은 믿지 않는 믿음을 사람들 사이에 퍼뜨릴 수 있다. 이때 정신 조작자는 자신이 '조상의 대변자고 조상이 자신을 통해 말한다'면서 '조상이 내린 첫 번째 명령은 각 가정에서 조상을 위해 봉사하는 대변자에게 돼지를 한 마리씩 바치라는 것'이라고 믿게 할 수 있다."

이런 조작 가능성에서 자신을 보호하기 위해 사람들은 새로운 생각을 받아들이기 전에 먼저 신뢰도를 높일 증거를 요구하는 "문화 면역 시스템"[43]을 발전시켰다. 신뢰도를 높일 증거는 모든 것이 주장한 바와 같다는 사실을 확인해주는 행동이다. 사람들은 다른 사람들이 말한 그대로 행동하는지 눈으로 확인하고 싶어 한다. 다른 사람들이 자신이 대변한다고 주장하는 일에 대해 정말 확신을 갖고 있는지, 또는 약속한 것을 실제 행동에 옮길 수 있는지 확인하고 싶어 한다. 아라 노렌자얀은 이렇게 말한다. "간단히 말해 사람들은 걸을 수 있다고 말하는 것보다는 실제로 걷는 모습을 보고 싶어 한다."[44]

화려한 볼거리

방금 살펴본 사례를 고려할 때, 모세가 이스라엘 민족에게 강력한 신을 만나고 왔다는 **말만 했다**면 아무도 믿지 않았을 것이라는 사실을 쉽게 짐작할 수 있다. 그런 말은 누구나 할 수 있기 때문이다. 모세는 의심하는 사람들에게 자기가 만난 신이 지팡이를 뱀으로 변하게 하고, 나병 걸린 손을 치료하고, 나일 강물을 피로 바꿀 수 있는 존재라는 사실을 보여주었다. 의심 많은 토마Thomas는 예수의 손에 난 못 자국과 옆구리에 난 창에 찔린 상처를 만져본 뒤에야 비로소 예수의 부활을 믿었다. 이것은 호모사피엔스의 특징을 잘 드러내는 전형적 사례다.

초자연적 힘을 대리한다고 주장하는 사람들에게는 언제나 교묘한 속임수가 있지 않을까 하는 의심이 따라다녔다.[45] 예언자로 넘쳐난 성서 시대에 사기꾼 취급을 당하지 않으려면 뭔가 규모가 큰 것을 보여주어야 했다. 따라서 출애굽기에는 신뢰도를 높일 증거에 대한 기록이 넘쳐난다. 하느님은 전반적으로 기적에 인색한 편이지만 출애굽기에서만큼은 기적을 보일 기회를 절대 놓치지 않는다. 의심하는 모든 사람에게 확신을 주어야 했고, 이를 위해 하느님은 "화려한 볼거리"를 수도 없이 펼쳐놓았다.[46]

이런 사실을 통해 이스라엘 민족이 이집트를 떠날 수 있도록 하느님이 이집트에 열 가지나 되는 엄청난 재앙을 내린 이유를 알 수 있다. 하느님이 직접 파라오에게 이스라엘 민족을 쫓아내라고 명령할 수는 없었을까? 물론 하느님은 그렇게 할 수 있었지만 그걸 원하지 않았다. 종기가 나고 메뚜기 떼가 몰려오고 어둠이 내리는 등온갖 재앙은 신뢰도를 높일 증거, 즉 하느님의 위대함을 입증하는 증거다. 야훼는 자신이 강력한 파라오의 의지를 꺾으려 한다는 사실을 의심하는 사람이 없어질 때까지 반복해서 같은 패턴의 증거를 내보인다. 먼저 하느님은 역병을 보낸다. 파라오는 바로 이스라엘 민족을 보내겠다고 마음먹는다. 하지만 바로 그 순간 결정적 사건이 일어난다. "야훼께서 이집트 왕 파라오의 마음을 굳어지게 하셨으므로 그는 (…) 이스라엘 백성을 추격하게 되었다." 자신의 막강한 힘을 보여주기 위해 야훼에게는 파라오라는 꼭두각시 인형이 필요했다.

이스라엘 민족의 이집트 탈출 이야기와 관련된 모든 위대한 기적은 이런 형태를 따른다. 홍해를 가르는 기적을 예로 들어보자. 전통적으로 이것은 구조 활동으로 해석된다. 하느님은 겉과 속이 달라 신뢰할 수 없는 이집트 군대가 이스라엘 민족을 학살하는 것을 막으려 하지 않은 것일까? 아니다. 하느님은 자신의 위대한 힘에 대한 단 한 점의 의혹도 남기지 않기 위해 냉혹한 대량 학살도 서슴지 않는다. 성서는 이렇게 말한다. 열 가지 재앙 중 마지막 재앙을 내리자 파라오는 결국 이스라엘 민족을 보내주지만, 하느님은 그것으로 충분치 않았다. 그래서 모세에게 이렇게 명령한다. "너는 이스라엘 백성에게, 가던 길을 돌이켜 믹돌과 바다 사이에 있는 비하히롯으로 돌아와 그 근처 바알스본 앞 해변에 진을 치라고 하여라. 그러면 파라오는 이스라엘 백성이 광야에서 길이 막혀 아직도 이 땅에서 헤매고 있다고 생각할 것이다. 내가 파라오의 마음을 굳어지게 하면 그가 그들의 뒤를 추격할 것이다. 그러면 나는 파라오와 그의 군대를 쳐서 내 영광을 드러내어 이집트인들로 하여금 내가 야훼임을 알게 하리라." 그들은 그대로 했다.[47]

이집트 군대가 이스라엘 민족을 추격하면서 덫이 완성되자 하느님은 모세에게 또다시 명령한다.

이스라엘 백성에게 전진하라고 명령하여라. 너는 너의 지팡이를 들고 바다 위로 팔을 뻗쳐 물을 가르고 이스라엘 백성으로 하여금 바다 가운데로 마른 땅을 걸어 건너가게 하여라. 나는 이집트인들의 마음이 굳어지게 하리라. 그리하여 그들이 너희를 뒤따라 들어서게 되면 내가 파라오와 그의 모든 군대와 병거와 기병을 쳐서 영광을 드러내리라. 내가 파라오와 그의 병거와 기병들을 쳐 나의 영광을 드러내면, 이집트인들이 비로소 내가 야훼임을 알게 되리라.[48]

신에 대한 신뢰도를 높일 증거로 사용한 이 사건에서 살아남은 이집트인은 단 한 명도 없었다.

지금쯤이면 하느님이 그의 백성에게도 신뢰도를 높일 증거를 활용했다는 사실을 알아차렸을 것이다. 이스라엘 민족이 수많은 악행을 저지른 덕분에 하느님은 무자비하게 그 죄를 다스릴 명분을 얻을 수 있었다. 우선 하느님은 금송아지를 둘러싸고 춤춘 이스라엘 사람 3,000명을 죽이라고 모세에게 명령했고, 모압인의 딸과 섞이고 모압의 신을 받아들였다는 이유로 역병을 내려 2만4,000명의 목숨을 추가로 빼앗았다. 코라Korah, 다단Dathan, 아비람Abiram과 "대회에서 뽑힌 회중의 대표들로서 이름 있는 사람들" "이백오십 명이 따라 일어"나 모세에게 반기를 들자 "땅은 입을 벌려 그들과 집안 식구들을 삼켜버렸다. 코라에게 딸린 사람과 재산을 모조리 삼켜버렸다."[49] 일반적으로 이런 처벌은 하느님의 복수심에서 비롯된 것이라고 해석한다. 그러나 분명히 밝혀두는데 그것은 사실이 아니다. 이런 처벌은 신뢰도를 높일 증거로 사용한 것이다. 기적과 마찬가지로 처벌도 야훼에 대한 신뢰도를 높일 목적으로 활용한 이야기다. 일단 자신의 지위를 확립한 뒤에는 기적을 보여주거나 공동체 전체를 벌할 필요가 없다. 이것은 새로운 종교가 자리 잡기 전 거치는 전형적인 과정이다.

반론에 대한 면역

성서는 야훼에 대한 반론을 미연에 방지할 목적으로 설계한 또 다른 유형의 천상을 제시한다. 하느님에 대한 단 한 점의 의혹도 허용하지 않기 위해 설계한 이 전략을 철학자 칼 포퍼Karl Popper(1902~1994년)의 용어를 빌려 반론에 대한 면역Immunization Against Refutation(IAR)이라고 명명하겠다.[50] 예를 들어 반론에 대한 면역은 새로운 예언자가 등장해 하느님의 이름으로 새로운 법을 제시하지 못하게 막는 것을 목표로 한다. 바로 이런 이유로 성서는 이렇게 단언하는 것이다. "그 후로 이스라엘에는 두 번 다시 모세와 같은 예언자, 야훼와 얼굴을 마주 보면서 사귀는 사람은 태어나지 않았다. 모세가 야훼의 사명을 띠고 이집트 땅으로 가서 파라오와 그의 신하들과 그의 온 땅에 행한 것과 같은 온갖 기적과 표적을 행한 사람은 다시 없었다."[51] 물론 사제들도 이 반론에 대한 면역을 활용해 스스로를 보호했다. 따라서 모세에게 물려받은 사제의 힘에 도전할 수 있는 사람은 아무도 없었다.

분명 사제들은 수많은 경쟁에 대비해야 했다. 예를 들어 이런 일이 일어나면 어떻게 해야 할까? "예언자라는 사람이나 꿈으로 점친다는 사람이 너희 가운데 나타나 표적과 기적을 해 보인다고 장담하고 그 장담한 표적과 기적이 그대로 이루어진다고 하더라도,

너희가 일찍이 알지도 못하고 섬겨본 일도 없는 다른 신들을 따르자고 하거든….” 다시 말해 새로운 예언자가 나타나 신뢰도를 높일 증거를 제시하며 자신의 힘을 입증하려고 하면 어떻게 대처해야 할까? 그 답은 다음과 같다. “그 예언자나 꿈으로 점치는 사람의 말을 듣지 마라. 그것은 너희 하느님 야훼께서 과연 너희가 마음을 다 기울이고 정성을 다 쏟아 너희 하느님 야훼를 사랑하는지 시험해보시려는 것이다.”[52]

그러나 모세가 가짜 약장수가 아니라는 것을 어떻게 확신할 수 있을까? 하느님이 이스라엘 민족에게 직접 나타나지 않은 이유는 무엇일까? 하느님이 직접 모습을 드러냈다면 분명 단 한 점의 의혹도 남지 않았을 것이다. 모세가 성서에 등장하는 미디안 땅에 실제로 존재한, 연기가 모락모락 피어오르는 화산 가운데 하나를 골라 올라갔다면 어땠을까? 성서의 저자들은 다시 한번 반론에 대한 면역을 준비했다. 그것은 이스라엘 민족의 뜻이었다! 시나이산에서 하느님은 모든 이스라엘 민족 앞에 모습을 드러내려 했지만 사람들은 실로 대단한 하느님의 기세를 도저히 감당할 수 없었다. “온 백성은 천둥과 번개와 나팔 소리와 산에 자욱한 연기를 멀리서 바라보고 두려워 떨며 모세에게 말하였다. ‘당신이 우리에게 말해주시오. 잘 듣겠습니다. 하느님께서 직접 우리에게 말씀하신다면 우리는 죽을 것입니다.’”[53]

롯의 아내 이야기에서 이미 반론에 대한 면역 효과를 접했다. 롯의 아내는 뒤돌아보지 말라는 하느님의 경고를 무시하고 소돔과 고모라를 심판하는 하느님의 모습을 보기 위해 돌아보았다가 소금 기둥으로 변했다. 토라는 하느님이 위험한 존재라고 거듭 말한다.

심지어 아론의 아들들은 "그릇된 불을 사용하여" 하느님에게 제의를 바쳤다는 이유로 죽음을 면하지 못했다. 사제가 아니었다면 사람들은 어찌할 바를 몰랐을 것이다. 조심하는 것이 그리고 사제들을 전폭적으로 신뢰하는 것이 그러지 않는 것보다 나았다. 제의 규범의 지나친 정교함은 반론의 여지를 없앴다. 사제의 행동이 아무런 효과를 내지 못해도 그 이유를 설명할 수 있었다. 의례의 세부 사항 가운데 무언가가 바르지 않은 방식으로 이루어졌을 것이다! 따라서 다음에 불행이 닥쳐 제의를 드릴 때에는 더욱 주의를 기울여 규범을 제대로 지켜야 할 것이다. 이런 방식으로 사람들이 수세에 몰리게 했고 항상 죄의식을 느끼게 했다. 613개 법을 마음에 새기고 지키기 위해 애쓰지만 그 가운데 하나쯤은 언제든 잊어버리고 지키지 못할 가능성이 있기 마련이었다.

반론에 대한 면역이 사실상 의도적 조작의 사례라고 주장하려는 것은 아니다. 대부분은 강박적 일관성 추구의 결과이기 때문이다. 만약 어떤 것이 작동하지 않는다면 사람들은 전체 시스템을 버리는 대신 그럴듯한 부연 설명을 찾는다. 그러나 진화생물학자 로버트 트리버스Robert Trivers가 보여준 것처럼 다른 사람을 설득할 수 있는 가장 쉬운 방법은 자기가 그것을 확신하는 것이다. 즉 다른 사람을 전도하는 가장 효과적인 토대는 자기기만이다.[54]

인간의 두 번째 본성으로 자리 잡게 하기

모든 선전의 목표는 더 이상 그것이 필요 없는 날이 오게 하는 것이다. 선전이 필요 없는 날이 오면 모든 의심이 사라졌을 테니 신뢰도를 높일 증거도 필요 없어진다. 아무도 현재 상태에 의문을 품지 않을 것이기에 반론에 대한 면역 역시 더 이상 필요 없을 것이다. 성서는 모세의 하느님이 인간의 두 번째 본성의 일부로 자리 잡게 하기 위해 애썼다. 인류학자 하비 화이트하우스Harvey Whitehouse는 꾸준한 반복을 통해 사람들의 마음에 규범적 교리를 뿌리내리게 하는 "교리 위주의 종교성"이라는 개념을 발전시켰는데,[55] 토라에서 이것을 발견할 수 있다. 출애굽기는 목축을 하며 가축을 기르던 생활에 연계된 유월절이라는 고대의 가족 축제를[56] 이집트를 떠나온 일을 기억하는 기념일로 재창조했다. 그때부터 매년 유월절 기간에 공동체 전체가 이집트를 떠나온 일을 다시 경험했다.[57]

그러나 매년 기념일을 챙기는 것만으로는 새로운 전통을 뿌리내리게 할 수 없었다. 그것이 내재화되려면 보다 강도 높은 반복이 필요했다. 어린 시절부터 내면에 뿌리내릴 수 있도록 셰마 이스라엘이 규정한 대로 매일 반복하는 자기암시만큼 좋은 방법은 없었다.

너, 이스라엘아, 들어라. 우리의 하느님은 야훼시다. 야훼 한 분뿐이시다. 마음을 다 기울이고 정성을 다 바치고 힘을 다 쏟아 너의 하느님 야훼를 사랑하여라. 오늘 내가 너희에게 명령하는 이 말을 마음에 새겨라. 이것을 너희 자손들에게 거듭거듭 들려주어라. 집에서 쉴 때나 길을 갈 때나 자리에 들었을 때나 일어났을 때나 항상 말해주어라. 네 손에 매어 표를 삼고 이마에 붙여 기호로 삼아라. 문설주와 대문에 써 붙여라.[58]

오늘날에도 독실한 유대인은 셰마 이스라엘을 매일 아침저녁으로 암송한다. 체화의 형태로 기능하는 내면화는 개인의 의식에 자리 잡은 종교라는 사회제도에 뿌리내릴 방법을 찾는 반면,[59] 직관적 종교의 기본 원칙은 인간이 타고나는 본성의 일부이므로 이런 과정이 필요 없다. 셰마 이스라엘에서 눈길을 사로잡는 것은 그 메시지가 반복을 통해 내면화될 뿐 아니라 물리적 수단을 통해 통합되기도 한다는 점이다. 머리와 팔에 묶는 (테필린tefillin으로 알려진) 성구함에는 토라의 텍스트가 포함되어 있다. 그 법은 심리적 수단뿐 아니라 물리적 수단을 통해서도 개인의 마음에 새겨지는 것이다. 이런 과정을 거쳐 토라는 진정한 의미에서 인간의 두 번째 피부 또는 두 번째 본성으로 자리 잡는다.

결국 야훼는 문화적으로 믿음을 이식해야 하는 필요성이 신이라는 위상에 걸맞지 않다는 것을 알고 있었다. 우선 위험하고 오류가 발생할 가능성이 높은 방식이었다. 둘째, 하느님이 처음 세상을 창조할 때 왜 문제를 해결하지 않았는지 의문을 품을 여지가 있었다. 이에 하느님은 예언자 예레미야에게 다음에는 모든 것을 완전히 다르게 하겠다는 계획을 털어놓는다. "그 마음에 내 법을 새겨주어, 나는 그들의 하느님이 되고 그들은 내 백성이 될 것이다."[60] 그러면 하느님의 계획이 인간의 첫 번째 본성의 일부로 자리 잡을 것이다. 즉 법이 호모사피엔스의 정신에 유전적으로 뿌리내릴 것이다. 해야 하는 일과 하고 싶은 일 사이의 괴리가 사라질 것이고, 하느님의 백성 역시 더 이상 투덜거리지 않게 될 것이다. 물론 613개 법을 배우고 익힐 필요도 없을 것이다.

토라의 유산

이스라엘 민족의 이집트 탈출 이야기가 남긴 교훈

야훼와 야훼를 모시는 새로운 유형의 종교가 끈질긴 저항에 부딪혔다는 사실을 고려할 때 결국 유일신교가 승리를 거뒀다는 사실은 실로 경이로운 일이 아닐 수 없다. 마이너리티 리포트에서 출발한 텍스트가 인류 역사상 가장 성공한 책이 된 것이다. 그 책에 실린 이야기가 유일신교의 성공 요인일까? 출애굽기는 정말 매력적인 이야기이므로 유일신교의 성공 요인 가운데 하나로 봐도 무방하지만 토라까지 그렇다고 하기에는 무리가 따른다. 613개의 명령과 금령 가운데 그 의미를 완전히 상실한 것이 적지 않기 때문이다. 폭력이나 질병의 확산 방지에 기여한 것도 있지만 유일신교의 성공이 위생을 개선한 토라의 힘에 의존했다고 말하기는 어렵다.

물론 토라가 성서의 모든 것은 아니다. 이어지는 장에서 확인하겠지만, 야훼의 모습은 앞으로도 계속 놀라울 정도로 개선되고 수정된다. 그럼에도 토라의 내용은 문화적 진화의 진정한 이정표를 나타낸다. 토라의 저자들은 세상에 하나뿐인 유일한 참된 하느님이라는 가정을 세우고 이를 토대로 규범에 기초한 매우 역동적인 문화적 보호 시스템을 창조했다. 여기서는 토라의 율법 하나하나의 구체적인 효과를 언급하는 대신 서구 문화에 중요한 영향을 미친 토라 자체의 특별한 유산에 대해 검토해보고자 한다. 그중 특히 협동, 합리화, 폭력의 영역을 자세히 살펴볼 것이다.

첫 번째 유산: 협동 증진

사람들은 "이스라엘 민족을 에워싼 높은 벽"으로 기능하는 토라를 중심으로 탄생한 유대교를 "자기 배제의 종교"라고 생각한다.[1] 이스라엘 민족이 포로가 되어 바빌로니아라는 외국 문화에 둘러싸여 생활했다는 점을 고려할 때 분명 토라는 이스라엘 민족이 새로운 문화에 동화되는 것을 저해하는 요인으로 작용했다고 할 수 있다. 이후 페르시아제국, 헬레니즘, 로마제국의 지배를 받으면서도 이스라엘 민족은 새로운 문화에 동화되지 못했다. 토라의 목적은 이스라엘 민족이 하느님과 하느님의 법에 대한 충심을 유지하고 그것을 가장 눈에 띄는 방식으로 입증하게 하는 것이었다. 토라는 정체성과 연대를 보장하며 문화적 생존을 위한 비결이 되었다.

그러나 토라의 율법은 외부의 영향을 차단하는 장벽 이상의 역할을 수행했다. 법을 준수하는 것은 또한 엄청난 사회적 결과를 가져왔다. "새끼 염소를 그 어미의 젖으로 삶아도 안 된다" 같은 명령을 예로 들어보자. 토라는 이 규범을 무려 세 차례나 반복해서 제시한다.[2] (기존의 세 가지 설명처럼) 이것이 암염소를 여신 아스타르테와 동일시하는 레반트 지역의 전통을 반영한 법이든, 산 것과 죽은 것을 뒤섞지 않으려는 바람을 반영한 법이든, 죽은 생명체에 대한 동정심을 일깨우기 위한 법이든[3] 이 책의 관심사와는 큰 관련이 없다. 중요한 점은 독실한 유대인이라면 "유제품"과 "육류"를 엄격히 구분하고 심지어 전용 냄비, 팬, 접시, 나이프, 포크를 따로 사용한다는 것이다. 오늘날까지 유대인은 이 규범을 지키고 있다.

따라서 이런 명령은 정말 소중한 것이 무엇인지 알려주는 표식이자 비교적 속을 가능성이 적은 "값비싼 신호"로 기능한다고 할 수 있다. 새끼 염소를 그 어미의 젖으로 삶아서는 안 된다는 계명을 따르고, 유제품을 육류와 구분하기 위해 식기류를 두 벌씩 준비하는 불편을 감수하는 사람이라면 누구든 자기 종교에 헌신적이라는 것을 입증할 수 있다. 동시에 이런 규범을 따라야 하는 필요성은 아무런 노력도 하지 않고 종교가 제공하는 이점만 누리려는 무임승차 문제도 제어할 수 있다. 덕분에 공동체 구성원의 상호 신뢰가 강화된다. 협동을 촉진하는 것이다. 복잡한 규범을 준수하기 위해서는 상당한 노력을 기울여야 한다. 토라에 수록된 613개의 율법은 값비싼 신호이자 사회의 결속을 다지는 최고 접착제의 원천이다.

이런 사실은 토라의 목표가 정형화된 규정을 중심으로 공동체를 하나로 묶는 것이 아니라 공동체에 공통된 도덕적 가치의 핵심을 불어넣는 것이라는 점을 통해서도 확인할 수 있다. 토라는 또한 가난과 폭력을 예방하고 고통과 질병을 줄이기 위한 올바른 행동을 위한 지침서다. 약한 사람, 심지어 동물까지 보호하려고 애쓴다. 토라는 집단을 염두에 두면서 개개인의 행동도 중요시한다. 토라의 높은 윤리적 기준은 고대에도 존경을 받았다.[4] 앞서 살펴본 것처럼 토라의 윤리적 표준은 대체로 수렵·채집 시대에 통용된 행동 규범, 즉 불평등과 부정의에 의심의 눈초리를 보내고 연대에 의존하는 인간의 첫 번째 본성에 따른 규범과 일치한다. 네 이웃을 네 몸 같이 사랑하라는 계명이 그렇다.

두 번째 유산: 합리화

오늘날에는 종교를 비합리성의 결정체라고 생각하는 사람이 많다. 그러나 이 책에서 지성적 종교라고 부르는 문화적 제도로서 종교는 철저히 합리적인 실체로 출발했다. 원형과학적 측면에서 종교는 세심한 관찰을 바탕으로 불행을 줄이는 시스템을 고안해냈는데, 그 과정에서 "문화적 저항"에 부딪혔다.[5] 프로그래밍 코드와 닮은 토라가 제대로 작동한다면 세계는 평화로워질 터였다. 토라의 하느님은 더 이상 마술을 통해 세계에 직접 개입하는 방식으로 행동할 필요가 없었다. 토라의 하느님은 부패하지 않는 신, 즉 "정의로운 응보의 신"이다.[6] 자신에게 충실한 일꾼에게조차 예외를 두지 않았고, 모세도 어김없이 벌을 받았다. 독단이 판치고 족벌주의가 만연한 독재국가가 득세하던 지역에서 이런 법은 문명화의 주요 요소를 도입했다.

자기 권력 강화는 규범 준수로 대체되었는데, 현대의 관점에서 보면 이런 변화가 얼마나 혁명적인지 간과하기 쉽다. 토라의 하느님은 예측할 수 있는 신이므로 현실이 인간의 정의 개념에 부합하지 않는다는 사실을 사람들이 깨닫기 전에는 하느님과 하느님의 방식이 불가사의하다고 단정할 수 없었다. 그러나 토라에는 사람들이 하느님의 법을 따른다면 지상에 자리 잡은 이승의 세계가 올바르게 돌아가리라는 낙관주의가 여전히 팽배했다. 토라가 창조되었을 때, 저승에서 하느님의 정의가 이루어진다는 최후의 심판이라는 개념은 여전히 존재하지 않았다. 그것은 훨씬 나중에 등장했다.

전 세계에 스며드는 통일된 원리, 따라서 역추적해 재설계할 수 있는 원리라는 개념은 지대한 영향을 미쳤다. 세상에 하나뿐인 유일한 하느님이 모든 것을 주관하므로 전 세계가 신, 영혼, 악령의 횡포에서 벗어나게 되었다. 이제 세계는 관리할 수 있는 곳이 된 것이다. 어떤 원인의 결과를 예측할 수 있는 합리적 세계라는 개념은 더 나아간 형태의 합리화를 이끌었는데, 이런 비옥한 토양이 있었기에 과학, 의학, 법학, 정치 이론의 씨앗이 싹을 틔울 수 있었다.

이런 생각은 새로운 것이 아니다. 다만 인간의 집합 의식에 자리 잡지 못했을 뿐이다. 이와 관련해 한 세기 전 에밀 뒤르켐은 "과학을 낳은 근본적 사고 범주의 기원은 종교에 있다"[7]라고 말했고, 최근에는 아라 노렌자얀이 다음과 같이 언급했다. "종교는 과학과 이성에 바탕을 둔 세속주의에 반대되는 개념으로 그려지지만 실은 세속 사회가 친사회적 종교에서 성장해 나온 것임을 알 수 있다."[8] 신학자들도 이런 생각에 동의한다. "현대사회가 내세우는 합리성은 하느님과 세계를 합리적이고 실용적으로 이해한 이스라엘 민족의 사고방식에서 비롯한 것이다."[9] 막스 베버는 이런 합리화 과정을 "세계의 탈마법화"라고 표현했다. 토라를 통해 모습을 드러낸 지성적 종교는 문화적 진보의 선봉에 서 있었다. 따라서 야훼의 성서를 남긴 저자들의 이름은 과학 명예의 전당에 올려야 마땅하다.

세 번째 유산: 폭력

토라가 남긴 세 번째 유산은 다소 민감한 주제, 바로 폭력이다. 최근 몇 년 사이 유럽에서는 폭력이 유일신교에 내재된 것인지 여부를 두고 많은 논의가 있었다.[10] 이 논쟁은 얀 아스만이 "모세의 구분" 이론을 제시하며 촉발되었다. 이는 "참된 신과 거짓 신, 참된 교리와 거짓 교리"를 구분하는 것으로, 유일신교의 근본적 특징이다.[11] 그 결과 "부정의 힘"이 등장했고, "이전에는 그런 원칙을 찾을 수 없고 그런 원칙이 존재할 것이라고 생각조차 할 수 없던 성스럽고 신성한 영역, 즉 종교의 영역에 **배중률**排中律의 원칙이 도입되었다."[12]

유일신교는 세상에 하나뿐인 진리만을 받아들인다. 다른 모든 것은 거짓이다. 다신교에서는 진리에 대한 이런 맹신을 찾아볼 수 없다. 물론 다신교 세계에도 폭력이 존재하지만 그것은 진리가 아니라 권력투쟁을 위한 것이다.[13] 아스만은 오직 유일신교만이 "진리를 적과 싸워 수호할 가치가 있는 것으로 여긴다"라고 설명한다. "이단과 토속신앙, 거짓 교리, 분파, 미신, 우상숭배, 마술, 무지, 불신, 이교도를 비롯해 자기들이 허위라는 이유로 비난하고 박해하고 금지하는 것을 지칭하기 위한 온갖 용어를 고안해낸 것도 유일신교뿐이다."[14] 출애굽 이야기를 예로 들며 아스만은 이렇게 주장한다. "유일신교가 그 기초를 세우고 통합을 이루는 과정에서 온갖 폭력에 의존했다는 이야기는 분명 의미심장하다." 이스라엘 민족이 이집트를 탈출해 약속의 땅을 정복하는 과정은 마치 "일련의 대량학살로 얼룩진 폭력의 역사"를 보는 듯하다.[15]

신학자들의 영역인 유일신교 논쟁에 끼어들 마음은 없지만 이 책이 채택한 진화론적 접근법이 아직 누구도 발견하지 못한 요소를 이 논쟁에 도입한다는 점만은 강조하고 싶다. 아스만이 순전히 허구라고 강조한 출애굽 이야기에서 우리가 눈여겨본 "일련의 대량 학살"은 사실 신뢰도를 높일 증거였다. 대량 학살은 야훼에게 절대적 충성을 맹세할 경우 무엇을 성취할 수 있는지 독자에게 보여주려는 의도로 이야기에 포함되었다. 야훼에게 충성을 맹세하면 (역사적 현실인) 희생자로 남는 대신 적을 조롱할 수 있는 기회를 잡을 수 있었다. 그리고 앞서 살펴본 것처럼 토라의 임무는 말 그대로 과거의 신념 체계를 새로운 하느님을 모시는 체계로 바꾸는 것이므로 신뢰도를 높일 증거가 반드시 필요했다.

여기서 유일신교의 약점 가운데 하나를 규명할 수 있다. 유일신교는 절대로 인간의 첫 번째 본성에 내재된 직관적 종교처럼 자명한 종교가 될 수 없다는 것이다. 유일신교가 확립되고 교회 같은 강력한 기관을 통해 인간의 두 번째 본성에 닻을 내린 것은 사실이지만 유일신교는 여전히 지성적 종교로 남아 있다. 따라서 끝없는 의심의 대상이 될 수밖에 없다. 인간의 첫 번째 본성에 속한 직관적 종교에 대해서는 아무도 의문을 제기하지 않는데, 직관적 종교는 신학적으로 올바르지 않은 생각을 인간에게 속삭인다.

심지어 유일신교를 믿는 신자들의 내면에도 작은 이단자가 들어앉았는데, 사실 시공간을 초월해 존재하는 세상에 하나뿐인 유일한 하느님이 제시한 규칙같이 직관을 거스르는 진리에 의문을 제기하는 것은 지극히 자연스러운 일이다. 인간의 합리적 측면은 그런 규칙에 매력을 느낄지 모르지만 인간의 첫 번째 본성은 세상을 완전히 다른 방식으로 바라본다. 결국 유일신교는 언어의 형태로만 존재할 수 있다. 그리고 바로 그런 이유로 말뿐인 것이 아니냐는 의혹을 완전히 씻어버릴 수 없다. 따라서 유일신교는 "절대적 진지함"을 보여주는 데 각별한 관심을 기울인다.[16] 지성적 종교는 말이상의 무엇이 있다는 것을 항상 입증해야 하는데, 이를 위해 반드시 행동이 뒤따라야 했다.

고전학자 발터 부르케르트는 "절대적 진지함은 죽음의 위협을 바탕으로 한다"라고 정의했다.[17] 따라서 절대적 진지함을 구축하려는 지성적 종교는 죽음이라는 주제를 피할 수 없다. 죽음은 하나의 절대적 확실성이고, 신뢰도를 높일 궁극의 증거이기 때문이다. 성서에서 가장 중요한 두 장면은 모두 이 원리에 근거한다. 그중하나는 아브라함이 하느님의 명령에 따라 아들 이사악을 제물로 바치는 장면이다. 천사가 물러나라고 했을 때 이미 칼을 들고 있었다는 사실은 아브라함이 자신의 종교에 대해 얼마나 진지한지를 증명한다. 아브라함이 자기 혈육보다 하느님을 더 귀하게 여긴다면 그의 믿음을 따르지 않을 사람이 누가 있겠는가.

두 번째 장면은 바로 십자가다. 셀 수 없이 많은 사람의 목에걸려 있는 이 상징에 대해 대체로 사람들은 하느님의 아들 예수그리스도의 부활을 의미한다고 말한다. 그러나 십자가는 무엇보다도예수그리스도의 죽음을 상징하는 물건이다. 예수가 자신의 믿음을지키기 위해 십자가에 못 박혔다는 사실만으로도 그리스도교도들은 적어도 예수가 사기꾼은 아니라고 생각하게 되는 것이다. 예수가 십자가에 못 박힌 것은 끔찍한 일이지만 인간의 본성은 죽음 같은 값비싼 신호를 보고 나서야 절대적 확신을 얻게 된다. 발터 부르케르트는 예수가 십자가에 못 박힌 사건을 두고 그리스도교의진리와 "절대적 진지함"을 확인해주는 "지울 수 없는 봉인"이라고말한다.[18] 바로 이런 이유로 초기 그리스도교는 예수가 인간으로서 죽음을 맞이했다는 사실에 과도하게 집착했다. 만일 예수가 지상에 잠시 다니러 온 "신성한 여행자"라면 예수가 십자가에 못 박힌 사건은 단순한 눈속임에 불과한 것으로 전락하기 때문이다.[19]

신뢰를 얻어야 하는 측에도 죽음의 완결성은 매력적인 조건이다. 바로 이것이 순교자는 물론, 불행히도 자신의 대의를 위해 타인의 목숨을 기꺼이 희생하는 성스러운 전사들을 사로잡은 원리다. 이를 통해 유일신교의 역사가 온통 성전, 십자군전쟁, 마녀와 이단자를 불태운 그을린 화형대로 점철된 이유를 이해할 수 있다. 지상에서 영화를 누리고자 하는 마음도 이런 사건에 중요한 동기로 작용했을 것이다. 그러나 이런 사건을 통해 사람들이 어떻게 죽음을 자신의 믿음과 신뢰성을 입증하기 위한 확실한 수단으로 여겼는지도 알 수 있다.

하느님도 같은 방법을 택했다. 토라는 하느님이 가장 아끼는 사람조차 죽음으로 몰아넣을 수 있다는 사실을 보여준다. 하느님은 모세가 약속의 땅을 내려다보며 느보산에서 죽음을 맞게 내버려 두었다. 토라에서 강조한 것처럼 그의 선지자가 너무 늙었기 때문이 아니다. 모세의 "눈은 아직 정기를 잃지 않았고 그의 정력은 떨어지지 않았었다."[20] 단도직입적으로 말하면 야훼가 모세에게 죽음이라는 벌을 내린 것이다. 그 이유가 무엇일까?

성서 속 이야기를 떠올려보자. 씬 사막에서 목마름에 지친 이스라엘 민족이 또다시 투덜거리기 시작했다. 야훼는 모세에게 이렇게 명령했다. "너는 지팡이를 가지고 회중을 불러 모아라. 그리고 형 아론과 함께 모든 사람이 보는 앞에서 이 바위에게 물을 내라고 명령하여라. 그리하면 네가 이 바위에서 터져 나오는 물로 회중과 가축을 먹일 수 있으리라." 그 명령을 들은 예언자는 어떻게 했을까?

"그러고 나서 모세가 손을 들어 지팡이로 그 바위를 두 번 치니" 물이 콸콸 터져 나왔고 이스라엘 민족은 갈증을 해소할 수 있었다. 그러나 하느님은 격분했다. "야훼께서는 모세와 아론을 꾸중하셨다. '너희는 나를 믿지 못하여 이스라엘 백성 앞에서 내 영광을 드러내지 못하였다. 그러므로 너희는 내가 이 회중에게 줄 땅으로 그들을 인도하여 들이지 못하리라.'"[21]

하느님이 명령한 대로 물을 내라고 말하는 대신 모세가 지팡이를 휘두른 죄로 모세는 물론 아론도 죽음을 맞이해야 했다. 오늘날 독자들의 눈에는 다소 지나치다 싶을 수 있는 벌이지만, 그것은 단순히 일관성의 문제였다. 야훼의 눈, 즉 지성적·제도적 종교의 눈에는 예언자가 신성을 모독하는 죄를 지은 것이다. 모세는 하느님의 말씀을 믿지 못해 마술적 행동을 했고, 그럼으로써 말이 아니라 구체적 행동만이 물리적 변화를 일으킬 수 있다고 믿는 인간의 첫 번째 본성이 멋대로 날뛸 수 있는 빌미를 제공했다. 그러나 문서화된 법은 그 반대의 원칙에 입각해 제정되었다. 법은 하느님의 말씀을 기록한 것으로 단 한 점의 의혹도 있을 수 없었다.

하느님이 인간의 첫 번째 본성이 날뛰는 것을 용납할 수 없는 이유가 바로 여기에 있다. 심지어 가장 위대한 예언자마저 그로 인해 죽음을 맞이했다. 더 중요한 것은 모세를 죽게 내버려둔 것 또한 하느님이 자신의 율법을 얼마나 진지하게 생각하는지 보여주는 의심할 수 없는 증거로 활용되었다는 점이다. 모세의 죽음은 단 한 점의 의혹도 말끔히 제거해 신뢰도를 높일 궁극의 증거였다. 이를 통해 하느님은 자신의 율법에 지울 수 없는 봉인을 남겼다. 이 또한 토라의 유산이다.

Part 3

왕과 예언자

도덕으로 신을 세우다

토라의 막바지에 이르면 40년간 사막을 헤매다 요르단 강변에 서 있는 이스라엘 민족을 만날 수 있다. 드디어 하느님이 이스라엘 민족이 약속의 땅에 발을 들이도록 허락한 것이다. 토라에 이어 히브리 성서의 두 번째 주요 뼈대를 이루는 느비임("예언서")은 이 약속의 땅에서 일어난 일을 다룬다. 느비임에서 가장 유명한 이야기는 단연 다윗과 골리앗Goliath의 대결, 즉 약자와 강자가 맞붙은 싸움에서 모두의 예상을 깨고 약자가 승리를 거머쥔 이야기다. 세계에서 가장 성공한 작가 중 한 명인 맬컴 글래드웰Malcolm Gladwell은 최근 이들에 대한 책을 발간했다. 책의 부제 "강자를 이기는 약자의 기술"은 그 이야기가 전하려는 진짜 메시지가 무엇인지 알려준다.[1] 다윗과 골리앗 이야기는 지금까지도 서구 문화의 원형으로 남아 있다.

이 이야기는 너무 그럴듯해서 오히려 의심스럽다. 양치기 소년 다윗은 사울 왕의 군대에 병사로 복무 중인 형에게 음식을 전해주기 위해 진지를 찾았다가 순식간에 불레셋에서 가장 강한 장수 골리앗을 상대하는 일에 휘말리게 되었다. 골리앗이 일대일 싸움을 제안했지만 감히 아무도 나서지 못하는 상황에서, 그날 아침까지 아버지의 양 떼를 돌보던 소년 다윗이 일말의 망설임도 없이 도전에 응한 것이다. "사자와 곰으로부터 소인을 살려내신 야훼께서 저 불레셋 놈에게서도 소인을 살려내실 것입니다."

다윗에게는 검도, 갑옷도 없었다. 그가 가진 것이라고는 돌팔매 끈 하나뿐이었다. 그에 비해 골리앗의 장비는 화려했다. "머리에는 놋투구를 썼고 비늘갑옷을 입었는데 그 갑옷의 무게는 놋 오천 세겔이나 나갔으며, 정강이에는 놋으로 만든 정강이받이를 찼고 어깨에는 놋으로 만든 창을 메고 있었다. 그 창대는 베틀 용두머리만큼 굵었고 창날은 쇠로 되어 있었는데 그 무게는 육백 세겔이 넘었다." 그러나 그 모든 장비가 무색하게도 다윗은 "주머니에서 돌 하나를 꺼내어 팔매질을 하여 그 불레셋 장수의 이마를 맞혔다. 돌이 이마에 박히자 그는 땅바닥에 쓰러졌다." 다윗이 골리앗의 검으로 그의 머리를 쳤고 "불레셋군은 저희 장수가 죽는 것을 보고 도망치기 시작하였다." 정말 위대한 돌팔매질이라 하지 않을 수 없다!

성서도 이와 같다. 세계 역사의 후미진 곳에서 온 소수의 사람이 남긴 성문서가 거머쥔 승리는 다윗이 골리앗을 상대로 싸워 이긴 것만큼이나 놀라운 일이다. 폭군을 무서워하지 않은 다윗과 마찬가지로 성서도 다른 거대한 세력을 전혀 개의치 않았다. 다윗과 성서의 성공 비결은 바로 하느님에 대한 믿음인데, 이는 좀 더 자세히 들여다볼 만한 가치가 있는 주제다.

느비임은 크게 두 부분으로 나뉜다. 앞부분(그리스도교 성서에서는 "역사서"를 구성하는 여호수아, 판관기, 사무엘상하, 열왕기상하)에서는 이스라엘 민족이 약속의 땅을 정복하고 통치하다가 결국 그 땅을 잃어버리는 과정에 대한 이야기를 들려준다. 여기서 사울 왕, 다윗 왕, 솔로몬 왕과 사무엘, 엘리야Elijah 같은 예언자를 만날 수 있다. 뒷부분에서는 이사야와 예레미야에서 즈가리야Zechariah와 말라기Malachi에 이르는 "고전적" 예언자를 만나게 된다. 그리스도교 성서는 이들의 예언서를 구약성서의 마지막에 배치하는데, 그럼으로써 예수의 등장으로 이들의 예언이 성취되는 모양새를 갖춘다.

다윗이 실제로 골리앗을 이겼는지 여부와 다윗이 실존 인물인지에 대해 살펴볼 테지만, 사실 이런 질문은 이 책에서 다루는 주요 쟁점이 아니다. 모세에 대해 검토하며 마주친 것과 같은 현상이 여기서도 나타나기 때문이다. 이야기는 포장에 불과하다. 그 포장이 아무리 기발하다 해도 결국 핵심은 그 내용물이다. 성서의 저자들은 돌팔매 끈과 창 같은 던지는 무기의 발명이 인류 진화의 이정표라는 사실을 인식하지 못했다.[2] 그 무기는 사냥의 효과를 개선했을 뿐 아니라 사상 최초로 약한 존재에게 더 강한 존재를 물리칠 수 있는 기회를 제공했다. 그 무기가 등장하면서 석기시대의 모든 골리앗은 독재자처럼 행동할 경우의 위험성을 저울질해봐야 했다. 힘이 곧 정의인 시대는 지나갔다. 그 대신 평등주의, 협동, 정의의 시대가 열릴 가능성이 커졌다.

성서는 이야기를 이어간다. 승리의 직접적 원인은 다윗의 돌팔매 끈일 수 있지만 하느님에 대한 믿음이 없었다면 그는 골리앗에게 맞서 싸울 용기를 내지 못했을 것이다. 바로 이것이 문명화 과정에서 성서가 성취한 위대한 업적이다. 정의는 하느님의 우선순위 가운데 하나가 된다. 하느님은 강자를 지지하지 않는다. 하느님은 양 치기 소년을 지지한다. 물론 그 소년이 하느님의 손에 자신의 운명을 맡길 준비가 되어 있다면 말이다. 이 이야기는 훗날 다윗이 왕위에 오르면서 더욱 흥미진진해진다. 왕이 된 다윗은 더 이상 정의에 관심을 보이지 않기 때문이다. 성서는 이런 과정을 비판적 시각으로 바라본다. 그러나 현실을 면밀히 검토한 성서는 진화 과정에 새롭게 등장한 "폭정"으로 인해 인류가 떠안게 된 어마어마한 문제를 다시 한번 펼쳐놓는다.

여기서는 고대 이스라엘의 통치자에 대한 이야기로 시작해 지상에서 하느님을 대변하는 카리스마 넘치는 예언자들에게 눈을 돌릴 것이다. 그리고 종교의 문화적 진화에서 가장 큰 논쟁을 불러온 문제 가운데 하나인 신의 도덕적 자질에 초점을 맞추는 것으로 끝을 맺을 것이다. 이 책에는 이미 이와 관련한 이야기를 상당 부분 풀어놓았다. 리처드 도킨스는 "단언컨대 구약성서의 하느님은 세상에 존재하는 모든 허구의 인물 가운데 가장 불쾌한 인물"[3]이라고 했는데, 그것은 그의 오해에서 비롯한 말일 뿐이다.

11

판관과 왕

하느님이 부여한 힘

신학이 가장 인기 있는 학문 영역에 들지 못한 것은 오롯이 그 자신 탓이다. 성서는 독자들에게 예리고 성벽을 무너뜨린 나팔 소리, 삼손Samson의 머리카락을 자른 들릴라Delilah, 목욕하는 바쎄바의 모습을 훔쳐본 다윗 왕, 세바의 여왕조차 말문이 막히게 한 솔로몬 왕 등 기가 막히게 멋진 이야기를 들려주는데, 이처럼 놀라운 이야기로 가득한 보물 상자에 신학자들이 붙인 제목은 참으로 무미건조하고 재미없기 그지없기 때문이다. 그 제목은 바로 신명기 역사서Deuteronomistic History다.

신명기 역사서에 대해 제대로 이해하려면 이 재미없는 제목 이면에 숨어 있는 신학적 사고를 알아야 한다. 모세오경의 다섯 번째 책 신명기는 지금까지 검토한 "충성을 전제로 하는 유일신교"의 논리를 가장 명확하게 공식화한다.[1] 야훼는 이스라엘 민족과 계약을 맺는다. 야훼에게 충성하는 사람은 승리, 권력, 부로 보답을 받을 것이다. 그러나 누구든 계약을 위반하는 사람은 하느님의 손에 죽음을 맞게 될 것이다. 즉 이스라엘 민족의 불행이 하느님에게 충성하지 않은 이유로 받은 벌이라면, 거꾸로 하느님은 이스라엘 민족이 행한 선행에 대해 보상해주어야 했다. 남왕국 유다의 수도 예루살렘과 북왕국 이스라엘의 수도 사마리아에 자리 잡은 왕들에게는 선택의 여지가 없었다. 강박적 일관성 추구를 통해 도출된 이런 결론이 바로 신명기 역사서를 관통하면서 반복되는 역사적·신학적 주제다.

바빌로니아 포로 시대에 성서의 저자들은 이중 전략을 채택했다. 한편으로는 토라라는 형태로 하느님의 법을 기록하면서 다른 한편으로는 느비임을 통해 이스라엘 민족이 그 규범을 준수하는지 여부를 하느님이 얼마나 세심하게 지켜보았는지 그 증거를 제시한 것이다. 그러나 그들이 느비임을 통해 제시한 증거는 순수한 허구다. 그 시대에는 몇몇 법을 제외하고는 토라가 존재하지 않았으므로 당대의 통치자들은 토라의 율법을 지키고 싶어도 지킬 수 없었기 때문이다. 따라서 느비임은 현대적 의미의 역사서라기보다는 야훼의 의지를 따르지 않아 발생한 모든 역사적 불행을 추적한 시도라고 할 수 있다. 그럼에도 느비임은 경험적 접근법을 취해 역사를 바라본다는 점에서 주목할 만하다. 결국 성서의 저자들은 이스라엘 왕국과 유다왕국의 몰락을 이끈 원인을 규명하기 위해 역사를 분석한 것이다. 그리고 여기서 여러 왕의 흥망성쇠에 얽힌 이야기가 들려주는 인류학적 가치를 확인할 수 있다.

하느님이 선택한 영웅: 여호수아

성서는 매우 두꺼운 책이기 때문에 이제부터 필름을 빨리 돌리지 않을 수 없다. 우선 여호수아로 시작해보자. 야훼는 이스라엘 민족을 약속의 땅으로 이끌 지도자로 과거 모세의 비서였던 여호수아를 선택했다. 하느님은 율법을 밤낮으로 되새기고 "거기에 적혀 있는 것을 어김없이 성심껏 실천하여야 한다. 그렇게만 하면" 모든 일이 여호수아의 뜻대로 될 것이라고 약속했다. 그리고 몇 가지 예외를 제외하고는 거의 모든 일이 여호수아의 뜻대로 되었다. 언약궤를 선두에 세운 여호수아는 이스라엘 민족과 함께 요르단강을 건넜는데, 홍해가 갈라진 것과 마찬가지로 요르단강도 양쪽으로 갈라지며 이스라엘 민족이 가나안 땅으로 들어갈 길을 열어주었다. 가나안 땅에 들어서자마자 우선 남성들은 할례를 받았고(아랄롯 언덕), 다음으로 유월절을 기념했다. 그러고 나서 예리고, 아이, 하솔을 차례로 점령했다. 하느님은 가나안 사람을 모두 죽여 그 땅에서 몰아내려 하는 이스라엘 민족을 적극적으로 지원했다. 주먹 같은 우박을 적에게 내리고 "원수들에게 복수하기를 마칠 때까지" 해와 달이 머무르게 했는데, 패배한 왕의 수가 무려 서른한 명에 달했다. 여호수아는 야훼를 위한 제단을 세우고 이스라엘 민족에게 모세의 율법을 지키라고 당부했다. 이스라엘 열두지파에게 땅을 분배한 여호수아는 야훼에 대한 믿음을 지킬 것을 거듭 강조했다. 다른 민족의 신을 모시지 말고, 다른 민족과 결혼해선 안 된다! 그리고 완벽한 통치자 여호수아는 죽었고, 이스라엘 민족은 하느님이 그들에게 약속한 땅에 머물러 살게 되었다.

필요할 때 나타나는 시대의 구원자: 판관

세대를 거듭하면서 이스라엘 민족은 야훼에 대한 믿음을 다시 한번 저버렸고, "주위 백성들이 섬기는 다른 신들을 따르며 절하여 야훼의 노여움을 샀다." 사람들이 끊임없이 투덜거리는 이런 장면은 이제 익숙하다. 과거의 종교가 너무 매력적인 탓에 버리기가 쉽지 않은 것이다. "야훼께서는 크게 화를 내시어 이스라엘로 하여금 적에게 침략을 받아 노략질을 당하게 하셨다. 또한 둘러싸고 있는 원수들 손에 팔아넘기셨으므로 그들은 도저히 원수들과 맞설 수가 없었다." 그러나 하느님은 이스라엘 민족이 겪는 어려움이 극에 달하기 전에 "뉘우칠" 기회를 주었다. 적을 물리치고 이스라엘 민족이 좁고 올바른 길로 되돌아가도록 인도할 "판관"을 보내주었다. 그러나 이스라엘 민족이 그 길에서 다시 벗어나기까지 그리 오랜 시간이 걸리지 않았다. "그 판관이 죽으면, 그들은 다시 다른 신들을 따르고 그 앞에 절하며 섬겼는데, 그 하는 짓이 조상들보다도 더 나빴다." 그러나 판관기에서 이스라엘 민족이 열 번도 넘게 "타락, 구원, 재발"이라는 패턴을 반복하는 동안 하느님은 놀라울 정도로 인내심을 발휘했다.[2]

판관기에 등장하는 판관은 법적 의미의 판관이 아니라 군사 지도자, 부족장, 지역의 통치자였다.[3] 판관은 강했다. 때로는 나귀의 턱뼈를 들고 싸워 무려 1,000명의 불레셋 사람을 죽인 삼손같이 잘 알려지지 않은 판관도 있었다. 안타깝게도 삼손은 하룻밤을 같이 보낸 들릴라에게 자기 힘의 원천인 머리카락을 잘려 모든 힘을 잃고 말았다. 한편 여성 판관 드보라Deborah는 가나안 왕에 대한 공격을 주도했고, 판관 입산Ibzan과 압돈Abdon은 각각 서른 명과 마흔 명의 아들을 두었다. 판관 기드온은 "아내가 많아 친아들이 칠십 명이나" 되었고 기드온의 첩이 낳은 아들 아비멜렉은 예순아홉 명의 배다른 형제를 살육했다(일흔 번째 형제만이 간신히 도망쳐 목숨을 부지했다). 그러나 상황은 아비멜렉의 뜻대로 돌아가지 않았고, 결국 그는 여자가 던진 맷돌에 맞아 죽었다는 오명을 피하기 위해 자신의 무기 당번에게 검으로 찔러 죽이라는 명령을 내려 최후를 맞았다. "창녀의 몸에서 난" 판관 입다Jephthah는 경솔하게 한 맹세 때문에 자기 딸을 제물로 바치고 말았다. 흥미롭게도 성서는 야훼가 인간을 제물로 바치는 이 상황을 멈추게 하려고 노력했는지 여부에 대해서는 언급하지 않는다.

권력의 유혹: 사울 왕, 다윗 왕, 솔로몬 왕

앞으로 계속 이런 일이 반복되어서는 안 될 터였다. 이스라엘 열두지파의 장로들은 사제이자 예언자, 판관인 사무엘을 찾아가 그들에게도 다른 나라처럼 왕이 있었으면 좋겠다고 간청했다. 사무엘은 그 의견에 회의적인 태도를 보였지만 하느님은 그에게 베냐민지파의 사울을 왕으로 세우라고 명령했다. 사울은 "다른 사람보다 머리 하나는 더 큰 인상적인 젊은이"였다. 군사 지도자가 된 사울은 불레셋 사람들에게 공포의 대상이었지만 우울증에 걸려 홧김에 폭력을 행사하는 사람으로 변해갔다. 종교적 문제에서도 하느님이 내리는 지침을 정확히 따르지 않았다. 앞서 언급한 것처럼 사울 왕은 무당을 통해 죽은 사람의 영혼을 불러내 도움을 청하기도 했다.[4]

하느님은 사울이 살아 있을 때 그를 대신할 사람을 뽑아야 한다고 생각했고, 다윗을 선택했다. 다윗은 돌팔매로 거인을 물리치는 것 말고도 재주가 많았다. 그는 하프를 켜서 사울 왕을 괴롭히는 영혼을 쫓아낼 수 있었다. 사울 왕의 시중을 드는 동안 계속해

공을 세운 다윗은 왕의 질투를 샀고, 황야로 도망쳐 산적 떼의 두목이 되었다. 그리고 재능 있는 도적의 우두머리이자 이스라엘 민족의 적인 불레셋을 위해 싸우는 일도 서슴지 않는 부도덕한 군벌임을 입증했다.

바로 이것이 골리앗을 물리친 공이 엉뚱한 인물인 다윗에게 돌아간 이유일 것이다.[5] 사실 성서는 다음과 같이 기록하고 있다. "곱에서 불레셋군과 또 한 차례 싸움이 붙었을 때 베들레헴 사람 야이르의 아들 엘하난Elhanan이 갓 사람 골리앗을 죽였는데 골리앗의 창대는 베틀 용두머리만큼 굵었다."[6] 다윗의 가운데 이름이 엘하난이라는 것은 그릇된 주장이다. 마찬가지로 엘하난이 죽인 사람이 골리앗의 형제라는 주장도 사실이 아니다. 이런 주장은 모두 다윗의 명성을 지키기 위한 추정에 불과하다.[7] 골리앗을 물리친 공을 다윗에게 돌린 것은 불레셋에 협력한 그의 과거를 숨기기 위한 눈속임에 불과하다.

길보아산에서 불레셋군과 맞붙은 전투에서 패한 사울 왕은 칼을 뽑아 자결했다. 불레셋 사람들은 사울의 목을 베고 시체를 벳산 성벽에 내걸었다. 다윗은 헤브론에서 유다 왕이 되었는데, 살아남은 사울의 마지막 아들을 살해한 뒤에는 북부의 지파들도 다윗을 이스라엘 왕으로 추대했다. 성서는 다윗이 쿠데타를 일으킨 것이 아닌가 하는 의혹을 떨쳐버리기 위해 많은 공을 들였다. 다윗이 예루살렘을 정복하고 그곳을 수도로 삼자 하느님은 다윗왕조가 영원하리라고 약속했다. 다윗의 왕국은 이집트 국경에서 유프라테스강까지 뻗어나가게 되었다.

성서가 들려주는 다윗 왕 이야기에서 "윤색되지 않은 진실"[8]

을 찾아보면 놀라움을 금할 수 없다. 결국 다윗은 살인자이자 간통한 사람이었다. 앞으로 보게 되겠지만 왕위 계승 과정에서 왕자들 간에 극심한 경쟁이 있었고, 결국 승리를 거머쥔 솔로몬이 왕위를 물려받았다. 장자상속제는 솔로몬의 편이 아니었지만 매력적인 어머니를 둔 덕에 왕위를 계승할 수 있었다. 유능한 정치가 솔로몬이 유능한 전사 다윗의 왕위를 계승했다. 성서는 예루살렘을 방문한 세바의 여왕이 솔로몬 왕의 권력과 부를 보고 경탄을 금치 못했다고 전한다. 오늘날 사람들에게도 널리 알려진 이야기를 통해 전해 내려올 만큼 솔로몬 왕은 매우 지혜로운 사람이었다. 한편 야훼는 솔로몬 왕에게 처음으로 예루살렘 성전을 짓는 영광을 허락했다. 이번에도 문제는 여자였다. 무려 700명이나 되는 후처를 거느리고 그 외에도 300명의 첩을 둔 솔로몬 왕은 결국 잘못된 길로 빠지고 말았다. "솔로몬은 늙어 그 여인들의 꾐에 넘어가 다른 신들을 섬기게 되었다. 왕은 선왕 다윗만큼 자기 하느님 야훼께 충성을 다하지 못하게 되었다." 금세 하느님의 벌이 떨어졌다. 왕국이 붕괴해 북왕국 이스라엘과 남왕국 유다로 갈라진 것이다.

나락으로 떨어지는 길: 북왕국과 남왕국의 왕들

더 진도를 나가기 전에 이런 이야기가 역사적 사실인지 확인해 봐야 한다. 예컨대 대체로 학자들은 가나안 정복이 역사적 사실이 아니라는 데 동의한다. 이스라엘 핑컬스타인과 닐 실버먼에 따르면 "기가 막힌 일이지만, 초기 이스라엘 민족은 원래 가나안인이었다!" 이집트가 가나안에 대한 지배권을 상실한 기원전 12세기 무렵부터 그곳의 척박한 산악 지역에서 유목민들이 정착 생활을 시작했다.[9] 시간이 흐를수록 이 지역의 세력이 커진 것은 사실이지만, 대부분의 연구자는 고고학적 증거를 근거로 성서가 주장하는 위대한 통합 군주는 "문학적 구성"이라고 추정한다. 즉 이스라엘과 유다는 각각 독립적으로 발전한 왕국이라는 것이다.[10] 성서에 등장하는 다윗 왕과 솔로몬 왕 시대에 존재한 실제 예루살렘은 산악 지역에 자리 잡은 그리 크지 않은 마을에 불과했다.

성서를 제외한 어떤 역사 자료도 사울 왕이나 솔로몬 왕에 대해 언급하지 않는다. 다윗 왕의 이름은 1993년 텔단에서 발견된 석비에 한 번 등장했다. 승전을 기념하는 비문(기원전 835년경)에 다윗 왕가가 아람 왕에게 패했다는 기록이 남아 있다.[11] 전설로 길이 남은 이 왕들(북부 지역의 통치자 사울 왕, 척박한 남부 지역의 통치자 다윗 왕)이 실존 인물이라고 해도 성서에서 제시한 모습과는 사뭇 달랐을 것이고[12] 이들이 통치한 왕국은 신명기 역사서에서 주장하는 것처럼 강하지 않았을 것이다.

그러나 열왕기상하에서 만날 수 있는 이스라엘왕국과 유다왕국의 통치자들에 이르면 사정이 달라진다. 솔로몬 왕의 아들 르호보암Rehoboam 왕의 통치기에 왕국이 둘로 갈라졌다는 이야기는 허구가 확실한 반면, 그 뒤를 이어 등장하는 왕들은 역사 기록과 일치한다. 성서의 편집자들은 연대기에 의존했다. 열왕기상하는 우선 북왕국 왕들의 이야기를 들려주는데, 좋지 않은 기록만 수두룩하다. 얼마 못 가 북왕국은 하느님이 보낸 아시리아 군대에 의해 멸망하는데(기원전 722년), 분명 북왕국이 저지른 잘못 때문일 것이다. 그들은 수소 형상의 야훼와 함께 다른 신들을 숭배했다. 남왕국의 왕들은 대체로 괜찮은 듯하지만, 그들 역시 항상 진지한 마음으로 야훼에게 충성한 것은 아니기에 남왕국 역시 바빌로니아에 무너지고 말았다(기원전 587년). 열왕기상하에 묘사한 온갖 끔찍한 불행을 여기서 자세히 다룰 필요는 없다.[13] 약속의 땅을 차지했지만 다시 잃어버리는 과정을 설명하는 것이 열왕기상하로 막을 내리는 신명기 역사서의 핵심이기 때문이다. 성서의 저자들은 야훼에 대한 충성이 결정적 요인이었다는 것을 강조하기 위해 역사를 재창조했고, 깊은 인상을 남겼다.

여러모로 쓸모 있는 하느님

신명기 역사서에 등장하는 다채로운 이야기는 세상에 하나뿐인 유일한 하느님이 어떻게 이스라엘 민족의 운명을 좌우해왔는지 보여준다. 이스라엘 민족이 걸어온 역사의 굴곡에 책임이 있는 것은 영토 확장에 눈이 먼 아시리아인이나 작은 왕국 유다의 빈곤이 아니라 하느님이었다. 토라에서 깊은 인상을 남긴 것처럼 다시 한번 하느님이 교사로 나섰다. 아무도 역사적 변혁의 원인을 모르던 그 시대에 하느님은 변수, 대체 행위자의 역할을 했다. 그 덕분에 성서의 저자들은 체계적 분석을 통해 적절한 해결책을 제시할 수 있었다. 여기서 다시 한번 지성적 종교는 원형과학(정확히 말하면 원형정치학 또는 원형사회학)의 형태로 기능하며 사회적 갈등을 완화하고 패배를 모면하고 국가의 붕괴를 막는 데 기여했다.

역사학자 데이비드 비에일David Biale은 방대한 내용을 다룬《유대인의 문화Cultures of the Jews》에서 "호메로스의《일리아드》와 베르길리우스Vergilius의《아이네이스Aeneis》처럼 성서는 국가의 기원을 그려보기 위해 고대인이 기울인 노력의 산물"이라는 결론을 내린다.

그리고 신명기 역사서는 틀림없이 "이스라엘 민족의 전기傳記"에서 핵심을 이루는 텍스트다.[14] "상상의 공동체"라는 민족에 관한 유명한 개념을 제안한 당시 정치학자 베네딕트 앤더슨Benedict Anderson이 염두에 둔 것은 더 현대적인 현상이지만, 그럼에도 여기서 그 개념은 유용하다. 구성원 대부분이 다른 구성원에 대해 모르고 살아가는 사회에서 사람들은 공동체라는 강력한 개념을 마음에 새길 필요가 있었다. 그리고 신명기 역사서는 사람들에게 공동체의 개념을 제공했다. 신명기 역사서는 "하느님이 선택한 민족"이라는 상상의 공동체를 만들어냈다.

베네딕트 앤더슨은 이렇게 기록했다. "사실 모든 구성원이 대면할 수 있었던 원시 마을보다 규모가 큰 공동체는 (그리고 어쩌면 그 원시 마을조차) 상상에 의해 탄생한 것이다."[15] 여기서 창세기의 족보에 대해 논의하며 확인한 것과 같은 발전 과정을 볼 수 있다. 성서의 저자들은 공통의 기원을 창조함으로써 집단 정체성을 구축했고, 인간의 첫 번째 본성에 자리 잡은 친족 의식에 바탕을 둔 심리가 작동하게 했다. 그들은 본질적으로 상상의 공동체인 하느님이 선택한 민족의 역사를 세심히 지어냄으로써 가상의 친족 의식을 창조했고 한때 수렵·채집 집단이 공유한 안전하다는 느낌을 주었다.

이스라엘 민족이라는 상상의 공동체에 실존적 위급함의 기운이 서리기 시작한 것은 다름 아닌 야훼 때문이다. 야훼는 공동체의 결속을 다지는 접착제로 기능하는 동시에 공동체가 자신의 명령을 제대로 따르는지 감시하는 존재다. 이런 야훼의 특징은 여호수아에서 가장 명확히 드러난다. 여호수아에는 이스라엘 민족이 전설로 길이 남은 예리고 공격을 준비하는 과정이 묘사되어 있다.

야훼께서 여호수아에게 말씀하셨다. "보라. 내가 예리고와 그 왕을 네 손에 부친다. 굳센 용사들아, 너희 모든 군인들은 날마다 이 성을 한 바퀴씩 돌아라. 그렇게 엿새 동안 돌아라. 사제 일곱이 각기 숫양 뿔 나팔을 들고 궤 앞에 나서라. 이렛날에는 이 성을 일곱 번 돈 다음 사제들이 나팔을 불어라. 그 숫양 뿔 나팔 소리가 나면 백성은 다 같이 힘껏 고함을 질러라. 그러면 성이 무너져 내릴 것이다. 그때 전군은 일제히 쳐들어가거라."

그리고 그 일이 정확히 일어났다. 이스라엘 민족은 하느님의 명령을 따랐다. 이레째 되는 날 견고한 성벽이 무너져 내렸고, 이스라엘 민족은 예리고를 약탈했다. 고고학적 발굴을 통해 밝혀낸 사실에 따르면 성서 속 이야기에 등장하는 예리고는 요새가 아니었고 심지어 점령되지도 않았지만, 여기서 그것은 문제가 되지 않는다.[16] 중요한 것은 이야기가 전하는 메시지다. 승리의 영광은 하느님에게 돌려야 한다. 하느님은 자신이 지시한 것을 단 하나도 빠뜨리지 않고 따른 이스라엘 민족에게 승리라는 보상을 제공했다. 이스라엘 민족은 전투가 아니라 행진을 통해 예리고를 얻었다! 가나안 정복은 사실상 야훼가 이스라엘 민족에게 준 "선물"이었다.[17]

전쟁에서 패하는 것도 강한 적이 아니라 하느님의 의지에 달려 있었다. 패전은 이스라엘 민족의 불복종에 대한 하느님의 벌이었다. 예리고 정복 이야기는 이런 사실을 잘 보여준다. 야훼는 "남녀노소 가리지 않고 소건 양이건 나귀건 모조리 칼로 쳐 없애"버리고 그 밖의 모든 것은 불태우라고 명령했다. 가치 있는 물건은 "야훼의 금고"에 보관해야 했다. 예리고를 정복한 이스라엘 민족은 아이를 정복하러 나섰지만 패배하고 말았다. 겁에 질린 여호수아는 옷을 찢고 바닥에 엎드렸다. "일어나거라!" 하느님이 명령했다. "이스라엘은 죄를 지었다. 내가 분부한 지시를 어기고 부정한 것을 가졌다. 그리고 그것을 훔쳐다가 자기 행낭에 숨겨두었다." 이스라엘 민족은 절도죄를 지었고, 여호수아가 심문에 나서자 아간Achan이라는 남자가 모든 것을 털어놓았다. "제가 정녕 이스라엘의 하느님 야훼께 죄를 지은 사람입니다. 제가 한 일은 이러합니다. 제가 전리품 중에서 시날에서 난 좋은 외투 한 벌과 은 이백 세겔과 오십 세겔 나가는 금덩이 하나를 보고는 그만 욕심이 나서 가졌습니다. 그것들은 제 천막 땅속에다 은을 밑에 깔고 묻어두었습니다."

이 이야기가 전하는 메시지는 분명하다. 단 한 사람이라도 법을 지키지 않으면 모두에게 화가 미칠 것이다! 이스라엘 민족 전체가 그 죗값을 치르게 될 것이다. 이는 과거 공동체 전체를 벌한 것과 같은 패턴이다. 신은 전쟁, 재난, 전염병을 통해 분노를 표출했고 그 대가는 공동체 전체가 치러야 했다. 나아가 자기 부족과 씨족 구성원의 행동에 대한 책임이 모든 구성원에게 있다는 것은 오래된 원칙이었다. 이미 선사시대부터 잘못된 행동으로 인해 반목이 일어나고, 피비린내 나는 복수로 이어지는 상황이 지속되었기 때문이다.[18] 따라서 집단 전체에 절대적 복종을 요구하는 성서 속 이야기는 적절한 사회적 행동을 촉진하기 위해 의도적으로 고안한 것이 아니라 인간의 첫 번째 본성을 반영한 것이다. 야훼는 타인의 행동을 감시하는 인간의 경향을 이용해 한 사람의 실수가 공동체 전체를 무너뜨리지 않도록 미연에 방지한 것이다.

그러나 이야기는 아간의 고백에서 끝나지 않았다. "여호수아는 제라Zerah의 아들 아간을 끌고 그 은과 외투와 금덩이를 거두어 아 골 골짜기로 올라갔다. 그의 아들딸을 비롯하여 소, 나귀, 양, 그의 천막과 그에게 딸린 모든 것을 가지고 올라가는데 온 이스라엘이 그를 따라나섰다. 여호수아가 말하였다. '어쩌다가 네가 우리에게 이런 참혹한 일을 당하게 했느냐? 너도 오늘 야훼께 참혹한 일을 당하리라.' 이 말이 떨어지자 온 이스라엘이 그를 돌무더기로 만들 었다. 또 그의 일족을 불사르기도 하고 돌로 쳐 죽이기도 하였다."

집단이 나서서 사람을 돌로 쳐 죽이는 석살石殺은 "개인의 책 임을 제거하는" 효과를 낸다. 공동체가 집단의 이름으로 범죄자를 처벌하므로 희생자의 일가친척은 누구에게도 복수를 꿈꿀 수 없 다.[19] 그러나 아간 이야기에서는 씨족이 몰살당해 누구도 그의 죽 음에 대한 복수를 할 수 없었기에 다른 의도를 암시한다. 씨족 전 체를 벌함으로써 이스라엘 민족은 아간이 저지른 범죄를 얼마나 혐 오하는지 입증하고, 이제 더 이상 그들을 벌할 이유가 없다는 것을 하느님에게 보여주려 했다. 따라서 석살은 하느님의 신뢰도를 높일 증거였다.[20] 물론 공동체의 다른 구성원에게 확실한 메시지를 전 하는 효과도 있었다. 누구든 아간의 뒤를 따를 생각을 해서는 안 된다! 따라서 석살은 언어로는 불가능한 메시지를 전할 수 있었다. 죽음이라는 "지울 수 없는 봉인"을 남김으로써 사람들이 얼마나 진 지한 마음으로 이 문제를 대하는지 만천하에 보여준 것이다.[21]

따라서 여호수아 이야기는 인류학 교과서로도 손색없다. 종교 가 "집단의 결속을 다지는 강력한 문화적 제도"라는 이론을 입증하 는 주요 사례를 제공하기 때문이다.[22] 하느님에 대한 집단의 믿음 은 사회의 결속을 다지는 접착제로 기능한다. 특히 종교가 "초자연적 감시"라는 대규모 활동을 수행할 수 있는 경우에는 더더욱 그러하다. 홍수 이야기를 다룬 장에서 이미 "감시당하는 사람은 행동거지가 올바른 사람"이라는 생각에 대해 논의했다.[23] 절도 같은 모든 그릇된 행동을 감지할 수 있는 "처벌하는 하느님"에 대한 믿음은 여러모로 쓸모가 있었다.[24]

아사비야의 비밀

이제 원형정치학의 형태를 띠는 종교, 즉 앞을 내다보는 안목이 있을 뿐 아니라 혁명적인 종교의 효과에 대해 살펴보자. 여기서는 이븐할둔Ibn Khaldūn의 도움을 받아 논의를 이어가고자 한다. 1332년 튀니스에서 태어나 1406년 카이로에서 숨진 위대한 역사학자 이븐할둔은 주요 저서 《역사서설The Muqaddimah》을 통해 국가의 흥망성쇠를 설명하려 했는데, 특히 그의 아사비야asabiya 개념은 오늘날 사회학자들에게 점점 주목받고 있다. 아사비야는 사람들을 하나로 묶어주는 집단적 연대를 말한다. 그것이 없는 집단은 공동의 목표를 실현할 수 없다. 아사비야는 강도 높은 "친족 의식"으로 끈끈하게 이어진 남성 친척을 의미하는 아사바asaba에서 파생된 단어다.[25] 이븐할둔은 이렇게 기록했다. 아사비야는 "자기 가족과 피를 나눈 친척에 대한 애착을 자아낸다. (여기서 애착이란) 가족과 친척이 아무런 해를 입어서는 안 되며 가족과 친척이 몰락하는 일이 있어서도 안 된다고 느끼는 감정으로, 자기 친척이 부당한 대우를 받거나 공격을 받으면 수치스럽게 여기면서 위험을 무릅쓰더라도 그들 사이에 개입하려는 감정이다."[26] 이븐할둔은 생물학적 친족 의식뿐 아니라 집단을 하나로 묶어주고 연대를 촉진하는 또 다른 "사회의 결속을 다지는 접착제"가 존재한다는 사실도 알고 있었다. "사회적 교류, 친밀한 교우 관계, 오랜 시간 동안 조금씩 쌓인 익숙함, 같은 유모 밑에서 함께 자라며 쌓은 우정, 삶과 죽음에 관한 그 밖의 환경 공유 같은 사회적 실체를 통해 친밀하게 접촉하고 있다는 느낌이 생긴다."[27] 이븐할둔은 대규모 집단에서 아사비야를 이루어 내는 것을 종교의 몫으로 남긴다. 종교에는 경쟁과 질투를 없애고 "진리에 집중하게 하는 힘"이 있기 때문이다.[28]

아랍 학자 이븐할둔은 마그레브 지역에서 끊임없이 일어나는 전쟁을 관찰한 끝에 이런 사실을 알게 되었다.[29] 아사비야는 스텝과 사막 지역에 자리 잡은 부족에게 가장 두드러지게 나타난다. 피터 터친Peter Turchin은 《제국의 탄생War and Peace and War》에 이렇게 기록했다. "사막에 자리 잡은 각 부족은 스스로의 힘만으로 가혹한 환경을 극복하고 다른 부족의 약탈을 피해 살아남아야 한다. 이븐할둔은 '아사비야를 통해 단단하게 결속된 부족만이 사막에서 살아남을 수 있다'라고 강조했다."[30] 이스라엘왕국과 유다왕국의 국가 형성 조건도 마그레브 지역에 자리 잡은 여느 부족이 처한 조건과 크게 다르지 않았다. 팔레스타인 산악 지역의 정치적 상황은 불안정한 격변의 연속이었다. 역사학자들은 "같은 존재지만 다른 모습으로 나타나는" 부족에 대해 언급한다. 이집트에서 발견된 사료에는 이스라엘 민족의 원형으로 추정되는 여러 부족의 이름이 반복적으로 등장한다. 샤수 부족은 스텝과 산악 지역에서 생활하는 유목민으로 약탈자라는 비난을 받았고, 아피루 부족은 "땅을 잃고 떠도는 농민과 목동으로 이루어진 부족으로 때로는 강도로 돌변하고 가장 높은 값을 쳐주는 사람에게 고용되어 용병으로 활동하기도 했다." 이런 사실은 성서에서도 확인할 수 있다. 성서에는 왕위에 오르기 전 다윗이 산적 무리를 이끌었다고 기록했는데, 이는 야훼 종교가 예루살렘을 차지하기 전 "남부 언덕 지역에 흩어져 생활하던 민족의 지도자"로 처음 이름을 알린 아피루 부족 지도자의 활약상을 반영한 것이다.[31] 이런 사실을 통해 다윗이 야훼의 도움을 받아 추종자들에게 아사비야를 심어주었고, 이를 바탕으로 왕위에 올랐다고 추정할 수 있다. 이븐할둔은 이렇게 기록했다. "집단의 공격과 방어 능력은 서로에 대한 애착과 서로를 위해 싸우다 죽을 수 있는 의지를 바탕으로 하는 집단적 감정을 통해서만 확보할 수 있기 때문이다."[32] 물론 성서에서도 서로 목숨 걸고 싸우기로 맹세한 다윗의 전우 명단을 확인할 수 있다.[33]

이제 정리해보자. 기원전 12세기에서 기원전 10세기 무렵 팔레스타인의 역사적 상황과 부족 문화, 스텝과 사막의 변두리라는 가혹한 생활환경을 고려해볼 때 부족 구성원 사이에는 높은 수준의 아사비야가 형성되었을 것이고, 훗날 이스라엘 민족으로 발전하는 부족의 문화에 깊이 각인되었을 것이다. 이런 "일종의 자연선택 과정"을 통해 내적 연대를 형성하지 못한 부족은 자취를 감추었다.[34] 바로 이것이 히브리 성서가 협동에 가치를 부여하는 이유이자 성서에 등장하는 이스라엘 민족이 아시리아제국, 이집트제국, 바빌로니아제국, 프톨레마이오스왕조, 셀레우코스제국, 로마제국의 극심한 압제에 시달리면서도 살아남을 수 있었던 이유다.

풍요의 저주

이븐할둔은 성서인류학자에게 또 다른 영감을 준다. 그는 마그레브 지역의 역사에서 주기적 패턴을 발견했다. 한번 꽃을 피운 제국은 반드시 사라졌다. 이븐할둔은 집단이 부를 축적할수록 연대의 힘이 사그라지는 "부식 효과"에 주목했다. 그는 이렇게 주장했다. "사막에서 겪은 어려움을 잊어버릴 만큼 풍요로운 생활에 익숙해지면서 부족 구성원들은 '무기력해져갔다.'"[35] 그는 모든 왕조의 수명이 놀라울 정도로 비슷하고, 3세대를 넘겨 권력을 유지하는 일은 거의 없다는 것을 인식했다. 아랍 학자 피터 엔즈Peter Enz는 이를 간략히 요약한다. "보통 야성적이고 강한 특성을 보이는 1세대는 최초로 형성된 아사비야의 영향을 받는다. 통치자로서 삶을 살아가는 2세대는 풍요로움을 누리면서 움란umran(문명, 문화를 의미하는 튀르키예어)을 꽃피운다. 3세대에 이르면 국가의 풍요로움이 극에 달하지만 그 대신 아사비야가 사라지면서 쇠락을 길을 걷는다."[36]

사울 왕, 다윗 왕, 솔로몬 왕의 치세를 살펴보면 이런 패턴이 두드러진다는 것을 확인할 수 있다. 사울 왕과 용병 지도자로 활동하던 시절의 다윗 왕으로 대변되는 1세대는 군벌이자 용맹한 전사로서 굳건한 아사비야를 통해 가장 강력한 적도 물리치는 위용을 떨쳤다. 다윗 왕의 왕국으로 대변되는 2세대는 예루살렘을 수도로 삼고 막강한 왕권을 휘둘렀지만 이내 궁정에서 문제가 발생하기 시작했다. 솔로몬 왕의 치세는 풍요로움이 극에 달한 3세대를 대변하지만 바로 거기서 몰락이 시작되었다. 성서에서는 솔로몬 왕을 왕의 표본으로 제시한다. 막대한 부와 지혜를 겸비한 솔로몬 왕은 야훼를 위해 웅장한 신전을 건설한다. 그러나 지나친 욕심에 취해 지나치게 많은 여자를 거느리고 지나치게 많은 말을 소유했다. 또한 오만함에 빠져 야훼에 대한 충성도 저버렸다. 솔로몬 왕이 외국의 신을 모시면서 이스라엘 민족의 아사비야를 형성하는 원천이 파괴되고 말았다. 왕국의 영토에 균열이 가기 시작했고 북부에 자리 잡은 지파들이 새로운 왕국을 건설해 떨어져나갔다. 다윗 왕의 왕조에는 유다지파만이 남았다. 이를 통해 유전자를 공유한 친족이 아사비야를 형성하는 데 얼마나 중요한 역할을 하는지 다시 한번 확인할 수 있다.

최고의 가문에서 일어난 일

성서가 들려주는 이야기가 대부분 사실이 아닌 허구라는 점을 고려할 때 이븐할둔의 역사 이론에 너무 큰 부담을 지워서는 안 된다. 하지만 이븐할둔의 역사 이론이 족장 이야기에도 잘 들어맞는다는 것을 단순한 우연의 일치로 치부해야 할까? 족장 이야기에서도 3세대를 다룬다. 아브라함, 이사악, 야곱이 그렇다. 그리고 아브라함의 씨족도 3세대에 이르러 몰락의 길을 걷기 시작했다. 이집트로 팔려간 요셉이 우연한 기회에 높은 지위에 오르지 못했다면 아브라함의 씨족은 세상에서 완전히 자취를 감추었을 것이다. 그리고 왕실 이야기에서도 족장 이야기를 다룬 장에서 상세히 분석한 것과 같은 문제를 마주하게 된다. 금권정치를 펴는 가문에 부의 축적과 관련한 유혹은 몰락을 자초하는 길이다. 성서는 가상의 부를 통해 원형정치학적 관점으로 분석한 인간의 경험을 독자들에게 압축적 형태로 다시 한번 들려준다.

다윗 왕의 왕위 계승 과정을 둘러싼 이야기에서도 창세기에서 확인한 문제와 패턴은 유사하지만 규모는 두세 배 커진 문제를 확인할 수 있다. 늘 그렇듯이 다윗 왕의 권세는 좋게 말해 수많은 여자와 함께했다. 그는 정치적 이유로 사울 왕의 딸 미갈Michal과 결혼했다(신부 가격은 "불레셋 사람의 남근 백 개"였다). 그다음 남편이 의문의 죽음을 맞은 영리한 미망인 아비가일Abigail과 결혼했고, 다시 이즈르엘의 아히노암Ahinoam과 결혼했다. 사울 왕이 죽은 뒤 왕위에 오른 다윗은 네 명의 아내를 추가로 들였고, 이스라엘의 왕이 된 뒤에는 주변에 수많은 여자를 두었다. "다윗은 헤브론에서 예루살렘으로 자리를 옮긴 뒤 후궁들을 더 얻어 아들딸을 많이 낳았다."

바쎄바 이야기는 "부식 효과"가 통치자에게 어떤 영향을 미치는지 잘 보여준다. "해가 바뀌는 때가 왕들이 싸움을 일으키는 때였다. 그때가 되자 다윗은 요압Joab에게 자기 부하 장교들과 이스라엘 전군을 맡겨 내보냈다. 그들은 암몬을 무찌르고 마침내 라빠를 포위하였다. 그러나 다윗은 예루살렘에 남아 있었다." 그 정도로는 충분치 않다는 듯이 다윗 왕은 한발 더 나아갔다. "어느 날 저녁에 다윗은 침대에서 일어나 궁전 옥상을 거닐다가 목욕을 하고 있는 한 여인을 보게 되었다. 매우 아름다운 여인이었다. 다윗이 사령을 보내어 그 여인이 누구인지 알아보게 하니…" 다윗 왕은 그 여자가 우리야Uriah의 아내 바쎄바라는 것을 알게 되었다. 당시 우리야는 왕을 위해 전쟁터에 나가 있었고, 다윗의 충성스러운 "전우 명단"에도 이름을 올린 인물이었다. 다윗 왕은 바쎄바와 동침해 임신하게 했으면서 일말의 가책도 느끼지 않았다.

토라에 따르면 간통은 사형으로 다스려야 마땅한 죄지만, 다윗 왕은 이를 무시했다. 자신을 위해 용감히 싸우는 군인의 아내와 동침하고도 개의치 않았다. 오히려 전방에서 우리야를 불러들여 바쎄바와 동침하도록 유도해서 자신의 죄를 덮으려 했다. 그러나 군인

정신이 투철한 우리야가 아내와의 동침을 거부하자 다윗 왕은 거리낌 없이 그를 살해했다(살인도 사형으로 다스리는 중죄라는 것은 두말하면 잔소리다). 다윗 왕은 우리야를 전방으로 돌려보내며 지휘관에게 이런 내용이 적힌 편지를 전하게 했다. "우리야를 가장 전투가 심한 곳에 앞세워 내보내고 너희는 뒤로 물러나서 그를 맞아 죽게 하여라." 모든 일이 뜻대로 되자 다윗 왕은 바쎄바와 결혼했다.

여기에 자신을 위해 전장에서 싸우는 군인들의 안위는 아랑곳하지 않고 왕궁에서 편안한 생활을 만끽하는 왕이 있다. 자신을 위해 목숨도 아낌없이 버릴 수 있는 군인의 아내를 자기 것으로 취하는 왕, 하느님의 계명 따위는 신경도 쓰지 않는 왕, 자신을 위해 싸우는 최고의 군인을 사지로 내몰라고 지휘관에게 명령하는 왕이다. 아사비야를 무위로 돌리는 데 이보다 좋은 방법은 또 없을 것이다. 이 이야기는 폭정을 일삼는 통치자, 즉 자신의 욕망을 만족시키기 위해 충실한 부하마저 희생시킬 수 있는 도둑 정치가들이 유발하는 문제가 무엇인지 분명하게 보여준다. 이런 정치가야말로 자신이 다스리는 국가를 나락에 빠뜨리는 원흉이다.

노쇠한 다윗 왕의 시중을 든 아비삭Abishag이라는 아름다운 수넴 여자 이야기를 빼놓는다면 다윗 왕의 아내에 대해 모두 검토했다고 할 수 없다. 이 여인에 대해 노래한 라이너 마리아 릴케Rainer Maria Rilke의 시는 이렇게 시작한다. "그녀가 누웠다. 시들어가는 왕 주변에서 시중드는 하인이/ 그녀의 여린 팔을 붙들었다./ 오랜 세월을 보낸 늙은 왕에 대한 두려움을 떨치고/ 왕 위에 누운 그녀는 길고 달콤한 시간을 보냈다."[37] 그러나 아름다운 젊은 여자로도 효험을 보지 못한 다윗 왕은 과거의 활력을 되찾지 못했다. 노인의 침실에 어린 여자를 들여보내 시중들게 하는 오래된 테스토스테론 치료법을 슈나미티즘shunamitism이라고 하는데, 수넴 여자 아비삭에게서 유래한 말이다. 이 치료법은 르네상스 시대까지 이어졌다.[38]

족장 이야기를 다룬 장에서 일부다처제가 어떻게 여러 아내의 경쟁을 유발하는지에 대해 논의했는데, 열왕기에서는 이런 주제가 부각되지 않는다. 그럼에도 다윗 왕의 막내아들 솔로몬이 여러 형을 제치고 왕위를 이은 데에는 그의 어머니 바쎄바의 공이 컸다. 따라서 여기서도 아내들이 서로 갈등할 가능성은 늘 있었다고 봐야 할 것이다. 한편 형제간 갈등은 주목을 받았다. 살인, 근친상간, 부자간 전쟁이 두드러지게 나타난다. 갈등은 다윗 왕의 장자 암논이 이복동생 다말을 강간하면서 시작되었다. 다말과 같은 어머니에게서 태어난 오빠이자 다윗 왕의 셋째 아들인 압살롬은 암논을 살해했다. 성서는 둘째 아들 길랍Chileab에 대해 거의 언급하지 않는데, 그의 이름은 어느 순간 성서에서 슬그머니 자취를 감췄다. 한편 이스라엘에서 가장 잘생긴 청년 압살롬은 아버지를 상대로 반역을 일으켰다. 다윗 왕이 예루살렘으로 피신한 사이 압살롬은 아버지의 첩 열 명, 따지고 보면 그의 양어머니와 동침했는데, 훗날 다윗 왕은 그 죄를 물어 첩 열 명을 죽는 날까지 유폐했다. 그런데 압살롬의 출중한 외모가 그의 몰락을 앞당겼다. 도망치다가 머리카락이 나뭇가지에 걸려 엉켰고, 다윗 왕의 지휘관 요압이 나무에 힘없이 매달린 압살롬을 죽였다. "내 자식 압살롬아, 내 자식아, 내 자식 압살롬아, 차라리 내가 죽을 것을…." 다윗 왕이 요압에게 압살롬의 목숨만은 빼앗지 말라고 명령했다는 기록이 있지만, 충성스러운 요압이 왕의 명령을 무시한 채 제멋대로 압살롬을 죽였을 리 없다는 점에서 타당하지 않은 기록이다.

어쨌든 공식 후계자인 아도니야가 스스로 왕이라 선포했지만 바쎄바가 노쇠한 다윗 왕의 넋을 빼놓아 그의 계획을 좌절시켰다. 결국 바쎄바의 아들 솔로몬이 기름 부음을 받고 왕위를 계승했다. 애초에 솔로몬은 이복형 아도니야의 목숨을 보전할 생각이었지만, 이후 아도니야가 아버지 다윗 왕의 마지막 아내인 수넴 여자 아비삭을 아내로 삼을 수 있도록 허락해달라고 요청하자 쿠데타가 일어날 것을 우려해 그를 살해했다.

심판대에 선 왕

열왕기는 카인과 아벨의 시대 이후에도 세상이 크게 달라지지 않았다는 것을 분명히 보여준다. 부와 권력을 거머쥔 집단의 우두머리가 여러 아내를 둔 결과 살인과 대혼란이 일어난다. 그토록 불안한 기반 위에 세운 국가가 안정적일 리 없다. 순수한 혈통으로 이어지는 왕조는 자기 파멸의 씨앗을 이미 품고 있다는 이븐할둔의 말은 옳다. 우두머리 남성의 억제되지 않은 이기심, 도둑 정치를 통한 부의 축적, 그리고 사회 지도층의 피비린내 나는 갈등은 충성심을 훼손한다. 국가를 개인 금고로 여기는 왕 덕분에 사회적 불평등은 커져만 간다. 한 명의 왕이 권좌에서 물러나도 다음 폭군이 그 자리를 차지하기 위해 대기하고 있다. 그 결과 이븐할둔이 말한 역사의 순환이 나타난다.

고고학적 발굴을 통해 밝혀낸 사실에서 레반트 산악 지역에 자리 잡은 정치 조직체들이 "유전자에 새겨진" 것으로 보일 만큼 강한 의지를 가지고 영토 확장에 나섰다는 사실을 확인할 수 있다

(6장에서 성공한 족장의 첫 번째 전략이 "더 많이!"였다는 사실을 되새겨보자). 결국 영토 확장을 위한 이런 시도는 실패로 돌아가고 통치자와 그의 가족은 몰락의 길을 걷게 된다.[39] 폭군의 과도한 욕심을 제어하고 정권을 안정시킬 수 있는 제도는 없었다. 열왕기는 다윗 왕과 솔로몬 왕의 뒤를 이은 여러 왕이 끊임없이 피비린내 나는 사건에 휘말렸다는 사실을 분명히 보여준다. 자기 침대에서 편안한 죽음을 맞이한 통치자가 단 한 명도 없을 만큼 왕조 전체가 몰락의 길을 걸었다. 수십 명의 머리가 잘렸고 왕의 시체는 개의 먹이로 던져졌으며 아이들이 희생되고 피해자들은 모든 것을 빼앗겼다. 성서가 들려주는 이야기를 곧이곧대로 믿는다면 혼돈이야말로 최고의 통치 전략인 것으로 보인다.

그런데 성서의 저자들이 이처럼 끔찍한 역사를 기록하고 공개한 이유는 무엇일까? 세계의 다른 지역도 이와 유사한 과거를 공유했지만 통치자의 악행을 기록으로 남기지는 않았다. 물론 성서의 이야기를 액면 그대로 받아들여서는 안 된다(다시 한번 말하지만, 성서의 어느 부분에서나 이 점을 유의해야 한다). 가장 끔찍한 이야기는 대부분 남왕국 유다보다 강했지만 아시리아에 의해 멸망한 북왕국 이스라엘에 관한 것이다. 이때 남왕국 유다가 하느님이 북왕국 이스라엘을 멸망시킬 수밖에 없었다는 선전을 시도했다는 놀라운 사실을 확인할 수 있다! 이것이 히브리 성서가 왕을 비판하게 된 이유다. 그리고 야훼가 두 개의 삶을 산 것이 여기서 다시 한번 빛을 발한다. 앞서 살펴본 것처럼 경쟁 관계에 놓인 유다왕국과 이스라엘 왕국은 모두 야훼를 모셨다. 그리고 두 왕국에서 모두 왕을 비판하는 담론이 등장했지만, 주목해야 할 점은 비판의 칼날이 항상 상대

국가의 왕을 향했다는 것이다. 북왕국 이스라엘이 멸망하자 남왕국 유다에서는 왕에 대한 비판이 점차 설득력을 얻어 새롭고 보다 일반적인 담론으로 발전해나갔다. 이기적인 왕은 민족의 재앙이다.

수많은 사람이 이스라엘왕국에서 유다왕국으로 피신하면서 사제와 학자들은 이내 "범이스라엘 민족의 이데올로기"를 발전시키기 시작했다. 그들은 북왕국 사울 왕과 남왕국 다윗 왕의 전통을 결합했다. 두 왕국의 국민 모두 상대국 통치자의 부정적 측면에 대해 잘 알고 있었으므로 두 왕의 이야기를 결합하는 것 외에는 선택의 여지가 없었다. 따라서 성서의 슈퍼스타인 다윗 왕 같은 인물 역시 부정적 측면을 솔직히 묘사할 수밖에 없었다.[40] 한 세기가 지난 뒤 유다왕국이 몰락하자 사회 지도층 사제들은 그 이유를 찾아 나섰다. 이번에도 왕이 도마 위에 올랐다. 방탕한 왕이 가난한 사람을 착취하고 무엇보다 중요한 아사비야를 파괴해 하느님의 분노를 불러일으킨 것이다. (훨씬 뒤인 기원전 2세기와 1세기에 하스모니아왕조가 예루살렘을 통치한 일을 제외하고는) 이스라엘 민족 가운데 예루살렘에서 왕위에 오를 수 있는 사람이 없었으므로 사회 지도층 사제들이 이런 담론을 발전시키는 것은 그리 어렵지 않았다. 바빌로니아 포로 시대와 그 후 시대에 창작의 자유가 보장된 덕분에 하느님은 왕에게 그토록 강력한 심판을 내릴 수 있었던 것이다.[41]

상대국 왕의 명예를 떨어뜨리는 전략이라는 다소 그늘진 이유에서 출발했지만, 새롭게 등장한 이 정치철학은 열왕기의 진정한 핵심을 이룬다. 문명의 발전 과정에서 중요한 이정표로 작용한 이 정치철학에서 토라와의 주목할 만한 연관성을 확인할 수 있다. 여기서 다시 한번 국가와 사회를 보호하기 위한 재난 방지 시스템을 만나게 된다. 이 시스템은 사회의 결속(상상의 공동체)을 강화할 뿐 아니라 사회의 기준을 위반하지 못하게(초자연적 징벌) 막는 한편, 사회를 불행에 빠뜨린 책임이 있는 당사자를 고발한다. 이기적인 폭군이 아사비야를 파괴한 탓에 국가가 멸망할 지경에 이르렀다! 그들은 적어도 토라가 왕을 위해 제시한 법을 준수해야 했다.

그러나 왕이라고 해도 군마를 많이 기르는 일만은 하지 못한다. (…) 왕은 또 많은 후궁을 거느리지 못한다. 그러면 마음이 다른 데로 쏠릴 것이다. 은과 금을 너무 많이 모아도 안 된다. 그는 왕위에 오른 다음에도 레위인 사제를 시켜 이 가르침을 두루마리에 베껴 평생 자기 옆에 두고 날마다 읽어야 한다. 그리하여 자기를 택하신 야훼 하느님을 경외하고 이 가르침에 담겨 있는 말 한마디 한마디를 성심껏 지키며 그 모든 규정을 실천하여야 한다. 마음이 부풀어 올라 제 동족을 얕잡아보는 일도 없고 이 계명을 어기는 일 또한 털끝만큼도 없어야 한다. 그리하면 그뿐 아니라 그의 후손들도 이스라엘 왕위에 오래도록 앉게 될 것이다.[42]

인간의 첫 번째 본성은 국가에 대한 이런 비판을 다시 한번 부추겼다. 수렵·채집 시대에는 지도자가 없었다. 다른 집단과 갈등을 겪는 동안에는 전쟁을 이끌 지도자를 뽑았지만, 평화가 찾아오면 그 권력을 모두 내놓아야 했다. 수렵·채집인 사이에는 "평등한 연대"가 형성되어 있었으므로 지배적인 한 개인이 권력을 독점하지 못하도록 미연에 방지할 수 있었다. 수렵·채집인은 지도자가 다른 사람을 억압하는 상황을 좋아하지 않았다(물론 자신이 권력의 정점에

선 경우에는 사정이 달라진다).

토라가 이론을 제시하는 반면, 느비임에 수록된 왕실 이야기는 현실을 보여준다. 여호수아가 그랬던 것처럼 이스라엘 민족의 지도자가 법을 엄격하게 지킨다면 그가 하는 모든 일이 순조로울 것이라는 역사철학 강의를 통해 독자를 설득한다. 그러나 결국 어느 왕도 토라의 율법을 엄격하게 지키지 못했다. 이런 면에서 볼 때 성서는 지극히 현실적이다. 다윗 왕과 마찬가지로 대부분의 왕이 전도 유망하게 출발하지만 어느 시점부터 권력, 부, 여자에 대한 갈망의 희생양으로 전락한다. 몰락의 책임은 이스라엘 민족의 지도자에게 있다. 이것이 성서의 원형정치학에서 찾을 수 있는 진정 혁명적인 측면이다.

하느님이 이 모든 일이 일어나도록 내버려둔 이유

분명히 모든 사람이 성서가 전하는 메시지를 마음에 새기지 않았다. 필연적으로 역사를 통틀어 많은 통치자가 새로운 여호수아라고 주장하고 나섰다.[43] 그러나 여호수아에 대한 그들의 존경심은 그의 경건한 법 연구가 아니라 정복자로서의 성공과 관련이 있었다. 다윗 왕과 솔로몬 왕에게는 더 큰 매력을 느꼈다. 다윗 왕과 솔로몬 왕은 "서구 문화에서 생각하는 바람직한 왕의 모습을 형성했고 경건한 왕, 메시아에 대한 기대, 국가의 운명을 상징하는 모델로 자리 잡았다."[44] 서양의 모든 통치자는 성서의 바람직한 이야기만 선택적으로 받아들여 다윗 왕처럼 용감하고 솔로몬 왕처럼 지혜로운 통치자로 역사에 기록되기를 바랐다. 그러나 권력을 잡은 다윗 왕과 솔로몬 왕은 야훼에게 충성하지 않았다. 권력의 절정에 이른 순간 몰락의 길로 들어서고 말았다.

그러나 기본적이지만 중요한 질문이 아직 하나 남아 있다. 왜 하느님은 굳이 자신의 백성 위에 왕을 세운 것일까? 하느님은 분명 왕이 초래할 온갖 불행에 대해 알고 있었을 텐데 말이다. 성서의 저자들은 하느님의 권위를 훼손할 가능성이 농후한 이런 질문에 적절한 답을 제시하기 위해 많은 노력을 기울였다. 토라의 저자들은 반론에 대한 면역 전략을 이용해 이스라엘 민족을 산 아래에 남겨두고 모세 혼자 시나이산 정상에 올라간 이유를 설명했는데, 이번에도 같은 전략을 채택했다. 그것은 백성의 뜻이었다고 설명한 것이다. 여기서 다시 한번 이스라엘 민족에게 왕이 필요 없다는 사실을 강조하기 위해 애쓰는 하느님이 등장한다. 그 증거는 판관기에서 확인할 수 있다. 하느님의 말을 따르기만 하면, 필요할 때 하느님이 구원자를 보내줄 터였다. 그러나 장로들은 예언자 사무엘을 찾아가 "다른 모든 나라처럼" 왕을 세워달라고 요구했다. 사무엘은 탐탁지 않게 생각했지만 하느님은 그에게 이렇게 명했다. "백성이 하는 말을 그대로 들어주어라. 그들은 너를 배척하는 것이 아니라 나를 왕으로 모시기 싫어서 나를 배척하는 것이다." 그리고 이렇게 덧붙였다. "그러나 엄히 경고하여 왕이 그들을 어떻게 다스릴 것인지를 일러주어라." 다시 말해 하느님은 이스라엘 민족에게 왕이 그들의 아들과 딸을 마음대로 데려가고 세금을 부과할 것이라고 경고했다.

너희의 밭과 포도원과 올리브밭에서 좋은 것을 빼앗아 자기 신하들에게 줄 것이며, 곡식과 포도에서도 십분의 일 세를 거두어 자기의 내시와 신하들에게 줄 것이다. 너희의 남종 여종을 데려다가 일을 시키고 좋은 소와 나귀를 끌어다가 부려먹고 양 떼에서도 십분의 일 세를 거두어갈 것이며 너희들마저 종으로 삼으리라. 그때에 가서야 너희는 너희들이 스스로 뽑아 세운 왕에게 등을 돌리고 울부짖겠지만, 그날에 야훼께서는 들은 체도 하지 않으실 것이다.

사람들은 자신이 어떤 길로 들어서고 있는지 알아야 했다. 이것을 부인할 수는 없다!

이미 언급한 것처럼 신명기 역사서가 전하는 교훈은 분명하다. 방종하고 무법한 통치자가 이 땅에 재앙을 가져올 것이라는 교훈이다. 그러나 모든 사람이 이런 상황을 불가피한 것으로 받아들일 준비가 되어 있지는 않았다. 새로운 집단이 용감하게 나서서 정의를 외치고 아사비야의 복원을 주장했다. 인간의 첫 번째 본성을 전파하는 사절로 나선 이들은 하느님의 계획을 구현해 왕의 행동을 바로잡으려 했다. 이들은 예언자였고, 이제 이들에게 관심을 돌린다.

12

예언자

사람이 전하는 하느님의 말씀

히브리 성서의 두 번째 주요 뼈대를 이루는 느비임("예언서")이라는 이름에서 미루어 짐작할 수 있듯, 진짜 주인공은 왕이 아니라 예언자다. "신성한 지식을 전하는 매개자이자 소통의 통로"[1]로서 예언자는 하느님과 직접 소통할 뿐 아니라 왕을 세우고 폐위할 수 있었다. 예언자 사무엘은 사울에게 기름을 부어 왕으로 세웠지만, 훗날 하느님의 은총이 그에게서 떠났다는 말을 전하기도 했다. "그대가 야훼의 말씀을 거역하였으니, 야훼께서도 그대를 왕의 자리에서 파면시키실 것이오." 예언자 나단Nathan은 다윗 왕에게 그의 왕조가 영원할 것이라고 전했지만 바쎄바와 놀아난 일로 얻은 불명예는 씻을 수 없을 것이라고도 했다. 오늘날 유대인이 유월절의 첫 번째 저녁 식사를 하는 동안 문을 열어놓고 기다리는 예언자 엘리야는 이스라엘왕국의 아합Ahab 왕과 대립했는데, 결국 아합 왕의 피는 엘리야의 예언대로 "개들이… 핥았"다. 또 다른 예언자 에제키엘Ezekiel은 누가 들어도 구약성서의 예언자를 떠올릴 만한 어조로 왕을 비판했다. 왕은 "짐승을 잡아 물고 으르렁거리는 사자처럼 백성에게서 재물과 패물을 빼앗고, 사람들을 집어삼키는구나. 그리하여 네 안에는 과부만 늘어가는구나." 왕자는 "짐승을 잡아 찢는 늑대 같아, 죄 없는 피를 흘려 사람들을 죽이며 남의 재산을 털어먹고 있다." 이런 사정을 고려하면 신학자들이 예언자를 야훼 종교의 "가장 놀라운 대변자"라고 부르는 이유를 이해할 수 있을 것이다.[2]

사실 예언자의 높은 명성은 꽤 흥미롭다. 예언자를 말하는 히브리어(navi)와 그리스어(prophetes)는 각각 "대변자", "하느님의 말씀을 사람들에게 전하는 대변자"를 의미한다.[3] 따라서 예언자는 "이교의 마술사, 점술가, 마녀, 주술사와 같은 기능을 하는 존재"였다.[4] 주로 "신의 세계나 영혼의 세계에서 오는 메시지나 정보를 인간 세계에 전달하는"[5] 역할을 수행했다. 이는 이들이 고대 종교의 "샤먼"이나 "영혼의 매개자"와 명백히 관련되어 있다는 의미다.[6] 그러나 유일신교는 그처럼 간교한 말장난이나 늘어놓는 존재에 대한 대대적인 사냥을 선포하지 않았던가.

이런 사실은 토라의 마지막 부분에 분명하게 드러난다. 계시는 완성되었다. 예언자 모세는 죽었고, 이후 율법이 그 자리를 대신했다. 미래의 예언자가 와서 하느님의 말씀을 바로잡는 것은 상상도 할 수 없는 일이었다. 그럼에도 토라는 예언자가 돌아올 수 있도록 뒷문을 열어둔 채 "그 후로 이스라엘에는 두 번 다시 모세와 같은 예언자, 야훼와 얼굴을 마주 보면서 사귀는 사람은 태어나지 않았다"라고 선언한다. 모세에게 필적할 만한 예언자는 나오지 않았지만 그렇다고 그들이 완전히 사라진 것은 아니다. 참으로 이상한 일이 아닐 수 없다. 예언자가 필요한 이유는 무엇일까? 야훼를 에워싼 지성적·제도적 종교, 즉 초월적 존재로 격상된 세상에 하나뿐인 유일한 하느님을 기반으로 한 합리적 규범 기반의 재난 방지 시스템이라는 맥락을 고려하면 하느님의 메시지를 해독하기 위해 예언자가 필요하다는 것은 터무니없는 생각이었다. 이스라엘 민족에게는 이제 법이 있었다! 따라서 법을 연구하기만 하면 문제없을 터였다. 그런데 이스라엘 민족이 이집트를 탈출해 약속의 땅에 들어선 후 이어지는 이야기에는 예언자가 바글거린다. 왜 그럴까? 하느님의 말씀으로는 충분하지 않은 것인가? 하느님이 자신을 충분히 명확하게 표현하지 못한 것인가?

미치광이거나 혁명가거나

예언자가 없는 성서는 상상할 수조차 없다. 법이라는 수단만으로는 유일신교를 구축할 수 없었을 것이다. 앞서 언급한 것처럼 성서의 저자들은 모세의 율법을 출애굽기의 경이로운 이야기에 끼워 넣기 위해 많은 노력을 기울였다. 모세의 율법을 선전하기 위해 하느님도 몸소 나섰다. 이스라엘 민족이 이집트를 탈출한 사건이 "신화시대"나 다름없는 선사시대에 일어난 것처럼 꾸밈으로써 마음 놓고 여러 차례 기적을 행할 수 있었다. 한편 원시시대로 표현되는 성서상의 역사에서 하느님은 구체적 형상을 지닌 존재로 활동하며 세계와 피조물을 창조했고 홍수도 내렸다. 그러나 왕들의 이야기는 바빌로니아 포로 시대 이전의 역사적 시대에 일어났다. 매일의 경험을 통해 야훼가 모습을 드러내거나 홍해를 가를 때처럼 기적을 행하지 않는다는 사실도 확인할 수 있다. 즉 하느님은 더 이상 신뢰의 주체가 될 수 없었다.

그 일을 누가 대신할 수 있었을까? 왕은 유일신교를 매력적으로 만들어 사람들이 믿을 수 있게 하는 일에는 쓸모가 없었다. 야훼의 사제나 신학자들도 그 임무를 맡을 수 없었다. 유일신교를 통해 가장 큰 이익을 누리는 사람들이었기에 자기 이익을 위해 유일신교를 선전한다는 의심을 피할 수 없었다. 성서에서 눈부신 활약을 펼치는 사제를 볼 수 없는 것은 우연이 아니다. 성서의 저자들에게는 선택의 여지가 없었다. 결국 진정한 하느님의 사람으로 인정받아온 예언자가 다시 등장했다. 아이러니하게도 이 신학적 모험은 신의 한 수로 판명되었다. 성서의 저자들은 야훼를 전에는 볼 수 없던 매우 도덕적인 존재로 탈바꿈시키는 데 결정적 역할을 하는 복합적이고 인상적인 인물들을 계속 창조했다.

하지만 너무 앞서나가기 전에 먼저 예언자의 의미에 대해 짚고 넘어가자. 느비임은 "이전" 예언자와 "이후" 예언자를 구분한다. "이전" 예언자는 앞 장에서 이미 다룬 이른바 신명기 역사서, 즉 여호수아, 판관기, 사무엘상하, 열왕기상하에 등장하는 예언자를 일컫는 말로 사무엘, 나단, 엘리야, 엘리사Elisha가 여기에 속한다. 이들은 자기 이름으로 기록된 예언서를 남기지 않았다. "이후" 예언자는 성서에 자기 이름을 붙인 예언서를 남긴 고전"문학" 예언자로 이사야부터 말라기까지 아우른다. 예언자들은 이례적으로 신학자들이 주목하는 연구 대상으로 자리 잡았다. 지금까지도 전문가들의 눈길을 사로잡는다는 점을 고려할 때 성서에서 예언자가 맡은 적절한 역할을 찾아내기가 쉽지 않다는 것을 충분히 짐작할 수 있다.

그리스도교도들은 예언자를 미래를 해석하는 존재로 인식하고 예수그리스도의 도래를 알리는 역할을 한다고 생각하므로 메시아의 도래를 예언한 문학 예언자들의 예언서를 구약성서 정경正經의 마지막 부분에 배치해 그 예언을 성취하는 신약성서의 서곡으로 삼았다.[7] 한편 유대교는 예언자를 무엇보다 "법을 가르치는 교사"로 생각하기에[8] 히브리 성서의 편집자들은 토라에 이어 바로 느비임을 배치했다.[9] 그러나 역사적으로 볼 때 대부분의 예언자는 토라의 기록 이전에 존재했으므로 토라의 율법을 가르칠 수 없었다.[10]

19세기 이후 천재와 정신이상자의 관계에 대한 성찰이 이루어지면서 예언자가 경험한 황홀경에도 많은 관심이 쏠렸다. (전부는 아니지만) 일부 "종교적 천재"는 마치 무엇에 사로잡힌 것처럼 행동해 "미치광이" 취급을 받았다.[11] 하느님의 영靈에 사로잡힌 예언자는 정신이상 증세를 보였다. 막스 베버는 이렇게 기록했다. "에제키엘은 자기 손을 내리쳤고 자기 허벅지를 물어뜯었으며 발로 땅을 굴렀다. 예레미야는 '취한 사람처럼' 온몸을 떨었다. 하느님의 영이 내리면 예언자들은 얼굴이 일그러지고 숨조차 제대로 쉬지 못했다. 때로 땅에 엎어지는 일도 있었다. 앞을 보지 못하고 말을 할 수 없게 되거나 경련으로 온몸을 떨기도 했다."[12] 예언자들의 행동은 사람들에게 충격을 안겼다. 이사야는 벌거벗은 채 3년간이나 예루살렘 거리를 활보했고, 말을 할 수 없게 된 에제키엘은 390일을 왼쪽으로 누워 지냈으며, 예레미야는 어깨에 멍에를 메고 다녔다. 쇠나 팔을 머리에 쓴 예언자도 있었고, 침을 흘리며 다닌 예언자도 있었다.[13] 심리학자들은 예언자들이 남긴 문헌에서 외상후스트레스장애의 흔적을 찾기 시작했다.[14] 결국 예레미야는 그들이 전쟁과 기근과 염병의 희생자라는 사실을 우리에게 알려준다.

마지막으로 예언자는 사회혁명가로 칭송받았다. 예언자 미가

Micah는 왕에게 분노했다. "망할 것들! 권력이나 쥐었다고 자리에 들면 못된 일만 꾸몄다가 아침 밝기가 무섭게 해치우고 마는 이 악당들아, 탐나는 밭이 있으면 빼앗고 탐나는 집을 만나면 제 것으로 만들어 그 집과 함께 임자도 종으로 삼고 밭과 함께 밭 주인도 부려먹는구나." 그러나 신학자들은 일각에서 주장하는 것처럼 예언자들이 정말 "냉철한 사회 비평가"였는지에 대해 거듭 의문을 제기한다. 예언자들은 자신이 사회를 변화시킬 수 있다는 착각에 빠지지 않았기 때문이다.[15]

하늘이 내린 선물

이런 해석은 모두 예언자를 역사상 실존 인물로 취급한다는 점에서 문제를 안고 있다. 그러나 그들은 실존 인물이 아니다. "예언자에 대한 연구 현황에 따르면 '예언서' 가운데 실제로 이름을 빌려 준 그 예언자가 쓴 것은 단 한 권도 없다."[16] 자기 이름을 붙인 예언서를 남기지 못한 예언자 역시 그가 실존 인물이라는 사실을 입증할 수 있는 명확한 증거는 없다. 따라서 "고대 예언의 현실을 재구성"하는 문제와 관련해서는 성서의 텍스트를 제한적으로 활용해야 한다. 한편 "문학적 현상인 성서의 예언"과 "고대 히브리 예언"을 세심하게 구분하는 것도 중요하다.[17] 다시 말해 성서의 예언자는 사실과 허구를 다채롭게 뒤섞어 문학적으로 구성한 인물이다. 그러나 예언자를 창조한 목적은 분명했다. 유일신교를 구축하고 직관을 거스르는 이 새로운 종교를 그럴듯하게 보이도록 하는 것이었다.

예언이라는 역사적 현상은 고대의 다른 문화권에서도 찾아볼 수 있다. 일반적으로 예언자는 네 가지 유형으로 구분한다. 첫 번째 유형은 음악과 춤을 통해 최면 상태에 빠져든 예언자고, 두 번째 유형은 신전에서 제의와 함께 신탁을 담당한 예언자다. 세 번째 유형은 왕에게 신의 의견을 전한 궁정 예언자고, 네 번째 유형은 "적대적 개별 예언자"다. 첫 번째부터 세 번째 유형은 하느님의 실제 의도를 물어볼 수 있었지만 네 번째 유형은 그럴 수 없었다. 언제 하늘에서 정보가 내려올지 몰랐기 때문이다. 네 번째 유형에 속한 예언자는 많지 않았고 예언을 하는 동안 사람들의 존경도 받지 못했다. 그들이 전하는 예언은 절대 좋은 소식의 전조가 아니었다.[18]

여기서 상황이 흥미로워진다. 성서에 등장하는 거의 모든 예언자가 네 번째 유형에 속하기 때문이다. 비단 이스라엘 민족만이 네 번째 유형에 속한 예언자를 주변인 취급한 것은 아니다. 이런 현상은 고대 근동 전역에 걸쳐 나타났다. 예를 들어 메소포타미아에서는 왕실에 소속된 세 번째 유형의 예언자만 역사적 증거로 남아 있다. 성서 속 예언자들과 같은 행로를 걸었음에도 왕조나 국가의 종말을 예언한 예언자에 대한 증거는 찾아볼 수 없다.[19] 바빌로니아 예언자가 이사야와 같은 예언을 한다는 것은 상상도 할 수 없는 일이었다. "그리하여 야훼께서는 당신의 백성에게 진노하시어 손을 뻗어 그들을 치셨다. 그가 고관들을 죽이시니 그들의 시체가 한길에 버려진 쓰레기 더미 같았다. 그래도 진노가 풀리지 않으시어 또다시 치려고 손을 드셨다." 그렇다면 파멸과 공포를 전문으로 하는 네 번째 유형의 비주류 예언자를 성서에서 그토록 많이 만날 수 있는 이유는 무엇인가? 그 답은 놀랍도록 명백하다.

느비임은 그런 사실을 토대로 기록되었다. 일반적으로 역사 속에는 야훼가 국가를 지원한다는 것을 보장하면서 구원을 노래한 예언자도 존재했다.[20] 불행히도 그들의 예언에는 한 가지 치명적인 흠이 있었다. 그들이 그릇된 역사의 편에 섰다는 것이다. 대신 성서는 재앙을 말한 예언자를 내세운다. 성서에 등장하는 예언자는 하나같이 역사의 룰렛 휠에서 검은색, 다시 말해 재앙에 베팅했고 대부분 이겼다. 주사위는 대부분 검은색에 떨어졌다. 그들의 예언이 현실로 나타나면, 그제야 비로소 진짜 예언자로 인정받을 수 있었다.

진짜 예언자인지 규명하는 과정은 그리 이상해 보이지 않는데, 하느님의 말씀을 전하는 사람을 알아볼 수 있는 방법을 묻는 질문에 토라가 답한 내용을 보면 그 이유를 알 수 있다. "그런데 그것이 야훼께서 하신 말씀인지 아닌지 어떻게 알겠느냐 하는 생각이 들겠지만, 그 예언자가 야훼의 이름으로 말한 것이 그대로 이루어지지 않으면 그 말은 야훼께서 하신 말씀이 아니다. 제멋대로 말한 것이니 그런 예언자는 두려워할 것 없다."[21] 결국 그 결과를 보고 나서야 진짜 예언자인지, 사기꾼인지 판단할 수 있는 것이다.

여기서 고전적 형태의 생존 편향을 만날 수 있다. 《블랙스완The Black Swan》의 저자 나심 탈레브가 주장한 것처럼, 성서에서 하느님의 대변자로 선택된 예언자는 폭넓은 영역을 아우르는 수많은 예언을 했고 결국 그중 일부는 필연적으로 맞을 수밖에 없었다. 반면 예언이 하나도 실현되지 않은 불운한 예언자는 세월의 뒤안길로 사라져 잊히고 말았다.[22] 이사야, 예레미야, 에제키엘 같은 예언자는 목표를 달성했기 때문에 기록을 남길 수 있었던 것이다.

다시 한번 자신이 가장 잘하는 것을 할 수 있는 기회를 얻은 성서의 저자들은 이 운명의 예언자들이 어떤 역할을 해야 하는지 알고 있었다. 우연이든 아니든 역사는 그들을 예언이 "실제"로 입증된 "진정한" 예언자의 반열에 올려놓았다. 그들은 지상의 역사를 마음 대로 조종하는 신과 실제로 소통하는 것처럼 보였다. 성서의 저자 들에게는 역사를 통해 자신의 존재를 입증한 하느님의 사람들을 모아 그들의 명성을 취하는 것 외에 다른 선택의 여지가 없었다. 성서의 저자들에게 예언자는 하늘이 내린 선물이었다.

예언자 만들기

성서의 저자들이 예언자를 이용해 유일신교의 설득력을 강화 해나간 과정을 그들의 어깨너머로 살펴보자. 그들은 역사가 증명한 것으로 보이는 살아남은 신탁을 수집하는 것으로 시작했다. 그 것이 꼭 이름이 알려진 예언자의 신탁일 필요는 없었다. 어차피 그들이 재구성하고 확장해 문학작품으로 재탄생시킬 것이기 때문이었다. 가장 중요한 것은 이스라엘왕국과 유다왕국에 닥친 불행이 사실은 하느님이 내린 벌이라는 메시지를 분명하게 전달할 수 있도록 예언을 윤색했다는 점이다. 여러 세대에 걸쳐 서로 다른 저자가 예 언서의 일부를 끊임없이 고쳐 쓴 끝에 기원전 200년 무렵 최종본이 탄생했다.

성서 텍스트를 다시 쓰는 과정에 참여해 예언자를 하느님의 대 변자로 활용한 저자들의 정체는 여전히 수수께끼로 남아 있지만 그들은 분명 신학 교육을 받은 학자였다. 그들은 정말 독창적인 작품을 남겼다. 구약성서의 예언서는 문학과 신학에 혁신의 바람을 몰고 왔을 뿐 아니라 매우 실용적이었다. 또한 새로운 현실에 부합하도록 조정한 예언으로 가득 채운 배와 같았다. 텍스트를 끊임없이

재구성하는 과정을 통해 성서의 예언자는 세계사를 예언하는 선지자로 격상되었다.[23]

일단 인정받은 예언자의 이름은 일종의 브랜드와 같아서 다른 예언자의 예언도 그 이름 아래 모아둘 수 있었다. 이사야서에서는 최초의 엄격한 유일신론자로 알려진 두 번째 예언자를 만날 수 있다. 그러나 이 사람에 대해선 알려진 것이 전혀 없다.[24] 이 이름 모를 예언자의 입을 통해 하느님은 이렇게 말한다. "내가 시작이요, 내가 마감이다. 나밖에 다른 신이 없다." 성서학자들은 이 예언이 첫 번째 예언자의 예언보다 200여 년 뒤에 나온 것으로 파악했지만, 그럼에도 이사야서에 통합되었다. 아마도 이사야의 유명세를 이용해 새로운 유일신교를 알리려는 노력의 일환일 것이다. 나중에 신학자들은 이 예언자에게 "제2이사야"라는 이름을 붙여주었지만, 이 사람이 독자적 예언자였는지 아니면 성서 편집자들의 손에서 탄생한 가상 인물인지를 두고 여전히 논쟁을 벌이고 있다. 이사야서의 끝 부분에 등장하는 세 번째 예언자인 "제3이사야"는 후대에 덧붙인 것이 거의 확실하다.[25]

구약성서를 연구하는 교수 라인하르트 크라츠Reinhard Kratz는 이렇게 기록했다. "지금까지 전해 내려오는 예언자의 예언은 예언자 본인에게서 나온 것이 아니라 후대에 나온 것이고, 예언서 저자가 예언자 본인이 아니라 이름 모를 학자라는 사실은 아마도 일부 독자를 혼란스럽게 할 것이다."[26] 피할 수 없는 결론은 예언서가 복합적 산물이라는 것이다. 재앙에 대한 예언은 역사를 통해 검증되었고, 그 명성은 성서의 메시지에 대한 신뢰도를 높이는 데 활용되었다.

기적이 유발한 문제

이쯤에서 예언서에 대한 논의를 접고 본격적으로 예언자에게 주목해보자. 예언자 역시 복합적 창조물이다. 하느님의 말씀을 전하는 대변자는 특히 믿음이 가는 인물로 창조해야 했다. 따라서 예언자의 매력을 부각하는 작업이 지속적으로 이루어졌다. 당시 신을 대변한다고 주장하는 존재들끼리 치열한 경쟁을 벌였다는 사실도 잊어선 안 된다. 샤먼, 마녀, 마술사와 마찬가지로 예언자도 신뢰도를 높일 증거를 제시하는 데 능통한 사람이어야 했다. 신과 직접 소통할 수 있다고 주장하는 존재라면 누구든 의혹의 눈초리를 피할 수 없었다. 조지프 헨리크의 주장대로 문화 면역 시스템이 신뢰도를 높일 증거를 요구한다는 사실은 이미 검토했다. 말만 하는 것은 너무 쉬운 일이다. 언어가 인류에게 막대한 이점을 가져다준 것은 사실이지만 그 덕분에 해결해야 할 문제도 상당히 많았다. "언어의 약점은 거짓말, 사기, 협잡의 가능성이 너무 높다는 것이다."[27] 모든 사람은 거짓말쟁이나 사기꾼을 폭로하고,[28] 구체적 행동을 유발하는 확인되지 않은 이야기를 들었을 때 재빨리 경보를 울리는 미세 감지 장치를 가지고 있다.

언어는 약 50만 년 전에 나타났다.[29] 그 후 사람들은 말을 있는 그대로 받아들이는 대신 입가의 경련같이 거짓말을 상징하는 미세한 행동을 감지하는 데 선수가 되었고, 행동을 통해 말에 거짓이 없음을 입증할 것을 요구하게 되었다. 인간은 진화를 통해 말보다 행동의 효과가 크다는 사실을 알게 되었다. 따라서 최초의 샤먼이 등장한 이후로 초자연적 존재를 매개한다고 주장하는 모든 존재는 자신의 존재를 매 순간 공동체에 납득시켜야 했다. 자신에게 신의 영혼이 내렸다는 사실과 "자기 입을 통해 나오는 말이 하느님의 말씀"이라는 사실을 입증해야 했다.[30] 따라서 (소수의 여성을 포함한) 하느님의 대변자는 온갖 눈속임에 능했다. 오늘날에도 여전히 사람들은 신의 영혼에 사로잡혀 황홀경에 빠진 영매를 보면 쉽게 믿는 경향이 있다.

성서의 저자들은 딜레마에 빠졌다. 예언자들이 초자연적 존재와 소통한다는 사실을 독자들에게 납득시킬 방법은 무엇일까? 그 답은 예언자들에게 초자연적 행동을 하게 하는 것이었다! 가장 고전적인 전략은 예언자에게 기적을 행할 능력을 부여하는 것인데, 기적은 인간의 첫 번째 본성을 사로잡는 특성이 있었기 때문이다. 그러나 직관적 종교가 사랑하는 마술은 유일신교의 금기 목록에 올라 있었다. 성서에 등장하는 예언자가 기적을 행하는 것은 적어도 이론상으로는 유일신교의 규범에 반하는 것이었다.

성서의 저자들은 기적이 아직 금기 목록에 오르기 전 시대의 전통에 의지해 이 문제를 해결했다. 야훼의 예언자들이 행한 기적에 대한 옛이야기 대부분이 여전히 높은 인기를 누리고 있었으므로 그 이야기에 의존하는 수밖에 없었다. 엘리야나 엘리사의 이름을 붙인 예언서는 없지만 그럼에도 열왕기에는 하느님이 행하는 마술을 보조한 두 사람이 행한 기적이 방대하게 등장한다.[31] 엘리야와 엘리사는 사실 고전적 기적을 행했다. 그들 덕분에 이름 모를 여인의 집에서는 밀가루와 기름이 떨어지지 않았다. 그들은 마실 수 없는 물을 식수로 바꿨고, 심지어 죽은 아이를 되살리기도 했다.

그러나 고대 세계에는 마술사와 기적을 행하는 사람이 차고 넘쳤다. 따라서 예언자는 경쟁에서 앞서기 위해 경쟁 관계에 있는 예언자들보다 강력한 힘을 지녔다는 사실을 입증해야 했다. 가장 쉬운 방법은 경쟁 관계에 있는 예언자와 일대일로 결투를 벌이는 것이었다. 모세와 아론은 이집트의 마술사들과 대결해 승리했다. 그러나 모세와 아론의 대결도 이스라엘왕국의 아합 왕이 보는 앞에서 바알 신의 예언자 450명과 대결해 승리한 엘리야에 비하면 초라하기 그지없었다. 바알 신의 예언자들은 수송아지를 제물로 바치면서 신에게 불을 내려달라고 기도했지만 제단에 불을 붙이지 못했다. 그러나 제물로 바친 수송아지와 땔감에 물을 붓고 기도한 엘리야에게는 단번에 "야훼의 불길"이 내려 제물을 태워버렸다. 엘리야는 패배한 바알 신의 예언자들을 키손 개울로 끌고 가 모조리 죽였다. 엘리야가 바알 신의 예언자와 대결한 이야기가 전하는 메시지는 분명하다. 야훼의 예언자 한 명이 500명에 가까운 다른 신의 예언자보다 강하다는 것이다.

엘리야가 바알 신의 예언자와 대결한 이야기에는 또 다른 메시지가 숨어 있다. 바알 신의 예언자들은 바알 신의 이름을 부르며 제단 주위에서 춤을 췄다. 그것으로 모자라 "자기네 의식을 따라 칼과 창으로 몸에 상처를 내어 피까지 흘렸다." 심지어 황홀경에 빠져 날뛰기도 했다. 그러나 바알 신의 예언자들이 동원한 모든 수단은 허사로 돌아갔다. 반면 야훼는 엘리야의 기도에 단번에 응답했다. 여기서 유일신교의 탈마법화 과정이 진행되는 것을 확인할 수 있다. 성서의 저자들은 (너무나 매력적이어서 도저히 놓칠 수 없는) 기적의 대결을 성서에 기록했지만 어떤 마법도 하느님의 말씀을 능가할 수 없다는 인상을 독자들에게 심어주었다.

"사자가 으르렁거리는데 겁내지 않을 자 있겠느냐?"

신이 간교한 말장난이나 늘어놓는 존재로 오해받을 소지를 안고 있었던 탓에 예언자들의 삶은 녹록지 않았다. 성서의 저자들 입장에서는 예언자들이 기적을 행하는 일 자체가 사람들에게는 물만 마시라고 권한 뒤 예언자에게는 포도주를 마시게 하는 셈이었기 때문이다. 이런 관점에서 보면 성서에 등장하는 예언자들의 몇 가지 전형적 특징을 이해할 수 있다. 하느님은 보이지 않는 존재였다. 따라서 환상적인 환영을 장려할 수 없었다. 바로 이것이 환상을 본 에제키엘이나 이사야 같은 예언자("나는 야훼께서 드높은 보좌에 앉아 계시는 것을 보았다. 그의 옷자락은 성소를 덮고 있었다. 날개가 여섯씩 달린 스랍들이 그를 모시고 있었는데…")가 예외에 속하는 이유다.[32] 야훼의 예언자는 야훼의 음성을 따라야 했다. 게다가 모든 형태의 마술이 금기시되었으므로 오롯이 자신의 카리스마에 의존할 수밖에 없었다. 따라서 그들의 본질적 특징은 대부분 예언자 개인의 성격 특성이 아니었다. 그것은 순수하고 단순한 형태의 신뢰도를 높일 증거였다. 여기서 가장 인상적인 몇 가지 사례를 제시한다.

진짜 예언자는 자진해서 사람들 앞에 나서지 않았다. 하느님의 부름에 자진해서 응답한 이사야는 예외에 속했다. "내가 누구를 보낼 것인가? 누가 우리를 대신하여 갈 것인가?" 그러자 이사야가 즉시 대답했다. "제가 있지 않습니까? 저를 보내십시오." 훌륭한 예언자의 완벽한 사례는 하느님의 부름에 응하기를 주저한 모세였다. 모세는 입이 둔하고 혀가 굳은 사람이라는 이유를 들었지만, 그것이 그가 하느님의 부름에 주저한 이유의 전부는 아니었다. 예레미야 역시 망설였다. "아! 야훼, 나의 주님, 보십시오. 저는 아이라서 말을 잘 못합니다." 경쟁 관계에 있는 예언자들은 하느님의 말씀을 듣기 위해 할 수 있는 모든 노력을 기울였지만 성서에 등장하는 예언자들에게는 하느님의 말씀이 홀연히 내려왔다. 아모스Amos는 그것을 다음과 같이 간략하게 요약했다. "사자가 으르렁거리는데 겁내지 않을 자 있겠느냐? 주 야훼께서 말씀하시는데, 그 말씀 전하지 않을 자 있겠느냐?"[33] 요나Jonah는 하느님의 부름을 받자마자 배를 타고 도망쳤는데, 그다음에 일어난 일을 모르는 사람은 없을 것이다. 하느님이 폭풍우를 내리자 선원들은 요나를 바다에 던졌다. 큰 물고기가 요나를 삼켰고 며칠 뒤 다시 요나를 육지에 뱉었다. 그 뒤 요나는 마음을 바꿔 하느님의 명령에 따랐다. 야훼가 선택한 예언자에게는 선택의 여지가 없었다. 그들이 원하든 원치 않든 하느님의 말씀을 선포해야 했다.

진짜 예언자는 보수도 받지 않았고 높은 지위에 오르려 하지도 않았다. 이런 점에서 진짜 예언자는 공식적 지위를 지닌 신전의 예언자나 보수를 받고 신과 관련된 정보를 제공하는 점술가와는 다른 모습을 보였다. 미가는 경쟁 관계에 있는 다른 예언자들에 대해 불만을 터뜨렸다. "내 겨레를 그릇된 길로 이끄는 예언자들을 두고 야훼께서는 이렇게 말씀하셨다. '예언자라는 것들, 입에 먹을 것만 물려주면 만사 잘되어간다고 떠들다가도 입에 아무것도 넣어주지 않으면 트집을 잡는구나!'"[34] 야훼의 예언자가 자기 이익을 위해 일한다고 의심하는 사람은 아무도 없었다. 예언을 통해 유명해지더라도 그에게 돌아오는 것은 비웃음뿐이었기 때문이다. 예를 들어 아모스는 선동가로 몰려 도시에서 쫓겨났다. 그리고 예언자는 왕의 정반대 지점에 있는 존재였다. 왕은 수많은 아내를 둔 반면,

창녀와 결혼하라는 하느님의 명령을 받은 호세아Hosea는 다른 남성들과 아내를 공유했다. 게다가 예언자는 하느님의 명령으로 심각한 위기에 봉착하기도 했다. 이스라엘왕국의 아합 왕과 그의 아내 이세벨Jezebel은 야훼의 예언자를 모조리 죽였고(엘리야만이 간신히 살아남았다) 예레미야는 괴롭힘과 살해 위협에 시달렸으며 예언자 우리야Urijah는 여호야킴Jehoiakim 왕에게 목숨을 잃었다. 그러나 예언자는 그 어떤 시련에도 굴하지 않고 하느님이 부여한 임무를 묵묵히 수행했다.

카리스마의 탄생

이런 사례는 분명 예언자가 사심 없는 존재라는 사실을 입증할 목적으로 꾸민 신뢰도를 높일 증거였다. 하느님의 말씀을 선포한다고 해서 예언자가 얻을 것은 아무것도 없었다. 사실은 정반대였다! 성서를 읽는 이들은 이런 신호를 감지할 수 있다. 예언자는 사기꾼이 아니다. 예언자는 자기 이익을 추구하지 않는다. 예언자는 오직 하느님의 말씀에만 신경을 기울인다. 그들에게는 그것만이 중요하기에 기꺼이 목숨을 걸고 하느님의 말씀을 선포한다.

문화적 진화 과정에 믿을 수 없는 비틀림이 발생했다. 탈마법화 과정이 예언자를 마법적 인물로 바꿔놓은 것이다. 더 이상 마술을 마음대로 사용할 수 없고 기적을 금기로 여김에 따라 예언자들은 사람들에게 노출되는 자기 모습에 공을 들여야 했다. 이것이 바로 사람들이 그토록 매혹적으로 느끼는 강력한 카리스마, 즉 "마법" 자본의 원천이다. 인간의 첫 번째 본성은 정신 조작자나 사기꾼을 색출하기 위해 항상 주의를 기울이지만, 한편으로는 대의명분에 전적으로 헌신하고 자기 이익은 돌보지 않는다는 사실을 입증한 사람에게 쉽게 마음을 빼앗기는 경향을 보인다. 이런 신호를 통해 사람들은 그들이 추구하는 대의명분을 중요하게 인식한다. 그토록 중요한 대의명분이 아니라면 가장 큰 희생을 무릅쓰면서까지 그것을 추구할 이유가 없기 때문이다.

신뢰도를 높일 증거를 제시하는 전략 덕분에 예언자들은 정의와 아사비야를 옹호하는 이상적 인물이 되었다. 예언자는 외부의 이익에 얽매이지 않고 어느 한쪽으로 치우치지 않으며 오직 하느님의 진리만 바라보았다. 그들은 지상에 속한 것에는 어떤 관심도 보이지 않기에 부패할 리도 없었다. 다시 말해 예언자들은 금전적 이득을 바라고 하느님의 말씀을 선포하는 존재가 아니었다. 그들이 품은 이타주의로 인해 부정의의 적이자 권력에 목마른 왕의 반대자가 되었다. 부자들과도 대립한 예언자들은 자동으로 가난한 사람과 약한 사람의 편에 서게 되었다.

신학적 측면에서 볼 때, 예언자는 예언을 해서는 안 되는 존재였다. 하느님의 계시가 이미 성취되었기 때문이다. 그러나 하느님이 추상적 존재로 탈바꿈하면서 지상에는 예언자가 다시 필요해졌다. 하느님의 의지는 법으로 기록되어 인간의 세 번째 본성에 관여하게 되었을지 모르지만 사람들은 법에 큰 매력을 느끼지 못했다. 따라서 성서의 느비임은 지성적 종교를 받아들이는 것이 인간에게 얼마나 어려운 일인지 보여주는 또 다른 증거라고 할 수 있다. 예언자는 사람들에게 여전히 살과 피를 가진 구체적 존재가 필요하다는 사실을 입증하는 증거였다. 따라서 사람들은 예언자가 전하는 심판에 대한 하느님의 경고나 "벌을 받아야 하는 이유"[35]보다는 하느님의 대의명분을 위해 자신의 모든 것을 희생할 준비가 된 평범한 예언자의 모습에 더 깊은 감명을 받았다. 그런 이유로 초기 유대교와 그리스도교 전통은 엘리야를 모세와 더불어 가장 중요한 예언자로 여기는 것이다.[36] 엘리야는 인간의 첫 번째 본성이 하느님의 대변자에게 기대하는 모든 것을 몸소 실천한 인물이다. 기적을 행하고 적에게 거침없이 저항한 엘리야는 결국 불말이 끄는 불수레를 타고 승천했다.

사람들을 설득하는 가장 좋은 방법은 무엇일까? 평등주의적 수렵·채집인의 이상에 부합하는 대의명분에 헌신하는 사람이다. 그 사람이 기적을 행하며 자기 임무에 대한 확신을 사람들에게 심어준다면 금상첨화일 것이다. 바로 이것이 "카리스마적 권위"의 토대다.[37] 성서의 저자들이 사람들을 설득하기 위해 이런 장치를 의도적으로 활용했는지 여부는 아무도 모른다. 분명한 것은 성서에 등장하는, 이제는 가고 없는 예언자들이 고대 이스라엘 곳곳에서 볼 수 있던 카리스마 넘치는 살아 있는 유랑 설교자[38]에게 맞서 유일신교를 방어하는 데 기여했다는 점이다. 그리고 이것은 다시 사제의 권위를 공고히 하는 데 기여했다. 구약성서 정경에 등장하는 예언자들이 카리스마 넘치는 인물로 바뀌면서 당대 예언자들은 아찔하게 높은 새로운 경지를 꿈꾸게 되었다. 그러나 여기서는 성서의 예언자들을 넘어서는 유일한 인물을 곧 만나게 될 것이라는 말로 자세한 설명을 대신하고자 한다. 그 사람은 바로 나자렛 예수다.

하느님이 예언자에게 진 빚

이타주의의 수호자인 예언자 덕분에 이들의 입을 통해 말씀을 전한 하느님은 큰 변화를 겪게 되었다. 예언자들은 하느님을 "자신과 인류에게 정의를 요구하는 존재"일 뿐 아니라 정의를 실현하기 위해 "자기 백성마저 멸망에 이르게 할 수 있는 존재"라고 선전했다.[39] 고대 세계에서는 단 한 번도 접해본 적 없는 존재였다. 고대 세계 어디에서도 예언자들이 그런 수준의 사회 비판을 하거나 "**민족**의 운명에 마음 아파하는 일"은 없었다.[40] 이것은 문명의 주요한 도약이었다. 역사상 처음으로 하느님은 정의라는 대의명분에 온전히 헌신하는 존재가 되었다.

이제 문화적 진화 과정에 결정적 영향을 미친 요소를 모아 정리해보자. 가장 먼저 인간의 첫 번째 본성에 자리 잡은 평등주의적 충동과 폭군에 대한 뿌리 깊은 혐오감이 형성한 보편적인 생물학적 기질을 꼽을 수 있다. 두 번째 요인으로는 야훼가 우연한 기회에 이스라엘왕국과 유다왕국에서 두 개의 삶을 살게 된 것을 꼽을 수 있다. 덕분에 다른 곳에서는 불가능한 왕에 대한 강도 높은 비판적 담론이 꽃피울 수 있었다. 다음으로는 팔레스타인에서 2차 국가를 형성하는 과정에 힘입어 유일신교로 발돋움하는 과정을 꼽을 수 있다. 하느님이 이중 잣대에 따라 행동할 수는 없는 노릇이므로 세상에 하나뿐인 유일한 하느님은 강박적 일관성 추구라는 독특한 방식에 따라 행동하는 존재가 되었다. 마지막으로 이타심의 화신인 예언자를 꼽을 수 있다. 하느님을 선전하고 나선 예언자를 통해 하느님은 이해관계를 넘어서는 순수한 원칙, 좀 더 자극적으로 말하면 극도로 도덕적인 존재로 승화했다. 특히 직관을 거스르는 유일신교의 신인 하느님에게는 사람들의 신뢰가 절실했기 때문이다.

이것은 아마 성서가 성취한 가장 위대한 업적 가운데 하나일 것이다. 게다가 시대를 앞선 것이기도 했다. 재난 방지라는 목적을 추구하는 과정에서 정의라는 추상적 원칙이 도출되어 보편적 도덕으로 자리 잡았다. 하느님의 법 앞에서는 부자든 가난한 사람이든 모두 평등하다는 이 도덕은 인류의 마음 깊은 곳에 새겨진 수렵·채집인의 정신을 다독이는 힘이 있었다. 평등을 지향하고 독재에 격분하는 성향은 인간의 유전자에 새겨진 첫 번째 본성이다. 그런 이유로 사람들은 오늘날에도 정의와 공정성에 대한 믿음을 저버리지 못하는 것이다.

느비임을 통해 야훼는 역사상 최초의 완전한 유일신 하느님으로 탈바꿈했다.[41] 하느님은 독재자의 권력에 한계가 있다는 것을 보여준다. 그러나 여기서 또 다른 문제가 떠오른다. 이런 상황은 야훼 자신의 활동과 모순되는 것 아닌가? 하느님이 독재자처럼 보이는 경우가 많은 이유는 무엇인가? 오늘날에도 많은 사람이 그토록 높은 도덕을 내세우는 존재가 구약성서의 하느님에게서 볼 수 있는 어둡고 폭력적인 성향을 내보일 수 있다는 사실을 이해하지 못해 속을 태운다. 이 문제에 대한 자세한 논의는 다음 장에서 만날 수 있다.

13

선한 하느님이 그토록
나쁘게 행동하는 이유

천상의 도덕에 관하여

앞 장을 마치면서 언급한 것처럼 야훼는 세계 무대에 등장한 최초의 철저한 도덕적 신이었다. 약한 사람과 가난한 사람의 편에 서고, 왕조차 자신의 정의를 따르게 하는 신을 또 어디서 찾을 수 있겠는가. 이웃을 사랑하라고 요구하는 신, 오늘날까지 사람들이 그 명령을 따르는 신은 어디에도 없다. 문제는 도덕의 귀감인 그 하느님이 극한의 폭력을 행사한다는 역설 때문에 많은 사람이 힘들어한다는 것이다. 하느님의 노여움은 "성서신학이 풀지 못한 최대 수수께끼 가운데 하나"다.[1] 홍수 이야기를 다룬 장에서 이미 하느님의 진노에 대해 논의했지만, 선한 하느님이 나쁘게 행동한 결과에 대해 조금 더 자세히 들여다보고자 한다. 어쨌든 이 문제는 지금까지도 많은 사람의 뇌리를 떠나지 않고 있기 때문이다.

토라에서 시작된 일은 느비임으로 이어졌다. 하느님에게 충성하는 여호수아의 지휘 아래 이스라엘 민족은 하솔을 점령했다. "숨 쉬는 것이면 모조리 칼로 쳐 죽였다. 코에 숨이 붙어 있는 것은 하나도 살려두지 않았다. 그리고 하솔에 불을 질러버렸다." 이를 통해 야훼가 명령한 것이 무엇인지 어렵지 않게 짐작할 수 있다. "윤리적 유일신교의 영웅"[2]인 예언자가 예언한 하느님의 심판은 만행에 가까웠다. 호세아는 북왕국 이스라엘의 수도 사마리아를 찾아가 야훼에게 충성하지 않았으므로 아시리아의 손에 넘어갈 것이라고 경고했다. "칼에 맞아 거꾸러지고 어린것들은 박살나며 아이 밴 여인은 배를 찢기리라." 이것이 모두가 알고 있다고 주장하는 그 성서가 맞는가?

스티븐 핑커는 성서 시대 사람들이 현대인보다 훨씬 많은 폭력에 시달렸다는 주장을 입증할 근거를 구약성서에서 찾았다. 그는 "야훼가 폭력적 처벌을 직접 행하는 구절이 1,000여 개에 달하는 것은 물론이고 하느님이 죄지은 사람들을 징벌자의 손에 넘기는 내용을 담은 텍스트도 수없이 많으며 야훼가 사람들을 죽이라고 직접 명령하는 장면을 담은 구절도 100여 개에 달한다"라는 성서학자 라이문트 슈바거Raymund Schwager의 언급을 인용하며 이렇게 덧붙였다. "성서가 그리는 세계는 현대인의 시각에서는 믿기 어려울 만큼 야만적이다."[3]

생물학자 리처드 도킨스 같은 종교 비평가는 하느님의 폭력성을 드러내는 구절을 돈벌이에 이용했다. 그가 《만들어진 신The God Delusion》에 묘사한 하느님의 모습은 많은 신자를 경악하게 했다. "단언컨대 구약성서의 하느님은 세상에 존재하는 모든 허구의 인물 가운데 가장 불쾌한 인물이다. 하느님은 질투심이 많고 오만하며 쩨쩨하고 불공평하며 용서를 모르는 통제 불능의 인물이다. 또한 복수심에 불타고 피에 목마른 인종 청소부로 여성혐오증, 동성애

공포증, 인종차별주의를 품은 인물이다. 하느님은 영아 살해, 대량 학살, 자녀 살해, 전염병 전파를 스스럼없이 자행하는 인물이고 권력을 탐하는 변태 성욕자이며 악의적으로 사람을 괴롭히는 인물이다."[4] 대부분의 그리스도교도는 구약성서를 마음에서 지워버리고 싶을 것이다. 보통 호텔 방에 비치하는 《기드온 성서Gideon's Bible》는 시편과 신약성서로 구성되어 있는데,[5] 시편을 제외한 구약성서의 나머지 내용이 여행자에게 악몽을 선사할지도 모른다고 염려한 성서 편찬자의 배려가 깃든 것으로 보인다.

약 2,000년 전에도 이런 생각을 한 사람이 있었다. 초기 그리스도교 신학자 가운데 한 명인 시노페의 마르키온Marcion(85~160년경)은 히브리 성서를 폐기해야 한다고 생각했다. 그에 따르면 법을 세우고 예언자를 보낸 하느님은 "악을 유발하고 전쟁을 일으키며 일관성 없는 결정을 내리고 심지어 자기모순에 빠진 인물"이었다.[6] 그러나 초기 교회는 다른 결정을 내려 히브리 성서를 구약성서 정경으로 선언했고 마르키온은 이단자가 되었다.

신학자들은 구약성서와 신약성서에 등장하는 하느님이 목회자 디트리히 본회퍼Dietrich Bonhoeffer(1906~1945년)의 말처럼 "하나이자 동일한 존재"라는 사실을 입증하기 위해 많은 노력을 기울였지만 이 문제는 쉽게 해결되지 않았다. 신학자 베른트 야노프스키 Bernd Janowski는 《벌을 내리고 살인하는 하느님?Ein Gott, der Straft und Tötet?》의 결론부에서 구약성서에 등장하는 "불쾌한 모습으로 인해" 하느님을 쉽게 이해할 수 없지만 "그런 하느님의 모습을 외면하거나 악한 것으로 치부하지 말고 최대한 이해하려고 노력"할 것을 주문했다.[7]

이런 노력의 이면에는 야훼의 어두운 면이 선한 면을 무색하게 할 수 있다는 정당한 두려움이 있다. 훌륭한 사회복지 시스템을 갖추고 동물보호법을 제정한다 해도 공포정치를 하는 독재자를 칭송할 사람은 거의 없다. 이 문제를 공동체의 일원에게는 친절하고 외부인에게는 적대감을 드러내야 하는 "부족"의 집단 내 도덕 문제로 치부하고 말 것인가?[8] 구약성서를 읽으면서 이 문제를 그냥 지나치기는 어려울 것이다.

도덕, 그 까다로운 주제

하느님의 잔인함을 이해하지 못해 힘들어하는 것은 사실 현대적 현상이다. 이 문제는 토라를 분석하며 이미 다루었다. 막스 베버는 하느님을 "정의로운 응보의 신"이라고 표현했는데, 독일 신학자들은 인간의 모든 잘못에는 벌이 따른다는 차원에서 "행위와 결과의 연계"라는 개념을 더 선호한다. 이런 관점에서 볼 때 야훼는 철저히 의로운 정신의 소유자다. 하느님이 행사한 폭력은 인간의 위반 행위에 대한 벌이었다.

초자연적 징벌 가설을 지지하는 도미닉 존슨Dominic Johnson은 이렇게 지적했다. "'도덕'이라는 용어는 현대 서구 사회에서 일반화된 개념이다." 즉 도덕이란 산업화된 서구 사회에서 정식으로 교육받고 민주주의를 지지하는 부자들이 향유하는 개념이다. 그 결과 "돌봄/해하지 않음, 공정, 정의와 결부된 협소한 도덕의 개념"이 탄생했다. 이런 이유로 기존의 도덕규범이 오늘날의 표준에 부합하는지 여부가 아니라 "그 규범이 무엇이든 간에 초자연적 징벌이 사람들이 사회규범을 준수하는 데 영향을 미치는지 여부"를 문제시해야 한다. 실제로 폭력적 성향을 보이는 신이 그 신을 모시는 사회의 번영에 종종 기여한 것은 사실이기 때문이다.[9]

이런 주장을 받아들여 구약성서의 하느님과 화해할 신자는 거의 없을 것이다. 그러려면 하느님이 여러 차례 변신을 거듭한 역사적 존재라는 사실을 인정해야 하는데, 그럴 수 없기 때문이다. 하느님은 영원한 존재고 하느님의 도덕은 오늘날의 표준에 부합해야 한다. 적을 무참히 학살하는 하느님은 도저히 받아들일 수 없다. 이 시점에 완전히 다른 신학적 논의로 빠져버리지 않으려면 초자연적 징벌 가설을 한쪽으로 제쳐두는 수밖에 없지만, 신의 도덕성이라는 흥미롭고 중요한 문제는 종교의 문화적 진화에 대한 연구에서 뜨거운 논쟁을 불러온 주제이기 때문에 짚고 넘어가지 않을 수 없다.

그러면 야훼의 도덕은 과연 무엇에 관한 것인가? 오늘날 사람들이 그것을 받아들이는 과정에서 여러 가지 문제에 봉착하는 이유는 무엇인가? 이런 질문은 신과 인간의 본성에 대한 깊은 통찰을 제공할 수 있다는 점에서 무척 매력적인데, 이를 통해 구약성서의 하느님이 좋지 않은 평판에 시달릴 이유가 없다는 사실을 밝히고자 한다.

하느님 역시 인간에 불과하다

야훼가 밝은 면과 어두운 면을 모두 가지고 있다는 것을 현대인이 쉽게 받아들이지 못한다는 사실을 통해 인간의 정신이 작동하는 방식에 대해 많은 것을 파악할 수 있다. 선하지만 폭력적인 하느님을 쉽게 이해하지 못하는 심리 이면에는 사람들이 하느님을 사람이 아닌 다른 존재로 상상하지 못한다는 단순하지만 독특한 사실이 숨어 있다. 인간의 정신에는 "동물", "인간", "도구" 같은 존재론적 범주가 새겨져 있다고 주장하는 파스칼 부아예는 인간이 그런 범주에 의존해 세계를 이해하고 지식을 쌓으며 앞날에 대한 기대를 품는다고 일깨운다. 예를 들어 미지의 존재와 마주쳤을 때 그것이 "동물"이라는 범주에 부합한다고 판단하면, 인간의 정신은 그 특성에 관한 정보를 내놓는다. 이를 통해 인간은 그 존재가 먹고 번식하고 결국에는 죽는다는 사실을 떠올리는 것이다.[10]

"인간"이라는 범주에 의존해 하느님을 상상하는 것은 그리 놀라운 일이 아니다. 진화의 계보를 거슬러 올라가면 훗날 신으로 탈바꿈하는 조상과 영혼이 있기 때문이다. 따라서 전 세계 사람들은 초자연적 존재를 실제로 만난 적이 없으면서 그의 행동에 대해 많은 것을 알고 있다. 다시 말해 신은 인간처럼 행동한다. 신의 매력을 부각하는 경우라면 인간은 직관을 다소 거스르는 현상(예를 들면 신이 보이지 않는다는 사실)도 받아들일 수 있지만, 직관을 거스르는 정도가 너무 심하면 신에 대한 신뢰를 잃어버리고 만다.[11]

일단 "인간"이라는 범주에 의존해 신을 인식하고 나면 실존하는 사람과 마찬가지로 신과도 상호작용할 수 있다고 기대하게 된다. 예를 들면 인간의 행동은 대체로 규칙적이므로 예측 가능하다. 그렇지 않으면 진화를 통해 장착한 인지 시스템이 "사기꾼 주의!"나 더 심각한 경우 "사이코패스가 나타났다!" 같은 경보를 발령할 것이다. 그렇기 때문에 사람들은 야훼의 이중인격에 혼란스러워하는 것이다. "질투하고 노여워하며 벌을 내리다가 연민을 보이고 인내하며 용서하는" 야훼의 모습에서[12] 병적인 인격 장애의 징후가 엿보인다. 따라서 인간의 첫 번째 본성은 사람들에게 이렇게 속삭인다. "조심해! 이런 사람과는 어울리지 않는 것이 좋겠어."

신학자들은 이런 모순을 바로잡기 위해 많은 노력을 기울였다. "어둡고 끔찍해 숨겨져 있는 하느님의 모습에 대해 진지하게 생각해야 널리 알려진 밝고 사랑이 넘치는 하느님의 모습을 제대로 이해할 수 있다."[13] 이런 신학적 언급은 인간의 세 번째 본성에 호소할 수 있을지 모르지만 첫 번째 본성이 발령하는 경보를 막을 수는 없다. 하느님의 이중성은 "도덕적이고 믿을 만한 사람"이라는 하위 범주는 고사하고 "인간"이라는 큰 범주에도 부합하지 않는다. 그 결과 대부분의 신자는 자신이 믿는 하느님이 한때 대량 학살(홍수로 죽은 사람들과 홍해에 빠져 죽은 이집트인들)을 저지른 장본인이자 고문의 달인(변절자를 꼬챙이로 꿰어 전시하라고 지시)이었다는 사실을 무시하는 편을 택한다. 스티븐 핑커가 설명한 것처럼 이런 이유로 지난 2,000여 년 동안 사람들은 성서의 "유리한 측면만 부각하거나 비유적으로 해석해 폭력성이 덜한 텍스트(유대교의《탈무드》와 그리스도교의 신약성서)만을 존중해왔다."[14] 하느님을 신뢰하기 위해 그런 비인간적인 면을 먼저 제거해야 했을 것이다.

이쯤 되면 신을 단순한 인간으로 봐선 안 되지 않느냐고 반문하는 사람도 있을 것이다. 신이 인간의 정신 범주에서 벗어나면 안 되는 것인가? 신을 도덕이라는 지상의 개념에 묶어놓을 수는 없는 노릇이다. 그래서 현재 가톨릭교회 교리서는 이런 입장을 취한다. "따라서 '형언할 수 없고, 이해할 수 없고, 볼 수 없고, 파악할 수 없는' 하느님을 우리의 인간적인 표현으로 뒤바꾸지 않으려면, 우리의 언어가 가지는 한계와 상상과 불완전성을 끊임없이 정화해야 한다." 하느님은 지금, 그리고 앞으로도 영원히 "신비"로 남을 것이다.[15] 이를 통해 현대적 시각으로는 신의 행동을 이해하기 어렵다는 주제와 관련한 또 다른 차원을 만날 수 있다. 즉 하느님의 신비로운 본성을 인간이 받아들이지 못한다는 것은 인간이 종교와 무관한 도덕적 관점을 갖추었다는 주장을 입증하는 훌륭한 근거로 작용한다.

많은 사람이 인간 사회에서 종교가 도덕적 가치의 원천이라고 생각하지만 그것은 사실이 아니다. 신이 인간에게 도덕을 부여한 것이 아니다. 인간이 신에게 도덕을 부여했다. 앞서 하느님이 인간의 요구를 충족해야 하는 이유를 살펴보지 않았던가. 사람들은 하느님의 행동을 판단하기 전에 먼저 직관을 통해 하느님의 동기를 확인하지 않고는 못 배긴다. 그것이 바로 인간의 심리가 작동하는 방식이다. 오래전부터 진화과학은 인간의 첫 번째 본성에 도덕적 판단을 내릴 수 있는 능력이 포함되어 있다고 가정했다. 사실 생존이라는 측면에서 볼 때 도덕적 행동은 수렵·채집인 사이에서도 지극히 중요한 역할을 했는데, 인류의 조상은 스스로 집단을 돌볼 능력이 있었기 때문에 초자연적 권위의 도움을 받을 필요가 없었다. 리처드 도킨스는 이를 한 문장으로 요약했다. "인간이 선이나 악을 행하는 것과 하느님은 무관하다."[16] 영장류를 연구하는 동물학자 프란스 더발Frans de Waal은 여러 저서를 통해 사람들이 이타심, 공감, 심지어 정의라는 개념까지 동원해 원숭이와 유인원의 행동을 해석한다는 사실을 보여주었다. 결론을 말하면 도덕은 종교보다 훨씬 오래된 것이다.[17]

도덕성이 인간이 타고난 본성이라는 것은 진화과학자들만의 가정이 아니다. 이집트학자 얀 아스만은 "정의는 종교에서 태어난 것이 아니다. 외부에서 종교에 스며들었다"라고 확신한다. "정의는 오래전부터 세계의 일부로 자리 잡았다. 그렇지 않다면 인간의 공존은 불가능했을 것이다."[18] 이제 인간에게 남은 선택은 하느님이 타고난 인간의 도덕을 인정해주기를 바라는 것뿐이다.

비도덕적인 신?

신의 도덕성이라는 미묘한 문제는 종교의 문화적 진화를 연구하는 학자들 사이에서도 뜨거운 논쟁에 휩싸였다. 한쪽에는 도덕에 관심을 보이는 신이 문명의 발전에 결정적 역할을 했다고 생각하는 학자들이 있는데, 이 개념에 대해선 앞 장에서 이미 다루었다. 이 이론에 따르면 도덕에 관심을 보이는 강한 신이자 인간의 행동을 감시하는 "대형 신"은 과거 사회의 결속을 강화하던 힘(친족 의식과 평판에 의해 유지된 간접 호혜)을 대신해 거대한 익명의 사회에서 결속력을 다지는 데 기여했다.[19] 대형 신이 "마법 탄환"인 것은 아니지만, 적어도 이 이론에 따르면 대규모 사회를 온전히 유지할 수 있도록 지원하는 사회적 접착제의 주요 원천이었다.[20] 자신의 행동에 보상이나 벌이 따른다고 믿는 사람들은 좀 더 바람직하게 행동하는 경향을 보인다.

그러나 이런 입장은 지금 비판을 받고 있다. 도덕에 관심을 보이는 강한 신이자 인간의 행동을 감시하는 신 없이 번영한 문화권도 많기 때문이다. 예를 들어 종교사회학자 로드니 스타크Rodney Stark는 인간의 사회적 결속에 관심이 있는 신들이 "아시아의 많은 지역에 널리 퍼져 있는 초자연적 개념과 애니미즘과 민속 종교에는 일반적으로 결여되어 있다"라고 지적했다. 그리고 도덕에 관심을 보이는 대형 신과 그리스·로마의 쾌락주의적 신을 대비하며 이렇게 설명한다. "그리스·로마의 신은 비도덕적이었다. 그들은 서로에게 그리고 인간에게 끔찍한 짓을 저지를 궁리를 했는데, 단순히 재미로 그러는 경우도 있었다."[21] 이런 신이 인간의 행동에 긍정적 영향을 미쳤다고 생각하기는 어렵다.

니콜라 보마르Nicolas Baumard와 파스칼 부아예도 비슷한 견해를 공유한다. "최근 인류의 진화에 대한 연구를 통해 대규모 사회에는 어김없이 의식과 교리를 성문화하고 전문 인력을 갖춘 조직화된 종교가 등장했다는 사실이 밝혀졌다. 이런 전통에서는 일반적으로 신이 도덕과 무관할 뿐 아니라 인간의 도덕에도 관심을 보이지 않는다고 생각한다. 수메르, 아카드, 이집트, 그리스, 로마의 고전적 신이 그런데, 이들은 사람들이 제물을 바치거나 복종하는 모습을 보이면 도덕규범을 따르든 말든 상관하지 않았다. 아즈텍, 마야, 잉카의 신뿐 아니라 고대 중국의 신과 힌두교의 신도 마찬가지였다." 보마르와 부아예는 심지어 도덕에 관심을 보이는 신이 필요한지에 대해서도 의문을 제기한다. 사실 "가장 번영한 고대 제국을 살펴보면 모두 비도덕적인 신을 모셨다." 세속적인 일에 끊임없이 참견하는 도덕적 신이 인간에게 불이익을 안길 수 있을까? "조금 단순화해 말하면, 비도덕적인 신과 함께 로마인은 역사상 가장 번영한 약탈 제국을 일궜지만 이후 도덕적 종교인 그리스도교로 개종했고, 이내 비도덕적인 부족 단위의 신을 모시던 야만인들에게 짓밟혔다."[22]

늙은 바람둥이 제우스

고대 그리스의 비도덕적인 신들은 어떨까? 아폴론을 예로 들어보자. 사티로스 마르시아스Marsyas가 겁도 없이 아폴론에게 음악 대결을 제안했다. 대결에서 이긴 아폴론은 살아 있는 마르시아스의 껍질을 벗겼다. 마르시아스가 흘린 피가 강물을 이루었고, 그 강에 그의 이름을 붙였다. 확실히 끔찍한 운명이지만, 이 이야기에도 도덕적 메시지가 숨어 있지 않을까? 물론 분명한 메시지가 숨어 있다. 신을 건드릴 생각은 꿈에도 하지 말라는 것이다! 코린트 왕 시시포스Sisyphos는 감히 신에게 도전해 죽음의 신 타나토스Thanatos를 가두는 데 성공했다. 갑자기 지상의 사람들은 더 이상 죽을 수 없었다. 이 일로 시시포스가 받은 벌은 전설로 남았다. 그는 바위를 언덕 위로 밀어 올리는 데 하루를 보내야 했다. 그가 언덕 꼭대기에 이르면 바위가 굴러 떨어져 다시 밀어 올려야 하는, 영원히 끝나지 않는 벌을 받게 되었다. 탄탈로스Tantalos 이야기도 빼놓을 수 없다. 탄탈로스는 신의 식탁에 차린 음식을 아들에게 먹인 죄로 영원히 고통을 느끼는 벌을 받게 되었다. "감질나게 하다tantalization"라는 단어가 그의 이름에서 유래했다. 그리스 신화가 전하는 도덕적 메시지의 핵심은 바로 신은 인간의 오만함을 눈감아주지 않는다는 것이다. 우연의 일치인지는 모르지만 아담과 이브가 하느님의 명령에 불복종해 용감하게 자기 운명을 개척하고 나섰을 때, 대담한 사람들이 하늘에 닿을 듯 높은 탑을 쌓아 올렸을 때 성서에 등장하는 하느님도 비슷한 분노로 반응하지 않았던가.

확실히 제우스는 원하는 것을 얻기 위해 수단과 방법을 가리지 않는 후안무치한 오입쟁이였다. 백조로 변신해 스파르타 왕비 레다를 유혹했고 황소로 변해 에우로페Europe 공주를 납치했으며 황금비의 모습으로 내려와 다나에Danae와 동침했다. 제우스의 아내 헤라Hera는 바람피우는 남편에 대한 분노로 치를 떨었다. 그러나 제우스는 선한 일도 많이 했다. 그는 환대의 신이자 도움이 필요한 사람을 보호하는 신으로도 알려졌다. 심지어 헤시오도스Hesiodos는 제우스를 정의의 아버지로 칭송하기도 했다. 그리스 신은 비도덕적인 존재가 아니었다. 다만 사람들과 마찬가지로 도덕적으로 불완전한 존재였을 뿐이다.

야훼도 마찬가지였다. 사무엘하에는 야훼가 다윗 왕에게 인구조사를 명령하고는 인구조사를 수행했다는 이유로 벌을 내린 이야기가 있다. 하느님은 역병을 내려 7만 명의 목숨을 빼앗았다. 성서의 저자들은 크게 당황해 이 이야기를 역대기Chronicles에 다시 기록할 때에는 명령을 내린 존재를 하느님에서 사탄으로 바꾸어버렸다.[23] 하느님이 욥에게 내린 고통 역시 절대 공명정대하다고 할 수 없다(욥의 이야기는 나중에 자세히 다룰 것이다).

인간은 신에게 그토록 높은 도덕적 잣대를 들이댄 뒤 신이 나무랄 데 없이 훌륭하게 행동하기를 기대한다. 여기에는 다양한 이유가 있는데, 첫 번째 이유는 인간이 수렵·채집인의 혼을 품고 있다는 것이다. 수렵·채집인의 혼은 타인의 행동거지를 문제 삼아 설교를 늘어놓는 존재에게 절대적인 도덕적 완전성을 요구한다. 남들에게는 물을 마시라고 권한 뒤 자기는 몰래 포도주를 마시는 위선적 행동에 대해 사람들은 가증스러움을 느낀다. 이런 문화 면역 시스템을 통해 사람들은 사기당하지 않을 수 있는 것이다. 두 번째 이유는 유일신교 편향 현상이다. 하느님이 모든 면에서, 특히 도덕적인 면에서는 더 완벽할 것이라고 기대하는 일종의 후광 효과다.[24] 이것은 비교적 최근에 나타난 현상인데, 하느님을 절대 선의 화신으로 여기는 태도는 그리스에서 기원해 고대 후기에야 비로소 초기 그리스도교에 영향을 미치기 시작했기 때문이다.[25] 마지막 이유는 히브리 성서의 하느님이 공동체 전체를 상대로 내리는 벌을 인간이 받아들이는 데 어려움을 겪는다는 것이다. (인간의 눈에는 부당하게도) 무고한 사람도 함께 벌을 받기 때문이다. 당시에는 최후의 심판이라는 개념이 없었는데, 이 문제는 15장과 16장에서 다시 다룰 것이다.

폭력이 먼저, 도덕은 그다음이다

진화의 관점에서 성서를 읽으면 이런 관계를 조금 더 깊이 이해할 수 있다. 이 책이 제시하는 이론에 따르면 재앙은 종교를 이해하는 데 핵심 요인이다. 재앙을 신의 행동으로 해석하고 "인간의 위반 행위가 하느님의 노여움을 불러" 재난이 일어난다는 관념은 근동과 이집트 전역의 문화에서 찾아볼 수 있다.[26] 제시 베링은 이렇게 설명한다. 비단 근동과 이집트뿐 아니라 "지금까지 인류학자들이 연구한 모든 인간 사회에서 통제할 수 없는 비극을 자신이 주관하는 영역을 결코 잊지 않는 초자연적 행위자가 의도적으로 벌인 일로 여겼는데, 사람들은 대부분 이 행위자가 하느님이라고 생각한다."[27] 앞서 홍수 이야기를 다룬 장에서 인간의 심리가 이런 방식으로 기능하는 이유를 설명했다. 태곳적부터 사람들은 질병을 초자연적 행위자와 결부해 생각했고,[28] 신이 중요한 역할을 하지 않는 전쟁은 상상조차 할 수 없었다.[29] 사람들은 지진이나 그 밖의 자연재해도 모두 강한 존재의 행동에 따른 결과로 인식했다.[30] 근대에 들어서도 "불행은 세상의 죄에 대한 하느님의 대답으로 인식되었다."[31] 심지어 과학으로 계몽된 오늘날에도 에이즈, 쓰나미 또는 허리케인 카트리나 등을 처벌하는 하느님의 행위라고 주장하는 사람들이 줄기차게 나타난다.

재앙은 곧 신**이다.** 이런 이유로 사람들은 초자연적 존재를 분노하고 폭력적이며 기분에 따라 행동하고 충동적인 존재로 인식하는데, 무엇보다 중요한 것은 예측할 수 없는 존재라는 것이다. 물론 때마침 내리는 비처럼 긍정적인 사건의 원인도 신에게 돌리는 경향이 있지만 그보다는 부정적 사건이 심리에 더 강한 영향을 미치기 때문에 사람들은 그것을 먼저 이해하려 한다.[32] 재앙을 내리는 것이 신의 주요한 활동이라는 점에서 이 장의 제목을 통해 제기한 문제의 해답을 찾을 수 있다. 결국 도덕적인 신이 폭력적이고 잔인하게 행동한다고 해서 놀랄 필요는 없는 것이다. 인간은 일상의 경험을 통해 신이 근본적으로 폭력적인 존재라는 사실을 명확하게 깨달았다. 따라서 신의 도덕이 아니라 신의 폭력에서 출발하는 것이 바람직하다. 사람들은 신의 폭력에서 자신을 보호하기 위해 노력해 왔다. 폭력 덕분에 신은 위대한 존재가 되었을 뿐 아니라 도덕적인 존재가 되었다.

모든 곳에서 초미의 관심사가 된 예방

이 책에서 제시한 문화적 보호 가설에 따르면 살아남고자 하는 모든 사회는 재난, 전쟁, 전염병으로부터 사회를 보호할 수단을 개발해야 했다. 그 시스템이 작동하는 방식에 대해서는 토라를 분석하면서 자세히 설명했다. 효과적인 보호 시스템을 개발해 신의 분노를 미연에 방지한 사회만이 살아남을 수 있었다. 이 책에서 제시한 가설이 올바르다면 고대의 다른 문화권에도 문화적 보호 시스템이 있었을 것이다. 그리고 실제로 그러했다. 문화적 진화는 다양한 해결책을 낳았는데, 여기서는 메소포타미아, 이집트, 그리스의 위기 관리 시스템을 살펴보고자 한다.

별에 기록된 신의 의지: 메소포타미아

바빌로니아와 아시리아에서는 불행을 "왕과 백성의 사악하고 죄로 얼룩진 행동에 대한 신의 분노의 표현"이라고 일반적으로 해석했다. 국가가 실패한 원인은 복잡했지만 설명은 비교적 단순했다. 사람들은 주로 왕과 신의 개인적 관계에 주목했다. 군주의 "선행과 악행이 국가의 성패를 가르는 근본적 결정 요인이었다." 고대 근동의 이상적 통치자를 의미하는 "선한 목자"로서 왕은 가난한 사람과 약한 사람의 안녕을 소홀히 할 수 없었다.[33]

신의 호의가 계속 이어지기를 바라는 사람이라면 누구든 신의 의도를 이해해야 했다. 이를 위해 메소포타미아의 사제들은 점술을 발전시켰다. 사제들은 제물로 바친 동물의 내장, 천체의 운행 경로, 새의 비행경로를 분석해 신의 의지를 헤아렸는데, 고대 세계에서는 메소포타미아 점술가들의 명성이 자자했다. 심지어 성서에서도 그들의 존재를 찾아볼 수 있는데, 별을 따라 예수가 태어난 베들레헴으로 찾아온 동방박사가 바로 메소포타미아의 점술가다. 점술 덕분에 메소포타미아는 2,000년 가까이 근동 전역을 정치적으로, 문화적으로 지배할 수 있었다. 그러나 아시리아학자 슈테판 마울Stefan Maul은 묻는다. 적어도 현대인의 눈에는 그토록 비합리적인 절차가 어떻게 "그렇게 오랫동안 성공을 거듭할 수 있었던 것일까?" 그리고 다음과 같은 답을 제시한다. 점술가들은 특정 전투나 건설 프로젝트의 운명을 결정할 때 점술을 활용했고, 이는 주어진 상황에 대한 이성적 성찰 과정을 이끌었다. 불행한 일이 일어나면 그에 대한 문제를 갈무리해두었고 천체의 운행 경로가 특정 프로젝트를 반대하는 것처럼 보일 경우 대안을 논의했다. 이런 "과제 중심적이고 성찰적인 의사 결정 과정"에 실패가 있을 리 없었다. 이런 이유로 마울은 메소포타미아의 점술가들이 "정치적·사회적 조기 경보 시스템"으로 기능하며 국가에 해가 되는 일이 없도록 보호했다고 생각한다.[34]

심장의 무게: 이집트

이집트 태양신 라의 딸인 여신 마트Maat는 세계 질서의 화신이었다. 추상명사로 사용할 경우 마트는 "진리" 또는 "정의"를 의미했다. 이집트학자 헤르만 슐뢰글Hermann Schlögl에 따르면 마트를 실천하는 것만이 죄, 부정의, 거짓말, 폭력, 전쟁, 죽음을 아우르는 이스페트isfet를 피할 수 있는 길이기에 모든 이집트인의 의무였다. 대영박물관이 소장하고 있는 샤바카 스톤Shabaka Stone에 새긴 금석문을 통해 이집트의 멤피스 신학을 엿볼 수 있다. "바람직한 일을 하는 사람에게는 마트가, 바람직하지 않은 일을 하는 사람에게는 이스페트가 주어진다. 따라서 평화롭게 살아가는 사람에게는 생명이, 나쁜 짓을 저지른 사람에게는 죽음이 내린다."

죽은 사람에게는 심판이 기다리고 있으므로 사람들은 마트를 실천하고 국가를 폭력, 전쟁, 죽음으로부터 지켜내기 위해 애썼다. 죽은 사람의 심장을 저울의 한쪽에 올리고, 그 반대편에는 마트의 깃털을 올렸다. 만약 저울이 균형을 유지하면 그 심장의 주인은 저승에서 새로운 삶을 시작할 수 있었다. 반면 저울이 기울어지면 그 심장의 주인은 마트의 원리에 따라 새로운 삶을 살 수 없었다. 그 심장은 포식자 암미트Ammit의 먹이가 되고 그 심장의 주인은 영원한 죽음이라는 벌을 받았다.[35] 이런 심판 역시 재난 방지 시스템이었다. 사후 심판에 대한 두려움 때문에 사람들은 사회적 규범을 지키기 위해 노력했다. 그리고 그 덕분에 국가는 혼돈과 불행을 피할 수 있었다.[36]

신에게 바치는 조공: 그리스

고대 그리스(와 로마)의 종교에서 가장 중요한 의례는 제의로 신과의 관계를 돈독히 하는 수단이었다.[37] 따라서 이를 올바르게 수행하는 것이 무엇보다 중요했다. 그리스인과 로마인은 신에게 바치는 선물을 "신의 힘이 인간에게 미치는 영향을 '제거하기 위해' 필요한 조공으로 여겼다."[38] 제물을 바치지 않으면 화난 신이 재난을 내리므로 그리스와 로마에서는 정기적으로 제의를 치러 재앙을 예방했다.

그러나 그리스인들이 올림포스의 신에게 항상 의지할 수는 없다는 것을 깨달았기 때문에 이 시스템은 매력적이다. 파리 콜레주 드 프랑스의 로마사 교수 폴 벤Paul Veyne은 이렇게 설명한다. "신과 인간의 관계는 신뢰성이 불투명한 공급업자와 구매자의 관계와 같다."[39] 예를 들어 크로이소스Kroisos 왕은 불멸의 신에게 그 누구보다 많은 제의를 올렸지만 결국 페르시아제국에 왕국을 빼앗겼다. 크로이소스 왕은 델포이의 아폴론 신전에 사람을 보내 신들이 때로 추종자를 기만하는 버릇이 있는지 물었다. 역사학자 베르너 달하임 Werner Dahlheim은 이렇게 설명한다. "아폴론이 내린 신탁의 내용은 매우 당혹스러운 것이었다. 크로이소스 왕의 조상이 지은 죄를 언급했기 때문이다. '누구도 운명을 거스를 수는 없다. 심지어 신이라도 말이다.'"[40]

그리스 신들이 유독 예측할 수 없는 특성을 지녔기 때문인지, 아니면 제물을 바치는 것만으로는 재난 방지 시스템이 제대로 작동하지 않았기 때문인지 단언하기는 어렵다. 어쨌든 그리스인들은 스스로 운명을 개척해야 한다는 사실을 깨달았다. 그 결과 고대 그리스에서는 그 대안으로, 즉 믿을 만한 재난 방지 시스템으로 과학, 정치, 철학이 발전하기 시작했다. 예를 들어 기원전 6세기에 활동한 탈레스Thales, 아낙시만드로스Anaximandros, 아낙시메네스Anaximenes 같은 이오니아 자연철학자는 사상 처음으로 지진을 일으킨 원인을 신에게 돌리지 않고 과학적 가설을 세워 설명하려고 시도했다. 세 사람은 모두 지진 활동이 활발한 소아시아(오늘날의 튀르키예)의 도시 밀레투스 출신이므로 신에게 제물을 바치는 전통적 관습이 지진을 예방하는 믿을 만한 방법이 아니라는 사실을 비교적 쉽게 추론할 수 있었을 것이다. 탈레스, 아낙시만드로스, 아낙시메네스는 이런 재난에 대해 포세이돈Poseidon을 비난하기보다는 해수면의 변동이나 지하의 공기 분출 같은 새로운 원인을 제시했다.[41]

바로 여기서 문화적 진화의 다음 단계를 볼 수 있다. 자연에서 재앙의 원인을 찾으려는 시도는 신에 대한 의심을 없앴다. 이후 몇 세기를 거치면서 그리스 철학자들이 신을 모든 선의 근간으로 보기 시작했다는 사실은 흥미롭다. 그리스도교에 적지 않은 영향을 미친 스토아학파의 경우 신이 나무랄 데 없는 행동을 한다는 사실에 의문을 품지 않았다. 클리안테스Cleanthes(기원전 331~232년경)는 이렇게 기록했다. "신에게는 선만 존재할 뿐 악은 전혀 찾아볼 수 없다."[42] 결국 과학 덕분에 신이 선한 존재로 탈바꿈한 것일까? 이 문제에 대해서는 나중에 다시 상세히 검토할 것이다.

다신교의 장점

메소포타미아든 이집트든 그리스든 어디에서나 재난으로부터 사회를 보호하기 위한 정교한 전략이 발전했다. 이 재난 방지 시스템은 도덕적 효과, 즉 협동을 촉진하는 부수적 효과도 있었다. 또한 집단적 가치와 관련한 논의를 이끌고 사회의 결속을 다지는 접착제로 기능해 그 어느 때보다 규모가 커진 사회에서 살아가는 사람들을 하나로 묶었다. 규범과 의례는 인간의 행동을 규제하고 공동체를 강화했다. 제의 역시 공동의 가치를 공유하도록 강제함으로써 사람들을 결속했다. 나아가 재난 방지 시스템은 값비싼 신호로도 기능해 무임승차 문제 또한 해결할 수 있었다. 무엇보다 신이 공동체 전체를 벌할 수 있다는 두려움은 사람들이 이웃의 행동에 세심한 관심을 기울이도록 독려했다.

그렇다면 모든 재앙의 원인인 신들은 어떻게 도덕적 존재로 탈바꿈했을까? 잊지 말아야 할 것은 신들이 이미 도덕적 존재였다는 점이다. 인간은 신을 "인간"의 범주로 분류하는데, 인간은 필연적으로 도덕적 존재다. 따라서 만약 홍수가 신이 내린 재앙이라면 그 행동에는 분명 이유가 있을 것이라고 추측한다. 사람들은 관찰한 내용에 부합하도록 신의 성격을 재구성하기 위해 신의 "신상명세서"를 작성하는데, 이때도 역시 신을 "인간"의 범주로 묶어 인간과 마찬가지로 신이 좋아하는 것과 싫어하는 것이 무엇인지 찾는다. 신의 심리는 인간의 심리와 동일하다. 인간은 신을 사람이 아닌 다른 존재로는 상상하지 못한다. 그리고 진정 도덕적으로 완벽한 사람은 극소수에 불과하듯 신들 역시 마찬가지일 것이다.

이 논리에 따르면 수렵·채집 생활을 하던 인류의 조상은 이미 도덕적 존재였다. 그러나 정착 생활이 시작되고 불과 몇 세기도 지나지 않아 폭력과 재앙이 급증했다. 이것은 사회 전체에 영향을 미쳤고, 사람들은 그 모든 불행의 원인을 찾는 일에 필사적으로 매달렸다. 신이 공동체 전체를 벌한다는 개념은 신이 사회의 도덕적 가치를 주관해야 한다는 개념으로 발전했다. 왕도 신의 감시하에 있었으므로 처벌 대상에서 제외될 수는 없었다.

신이 모든 사람의 가치를 주관하게 되면서 사람들은 도덕의 수호자인 신이 스스로 올바르게 행동할 것을 요구하기 시작했다. 앞서 언급했지만 안타깝게도 그리고 결정적으로 세계는 사람들의 기대대로 돌아가지 않았다. 신이 공동체 전체를 벌하는 재앙은 난데없이 일어나는 데다 끊일 줄 몰랐고, 심지어 신의 가장 독실한 추종자들조차 피해를 면치 못했다. 다신교 세계는 비교적 수월하게 그런 현상을 설명할 수 있었다. 다신교 세계에서는 재앙을 반드시 신의 처벌과 결부시킬 필요가 없었다. 신들을 세계의 예측 불가능성을 설명하는 다른 방법으로 활용할 수 있었기 때문이다. 예를 들어 어떤 재앙은 신들 사이의 분쟁에서 비롯할 수도 있다. 트로이전쟁의 원인이 무엇이었는지 떠올려보자. 수천 명의 영웅이 헬레스폰투스에 자리 잡은 강대한 도시에서 싸우다 목숨을 잃었고, 수많은 여자와 아이가 끝없는 고통에 시달렸다. 이 전쟁은 여신 헤라, 아테나, 아프로디테Aphrodite가 "최고의 미美"를 상징하는 황금사과를 두고 벌인 경쟁에서 비롯했다. 아프로디테는 심판인 트로이 왕자 파리스Paris에게 세상에서 가장 아름다운 여인 헬레네Helene를 주겠다고 약속한 후 황금사과를 차지했다. 문제는 헬레네가 스파르타 왕 메넬라오스Menelaos와 이미 결혼한 사이였다는 것이다. 불멸의 작가 호메로스는 《일리아드》에 그 비참한 결과를 기록했는데, 그것은 결국 신의 허영심과 호승심이 빚어낸 부수적 피해였다.

신은 인간처럼 불완전하게 행동한다. 다행히도 그들은 예측할 수 없는 재난이 끊임없이 일어나는 세계에 잘 어울리는 존재였다. 역사학자 폴 벤은 그리스·로마 신의 도덕적 특성에 대해 이렇게 말한다. "개별 신, 즉 단수單數의 신은 결점과 약점이 있을 뿐 아니라 수시로 기분이 변하는 존재일지 모르지만 모든 신, 즉 복수複數의 신은 도덕을 존중하고 나쁜 짓을 저지르는 사람의 뜻을 꺾고 벌을 내리는 존재다."[43] 사람도 마찬가지다. 사람은 누구나 결점과 약점이 있지만 사회를 통해 하나로 결속된다. 즉 나쁜 사람이 악행을 저지르도록 내버려두지 않는다. 그리고 오늘의 현실도 2,500년 전 또는 2만5,000년 전과 다르지 않다.

힘든 시간을 보낸 야훼

다신교는 인간이 겪는 고통을 부수적 피해로 설명할 수 있다. 하지만 세상에 하나뿐인 유일한 하느님만 존재하는 유일신교에서는 고통에 대한 합당한 이유가 있어야 하고, 그 불행은 항상 도덕적 사건으로 인식된다. 왕과 예언자 이야기를 분석하며 살펴본 것처럼 이런 이유로 유일한 행위자인 야훼는 도덕의 화신이 되었다. 다신교에서는 다수의 도덕적 행위자가 사건에 관여하지만 유일신 교에는 단 한 명의 심판관만 존재하므로 사람들은 그가 모든 상황에 같은 기준을 적용할 것으로 기대한다.

이제 히브리 성서에 등장하는 하느님이 왜 걸핏하면 폭력을 행사하는 끔찍한 경향을 보이는지 훨씬 수월하게 이해할 수 있을 것이다. 하느님은 모든 것을 주관하는 존재다! 대안적 해석은 있을 수 없었다. 야훼는 타인의 고통을 즐기는 존재가 아니고 야훼의 노여움은 결점이 아니었다. 성서의 저자들이 마음에 품은 폭력에 대한 환상을 글로 옮긴 것은 더더욱 아니었다. 그들은 실제로 겪은 재앙을 신이 내린 벌이라는 관점으로 기록했다. 그리고 재앙의 원인은 당연히 세상에 하나뿐인 유일한 신에게 있었다. 고대 이스라엘 사람들은 엄청난 고통을 겪었다. 아시리아, 이집트, 바빌로니아의 잔인함과 효과적인 치료제가 없는 시대에 창궐한 전염병에 대한 두려움이 하느님의 처벌, 즉 헤아릴 수 없는 하느님의 노여움에 반영된 것이다.

따라서 야훼는 인류를 괴롭힌 온갖 불행의 화신이 되었다. 야훼는 모든 것을 어깨에 짊어지고 사람들이 몰락하지 않도록 도와주었다. 하느님은 교사가 되어 사람들이 전쟁과 기근과 역병을 피할 전략을 수립할 수 있는 기반을 제공했고 교훈을 통해 깨달음을 주었으며 법을 세워 권위를 정착시키도록 지원했다.

바로 이것이 성서를 읽음으로써 얻을 수 있는 가장 중요한 깨달음 중 하나다. 폭군과 황제의 폭력적 자아로 인해 사회가 무너질 위기에 처했을 때 하느님은 사람들이 의지할 수 있는 최고의 존재였다. 사람들은 모든 재앙의 원인을 규명해야 했다. 즉 하느님이 그런 분노를 쏟아내는 이유를 찾으려 했다. 그런데 하느님은 화난 사람과 같은 이유로 화를 내므로 신의 도덕에는 인간의 도덕이 반영되었다. 하느님은 과도한 사치를 싫어했고 부정의를 멸시했으며 사람들에게 서로 친절하게 대할 것을 요구했다. 이것은 결국 인간의 첫 번째 본성이 우리 귀에 속삭이는 것과 정확히 일치한다. 이런 신의 도덕적 처방을 원형과학적 지식이 보완했다. 앞서 설명한 것처럼 특정 습관과 결부된 특정 질병은 더 빈번하게 일어나는 경향을 보이므로 사람들은 하느님이 그런 습관을 매우 심각한 문제로 여긴다고 생각하게 되었다.

도덕이 야훼가 주관하는 영역으로 들어오면서 지상의 권력은 더 이상 그것에 간섭할 수 없었다. 이제 도덕은 (적어도 이론상으로는) 모든 사람에게 적용되었고 더 이상 권력의 노리개가 아니었다 (물론 현실은 그렇지 않았다). 하느님은 이런 방식으로 문명에 크게 기여했다. 이른바 지성적·제도적 종교는 정착 생활을 시작한 새로운 사회의 현실을 바로잡기 위해 고군분투했다. 이 새로운 사회에서 사람들은 재난과 폭군에게 시달렸다. 폭군 앞에 선 사람들은 골리앗 앞에 선 다윗 같았다. 사실 지성적·제도적 종교는 "강자를 이기는 약자의 기술"이었다.[44]

심지어 무신론자조차 하느님의 성취에 놀라움을 금치 못한다. 야훼와 이스라엘 민족의 경험을 바탕으로 탄생한 재난 방지 시스템은 과학이 권력에 대한 욕망, 무능력한 정부, 기후변화, 침식, 판구조론, 미생물 같은 전쟁, 기근, 역병의 진짜 원인을 밝혀내기 수천 년 전에 이미 상당한 과학적 성취를 이뤘기 때문이다. 아이러니하게도 과학은 충동적으로 폭력을 행사하는 존재라는 하느님의 오명을 벗겨냈다. 과학은 하느님을 오늘날 우리가 아는 것과 같은 선한 존재로 탈바꿈시킨 힘 중 하나가 되었다.

이제부터는 하느님의 선한 면을 부각하는 데 기여한 또 다른 요인에 초점을 맞출 것이다. 다음 장에서는 지금까지 이 책에서 다룬 신과 같은 신이 맞는지 의심스러울 만큼 놀라운 야훼의 모습을 만나게 될 것이다.

Part 4

시편 외

성서에 등장하는 또 다른 하느님

19세기 화가 한스 토마Hans Thoma는 어느 일요일 아침 독일의 검은 숲에 자리 잡은 작은 집에서 "무릎에 성경책을 올려놓고 읽으면서 양말을 짜는" 시골 아낙의 모습을 화폭에 담았다. 이 그림은 유대인 집안에서 태어난 독일 철학자 에른스트 블로흐Ernst Bloch(1885~1977년)의 관심을 끌었고, "어떻게 성서는 어디서나 읽히고 이해될 수 있을까?"라는 고민으로 이어졌다. 어딘가 다른 곳에 있는 평범한 농부의 아내가 "《길가메시 서사시》를 읽을" 가능성은 얼마나 될까? 그녀가 "힌두교 경전을 이해할 수 있을까?" "피타고라스학파의 종교성에 대해 연구할" 가능성은 얼마나 될까? 거의 없을 것이다. 그러나 "수천 년 전에 외국인이 외국어로 쓴" 성서는 누구나 이해할 수 있다. 굳이 성서학자가 되지 않아도 성서에 등장하는 이야기에 감동할 수 있는 것이다.[1]

아마 농부의 아내는 토라, 느비임에 이어 히브리 성서의 세 번째 주요 뼈대를 이루는 케투빔("성문서")을 읽고 있었을 것이다. 어쩌면 시편을 읽고 있었을지도 모른다. 시편 139편은 이렇게 시작한다. "야훼여, 당신께서는 나를 환히 아십니다." "앞뒤를 막으시고 당신의 손 내 위에 있사옵니다." 성서를 읽는 이들은 완전히 다른 모습으로 탈바꿈해 신자 개개인의 마음을 사로잡는 하느님을 케투빔에서 처음 만나게 된다. 사실 토라와 느비임은 종교 문헌으로 보기 어려운데, 홍수 이야기나 가나안 정복 이야기에서 맞닥뜨리는 순수한 공포에 너무 놀라 가난한 시골 아낙이 짜고 있던 양말을 떨어뜨릴지도 모를 일이기 때문이다.

그러나 케투빔은 토라나 느비임과는 그 색채가 완전히 다르다. 사람들이 성찰할 만한 텍스트로 넘쳐나는 케투빔은 오늘날 사람들이 영성이라고 묘사하는 감각에 말을 건넨다. 케투빔에는 이집트와 메소포타미아에서 발전한, 주로 가치 있는 삶에 초점을 맞추는 지혜문학도 담겨 있다. 대체로 이런 텍스트는 비교적 후대인 페르시아제국과 헬레니즘 시대, 즉 기원전 5세기에서 기원전 2세기 사이에 쓰였다. 케투빔은 지극히 다채로운 작품으로 이루어져 있다. 역대기상하, 에즈라, 느헤미야에는 역사 이야기가 담겼고 룻기는 단편소설, 에스델Esther은 중편소설이다. 그 밖에 철학, 애가哀歌, 기도문도 수록되었다.[2] 때로 시에 가까울 정도로 문학성이 뛰어난 케투빔의 기록은 강도 높은 문화적 변화를 이끌었다. 신학자 토마스 스타우블리는 이렇게 설명한다. "케투빔을 통해 신의 개념은 소규모 집단을 수호하는 전사 겸 구원자에서 모든 피조물에 관여하는 보편적 신으로 확장된다."[3] 케투빔의 기록 대부분에서 반복되는 주제는 위협적으로 보이는 세계에서 "하느님의 올바른 지도에 신뢰를 보내는 것"이다.[4]

416

케투빔의 모든 텍스트를 다룰 필요는 없다. 아가Song of Songs에 수록된 사랑의 시에서 문화적 진화의 관점에서 볼 때 중요한 의미를 갖는 내용을 발견했다고 주장할 수는 없기 때문이다. 룻기나 열왕기상하에 수록된, 예루살렘과 사마리아의 왕실과 관련된 신학적으로 올바른 역사 이야기도 굳이 여기서 다룰 필요는 없다. 대신 종교의 문화적 진화라는 이 책의 핵심 주제와 특히 연관성이 높은 세 가지 문제에 초점을 맞춘 세 권의 책에 집중하는데, 가장 먼저 시편을 검토할 것이다. 시편에서는 인간 개개인의 문제에 공감하는 새로운 하느님을 만날 수 있다. 출애굽기에 등장하는 하느님과 이렇게 마음이 통하는 것은 상상도 할 수 없는 일이다. 그다음 욥기로 주의를 돌려 인간의 고통이 어떻게 하느님을 곤란한 상황에 몰아넣는지 살펴볼 것이다. 마지막으로 주목할 것은 사자 우리 이야기로 친숙한 다니엘Daniel인데, 성서는 여기서 처음으로 부활과 최후의 심판이라는 개념을 다룬다. 이 시점까지 성서가 죽음이라는 주제를 그토록 소홀히 다룬 이유는 무엇일까? 그 답을 구하는 과정에서 하느님이 친히 죽음에 대한 공포를 세상에 처음 도입한 결과 인간이 천국이나 지옥에 가게 되었다는 추정을 제기할 것이다.

케투빔은 매우 매력적인 혼합 종교의 탄생을 보여준다는 점에서 주목할 만하다. 그 종교의 성문서는 2,000여 년이 지난 오늘날에도 꾸준히 독자를 늘려가고 있을 뿐 아니라 원래 목표로 삼은 독자와 관계없는 문화권의 사람들, 이를테면 에른스트 블로흐에게 사유할 거리를 안긴 시골 아낙에게까지 말을 건넨다. 이렇게 된 까닭은 인간의 첫 번째 본성이 만족할 만한 내용이 케투빔에 아주 근사한 방식으로 수록되어 있기 때문이다.

14

시편

나의 하느님

"세 시쯤 되어 예수께서 큰 소리로 '엘리 엘리 레마 사박타니?' 하고 부르짖으셨다. 이 말씀은 '나의 하느님, 나의 하느님, 어찌하여 나를 버리셨나이까?'라는 뜻이다." 복음서 저자 마태오Matthaeus 와 마르코Marcus의 기록에 따르면 이것이 십자가에 못 박힌 예수가 남긴 마지막 말이다. 예수의 부르짖음에서 사람들은 깊은 절망을 느낀다. 그러나 그것이 괴로움을 표현하는 데 그치지 않고 그 이상의 의미를 담고 있다는 사실을 아는 사람은 거의 없다. 유대교와 결별하고 싶지 않은 예수는 죽음에 직면해 히브리 성서를 인용했다. 예수가 인용한 시편이 이어진다. "나의 하느님, 온종일 불러봐도 대답 하나 없으시고, 밤새도록 외쳐도 모르는 체하십니까?"

시편 22편에서는 절박한 사람이 자신의 창조주에게 의지하는 소리를 들을 수 있다. "가련한 이 몸을 사자 입에서 살려주시고, 들소 뿔에 받히지 않게 보호하소서." 하느님은 도움을 청하는 그의 부르짖음("보호하소서!")에 반응해 그를 보호하게 한다. 구원받은 사람은 감사하며 온 세상에 하느님을 알리겠다고 약속한다. "내가 괴로워 울부짖을 때 '귀찮다, 성가시다' 외면하지 않으시고 탄원하는 소리 들어주셨다."

복음서에는 죽음을 눈앞에 둔 예수가 인용한 성서의 내용이 기록되어 있는데, 그것이 시편의 한 구절이라는 사실은 시편이 하느님이 선택한 민족의 삶과 고통과 관련해서뿐 아니라 성서 자체에서도 중요한 역할을 한다는 사실을 여실히 드러낸다. 사실 150편의 시를 모은 시편은 히브리 성서의 세 번째 주요 뼈대를 이루는 케투빔에서 가장 중요한 책이다. 시편에 수록된 시들은 실존적 괴로움을 겪는 사람이라면 누구나 하느님에게 직접 의지할 수 있다고 말한다. 성서에서 이것은 완전히 새로운 개념이다.

바로 앞 장에서도 여전히 하느님의 노여움을 다루었는데, 여기 시편에서는 사람의 마음을 뭉클하게 하는 배려의 하느님을 만날 수 있다. "야훼는 나의 목자, 아쉬울 것 없어라. 푸른 풀밭에 누워 놀게 하시고 물가로 이끌어 쉬게 하시니 지쳤던 이 몸에 생기가 넘친다. 그 이름 목자이시니 인도하시는 길, 언제나 곧은 길이요, 나 비록 음산한 죽음의 골짜기를 지날지라도 내 곁에 주님 계시오니 무서울 것 없어라. 막대기와 지팡이로 인도하시니 걱정할 것 없어라." 시편에 등장하는 하느님은 모든 사람이 바라는 신으로, 안전과 보호를 제공하고 인간의 두려움을 몰아낸다. 이 하느님이 대홍수를 내린 하느님, 충성하지 않았다는 이유로 자기 백성에게 벌을 내리고 적의 손에 넘기는 하느님, 공포를 몰아내는 것이 아니라 공포를 퍼뜨리는 하느님과 같은 신인가? 지금까지 살펴본 하느님의 모습을 고려하면 "아니오"라고 답할 수밖에 없다.

시편에 등장하는 하느님은 오래전에 죽은 예언자나 족장이 아니라 누구든 말을 건넬 수 있는 하느님이다. 심지어 토라를 지배하는 종교와 시편에서 만날 수 있는 종교가 완전히 다른 종교라고 생각할 수도 있는데, 새롭게 등장한 이 종교가 오늘날 대부분의 사람이 마음에 그리는 종교, 즉 개인적 믿음을 추구하는 유형의 종교다. 앞서 많은 그리스도교도가 구약성서 가운데 유독 시편에 매료되는 경향이 있다고 언급했는데, "야훼께서 나의 빛, 나의 구원이시니, 내가 누구를 두려워하리오. 야훼께서 내 생명의 피난처시니 내가 누구를 무서워하리오" 같은 구절이 지친 마음을 위로하기 때문일 것이다. 시편은 하느님을 "살아 있는 하느님", 즉 누구든 "자기 속마음을 털어놓을 수 있는 존재"로 제시한다.[1] 이제부터 이런 시편의 하느님이 등장한 배경과 그 하느님이 종교를 어떻게 변화시켰는지 살펴볼 것이다. 그리고 이것이 성서에 일어날 수 있는 최고의 변화로 꼽히는 이유를 알아볼 것이다. 시편 자체에 대한 간략한 소개로 시작한다.

다윗 왕의 토라

시편은 세계 문학을 통틀어 가장 위대한 작품 가운데 하나로 꼽힌다.[2] 그리스어로 시편psalmós은 악기를 연주하며 부르는 노래를 의미하고 그리스도교에서 전통적으로 사용하는 용어Psalter는 "노래 모음"을 뜻한다. 시편은 총 150편의 시로 구성되었는데 성서의 판본에 따라 그 수가 다르다. 유대교는 "찬양서book of praise"라는 용어를 선호한다. 비록 탄원과 애도의 기도가 우세할지라도 야훼를 찬양하는 내용의 운율을 가진 시적 텍스트라고 생각한다.[3]

시편의 대부분이 다윗 왕 시대로 거슬러 올라가는 것으로 알려졌는데, 전설에 따르면 다윗은 수금을 타며 노래를 불러 사울 왕의 마음을 위로하고 평온을 되찾게 했다고 한다. 이런 이야기는 전적으로 허구지만 그 내용이 함축한 것은 매우 현실적이다. 시편은 다시 다섯 권의 책으로 나누어 묶을 수 있는데, 이는 모세가 이스라엘 민족에게 다섯 권의 토라를 남긴 것처럼 다윗 왕도 다섯 권의 시편을 남겼다는 의미로 해석된다. 따라서 시편은 "다윗 왕의 토라"[4] 라고도 불리지만 사실 그 내용은 모세의 율법서와는 천양지차다.

지금까지 연구 결과에 따르면 시편은 비교적 늦은 시기, 즉 기원전 200년에서 기원전 150년 사이에 편찬되었다. 물론 대부분의 시는 그 전에 쓰였을 것이다. 시편 중 일부는 이스라엘 민족을 주제로 삼았지만 개인이나 신전 숭배를 노래한 시도 있다. 한편 가족의 경건함을 주제로 삼은 시도 있는데, 이로 인해 시편은 평범한 사람이 고통과 두려움에 직면했을 때 마음의 평안과 희망을 얻을 수 있는 "기도와 삶의 책"이라는 성격을 부여받는다.[5] 시편이라고 해서 가벼운 내용만 다룬 것은 아니다. "하느님, 그들의 이빨을 그 입안에서 부수소서"라는 요구나 "파괴자 바빌론아, 네가 우리에게 입힌 해악을 그대로 갚아주는 사람에게 행운이 있을지라. 네 어린것들을 잡아다가 바위에 메어치는 사람에게 행운이 있을지라" 같은 저주도 등장한다.

하느님이 도움의 손길을 내려주기를 바라는 마음을 표현한 개인적인 문장이 특히 눈길을 끄는데, "나를 굽어보시고 불쌍히 여기소서. 외롭고 괴로운 이 몸입니다. 나의 근심을 말끔히 씻어주시고 곤경에서 이 몸을 건져주소서" 같은 문장에서는 많은 사람이 마음에 품은 믿음의 핵심을 엿볼 수 있다. "이 목숨을 지켜주소서, 건져 주소서. 당신의 품속에 달려드오니, 수치를 당하지 않게 하소서."

"마음과 정성을 다해"

성서학자 라이너 알베르츠는 시편의 세계에서 다른 유형의 종교를 만날 수 있다고 지적했다. 그는 인간 개개인과 신의 즉각적이고 친밀한 관계에 초점을 맞추는 "개인적 경건함"을 말하며 이것을 "공식적 종교"와 대비시킨다. "개인적 경건함"은 가족 단위에서 일상적으로 일어나는 반면 하느님과 이스라엘 민족의 계약에 초점을 맞추는 "공식적 종교"는 민족, 신전, 종교 전문가의 수준에서 일어나는데, 바로 이것이 지금까지 읽은 성서의 주요 주제였다. 여기서 알베르츠는 "이스라엘 민족의 종교에 내재된 사회적 다원성", 즉 "서로 정체성이 다른 두 가지 유형의 종교가 나란히" 나타난다는 사실을 포착한다.[6] 그런 "내적 종교의 다원성"은 성서를 경전으로 삼은 종교뿐 아니라 사실 "고대와 근대를 막론하고 거의 모든 종교에서 볼 수 있다"고 알베르츠는 믿는다.[7]

앞서 고대 이스라엘에 존재한 종교의 다원성에 대해 검토했는데, 이를 통해 직관적 종교와 지성적 종교를 구분했다. 그러나 그 차이를 사회적 차이로 돌릴 필요는 없다. 이 책에서 언급하는, 알베르츠가 개인적 경건함으로 묘사한 직관적 종교는 종교적 경험이라는 개인의 생물학적 기질 위에 세운 종교에 매우 가깝기 때문이다. 직관적 종교는 인간이 타고난 심리적 성향에 단단하게 얽혀 있을 뿐 아니라 수많은 행위자로 가득한 신비로운 세계를 인정하는 인간의 직관을 바탕으로 한다. 반면 지성적 종교는 이미 충분히 설명한 것처럼 하느님 기반의 재난 방지 시스템으로 인간의 세 번째 본성이 빚어낸 결과물이다.

또한 바빌로니아 포로 생활 이후 돌아온 유일신교가 일상적이고 개인적인 영역에 뿌리내린 직관적 종교를 잠재운 방법에 대해서도 설명했다. 그런데 왜 갑자기 야훼가 주인공인 시편에 직관적 종교가 다시 등장하는 것일까? 이에 대한 답을 제시하기 전에 먼저 시편에서 직관적 종교에 대한 표현을 찾아보자. 토라에서는 오직 금지의 형태로만 만날 수 있었지만, 가령 시편 22편에서는 하느님과 그 추종자 사이에 이런 대화가 오간다. "당신은 나를 모태에서 나게 하시고, 어머니 젖가슴에 안겨주신 분, 날 때부터 이 몸은 당신께 맡겨진 몸, 당신은 모태에서부터 나의 하느님이시오니 멀리하지 마옵소서. 어려움이 닥쳤는데 도와줄 자 없사옵니다." 이 말에서 놀라운 기본적 신뢰감을 느낄 수 있을 뿐 아니라 하느님의 새로운 역할, 즉 산파라는 역할도 접하게 된다. 시편 22편이 아버지로서 야훼의 개념을 제시한다고 해석할 수도 있지만 구약성서에서는 매우 드문 일이다. 260회 이상 하느님을 아버지로 표현하는 신약성서와 달리 구약성서에서는 모두 합해도 17회에 불과하기 때문이다.[8] 출산을 돕는 일은 걸핏하면 화를 내는 전쟁의 신이자 국가의 신이 담당하기에는 아무래도 어색한 역할이다.

알베르츠는 이런 하느님과의 관계를 다음과 같이 설명한다. "부모의 사랑을 바탕으로 자란 아이는 '부지불식간에' 부모에 대한 신뢰를 쌓아간다. 그렇게 쌓은 신뢰는 잘 깨지지 않을뿐더러 위기를 극복할 수 있는 바탕이 된다. 아이는 두려운 일이 벌어졌을 때 부모가 자신을 보호하고 자신은 부모에게 무조건 의지할 수 있다는 사실을 깨닫는다. 인간 개개인과 하느님의 관계도 이와 같다."[9] 따라서 시편에는 심리학자 존 볼비John Bowlby의 애착 이론에 입각해 인간 개개인과 하느님의 관계를 설명할 수 있는 내용이 많이 등장한다. 즉 신자는 "필요할 때면 언제든 보호하고 돌봐주며 의지할 수 있는 부모"의 손에서 자라는 아이처럼 하느님을 통해 위안을 느낀다.[10] 시편은 이렇게 말한다. "야훼께서 나의 빛, 나의 구원이시니, 내가 누구를 두려워하리오. 야훼께서 내 생명의 피난처시니 내가 누구를 무서워하리오." "안전한 피난처", 즉 "안전한 기지"에 대한 동경[11] 역시 인간의 첫 번째 본성에서 흘러나오는 것이다.

이런 내용에서 이제는 고전의 반열에 오른 윌리엄 제임스William James의《종교적 경험의 다양성The Varieties of Religious Experience》을 떠올릴 수 있다. 한 세기가 지난 오늘날에도 종교 관련 저술로는 최고로 손꼽히는 이 책에서 윌리엄 제임스는 19세기 후반 스탠퍼드 대학교 교수 에드윈 스타벅Edwin Starbuck이 미국의 종교 세계를 탐구하며 수행한 인터뷰를 바탕으로 논의를 전개했다. 하느님을 경험하는 방식을 묻는 스타벅의 질문에 한 중산층 여성은 이렇게 답했다. "하느님이 제 머리 위에 계신다는 느낌을 받습니다. 강한 존재이기에 두려움도 느끼지만 한편으로는 위안도 받습니다. 때로 제 팔을 감싸고 지지해주는 듯한 느낌도 받습니다. 하느님은 저를 잘 아는 존재, 자신의 피조물을 돌보는 존재입니다." 또 다른 여성은 조금 다르게 표현했다. "신이 곁에서 함께한다는 느낌을 받을 때가 있는데, 그때마다 저를 위로하는 부드러운 음성을 들을 수 있습니다." 스타벅은 "사회적 교류, 동반자 의식, 친족 의식"이라는 기본적 욕구가 이런 종교적 경험의 바탕에 있다는 결론을 내렸다.[12]

윌리엄 제임스는 스타벅의 인터뷰를 바탕으로 "개인적 종교"라는 개념을 발전시켰는데, 이는 이 책에서 제시한 직관적·개인적 종교와 매우 유사한 개념이다. 그 중심에는 "한 개인이 신으로 믿는 존재와의 관계에서 겪는 감정, 활동, 경험"이 자리 잡았다. 제임스는 "원시적" 성격을 띠는 개인적 종교와 "경배와 희생, 신, 신학, 기념일의 성격에 따른 종교 절차, 회합 조직"을 특징으로 하는 "제도적 종교"를 구분한다. 개인적 종교는 실제 종교적 경험에 의존하기 때문에 신자 개개인에게는 "간접적"으로 느끼는 제도적 종교의 핵심 측면인 신학과 교회보다 "더 근본적"이다. 한편 개인적 종교에서 신자 개개인은 "마음과 정성을 다하는 직접적 관계다."[13]

개인적 종교에 대해 시편은 이렇게 말한다. "나의 힘이신 야훼여! 당신을 사랑합니다. 야훼는 나의 반석, 나의 요새, 나를 구원하시는 이, 나의 하느님, 내가 숨을 바위, 나의 방패, 승리를 안겨주는 뿔, 나의 산채, 나의 피난처…." 물론 스타벅이 인터뷰한 대상이 주로 백인 개신교도였다는 점에서 질문에 대한 대답 대부분이 종교 교육을 통해 형성된 것이라는 반론을 제기할 수도 있다.[14] 그럼에도 2,000여 년이 흐른 오늘날에도 시편이 여전히 사람들의 심금을 울린다는 사실에 주목할 필요가 있다. 시편에서는 야훼를 "당신"이라고 부를 수 있다. 즉 하느님이 마치 곁에 있는 실존 인물인 것처럼 개인적으로 상호작용하며 지금 이 자리에서 도움을 구할 수 있는 것이다.

여전히 살아 숨 쉬는 조상

민족 진화의 관점에서 이런 현상을 자세히 들여다보자. 호모사피엔스는 매우 사회적인 생물종인데, 소규모 집단의 경우 구성원끼리 서로 도움을 주고받지 않으면 어울려 살아가기 어려운 탓이었다. 예를 들어 말레이반도에서 반半정착 생활을 하는 세마이 부족은 매일 아침 한곳에 모여 다음과 같은 말을 되새기며 하루를 시작한다. "여기 모인 우리는 모두 한 형제자매로 서로를 돌볼 것을 맹세합니다. 내가 사냥에 나가지 못한다면 여러분이 나를 돌봐줄 것이고 여러분이 병들면 내가 음식을 제공할 것입니다."[15] 호혜를 바탕으로 한 연대감은 기본적으로 일종의 생명보험이었다. 집단에서 나가면 아무것도 존재하지 않던 시대이기에 누구나 최대 관심사는 냉대 속에 소외되는 것을 피하는 것이었다. 할리우드 영화는 이런 고대의 감정을 능숙하게 활용한다. 어려움을 겪는 주인공은 대개 마지막 순간에야 구조되는데, 그 순간 관객들이 맛보는 고양의 감정을 통해 인간의 첫 번째 본성이 이런 행복한 결말을 얼마나 사랑하는지 확인할 수 있다.

집단의 일상은 상부상조가 지배했다. 그리고 많은 증거를 통해 이런 연대감은 죽은 뒤에도 이어진다는 사실을 확인할 수 있다. 수렵·채집인은 죽음을 묘한 것으로 여기면서도 그것을 모든 것의 끝으로 보지는 않았다. 그것은 다른 존재 형태의 시작일 뿐이었다. 진화심리학자 리 커크패트릭Lee Kirkpatrick은 이렇게 주장한다. "죽은 사람의 불멸성에 대한 믿음은 모든 문화에서 (여러 가지 형태로) 나타나는데, 조상을 기리는 문화 역시 마찬가지다."[16] 조상은 모습을 드러내지 않고 특정 장소에 얽매이지 않으려 했지만 살아 숨 쉬는 사람들과 전혀 다르지 않은 존재였다. 여전히 같은 심리에 이끌리고 자연 세계에 속해 있었다. 또한 살아 있는 사람들의 세계에 영향을 미쳤고, 살아 있는 사람들 역시 조상에게 영향을 미쳤다. 조상의 세계는 부가적이고 비가시적이며 살아 있는 사람들이 생활하는 현실 세계에는 존재하는 물리적 차원이 결여되었다는 점만 다를 뿐, 실제 세계에 영향을 미친다는 점에서는 다르지 않았다. 그리고 인간에게는 "사회적 용어를 활용해 세계를 설명하려는 편향"이 있으므로, 실존 인물의 탓으로 돌릴 수 없는 이상한 사건에 대한 설명이 필요할 때 조상은 항상 중요한 역할을 했다.[17]

조상은 확대가족의 일부였다. 조상은 살아 있는 친척을 돌봤고 가족의 안녕과 평안에 관심이 있었다. 따라서 살아 있는 후손은 조상을 잘 대접하면 그들의 지원에 기댈 수 있었다. 그리고 조상은 후손이 어려움에 빠질 때마다 앞장서서 도움을 주었다. 바로 이 지점에서 친족 의식과 직관적 종교가 만난다. 이제는 죽고 없는 가족 구성원이지만, 살아생전과 마찬가지로 "애착 인물"로서 계속 후손들과 공존한다.[18]

이런 관점은 또한 직관적 종교가 출산, 질병, 사망, 결혼, 이웃 간 분쟁 같은 일상의 여러 측면과 밀접하게 관련되는 이유를 설명한다. 마찬가지로 이런 유형의 종교에서 여성이 중요한 역할을 하는 이유도 알 수 있다.[19] 살아 있는 친척 사이에서 사회적 관계를 유지하는 것이 전통적으로 여성의 책임인 것처럼[20] 조상과의 관계를 유지하는 일 역시 마찬가지다. 조상은 같은 상태로 존재하지 않는다는 점만 다를 뿐 살아 있는 여느 친척과 다름없는 존재다. 개념, 의례, 마술적 관행은 집단마다 다를 수 있지만 본질적으로 모든 곳에서 볼 수 있는 인간의 동일한 성향을 반영한다는 점에서 매우 유사하다. 예를 들어 규범의 수호자인 조상은 "의심의 여지 없는 진실성"의 문화를 장려하고[21] 사회를 안정시키는 데 기여한다. 종교 인지과학의 선구자 저스틴 배럿은 이렇게 설명한다. "유령이나 조상의 영혼이 주변을 맴돌며 지켜본다고 생각하는 사람은 사회적 평판에 도움이 되는 행동을 하려고 노력할 것이고, 그 결과 거래해도 괜찮은 매력적인 사람으로 거듭날 것이다."[22]

수렵·채집 시대에는 인간의 첫 번째 본성과 두 번째 본성이 뒤섞이며 만들어낸 이런 생각을 자명한 것으로 받아들였고, 삶의 일부로 자리 잡았다. 이것은 가정의 종교 또는 가족의 종교로 알려졌는데, 이 종교에서는 조상이 삶의 모든 측면에서 중요한 역할을 했다. 조상을 기리는 일은 고대 이스라엘에서도 중요시했는데, 이 문제에 대해서는 16장에서 죽음의 개념을 검토하며 조금 더 자세히 다룰 것이다. 요컨대 기본적인 인간 심리의 바탕에는 보이지 않는 행위자로 가득한 세계에 살고 있다는 타고난 믿음이 존재한다. 보이지 않는 행위자가 자기 조상인 경우 맹목적으로 신뢰할 수 있겠지만, 다른 집단의 조상이거나 올바른 길에서 벗어난 영혼이라면 해를 입힐 가능성이 높으므로 반드시 조심해야 했다.

하느님의 비인간적 측면

앞 장에서 논의한 것처럼 바빌로니아에서 포로 생활을 마치고 돌아온 이스라엘 민족의 사회 지도층은 유일신교의 이름을 앞세워 고대부터 전해 내려온 직관적 종교를 제거하려 했다. 저항이 없었다면 이상한 일일 것이다. 사람들은 끊임없이 투덜거렸다. 실존적 공포를 느끼게 되면 인간의 첫 번째 본성은 초자연적 존재에게 도움을 청한다. 사제와 학자조차 그런 바람에서 완전히 벗어날 수 없었고, 히브리 성서에 직관적 종교를 통합해 인간이 타고난 심리적 욕구를 만족시킬 필요가 있다는 생각을 지우지 못했다.

유일신교가 유발한 중요한 문제가 이런 현상을 더욱 강화했다. 예언자를 제외하고, 국가의 신 야훼는 (누군가 규범을 위반하지 않는 한) 개인의 문제에 관여하지 않았다. 문화적 보호 시스템인 유일신교는 사회 전체를 보호하려 했고, 그로 인해 종종 개인의 욕구는 희생되었다. 이처럼 유일신교가 실제로 인간의 고통을 악화시키는 경우도 있었다. 질병 통제와 관련한 예를 통해 이런 현상을 좀 더 자세히 살펴보자.

아픈 사람을 돌보고 병원을 운영하는 것은 오늘날 위대한 종교의 윤리적 의무다. 종교가 질병 치료에 앞장서는 데에는 그럴 만한 이유가 있다. 한때 질병을 영혼, 악령, 나중에는 신에 의한 것으로 믿어 제의, 기도, 축귀逐鬼 등을 통해 치료했기 때문이다. 캐럴 마이어스는 이렇게 설명한다. "고대 세계의 '보건 의료 시스템'은 종교와 긴밀하게 통합되어 있었고 치료는 종교적 활동이었다."[23] 그러나 토라의 율법을 세운 하느님은 아픈 사람을 전혀 돌보지 않았다. 성서는 아픈 사람을 격리하거나 영구 추방할 것을 명령한다. 이처럼 가혹한 처우는 인간의 세 번째 본성에 따른 유일신교의 논리와 부합한다. 질병은 야훼가 내린 벌이므로 아픈 사람은 환자가 아닌 범죄자다. 아픈 사람은 악행에 대한 벌을 받는 것이므로 누구도 그들을 돌봐서는 안 된다. 질병은 범죄가 있었다는 사실을 모두에게 밝히는 증거이자, 하느님의 은총으로부터 멀어지고 싶지 않다면 아픈 사람에게 지나치게 가까이 다가가지 말라는 일종의 경고였다.

토라는 사회 전체를 보호하려 했기 때문에 아픈 사람을 격리할 수밖에 없었다. 과학적 관점에서 볼 때 이런 조치는 전적으로 올바른데, 아픈 사람을 격리함으로써 질병의 확산을 막을 수 있기 때문이었다. 물론 아픈 사람의 입장에서는 "공동체에서 격리될 뿐 아니라 사람들의 적대적 시선"도 견뎌야 했으므로 고통이 가중될 뿐인 조치였다. 신학자 에카르트 오토는 이것이 토라의 논리적 결과라고 설명한다.[24] 종교학자 엑토르 아발로스Hector Avalos도 이와 유사한 결론에 도달했다. "보건 의료 시스템은 개별 환자의 욕구를 해결하기 위한 것이 아니었다. 적어도 사회 지도층 사제들의 입장에서 볼 때 보건 의료 시스템은 공동체를 보호하기 위한 것이었다."[25]

앞서 토라의 원형과학적 본질에 대해 심도 있게 논의했는데, 아발로스는 《고대 근동의 질병과 보건 의료Illness and Health Care in the Ancient Near East》에서 "엄격한 과학적 관점"에서 볼 때 토라의 보건 의료 시스템이 그리스 의술의 신 아스클레피오스Asclēpios 신전에서 제공한 치료보다 효과적이었을 것이라는 결론을 내렸다. 이 신전에는 아픈 이들을 위한 요양원이 있어 보다 인간적인 치료를 시행했을 것으로 추정되는 아마도 토라에서 처방하는 엄격한 격리 조치, 즉 신전 주변에는 얼씬도 못하게 하는 조치에 비하면 아무래도 질병을 더 확산시켰을 가능성이 높다.[26] 에볼라같이 위험한 감염성 질병에 노출된 것으로 의심되는 사람을 강제 격리하는 조치를 두고 벌어지는 격렬한 논쟁만 보더라도, 사회적 이해관계와 개인의 이해관계가 충돌하면서 발생하는 도덕적 딜레마가 오늘날에도 이어지고 있다는 사실을 쉽게 이해할 수 있을 것이다.

사실 이런 현상은 부조화 문제의 고전적 사례다. 전염병 확산을 막고 대규모 사망자가 발생하는 것을 방지하기 위해서는 감염된 사람을 격리하는 조치를 취하는 것이 올바르다. 그러나 인간의 첫 번째 본성은 그런 조치를 비인간적이라고 여긴다. 구원의 손길이 절실할 때 공동체에서 격리된 환자의 첫 번째 본성은 도움을 받을 수 없다는 사실을 직감하고 이에 저항한다. 환자의 가족도 격리 조치를 받아들이기 어렵기는 마찬가지다. 인간의 첫 번째 본성이 아픈 가족을 돌보라고 요구하기 때문이다. 이럴 때 세마이 부족은 어떻게 할까? "여러분이 병들면 내가 음식을 제공할 것입니다." 이런 정서는 농경문화가 도입되기 전 이미 인간의 본성에 자리 잡았는데, 당시에는 감염성 질병의 확산 수준이나 독성이 현저히 낮았다.

전쟁과 날씨의 신이었고 이제는 국가의 신으로 격상된 야훼에게는 치료하는 능력이나 위안을 주는 능력이 없었다. 그에게는 그런 능력이 필요하지도 않았다. 그런 능력은 가족의 건강을 주로 여성이 주관하는 전통적 가정의 종교에 속하는 것이기 때문이다. 유일신교가 직관적 종교를 제거하면서 아픈 사람을 돌보는 문제에 공백이 발생했다. 토라는 가난한 사람, 과부, 고아, 심지어 낯선 사람에게조차 자선을 베풀라고 하지만 아픈 사람만은 예외였다. 야훼의 보건 의료 시스템은 이 짧은 명령으로 요약할 수 있다. "법을 준수하라!"

기본적으로 야훼는 아프거나 불행에 빠진 사람을 벌을 받아 마땅한 흉악한 죄인으로 여겼다.[27] 따라서 아프고 외롭고 격리된 사람일수록 살기보다는 죽을 가능성이 높았다.[28] 시편 31편은 이런 고통에 시달리는 사람의 탄식을 고스란히 보여준다. "나는 원수들의 모욕거리, 이웃들의 혐오거리, 벗들의 구역질감, 거리에서 만나는 이마다 피해 갑니다. 죽은 사람처럼 기억에서 사라지고 쓰레기처럼 버려졌사옵니다."

이런 상황을 계속 유지하기는 쉽지 않았다. 이제는 미신으로 치부되어 악한 것으로 규정된 과거의 신과 종교 활동으로 사람들이 일제히 되돌아가기를 바라지 않는 사제들에게는 이런 상황을 개선할 수 있는 조치가 필요했다. 사실 이런 필요의 이면에는 생물학적 요구 사항이 있었다. 심지어 현대인도 중병에 걸리면 영적 치료사를 찾거나 루르드로 순례를 떠나는 등 병을 치료하기 위해 무슨 일이든 시도하는 경향이 있다. 미생물학자 데이비드 클라크도 이와 유사한 결론을 내린다. "오늘날 사람들은 대부분 과학에 근거한 의학으로 효과를 보지 못할 경우 초자연적 힘의 필요성을 느낀다."[29]

앞으로 신약성서를 검토하며 아픈 사람에 대한 접근법이 어떻게 재해석되는지 살펴볼 것이지만(랍비 유대교도 그리스도교와 무관하게 독자적으로 아픈 사람을 돌보는 것을 도덕적 의무로 선언했다) 변화의 바람은 이미 시편에서 시작되고 있었다. 예를 들어 시편 30편에서는 야훼가 직접 아픈 사람을 치료하고 나선다. "야훼, 나의 하느님, 살려달라 외치는 내 소리를 들으시고 병들었던 이 몸을 고쳐주셨습니다." 또한 시편 41편에서는 사람들이 하느님에게 기원하는 모습을 볼 수 있다. "병상에서 그를 붙들어주시리니 자리를 떨쳐 일어나게 되리라."

"내 원수의 턱을 내리치시고 악한 자의 이빨을 부수시는 분"

질병은 유일신교가 일상의 실존적 영역에 만들어낸 공백을 보여주는 하나의 사례일 뿐으로, 16장에서 죽음에 대해 검토할 때 이 공백을 다시 만나게 될 것이다. 야훼만을 숭배해야 한다는 사실을 모두에게 납득시키려면 사제들은 이 공백을 메울 필요가 있었다. 야훼를 일상의 모든 영역을 주관하는 하느님으로 탈바꿈시켜야 했다. 이제 하느님에게는 인간 존재의 어떤 영역도 낯설지 않았다. 질투하는 하느님인 야훼 스스로 자신과 경쟁 관계에 있는 초자연적 존재와 가까이 지내지 못하도록 금지했기 때문에 사람들이 원하는 영역으로 능력을 확장하는 것 외에는 선택의 여지가 없었다.

시편을 통해 이런 영역의 확장은 달성되었다. 시편은 직관적 종교를 성서에 통합함으로써 제도적 종교를 강화했다. 시편에서 심판관 야훼는 자선사업가 야훼를 만나게 된다. 그러나 이런 전환은 의도적인 계획의 결과, 즉 하느님의 능력에 발생한 공백을 메우기 위해 사제들이 의도적으로 새로운 시를 지어낸 결과 나타난 것이 아니다. 사실 시편은 점진적 축적 과정을 거쳐 탄생한 책이다. 그렇지 않다면 시편에는 제도적 종교의 흔적이 지금보다 훨씬 명확하게 나타났을 것이다. 한 가지 예를 들면, 시편에 담긴 탄식에서는 이스라엘 민족의 구원의 역사를 찾을 길이 없다. 알베르츠는 이렇게 말한다. "개인의 탄식에서는 하느님이 이집트의 노예 생활에서 이스라엘 민족을 해방시킨 것처럼 어려움을 겪고 있는 개인을 구원해야 한다는 (전적으로 자연스러운) 주장을 찾아보기 어렵다." 마찬가지로 히브리 성서의 첫 번째와 두 번째 뼈대를 이루는 토라와 느비임에서는 중요한 역할을 한 주제 "죄, 하느님의 노여움, 처벌과 용서의 복합체"가 시편에서는 사실상 무용지물로 전락한다.[30]

시편의 저자들은 종종 과거의 자료를 재구성했다. 그중 일부는 확실히 야훼가 아직 다른 신들의 존재를 용인하던 시절로 거슬러 올라가지만, 다른 텍스트와 뒤섞어 유일신교에 맞게 수정했다. 예를 들어 시편에는 탄식하는 사람을 괴롭히는 구체화되지 않은 "적"이 놀라울 정도로 많이 등장한다. "야훼여! 나를 괴롭히는 자 왜 이리 많사옵니까? 나를 넘어뜨리려는 자 왜 이리 많사옵니까?" 원래이 적은 질병을 불러오고 사회적 역경을 일으키는 "악한 세력"[31]을의미했다. 한편 기도를 통해 하느님에게 도움을 구하는 시도 있다. "야훼여, 나를 고발하는 자들을 고발하시고, 나를 치는 자들을 쳐주소서. 큰 방패, 작은 방패 잡고 나서시어 이 몸을 도와주소서. 창과 도끼를 들고 나서시어 쫓아오는 자를 맞받아 쳐주소서. '나 너를 살리리라.' 다짐해주소서." "야훼여, 일어나소서. 나의 하느님, 구하여주소서. 당신은 내 원수의 턱을 내리치시고 악한 자의 이빨을 부수시는 분" 같은 평범한 시구도 만날 수 있다.

야훼가 꼭 구체적이고 실질적인 지원을 제공해야 하는 것은 아니다. 이런 시구는 조상이나 부족의 신에게 도움을 청하던 모습과다르지 않은데, 사실 이런 초자연적 행위자는 누군가가 위험에 처했을 때에만 도움을 주는 존재다. 이제 이 임무를 수행하게 된 야훼는 일정한 수준에서 "초자연적 존재인 조상"으로 변모해야 했다. 유일신교가 인간의 오래된 친족 지향적 심리에 부합하도록 변형된것이다. 바로 여기서 하느님 아버지라는 개념이 정립되는 것을 볼수 있다. 그리고 바로 이 하느님 아버지가 과거 손수 폐기한 초자연적 친척의 임무를 수행하게 될 것이다.[32]

심지어 오늘날 스포츠 경기에서도 유일신교의 하느님이 과거의조상과 같은 대우를 받는 것을 확인할 수 있다. 특히 페널티킥이나필드골을 시도하기 직전에는 선수나 관중이나 가릴 것 없이 한 마음이 되어 응원하는 팀의 승리를 기원하며 하늘에 진심 어린 기도를 올리는 모습을 종종 목격할 수 있다. 물론 유일신교의 하느님 눈에는 무례하기 짝이 없는 행동으로 비칠 것이다. 그러나 하느님은 인간의 지성이 빚어낸 산물에 불과하므로 응원하는 팀의 승리를 기원하는 순간처럼 매우 감정적인 상황이 찾아오면 "신학적 올바름"에 개의치 않고 인간의 첫 번째 본성이 튀어나오는 것이다. 이런 상황에는 하느님이 과거에 존재한 바로 그 영혼 가운데 하나로 전환해 상대 팀에게 크게 한 방 먹이려는 사람들의 편을 들어준다.

앞서 살펴본 것처럼 야훼는 직관적 종교의 일부를 흡수함으로써 자신의 존재를 강화했다. 원형과학의 기능을 수행하고 도덕과 권력을 정당화한 제도적 종교는 실제 종교적 경험을 반영하며 더욱 강화되었고, 개인적·직관적 종교의 막대한 힘을 활용할 수 있게 되었다. 이런 변화는 의도적인 것이라기보다는 인간의 첫 번째 본성이 거둔 성과라고 할 수 있다. 인간의 첫 번째 본성이 자신이 받아야 할 정당한 대접을 요구하며 돌파구를 마련하는 데 성공한 것이다. 무덤 발굴 현장에서 출토된 유물을 통해 아주 이른 시기부터 사회 지도층 인사들이 야훼의 신전에서 개인적 수호신 야훼를 숭배했다는 것을 확인할 수 있다. 즉 야훼는 공식적 종교의 영역에서 개인적이고 직관적인 종교의 영역으로 재진입하는 데 성공한 것이다.[33] 지금까지 살펴본 내용을 통해 새로운 문화적 해결책이 그 영향력을 오래 지속하려면 인간의 첫 번째 본성에 따른 욕구와 정면으로 충돌해서는 안 된다는 교훈을 얻을 수 있다. 인간의 세 번째 본성이 제시하는 해결책이 지나치게 합리적인 경우 결국 첫 번째 본성의 욕구가 나서서 그것을 수정하는 진자 운동이 나타난다.

쉴 곳을 제공하는 하느님

매우 다른 이 두 종교의 영역은 놀라우리만큼 쉽게 하나가 되었다. 두 가지 유형의 종교가 공히 관심을 보이는 주제는 보호였다. 토라는 사회 전체(이스라엘 민족)를 보호하기 위해 노력한 반면, 시편은 하느님을 인간 개개인에 대한 보호자로 제시한다. 시편에서는 다양한 형태로 같은 간청을 들을 수 있다. "야훼여, 당신께로 피합니다. 원수의 손에서 건져주소서." 마치 하느님이 효과적으로 기능하는 개인의 재난 방지 시스템이라도 된 것처럼 보인다.

이 두 종교의 혼합이 낳은 모순은 다음 장에서 상세히 다루기로 하고, 여기서는 새롭게 부각된 개인에게 초점을 맞추는 유형의 종교에 대해 검토할 것이다. 하느님은 추종자에게 기본적 신뢰를 제공하는데, 이는 오늘날 신자들도 인정하는 것으로 하느님의 추종자들에게는 이런 신뢰가 삶의 원동력이 된다. 여기서 하느님은 언제든 만날 수 있는 안정적이고 이상적인 친구가 되어 안전과 보호를 바라는 인간의 욕구를 채워준다. 이런 일은 직관적 종교의 기본적 신뢰에 대한 인식, 즉 지원을 요청할 수 있는 초자연적 존재로 가득한 세계에 살고 있다는 느낌이 야훼에게 투영됨으로써 가능해졌는데, 야훼가 개인을 구원하는 신으로 경력을 바꾼 것은 매우 아이러니하다. 이로써 야훼는 자신이 만든 문제를 해결해야 하는 처지에 놓이게 되었다!

탈마법화의 선봉에서 조상으로 가득한 과거의 세계를 제거한다는 대의명분을 내걸고 싸운 야훼는 개인적 지원을 요구하는 사람들의 충족되지 않은 갈망을 채워주는 존재로 돌변했다. 시편 63편은 이렇게 기록한다. "하느님, 당신은 나의 하느님, 물기 없이 메마른 땅덩이처럼 내 마음 당신 찾아 목이 마르고 이 육신 당신 그려 지쳤사옵니다." 그러나 야훼는 직관적 종교라는 샘물이 끊임없이 흐르던 자리를 사막으로 만든 장본인이었다. 영혼과 조상으로 가득한 낙원에서 쫓겨난 인간은 고립감을 느꼈다. 그럴수록 하느님에 대한 갈망은 커져만 갔는데, 하느님은 사람들이 의지할 수 있는 유일한 초자연적 존재였기 때문이다. 사람들에게는 선택의 여지가 없었다. 초자연적 힘으로 가득한 다른 우물을 찾아 실존적 목마름을 해소하고 싶어도 미신으로 치부되거나 심지어 이단으로 낙인찍힐 우려 때문에 그럴 수 없었다.

혼합 종교

다윗 왕의 시편 다섯 권을 모세의 토라 다섯 권에 더함으로써 종교라고 알려진 문화적 보호 시스템이 완성되었다. 이로써 이 책의 주요 주제 중 하나, 즉 성서가 정착 생활이 야기한 문제에 대처하기 위해 호모사피엔스가 생각해낸 가장 야심 찬 시도일 가능성이 있다는 주장이 입증된다. 이런 시도는 개인과 사회 전체의 차원에서 있었고, 각각 심리적·사회적 결과를 낳았다. 하느님은 개인을 구하는 구원자인 동시에 민족이나 국가의 구원자였다. 이제 하느님은 멀티플레이어가 되었다.

직관적 종교와 지성적 종교의 만남은 히브리 성서의 위대한 성취 중 하나이자 성공의 비결이다. 그 결과 고대 세계를 매료시킬 혼합 종교로 발돋움할 수 있었다. 이 시기에 형성된 초기 유대교는 너무나 매력적이고 근본적으로 달랐기에 팔레스타인에서 억압받거나 디아스포라라는 어려운 여건을 견디는 사람들은 고통받는 내내 그것을 충실히 지켰다. 사실 야훼는 지중해 지역 전역에서 더 많은 추종자를 끌어모으기 시작했다.[34] 하느님은 더 이상 사회만을 위한 존재가 아니라 인간 개개인을 위한 존재로도 활동했다. "누운즉 마음 편하고 단잠에 잠기오니, 야훼여, 내가 이렇듯 안심하는 것은 다만 당신 덕이옵니다."

다음 장에서는 이 혼합 종교의 고유한 논리가 새롭게 빚어낸 문제에 대해 살펴볼 것이다. 하느님은 필요할 때 인간의 편에 서 있다고 하지만, 애초에 하느님이야말로 그 모든 문제를 야기한 존재가 아닌가. 실제로 불쌍한 욥은 이런 딜레마를 몸소 체험했다.

15

욥기

하느님이 아수라장에 뛰어들게 된 사연

불쌍한 욥. 욥이 당한 고난은 잘 알려져 있다. 욥은 하느님 앞에 의로운 사람이었지만 아무런 잘못을 하지 않았음에도 최악의 고통에 시달려야 했다. 나쁜 소식이 차례차례 욥에게 전해졌다. 소와 나귀를 도둑맞았고 일꾼들이 살해당했으며 양 떼가 벼락을 맞아 죽었고 갈대아 사람들이 낙타 몰이꾼을 살해한 뒤 낙타를 훔쳐 갔다. 잃어버린 가축을 생각하며 비탄에 빠져 있을 틈도 없이 욥에게 또 다른 비보가 날아들었다. 모래폭풍이 불어 집이 무너지는 바람에 한자리에 모여 식사를 하던 자녀들이 모두 사망했다는 소식이었다! 욥은 옷을 찢고 머리를 모두 깎고는 땅에 엎드려 이렇게 외쳤다. "벌거벗고 세상에 태어난 몸, 알몸으로 돌아가리라." 그러나 깊은 절망에 빠졌으면서도 욥은 하느님을 탓하지 않았다. "야훼께서 주셨던 것, 야훼께서 도로 가져가시니 다만 야훼의 이름을 찬양할지라."

이 모든 일도 그저 시작에 불과하다는 듯 이내 욥은 몹쓸 병에 걸렸다. 발바닥부터 정수리까지 부스럼이 난 욥은 잿더미 위에 앉아 토기 조각으로 몸을 긁었다. 아내조차 이런 상황에서도 성자^{聖者}인 양 경건하게 살 수 있느냐며 욥을 차갑게 대했다. "하느님을 욕하고 죽으시오." 하지만 욥의 아내는 그가 어떤 사람인지 잘 몰랐던 것 같다. "당신조차 미련한 여인처럼 말하다니! 우리가 하느님에게서 좋은 것을 받았는데 나쁜 것이라고 하여 어찌 거절할 수 있단 말이오?"

친구들이 그를 위로하러 찾아왔다. 이레 밤낮을 친구들은 한마디 말도 없이 함께 앉아 있었다. 견디다 못한 욥이 마침내 입을 열었다. "내가 태어난 날이여, 차라리 사라져버려라. 사내아이를 배었다고 하던 그 밤도 사라져버려라"라고 부르짖었다. "내가 어찌하여 모태에서 죽지 아니하였으며 나오면서 숨지지 아니하였는가?" 그랬다면 최소한 편히 잠들어 있기라도 할 것이다.

하느님은 왜 욥에게 이토록 심한 고통을 안겼을까? 그가 그토록 심한 고통에 시달리는데, 이유가 없을 리 없었다. 친구들은 죄가 있으면 털어놓으라고 했지만 욥은 오히려 분개했다. 친구들은 앞다퉈 그 상황에 대한 철학적 설명을 찾으려고 고군분투했다. 인간이 불완전하기 때문에 고통을 받은 것인가? 하느님이 엄격한 아버지처럼 인간에게 가르침을 주려는 것인가? 아니면 정말 선한 사람인지 시험하기 위해 고통을 내린 것인가?[1]

친구들의 말을 듣고 있던 욥은 하느님에게 원망의 말을 토해냈다. "나 비록 흠이 없다고 하지만 무엇이 무엇인지 모르겠네. 살아 있다는 것이 구역질 날 뿐. 내가 할 수 있는 말은 이 한마디, '그는 의인을 악인과 함께 묻어버리신다네.' 그의 채찍에 맞아 어이없이 숨져가는데 죄 없이 절망에 빠진 자를 그가 비웃으시네. 땅을 악인의 손에 넘기셨으니 재판관의 눈을 가리신 이가 그분 아니고 누구시겠는가!" 하느님은 폭군 아닌가? 야훼는 이런 말을 듣고 가만히 있을 존재가 아니었다. 하느님은 폭풍 속에서 욥에게 직접 모습을 드러냈다. 그리고 욥이 고통을 받게 된 이유를 설명하는 대신 그에게 호통을 쳤다. "내가 땅의 기초를 놓을 때 너는 어디에 있었느냐? 그렇게 세상 물정을 잘 알거든 말해보아라." 천지창조 당시 새벽별들은 입을 모아 노래했고 하느님의 아들들은 기쁨에 겨워 하느님의 작품을 칭송했다. 이어 하느님은 창조에 관해 자세히 언급했다. 욥은 이렇게 대답했다. "알았습니다. 당신께서는 못하실 일이 없으십니다." 욥은 자기 죄를 인정하고 티끌과 잿더미 위에 앉아 뉘우쳤다. "이 머리로는 헤아릴 수 없는 신비한 일들을 영문도 모르면서 지껄였습니다."

결국 "하느님의 종 욥"은 그의 친구들이 지켜보는 가운데 복권되었다. 하느님은 욥이 받은 모든 고통에 대해 후하게 보상해주었다. "욥의 소유를 전보다 두 배나 돌려주셨다." 하느님은 욥에게 양 1만4,000마리, 낙타 6,000마리, 소 1,000마리, 나귀 1,000마리에다 일곱 아들과 세 딸을 주었다. 욥 이야기는 결국 행복한 결말로 막을 내렸다. 욥은 140년을 살면서 "사대 손을 보았다." 욥은 끝내 자신이 고통을 받은 이유를 듣지 못했는데, 사실 모르는 편이 나았을 것이다.

천국에서 무슨 일이?

성서를 읽은 독자들은 욥의 고통이 천상에서, 아니면 지옥에서 시작된 내기에서 비롯했다는 사실을 이미 알고 있을 것이다. 어쨌든 욥이 역경을 맞닥뜨린 데에는 사탄의 책임도 있었다. 그러나 욥기가 쓰인 시대에는 천국과 지옥의 개념이 아직 없었을 뿐 아니라 이승의 삶을 토대로 저승에서 보상을 받거나 벌을 받는다는 관념도 정립되어 있지 않았다. 이 시대에는 사탄 역시 악마의 화신이 아니었다. 야훼가 곁에 두었던 신의 아들들과 마찬가지로 "천상의 궁정에서 시중을 드는 하급 존재"였을 뿐이다.[2] "너는 어디 갔다 오느냐?" 하느님의 물음에 사탄은 지상을 이리저리 돌아다니다 왔다고 대답했다. 그러자 하느님은 이렇게 물었다. "그래, 너는 내 종 욥을 눈여겨보았느냐? 그만큼 온전하고 진실하며 하느님을 두려워하고 악한 일은 거들떠보지도 않는 사람은 땅 위에 다시없다." 사탄은 욥이 하느님이 내린 수많은 보상 때문에 올바르게 행동한다고 생각했으므로 아마 하느님을 비웃었을 테지만 성서에는 그런 내용이 기록되어 있지 않다. 어쨌든 욥이 경건하다는 것은 잘 알려진 사실이었다. 사탄은 이렇게 말했다. "이제 손을 들어 그의 모든 소유를 쳐보십시오. 그는 반드시 당신께 면전에서 욕을 할 것입니다." 하느님은 사탄이 제안한 내기에 응해 욥을 그의 손에 넘겼다. 사탄은 욥의 목숨을 끊는 것 외에는 무슨 일이든 할 수 있었다. 따라서 욥이 겪은 고통의 근원은 하느님이 사탄의 도발에 응한 것이었다. 하느님도 그것을 인정했다. "네가 나를 충동하여 그를 없애려고 했지만 다 헛일이었다."

욥은 평생 자신이 부정한 내기의 희생양이었다고는 꿈에도 생각하지 못했을 것이다. 만약 자신이 사악한 신의 실험에 사용된 한 마리 순진한 기니피그였다는 사실을 알았다면 욥은 뭐라고 했을까? 내기의 끝에 결국 욥은 후한 보상을 받았다. 그러나 그렇더라도 욥의 이야기를 접한 독자들의 마음에는 찜찜함이 남아 있을 것이다. 욥이 기르던 가축, 일꾼, 자녀들이 모두 죽었는데, 그 모든 것이 신의 허영심 때문에 발생한 부수적 피해였기 때문이다.

신정론 문제

욥기를 해석할 때도 성서에 수록된 대부분의 다른 책을 해석할 때와 똑같은 어려움이 따른다. 성서의 대부분이 그렇듯 욥기도 한 명 이상의 저자가 참여한 텍스트로, 기원전 5세기에서 기원전 3세기 사이에 창작과 편집 과정을 거쳐 탄생한 다채로운 결과물이기 때문이다. 학자들은 크나큰 고통을 견뎌낸 한 남자의 전설에서 욥 이야기가 시작되었다고 생각한다. 욥 이야기가 전하는 영향력은 심대해서, 욥은 무고하지만 고통을 받는 훌륭한 사람의 상징으로서 예술과 문학에 지대한 영향을 미쳤다.[3] 그리고 가장 큰 성서의 풀리지 않는 수수께끼로 남아 있다. 신학 교수 콘라트 슈미트는 욥 이야기의 "시점이 다양"하다고 지적하며 "욥기가 전하고자 하는 주제가 무엇인지 불분명하다"는 사실을 강조했다.[4]

이런 혼란에 놀라는 독자도 있을 것이다. 욥이 발언할 차례가 될 때마다 "신정론神正論"이라는 용어가 선명하게 떠오르기 때문이다. 선의의 화신인 하느님의 세계에서 고통을 받아서는 안 될 사람이 그토록 큰 고통에 시달리는 일이 어떻게 일어날 수 있는가? 세상의 모든 악을 고려하면 하느님을 전능한 존재로 믿을 수 있는지조차 불투명하다. 그리스 철학자 에피쿠로스Epicouros(기원전 341~270년경)는 고전시대에 이미 이 문제를 공식화하는 데 기여했다. "하느님은 악을 막을 의지가 있지만 막을 수 있는 능력은 없는 것인가? 그렇다면 하느님은 전능하다고 할 수 없다. 반대로 악을 막을 수 있는 능력은 있는데 막을 의지가 없는 것인가? 그렇다면 하느님은 악의적인 존재다. 혹시 악을 막을 수 있는 능력도 있고 막을 의지도 있는 것일까? 그렇다면 악은 어디서 온 것인가? 마지막으로 악을 막을 수 있는 능력도 없고 막을 의지도 없는 것일까? 그렇다면 우리가 그 존재를 하느님이라고 불러야 하는 이유는 무엇인가?"[5]

우선 신정론, 즉 "믿음의 타당성"을 수호할 목적으로 "하느님의 정당성을 입증"하는 것이 비교적 최근에 나타난 현상이라는 점을 언급할 필요가 있다.[6] 신정론은 전지전능하고 절대적으로 자비로운 세상에 하나뿐인 유일한 하느님의 존재를 가정하는데, 그럼에도 하느님이 주관하는 세계에는 여전히 악이 존재한다는 입장을 취한다.[7] 그러나 히브리 성서에서는 완벽한 하느님이라는 개념을 만날 수 없다. 하느님이 아직 절대 선이라는 개념과 연계되지 않았기 때문이다. 하느님은 훨씬 후대에, 즉 유대·그리스도교에 그리스 철학이 스며든 후에야 절대 선이라는 개념과 연계되었다.[8] 무엇보다 신정론을 둘러싼 논쟁은 "이유 없는" 고통의 존재를 가정하고[9] 다음과 같은 질문을 던진다. "하느님이 존재한다면 이토록 많은 고통을 안고 있는 세계를 창조한 이유는 무엇인가?"[10] 구약성서의 하느님이라면 이런 질문을 모욕으로 느꼈을 것이다. 세상에 이유 없는 고통은 있을 수 없다! 모든 고통은 도덕적 제재를 가하는 하느님의 행위를 반영한 것이다. 하느님은 절대 이유 없이 자연재해를 내리지 않는다. 하느님은 세상에 일어나는 모든 나쁜 일을 주관하는 존재다. 야훼는 "정의로운 응보의 신"이라는 개념을 인정한다면 신정론은 무의미한 것이 된다.[11] 재앙은 곧 하느님**이다**! 이사야에 하느님은 그와 관련한 직설적 언급을 남겼다. "내가 야훼다. 누가 또 있느냐? 빛을 만든 것도 나요, 어둠을 지은 것도 나다. 행복을 주는 것도 나요, 불행을 조장하는 것도 나다. 이 모든 일을 나 야훼가 하였다."[12]

다시 욥 이야기로 돌아가보자. 욥이 받은 고통의 원인은 하느님에게 있었다. 하느님이 사탄에게 그리해도 좋다고 허락했기에 욥에게 여러 가지 재앙이 잇따라 일어난 것이다. 그러나 욥 이야기에 대한 이 책의 접근법에서 신정론은 중요한 문제가 아니다. 욥이 받은 고통의 원인은 너무나 명백하기 때문이다. 욥의 고통은 하느님에게서 비롯했다. 따라서 진짜 문제는 애초에 하느님이 욥에게 고통을 준 이유는 무엇인가 하는 것이다. 욥이 벌을 받을 만한 일을 저질렀기 때문인가? 그 답은 그렇기도 하고 아니기도 하다는 것이다. 여기서 정말 흥미로운 일이 시작된다.

문화적 진화에 따른 마찰

여기서 신학자들이 "행위와 결과의 연계 위기"라고 부르는 현상과 마주하게 된다. 즉 토라와 예언자들은 신의 정의가 이승에서 완전히 실현될 것이라고 약속했지만, 그 약속이 지켜지지 않을지도 모르는 위기가 닥친 것이다. 선한 사람이 고통을 받고 악한 사람이 부유한 삶을 살아가는 현실은 구약성서의 가정, 즉 하느님의 법을 따른다면 모든 일이 잘될 것이라는 가정을 비웃는다. 분명 이스라엘 민족은 끊임없이 고통을 받았다. 팔레스타인을 지배한 여러 외국 통치자의 지배를 받았고, 나중에는 알렉산더대왕Alexander the Great(기원전 356~323년)에게 정복당했다. 알렉산더대왕은 그리스 문화를 헬레니즘 문명이라는 사상 최초의 글로벌 문화로 정착시킨 인물로, 초기 유대교는 이를 큰 위협으로 여겼다.

그러나 이것은 시작에 불과했다. 욥기를 둘러싼 수수께끼, 즉 하느님의 공정성이라는 핵심 질문은 존재하지만 막상 전하려는 메시지는 분명하지 않다는 문제는 문화적 진화 과정에 마찰이 발생했다는 사실을 시사한다. 예상외로 심각한 문제지만 성서에 인류학적 관점으로 접근하는 과정에서는 얼마든지 나타날 수 있는 문제다. 앞 장에서 시편을 통해 두 가지 서로 다른 유형의 종교가 하나로 통합되는 과정을 살펴보았다. 하나는 토라에 등장하는 지성적·제도적 종교고 다른 하나는 인간의 첫 번째 본성에서 기원한 직관적·개인적 종교인데, 논리도 다르고 정의의 개념도 다른 이 두 유형의 종교를 통합하는 과정에서 마찰을 빚은 것이다. 그 결과 나타난 기어의 삐걱거림 현상은 갑작스레 들이닥친 이유 없는 고통을 감당하기 위해 애쓰는 욥 이야기에 스며들었는데, 바로 이런 이유로 욥기가 히브리 성서의 한 자리를 차지하게 된 것이다.

앞서 질병을 예로 들어 설명한 것처럼 이 두 유형의 종교는 상반되는 목표를 추구했다. 사회에 문화적 처방전을 제시해 재앙을 막으려는 지성적 종교는 큰 그림에 주목해 세대별 처벌을 살핀다. 지성적 종교가 활용하는 원형과학적 접근법은 단 하나의 합리적 원칙, 즉 세상에 하나뿐인 유일한 하느님의 선호를 바탕으로 한다. 반면 직관적 종교는 인간 개개인에게 주목한다. 인간의 감정과 고대의 인식 패턴에서 비롯한 직관적 종교의 시간은 인간의 생애에 맞취져 있고, 수많은 초자연적 존재와 힘 사이의 상호작용이 그 세계를 결정한다.

욥기에는 서로 다른 두 유형의 종교가 하나로 통합된 종교가 등장한다. 그러나 이 혼합 종교는 어설프게 꿰맞춘 수준일 뿐 아직 완전히 융합된 새로운 종교의 수준에는 오르지 못한 상태다. 분명 욥기는 불쌍한 남자 욥이 당한 고통을 전혀 다른 논리를 내세우며 두 번에 걸쳐 반복해 이야기한다. 한 번은 직관적 종교의 입장에서, 다른 한 번은 지성적 종교의 입장에서 이야기한다. 그런 이유로 욥은 상반되는 두 가지 역할을 모두 수행하는 인물로 등장하는 것이다. 한편에는 불평 한마디 하지 못하고 자기 운명을 고스란히 받아들이며 고통을 감내하는 욥이, 다른 한편에는 하느님을 공개적으로 비난하며 반기를 드는 욥이 있다. 어쩌면 이것이 그토록 오랜 시간 신학자들이 욥이라는 인물을 이해하지 못해 애를 먹은 이유인지도 모른다. 이제 그 두 가지 이야기를 파헤쳐보자.

욥기: 장면 1

직관적 종교의 입장에서 기록한 장면 1에서는 인간의 첫 번째 본성이 욥의 이야기를 풀어놓는다. 선한 욥에게 찾아온 모든 불행은 우연의 일치가 아니었다. 이유가 없을 리 없었다. 분명 누군가 욥이 해를 입기를 바랐을 것이다. 그렇다면 하느님은 왜 욥을 보호하지 않았을까? 하느님 역시 이 끔찍한 사건에 한몫을 했기 때문은 아닐까? 인간의 정신은 이런 방식으로 작동한다. 모든 것이 사회적 인과관계와 관련이 있다. 이 장면에는 욥의 높은 평판을 질투하며 억울해하는 사탄이 제안한 내기에 응할 기회가 생기자마자 그것을 덥석 붙잡는 하느님이 등장한다. 바로 이것이 욥기의 첫 장면으로 하느님, 사탄, 하느님의 아들들이 조상, 영혼, 부족의 신과 유사한 초자연적 인물로 등장한다. 직관적 종교의 입장에서 기록한 이 장면에 등장하는 욥은 불행한 수렵·채집인과 같은 반응을 보인다. 화를 내며 하느님에게 자신을 보호하지 않은 이유를 묻는 것이다.

그리고 욥은 화를 낼 만했다. 그는 어떤 잘못도 하지 않았고 흠한 점 없는 평판을 유지했다. 그는 항상 하느님에게 충실했고, 하느님은 아무 이유 없이 그에게 잘못을 저질렀다. 그것은 하느님의 잘못이었다. 욥은 결백했다. 그래서 하느님은 욥기의 결말에서 그에게 그토록 후하게 보상한 것이다. 인간의 직관에 따르면 이 장면에 등장하는 욥은 완전히 이치에 맞는다. 철저히 인간의 본성에 부합하며 이 장면에서 묘사한 감정과 반응은 호모사피엔스에게서 쉽게 찾아볼 수 있는 표준 레퍼토리의 일부다. 13장에서 다신교 세계 신들의 도덕성에 대해 논의했는데, 이 장면에서 다신교에서 익숙하게 여기는 불행에 대한 설명을 찾아볼 수 있다. 여기서는 초자연적 존재 사이에 벌어진 말다툼이 불행의 원인이었다. 욥은 하느님과 사탄의 헛된 논쟁 때문에 고통을 받아야 했다. 헤라, 아테나, 아프로디테가 최고의 미인이라는 명성을 얻기 위해 경쟁을 벌인 끝에 결국 트로이에서는 10년에 걸친 전쟁이 벌어졌는데, 하느님과 사탄의 갈등 역시 여신들의 경쟁과 근본적으로 다르지 않다.

욥기: 장면 2

같은 욥의 이야기가 지성적 종교의 입장에서는 완전히 다르게 전개된다. 장면 2에서는 모든 창조물에 책임을 지는 하느님을 만날 수 있다. 이 심오한 원리를 이해할 수 있는 위대한 정신의 소유자라면 욥이 왜 고통을 받아야 했는지도 이해할 수 있을 것이다. 이 이야기는 세상을 위한 하느님의 계획을 이해하지 못하는 인간의 무능력에 관한 것이다. 심지어 신학자들조차 욥의 질문에 대한 하느님의 유일한 답은 "세 시간짜리 자연사 강의"라며 허탈해할 수밖에 없었다. 자연사 강의를 통해 하느님은 "우박이 내리는 원인, 사슴이 새끼를 낳는 과정, 메뚜기가 뛰는 원리, 독수리가 둥지를 짓는 방법, 천둥과 번개가 치는 이유, 유니콘이나 레비아단의 존재 (…) 등에 대해 장황하게 설명하지만 정작 욥이 고통을 받아야 한 이유에 대해서는 단 한마디도 하지 않는다."[13] 여기서 끔찍한 고통에 시달리면서도 창조의 관점에서 보면 모든 것이 올바르다는 사실을 불평 한마디 하지 못하고 수용할 수밖에 없는 인물 욥을 만나게 된다. 그의 지적 능력으로는 이 거대한 세상의 모든 인과관계를 이해할 수 없으므로 결국에는 자기 죄를 인정할 수밖에 없다. 이 장면에는 사탄 같은 악한 인물이 필요 없고 사탄과 하느님 사이에 벌인 내기 같은 인간적 설명도 필요 없다. 지성적 종교의 입장에서 기록한 이 장면에는 유일신교의 하느님이 등장한다. 유일신 하느님이 우주와 자연의 관계에 대해 언급한 내용과 오늘날 과학자들이 지진이나 토네이도의 원인을 설명하는 내용에는 유사성이 존재한다. 이런 설명을 인간의 세 번째 본성은 타당하다고 생각할지 모르지만 첫 번째 본성은 불편하게 느낄 것이다.

균형의 문제

새로운 신학적 해석을 제시하기 위해서가 아니라 성서가 인간의 본성에 대해 무엇을 말해줄 수 있는지 알고 싶어 성서를 읽는 관점에서 볼 때 욥기는 진정 하늘이 내린 선물이다. 욥기가 제공하는 첫 번째 통찰력은 사람들이 관점이 다른 두 가지 이야기 가운데 어느 쪽에 더 쉽게 공감할 수 있는가 하는 문제와 관련된다. 이 문제에 대한 해답을 찾는 것은 어렵지 않다. 사람들은 분명 천상의 존재들이 꾸민 미심쩍은 음모에 희생된 욥 이야기에 더 크게 공감할 것이다. 인간의 정신은 사건의 이면에 존재하는 행위자를 추론하는 방향으로 작동한다. 인간은 사회 환경에서 실제로 경험하고 적응하는 과정에서 자연선택을 통해 이런 특성을 발전시켰다. 욥기를 기록한 시대에는 이미 유일신교가 굳건히 자리 잡았음에도 인간의 첫 번째 본성이 이런 설명의 구조를 요구했기에 사탄을 비롯한 여러 다신교적 존재가 갑작스레 성서에 등장하는 것이다. 인간의 첫 번째 본성은 세계가 너무 복잡해 하나의 신성한 힘이 홀로 세계를 좌우한다는 것은 말이 되지 않는다고 느끼는 것이다.

인간의 본성에 관한 두 번째 통찰력은 훨씬 주목할 만하다. 성서가 한 가지 이야기를 완전히 다른 관점으로 두 번에 걸쳐 제시하기 때문에 두 이야기가 공유하는 핵심을 확인할 수 있다. 두 이야기를 관통하는 주제는 바로 호혜의 법칙, 즉 집단생활을 하는 개개인의 협동을 규정하는 공정한 교환이라는 자연법칙이다. 관점이 다른 두 이야기에서 눈여겨봐야 할 점은 인간과 하느님의 관계가 결국 균형을 회복한다는 것이다. 둘 사이에 청산하지 못한 빚은 남아 있지 않았다. 그리고 최후의 심판이라는 개념은 아직 정립되지 않았으므로 이 모든 일이 이승에서 일어나야 했다.

직관적 종교의 관점에서 욥이 고통을 받은 것은 하느님의 잘못 때문이다. 하느님이 사탄에게 "잔인한 실험"을 해도 좋다고 허락했기 때문이다.[14] 그래서 욥은 하느님을 비난했고, 하느님은 욥에게 후하게 보상해 빚을 갚았다. 보상은 매우 정확하게 이루어졌다. 하느님은 자녀와 일꾼, 소를 두 배로 돌려줌**으로써** 욥이 받은 고통을 보상했다. 결국 하느님과 욥은 관계의 균형을 되찾은 것이다.

지성적 종교의 입장에서 기록한 장면 2에서 욥이 받은 고통은 정의로운 하느님이 내린 벌이다. 그러나 여기서도 욥이 뭔가 죄를 지은 것이 틀림없다고 가정한다. 이 장면에 등장하는 하느님도 결국 정의로운 응보의 신이다. 따라서 욥은 (자신이 무슨 잘못을 했는지 모르더라도) 지은 죄를 인정하지 않을 수 없었다. 그리고 이번에도 인간과 하느님의 관계는 균형을 되찾았다.

관점이 다른 두 이야기에서 분쟁을 반드시 해결하고자 하는 인간의 심리를 엿볼 수 있다. 욥의 고통에 대한 보상이 따르지 않는다면 하느님이 사탄과의 내기에서 이기는 일은 있을 수 없다. 그렇게 된다면 그야말로 스캔들일 것이다. 그보다 더 큰 스캔들은 하느님이 전적으로 무고한 사람에게 벌을 내릴 수 있다는 사실인데, 그런 일은 절대로 일어나선 안 되었다. 따라서 두 이야기 모두 저울이 균형을 이루어 욥이 다시 행복해지는 것으로 막을 내린다. 하지만 그 이유는 무엇일까? 인간의 정신이 그런 방식으로 작동하기 때문이다. 즉 인간은 사회적 유대관계 속에서 호혜를 주고받으며 살아가도록 프로그래밍된 존재다. 한 손이 다른 손을 씻어준다는 것이 모든 협동의 기본이다. 심지어 하느님조차 이 기본적 규범에서 벗어날 수 없었다.

"죽을 사람은 죄지은 그 사람이다"

따라서 호혜는 욥 이야기의 핵심에 자리한 주제라고 할 수 있다. 만약 성서를 읽는 데 기반이 되는 가정, 즉 부조화 문제로 인해 인간의 정신이 이야기를 꾸며냈고, 그것이 다시 성서의 이야기에 영향을 주었다는 가정이 옳다고 한다면 현실 세계의 균형이 심각하게 무너지지 않는 한 인간이 공존하는 데 가장 자명한 측면 가운데 하나인 호혜가 성서의 핵심 주제가 되기는 어려웠을 것이라고 생각할 수밖에 없다.

사실 히브리 성서는 호혜가 사라진 지 수천 년이 지난 시점에 쓰였다. 정착 생활을 시작한 후 인류는 큰 불행을 겪었다. 심지어 잘못한 일이 없다고 믿는데도 불행이 찾아왔다. 물론 수렵·채집인도 재난을 겪었지만 그 영향은 제한적이었고, 검증된 설명을 통해 재난이 발생한 원인을 명확히 알 수 있었다. 정착 생활은 전 세계를 혼란에 빠뜨렸다. 사람들은 유례를 찾아볼 수 없는 재앙에 시달렸다. 제물로도, 의례로도 그런 재앙을 초래한 초자연적 존재의 심기를 달랠 수 없었다. 그 결과 다양한 문화권에서 욥 이야기와 비슷한 이야기를 지어냈다.[15] 그 형태는 조금씩 다르지만 모든 이야기를 관통하는 주제는 같다. 바로 모든 노력을 다해 신을 숭배하는데도 여전히 고통을 받는 이유는 무엇인가 하는 것이다.

신은 사람, 영혼, 조상과 같은 행동 규범을 따른다. 호혜를 행하지 않는 신, 즉 제물만 받고 그에 맞는 보답을 하지 않거나 숭배에 걸맞은 감사를 표현하지 않는 신은 무임승차자와 다름없다. 그리고 아무 이유 없이 노여움을 풀어놓는 신은 폭군에 지나지 않는다. 그런 신은 숭배의 대상이 될 자격이 없기에 사람들은 이내 다른 신을 찾을 것이다.

만약 선택할 수 있는 초자연적 존재가 하나뿐이라면 상황은 훨씬 까다로워진다. 13장에서 도덕에 대해 살펴보며 유일신교가 하느님의 도덕적 완전성에 대한 기대를 유례없이 높은 수준으로 끌어올렸다는 사실을 확인했다. 성서가 직관적 종교를 통합하려고 하는 순간 이 문제가 크게 악화되었고, 사람들은 야훼에게 공정성을 기대하게 되었다. 여기서 다시 한번 문화적 진화의 기어가 삐걱거리는 현상을 마주하게 된다.

토라를 바탕으로 하는 지성적 종교는 이스라엘 민족 전체에게 초점을 맞췄다. 야훼에게 충실하면 보상을 받을 것이고 그렇지 않으면 벌을 받을 것이다. 상벌의 시간적 지평은 세대를 단위로 측정할 수 있는데, 오늘날 사람들은 이를 간과하는 경향이 있다. 십계명은 다음과 같이 기록한다. "그 앞에 절하며 섬기지 못한다. 나 야훼 너희의 하느님은 질투하는 신이다. 나를 싫어하는 자에게는 아비의 죄를 그 후손 삼 대에까지 갚는다. 그러나 나를 사랑하여 나의 명령을 지키는 사람에게는 그 후손 수천 대에 이르기까지 한결같은 사랑을 베푼다." 성서를 읽다 보면 이런 언급을 수없이 만날 수 있다. 세대를 단위로 보상과 처벌이 이루어진다고 가정하면 선한 사람에게 불행이 찾아오는 이유를 비교적 쉽게 설명할 수 있었다. 열왕기하에는 요시야 왕을 칭송하는 내용이 나온다. "요시야처럼 야훼께로 돌아가 마음을 다 기울이고 생명을 다 바치고 힘을 다 쏟아 모세의 법을 온전히 지킨 왕은 전에도 없었고 후에도 없었다." 그럼에도 이런 일이 일어났다. "그가 다스리고 있을 때, 이집트 왕 파라오 느고가 아시리아 왕을 도우려고 유프라테스강을 향하여 출병하였다. 요시야 왕은 그를 맞아 싸우려고 출동하였다. 그러나 요시야는 므기또에서 파라오 느고와 접전하자마자 전사하였다." 파라오가 모범적인 왕 요시야의 군대를 귀찮은 파리 떼처럼 쉽게 격파하는 동안 야훼는 왜 지켜보기만 했을까? 성서는 요시야 왕의 할아버지인 므나쎄 왕이 아시리아의 속국이 된 유다의 왕으로 있으면서 저지른 악행에 대한 하느님의 분노가 아직 풀리지 않았기 때문이라고 설명한다. 손자가 하느님을 완벽하게 모셨음에도 분노를 달랠 수 없었던 것이다.[16] 성서 시대에 이런 사고방식은 오늘날보다 훨씬 흔했다. 피비린내 나는 복수, 부족 간 불화, 심지어 전쟁에 이르는 온갖 사건을 겪으면서 사람들은 이미 오래전에 죽은 조상이 저지른 악행 때문에 불행이 찾아올 수 있다는 믿음을 키웠다. 몇 세대가 지난 뒤에도 악행에 대한 제재가 이루어질 수 있다면 신정론 문제가 등장할 이유가 없다. 확실히, 오래전에 일어난 어떤 사건은 신이 내린 벌이라는 말로 정당화할 수 있었다. 앞 장에서 이미 이와 같은 전략, 즉 반론에 대한 면역에 대해 살펴보았다.

이제 야훼는 유례없는 정의감을 갖춘 천상의 존재로 탈바꿈해 인간 개개인을 위한 수호신이 되었다. 더 이상 몇 세대에 걸쳐 보상이나 처벌을 내려 이스라엘 민족 사이에 정의를 세우는 임무를 수행하는 하느님이 아니었다. 앞서 설명한 것처럼 아직 최후의 심판이라는 개념이 존재하지 않았으므로 하느님의 정의는 개인의 일생에 걸쳐 지상에 머물렀다. 예언자 예레미야와 에제키엘은 "아비가 설익은 포도를 먹으면 아이들의 이가 시큼해진다"라는 과거의 속담이 쓸모없어졌다고 이미 선포했다. 이제 이 속담은 이렇게 바뀌어야 했다. "죽을 사람은 죄지은 그 사람이다. 이가 시큼해질 사람은 신 포

15 욥기

455

도를 먹은 그 사람이다." 앞으로는 악행을 저지르고도 55년을 통치하고 평화롭게 죽음을 맞이한 므나쎄 왕 같은 사람이 없을 것이고, 할아버지의 악행에 대한 벌을 받은 요시야 왕 같은 손자도 없을 거라는 의미였다. "그래서 내가 정해준 규정대로 살고 내가 세워준 법을 지켜 그대로 하였다고 하자. 그런 사람은 죄가 없는 사람**이라, 정녕 살 것이다.**"[17] 이제 하느님이 이스라엘 민족 전체에게 약속한 정의로운 응보를 모든 개인이 누릴 수 있게 되었다. 그러나 그 덕분에 하느님은 욥기에서 본 것처럼 아수라장에 뛰어들게 되었다.

그 이유는 간단하다. 정의로운 응보는 듣기 좋고 바른 말이지만 현실의 삶은 전혀 그렇게 작동하지 않는다. 나쁜 짓을 저지른 사람은 벌을 받지 않고 의로운 사람은 보상을 받지 못한다. 욥은 이렇게 한탄한다. "악한 자들이 오래 살며 늙을수록 점점 더 건강하니 어찌 된 일인가? (…) 일생 행복하게 지내다가 고요히 지하로 내려가더군. 기껏 하느님께 한다는 소리가 '우리 앞에서 비키시오. 당신의 가르침 따위는 알고 싶지도 않소. 전능하신 분이 다 무엇인데 그를 섬기며 무슨 먹을 것이 있겠다고 그에게 빌랴!'" 욥은 이를 두고 공정하지 않은 처사라고 투덜거린다. 하느님은 조상의 악행을 이유로 그 자손을 처벌할 것이 아니라 잘못한 사람에게 벌을 내려야 한다. 나쁜 짓을 저지른 사람은 그 벌을 "본인이 받을 줄로 알아야" 한다.

오늘날 사람들은 자신이 지상에 머무는 동안 자신과 관련한 모든 분쟁이 반드시 해결되는 것은 아니라는 사실을 알고 있다. 하느님에게 충성함으로써 결국 이승에서 보상을 받은 욥의 사례는 예외에 불과하다. 그러나 하느님이 호혜의 법칙을 지키지 않는다면 사람들은 하느님을 믿고 따르지 않을 것이다. 이로써 하느님은 실존적 위기에 빠지고 말았다. 하느님은 악마를 내세워 변명을 하거나 그렇지 않으면 인간 개개인에게 합당한 보상을 제공할 수 있는 장소를 만들어내야 했다.

"구더기가 득실거릴 터인데"

이제 간략히 정리해보자. 불행이 가중되면서 신을 믿을 수 없다는 탄식도 점점 높아졌다. 유일신교가 지배하는 곳은 특히 상황이 불안정했다. 세상에 하나뿐인 참된 하느님은 인간 개개인의 수호신이 되어 정의라는 깃발을 내걸고 모든 사람이 일생 동안 공정한 대우를 받을 수 있을 것이라고 약속했다. 따라서 아무 잘못이 없는 사람이 불행을 겪은 경우, 이에 대한 보상이 이루어져야 했지만 하느님은 어떤 조치도 취하지 않았다. 그것은 불행을 겪은 개인에게 그럴 만한 이유가 있다는 의미였다. 따라서 불행을 겪는 사람은 자신이 저지른 위반 행위가 무엇인지 알지도 못한 채 죄인이 될 수밖에 없었다. 이런 끔찍한 믿음이 그리스도교에서는 중요한 역할을 수행했다. 원죄의 발명, 즉 아담과 이브가 낙원에서 실수한 탓에 모든 사람은 태어날 때부터 죄인이라는 가정은 수많은 부정의가 판치는 세계를 정당화하는 데 기여했다. 그리스도교의 원죄 개념은 시대를 막론하고 가장 효과적으로 작용한 반론에 대한 면역이었다.

앞서 살펴본 것처럼 사제와 학자들은 문화적 진화라는 연삭숫돌이 새롭게 등장한 혼합 종교를 완전히 갈아서 가루로 만들어버리지 못하도록 필요한 모든 노력을 쏟아부었다. 그들은 모든 사람이 하느님의 정의를 누릴 수 있는 방법을, 그리고 인간의 공존을 위한 호혜의 법칙을 지킬 수 있는 방법을 설명해야 했다. 이에 저승이라는 개념이 성서에 갑작스레 등장해 중요한 역할을 하게 되는데, 이 개념에 대해선 다음 장에서 살펴볼 것이다. 이와 관련해 욥은 무슨 말을 했을까? 의로운 사람과 나쁜 짓을 저지르는 사람 "모두 티끌 위에 누우면 하나같이 구더기가 득실"거린다는 욥의 말은 현실과 달랐다. 이제 죽음의 영역 말고는 하느님의 공정성을 기대할 수 있는 장소가 남아 있지 않았다.

다니엘

저승의 발견

이 시점까지 구약성서에서 죽음이라는 주제를 다루지 않았다는 사실은 놀랍지 않을 수 없다. 여기서 죽음이란 단순히 사람의 숨이 끊어진 생물학적 상태를 말하는 것이 아니다. 그런 것이라면 히브리 성서에 차고 넘치기 때문이다. 히브리 성서의 등장인물은 다양한 방식으로 죽음을 맞는다. 야엘Yael은 천막 말뚝을 잠들어 있는 시스라Sisera의 관자놀이에 들이박았고, 사무엘은 아말렉의 왕을 칼로 베었고, 유딧Judith은 홀로페르네스Holofernes의 목을 베어 머리를 잘라버렸다. 그렇다. 여기서 죽음이란 사망 그 자체가 아니라 사람들이 저승에 기대하는 것과 관련한 문제인데, 지금까지 검토한 히브리 성서의 어디서도 그 문제에 특별한 관심을 기울인 흔적은 찾아볼 수 없었다.

그러나 막바지로 접어들면서 죽음의 문제에 무관심한 히브리 성서의 태도도 변화를 보인다. 시편, 욥기, 전도서Ecclesiastes에는 죽음과 죽은 자에게 일어나는 일에 관한 주제가 희미하게나마 등장한다. 구약성서를 이루는 마지막 책 중 하나인 다니엘에서는 갑자기 이 문제를 다루며 죽은 사람의 부활에 대해 언급한다. 그리고 그 후 기록된 신약성서에서는 죽음 이후의 삶이라는 문제가 주요 주제로 등장한다.

진화와 관련해 죽음은 결코 낯선 주제가 아니다. 죽음은 항상 사람들 사이에 그림자를 드리우는 주제로, 심지어 인간의 매장 풍습은 10만여 년 전으로 거슬러 올라간다. 게다가 현대인의 직계 조상인 호모사피엔스뿐 아니라 친척뻘인 네안데르탈인에게서도 매장 풍습을 찾아볼 수 있다. 이것은 인류의 조상이 그보다 훨씬 전부터 죽음이라는 개념을 인식했다는 것을 의미한다. 이를 근거로 만약 히브리 성서가 죽음을 중요한 주제로 여겼다면 성서의 첫 장부터 주요 주제로 등장하지 않았을까?

그런데 히브리 성서는 죽음이라는 주제를 뒤늦게야 다룬다. 죽음이라는 현상은 항상 인간의 생각을 지배해왔다. 지금쯤이면 독자들도 분명히 인지하고 있겠지만, 성서에서 만날 수 있는 가장 두드러진 문제는 부조화라는 것이 이 책의 근본적 가정이다. 부조화, 즉 정착 생활이 유발한 새롭고도 시급한 문제를 통제하기 위해 사람들은 문화적 해결책을 도입했다. 그 덕분에 문제를 조금 더 쉽게 관리하고 최상의 시나리오를 도출해 조금 더 수월하게 수용할 수 있었지만 그렇다고 문제가 완전히 사라진 것은 아니었다. 이것이 바로 부조화 문제가 현대인에게도 영향을 미치는 이유다.

따라서 이 시점에 이르도록 히브리 성서가 죽음을 다뤄봄 직한 주제로 여기지 않았다는 사실에서 죽음은 새롭게 등장한 부조화 문제가 아니라는 사실을 알 수 있다. 인류의 조상은 그 문제를 수십만 년에 걸쳐 다뤄왔는데, 이 장에서는 사후에 일어나는 일과 관련해 인간의 직관이 품은 생각에 대해 논의할 것이다. 나아가 고대에 시작되어 인간의 두 번째 본성을 구성하는 요소로 자리 잡은 죽음과 애도에 관한 모든 문화 활동은 첫 번째 본성과도 깊이 얽혀 있다. 다시 말해 인간의 삶에서 죽음만큼 분명한 요소는 없었던 것이다.

바로 여기서 사람들이 죽음에 대한 공포를 다스릴 수 있도록 지원하는 것이 종교의 주요 기능이라는 가정이 도출됐다. 그러나 널리 퍼진 그 가정은 매우 잘못된 것이다. 사실이 아니기 때문이다. 물론 모든 동물과 마찬가지로 인간은 죽음을 본능적으로 피할 뿐 아니라 생존하기 위해 최선을 다하는 경향을 보인다.[1] 같은 이유로 가까운 친척이나 믿을 만한 동반자가 사망하면 정서적으로 큰 충격을 받는다.[2] 그러나 오늘날 매우 광범위하게 퍼져 있는, 생물학적 육체가 기능을 멈춘 후 일어나는 일에 대한 "형이상학적" 공포는 사실 비교적 최근에 나타난 현상이다.

이원론은 인간의 첫 번째 본성의 일부다. 인간의 직관은 육체와 영혼을 별개의 것으로 가정한다. 그래서 영혼 또는 혼은 육체와 함께 죽지 않는다고 믿는다. 제시 베링의 실험에 참여한 아동들은 사람이 죽은 뒤에도 그의 정신 능력은 살아남는다고 생각했다.[3] 나아가 폴 블룸Paul Bloom은 인간이 "육체의 관점과 혼의 관점"을 모두 동원해 세계를 파악한다고 했는데, 이는 지극히 타당한 지적이다. "인류의 역사상 육체가 떠나도 혼은 살아남는다는 사실에 의문을 품을 만한 이유는 거의 없었다."[4] 앞서 언급한 것처럼, 바로 이것이 죽은 사람이 영혼과 조상의 형태로 함께 살아간다는 생각을 세계의 모든 문화권에서 찾아볼 수 있는 이유다.[5] 죽음은 끝이 아니다. 인간은 이 사실을 추호도 의심하지 않았다. 따라서 죽음에 대해 공포를 느낄 이유가 없었다.

그러나 케투빔에서 처음으로 죽음이 점차 자명함을 잃어가는 것을 보게 된다. 죽음은 갑작스레 실존적 문제가 되었는데, 이 책은 사후의 일에 대한 사람들의 고뇌가 야훼 때문에 시작되었다고 생각한다. 그렇다면 야훼가 죽음을 실존적 문제로 바꾼 이유는 무엇일까? 두 가지 이유를 생각해볼 수 있는데, 하나는 경쟁자의 존재를 극도로 싫어하는 야훼의 질투심이고 다른 하나는 죽은 사람의 영역을 활용해 정의로운 응보에 대한 약속을 지키려는 야훼의 속셈이다. 오늘날 사람들은 덧없는 삶을 이겨내기 위한 가장 중요한 전략으로 종교에 의지하는데, 이는 이 문제를 세계에 풀어놓은 장본인인 하느님에게 해결책을 구하는 것이나 다름없다. 이토록 흥미로운 문제를 짚고 넘어가지 않을 수 없다.

사후의 불협화음

다른 나라에서는 오시리스Osiris와 하데스Hades 같은 신이 조력자와 함께 풍요로운 지하 세계를 다스리며 저승으로 향하는 여정의 정교한 절차를 유지한 반면, 히브리 성서는 죽음에 관한 한 입을 꽉 다물고 있다. 윌리엄 데버는 이를 "귀청이 떨어질 것 같은 함성"이라고 반어적으로 표현했는데,[6] 구약성서 어디에서도 죽음의 본질에 대한 체계적인 논의는커녕 깊이 사유하는 모습조차 찾아볼 수 없다.[7] 역사적으로 죽음의 이해에 대한 학문적 연구 결과는 히브리 성서 전체에 흩어져 있는 관련 텍스트를 찾아내 재구성한 지그

소 퍼즐과 비슷하다. 예를 들어 이사야에서는 야훼의 힘에 대한 언급("죽음을 영원히 없애버리시리라")을, 전도서에서는 존재하지 않음에 대한 언급("사람이란 산 자들과 어울려 지내는 동안 희망이 있다. 그래서 죽은 사자보다 살아 있는 강아지가 낫다고 하는 것이다")을 찾아내는 식이다.

사실 성서는 사람들이 왜 죽어야 하는지조차 설명하지 않는다. 일부 학자들은 창세기를 근거로 죽음을 설명한다. 즉 아담과 이브가 에덴동산에서 쫓겨난 결과 죽게 되었다는 것인데, 이는 사실이 아니다. 죽음은 하느님이 세계에 내린 벌이 아니었다. 하느님은 애초에 사람을 유한한 존재로 만들었다. 사람은 먼지에서 태어난 존재이므로 먼지로 돌아가야 했다.[8] 사람이 죽은 후에 일어나는 일과 그 모든 일에 대한 하느님의 역할을 둘러싼 완전히 혼란스러운 불협화음은 히브리 성서의 마지막에 등장하는 케투빔의 지혜문학에 이르러서야 겨우 만날 수 있다.

시편에는 야훼와 죽음의 관계를 부정하는 내용("죽으면 당신을 생각할 수 없고 죽음의 나라에선 당신을 기릴 자 없사옵니다")이 등장하지만 하느님과의 초월적 연계를 희망하는 내용("그러나 하느님은 나의 목숨을 구하여 죽음의 구렁에서 건져주시리라")도 볼 수 있다.[9] 욥기에서 죽음은 "거대한 평탄화 장치"로 작용한다. 모두에게 찾아와 의로운 사람과 죄지은 사람 사이의 차이를 사라지게 하기 때문이다.[10] 반면 전도서에서는 죽음을 깊은 슬픔으로 표현한다. "산 사람은 제가 죽는다는 것이라도 알지만 죽고 나면 아무것도 모른다. 다 잊힌 사람에게 무슨 좋은 것이 돌아오겠는가? 사랑도 미움도 경쟁심도 이미 사라져버려…."

정리하면 히브리 성서에는 희망과 공포가 뒤엉켜 있다. 예언자 엘리야와 엘리사는 죽은 사람 개개인을 되살린 반면, 이사야와 에제키엘은 이스라엘 민족 전체가 부활하는 환상을 보았다("이미 죽은 당신의 백성이 다시 살 것입니다. 그 시체들이 다시 일어나고…"). 그러나 성서학자들은 이것을 저승에 대한 구체적 비전이라기보다는 은유로 해석하는 경향이 있다. 그리고 다니엘에서 구약성서를 읽기 시작한 이래 "처음이자 마지막으로" 종말론적 심판과 죽은 사람의 부활이라는 개념을 만나게 된다.[11] 오늘날 사람들은 저승을 둘러싼 이런 생각이 그리스도교 고유의 개념이라고 생각하지만 그것은 사실이 아니다. 그리스도교 성서에서 예언서로 분류한 다니엘을 자세히 들여다보면 그 이유를 알게 될 것이다.

다니엘만 아는 비밀

바빌로니아 왕 네부카드네자르가 예루살렘을 점령하면서 다니엘과 그의 친구들은 포로로 끌려간다. 바빌로니아 궁정에서 그들은 현인으로서 경력을 쌓지만 주변의 적대감에도 개의치 않고 야훼에게 변함없이 충성한다. 이 사실은 다니엘의 세 친구가 활활 타는 화덕에 던져졌지만 무사히 살아 나온 이야기와 중상모략의 희생양이 된 다니엘이 사자 우리에 먹이로 던져진 이야기에 잘 묘사되어 있다. 야훼에 대한 믿음이 다니엘을 사자 우리에서 구원했다. 야훼가 천사를 보내 사자의 입을 틀어막은 것이다. 사자 우리에서 밤을 보낸 다니엘이 다음 날 아침 무사히 살아 나가자 그를 모함한 사람들이 대신 사자의 먹이가 되었다.

다니엘에는 다니엘이 본 꿈과 환상이 가득한데, 그 덕분에 다니엘은 히브리 성서에서 종말을 다룬 유일한 책이 되었다.[12] 세계의 위대한 제국을 의미하는 네 마리의 큰 짐승이 바다에서 일어나 사람들을 공포로 몰아넣지만 "사람 모습을 한" 천상의 존재가 홀연히 나타나 최후의 전쟁을 치르고 마침내 하느님의 왕국을 실현한다. 이 이야기에 등장하는 사람 모습을 한 천상의 존재와 관련해 유대교는 다윗 가문에 어느 날 홀연히 구원자, 즉 메시아("기름 부음을 받은 자")가 태어나 이스라엘 민족을 불행에서 건져내리라는 희망을 품었다. 신약성서는 예수그리스도의 도래로 이 예언이 성취되었다고 본다.

다니엘의 환상은 다음과 같은 유명한 구절로 마무리된다.

그때에 미가엘Michael이 네 겨레를 지켜주려고 나설 것이다. 나라가 생긴 이래 일찍이 없었던 어려운 때가 올 것이다. 그런 때라도 네 겨레 중에서 이 책에 기록된 사람만은 난을 면할 것이다. 티끌로 돌아갔던 대중이 잠에서 깨어나 영원히 사는 이가 있는가 하면 영원한 모욕과 수치를 받을 사람도 있으리라. 슬기로운 지도자들은 밝은 하늘처럼 빛날 것이다. 대중을 바로 이끈 지도자들은 별처럼 길이길이 빛날 것이다.

다니엘이 본 환상에서 죽음은 욥기에서 예견한 "거대한 평탄화 장치"도 아니고 전도서에서 말하는 깊은 슬픔도 아니다. 죽은 뒤에 심판이 이루어질 것이다. 의롭게 살아온 것을 입증한 사람은 영원히 살 것이고, 그러지 못한 사람은 영원한 고통에 시달릴 것이다. 그러나 이 모든 것은 비밀에 부쳐졌다. "너 다니엘아, 이 말씀을 비밀에 부쳐 마지막 그때가 오기까지 이 책을 봉해두어라."

이 명령을 보고 성서가 사실상 종말론적 파탄을 선언했다고 이해하는 독자도 있을 텐데, 충분히 그럴 만하다. 우선 성서는 인간의 존재에 대한 가장 중요한 문제를 외면하다 마지막에 가서야 그에 대한 설명을 제시하는데, 그러고는 결국 그 정보를 일급 기밀에 부치기 때문이다. 구약성서에서 저승에 대한 개념들이 상충하면서 불협화음을 낸다는 사실[13]에서 성서의 저자들이 과거에는 존재하지 않은 문제에 대한 해결책을 찾기 위해 필사적으로 노력했다는 사실을 알 수 있다. 결국 고대 이스라엘에서도 죽음은 최고의 만능 해결책이었던 것이다.

은폐

히브리 성서는 사실상 토라 전체에 흩어져 있는 금령을 가장해 죽음이라는 주제를 다룬다. 예를 들어 머리와 수염을 깎거나 상처를 내고 몸을 훼손하는 애도 의식을 금기시했고 죽은 사람에게 음식을 제공하는 것도 허용하지 않았다. 떠난 영혼을 불러오는 일은? 그 역시 엄격하게 금지했다. 심지어 시체와 접촉하는 것만으로도 그는 불결한 사람이 되었다.

사실 성서의 다른 부분에서는 토라에서 금지한 일부 행동을 일상적 관행으로 묘사하는데, 이는 놀라운 일이 아니다. "아무도 하려고 하지 않는 일은 사회도 금지하지 않기 때문이다."[14] 사울 왕이 엔도르의 무당을 찾아가 이미 죽은 예언자 사무엘의 영혼을 불러내라고 요청하는 장면은 놀랍기 그지없다. "무슨 일로 나를 불러내어 성가시게 구느냐?" 사무엘은 불평했지만 그래도 사울 왕의 질문에 답해주었다. 성서에는 또한 옷을 찢고, 머리에 재를 뿌리고, 애통한 여인의 곡소리가 울려 퍼지는 등 온갖 형태의 애도 의식이 등장한다.[15] 이런 의식은 수많은 다른 문화권에도 존재했다. 죽음을 애도하고 조상을 기리는 의식을 통해 가정의 종교라고 불리는 종교의 "기본적인 인류학적 구성 요소"를 확인할 수 있다.

성서의 저자들은 이 모든 사실에도 아랑곳하지 않고 "고대 이스라엘에서 죽은 사람과 죽은 사람이 행한 돌봄의 역할을 폄하하기 위해" 할 수 있는 모든 노력을 기울였다.[16] 그런 노력으로도 그들은 분명 애도 의식 같은 전통을 완전히 뿌리 뽑는 데 성공하지 못했다. 이런 사실을 통해 원래는 죽음이 직관적 종교, 즉 인간의 본성에 보편적으로 자리 잡은 종교의 영역에 속해 있었다는 결론을 내릴 수 있다. 그러나 유일신교는 영혼과 다른 모든 신에게 전쟁을 선포했고 조상을 기리는 제의를 억누르려 했다.

죽은 사람을 위한 새로운 거처

이런 사실을 바탕으로 지하 세계가 변신한 이유를 설명할 수 있다. 오늘날 사람들은 형이상학적으로 마치 미아가 된 것 같은 느낌으로 살아가는데, 이런 감정도 결국 지하 세계의 변신 때문에 생긴다. 현대 신학자들은 대부분 종교를 만일의 경우에 대응하는 수단으로 꼽는데, 그들이 말하는 만일의 경우란 주로 죽음에 대한 공포를 의미한다. 인간의 생물학적 성향과 문화적 진화가 변증법적으로 상호작용하는 과정에서 지하 세계의 변신이 일어났다. 이제 살아 있는 자들의 영역에서 죽음이 퇴출되는 과정에 대해 자세히 살펴보자.

인간의 본성

홍수 이야기와 시편을 다룬 장에서 호모사피엔스의 타고난 신념 체계가 어떻게 죽은 사람을 영혼과 조상으로 탈바꿈시켰는지에 대해 논의했다. 파스칼 부아예는 다음과 같이 설명했다. "영혼과 조상으로 탈바꿈하는 과정은 높은 도덕을 유지하며 생활한 것에 대한 특별한 보상이 아니라 인간 삶의 정상적 결과였다."[17] 따라서 죽은 사람의 혼은 "세계에 가장 널리 퍼진 일종의 초자연적 행위자"다. 인간의 첫 번째 본성은 이런 방식으로 작동하므로 사람들은 완전히 죽은 상태를 절대 상상할 수 없다. 이에 진화심리학자 제시 베링은 죽은 사람들이 "육체가 없는 혼"의 상태로 살아간다고 가정하는 것이 훨씬 자연스러운 일이라고 지적한다. 이것이 인간의 이원론적 직관이다. 베링의 연구 결과가 보여주듯 아동뿐 아니라 성인에게서도 그것을 찾아볼 수 있다. 확고한 무신론자인 베링은 어머니가 사망했을 때 직접 그런 경험을 했다. 검시관이 어머니의 시신을 수습해 갔다는 사실을 인식하고 있었음에도, 미풍이 불어 어머니가 쓰던 침실 창밖에 매달아놓은 풍경이 울리자 그는 "아무 문제 없다고 어머니가 말씀하신다는 것"을 즉시 알아차렸다.[18]

이처럼 오래된 유형의 직관에는 별도로 존재하는 지하 세계가 필요하지 않다. 예를 들어 수렵·채집인은 죽은 사람의 영혼이 새로운 육체를 얻어 환생한다고 믿었다.[19] 조상으로서 살아가게 된 죽은 사람에게는 별도로 머물 공간이 필요 없다. 보이지는 않지만 죽은 사람도 자연 세계에서 살아간다. 살아 있는 사람이 쉽게 접근할 수 없을 뿐, 영혼은 살아 있을 때와 다름없는 존재다. 영혼은 사랑하고 돌볼 수 있으며 친척들의 최대 관심사를 지켜본다. 그러나 오랜 적에 관한 한 감정적으로 대응하고 복수심에 불탈 수도 있다. 후손에게 잊힌 조상은 사악한 영혼이나 악령으로 변할 수도 있다.

인간은 조상과 "공생 관계"를 유지하며 살아간다.[20] 사람들은 영혼을 배불리 먹이는 대신 그들이 어떤 비열한 속임수를 쓰지 않기를 바란다. 그러나 영혼 역시 질병과 불행을 내릴 수 있기에 그들에게 느끼는 공포가 완전히 사라질 수는 없었다. 따라서 죽은 사람을 애도하는 곳에서는 자기를 낮추는 겸양의 의식을 볼 수 있다. 사랑하는 사람을 잃은 마음의 고통을 다른 사람들에게 가시적으로 보여주기 위한 행위, 즉 옷을 찢고 통곡하고 자해하는 행위 역시 신뢰도를 높일 증거다. 그런 행위를 통해 살아남은 동반자가 얼마나 신뢰할 만하고 신의를 다하는 존재인지 다른 사람들에게 보여줄 수 있기 때문이다. 하지만 그것이 전부는 아니다. 그런 신뢰도를 높일 증거는 죽은 사람에게도 영향을 미친다. 죽은 사람을 얼마나 그리워하는지 가시적으로 드러냄으로써 그가 살아남은 동반자에게 지극히 중요한 존재라는 메시지를 전할 수 있는 것이다! 살아 있는 친척들이 자신의 죽음에 애도하지 않는다는 사실을 알아챈 조상은 어떤 식으로든 반드시 보복하려 할 것이다.

이 모든 것은 "당연한 일", 즉 인간의 직관이다. 이런 의식 중 일부는 오늘날에도 남아 있는데, 죽은 사람이 묻힌 무덤을 "방문하는 일"도 여기에 속한다. 6피트 아래 땅속에 묻힌 시신이 살아 있을 리 없다는 것을 알면서도 그를 홀로 두고 싶지 않은 것이다. 심지어는 죽은 사람에게 말을 건네기도 한다.[21]

최근에야 비로소 죽음은 지성적·제도적 종교가 다루어야 할 주제로 편입되었다. 지성적·제도적 종교가 인류 역사에 등장한 것은 불과 얼마 전의 일이다. 인류 역사상 대부분의 시기에는 오늘날 "종교"라고 부를 만한 믿음과 활동을 담당하는 별도의 문화 영역이 없었다.[22] 직관적 종교와 문화는 하나이자 동일한 것이었고 죽음은 의심의 여지 없이 자명한 삶의 일부였다.

성서에 나타난 조상 숭배

조상 숭배 관습을 숨기려고 많은 노력을 기울였음에도 성서에서는 여전히 그에 대한 기록을 볼 수 있다. 서로 다른 열다섯 가지 상황에서 데라빔에 대한 언급이 등장한다. 데라빔은 개인의 집 침실에 세워둔 조상의 형상으로, 가족의 정체성을 지키고 가족의 "지속적인 번영과 안녕"을 증진하는 데 중요한 역할을 했다. 성서가 그 존재를 감추려고 많은 노력을 기울였음에도 "후손의 눈에는 죽은 사람이 살아 있는 존재나 다름없었다."[23] 야곱의 아내 라헬은 아버지의 데라빔을 훔쳤고, 미갈은 조상의 형상을 한 데라빔에 염소털 가발을 씌우고 옷을 덮어 남편 다윗이 탈출할 수 있도록 도왔다. 이런 사례를 통해 여성이 데라빔과 상호작용했다는 사실을 알 수 있다. 결국 여성은 직관적 종교의 의례에 정통한 전문가이자 살아 있는 구성원이든 죽은 구성원이든 모든 가족의 결속을 다지는 존재였다. 따라서 죽은 사람은 최고의 만능 해결책이었다. 물론 죽음을 가장 유쾌한 사건이라고 말할 수는 없다. 갑작스레 죽음이 찾아오거나 큰 고통 속에 죽어가는 경우에는 특히 그랬다. 그러나 사람들은 적어도 죽은 뒤에 무슨 일이 일어나는지 알고 있었다. 인간의 첫 번째 본성은 육체와 혼을 별개의 것으로 이해했고, 조상으로서 살아가는 것은 이런 인간의 첫 번째 본성에 따른 이원론적 사고에 부합했다. 살아생전의 운명과 죽은 뒤의 운명은 같지 않았다.

국가의 신으로 등극한 초기의 야훼는 사람들의 일상생활에서 죽음과 관련한 부분에 전혀 간여하지 않았다. 야훼는 "생명의 신" 이지 "죽음의 신"이 아니었다.[24] 이런 이유로 죽은 사람은 야훼의 관심사가 아니었다. 야훼가 간여하지 않아도 살아 있는 사람들은 죽은 사람을 잘 보살폈다. 분업이 제대로 작동한 것이다. 그러나 성서 이외의 금석문을 통해 야훼의 직무가 점차 확장했다는 사실을 알 수 있다. 야훼를 죽은 개개인의 수호신으로 언급한 것이다. 그중 하나가 예루살렘에 있는 한 부유한 가문의 무덤에서 출토되었다. 국가의 공식 신 야훼를 숭배하는 데 삶을 바친 사회 지도층은 죽은 뒤에도 그것을 멈추지 않았다. 여기서 국가의 신 야훼가 인간 개개인의 수호신 역할까지 도맡게 된 과정, 즉 직관적 종교가 야훼를 품에 끌어안은 과정을 확인할 수 있다.[25]

그러던 차에 단절이 찾아왔다. 바빌로니아에서 포로 생활을 하는 동안 야훼를 모시는 사회 지도층이 유일신교라는 급진적 형태의 종교를 발전시켰고 직관적 종교와 거기서 활동하는 모든 행위자를 상대로 전쟁을 선포했다. 그때부터 세상에 하나뿐인 유일한 하느님만이 허용되었다. 2세대 내지 3세대에 걸친 바빌로니아 포로 시대에 사회 지도층은 조상의 무덤에서 멀어져갔다. 전통적 장례 제의에 대한 경험은 그들의 삶에서 점차 축소되었고, 아마도 이념적인 이유를 들어 그것을 없애버리는 것 또한 어렵지 않았을 것이다. 이 모든 과정을 살펴보면 애초에 야훼가 사후 세계를 정복할 마음은 없었던 것으로 보인다. 그렇지 않다면 분명 성서에서 그에 상응하는 텍스트를 만날 수 있을 것이다. 세계에서 조상을 내쫓는 것은 유일신교가 의도하지 않은 부수적 효과였다.

스올

성서 텍스트 작업에 참여한 신학자 집단은 "죽은 사람을 기리는 제의를 긍정적으로 받아들이는" 기미만 보여도 그 흔적을 지우려 했다.[26] 덕분에 성서에서는 오래된 장례 제의와 관련한 정보를 거의 찾아볼 수 없다. 그리고 놀랍게도 낯설고 금지된 장소를 성서에서 반복해 마주하게 된다. 음울한 그림자의 땅, 먼지와 망각의 땅인 스올Sheol이다. 성서에서는 보통 "무덤"이나 "지옥"으로 번역한다. 그리스의 지하 세계 하데스와 마찬가지로 스올에서도 죽은 사람은 끝없는 꿈속에서 무력한 존재가 되어 멍하니 돌아다닌다.[27] 학술 문헌에서는 종종 스올을 구약성서 시대에 이스라엘에서 광범위하게 받아들인 저승의 개념으로 묘사한다. 하지만 이런 설명은 조상을 기리는 제의가 존재했다는 사실과 모순되기에 신빙성이 떨어진다. 성서학자 카럴 판데르토른Karel van der Toorn은 "이스라엘 민족이 죽은 사람을 아무런 힘도, 영향력도 없는 암울한 그림자에 불과한 존재로 보았다"는 성서 저자들의 견해는 편견이라고 생각한다. 그는 이것이 "조상을 기리는 제의가 돋보인 (…) 공식화된 이스라엘의 과거와 일치하지 않는다"고 주장했는데,[28] 이 책은 그런 그의 견해에 동의한다.

이사악이나 야곱 같은 족장이 죽어 "조상에게 돌아갔다"는 표현에서 그들이 우울한 그림자의 영역에서 떠도는 비참한 존재로 전락했다는 사실을 감지하긴 어렵다. 아브라함이나 모세 같은 충성스러운 종을 스올에 보내 바빌로니아 왕 같은 저주받은 죄인과 영원히 함께 지내게 하는 하느님도 상상하기 어렵다. 이사야는 바빌로니아 왕에게 큰 소리로 이렇게 선포했다. "구더기를 요로 깔고 벌레를 이불로 덮었구나." 모든 일에서 정의를 내세우는 하느님이 "성자든 죄인이든 관계없이 같은 운명을" 내린다는 것을 상상할 수 있는가?[29]

종교학자 케빈 매디건Kevin Madigan과 존 레벤슨Jon Levenson은 스올이 성서에 등장하는 것은 오직 자연적이지 않은 죽음을 묘사할 때뿐이라고 지적한다. 그리고 지금까지 검토한 바에 따르면 그런 죽음은 모두 신이 분노한 결과였다. 스올은 벌을 받는 장소이므로 하느님을 만족시키는 삶을 산 사람들은 그곳에 가지 않았다. 사실 히브리 성서에서는 스올에 대한 긍정적 대안을 언급하지 않는다. "하느님에게 충성한 사람들이 기대할 수 있는 사후 천국이나 에덴동산은 없는데," 그럴 필요가 없었기 때문이다. 독자들에게 익숙한 이유 때문에 성서는 이 주제에 대해 침묵을 지켰다. 스올에 대한 긍정적 대안은 잘 알려진 조상의 개념이었다. "나이 들어 수명이 다한 사람"은 죽은 뒤 후손들과 함께 살았다.[30]

야훼에게 주어진 큰 기회

결론적으로 하느님에게는 사후 세계를 정복할 마음이 없었다. 과거의 직관적 종교와 전쟁을 치르는 과정에서 우연히 저승과 관련한 공백이 생겼을 뿐이다. 케투빔에서 마주치는 낯선 다성음악은 이 공백을 메우려는 다차원적 시도라고 할 수 있다. 전능한 하느님이 지하 세계의 문턱을 넘지 못하는 것은 그야말로 있을 수 없는 일이므로 성서의 저자들에게 이 공백을 메우는 것은 너무나 시급한 과제였다.[31] 시편은 이렇게 기록한다. "야훼를 찬양하는 자는 죽은 자도 아니고 침묵의 나라에 내려간 자도 아니고…." 유일신교의 입장에서 이 문제는 그야말로 언어도단이었고, 결국 이 문제를 해결하기 위해 강박적 일관성 추구가 등장했다.

아주 미묘한 문제가 하나 더 있었다. 하느님에게 충성한 사람이든 아니든 모든 사람이 죽은 뒤에 같은 운명을 맞이할 것이라는 전망은 야훼에게 오명을 안겼다. 이제 다니엘에서 제시한 사후 법정 같은 해결책이 이런 딜레마를 해결할 수 있는 매력적인 방법인 이유를 이해할 수 있을 것이다. 그런데 이런 해결책은 죽은 사람에게 미래를 약속하는 것이었다. 죽은 사람이 부활해 지상에서 어떻게 살았는지에 따라 보상이나 벌을 받을 것이라는 관념은 이제 하느님이 저승을 주관하게 되었다는 사실을 의미하는 한편, 이행하지 못한 호혜의 의무로 인해 발생한 진퇴양난의 상황에서 빠져나갈 수 있는 빌미를 하느님에게 제공했다.

욥기를 다룬 장에서 이미 이 문제를 다루었다. 그 당시에는 저승에서 보상받을 수 있는 선택지가 없었기에 욥의 부당한 고통에 대한 보상은 반드시 이승에서 이루어져야 했다. 그러나 사람들은 선한 사람이 보상받지 못한 채 죽고 나쁜 사람은 벌을 받지 않은 채 죽는다는 사실을 경험을 통해 알고 있었다. 이에 하느님에 대한 사람들의 신뢰는 땅에 떨어졌다. 결국 죽은 뒤에라도 신의 정의는 이루어져야 했다. 그리고 이 영리한 해결책은 완벽한 반론에 대한 면역 전략으로 자리 잡았다. 지금까지 누구도 하느님이 실제로 저승에서 보상하거나 벌을 내리는지 입증할 수 없었다. 그 덕분에 죽음은 지성적 종교를 방어하는 가장 강력한 요새로 발돋움했다.

순교자

단 하나의 원인으로 문화적 혁신이 이루어지는 경우는 거의 없다. 이론적으로는 두서없는 역류 현상이 발생하곤 한다. 즉 시스템의 논리를 유지하기 위해 특정한 적응이 필요해지는 것이다. 그러나 역사적 차원에서는 다시 한번 재앙이 문화적 혁신을 이끄는 원동력으로 기능한다는 사실을 알 수 있다. 바빌로니아에서 포로 생활을 마치고 돌아온 사회 지도층은 몇 세기에 걸쳐 유일신교를 성공적으로 구축했다(물론 직관적 종교를 완전히 없애지는 못했다). 그러나 유일신교가 정착했다고 해서 당시의 끔찍한 정치적 상황이 나아진 것은 아니었다. 오히려 상황은 점점 악화되어갔다. 마케도니아 왕국의 알렉산더대왕이 페르시아제국을 정복했고, 헬레니즘 시대에 이어 로마제국에서 이 지역을 가리킨 이름 유대는 시리아 셀레우코스왕조에 함락되기 전에 먼저 디아도코이 국가, 즉 이집트 프톨레마이오스왕조의 지배를 받게 되었다. 이 두 헬레니즘 제국은 기원전 3세기 내내 전쟁을 치렀는데, 프톨레마이오스왕조의 군대와 셀레우코스왕조의 군대가 유대 지방에 진군한 것만 무려 일곱 차례에 이른다.[32] 다니엘에 등장하는 종말론적 환상의 이면에는 이런 암울한 시대적 배경이 있었다.

더 나쁜 일이 뒤를 따랐다. 셀레우코스왕조의 통치자 안티오코스 4세 에피파네스Epiphanes가 이집트 원정에서 돌아오는 길에 예루살렘을 정복한 것이다. 안티오코스 4세는 야훼의 신전을 짓밟아 제단을 훼손하고 제우스 숭배 의식을 퍼뜨렸다.[33] 역사학자 아하론 오펜하이머Aharon Oppenheimer는 이렇게 설명한다. "유대인의 종교는 말살되었고 유대교도는 우상숭배를 강요받았다. 돼지고기나 그 밖의 금지된 음식을 먹는 것 등 유대교가 금하는 일을 해야 했고 이 교도의 신에게 제물을 바쳐야 했다. 토라의 두루마리를 소지한 사람은 사형에 처해졌다." 할례와 안식일 준수도 금지되었다. 이런 탄압이 이어지는 가운데 마카베오전쟁이 일어났는데, 이때 "역사상 처음으로 (⋯) 순교자로서 죽기를 각오한 사람이 등장했다."[34]

사람들이 자신의 종교에 충실한 사람으로 남기 위해 죽을 각오를 하면서 정의가 중요한 문제로 급부상했다. 순교자는 나쁜 짓을 저지른 사람과 함께 스올의 어둠으로 떨어지는 것인가? 그럴 수는 없었다. 하느님은 분명 가장 충성스러운 추종자에게 보상을 할 것이기 때문이다. 그렇다면 언제, 어디서 보상을 받을 수 있다는 말인가? 사람들이 야훼에게 등 돌리는 것을 막기 위해 사회 지도층은 저승의 개념을 도입할 수밖에 없었다.

성서의 저자들이 이 문제를 해결하기 위해 고심에 고심을 거듭하는 모습이 눈에 보이는 듯하다. 그리고 이런 느낌을 받을 때만큼 성서가 매력적으로 보이는 순간은 또 없을 것이다. 히브리 성서의 일부는 아니지만 가톨릭교의 구약성서에는 정경으로 포함된 마카베오Maccabees는 독자들에게 안티오코스 4세의 억압이 시작된 이후 등장한 두 가지 순교 이야기를 들려준다. 첫 번째 이야기는 이렇게 시작한다. "그때에 뛰어난 율법학자들 중에 엘르아잘Eleazar이라는 사람이 있었는데 그는 이미 나이도 많았고 풍채도 당당한 사람이었다. 박해자들은 강제로 그의 입을 열고 돼지고기를 먹이려 했다. 그러나 그는 자기 생활을 더럽히고 살아가는 것보다 명예롭게 죽는 것이 낫다고 하여 자진하여 태형대로 가면서 그 돼지고기를 뱉어버렸다." 이 이야기가 전하는 메시지를 살펴보자. "이렇게 그는 자기의 죽음을 젊은이에게뿐만 아니라 대부분의 동포들에게 용기의 모범과 덕행의 본보기로 남기고 죽었다." 이 이야기에는 90세 노인 엘르아잘이 죽은 뒤에 보상을 받거나 영원한 삶을 살게 될 것이라는 언급이 전혀 등장하지 않는다. 그러나 이런 이야기만으로는 확신을 주기에 부족함이 있었다. 엘르아잘이 보여준 하느님에 대한 충성심은 분명 칭송할 만한 가치가 있지만 그는 더 잃을 것이 없는 노인이었기 때문이다.

그래서 성서의 저자들은 또 다른 이야기를 덧붙였다. 돼지고기를 먹으라는 강요를 받으며 고문을 당한 일곱 아들을 둔 어머니 이야기다. 이 이야기에 등장하는 일곱 아들 역시 엘르아잘과 마찬가지로 끔찍한 고통에 시달리면서도 돼지고기를 먹지 않았고 결국 차례차례 순교자가 되었다. 그 상황을 지켜볼 수밖에 없었던 어머니는 아들들에게 저항하라고 독려하기까지 했다. 결국 어머니 역시 처형되었다. 이 이야기의 주인공은 죽음의 문턱을 넘기 직전인 노인이 아니라 자신이 믿는 종교에 충실한 사람으로 남기 위해 노력하는 일곱 명의 젊은이와 그들의 어머니다. 그러나 이 이야기가 전하는 메시지는 첫 번째 이야기의 그것과 사뭇 다르다. "이 우주의 왕께서는 당신의 율법을 위해 죽은 우리를 다시 살리셔서 영원한 생명을 누리게 할 것이다." 죽음을 목전에 둔 일곱 아들은 셀레우코스 왕 안티오코스 4세의 면전에서 하느님의 심판을 받게 될 것이라고 말한다.

부글부글 끓는 솥

이제 독자들도 구약성서의 마지막 부분에 이르러서야 죽음이라는 주제가 끓어오르기 시작한 이유를 이해했을 것이다. 유일신교에는 새로운 해결책이 필요했다. 억압, 박해, 폭력이라는 관점에 비춰 볼 때 누군가는 새로운 해답을 시급히 내놓아야 했다. 원년 전후 수세기에 걸쳐 여러 차례 수정이 이루어졌다. 당시에는 단일한 형태의 유대교가 존재하지 않았고(어쩌면 지금도 없을지 모른다), 서로 다른 신학자 집단이 변화무쌍한 형성 과정에서 다양한 해법을 실험했다. 신약성서에서 예수와 논쟁을 벌이는 바리사이파는 부활을 믿었지만 신전을 중심으로 권력 집단을 형성한 사두가이파는 믿지 않았다.[35] 이웃 문화의 사고방식도 유입되어 실험 대상이 되었는데, 그 예로 앞서 논의한 이집트의 죽은 사람에 대한 심판 개념 같은 것을 꼽을 수 있다. 이란의 조로아스터교(또는 자라투스트라교)가 유대교에 영향을 미쳤는지 여부에 대한 전문가들의 의견은 분분한데, 사후에 신의 법정이 열려 나쁜 사람은 벌을 받고 선한 사람은 다시 생명을 받아 새로운 육체로 새로운 삶을 살게 된다는 개념에서 조로아스터교의 흔적을 찾을 수 있다는 것만은 분명하다.[36] 한편 그리스에서는 스틱스강의 뱃사공 카론Charon에게 뱃삯을 주어야 저승에 갈 수 있다고 믿어 죽은 사람의 입에 동전을 물려주었는데, 유대인의 무덤에서 발견된 동전을 통해 유대교가 그리스의 영향을 받았다는 사실도 미루어 짐작할 수 있다. 그 동전이 예수를 로마인의 손에 넘긴 대사제 가야파Caiaphas의 가족묘에 묻힌 여성의 두개골에서 발견되었다니[37] 정말 아이러니한 일이 아닐 수 없다. 지상에서 야훼를 모시는 종 가운데 가장 지위가 높은 대사제조차 외국의 영향을 받았을 정도이니 저승의 본질에 관한 불확실성이 얼마나 컸는지 충분히 짐작할 수 있다.

이토록 중요한 주제가 신약성서에서 주요한 역할을 하게 된 것은 당연한 일이다. 여기서도 다시 한번 새로운 재앙이 문화적 진화라는 가마솥에 불을 지폈다. 로마인이 자행한 보복은 그동안 유대인이 겪은 모든 고통을 넘어서는 것이었다. 저항과 반란이 끊이지 않았고, 그때마다 수천 명이 십자가에 못 박혀 목숨을 잃었다.[38] 그렇다면 그렇게 죽음을 맞이한 사람들에게는 어떤 운명이 기다리고 있었을까?

당시까지만 해도 아직 "체계적이고 철저한 저승 개념은 없었다." 신약성서에도 이런저런 개념이 혼란스럽게 뒤섞여 있었다.[39] 많은 문제가 해결되지 않은 채 남아 있었다. 죽은 사람은 모두 부활하는가? 육체와 혼이 함께 부활하는가, 아니면 혼만 부활하는가? 죽은 사람은 한정된 시간 동안 부활하는가, 아니면 영원히 부활하는가? 이렇듯 다양한 선택지가 있고 각각의 선택지를 옹호하는 집단이 존재했다. 그러나 어떤 집단이든 집단 부활, 즉 "하나의 포괄적인 사건을 통해 개인이 아니라 의로운 사람의 집단 전체가 부활"한다는 관념을 포용했다.[40] 성서의 저승 개념을 설명하는 일부 이론에 따르면 순교자만이 고통스러운 죽음을 맞이한 직후 부활했다.

이 모든 개념은 인간의 세 번째 본성이 빚어낸 전형적인 결과물이므로 끊임없는 논란을 일으켰다. 복음서 저자 루가는 예수와 사두가이파 사람의 만남에 대해 이야기한다. 부활을 믿지 않는 사두가이파 사람이 예수에게 수수께끼를 던졌다. 남편이 사망한 미망인이 재혼했는데 재혼한 남편도 사망하고, 세 번째 혼인한 남편도 사망하는 식으로 일곱 명의 남편이 사망하고 그 여자마저 사망한 경우 부활했을 때 "그 여자는 누구의 아내가 되겠습니까?" 질문을 던진 사두가이파 사람의 얼굴에는 분명 회심의 미소가 번졌을 것이다. 일곱 명의 남편을 둔 아내라니! 너 오늘 딱 걸렸어! 그러나 예수는 재고할 가치도 없다는 듯 즉시 대답했다. "죽었다가 다시 살아나 저세상에서 살 자격을 얻은 사람들은 장가드는 일도 없고 시집가는 일도 없다." 저승에 결혼이 없다면 이런 질문 자체가 성립할 수 없었다.

최초의 그리스도교 신학자로 꼽히는 사도 바울로가 남긴 책에서는 죽음의 문턱을 넘은 사람들에게 일어나는 일에 대한 상반된 두 가지 사고를 만날 수 있다. 처음에는 바울로도 다니엘에서 전파한, 육체의 부활을 믿는 유대교의 전통을 따랐다. 그러나 세부 사항으로 갈수록 너무 복잡해 바울로는 그리스 철학에서 영감을 얻은 또 다른 개념을 도입했다. 즉 육신이라는 껍데기에서 빠져나온 혼만 천국으로 올라간다는 개념이었다.[41]

그렇다면 천국과 지옥은?

현대인에게는 저승을 둘러싼 이런 시끌벅적한 논란이 낯설지 않을 수 없다. 사람들은 저승과 관련한 모든 것이 그리스도교 성서에 잘 정리되어 있다고 생각하기 때문이다. 죽은 사람은 천국에 가거나 지옥에 간다. 그것은 그들이 살아생전에 어떻게 행동했느냐에 달려 있다. 적어도 현재 가톨릭교회 교리서에는 이 주제에 대해 명확히 기록되어 있다. 불멸인 혼의 운명은 (다니엘이나 신약성서의 요한의 묵시록에서 선포한 것처럼 마지막 날에 이루어질 최후의 심판 이후가 아니라) 사람이 죽자마자 결정되는데, "영원한 벌"을 받거나 아니면

"지극히 거룩하신 삼위일체 하느님과 함께하는 이 완전한 삶, 곧 성삼위와 동정 마리아와 천사들과 모든 복 되신 분들과 함께하는" 삶을 누리게 된다. 이것이 바로 "천국"이다. 안타깝게도 인간의 혼이 완전히 정화되지 않은 상태라면 연옥에서 정화의 기간을 거치게 된다.[42]

물론 이런 내용은 성서가 완성된 후에 덧붙인 것이므로 이 책의 검토 범위에서 벗어난다. 그러나 지옥의 역사는 좀 더 자세히 들여다볼 만한 가치가 있다. 지옥의 개념은 인간의 사고에 내재된 강박적 일관성 추구라는 위대한 창조의 힘을 보여주는 더없이 매력적인 증거이기 때문이다. 호모사피엔스는 시공간의 어두운 측면을 탐구하지 않고는 못 배기는 존재인 만큼 상상 속에 존재하는 장소라도 세부 지도를 작성하지 않은 상태로 내버려둘 수는 없었다. 호모사피엔스에게는 선택의 여지가 없었다. 이와 관련해 칼 세이건Carl Sagan은 이렇게 말했다. "탐구는 인간의 본성이다."[43]

예언자 이사야가 본 환상을 통해 성서에 처음으로 지옥의 개념이 등장한다. 이사야가 본 환상에서 하느님은 새 하늘과 새 땅을 선포한다. 배교자들의 시체는 예루살렘 인근의 힌놈 골짜기에 버려진다. "그들을 갉아먹는 구더기는 죽지 아니하고 그들을 사르는 불도 꺼지지 않으리니 모든 사람이 보고 역겨워하리라." 성서의 판본에 따라 지옥을 게헨나gehenna라고 표현하기도 하는데, 이는 히브리어 게힌놈ge-hinnom에서 유래한 단어로 영원히 저주받은 장소를 의미한다.[44] 나자렛 예수는 영원히 고통받는 장소라는 의미로 이 표현을 여러 차례 사용했다. 한편 파트모스의 요한은 신약성서의 마지막 책인 요한의 묵시록에 지옥에 떨어진 사람들의 운명을 묘사했다. 그러나 안타깝게도 요한은 일관성을 유지하지 못했다. 그래서 요한의 묵시록을 보면 어느 구절에서는 비신자가 사후 심판에 따라 파멸할 것이라 하고, 다른 구절에서는 비신자가 지옥에서 한시적으로 고통을 받을 것이라고 설명한다. 또 다른 구절에서는 비신자가 영원히 저주받을 것이라 하고, 마지막으로 지옥이 종말론의 진짜 악령인 악마, 짐승, 거짓 예언자를 위한 곳이라고 언급한다. 거기서 그들은 "영원무궁토록 밤낮으로 괴롭힘을 당할 것"이다.[45]

교부 오리게네스Origenes(185~254년경)와 아우구스티누스는 지옥에 질서를 부여하려 했다. 지옥을 정화의 장소로 믿은 오리게네스는 지옥에서 일정한 시간을 보낸 뒤 **모든** 혼이 하느님 곁으로 승천한다고 생각한 인도주의자였다. 그러나 결과적으로는 조금 더 엄격한 아우구스티누스의 견해가 힘을 얻었다. 그는 영원한 고통이라는 개념을 도입했다. 지옥은 죄지은 사람을 벌하기 위한 장소일 뿐 아니라 원죄를 다루는 장소이기도 했다. 이와 관련해 신학자 베른하르트 랑Bernhard Lang은 이렇게 설명했다. "원죄는 인간이 낙원에서 타락한 후 모든 인간의 혼에 남은 오점이다." 세례를 통해 원죄를 씻은 사람들에게는 지옥으로 떨어지지 않을 수 있는 기회가 주어졌다.

중세에 법학이 꽃피우면서 신학자들은 지옥의 개념을 새롭게 다듬어 지은 죄에 걸맞은 처벌이 이루어지도록 조정했다. 세례를 받기도 전에 죽어 원죄를 씻지 못한 영아가 지옥에서 영원히 고통을 받는 것은 있을 수 없는 일이었다. 따라서 신학자들은 보다 가벼운 처벌이 이루어지는 지옥을 고안했는데, 현재 가톨릭교회 교리서에서는 이 중간 지옥을 연옥이라 한다. 가벼운 죄를 지은 사람은 연옥에서 가벼운 처벌을 받고 천국에 올라갈 준비를 했다. 한편 세례를 받기도 전에 죽은 아이들은 지옥에 가는 대신 덜 행복한 곳인 "림보limbo", 즉 "지옥의 변방"으로 보내졌다.[46]

이제 천국으로 눈을 돌려보자. 천국에 관한 이야기는 훨씬 짧고 간결하다. 언제나 그렇듯 긍정적 사안은 주목을 덜 받기 때문이다. 성서가 완성된 후 이 주제와 관련해서는 두 가지 의견이 지배적이었다. 하나는 천국을 통해 이상적 인간 세계, 즉 축복받은 사람들이 가족이나 친구처럼 조화롭게 살아가는 낙원이 실현된다는 의견이고 다른 하나는 천국이라는 하느님의 왕국을 강력한 대성당으로 보고 "그곳에서 축복받은 사람들이 모여 영원히 하느님을 찬양하며 고양된 삶을 누린다"는 의견이다.[47] 인간의 첫 번째 본성이 이 두 의견을 모두 수용했다는 사실에는 의심의 여지가 없다. 그렇지 않다면 두 의견 모두 교회 안에서 사라지고 말았을 것이기 때문이다.

끝이 아니다

천국과 지옥을 오르락내리락한 끝에 사람이 죽은 뒤 일어나는 일에 대해 성서가 매우 불확실한 내용을 담고 있다는 결론을 내릴 수 있었다. 따라서 저승에 대한 개념을 개선하고 추가하려는 시도가 지속적으로 이어졌는데, 사실 그 과정은 오늘날까지 계속되고 있다. 《만들어진 신》에서 리처드 도킨스는 콜로라도주에 있는 "지옥 극장"에 대해 언급한다. 유황 타는 냄새가 피어오르는 지옥 극장에서 배우들은 지옥이 가장 피해야 할 곳이라는 것을 관객에게 증명하기 위해 지옥에 떨어진 사람들이 받는 고통을 시각적으로 재현한다.[48] 출판 기념행사의 일환으로 독일 TV 토크쇼에 출연한 도킨스는 지옥에 갈 수 있다며 아이들을 위협하는 것은 아동 학대라고 주장했다. 객석에 앉은 가톨릭교 주교와 개신교 목사들은 의기양양한 표정으로 지옥은 그리스도교가 창조한 발명품이 아닐뿐더러 "사실상" 설교의 핵심에서도 벗어났다고 주장했다. 이에 도킨스는 독일 신학자들이 지옥을 믿지 않는다는 말을 들으니 기쁘기 그지없다고 응수했다.[49]

종종 죽음 이전의 삶에만 관심을 갖는 종교라는 오해를 받는 유대교는 아직까지 사후에 일어나는 일과 관련해 단일한 설명을 찾지 못한 상태다.[50] 유대인이 저승을 믿느냐는 질문에 요하네스버그 대학교 성서사 및 유대사 교수였던 레일라 레아 브로너Leila Leah Bronner는 "유대교 전통은 하나가 아닌 여러 가지 답을 품고 있다"라고 답한 뒤 부활, 혼의 불멸, 환생, 앞으로 도래할 세계, 메시아의 도래 등을 가능한 선택지로 제시했다.[51]

사람이 죽은 뒤 일어나는 일에 대한 이 모든 추측, 천국과 지옥을 묘사하려는 이 모든 시도를 통해 분명히 알 수 있는 한 가지 사실은 저승을 둘러싼 기존 개념 가운데 완벽하게 확신을 주는 것은 단 하나도 없다는 것이다. 이 모든 개념은 명백하게 부정의한 세계를 세상에 하나뿐인 유일한 하느님은 정의로운 존재라는 관념과 화해시키려고 노력하는 가운데 인간의 세 번째 본성이 빚어낸 지성적 결과물에 불과하다. 저승에 대한 개념 가운데 인간의 직관에 들어맞는 것은 없다. 그렇기에 그저 믿으라는 말만 반복할 뿐이다. 그러나 무언가를 믿으라고 강요당하는 순간 인간의 마음에는 의심이 싹트게 마련이다. 이런 이유로 신학자들은 하느님이 사랑과 연민의 화신인 동시에 사람들을 영원한 고통에 빠뜨리는 존재라는 사실을 설명하기 위해 그토록 애쓰는 것이다. 철학자 쿠르트 플라슈는 "지옥에 관한" 모든 "이론"은 결국 "지적 실패"를 맛보게 될 것이라고 했는데, 그 이유도 여기서 찾을 수 있다.[52]

한편 저승은 지성적 종교가 직면한 또 다른 문제의 사례를 제공할 뿐 아니라 신학 이론이 여전히 지성적 종교를 지원해야 하는 이유도 알려준다. 지성적 종교는 아직도 수천 년의 세월을 이어온 직관적 종교를 질투한다. 심리학 교수 제시 베링의 사례를 떠올려 보자. 무신론자인 제시 베링은 합리적인 사람임에도 사망한 어머니가 여전히 존재한다 생각했고 죽은 사람과 소통할 수 있다고 믿었다. 그런 내용을 교회 주일학교에서 배운 것도 아닌데 말이다.

사람이 죽은 뒤 일어나는 일에 대해 성서가 명확히 설명하지 못한 결과는 실존적 불안으로 나타난다. 지성적 종교는 인간의 직관을 미신으로 낙인찍으면서도 첫 번째 본성을 납득시킬 수 있는 저승에 대한 그럴듯한 설명을 제시하지 못했다. 그 덕분에 형이상학적 공백이 생겼고, 사후에 무슨 일이 일어날지 모른다는 공포는 더욱 커져갔다. 아무도 확실히 알지 못했고, 말 그 이상의 것을 제공할 수 있는 사람은 없었다. 그 틈에 하느님이 직접 뛰어들 수밖에 없다는 것은 역사의 흥미로운 아이러니다. 오늘날 죽음에 대한 공포에 직면한 사람들에게 위안을 제공하는 것은 하느님이 해결해야 할 가장 자연스러운 과제로 자리 잡았다. 하느님은 저승의 문제와 관련해 사람들이 납득할 만한 해결책을 제시하지 못했을지도 모른다. 그러나 적어도 죽음에 대한 공포를 극복하기 위해 하느님에게 기대는 신자들의 목소리에 귀 기울이며 공감을 표할 수는 있었다.

그렇다면 하느님은 어떻게 자신이 유발한 문제를 사람들이 극복하도록 도울 수 있었을까? 정의로운 하느님이자 천국과 지옥의 주인, 인간 개개인이 품은 일상의 걱정과 실존적 공포에 귀 기울이는 따뜻한 수호신이라는 복합적 존재로 승화했기 때문이다. 나중에 나타난 특성은 이전의 존재, 즉 지성적 종교를 대표하는 유일신 하느님이 인간이 신뢰할 뿐 아니라 수천 년의 세월을 함께해온 영혼과 조상을 내쫓는 과정에서 불거진 문제를 해결하기 위해 덧붙일 수밖에 없었던 것이다.

분명한 것은 하느님이 개인의 행동을 사후에 심판한다는 사고가 성서의 마지막 부분에 이르러서야 등장한다는 사실이다. 다니엘에 처음 등장하는 이 관념은 앞으로 신약성서의 주요 주제가 될 것이다. 여기서 주목해야 할 점은 종교의 문화적 진화에 대한 최근의 연구에서조차 저승이라는 개념을 인간 사회의 도덕을 유지할 목적으로 도입한 고대의 종교적 특성으로 인식한다는 것이다. 그러나 하느님은 인간의 행동에 영향을 미치기 위해 저승의 법정을 유지할 이유가 없었다. 사람들이 재앙을 하느님이 이승에 내리는 벌이라고 인식하는 것만으로도 충분히 인간 사회의 질서를 유지할 수 있었기 때문이다.

인간이 느끼는 죽음에 대한 공포를 유발한 장본인은 바로 하느님이다. 아무 문제 없이 돌아가던 시스템을 지성적·제도적 종교가 무너뜨리면서 인간의 마음에 죽음에 대한 공포를 드리웠지만 하느님은 자신이 초래한 문제에 대한 제대로 된 해결책을 단 한 번도 제시하지 않았다. 여기서 다시 한번 명백한 부조화의 문제가 등장한다. 인간의 기본적 심리 구조와 직관적 신념 체계 사이의 오래된 공생 관계를 유일신교가 무너뜨리면서 새로운 문제를 야기했는데, 그것이 바로 이번에 등장한 부조화다. 유일신교는 이런 상황을 수습하기 위해 문화적 해결책을 도입할 수밖에 없었다. 저승에 관한 문제와 마주치면 사람들이 무력감을 느끼는 것도 무리는 아니다. 게다가 저승과 관련한 문제는 시도 때도 없이 사람들을 괴롭혔으므로 결국 이 문제를 해결하는 일은 신약성서의 몫이 되었다.

신약성서

구원

기나긴 여정 끝에 드디어 신약성서에 도달했다. 신약성서의 중심에는 사람의 마음을 사로잡는 나자렛 예수라는 매혹적인 인물이 있고, 그리스도교도에게 예수는 성서 전체를 이해하는 열쇠다. 그러나 이 책에서는 예수를 누적적인 문화적 진화를 가장 잘 보여주는 사례로 이해한다. 토라를 존중하는 유대인 예수는 새로운 종교를 창시할 마음이 눈곱만큼도 없었다. 그러나 오늘날 20억 명이 넘는 그리스도교도가 예수를 하느님의 아들로 경배한다. 히브리 성서라는 배경을 무시한다면 이런 일이 가능한 이유를 절대로 이해할 수 없을 것이다.

이 책은 독립적 궤적을 그리는 것처럼 보이는 두 문화가 실은 같은 기원에서 출발했다는 사실을 지적하고자 한다. 그 기원은 1만 2,000여 년 전, 즉 농업 혁명이 이루어진 시점으로 거슬러 올라간다. 그때부터 호모사피엔스는 자신의 가장 뛰어난 재능인 문화에 배타적으로 의존해 생물학적 진화로는 대처할 수 없던 새로운 과제를 처리해나가기 시작했다. 오늘날 볼 수 있는 다양한 종교, 과학, 문화, 기술의 기원 역시 그때로 거슬러 올라간다.

신약성서 역시 부조화 문제가 유발한 재앙에 대한 대응으로 볼 수 있다. 나아가 신약성서가 제안한 대응 전략은 놀라울 정도로 고루한데, 달리 말하면 세월이 흘러도 변함없는 전략이라고 할 수 있다. 신약성서가 선택한 경로가 완전히 새로운 방식이 아니라는 사실은 문화적 진화가 생물학적 진화와 공유하는 특성, 즉 경로 의존성에서 비롯한다. 진화 과정이 일단 특정한 방향을 잡으면 그 방향을 바꾸거나 현재의 경로에서 완전히 이탈하는 것은 쉽지 않다. 변화와 수정은 시스템 안에서 이루어지므로 취할 수 있는 방향에는 큰 제약이 따르기 마련이다. 다만 그런 제약도 하나의 시스템이 약간 다른 경로를 따라 두 개의 새로운 시스템으로 분할되는 것을 막지는 못한다.

분명하게 말할 수 있는 것은 그런 분기分岐가 예수가 등장한 무렵에 일어났다는 사실뿐이다. 이 책의 접근법은 성서에 초점을 맞추기 때문에 유대교를 그리스도교의 선구자 정도로 취급한다는 인상을 지우기 어렵지만, 그것은 사실이 아니다. "예수 운동"은 사두가이파, 열심당, 에세네파, 바리사이파 등 초기 유대교에 나타난 여러 운동 중 하나에 불과하다. 그리스도교는 기원후 1세기에 걸쳐 발전하며 독자적인 방향을 따라 나아갔지만 비슷한 시기에 바리사이파 운동에서 발전한 랍비 유대교도 마찬가지였다. 따라서 그리스도교와 오늘날의 유대교는 자매 종교라고 할 수 있다. 두 종교 모두 히브리 성서에서 출발했고 혁신적 해결책을 추구해 해답을 얻었다.[1] 과거와 마찬가지로 신약성서 시대에도 폭력과 부정의가 만연

했다. 따라서 동기간인 두 종교는 이런 불행을 해결할 수 있는 새로운 종교의 개념을 추구하게 되었다.

두 종교의 근간인 초기 유대교가 "로마에서 아시아에 이르는" 광범위한 영역에 이미 성공적으로 정착한 상태였다는 사실을 이해하는 것이 중요하다.[2] 원년 무렵 팔레스타인에서 생활하는 유대인이 100만 명에 달했고, 500만 명에서 600만 명이 곳곳에 흩어져 살아가는 디아스포라였다.[3] 이것은 대규모 개종이 이루어지지 않고서는 불가능한 수치로 초기 유대교가 당시 사람들에게 얼마나 매력적인 종교였는지 입증한다.[4] 물론 이것이 그리 놀라운 일은 아니다. 앞서 히브리 성서가 문화적 걸작이라고 언급했는데, 초기 유대교에서도 "훗날 그리스도교를 거부할 수 없을 만큼 매력적으로 만드는" 여러 가지 "심리적·지적 요인"을 찾아볼 수 있다.[5] 그리스도교가 신약성서를 통해 히브리 성서의 예언이 성취되었다는 사실을 입증하기 위해 많은 공을 들인 데에는 그만한 이유가 있는 것이다.

그렇다면 그리스도교가 그토록 막대한 성공을 거둔 이유는 무엇인가? 역사에는 수많은 독립적 요인이 영향을 미치기 때문에 이 질문에 완벽한 해답을 제시할 수는 없지만 새롭게 등장한 그리스도교에 두 차례 큰 행운이 따른 것만은 분명하다. 첫 번째 행운은 사두가이파, 열심당, 예루살렘의 초기 그리스도교 공동체와 달리 그리스도 운동의 바울로파가 디아스포라에서 유대·로마 전쟁(66~70년 또는 74년)의 재앙을 딛고 살아남았다는 것이다.[6] 두 번째 행운은 로마 황제 콘스탄티누스Constantinus(270년 또는 288년~337년)가 그리스도교로 개종하면서 제국 내 권력투쟁에서 우위를 차지하게 된 것이다. 역사학자 폴 벤은 이렇게 확신한다. "콘스탄티누스 황제가 아니었다면 그리스도교는 일개 급진 분파 가운데 하나로 남았을 것이다."[7]

그리스도교가 1,000년이 넘는 시간 동안 그토록 다양한 문화권의 수많은 사람을 사로잡을 수 있었던 잠재력은 설명할 수 있는데, 그것은 다름 아닌 나자렛 예수다. 오늘날 예수는 비신자들의 마음까지 흔드는 매력적인 인물로 자리 잡았다. 사실 무신론교의 교황인 리처드 도킨스조차 사람을 끌어당기는 예수의 매력에서 헤어날 수 없는 것처럼 보인다. 그가 쓴 〈무신론자의 예수Atheists for Jesus〉라는 짧은 글은 나자렛 출신 젊은이의 "상상을 초월한 다정함"에 바치는 찬가나 다름없기 때문이다.[8]

그러나 그리스도교의 성공에는 예수 외에 다른 요인도 기여했다. 그리스도교는 마음대로 다룰 수 있는 천상과 지옥의 인물로 구성된 완전한 우주를 갖추었다. 예를 들면 성모마리아, 수많은 성자, 잡다한 악마와 악령 등이다. 이들 대부분의 경력은 분명 성서가 완성된 이후 이루어진 것이지만, 그럼에도 이미 성서가 그리고 있는 궤적을 따르므로 따로 한 장을 할애해 이들에 대해 다룰 것이다. 이들은 그리스도교의 필수 요소가 되었고, 이를 통해 이들의 등장 배경에 인간의 첫 번째 본성에 따른 요구가 자리 잡았다는 사실을 알 수 있다.

마지막으로 또 다른 성서를 검토할 것이다! 초기 그리스도교는 하느님이 하나가 아닌 두 개의 성스러운 경전을 썼다는 사고를 품었다. 자연의 책Book of Nature으로 알려진 두 번째 책이 또 다른 중대한 분기를 일으켜 종교와 과학이 분리되었다. 오랜 시간 매우 가까이 놓인 평행선을 따라온 종교와 과학은 따로 떼어 설명할 수 없었다. 그런데 얼마 전 종교와 과학은 갑작스레 갈라섰다. 그들이 그렇게 오랜 시간 비슷한 경로를 공유해왔다는 사실을 알고 있기에 종교와 과학 사이의 갈등이 언젠가 사라지기를 희망해본다. 어쨌든 이론상으로는 가능할 것이다. 이런 관점에서 보면 종교가 현재 처한 상황이 한눈에 보일 뿐 아니라 과학기술이 이토록 진보했음에도 아직까지 종교가 사라지지 않는 이유를 이해할 수 있을 것이다.

그렇다면 예수는 누구인가? 이 책이 제시한 진화론적 접근법에 따르면 시대와 문화를 막론하고 예수가 거둔 엄청난 성공을 통해 인간 본성에 대한 통찰력을 얻을 수 있어야 한다. 그리고 검토 결과 정말 인상적인 통찰력을 얻을 수 있었다.

17

나자렛 예수

인간이 된 하느님

독일 신학자 외르크 라우스터Jörg Lauster는 이렇게 말한다. "그리스도교가 존재한다는 사실 자체가 가장 큰 기적이다." 결국 로마인은 신약성서의 주인공인 예수를 십자가에 못 박아 죽였다.[1] 이처럼 심란한 사건에는 반드시 설명이 필요하다. 로버트 라이트는 《신의 진화》에 이렇게 묘사했다. "목숨을 잃는 것은 메시아의 직무 명세서에 포함되어 있지 않았다."[2] 사람들에게 메시아는 적을 물리치고 사람들을 해방시키는 존재지 결정적 전투를 알리는 나팔이 울리기도 전에 죽임을 당하는 존재가 아니다. 불경하다는 인상을 주고 싶지는 않지만, 여기서 다시 한번 성서의 저자들이 재앙적 상황을 최대한 활용하는 방식을 분명히 볼 수 있다.

따라서 신약성서에서 찾은 문화적 진화의 경이로움에 대해 검토해보고자 한다. 성서인류학적 분석에 앞서 "역사적 예수"의 정체라는 어려운 질문에 대한 답을 구하는 것으로 시작할 것이다. 첫 번째 단계에서는 "예수그리스도" 현상에 대한 시각을 왜곡할 수 있는 모든 문제를 규명한다. 이제 기적에 관한 한 전문가 수준에 이르렀기에 이것은 그리 어려운 작업이 아니다. 그다음 단계에서는 문화적 진화와 그것이 현실을 더 잘 다루기 위해 사용한 잔재주에 대해 소개한다. 인간의 첫 번째 본성 덕분에 문화적 진화는 뒤로 공중제비를 돌 수밖에 없었다. 어렴풋이 보이는 종말은 막판에 악한 세력이 재기를 준비하고, 그럼으로써 유일신교를 지속적으로 괴롭혀온 몇몇 꼬인 부분을 풀 수 있다는 전망을 의미했다. 여기서 예수에게 꼴찌가 첫째가 되고 첫째가 꼴찌가 되는 이유와 가난한 사람과 온유한 사람이 천국에 가야 하는 이유를 물을 수 있을 것이다. 세 번째 단계에서는 수세기에 걸쳐 그토록 다양한 문화권의 수많은 사람을 매혹한 예수의 카리스마적 본질을 분석한다. 여기서 예수의 메시지가 본질적으로 종교적이지 않은 인간 정신의 뿌리 깊은 욕구에 호소한다는 사실을 알게 될 것이다. 이 단계를 모두 거친 뒤에는 그리스도교가 다양한 기능을 하는 신념 체계로 발전하는 과정을 살펴볼 것이다. 스위스 아미 나이프 같은 종교로 발돋움한 그리스도교는 전 세계로 뻗어나갔는데, 그리스도교가 이런 위업을 달성하는 데 세상에 하나뿐인 유일한 하느님만 기여한 것은 아니다.

실존 인물 예수를 둘러싼 문제

예수는 누구인가? 서구 세계의 역사에서 가장 중요한 인물을 다룬다는 점을 고려할 때, 이것은 어려운 문제일 뿐 아니라 다소 민감한 문제이기도 하다. 학자와 신학자들은 예수가 죽은 후 대부분의 시간을 예수의 신적 특징에 대해 숙고해왔다. 반면 역사적 예수에 초점을 맞춘 시간은 지난 250여 년에 불과하다. 따라서 예수에 대해 사람들이 알고 있는 지식 대부분이 불확실한 것도 당연하다. 네 명의 복음서 저자는 믿을 만한 출처로 볼 수 없고 마태오, 마르코, 루가, 요한이 남긴 복음서는 사건이 일어나고 40년에서 70년이 지난 시점에 쓴 것이기 때문만은 아니다. 마르코(70년경), 마태오(80년 또는 90년경), 루가(90년경), 요한(100년경) 중 누구도 실제로 일어난 사건을 역사적으로 정확히 기록하는 데에는 관심이 없었다. 복음서를 남긴 네 명의 저자에게 예수는 역사적 인물이 아니라 부활한 구원자이자 종말론적 구세주였다. 그들은 예수가 예언 속 메시아라 믿었고, 이에 대한 한 점의 의혹도 남기지 않으려 했다. 이런 상황에서는 사실에 집착하는 것이 오히려 방해가 되었을 것이다.[3]

네 명의 복음서 저자는 초자연적 인물이 가득한 환상적인 배경에서 예수의 초상을 열정적으로 그려나갔지만 오늘날 사람들은 이런 사실을 거의 알아차리지 못한다. 가장 오래된 복음서는 예수가 낙타털 옷을 입고 메뚜기와 석청을 먹으며 살던 세례자 요한을 찾아가 세례를 받는 장면으로 시작한다. 예수가 요르단강에서 나오자마자 하늘이 갈라지며 성령이 "비둘기 모양으로" 내려왔고, 하늘에서 "너는 내 사랑하는 아들, 내 마음에 드는 아들이다" 하는 소리가 들렸다. 그러고 나서 성령은 예수를 사막으로 보냈는데, 그곳에서 40일 동안 사탄의 유혹을 받았고 천사들이 예수의 시중을 들었다.[4]

티투스 플라비우스 요세푸스와 타키투스Tacitus(55년 또는 56년 ~120년)가 짤막하게 인용한 것을 제외하면 성서 이외의 자료에서는 예수에 대한 언급을 찾아볼 수 없기 때문에 예수의 전기傳記에 대해 확신할 수 있는 것이 거의 없지만 간략히 요약하면 다음과 같다. 예수는 기원전 6년에서 4년 사이 어느 시점에 나자렛 마을에서 태어나 인근 마을인 세포리스 건설 현장에서 일한 것으로 보인다. 물론 떠돌이 설교자로서 시골인 갈릴래아와 갈릴래아 호숫가에 자리 잡은 마을을 돌아다니기 전에 종말론적 예언자 요한을 만났다. 예루살렘에 도착했을 때 예수는 당국의 심기를 거슬렀고, 결국 기원후 30년 무렵 소요죄를 뒤집어쓰고 로마인에 의해 십자가에 못 박혔다.[5]

신학자들, 적어도 그들 중 일부는 역사적 예수에 대한 탐구를 다소 불안하게 여긴다. 예수의 인간적인 면이 신적인 면, 즉 예수 그리스도라는 측면을 위협할 가능성이 있기 때문이다. 지난 수십 년간 이어진 예수의 삶에 대한 연구는 예수가 유대인을 자처한 사실, 예수의 윤리에 유대교가 영향을 미친 정도, 예수가 새로운 종교를 창시할 마음이 없었던 이유 등을 명확히 파악하는 데 도움이 되었다. 이런 측면에서 볼 때 신약성서학 교수 아네테 메르츠Annette Merz의 주장은 큰 파장을 몰고 올 수 있다. "예수의 자기 이해는 분명 범상치 않았다. 예수는 앞선 이스라엘 민족의 여러 예언자와 마찬가지로 자신이 하느님의 공식 대변자라고 믿었다. 그러나 유대인인 예수는 자신에게 하느님과의 '고유한' 관계를 부여하려는 어떤 시도도 거부했을 것이다. 하느님에 대한 인간의 정상적 경험을 초월한다는 의미에서 고유한 관계는 그 자체로 불경한 것이었다."[6] 예수는 정말 하느님의 아들이 맞는가?

신학교수 외르크 라우스터는 그리스도교 문화사를 다룬 책에서 이렇게 말한다. "예수가 설교한 내용과 그리스도교가 믿는 내용은 같지 않다." 심지어 "예수는 그리스도교의 창시자가 아니다"[7]라고 결론짓는다. 따라서 예수를 다룬 세 권짜리 책에서 교황 베네딕토 16세Benedictus XVI가 "'역사적 예수'와 '믿음의 대상인 그리스도' 사이의 공백"에 대해 한탄한 것도 무리는 아니다. 이로 인해 "믿음은 극적 상황을 맞는다. 의지하려 하는 곳에 의심이 있다. 모든 것은 예수와 맺는 친밀한 관계에 의존하는데, 그 관계가 뜬구름과 같아질 위기에 처한 것이다."[8] 이런 이유로 특히 유럽의 신학자들은 역사적 인물 예수에게 관심을 보이지 않는 경향이 있었다.

전문가들이 "믿음의 대상인 그리스도"에 집중한 결과 공백이 생겨났다. 평범한 사람들은 실제 살아 숨 쉬는 인간인 예수에게 큰 관심을 보이면서 이 공백을 메우기 위해 많은 노력을 기울였다. 이에 음모론이 들불처럼 번져나갔다. 예수를 둘러싼 학술적 발견이 너무 위험해서 교회가 종교의 근간을 보호할 목적으로 이를 "기밀문서"로 분류한 뒤 아무도 모르는 깊은 곳에 감춰둔 것은 아닐까? 예수의 과거에 대한 환상적인 해석도 쏟아져 나왔다. 예수는 혁명가였나? 최초의 히피였나? 막달라 마리아Mary Magdalene의 애인이었나? 예수그리스도가 맡지 못할 역할은 없어 보인다.[9]

최근의 연구 결과는 그에 비해 온건하다. 독일 영화 제작자이자 작가인 레오 린더Leo Linder는 세계의 어떤 문헌도 신약성서만큼 철저한 검토를 거친 적은 없다고 투덜거린다. "상상을 뛰어넘는 수준의 상호 연결의 뭉텅이, 뻗어나가는 선, 평행선, 다양한 해석, 모순, 전통"이 빛을 보았지만 "이상하게도 우리 손에는 겸손하고 진실한 떠돌이 설교자의 그림자만 남았다. 예수가 죽은 뒤 예수에게 푹 빠진 추종자들이 예수를 자신이 좋아할 만한 인물로 다시 빚어낸 탓이다."[10] 그렇다면 "실제" 예수에 대한 탐구는 예수를 둘러싼 마법을 파괴할 수 없는 것인가?

성서인류학적 관점에서 보면 예수를 둘러싼 마법은 파괴할 수 없다. 그렇다고 나자렛 예수를 신적 존재로 인정하고 깊이 탐구하겠다는 말은 아니다. 이 책은 예수의 신성에 대한 믿음은 "종교적 활동"이라는 교황 베네딕토 16세의 말에 동의한다.[11] 달리 말하면 모세와 예언자에 대해 검토하면서 그들의 역사성을 살핀 것과 마찬가지로 성서인류학적 관점에서 볼 때 역사적 예수의 모습을 밝혀내는 것이 무엇보다 중요한 일은 아니라는 말이다. 오히려 이 책은 누적적인 문화적 진화의 완벽한 산물인 "예수그리스도"라는 인물을 찾아내기 위해 애쓴다. 일단 이 과정이 어떻게 진행되었는지 알고 나면 "겸손하고 진실한 떠돌이 설교자"가 경쟁자를 물리칠 수 있었던 비결을 이해할 수 있다. 2014년 구글과 위키피디아가 분석한 바에 따르면 디지털 시대를 맞이한 오늘날에도 예수는 "역사상 가장 중요한 인물" 1위 자리를 놓치지 않았다.[12]

"신이라면 증명해봐"

복음서 저자들은 예수의 사명에 대한 단 한 점의 의혹도 남기지 않기 위해 애썼는데, 여기서는 성서인류학적 관점에서 그들이 윤색하며 덧붙인 내용에 대해 규명하고자 한다. 복음서 저자들은 예수가 사기꾼이 아니라는 사실을 명확히 하고자 애썼다. 예수는 사기꾼이 아니라 메시아(그리스어로 그리스도)였고 하느님이 이스라엘 민족의 구원자로 선택한 사람이었다. 복음서 저자들은 이를 입증하기 위해 엄청난 공을 들여야 했다. 예수의 시대에는 카리스마 넘치는 떠돌이 설교자가 넘쳐났기 때문이다. 예를 들어 원을 그리는 사람 호니Honi the Circle-Drawer는 기도를 드려 비가 내리게 했고, 엘르아잘은 부적을 써서 귀신 들린 사람의 코를 통해 악령을 끌어냈으며, 기적을 행하는 사람 하난 하네바Hanan ha-Nehba는 하느님과 친밀한 관계를 유지하며 대화를 나눴는데 예수와 마찬가지로 하느님을 아바abba("아버지"를 뜻하는 아람어)라고 불렀다.[13] 복음서 저자들은 그들 중 예수가 독보적 존재라는 사실을 입증하려면 특별한 무언가를 생각해내야 한다는 것을 잘 알고 있었다.

앤드루 로이드 웨버Andrew Lloyd Webber의 록 뮤지컬 〈지저스 크라이스트 슈퍼스타Jesus Christ Superstar〉에서 헤롯Herod 왕(성서에서는 헤로데―옮긴이주)은 이렇게 노래한다. "예수, 너도 믿지 않지/사람들이 떠드는 너에 대한 헛소리를/ 지금껏 그들이 말한/ 이 기적의 해를 말이야." 역사적 사실에 비추어 볼 때 틀린 말은 아니다. 당시에는 떠돌아다니며 기적을 행하는 사람들이 세간의 주목을 받았는데, 그들은 대부분 사람들에게 어떤 모습을 보여야 할지 잘 알고 있었다. 헤롯 왕은 예수를 도발한다. "신이라면 증명해봐. 성령으로 맹물을 술로 바꿔봐라." 구약성서 시대의 예언자에 대해 논의하며 살펴본 것처럼 기적은 회의적인 문화 면역 시스템에 대응하기 위해 예부터 널리 활용해온 신뢰도를 높일 증거다. 사람들은 기적을 보고 비범한 능력을 타고난 사람이라고 확신한다. 따라서 복음서를 펼치면 풍부한 경험을 바탕으로 매우 활발하게 기적을 행하는 예수를 만날 수 있다. 그런 예수의 모습에서 이스라엘 민족의 이집트 탈출 이야기 첫머리에 등장한 야훼를 떠올릴 수 있다. 당시 불타는 떨기 속에서 모습을 드러낸 야훼는 그보다 훨씬 큰 능력을 입증해 신뢰를 얻어야 하는 상황이었다.

예수가 행한 기적은 대부분 아픈 사람, 절름발이, 맹인, 귀신

들린 사람을 치료하는 것이었다. 그때는 파격적인 방법을 시도하는 것도 서슴지 않았다. 한 일화에서 예수는 귀머거리의 귓속에 손가락을 넣었다가 꺼낸 뒤 그 손가락에 침을 발라 귀머거리의 혀에 댄 다음, 하늘을 우러러 한숨을 내쉬며 "에파타ephphatha"(성서는 이 말을 "열려라"라는 뜻으로 번역한다)라고 말했다. 그러자 놀랍게도 귀먹은 반벙어리가 말하고 들을 수 있게 되었다. 예수는 죽은 사람도 되살렸다. 다시 말해 예수는 구약성서에 등장하는 예언자 엘리야와 엘리사가 행한 기적과 같은 기적을 더 큰 규모로 행한 것이다.[14] 엘리사가 과부의 기름병에 든 기름을 몇 배로 불리고 보리떡 스무 개로 100명을 배불리 먹이는 기적을 행했다면 예수는 가나에서 열린 혼인 잔치에 포도주가 떨어지지 않게 하고 보리빵 다섯 개와 물고기 두 마리로 5,000명을 배불리 먹이는 기적을 행했다. 예수가 행한 기적 가운데 특히 인상적인 것은 폭풍우를 잠재우고 갈릴래아 호수 위를 걸은 것이다. 사람들의 신뢰를 얻으려면 누구나 자신의 능력이 앞선 예언자보다 뛰어나다는 사실을 입증해야 했다.

여기서도 진짜 예언자와 가짜 예언자를 구별하기 위해 구약성서에서 사용한 신뢰도를 높일 증거와 같은 사례를 볼 수 있다. 예수는 아픈 사람을 치료하고 어떤 대가도 받지 않았다. 자신의 명성을 높일 만한 어떤 일도 하지 않았고 자신을 찾아온 환자나 제자들, 심지어 자신이 쫓아낸 악령에게까지 자신이 행한 기적을 발설하지 말라고 신신당부했다. 따르는 사람이 너무 많아지면 그 자리를 피했으며 자신을 두고 메시아일 가능성을 논하는 어떤 추측도 일축했다. 복음서 저자들은 예수가 개인적 이익을 취하기는커녕 정반대로 행동했다는 점을 명시했다. 예수는 목숨이 위태로워질 것을 알고 있었지만 이에 굴하지 않고 꿋꿋하게 하느님의 왕국을 선포했다. 이에 복음서 저자들은 텍스트 곳곳에 예수가 자신의 죽음을 예언하는 내용을 배치했다.

예수가 제시한 신뢰도를 높일 증거 가운데 역사적 사실로 확인할 수 있는 유일한 것은 십자가에 못 박힌 일이다. 앞서 10장에서 설명한 것처럼 예수가 십자가에 못 박힌 사건은 예수가 하느님을 대신해 행하고 있다고 믿은 임무가 거짓이 아님을 입증하는 "지울 수 없는 봉인"으로 작용했다.[15] 예수는 자신의 사명을 다하기 위해 목숨까지 내주는 궁극의 희생을 치를 준비가 되어 있었다. 초기 그리스도교는 이 사건이 함축한 압도적 힘을 깊이 인식했고, 그래서 예수가 신이 아닌 인간으로서 죽음을 맞이한 것을 중요시했다. 만약 예수가 지상에 잠시 다니러 온 "신성한 여행자"라면 그 죽음에 큰 의미를 부여할 수 없기 때문이었다.[16] 동생 세트Seth에게 살해당했지만 여동생 이시스Isis의 도움으로 부활한 이집트 신 오시리스를 생각하면 쉽게 이해할 수 있을 것이다. 인간의 본성은 죽음처럼 값비싼 대가가 따를 때에만 신뢰도를 높일 증거로 받아들인다.

그러나 결국 예수가 행한 기적이 성서에 일반적으로 등장하는 기적의 수준을 넘어서지 못한다는 것을 알 수 있다. 예컨대 히브리 성서에 등장하는 홍해를 가르는 것 같은 화려한 기적은 신약성서에서 찾아볼 수 없다. 예수가 높은 산꼭대기에서 눈부신 모습으로 변한 채 예언자 모세와 엘리야를 만나 이야기를 나누는 장면조차 그리 화려한 볼거리로 느껴지지 않는다. 그래서인지 복음서 저자 요한은 예수의 이야기에 풍미를 더할 필요성을 느끼고 다음과 같이 기록했다. "예수께서는 제자들 앞에서 이 책에 기록되지 않은 다른 기적들도 수없이 행하셨다."[17] 복음서 저자들이 기적에 집착해야 할 필요를 느끼지 못한 이유는 아마 비장의 카드를 두 장이나 손에 쥐고 있었기 때문일 것이다.

예수는 승천했다!

첫 번째 비장의 카드는 당연히 부활이었다. 예언자 사무엘의 영혼 같은 죽은 사람의 영혼은 과거에도 항상 소환되었다. 엘리야와 엘리사는 죽은 사람을 되살렸다(예수도 세 번 같은 기적을 행했다). 하지만 죽음에서 돌아온 사람이 살과 피를 가진 인간으로 영원히 부활하는 것은 유례없는 일이었다.[18]

예수가 죽음에서 돌아왔다는 생각은 분명 골고타에서 십자가에 못 박힌 직후 나타났을 것이다. 다른 메시아는 십자가에서 죽은 뒤 자취를 감췄지만, 예수는 죽음에서 돌아왔다는 믿음 덕분에 사람들의 뇌리에서 잊히지 않을 수 있었다. 사람들은 예수가 한 말과 행동을 정리해 기록하기 시작했다. 그리고 그 기록은 훗날 복음서 저자들에게 유용한 자료가 되었을 것이다. 심지어 예수의 생애에 대해 가장 먼저 기록한(50~60년) 바울로의 텍스트에서도 죽음과 부활을 필수불가결한 조건으로 제시한다. 바울로는 예수의 생애에서 오로지 죽음과 부활에만 관심을 보였다. 고린토인들에게 보낸 첫째 편지에 바울로는 이렇게 썼다. "나는 내가 전해 받은 가장 중요한 것을 여러분에게 전해드렸습니다. 그것은 그리스도께서 성서에 기록된 대로 우리의 죄 때문에 죽으셨다는 것과 무덤에 묻히셨다는 것과 성서에 기록된 대로 사흘 만에 다시 살아나셨다는 것과 그 후 여러 사람에게 나타나셨다는 사실입니다. 그리스도께서는 먼저 베드로에게 나타나신 뒤에 다시 열두 사도에게 나타나셨습니다." 거기에 몇 명의 증인을 추가로 기록한 바울로는 이렇게 덧붙였다. "그리스도께서 다시 살아나지 않으셨다면 우리가 전한 것도 헛된 것이요, 여러분의 믿음도 헛된 것일 수밖에 없을 것입니다."

예수가 죽음에서 돌아왔다는 환상적인 소문이 돌게 된 데에는 분명 무슨 계기가 있었을 것이다. 소문의 진실성에 의문을 제기한 사람도 상당히 많았을 것이다. 이 사건이 일어나고 수십 년이 지난 시점에 복음서 저자들은 사람들이 어떤 의심을 품었는지 알고 있었고, 그런 반론에 대한 면역을 잘 갖춰놓았다. 레자 아슬란Reza Aslan 은 그 목록을 조목조목 정리했다. 사도들이 유령을 본 것은 아닌가? 아니다. 유령은 빵과 생선을 먹을 수 없는데, 예수는 빵과 생선을 먹었다. 증인들이 환상을 본 것은 아닌가? 아니다. 의심 많은 토마가 예수의 손에 난 못 자국과 예수의 옆구리에 난 창에 찔린 상처를 직접 만져보았다. 혹시 예수의 시체를 누가 훔쳐간 것은 아닌가? 아니다. 마태오에 따르면 예수의 무덤은 경비병이 단단히 지키고 있었다. 그 경비병이 부활한 예수를 직접 목격했지만 사제들이 그들을 매수하고는 이렇게 지시했다. "너희가 잠든 사이에 예수의 제자들이 밤중에 와서 시체를 훔쳐갔다고 말하여라." 이런 식으로 마태오는 소문이 퍼지게 된 경위까지 설명할 수 있었다. "경비병들은 돈을 받고 시키는 대로 하였다. 이 이야기는 오늘날까지 유다인들 사이에 널리 퍼져 있다."[19]

실제로 무슨 일이 일어났는지 확실히 알 수 없다는 신비로움이 부활 이야기에 매력을 더한다. 여기서 종교인지과학이 "최소한의 반직관적 개념minimally counterintuitive concept"이라고 말하는 상황의 고전적 사례를 만나게 된다. 이것은 자명한 개념인 동시에 정상 상태에서 벗어난, 중요하지만 사소한 편차까지 포함하는 개념이다.[20] 한 사람이 태어나 살다가 죽는다. 여기까지는 문제없다. 그런데 그 사람이 죽음에서 돌아온다. 여기에는 직관을 다소 거스르는 측면이 있다. 그러나 이야기 전체를 어불성설로 만들 정도는 아니다. 죽은 뒤에도 영혼의 형태로 계속 살아간다는 믿음이 타고난 직관의 필수불가결한 일부라고 가정한다면, 사람들이 생각하는 것만큼 직관을 크게 거스르는 말은 아니다. 그렇다면 이야기는 이렇게 정리할 수 있다. 한 사람이 태어나 살다가 죽은 뒤 영혼의 형태로 살아간다. 단, 적어도 며칠 동안은 눈에 보이지 않는다. 이렇게 정리하면 최소한의 반직관적 개념이 완성된다. 그리고 그런 이야기는 들불처럼 번져나갈 가능성이 높다.

이런 이야기가 역사적으로 완벽한 시점에 등장했다는 사실도 그 가능성을 현실화하는 데 한몫했다. 죽음에서 돌아온 이야기는 몇몇 긴급한 질문에 혁신적인 답을 제공했다. 16장에서 살펴본 것처럼 지성적 종교는 죽은 뒤에도 영혼과 조상의 형태로 살아간다는 믿음을 금기시한 뒤 그로 인해 발생한 공백을 메우기 위해 많은 노력을 기울였다. 다니엘 같은 종말론적 텍스트에 나타나는 부활 개념은 그런 노력의 일환으로 제시한 것이다. 그러나 부활은 어디까지나 집합적 개념이었다. 다니엘의 마지막 부분에는 이스라엘 민족 전체(또는 대부분)가 다시 깨어날 것이라는 이야기가 등장한다. 다만 개인이 죽은 직후 다시 깨어나 영원한 삶을 누린다는 관념은 순교자 같은 특정 인물에게만 임시로 적용할 수 있었다.[21] 그러나 변형된 부활의 개념은 지성적 종교(의로운 사람은 저승에서 보상을 받는다)와 직관적 종교(모든 개인은 죽은 뒤에도 계속 살아간다)의 필요에 모두 부응했으므로 그 중요성이 급속도로 커졌다. 따라서 모든 개인의 운명은 죽은 뒤 결정될 것이라는 그리스도교의 개념은 눈부신 경력을 기대할 수 있었다. 그리고 예수 자신이 그 전례가 되었다.

기록되었다

복음서 저자들이 예수가 행한 기적 이야기에 그리 공을 들이지 않은 데에는 부활 이야기 외에도 비장의 카드가 하나 더 있었기 때문이다. 신뢰도를 높일 증거를 활용하는 두 번째 전략은 과거의 문서에 서린 기운과 권위를 활용하는 것이었다. 복음서 저자들은 예수의 사명이 예언의 성취라는 사실을 입증하는 데 많은 공을 들였고, 그리스도교도들은 히브리 성서를 '예수그리스도의 삶과 죽음 The Life and Death of Jesus Christ'이라는 필생의 역작의 웅장한 서곡으로 바꾸어놓았다.

"기록되었다"라는 이 마법의 공식 덕분에 복음서 저자들은 히브리 성서의 정당성을 자신의 기록에 부여할 수 있었다. 그리스도교도들은 메시아를 둘러싼 구약성서의 예언이 예수의 등장으로 성취되었다는 사실을 입증하며 주목받기 시작했다.[22] 복음서 저자 마태오는 예언이 성취되었음을 입증하기 위해 각별한 노력을 기울였다. 마태오의 복음서는 이렇게 시작한다. "이 모든 일로써 주께서 예언자를 시켜 (…) 하신 말씀이 그대로 이루어졌다."[23] 가장 널리 알려졌고 가장 영향력이 큰 이야기는 아버지 없이 처녀의 몸에서 태어났다는 예수의 출생 이야기다.[24] 복음서 저자 마태오의 말을 들어보자.

예수그리스도께서 태어나신 경위는 이러하다. 예수의 어머니 마리아는 요셉과 약혼을 하고 같이 살기 전에 잉태한 것이 드러났다. 그 잉태는 성령으로 말미암은 것이었다. 마리아의 남편 요셉은 법대로 사는 사람이었고 또 마리아의 일을 세상에 드러낼 생각도 없었으므로 남모르게 파혼하기로 마음먹었다. 요셉이 이런 생각을 하고 있을 무렵에 주의 천사가 꿈에 나타나서 "다윗의 자손 요셉아, 두려워하지 말고 마리아를 아내로 맞아들이어라. 그의 태중에 있는 아기는 성령으로 말미암은 것이다. 마리아가 아들을 낳을 터이니 그 이름을 예수라 하여라. 예수는 자기 백성을 죄에서 구원할 것이다" 하고 일러주었다. 이 모든 일로써 주께서 예언자[이사야 7:14]를 시켜, "동정녀가 잉태하여 아들을 낳으리니 그 이름을 임마누엘이라 하리라" 하신 말씀이 그대로 이루어졌다. 임마누엘은 '하느님께서 우리와 함께 계시다'는 뜻이다.[25]

여기서 인류 역사상 가장 널리 알려지고 가장 결정적인 오역을 만나게 된다. 마태오가 언급한 이사야 구절의 그리스어 번역에 파르테노스parthenos("처녀")라는 단어가 등장하는데, 사실 그 단어는 히브리어 알마almah를 번역한 것으로 "처녀"가 아니라 "결혼하지 않은 딸", "소녀" 또는 "결혼한 젊은 여성"을 의미한다. 하지만 이런 오류는 마태오가 자신의 목적을 위해 이사야의 구절을 맥락과 관계없이 인용한 것에 비하면 사소한 실수에 불과하다. 이사야에서는 유다 왕 아하즈Ahaz(기원전 8세기)가 젊은 여성의 배 속에 있는 임마누엘Immanuel이라는 이름의 아이가 태어나 남자로 자라기 전에 적들의 연합이 깨질 거라는 희망을 품게 된 경위를 볼 수 있다. 따라서 먼 미래에 처녀가 잉태할 것이라고 말한 예언자는 없었다.[26] 아마 마태오에게는 이런 신비를 덧씌워야 할 나름의 이유가 있었을 것이다.

마리아가 요셉과 결혼하기 전에 아기를 가졌다는 사실에 대해 사람들이 온갖 추측을 한 것도 무리는 아니다. 복음서 가운데 가장 오래된 마르코의 복음서는 나자렛의 회당에 모인 사람들이 이렇게 반문했다고 전한다. "저 사람은 그 목수가 아닌가? 그 어머니는 마리아요, 그 형제들은 야고보, 요셉, 유다, 시몬이 아닌가? 그의 누이들도 다 우리와 같이 여기 살고 있지 않은가?"[27] 마리아의 아들? 고대 이스라엘 같은 가부장제 사회에서는 그 사람의 아버지를 모르는 경우에만 이런 식으로 언급했다. 복음서 저자 마태오와 루가는 마르코의 텍스트 일부를 취하되, 약간 수정을 거쳤다. "저 사람은 그 목수의 아들이 아닌가?"[28] "저 사람은 요셉의 아들이 아닌가?"[29] 어쩌면 처녀가 잉태한 이야기는 예수가 사생아라는 사실을 감추기 위한 장치였을지도 모른다.[30]

마리아의 전기를 쓴 알란 포제너Alan Posener는 이렇게 말한다. "마리아와 마리아의 장남은 애초부터 온갖 소문과 중상모략에 시달렸을 것이다."[31] 심지어 예수가 로마 군인의 아들이라는 소문도 돌았다. 그러나 마태오는 잠재적 스캔들을 기적으로 바꾸는 동시에 고귀한 예언이 성취된 것처럼 보이게 하는 강력한 이야기로 그 소문에 맞섰다.[32] 물론 그는 그 기록이 몰고 올 파장에 대해서는 생각해보지 않았을 것이다!

교부 아우구스티누스는 아담과 이브의 죄가 성관계를 통해 세대에서 세대로 전해 내려간다는 생각을 바탕으로 원죄 이론을 폈으므로 예수가 성관계의 결과로 태어나지 않았다는 관념이 무엇보다 중요했다. 성관계가 예수의 잉태와 관련이 없다면 예수는 원죄에서 자유로운 것이다. 그러나 이런 생각은 또 다른 문제를 유발했다. 원죄가 있는 상태에서 잉태한 마리아가 어떻게 원죄에서 자유로운 아들을 낳을 수 있는가? 원죄에서 자유로운 아들을 낳으려면 마리아도 처녀 잉태를 통해 태어나야 했다. 이에 1854년 가톨릭교회는 마리아 "무원죄 잉태설"을 공식 교리로 채택했고, 1950년에는 마리아가 평생 처녀로 살았다고 확인해 아들에게 원죄를 물려주지 않았다는 사실을 공식화했다.[33] 여기서 다시 한번 강박적 일관성 추구가 인간의 사고를 지배하는 강력한 원칙이라는 사실을 확인할 수 있다. 그 덕분에 마리아는 "성욕에 적대적인 여신" 또는 "음부가 없는 비너스"로 변모했다.[34] 마리아는 사제의 독신주의를 고수하는 가부장적 교회가 꿈꾸는 이상적인 여성을 대변하게 되었다.

애초에 유대인은 그리스도교도들이 이교의 신화에서 천상에서 잉태된 아들이라는 사고를 빌려왔다고 비난했다. 예컨대 제우스는 여러 명의 처녀를 잉태시킨 것으로 알려졌다. 쿠르트 플라슈는 이렇게 기록했다. "유대인은 그리스도교가 하느님에 대한 그런 이교도적 소문을 퍼뜨리고 다니는 것을 부끄러워해야 한다고 비판했다."[35] 그러나 이 믿을 수 없는 이야기는 몇 가지 실질적인 문제를 야기했다. 요셉이 예수의 아버지가 아니라면, 예수가 적법한 메시아라는 사실을 입증하기 위해 마태오와 루가가 공들여 구상한 예수가 다윗 가문의 후손이라는 주장은 거짓이 아닌가? 그리고 성서가 그처럼 사실적으로 묘사한 예수의 네 형제와 여러 명의 여동생은 어떻게 설명할 것인가? 예수의 형제 야고보Jakobus는 예루살렘에 자리 잡은 초기 그리스도교 공동체에서 핵심적 역할을 하다가 기원후 62년 돌에 맞아 죽었다.[36] 이와 관련해 예수의 형제들은 요셉이 첫 번째 결혼에서 얻은 자식이라는 설명은 큰 호응을 얻지 못했다.

예언의 성취라는 주제와 관련해 그리스도교가 사랑해 마지않는 목가적 정경을 짚고 넘어가지 않을 수 없다. "요셉도 갈릴래아 지방의 나자렛 동네를 떠나 유다 지방에 있는 베들레헴이라는 곳으로 갔다. 베들레헴은 다윗 왕이 난 고을이며 요셉은 다윗의 후손이었기 때문이다. 요셉은 자기와 약혼한 마리아와 함께 등록하러 갔는데 그때 마리아는 임신 중이었다."[37] 이어 루가는 천사 합창단의 축가가 울려 퍼지는 가운데 목동의 축하를 받으며 베들레헴에서 예수가 태어났다는 감동적인 이야기를 들려준다. 마태오의 복음서도 예수가 베들레헴에서 태어났다고 기록했지만 분위기는 사뭇 다르다. 한편 마르코와 요한은 예수의 탄생에 대해 언급하지 않는다. 오늘날 대부분의 학자는 복음서 저자들이 이 이야기를 통해 예수가 다윗의 고향 베들레헴에서 태어났다는 이미지를 심어줌으로써 예수가 메시아가 될 자격과 자질을 갖추었다는 사실을 입증하려 했다는 데 동의한다. 만약 예수가 나자렛, 즉 구약성서에서 단 한 번도 언급하지 않은[38] 이름 모를 마을에서 태어났다면 온갖 의혹에 시달렸을 것이다. 요한의 복음서에서도 예수의 출신지를 조롱하는 내용을 볼 수 있다. "나자렛에서 무슨 신통한 것이 나올 수 있겠소?"

지금까지 예수가 자신의 매력을 극대화하기 위해 활용한 모든 요소를 살펴보았다. 예수는 기적을 행하는 능력을 신뢰도를 높일 증거로 활용해 사기꾼이나 부당이득을 취하는 자라는 사람들의 의심을 일축했다. 예수는 죽음을 극복하고 다시 살아났다. 예수의 모든 행동과 예수가 품은 모든 열망은 유대교의 성문서인 히브리 성서에 기록된 예언의 성취였다. 이보다 좋은 비결은 없었다! 그럼에도 신뢰도를 높일 증거 가운데 부활을 제외한 나머지 증거는 부차적이라고 생각하는데, 그 밖에도 예수라는 인물에게는 주목할 만한 특징이 아직 많이 남아 있다.

"악에서 구하소서"

복음서 저자들은 예수가 하느님이 보낸 메시아라는 것을 사람들에게 납득시키기 위해 아낌없는 노력을 기울였고, 덕분에 오늘날까지 이런 생각이 사람들의 뇌리에 새겨진 예수의 모습을 지배하게 되었다. 그러나 예수가 메시아라는 사실을 지나치게 강조하면 자칫 이 책의 주요 주제를 놓칠 우려가 있다. 즉 신약성서에 숨어 있는 문화적 진화의 놀라운 산물인 지성적 종교와 직관적 종교의 융합을 직시하기 어려워지는 것이다. 지성적 종교와 직관적 종교가 다차원적으로 융합되면서 그리스도교는 지극히 성공적인 종교로 발돋움하게 되었다.

재앙이 문화적 진화를 촉진하는 원동력이라는 것이 이 책의 근본 주제다. 근동의 지성적·제도적 종교는 재난 방지 시스템의 한 형태로 등장했지만, 사람들이 재앙이 끊이지 않는 이유에 대한 설명을 요구하며 압박을 받게 되었다. 지성적·제도적 종교는 인간의 첫 번째 본성인 직관과 충돌하지 않으면서 자연과 세계에 영향을 미치는 여러 초자연적 힘에 대한 사람들의 생각을 실제로 발생한 사건을 설명하는 데 활용할 방법을 모색했다. 예수의 시대에 이르러서도 여전히 재앙은 중요한 역할을 했다. 예수가 주기도문을 통해 추종자들에게 제시한 "악에서 구하소서"는 사실 "모든 재앙에서 구하소서"를 의미하는 말이었다.

가뭄, 전염병, 온갖 종류의 폭력 같은 재앙이 영혼이 신으로 탈바꿈한 원인이라는 사실, 아시리아와 바빌로니아의 정복이 세상에 하나뿐인 유일한 초대형 신이 등장하는 길을 열었다는 사실을 떠올려보자. 알렉산더대왕이 사망한 뒤 이어진 끝나지 않을 것 같은 전쟁은 야훼가 다스리는 제국의 경계가 저승의 영역으로 확장되는 데 기여했고, 그 뒤를 이어 로마인이 진군해왔다.

기원전 63년 폼페이우스 마그누스Pompeius Magnus(기원전 106~48년)는 권력투쟁으로 얼룩진 하스모니아왕조를 무너뜨렸다. 로마군이 예루살렘을 점령하자 폼페이우스는 예루살렘 성전의 지성소에 들어갔지만 성전의 보물에는 손대지 않았다. 그러나 이후 모든 로마인이 그런 것은 아니다. 이스라엘 민족의 영토는 계속해서 짓밟혔고 사람들은 노예가 되거나 십자가에 못 박혔다. 로마는 헤롯을 이 지역을 다스릴 분봉왕으로 삼았다. 마태오의 복음서에 기록된 유아대학살Massacre of the Innocents은 꾸며낸 이야기지만 헤롯 왕이 친아들 열 명 가운데 일곱 명을 살해한 전력이 있다는 점을 고려하면 역사적 근거가 전혀 없는 이야기라고 할 수는 없다.[39] 족장들과 다윗 가문의 상황에 비춰 볼 때 이것은 그리 놀라운 일이 아니다. 실제로 그리스도교의 대성공에 크게 기여한 콘스탄티누스 황제도 자기 아내와 아들 한 명을 살해했다.[40] 폭군의 이기심은 자기 자식조차 죽음으로 몰아넣도록 강요한다.

기원전 4년 헤롯 왕이 죽은 뒤 그의 왕국은 살아남은 세 아들이 나눠 가졌지만 실질적 권력은 여전히 로마군에 있었다. 로마군이 반란을 제압하는 방식은 극도로 잔인했다. 총독 퀸크틸리우스 바루스Quinctilius Varus는 반란군 2,000명을 십자가에 못 박아 죽였다. 역사학자 베르너 달하임은 뒤이어 부임한 총독들이 "공포의 수단만이 고집 센 유대 민족을 제압할 수 있고 가장 효과적인 수단은 대규모 십자가형"이라는 바루스의 "교훈"을 이어받았다고 설명한다. 그러나 그 결과는 "유대인의 반란과 로마군의 제압이라는 악순환"이었다.[41] 결국 유대·로마 전쟁이라는 재앙을 끝으로 예루살렘은 무너졌고, 최후까지 저항한 유대인 반란군은 사해를 굽어보는 마사다 요새에서 집단 자살로 생을 마감했다.

파괴된 예루살렘 성전은 끝내 재건되지 못했다. 오늘날 통곡의 벽Wailing Wall만이 남아 예루살렘 성전이 가장 인상적인 고대 건축물 가운데 하나였다는 사실을 상기시킬 뿐이다. 사상자는 수십만 명에 이르렀다.[42] 예루살렘에 자리 잡은 초기 그리스도교 공동체는 대부분 사라졌다. 그리스어를 사용하는 디아스포라의 그리스도교 공동체만 살아남았다.[43] 그러나 로마가 자행한 폭력이 없었다면 예수그리스도나 지금의 그리스도교 또한 분명 없었을 것이다.

악의 등장

다른 나라 역시 로마의 지배로 고통을 받았다. 그러나 재앙을 신념 체계의 중심에 두고 그것을 신의 근본적 표현 수단으로 해석한 고대 이스라엘 문화에서는 재앙에 대처하는 것이 수백 년의 세월을 거치며 두 번째 본성으로 자리 잡았다. 그 덕분에 유대인의 문화는 최악의 재난을 헤쳐나갈 수 있었다. 그러나 또 다른 불행에 휩싸이며 재앙에 초점을 맞춘 신념 체계는 다시 한번 근본적 변화를 맞게 되었다.

재앙은 두 가지 수준에서 영향을 미친다. 우선 재앙은 수백만 년 동안 결정적 선택의 힘으로 작용해왔다. 재앙은 경쟁자를 제거함으로써 생존자의 생활환경을 크게 끌어올릴 수 있는데, 유대·로마 전쟁의 경우에도 이런 기능을 했다. 예수의 살아생전에 존재한 수많은 유대인 집단과 분파 가운데 유대·로마 전쟁이라는 재앙을 딛고 살아남은 것은 바리사이파에서 출발한 랍비 유대교와 헬레니즘 문명권의 디아스포라 공동체에 자리 잡은 바울로파 그리스도교뿐이었다.[44] 냉소적으로 들릴 수도 있지만 이 책은 이런 현상을 종교 진화의 생물학적 측면이라고 본다. 운석이 떨어져 공룡이 멸종하고 대지가 평탄해지면서 포유류가 등장할 발판을 마련한 것처럼 유대인의 대규모 군사적 패배가 경쟁하는 여러 종교 집단을 대부분 제거하면서 살아남은 두 종파가 만개할 여지를 만들어냈다.

두 번째로 재앙은 순수한 문화적 진화의 강력한 원동력으로 작용한다. 이것이 바로 이 책이 제시하는 문화적 보호 가설이다. 모든 재앙은 기존의 문화적 위기관리 시스템이 그다지 효과적이지 않다는 사실을 입증하는 증거로 작용한다. 그리고 새로운 재난에 직면한 사람들은 새로운 대응 전략을 찾게 되는데, 유대·로마 전쟁에서 이런 상황을 만날 수 있다. 극도로 잔인한 군사적 탄압은 문화적 진화라는 가마솥에 지옥의 불을 지폈다. 그리고 모세의 율법에 따르면 재난을 피할 수 있고 복종하는 모습을 보이면 하느님의 노여움을 달랠 수 있다는 토라의 주장에 대한 믿음이 조금씩 흔들리기 시작했다.

무슨 일이 일어났는지 정확히 이해하려면 이 모든 일이 어떻게 시작되었는지 떠올려봐야 한다. 앞서 유일신교라는 사고가 자기방어의 결과라는 사실을 살펴보았다. 아시리아와 바빌로니아에 패배하면서 사람들은 자연스럽게 다른 나라의 신이 야훼보다 강하다고 믿게 되었다. 그리고 학자와 사제들은 이에 대응하기 위해 사실상 하나뿐인 유일한 신이 세계의 운명을 좌우한다는 사고를 도출했다. 세상에 하나뿐인 유일한 하느님은 세계의 모든 악도 좌우하므로 충성하지 않는 이스라엘 민족을 벌하기 위해 외국 군대를 활용하는 것도 주저하지 않았다.

한편 유일한 신이라는 개념 앞에서 인간의 첫 번째 본성이 겪은 어려움에 대해서도 이미 살펴보았다. 인간의 타고난 직관은 항상 수많은 초자연적 행위자의 존재를 상정하므로 사람들은 모든 것을 주관하는 야훼라는 세상에 하나뿐인 존재에 대해 끊임없이 의문을 제기했다. 게다가 재앙이 끊임없이 사람들을 괴롭혔으므로 야훼가 모든 것을 움직이는 유일한 힘이 아닐 것이라는 결론을 내릴 수밖에 없었다. 군사적 참사든 전염병이든 재앙이 닥치면 인간의 첫 번째 본성은 다른 신이나 성난 악령의 짓이 틀림없다고 사람들의 귀에 속삭였다.

사실 히브리 성서는 악한 세력이 새로 등장할 수 있도록 이미 뒷문을 열어둔 상태였다. 사탄은 경건한 욥을 지독히 괴롭혔다. 그러나 그런 고난은 욥에게 부당한 일이었다. 물론 야훼가 홀로 모든 것을 주관하는 존재라는 사실에 단 한 점의 의혹도 남기지 않기 위해 사탄이 욥을 괴롭힌 일조차 야훼가 허락했기에 일어난 일이라고 기록했지만, 완전한 유일신교는 이미 그 위엄을 잃었다는 사실만 확인할 수 있을 뿐이다. 야훼로 인해 아무 잘못도 하지 않은 한 사람이 그토록 큰 고통을 당하면서 사람들은 야훼가 요구하는 높은 수준의 도덕에 의문을 품게 되었다.

앞서 욥의 불행을 통해 재앙이 어떻게 재구성되는지 살펴보았다. (두 가지 이야기 중 적어도 하나의 이야기에서는) 욥이 당한 고통은 더 이상 벌이 아니라 믿음의 시험이었다. 그리고 욥은 그 시험을 통과했기에 결국 큰 보상을 받았다. 다니엘에서도 이와 같은 사고를 만날 수 있었다. 화덕이든 사자 우리든 그 불행은 다니엘과 그의 세 친구가 믿음을 인정받기 위해 견뎌야 하는 시련이었다. 마카베오에서 순교한 어머니와 일곱 아들 역시 시험을 이겨냈기에 저승에서 보상을 받을 수 있을 터였다.

이 모든 사례에서 불행은 하느님의 명령에 따른 것일 가능성이 높다. 그러나 사람들은 야훼가 고문을 한다는 사실을 납득할 수 없었고, 이에 따라 야훼의 공범이 등장했다. 히브리 성서에서 사탄은 악을 주관하는 존재Lord of Evil가 아니었다. 야훼의 궁정에 머물며 간혹 사람들을 유혹에 빠뜨리는 천사 중 하나였다. 비공식적 이야기이긴 하지만 사탄을 비롯한 어둠의 존재들이 스스로 타락을 선택했다는 점에 주목해야 한다. 동시대의 외경 문서는 타락한 천사와 이들을 따르는 악령 무리의 경력을 설명하는 완벽한 신화를 제시하는데, 이런 이야기를 만들어낸 원동력은 일관성을 기대하는 인간의 첫 번째 본성이다. 선한 대의명분을 위해 나쁜 짓을 하는 존재는 의미가 없으므로 사람에게 고통을 주는 것은 모두 악한 존재여야 했다. 따라서 영혼이 신으로 탈바꿈한 바로 그 과정을 통해 사탄은 자신의 경력을 비약적으로 끌어올렸다. 한편 비례 편향은 크나큰 불행에는 그에 걸맞은 행위자가 있어야 한다고 사람들의 귀에 속삭이므로 재앙의 피해가 극심할수록 사탄도 그에 맞게 조금씩 몸집을 불려나갔다. 이런 과정을 통해 과거 하느님의 시중을 들던 사탄은 어느새 하느님의 최대 적수로 자리매김하게 되었다.[45]

신약성서에는 이런 악한 세력이 들끓는다. 복음서 가운데 가장 오래된 마르코의 복음서에는 예수가 세례를 받는 내용이 나온다. 예수는 세례를 받자마자 사막으로 가서 악마와 논쟁을 벌이는데, 마지막에 사탄은 예수가 어둠의 편으로 돌아서면 세상의 모든 왕국을 주겠다고 유혹하기도 한다. 당시에는 악령도 흔히 볼 수 있었는데, 그 덕분에 예수는 퇴마사로 이름을 날릴 수 있었다. 예수가 귀신 들린 사람 한 명에게서 쫓아낸 악령이 2,000마리의 돼지에게 옮아가 갈릴래아 호수로 뛰어드는 바람에 애꿎은 돼지만 비참하게 익사하고 말았다.

만족을 느끼는 인간의 첫 번째 본성

악한 영혼이 돌아오면서 인간의 첫 번째 본성은 승리를 거머쥐었다. 타고난 직관은 수십만 년에 걸쳐 지상에서 생활하며 인간이 축적한 유형적 지혜를 대변한다. 이런 경험은 인간에게 해를 끼치거나 심지어 죽이려 하는 수많은 존재가 있다는 사실을 알려주었다. 인간이 다양한 초자연적 행위자의 존재를 믿을 수 있는 원동력인 애니미즘적 사고방식으로 복귀했다는 점에서 한 걸음 퇴보한 것처럼 보일 수도 있다. 실제로 어떤 사람들은 이런 발전 과정을 앞서 등장한 유일신교에 대한 근본적 수정으로 보기도 했다.[46] 한편 그리스도교는 "미신"이라는 비판에 끊임없이 시달려야 했다.[47] 사실이런 발전 과정은 지성적·제도적 종교가 기존의 현실과 인간의 본성에 부합하게 적용해가는 과정으로, 결국 단 하나의 힘이 복잡한 세계에서 일어나는 모든 일을 주관하는 것은 사실상 불가능하다.

앞서 살펴본 것처럼 인간의 첫 번째 본성은 결국 제자리를 되찾았다. 선한 힘이든 악한 힘이든 단 하나의 힘이 인간이 경험하는 모든 것을 주관한다는 생각은 인간의 첫 번째 본성에 맞지 않았다. 인간의 직관은 사악한 영혼 때문에 질병을 비롯한 온갖 형태의 고통이 나타난다고 인식해왔다. 그리고 직관적 종교를 믿을 때 그런 것처럼 다시 한번 악령을 쫓아내는 방법을 통해 아픈 사람을 돌볼 수 있었다.

미생물학자 데이비드 클라크는 유일신교가 질병을 퇴치할 수 있는 가능성에 대해 이렇게 설명한다. "일반적으로 유일신교를 다신교보다 진보한 종교로 여기지만, 의학적 관점에서 볼 때 유일신교는 다신교에 비해 퇴보한 종교다. 온갖 악한 영혼이 감염을 일으킨다는 사고는 후대의 합리화보다 질병의 세균 이론에 더 가깝다. 유일신교에서는 아픈 사람이 드러나지 않은 죄 때문에 벌을 받는 것으로 여기면서도 그 증거는 제시하지 못한 반면, 다신교에서는 아픈 사람을 악한 자로 보기보다 지나가는 악한 영혼에게 잘못 걸린 불운한 사람으로 생각하는 경향이 있었다. 따라서 아픈 사람에 대한 처우도 더 인간적이었다."[48] 아픈 사람을 돌보는 방법을 개선한 것도 그리스도교가 성공한 비결 가운데 하나였다(랍비 유대교도 독자적인 방식으로 이를 개선해나갔다).[49] 그러나 이 문제는 자비로운 하느님이라는 새로운 관념보다는 악한 영혼의 귀환과 더 밀접하게 관련되어 있다. 악한 영혼을 쫓아냄으로써 아픈 사람을 치료할 수 있게 된 것이다.

"그때가 가까이 왔으니"

가장 중요한 점을 간략히 정리해보자. 억압이 끝없이 이어지자 세계에 대한 유일신교의 설명은 신빙성이 약화되었고 사악한 영혼은 숨어 있던 은신처를 벗어나 다시 세상에 모습을 드러냈다. 다시 한번 사람들은 세계의 온갖 불행을 악한 세력의 탓으로 돌릴 수 있었다. 이런 상황에서 도출할 수 있는 유일한 결론은 새롭고 의로운 질서를 정착시키려면 악을 물리쳐야 한다는 것이었다. 그리고 세계에 대한 이런 이해를 이르는 단어가 인류 역사에 큰 소리를 내며 등장했으니, 바로 종말론이다.

구약성서에서 이미 종말론의 사례 한 가지를 만났다. 다니엘이 본 종말론적 환상에서는 네 마리의 큰 짐승이 바다에서 일어난다. 네 마리의 짐승은 세계의 위대한 제국을 의미하는데, 이들이 벌이는 종말론적 전투 때문에 사람들은 유례없는 고난과 역경을 겪게 된다. 그러나 "사람 모습을 한" 천상의 존재가 구름을 타고 홀연히 나타나 왕국을 세우고 영원히 다스린다. 유례없는 "역경의 시간"이 지나고 나면 대천사 미카엘(성서에서는 미가엘―옮긴이주)이 이스라엘 민족을 구원하기 위해 도래한다. 천상의 법정이 열리고 죽은 사람은 부활할 것이다. 즉 지상에서 한 행동에 따라 영원히 사는 사람도 있을 것이고 영원한 모욕과 수치를 당하는 사람도 있을 것이다.

그러나 다니엘은 자신이 본 환상을 기록한 책을 "마지막 때가 오기까지" 봉인해야 했다. 바로 여기서 "드러내다" 또는 "밝히다"라는 의미의 그리스어 단어 "종말apocalypse"이 유래했다. 종말을 선포하는 선지자들은 하느님의 비밀스러운 계획을 드러낸다고 주장했다. 성서학자 바트 어먼Bart Ehrman은 이렇게 기록했다. "특히 종말론적 환상을 보는 사람들은 하느님이 곧 고난과 고통으로 가득한 세계에 개입해 그 시대에 활동하는 악한 세력을 물리치고 불행과 부정의가 존재하지 않는 선한 왕국을 건설할 것이라고 확신했다."[50] 절망이 모두를 집어삼킬 위기에 처했을 때 종말론은 위안과 희망을 주었다.

"이스라엘 민족은 영광스러운 미래를 기대했지만 실제로 처한 상황은 불행하기 짝이 없었다."[51] 이처럼 깊은 균열을 보면서 사람들은 하느님이 비밀스러운 계획을 정말 발동할 것인지 알기 위해 촉각을 곤두세웠다. 에녹1서First Book of Enoch, 모세의 언약Testament of Moses, 바룩2서Second Book of Baruch, 아브라함의 묵시록Apocalypse of Abraham 같은 종말론 텍스트는 모두 이런 유형의 위기관리 시스템을 보여준다. 따라서 종말론 텍스트는 원년 전후 2세기 내지 3세기 동안 큰 인기를 끌었다.[52] 예수 역시 종말을 선포하는 최고의 선지자로 악마와 악령에 맞서 싸웠다. "그러나 나는 하느님의 능력으로 마귀를 쫓아내고 있다. 그렇다면 하느님의 나라는 이미 너희에게 와 있는 것이다."[53] 이와 관련해서는 뒤에서 좀 더 상세히 다룰 것이다. 신약성서는 이 장르의 가장 유명한 텍스트인 요한의 묵시록으로 막을 내리는데, 파트모스의 요한이 기록한 이 묵시록에 등장하는 네 명의 기사, 바빌로니아의 탕녀, 머리 일곱에 뿔이 열 개나 달린 짐승은 오늘날에도 서양인의 집합 의식 속에 떠돌고 있다. 이런 어둠의 세력이 파멸한 후에야 예수가 주관하는 최후의 심판이 이루어질 터였다. 그리고 요한의 묵시록은 "그때가 가까이 왔"다고 기록한다.[54]

"하느님의 분노의 일곱 대접"

원년 무렵 종말론은 끊임없이 이어지는 재앙에서 의미를 쥐어짜는 지성적 종교의 최첨단 도구가 되었다. 일레인 페이절스Elaine Pagels는 이렇게 설명한다. "요한의 묵시록에는 인간이 느끼는 최악의 공포가 모두 들어 있다. 요한의 묵시록은 폭력, 역병, 야생동물, 지구의 심연에서 나오는 상상도 할 수 없는 공포, 번개, 천둥, 우박, 지진, 화산 폭발, 고문과 전쟁의 잔혹함에 대한 공포를 한데 엮어 거대한 악몽으로 바꾸어놓는다. 그러나 요한이 본 환상은 철저한 파괴로 끝나는 대신 빛으로 가득한 영광의 도시인 새로운 예루살렘을 향해 열린다. 요한의 묵시록에 등장하는 짐승, 괴물, 어머니, 탕녀는 인간의 머리가 아니라 마음을 두드린다."[55]

요한이 본 환상에서 지상을 누비는 네 명의 기사는 각각 전쟁, 굶주림, 역병, 죽음을 의인화한 존재고 하느님의 분노의 일곱 대접에는 최악의 역병이 담겨 있다. 예레미야가 언급한 "전쟁과 기근과 염병"은 요한이 본 환상을 통해 극으로 치닫는다. 따라서 종말론은 지옥을 다룬 한 편의 드라마로 이해할 수 있다. 이 드라마의 주인공은 재앙인데, 토라에서는 이것이 하느님이 내리는 벌을 의미했지만 종말론에서는 하느님이 세계를 새롭게 바꾸기 전에 이루어지는 궁극의 시험으로 모습을 바꾸었다.

따라서 재앙은 하느님의 왕국이 도래하기 전에 나타나는 출산의 고통과도 같은 것이다. 예수는 이런 측면을 분명하게 언급했다. "또 여러 번 난리도 겪고 전쟁 소문도 듣게 될 것이다. 그러나 당황하지 마라. 그런 일은 반드시 일어날 터이지만 그것으로 끝나는 것은 아니다. 한 민족이 일어나 딴 민족을 치고 한 나라가 일어나 딴 나라를 칠 것이며 또 곳곳에서 지진이 일어나고 흉년이 들 터인데 이런 일들은 다만 고통의 시작일 뿐이다."[56] 그러고는 이렇게 덧붙였다. "그 재난이 다 지나면 해는 어두워지고 달은 빛을 잃고 별들은 하늘에서 떨어지며 모든 천체가 흔들릴 것이다. 그러면 사람들은 사람의 아들이 구름을 타고 권능을 떨치며 영광에 싸여 오는 것을 보게 될 것이다. 그때에 사람의 아들은 천사들을 보내어 땅 끝에서 하늘 끝까지 사방으로부터 뽑힌 사람들을 모을 것이다."[57]

이미 살펴본 것처럼 재앙은 세계의 종말을 알리는 징후였다. 종말을 선포하는 선지자들은 재앙의 피해 정도를 잣대로 구원이 얼마나 가까이 다가왔는지 판단했다. 하느님은 모든 일이 더 이상 나빠질 수 없을 만큼 나빠진 뒤에야 모습을 드러낼 것이다. 극심한 절망감이 찾아올 때마다 사람들은 선이 악을 이길 날이 가까이 왔다는 증표로 해석하려 했다.[58] 예수는 이렇게 약속했다. "그러나 끝까지 참는 사람은 구원을 받을 것이다."[59]

"평화가 아니라 칼을 주러 왔다"

당시 사람들은 로마인들이 불러온 공포를 다른 방식으로 해석할 수는 없었을까? 사탄과 지상에 머무는 사탄의 하수인들이 세계를 단단히 움켜쥐고 있다는 것이 분명하지 않았는가? 하느님의 사람과 악마의 군대가 유대 지방을 중심으로 전투를 벌이고 있는 것이 아닌가? 로마에 저항하는 일이 곧 하느님을 기쁘게 하는 일 아닌가? 지상에서 벌어지는 일을 종말론적으로 해석한 덕분에 재앙은 더 이상 하느님이 내리는 벌이 아니었다. 사람들은 이런 종말론의 매력에 흠뻑 빠졌다. 반격할 발판이 마련되었기 때문이다.

여기서 문화적 보호 시스템으로서 종교의 근본적 변화를 확인할 수 있다. 재난 방지를 목적으로 삼은 지성적 종교에 다시 한번 급격한 변화가 일어나고 있었다. 이런 배경을 염두에 두고 예수의 활동을 이해하려고 노력하는 것이 중요하다. 연구자들은 종말론적 배경을 바탕으로 역사적 예수의 자아상에 대해 오랜 세월 논쟁을 벌여왔다. 예수는 자신의 역할이 무엇이라고 생각했을까? 예수에게 폭력은 무엇이었을까?

로마가 지배하는 세상에서 하느님의 왕국을 선포하는 것은 기본적으로 로마에 대한 공공연한 반란을 요구하는 것이라는 생각을 피하기 어렵다. 로마인이 예수를 골고타에서 십자가에 못 박은 것은 "유다인의 왕"이라는 죄목에서 알 수 있듯 반란을 주도한 지도자로 봤기 때문 아닌가?[60] 예수는 로마에 맞서 폭력적 투쟁을 벌이면 하느님이 중재에 나서리라는 희망을 품은 열심당원이었나? 이런 가정은 어느 정도 사실에 부합하는 것으로 보이는데, 열두 제자 가운데 한 명인 시몬Simon의 별명이 "열심당원"이었기 때문이다. 게다가 예수 자신도 "평화가 아니라 칼을 주러 왔다"라고 말하지 않았나.[61] 《젤롯Zealot》에서 레자 아슬란은 폭력에 대한 예수의 태도를 다음과 같이 정리한다. "예수가 폭력적 활동을 공개적으로 옹호했다는 증거는 전혀 없지만, 그렇다고 해서 예수가 평화주의자인 것은 아니다."[62]

신학자들의 관점은 다르다. 그들은 예수가 "정치 혁명을 꿈꾼 열심당원"이 아니었다고 생각하는 경향이 있다. 예수는 폭력을 조장하는 것을 거부했고 그를 따르는 오합지졸 같은 무리를 전형적인 게릴라 부대로 보기도 어렵기 때문이다.[63] 그럼에도 복음서가 예수에게 "부드러운" 이미지를 덧칠했다는 사실을 깨닫는 것이 중요하다. 복음서는 순전히 기회주의적인 이유로 실제보다 급진성과 정치성을 덜어낸 예수의 모습을 기록으로 남겼다. 유대·로마 전쟁이 유대인의 참패로 끝난 후 복음서 저자들이 로마에 맞서는 혁명가 예수의 모습을 그려내기란 쉬운 일이 아니었다. 따라서 복음서 저자들은 로마인이 예수를 십자가에 못 박은 것이 아니라(총독 본디오 빌라도Pontius Pilatus는 죄의식을 느껴 손을 씻었다) 예수를 적대시한 유대인이 예수를 십자가에 못 박은 것이라는 입장을 분명히 했다.[64] 그보다 중요한 사실은 복음서 저자들이 예수의 역사성을 희석해버렸다는 것이다. 유대인의 정치조직체가 존재하지 않고 그리스도교가 로마 세계에서 살아가는 비유대인을 상대로 새로운 구성원을 끌어들이려고 하는 상황에서 반세기 전 유대인 열심당원이 로마인의 손에 처형된 사건이 무슨 의미가 있겠는가.

앞서 논의한 것처럼 복음서는 예수를 하느님이 보낸 메시아, 즉 하느님의 왕국을 실현할 그리스도로 제시한다. 그러나 히브리 성서가 메시아와 관련한 체계적인 전통을 제시하지 않았으므로 메시아의 구체적인 모습은 알 수 없었다.[65] 전통적인 메시아의 모습은 다윗 가문에서 태어난 왕이 돌아와 이스라엘 민족을 외국의 지배에서 해방할 것이라는 관념에 바탕을 두었으므로 정치적 반란을 획책한 예수는 "유다인의 왕"이라는 조롱을 받았다. 반면 종말론적 관점에서 메시아의 전통은 "사람 모습을 한" 천상의 존재가 구원을 가져오리라는 다니엘의 기록을 바탕으로 꾸몄다. 그러나 역사적 예수는 자신을 메시아라고 한 적이 없고 실제로 그 호칭을 사용하는 것을 매우 주저했다.[66] 대신 "사람의 아들son of man"이라는 표현을 사용했다. 실제로 예수가 자신을 어떻게 표현했는지 불분명하지만 만약 "메시아가 아니라 사람의 아들일 뿐"이라고 했다면 그것은 종말론적 차원 또는 문학적 차원에서 말한 것이라고 해석할 수 있다.[67] 한편 신뢰도를 높일 증거라는 측면에서 생각해보면, 당시에는 이미 많은 메시아 후보가 바쁘게 활동하고 있었으므로 복음서 저자들에게 예수가 진짜 메시아라는 점을 강조하는 것은 예수의 지위를 높일 방법으로는 그다지 적합하지 않았을 것이다.

예수는 스스로 하느님의 아들이라고 말하기를 꺼렸다. 사람들은 대부분 깨닫지 못하지만 유대교 전통에서 말하는 "하느님의 아들"과 나중에 그리스도교에서 새롭게 발전시킨 "하느님의 아들"에는 큰 차이가 있다. 전통적 의미의 "하느님의 아들"은 고대 이스라엘의 왕을 지칭할 때 사용한 말로, 히브리 성서에는 다윗 왕을 비롯한 여러 왕이 하느님의 아들로 기록되어 있다. 다시 말해 히브리 성서에서 "하느님의 아들"은 천상의 아버지와 아들 관계를 의미하는 말이 아니었다. "하느님의 아들"이 천상의 아버지와 아들 관계를 의미하는 말이 된 것은 초기 그리스도교가 신들의 아들들이라는 이교의 개념을 차용한 후의 일이다.[68] "하느님 아버지"라는 개념이 낯설지 않은 이유는 의미는 다르지만 초기 유대교에서 일상적으로 사용한 표현이기 때문이다.[69] 다시 한번 정리하면 예수는 자신과 하느님의 관계를 명확히 설명하지 않았다. 어쩌면 단 한마디도 남기지 않았을지 모른다. 단 한마디라도 말했다면 누군가가 기록으로 남겼을 것이기 때문이다.[70]

그러나 문화적 진화의 관점에서 볼 때 이 모든 것은 부차적인 것에 불과하다. 중요한 것은 예수가 하느님이 자신에게 임무를 부여했다고 확신했고, 그에 따른 권위를 바탕으로 행동에 나섰다는 데 모든 학자가 동의한다는 점이다. 예수는 세계가 잘못되었으므로 새로운 세계가 필요하고, 자신이 하느님의 왕국을 건설하는 데 핵심적 역할을 할 수 있다고 확신한 것처럼 보인다.[71] 사실 예수의 스승인 세례자 요한은 이미 세계의 끝이 가까이 왔다고 믿고 종말을 선포한 선지자였다. 세례자 요한은 세례를 받아 모든 죄를 씻고 곧 다가올 대환란에 대비하라고 했는데, 예수는 그의 메시지를 좀 더 과격한 메시지로 변경했다. 하느님의 왕국은 곧 다가오는 것이 아니라 이미 도래했다![72] 루가의 복음서에 따르면 예수는 사탄이 하늘에서 떨어지는 것을 보았다. 즉 이미 오래전에 세계에 대한 악의 지배가 사라졌다는 말이다. "예수께서 또 말씀하셨다. '나는 분명히 말한다. 여기 서 있는 사람들 중에는 죽기 전에 하느님 나라가 권능을 떨치며 오는 것을 볼 사람들도 있다.'"[73] 역사적 예수는 스스로 악한 세력에 맞서는 최후의 전투에서 싸울 전사라고 생각했다. 예수가 전하는 종말론적 메시지는 오늘날 수백만 명에 달하는 그리스도교도가 암송하는 주기도문에도 등장한다. "하늘에 계신 우리 아버지, 온 세상이 아버지를 하느님으로 받들게 하시며 아버지의 나라가 오게 하시며…."[74]

임박한 종말

종말론적 세계관의 중심에는 (역사적 예수가 아니라 신약성서가 창조한 문화의 산물인) 예수그리스도가 있다. 지성적 종교는 예수그리스도를 악에 맞서 싸울 투사로 선택했다. 물론 이것이 복음서에서 찾아볼 수 있는 예수의 전부는 아니다(직관적 종교가 제시하는 두 번째 예수를 곧 만나게 될 것이다). 하지만 신약성서의 도덕을 근본적으로 지배하는 인물은 분명 예수그리스도다. 예수그리스도를 전면에 내세운 신약성서의 도덕은 종말론을 배경으로 할 때만 이해할 수 있다. 그제야 신약성서의 도덕에는 두 가지 측면이 있어서 예수가 존경심을 불러일으키는 만큼 혼란도 자아낸다는 것이 분명해지기 때문이다. 예수가 제시한 도덕은 영장류의 과거에 깊이 뿌리내리고 있으며 악한 세력을 마주했다고 느끼는 사람들의 마음을 항상 어루만져왔다.

종말론의 기본 가정은 결정적 순간이 가까이 왔다는 것이고, 따라서 정말 중요한 것에 집중할 필요가 있다. 오직 이 틀 안에서만 예수가 추종자들에게 요구한 높은 수준의 도덕에 대해 이해할 수 있는데, 바로 여기서 토라를 지배하는 원칙, 즉 개인의 행동이 신이 내리는 벌인 재앙을 불러온다는 원칙에 큰 변화가 생겼다는 사실을 확인할 수 있다. 과거에는 하느님이 공동체 전체를 벌했기 때문에 모든 사람이 철저히 규범을 지키기 위해 애써야 했다. 하지만 예수의 시대에는 악이 재앙의 원인이므로 사람들은 악에 맞서 싸우는 데 도움이 되는 행동에 초점을 맞춰야 했다. 물론 하느님은 여전히 도덕적 행동에서 관심을 거두지 않았지만, 이제 도덕적 의제는 공동체의 결속과 저항을 강화하는 역할을 했다. 따라서 악한 세력을 도울 수 있는 모든 행동은 금지되었다. 그 방법만이 어둠의 세력을 물리칠 수 있었다.

예수는 토라의 폐기를 원치 않는다는 사실을 강조했다. 산상설교를 통해 예수는 이렇게 말했다. "내가 율법이나 예언서의 말씀을 없애러 온 줄로 생각하지 마라. 없애러 온 것이 아니라 오히려 완성하러 왔다."[75] 그럼에도 예수는 토라의 메시지를 대폭 수정했다. 우선 공식적 행동을 규제하는 규범 가운데 일부를 약화시켰다. 정결법("입으로 들어가는 것은 사람을 더럽히지 않는다. 더럽히는 것은 오히려 입에서 나오는 것이다"[76])과 안식일에 관한 규범("안식일이 사람을 위하여 있는 것이지, 사람이 안식일을 위하여 있는 것은 아니다"[77])이 그것이다. 결정적 순간이 가까이 올수록 토라에 의지하는 것만으로는 충분치 않았을 것이다. 그때가 가까이 올수록 모든 사람이 의로운 사람 편에 서서 최후의 싸움을 준비해야 했다. 그때가 오면 밀과 가라지가 가려질 것이다(종말을 선포하는 또 다른 선지자인 세례자 요한도 이 비유를 사용했다). 따라서 예수는 사람들과 관련 있는 토라의 율법을 강화해 곧 닥칠 위기에 대비할 수 있도록 조치했다. 지금까지 있었던 도덕 설교 가운데 가장 유명한 산상설교를 들어보자.

'살인하지 마라. 살인하는 자는 누구든지 재판을 받아야 한다' 하고 옛 사람들에게 하신 말씀을 너희는 들었다. 그러나 나는 이렇게 말한다. 자기 형제에게 성을 내는 사람은 누구나 재판을 받아야 하며 자기 형제를 가리켜 바보라고 욕하는 사람은 중앙 법정에 넘겨질 것이다. 또 자기 형제더러 미친놈이라고 하는 사람은 불붙는 지옥에 던져질 것이다. (…)
'간음하지 마라' 하신 말씀을 너희는 들었다. 그러나 나는 너희에게 이렇게 말한다. 누구든지 여자를 보고 음란한 생각을 품는 사람은 벌써 마음으로 그 여자를 범했다. (…)
'눈은 눈으로, 이는 이로' 하신 말씀을 너희는 들었다. 그러나 나는 이렇게 말한다. 앙갚음하지 마라. 누가 오른뺨을 치거든 왼뺨마저 돌려 대고….

'네 이웃을 사랑하고 원수를 미워하여라' 하신 말씀을 너희는 들었다. 그러나 나는 이렇게 말한다. 원수를 사랑하고 너희를 박해하는 사람들을 위하여 기도하여라[토라에는 원수를 미워하라는 명령이 존재하지 않는다].[78]

예수의 설교 내용은 매우 파격적이어서 신학자들조차 그런 식으로 생활할 수 있는 사람이 있는지,[79] 그런 윤리를 실제로 실천할 수 있는지, 사람들에게 너무 많은 것을 요구하는 것은 아닌지[80] 반문할 정도다. 이렇듯 "믿을 수 없을 만큼 철저하게 변모한 일상의 규범"에 비춰 볼 때 그리스도교는 신자들이 산상설교에서 예수가 요구한 사항을 이행할 수 있을지 항상 의문을 품을 수밖에 없었다.[81] 한편 산상설교를 이행의 윤리로 보는 신학자도 있다.[82] 결국 예수는 하느님의 왕국이 곧 도래할 거라고 기대했다는 것이다.

이 책도 이와 유사한 관점을 취한다. 예수는 결정적 순간이 가까이 왔다고 보았고 이제 사람들은 스스로를 입증해야 했다. 따라서 예수는 최후의 투쟁에 관한 윤리를 제시했다. 종말론적 최후의 전투를 앞두고 사람들은 맹목적으로 신뢰할 수 있는 사람의 편에 서야 했다. 자신의 감정을 완벽히 통제하고 탐욕에 눈이 멀어 친구를 버리거나 적에게 협조하지 않을 사람과 함께해야 했다. 이 원칙은 인간의 정신에 깊이 새겨져 있다. 상황이 어려워지면 옆에 있는 사람에게 의지할 수 있다는 것을 확신해야 한다. 이제 모든 사람이 단단히 결속된 하나의 공동체를 이루는 것이 무엇보다 중요했다. 예수는 히브리 성서가 아사비야를 훼손하는 행위로 지목한 형제간 싸움, 여자에 대한 욕심, 폭력이 폭력을 부르는 악순환을 엄격히 금지했다. 심지어 산상설교를 통해 부의 추구도 금지했다. "너희는 하느님과 재물을 아울러 섬길 수 없다."[83] 이븐할둔이 주장한 것처럼 부야말로 아사비야를 파괴할 수 있는 가장 확실한 수단이다.

도덕의 두 얼굴

결정적 순간이 왔다고 인식하는 종말론에서 세간의 주목을 받지 못한 중요한 사항이 하나 있다. 예부터 인간은 줄곧 도덕적으로 이중 잣대를 들이대왔다는 것이다.[84] 그리고 그것은 갈등 상황에서 가장 두드러졌다. 이 책이 수렵·채집 생활을 하던 과거를 장밋빛으로 덧칠한다고 느끼는 독자도 있겠지만, 그것은 지금까지 인간의 첫 번째 본성의 심리적 선호가 형성된 사회적 배경인 집단 내 생활에 초점을 맞추었기 때문이다. 그럼으로써 한 가지 중요한 요소를 간과했다. 수렵·채집 생활을 하는 집단은 항상 다른 공동체와 제한된 자원을 두고 경쟁해왔다는 것이다. 확대 집단 내에서 확실히 협동을 유지하는 한편 다른 공동체와의 갈등 상황에 대비하지 않으면 앞서갈 수 없었다. 그 결과 인간의 도덕은 두 얼굴을 갖게 되었다.

한쪽에는 집단 내부를 향해 친절하게 미소 짓는 얼굴이 있는데, 지금까지 이 책은 그 내부의 도덕에 초점을 맞춰왔다. 그것은 평등과 호혜를 촉진하기 위해 애쓰고 용서를 실천하며 원활하고 지속적인 협동을 보장한다. 도덕의 두 번째 얼굴인 외부의 도덕은 다소 추악하다. 별도의 기준이 외부인에 대한 대우를 규정한다. 외부의 도덕은 외부인이 집단에 득이 될지 아니면 해가 될지 판단하기 전까지 거리를 유지하는 것을 목표로 한다. 크리스토퍼 봄Christopher Boehm은《도덕의 기원Moral Origins》에서 이렇게 밝혔다. "낯선 문화를 낮잡아보는 '경멸'의 도덕이 존재하는 것처럼 보인다. 심지어 낯선 사람을 온전한 인간으로 보지 않기 때문에 거리낌 없이 살해하는 일도 벌어진다."[85]

여기서 오래된 메커니즘이 작동하는 것을 볼 수 있다. 영장류를 연구하는 동물학자 제인 구달Jane Goodall은 다른 무리의 침팬지와 대면한 침팬지가 적대적인 태도를 보인다는 사실을 처음으로 밝혀냈다. 그 과정은 소름 끼칠 정도로 잔인하다. 수컷 침팬지들이 자기 영역의 경계를 순찰하던 중 이웃 침팬지 무리의 구성원과 마주치면 그쪽의 영역을 침범해 거기서 만난 동물을 공격한다. 물론 그러려면 서너 배에 달하는 수적 우세가 전제되어야 한다. 이 장면을 보면 수컷 침팬지가 외부 무리의 구성원을 죽이고 말겠다는 기세로 공격한다는 느낌을 지울 수 없다.[86] 제인 구달은 동물이 외부 무리의 구성원을 공격할 때 보이는 이런 행동을 설명하기 위해 "비非침팬지화dechimpization"라는 용어를 창안했다.[87] 다른 무리의 침팬지를 공격할 때 침팬지는 마치 먹잇감을 다루듯 행동한다. "적"을 대하는 침팬지의 태도는 일반적으로 다른 침팬지를 대할 때와 전혀 다르다. 오히려 완전히 다른 종을 대할 때처럼 갈가리 찢을 듯한 태도를 보인다.[88] 침팬지는 무리의 영역을 확장하는 것이 목표고, 이웃 무리 역시 같은 목표를 추구하기 때문에 적은 희생으로 적을 제거할 가능성을 높이기 위해서는 공격이 최고의 방어다. 이웃한 두 무리의 침팬지는 절대로 평화롭게 공존할 수 없다.

호모사피엔스도 비슷한 방식으로 행동한다. 수렵·채집 생활을 하는 집단은 오늘날 사람들이 생각하는 것과 같은 방식으로 전쟁을 치르지 않았다. 무기를 운송할 만한 수단이 없었기 때문이다. 그러나 침팬지 무리의 전쟁에서 볼 수 있듯 매복해 있다가 공격하는 "습격"은 흔했다. 복수에 대한 복수가 촉발하는 이런 유형의 갈등으로 인한 사상자는 결코 적지 않았다.[89] 이런 유형의 적응 행동을 유지하기 위해 인간의 본성은 이와 같은 잔인한 행동이 집단 내부로 유입되는 것을 막는 특별한 메커니즘을 필요로 한다. 자연선택에 따른 해결책은 침팬지에게서 볼 수 있는 행동 방식과 유사하다. 적을 비인간화하고 악마화하는 것이다. 집단 내 모든 구성원에게 부여된 인간적 특성을 외부인에게 적용하지 않을 수 있다면 더 이상 그들을 사람으로 대할 필요가 없어진다. 살인 금지의 적용 대상도 아니다. 전사는 이렇게 주장한다. "저들은 우리의 적이다. 왜 저들을 죽이지 말아야 하는가. 저들은 인간이 아니다."[90]

집단이 적을 악마화하는 데 도움이 되는 외부의 도덕은 집단이 위협을 느끼거나 공격을 받으면 즉시 작동한다. 그러면 믿음직스러운 비인간화 프로그램이 안정적으로 실행되는데, 항상 그런 것은 아니다. 낯선 존재에 대한 불신은 늘 존재하지만 다른 집단과의 거래에서 상당한 이익을 취하는 경우도 있으므로 인간은 침팬지에 비해 조금 더 유연한 접근 방식을 선호한다.[91] 그러나 문제가 발생하면 그 즉시 친구 대 적이라는 논리로 돌아간다. 최근의 역사를 살펴보면, 심지어 오늘날에도 평범한 사람이 고문과 대량 학살 같은 비인간적 행동을 저지를 수 있다는 사실을 알 수 있다.[92] 이런 특징 역시 인간의 첫 번째 본성의 일부다.

"네 이웃을 네 몸같이 사랑하여라"

인류의 이중적 도덕에 대한 지식을 예수의 윤리에도 적용할 수 있다. 먼저 이스라엘 민족에게 우호적인 도덕부터 살펴보자. 여기서 모든 것이 어떻게 아사비야, 즉 집단을 하나로 묶어주는 사회적 힘을 보존하는 데 기여하는지 확인할 수 있다. 예수는 가장 중요한 계명이 무엇인지 명확히 인지하고 있었다. "네 마음을 다하고 목숨을 다하고 생각을 다하고 힘을 다하여 주님이신 너의 하느님을 사랑하여라." 토라의 율법 가운데 첫째가는 계명을 물은 바리사이파 사람에게 예수는 이렇게 답했다. 그리고 다른 하나도 똑같이 중요하다고 했다. "네 이웃을 네 몸같이 사랑하여라."[93] 11장에서 이븐 할둔에 대해 논의하며 살펴본 것처럼 종교는 거대한 익명의 사회를 이루는 구성원을 하나로 묶어주는 강력한 수단으로 기능한다. 수렵·채집 생활을 하는 소규모 집단은 이웃을 아껴야 한다는 황금률만으로 유지될 수 있었던 반면,[94] 거대한 익명의 사회에서는 사회의 결속을 유지하기 위해 하느님에 대한 사랑이라는 사회적 접착제가 필요했다. 따라서 예수가 이것을 첫째가는 계명으로 꼽은 것도 무리는 아니다. 도덕적인 하느님에 대한 공동의 의무가 없는 사회는 큰 혼란에 빠지고 만다. 그러나 예수는 또한 산상설교를 통해 원수를 사랑하라는 규범을 덧붙였다. 예수는 무엇보다 중요한 아사비야를 보존할 수 있는 모든 조치를 취했다.

예수가 보편적 윤리를 제시한 것은 아니라는 점을 잊어서는 안 된다. 레자 아슬란은 이렇게 설명한다. "자주 인용하는 '네 이웃을 네 몸같이 사랑하여라'라는 계명은 예수의 발명품이 아니다. 예수가 토라에서 직접 인용한 것으로 이스라엘 민족 내부의 관계에 엄격하게 적용되는 계명이다. 이스라엘 민족에게 그리고 1세기 무렵 팔레스타인에서 형성된 예수의 공동체에 '이웃'은 유대인 동포를 의미했다."[95] 토라도, 예수도 외부의 집단에 속한 "낯선 사람"까지 사랑하라고 요구하지는 않았다.[96] "원수를 사랑하여라"와 "왼뺨마저 돌려 대고" 같은 계명 역시 이스라엘 민족에게만 배타적으로 적용되었다. 다시 말해 여기서는 평화로운 공존을 촉진하기 위한 순수한 내부의 도덕을 볼 수 있다.[97] 예수에게는 다가올 종말에 대비하기 위해 사회적 결속을 극대화할 필요가 있었다.

예수가 유대인의 운명에만 관심을 가졌다는 주장을 뒷받침할 단서는 성서에서도 찾을 수 있다. 사도들을 보내며 예수는 이렇게 말했다. "이방인들이 사는 곳으로도 가지 말고 사마리아 사람들의 도시에도 들어가지 마라. 다만 이스라엘 백성 중의 길 잃은 양들을 찾아가라."[98] 신학자 위르겐 롤로프Jürgen Roloff는 이렇게 확언한다. "예수의 사명은 이스라엘 민족을 위한 것이었다. 성서를 구석구석 살펴봐도 예수가 인류 전체를 위한 보편적 계획을 세웠다는 사실은 확인하기 어렵다."[99]

원수를 사랑하라는 제안을 처음 한 사람도 예수가 아니었다. 소크라테스Socrates(기원전 469~399년) 같은 고전 철학자는 사람들, 특히 권력자들에게 복수를 자제하고, 악에 선으로 맞서고, 심지어 적의 안녕을 증진하라고 충고했다. 한편 토라에도 적을 돕는 것을 장려하는 명령이 포함되어 있다.[100] 이런 유형의 호소는 수렵·채집 생활에서 멀어진 이후 등장한 모든 사회를 위협하는 폭력의 악순환을 끊는 것이 목적이었다. 그리고 예수가 제안한 원수를 사랑하라는 관념이 보편적인 도덕적 교훈을 의미한 것은 아니라는 사실 역시 분명하다. 만약 그렇다면 종말론적 투쟁은 아무 의미가 없을 것이다. 악한 적은 포용하는 것이 아니라 물리쳐야 하기 때문이다. 그래야 하느님의 왕국이 세워질 것이다. 그리고 다른 편에 서기로 한 사람은 영원히 저주를 받을 것이다. "다시 말해 '원수를 사랑하여라'라는 계명은 '네 이웃을 네 몸같이 사랑하여라'라는 계명과 같이 민족 간 유대가 아니라 이스라엘 민족의 사회적 결속을 다지기 위한 비결이다."[101]

강력한 적에 맞서 이기려면 집단 내 분쟁을 근절해 적이 불화의 씨앗을 뿌리지 못하게 해야 한다. 하느님과 이웃에 대한 사랑과 충성을 맹세하는 것만으로는 충분치 않다. 또한 아사비야를 위험에 빠뜨릴 수 있는 모든 행동을 금지해야 한다. 구약성서에서 그토록 불쾌하게 여긴 부조화 문제를 신약성서에서도 강력하게 비난하는 이유가 바로 여기에 있다. 따라서 동전의 양면인 내부의 도덕과 외부의 도덕을 분리하는 것은 인위적이다. 아사비야를 강화하기 위해 내부에서 취한 모든 조치는 경쟁 집단을 겨냥한 전략으로도 기능한다. 지금까지 그런 계명을 자주 봐왔지만 신약성서에서는 훨씬 급진적이다. 왜냐하면 예수가 전쟁의 한복판에 서 있다고 느꼈기 때문이다.

한편 그 반대되는 예수의 모습도 발견할 수 있다. 예수가 제시한 도덕의 "인간적인" 면으로 오늘날 특히 존경받는, 결코 엄중하지 않은 행동이다. 가난한 사람, 아픈 사람, 약한 사람을 무조건적으로 옹호하고 타인에 대한 판단을 자제할 것을 호소하는 모습이 그렇다. 예수의 말을 들어보자. "어찌하여 너는 형제의 눈 속에 있는 티는 보면서 제 눈 속에 들어 있는 들보는 깨닫지 못하느냐?"[102] 간음한 여자 이야기에서는 예수가 제시하는 용서라는 도덕의 인상적인 예를 볼 수 있다. 예수가 회당에서 사람들에게 설교할 때 율법학자들이 간음한 여자를 데려왔다. "선생님, 이 여자가 간음하다가 현장에서 잡혔습니다. 우리의 모세 법에는 이런 죄를 범한 여자는 돌로 쳐 죽이라고 하였는데 선생님 생각은 어떻습니까?" 예수는 대답하지 않은 채 손가락으로 땅바닥에 무언가를 썼다. 율법학자들이 대답을 재촉하자 예수는 역사에 길이 남을 한마디를 던졌다. "너희 중에 누구든지 죄 없는 사람이 먼저 저 여자를 돌로 쳐라." 율법학자들이 하나하나 가버리고 마침내 여자만 남게 되었다. "예수께서 고개를 드시고 그 여자에게 '그들은 다 어디 있느냐? 너의 죄를 묻던 사람은 아무도 없느냐?' 하고 물으셨다. '아무도 없습니다, 주님.' 그 여자가 이렇게 대답하자 예수께서는 '나도 네 죄를 묻지 않겠다. 어서 돌아가라. 그리고 이제부터 다시는 죄짓지 마라' 하고 말씀하셨다."[103]

이 이야기의 역사성에 대해서는 의견이 분분하지만 예수의 전기에 완벽하게 부합하는 이야기다.[104] 수렵·채집인의 옛 정신에 얼마나 완벽하게 들어맞는지 생각해보면 이 이야기는 그 자체로 경이롭다. 오늘날 가부장제 사회에서 간음한 여자가 현장에서 잡혔을 때 어떤 처우를 받는지 말하지 않아도 알 것이다. 그러나 수렵·채집 시대의 여성은 이른바 문명사회의 여성보다 훨씬 많은 성적 자유를 누렸다. 동시에 예수는 법적 처벌로 이어지는 범죄를 규정하는 근본적 법 원칙을 저버리고 집단 내에서 보상과 화해를 촉진하는 수렵·채집 시대의 도덕 원칙으로 대체했다. 수렵·채집인의 도덕에는 엄숙주의가 발을 붙일 수 없었다. 그들은 모든 갈등을 평화롭게 해결하려 했고 정서적 화해를 추구했기 때문이다. 근대사회와 달리 전통 사회에서 대인 관계는 실존적 중요성이 훨씬 컸고 대개 평생 동안 유지되었다.[105] 전통 사회에서 사람들은 서로에게 의존해 살아갔고, 따라서 서로를 용서할 준비가 되어 있어야 했다. 결국 누구든 어쩌다 한번은 실수하기 마련 아닌가.

"가슴을 치며 통곡할 것이다"

내부의 도덕은 보상과 화해가 그 핵심에 자리 잡은 반면 예수가 제시한 외부의 도덕에는 한 점의 자비도 없다. 예수는 자신의 종말론적 관점을 반영해 세계를 선과 악, 친구와 적으로 나누었다. "내 편에 서지 않는 사람은 나를 반대하는 사람이며…"[106] 하느님의 편에 서지 않은 사람에게는 자비를 베풀 이유가 없다. 예수는 밀밭에 가라지를 뿌린 "원수"의 비유를 들었다. 하인이 가라지를 뽑으려 하자 밀까지 같이 뽑을 것을 염려한 주인은 둘 다 자라게 내버려두라고 했다. "추수 때에 내가 추수꾼에게 일러서 가라지를 먼저 뽑아서 단으로 묶어 불에 태워버리게 하고 밀은 내 곳간에 거두어들이게 하겠다." 사도들이 그 이야기의 의미를 묻자 예수는 이렇게 말했다.

좋은 씨를 뿌리는 이는 사람의 아들이요, 밭은 세상이요, 좋은 씨는 하늘나라의 자녀요, 가라지는 악한 자의 자녀를 말하는 것이다. 가라지를 뿌린 원수는 악마요, 추수 때는 세상이 끝나는 날이요, 추수꾼은 천사들이다. 그러므로 추수 때에 가라지를 뽑아서 묶어 불에 태우듯이 세상 끝 날에도 그렇게 할 것이다. 그날이 오면 사람의 아들이 자기 천사들을 보낼 터인데 그들은 남을 죄짓게 하는 자들과 악행을 일삼는 자들을 모조리 자기 나라에서 추려내어 불구덩이에 처넣을 것이다. 그러면 거기에서 그들은 가슴을 치며 통곡할 것이다. 그때에 의인들은 그들의 아버지의 나라에서 해와 같이 빛날 것이다. 들을 귀가 있는 사람은 알아들어라.[107]

악한 사람들의 자손이 영원한 고통을 받으며 가슴을 치고 통곡하지 않도록 방지하는 것은 예수에게 있을 수 없는 일이었다. 원수를 사랑하라는 말은 결코 그렇게까지 하라는 의미가 아니었다.

따라서 하느님의 왕국에 속하지 않은 사람들에게는 최악의 운명이 기다리고 있었다. 그렇다면 이교의 억압자 외에 누가 거기에 속할 수 있겠는가. 신약성서는 로마제국 시대에 쓰였기에 로마인을 공개적으로 사탄과 동일시할 수 없었다. 따라서 복음서 저자들은 예수를 적대시한 유대인, 즉 배신자인 가리옷 사람 유다Judas, 대사제, 율법학자를 악마화했다. 복음서 저자들에 따르면 그들은 모두 악마의 영향을 받았다.[108]

악마와 명백히 연계된 집단은 또 있다. 부자들이다. 그들은 부당이득을 취하는 데 뛰어난 재능을 발휘했다. 이 문제는 아담과 이브에 대해 논의한 장에서 다루었는데, 사실 히브리 성서 전반에 걸쳐 계속 만나게 된다. 사유재산의 발명은 "부자는 더 부유해지고 가난한 사람은 더 가난해지는 선순환 구조"를 낳았는데,[109] 이것이야말로 아사비야를 가장 위협하는 요인이었다. 한편 고대사회에서 사회 지도층은 엄청난 사회적 문제를 야기한 크나큰 고난에 책임이 있었다. 그들은 종종 로마인과 결탁했고, 꽤 많은 이들이 그

덕을 보았다. 이런 이유로 예수는 부자를 강력한 어조로 규탄했다.

산상설교에서 예수는 이렇게 말했다. "재물을 땅에 쌓아두지 마라."[110] 하느님과 재물을 아울러 섬길 수는 없기 때문이다. 예수는 또 이렇게 말했다. "부자가 하느님 나라에 들어가는 것보다는 낙타가 바늘귀로 빠져나가는 것이 더 쉬울 것이다."[111] 부자와 가난한 라자로Lazarus에 대한 비유는 이런 메시지를 강조한다. 불행한 삶을 산 라자로는 죽은 뒤 아브라함의 품에 안겼지만 부자는 지옥의 불구덩이에서 썩어갔다. 마지막으로 기억해야 할 것은 예수가 이런 문제를 해결하기 위해 폭력에 의존할 의사가 있었다는 점이다. 예루살렘 성전에 자리 잡은 환금상을 쫓아내는 장면에서 이런 사실을 확인할 수 있다. 한편 예수는 사회 지도층인 사제들이 성전을 강도의 소굴로 만들었다고 비난했다.[112] "하느님과 재물을 아울러 섬길 수 없다"[113]라는 문장에서 알 수 있듯 금전과 재산 문제에 관한 한 예수는 "절대적인 비타협적 입장"을 보였다고 신학교수 아네테 메르츠는 언급했다.[114]

여기서 착취를 극도로 싫어하는 인간의 첫 번째 본성의 외침을 들을 수 있다. 심지어 궁극적 제재에 지지를 보내기도 한다. 수렵·채집 생활을 하는 집단은 "다른 구성원의 안녕을 위협하는 행동"을 한 사람을 사형에 처하기도 했다.[115] 여기서 다시 한번 다른 집단과의 갈등에서 이기기를 원하는 사람은 평등주의를 요구해야 한다는 오래된 진리를 만날 수 있다. 집단의 결속력을 높이려면 대의명분을 따르는 모든 사람이 평등하게 이익을 취해야 한다. 따라서 다른 사람의 희생을 바탕으로 자기 부를 쌓아 올리는 사람은 절대 용납될 수 없다. 여기서 여호수아에 기록된, 하느님의 명령으로 돌에 맞아 죽은 강탈자 아간의 사례를 떠올릴 수 있다(11장 참고).

한편 예수가 제시한 외부의 도덕의 본질에 대해서도 자세히 살펴볼 수 있다. 마르코와 마태오가 언급한 이야기를 예로 들어보자. 예수가 띠로 지역에 갔을 때 한 여인이 소문을 듣고 찾아와 딸에게 씌인 사악한 영혼을 쫓아달라고 간청했다. 예수는 거절했다. 그녀가 "시로페니키아 출생의 이방인"이었기 때문이다. 예수는 이렇게 말했다. "자녀들을 먼저 배불리 먹여야 한다. 자녀들이 먹는 빵을 강아지들에게 던져주는 것은 좋지 않다." 강아지라고? 예수가 비유적 표현을 쓴 것이라고 주장할 수도 있지만, 이런 비인간적인 말은 태곳적부터 외부인을 배제하기 위해 사용해온 전형적인 표현이다. 여인의 대답을 들은 예수는 결국 도와준다. 여인은 이렇게 말했다. "선생님, 그렇긴 합니다만 상 밑에 있는 강아지도 아이들이 먹다 떨어뜨린 부스러기는 얻어먹지 않습니까?"[116] 여인은 예수의 비인간적인 표현을 받아들이고 복종심을 드러낸 것이다.

예수를 심판대에 세우려는 것은 아니다. 단지 예수가 제시한 도덕적 원칙의 기원을 밝히려는 것뿐이다. 그리고 지금까지 살펴본 그 도덕적 원칙의 기원은 매우 명확하다. 바로 집단 내 구성원에게는 관용을 베풀고 화해하되 외부인에 대해서는 무자비하고 비인간화하는 경향을 보이는 것이다. 이것은 인간의 도덕에 깃든 이중 잣대를 구성하는 오래된 요소로 그 덕분에 인간은 친구 대 적이라는 논리를 손쉽게 활성화할 수 있다. 그리고 이것이 바로 예수가 제시한 도덕을 성공으로 이끈 비결이자 예수를 호모사피엔스의 귀감으로 만든 비결이다.

낙원 건설

예수가 산상설교의 도입부에 언급한 팔복八福은 성서에서 가장 유명한 구절 가운데 하나다. "마음이 가난한 사람은 행복하다. 하늘나라가 그들의 것이다."[117] 루가의 복음서에 따르면 진짜 가난한 사람은 하느님의 왕국에 속했다.[118] 루가에 따르면 예수는 이렇게 말했다. "그러나 부요한 사람들아, 너희는 불행하다. 너희는 이미 받을 위로를 다 받았다. 지금 배불리 먹고 지내는 사람들아, 너희는 불행하다. 너희가 굶주릴 날이 올 것이다. 지금 웃고 지내는 사람들아, 너희는 불행하다. 너희가 슬퍼하며 울 날이 올 것이다."[119] 여기서 다시 한번 인류의 특징인 호혜의 논리를 만날 수 있다. 부자는 이승에서 물질적 풍요를 충분히 누렸으므로 하느님의 왕국에서는 그 대가를 톡톡히 치르게 될 것이고 그 덕분에 세계는 다시 한번 균형을 되찾게 될 것이다.

팔복은 종말론의 이면에 자리 잡은 프로그램이다. 마태오의 복음서는 이렇게 전한다. "슬퍼하는 사람은 행복하다. 그들은 위로를 받을 것이다. 온유한 사람은 행복하다. 그들은 땅을 차지할 것이다. 옳은 일에 주리고 목마른 사람은 행복하다. 그들은 만족할 것이다."[120] 로버트 라이트는 이런 종말론적 이상의 핵심에는 "양극 역전"의 원칙이 있다고 말한다. "억압받는 사람들은 어느 순간 높은 곳에 오를 것이고 억압하는 사람들은 어느 순간 바닥으로 추락할 것이다."[121] 작가 레오 린더의 표현에 따르면 예수는 "모든 것의 윗면을 아래로, 모든 것의 아랫면을 위로 돌려놓는다."[122] 문화적 진화의 관점에서 볼 때 린더의 표현은 정확하다. 예수가 말한 모든 것은 사물을 원래대로 되돌리고 평등과 공정성에 근거한 수렵·채집 시대의 도덕을 재도입하려는 시도를 나타내기 때문이다. 물론 당시 오래된 인류의 유산을 다루고 있다는 사실을 깨달은 사람은 아무도 없었다. 그저 옳다고 느꼈을 뿐이다.

만약 예수가 세계를 바로잡으려 했다면 부정의, 불평등, 억압 같은 부조화 문제부터 없애고 정착 생활 이후 등장한 모든 재앙도 사라지게 해야 했다. 가부장제 역시 마찬가지다. 앞서 예수가 간음한 여자를 용서한 방식을 살펴보았는데, 여성이 예수 운동에서 중요한 역할을 담당했다는 사실을 곧 확인하게 될 것이다.

종말론적 이상과 천상의 왕국이라는 예수의 꿈은 인간의 첫 번째 본성의 세계, 즉 낙원의 귀환을 의미한다. 그 세계에서는 평등을 중요시하고, 재산을 독점하거나 동료를 억압하지 않으며, 누구나 다른 사람을 공정하게 대한다. 그리고 낙원을 상정하는 이런 세계관에는 필연적으로 지옥의 존재가 뒤따른다는 사실을 잊지 말아야 한다. 적, 나쁜 짓을 저지르는 사람, 착취하는 사람은 지옥에서 영원히 고통받을 것이다. 이것 역시 인간의 첫 번째 본성이 꿈꾸는 세계의 일부다.

두 번째 예수

종말론은 종말론적 환상에 묘사된 것처럼 모든 것의 끝, 즉 세계의 종말과 역사의 종말을 연구한다.[123] 오늘날 한 무리의 신학자는 신약성서에서 "종말론과 무관한" 예수를 발견했다고 주장하는데, 이들은 종말론에 관심을 보이지 않던 예수가 그리스 철학자인 시노프의 디오게네스Diogenes(기원전 410~323년경)의 영향을 받았다고 믿는다. 전설에 따르면 디오게네스는 아테네로 가서 커다란 점토 항아리에서 생활한 인물이다. 이들 신학자의 이론에 따르면 예수는 유대인 냉소주의자로, 자신이 고안한 대안적 생활 방식과 역설적 지혜를 강요하며 사람들을 괴롭힌 비주류다. "어디에도 얽매이지 않는 자유의 삶"을 높이 평가한 비타협주의자 예수는 "자기 자신에게 몰입해 외부의 영향에서 자유로운 존재"라는 철학적 이상을 제시했다.[124]

미국에서는 존 도미닉 크로선John Dominic Crossan과 버턴 맥Burton Mack 같은 인물이 참여하는 예수세미나Jesus Seminar라는 단체가 이런 관점을 대변하고, 독일에서는 신학자 베른하르트 랑이 종말론과 무관한 예수 이론을 다룬 책을 펴냈다.[125] 그럼에도 이런 주장은 그다지 주목받지 못했다. 이를 비판하는 사람들은 종말론과 무관한 예수 이론이 예수에게 헬레니즘 문명의 영향을 과하게 입혔다고 주장한다. 유대인으로서 뿌리 깊은 정체성과 함께 예수가 행한 임무의 핵심이 유대인을 가르치는 것이었다는 점을 고려할 때 헬레니즘 문명은 예수에게 어울리는 옷이 아니라는 것이다.[126] 여기서 이런 논쟁을 소개하는 것은 복음서가 종말론적 예수뿐 아니라 전혀 성격이 다른 두 번째 예수도 제시한다는 것을 보여주기 때문이다(물론 이 책은 두 번째 예수가 헬레니즘 문명의 영향을 받았다고 생각하지 않는다).

세계에 대한 예수의 종말론적 해석은 토라에 영감을 준 것과 같은 충동, 즉 재앙을 다루려는 인류의 필사적인 시도에서 비롯했다. 예수에게 새로운 요소가 있다면, 그것은 어떻게 이것을 성취할 것인가에 대한 이상이었다. 두 경우에서 모두 지성적 종교가 재앙을 막는 데 어떻게 기여했는지 확인할 수 있다. 따라서 지금까지 살펴본 종말론적 예수는 이런 지성적 종교의 대변자라고 이해할 수 있다. 예수가 제시한 도덕은 사회를 악으로부터 보호하는 것을 목표로 한다. 그 때문에 개개인의 걱정과 필요에는 관심을 보이지 않는다. 이는 인간 개개인의 필요에 부응하는 두 번째 예수, 즉 직관적 예수가 복음서에 묻혀 있어야 한다는 사실을 시사한다.

구약성서의 시편에서 개개인을 보호하는 구원자 하느님이 토라의 하느님인 유일신 야훼와 합류했다는 사실을 확인했다. 개인에게 필요한 영적 도움을 제공하는 직관적 종교의 특징이 지성적 종교의 하느님, 즉 공동체를 보호하기 위한 도덕에만 관심을 보이는 하느님을 보완한다. 한편 지성적 종교와 직관적 종교가 어깨를 나란히 한 구약성서와 달리 신약성서에서는 두 종교가 하나로 융합한다. 그럼에도 여전히 직관적 예수의 모습을 쉽게 짚어낼 수 있는데, 우리에게 매우 익숙한 모습이기 때문이다. 자극적으로 들릴 수도 있겠지만 직관적 예수는 완벽한 수렵·채집인의 모습, 즉 인간의 첫 번째 본성이 바라 마지않는 이상적인 인간의 모습이다.

공동체에 대한 열망

예수를 낭만적인 인물로 묘사하려는 것도, 복음서에 기록된 모든 일이 실제로 일어났다고 주장하려는 것도 아니다. 다만 복음서의 저자들이 창조한 예수라는 인물이 유효성이 입증된 수단을 활용해 인간의 마음에 새겨진 특정 감정을 두드리는 누적적인 문화적 진화의 산물이라는 것만은 분명하다.

예수와 예수의 열두 제자가 시골인 갈릴래아에서 벌인 행적을 살펴보자. 이들을 시대에 어울리지 않는 수렵·채집인 집단이라고 생각한다면 지나친 억측일까? 사실 신약성서는 이런 관점을 지지하는 꽤 많은 증거를 제공한다. 우선 이스라엘의 열두지파를 상징하는 열둘이라는 숫자의 상징성에 주목하는 사람이 많은데, 이 책에서는 열둘이라는 숫자의 상징성에도, 열두 사도가 사람의 아들과 함께 하느님의 백성을 다스릴 것이라는 종말론적 주장에도 주목하지 않는다.[127] 다양한 구절을 통해 성서는 예수를 따르는 무리가 열두 제자뿐 아니라 여성을 포함한 많은 사람으로 이루어져 있다는 점을 드러낸다.

예수를 따르는 무리는 "억압적 권력 구조가 존재하지 않는" 평등주의를 지향했다.[128] 예수는 논란의 여지가 없는 지도자였지만 자신의 지배를 공고히 하기 위한 어떤 행동도 하지 않았다. 수렵·채집인의 집단 역시 비상시에는 지도자를 두고 신뢰했지만 위험이 사라지면 그 지도자는 권력에 집착한다는 인상을 주지 않기 위해 즉시 집단의 일원으로 돌아갔다. 예수는 추종자들에게 이렇게 말했다. "너희도 알다시피 이방인들의 통치자로 자처하는 사람들은 백성을 강제로 지배하고 또 높은 사람들은 백성을 권력으로 내리누른다. 그러나 너희는 그래서는 안 된다. 너희 사이에서 누구든지 높은 사람이 되고자 하는 사람은 남을 섬기는 사람이 되어야 하고 으뜸이 되고자 하는 사람은 모든 사람의 종이 되어야 한다."[129] 요한의 복음서에서 예수가 제자들의 발을 씻기는 이유가 궁금했다면 이제 그에 대한 답을 찾았을 것이다.

신약성서는 예수를 따르는 무리가 강력한 유대 관계를 형성했다는 사실을 거듭 강조한다. 예수를 따르는 무리의 아사비야는 가족 관계와 생물학적 친족 의식을 뛰어넘는 궁극의 가치였다. "그때 예수의 어머니와 형제들이 밖에 와 서서 예수를 불러달라고 사람을 들여보냈다. 둘러앉았던 군중이 예수께 '선생님, 선생님의 어머님과 형제분들이 밖에서 찾으십니다' 하고 말하였다. 예수께서는 '누가 내 어머니이고 내 형제들이냐?' 하고 반문하시고 둘러앉은 사람들을 돌아보시며 말씀하셨다. '바로 이 사람들이 내 어머니이고 내 형제들이다. 하느님의 뜻을 행하는 사람이 곧 내 형제요, 자매요, 어머니이다.'"[130]

많은 신학자가 예수가 가족을 도외시한 일로 골머리를 썩였다.[131] 확실히 예수의 행동은 추종자들의 기존 가족 관계를 끊어놓으려고 하는 오늘날 분파 지도자들의 모습과 비슷해 보인다. 가족은 전통 세계를 체화한 존재이므로 가족 관계는 사라져야 할 유물이었다. 하느님의 왕국이 도래하는 날 예수의 곁에 서고 싶은 사람은 가족과 재산을 버리고 낡아빠진 두 번째 본성도 벗어버려야 했다. 예수는 자신의 삶을 통해 미래의 사회에 어떤 기대를 하는지 몸소 보여주었다. 하느님에 대한 믿음은 전혀 모르는 낯선 사람도 하나의 대가족으로 묶을 수 있는 힘이 있었다. 즉 가상의 친족 의식을 완벽하게 구현할 수 있는 것이다.

예수와 예수의 추종자들에게는 일정한 직업이 없었다. 예수는 추종자들에게 모든 재산을 버릴 것을 요구했다. 예수의 추종자들은 치료사와 퇴마사로 이름을 날렸다. "너희는 무엇을 먹고 마시며 살아갈까, 또 몸에는 무엇을 걸칠까 하고 걱정하지 마라." 예수는 또 이렇게 말했다. "공중의 새들을 보아라. 그것들은 씨를 뿌리거나 거두거나 곳간에 모아들이지 않아도 하늘에 계신 너희의 아버지께서 먹여주신다. 너희는 새보다 훨씬 귀하지 않느냐?"[132] 예수와 예수의 추종자들은 함께 모여 식사했고 때로는 사회에서 소외된 사람들과 함께 식사했다. 덕분에 예수는 어울려서는 안 되는 사람들과 어울려 다닌다는 비난에 시달려야 했다. "보아라, 저 사람은 즐겨 먹고 마시며 세리와 죄인하고만 어울리는구나."[133] 성찬식聖餐式이 그리스도교의 핵심 제도 가운데 하나로 자리 잡을 수 있었던 것도 무리는 아니다. 수렵·채집 시대와 마찬가지로 공동체는 무엇이든 함께 누린다. 아무도 홀로 외로이 식사하지 않는다. 식사는 집단 구성원의 유대를 강화하는 사회적 활동이었다.

사람들이 이런 비주류 문화에 그토록 깊이 빠져든 이유는 무엇일까? 20세기 초에 나타난 생활 개혁 운동부터 비교적 최근에 등장한 히피 운동에 이르는 모든 사회운동에서 확인할 수 있는 것처럼 사람들은 공동체 생활을 하는 대안적 집단에 끊임없이 빠져들었다. 초기 그리스도교는 예수 운동의 본래 목적을 충실하게 이행하고자 하는 오늘날 많은 그리스도교도의 마음을 사로잡았다. 베른하르트랑은 이렇게 설명한다. 예수의 등장과 함께 "사회에 끊임없이 도전하는 대안적 생활 방식이 출현했는데, 그 매력을 외면하기란 결코 쉽지 않은 일이었다." 그의 주장에 따르면, 예수와 예수의 제자들은 사회적 실험을 했다.[134] 그러나 그들은 혁명을 꿈꾸지 않았다. 예수는 그저 호모사피엔스의 근원으로 돌아가기를 바랐을 뿐이다. 인류의 오랜 역사에 비추어 보면 사실 예수는 극단적 보수주의자였다고 할 수 있다.

지크문트 프로이트 시대 이후 문명 속의 불만이라는 표현이 유명세를 탔는데, 진화론적 관점에서 보면 가부장제 사회가 물질적 재산에 집중하고 사회적 관계를 소홀히 한 결과 생겨난 것이다. 가부장제 사회가 등장하면서 물질적으로는 풍요로워졌지만 사회적으로는 빈곤해졌다.[135] 그러나 인간은 수십만 년에 걸친 진화를 통해 촘촘한 사회적 관계망에 의존하는 초사회적 존재로 진화해왔다. 사회적 관계야말로 인간이 가진 유일한 생명보험이었으므로 이런 새로운 환경에 불만을 품게 된 것도 무리는 아니다. 예수를 따르는 무리와 같이 구성원이 모든 것을 공유하고 서로를 돌보는 집단에 매력을 느끼는 것은 인간의 첫 번째 본성에서 비롯한 것이다. 첫 번째 본성은 인간의 심리적 선호가 진화한 그 시대를 열망하지만, 물질적 풍요를 추구하는 익명의 사회에서는 그런 열망을 충족할 수 없다.

여성의 혁명적 역할

예수 운동에서 여성이 두드러진 역할을 한 것은 "수렵·채집 문화로 회귀하는" 흐름과도 맞아떨어진다. "매우 다양한 여성과 여성의 세계를 포용"했을 뿐 아니라 여성이 폭넓은 예수의 추종자 무리에 속했다는 것을 확인할 수 있다. 여성은 물질적 지원을 담당했고 예수가 십자가에 못 박히고 부활한 사건에서 결정적 역할을 했다. 몇몇 여성은 예수가 죽은 뒤 떠돌이 설교자가 되어 활발한 활동을 펼치기도 했다.[136]

그중 가장 널리 알려진 여성이 막달라 마리아다. 루가는 예수가 "막달라 마리아"에게서 사악한 일곱 영혼을 쫓아내는 과정을 기록했다. 다른 여자들처럼 막달라 마리아도 갈릴래아에서 예수를 따라 예루살렘으로 갔다. 예수가 체포된 후 그녀는 다른 제자들과 함께 도망치지 않고 예수가 십자가에 못 박히는 모습을 모두 지켜봤다. 복음서 저자들은 모두 막달라 마리아가 예수의 무덤이 비어 있는 것을 발견했다는 데 동의한다. 복음서 네 권 가운데 세 권에 따르면 부활한 예수를 처음 만난 사람도 막달라 마리아다. 예수는 제자들에게 자신의 부활을 알리는 임무를 그녀에게 맡겼다. "따라서 막달라 마리아는 예수 운동에서 분명 중요한 역할을 했다. 그것은 시몬 베드로가 맡은 임무에 비견할 만하다"라고 설명한 위르겐 롤로프는 이렇게 결론 짓는다. 예수를 따르는 무리에서 여성이 중요한 역할을 했다는 사실은 "가부장제 사회인 당시의 문화에서는 혁명까지는 아니더라도 매우 이례적인 것이었다."[137]

9장에서 설명한 것처럼 히브리 성서는 일종의 마이너리티 리포트다.[138] 평범한 여성은 구약성서에서 사실상 보이지 않고 중요한 인물로 다루는 여성은 "고대 이스라엘의 여성을 대표할 수 있는" 모습이 아니다.[139] 성서는 남성처럼 이스라엘 민족을 위해 분연히 떨쳐 일어난 여성만 중요하게 다룬다. 판관 드보라는 가나안인과 전쟁을 벌였고 야엘은 적의 장군을 죽였으며 페르시아 왕후 에스텔은 집단 학살을 당할 위기에 처한 이스라엘 민족을 구했고 외경으로 분류되는 유딧의 주인공 유딧은 아시리아 장군 홀로페르네스의 목을 베어 머리를 잘라버렸다. 이런 이야기는 모두 가부장적 메시지를 강화하는 데 기여한다. 즉 야훼는 연약한 여성이라도 강한 믿음을 보이면 위대한 일을 할 수 있도록 지원하는 존재라는 메시지를 전하는 것이다.

남편이 죽은 뒤에도 야훼의 백성에게 충실해서 유명해진 모압 여인 룻의 사례는 이례적이다. 히브리 성서는 외국 여성을 위협으로 보는 경향이 있기 때문이다. 그들은 결국 남편이 외국 신을 모시도록 부추기는 존재에 불과했다(솔로몬이 가장 좋은 사례다). 따라서 에즈라는 이스라엘 민족이 다른 민족 사람과 결혼한 경우 이혼할 것을 종용했고 느헤미야는 족외혼을 아예 금지했다. 여러 종교학자의 연구를 통해 실제로 종교를 주관하는 것은 여성이라는 사실이 확인되었다. 즉 여성은 각 가정의 종교적 실천을 결정하는 존재였는데, 고대 이스라엘에서도 여성은 직관적 종교의 "의례 전문가"였다.[140] 우연의 일치인지는 몰라도 오늘날에도 여성이 종교 전문가라는 사실에는 변함이 없다. 종교심리학자 베냐민 베이트할라미는 이렇게 기록했다. "지난 100여 년의 연구 결과 여성의 종교성이 더 강하다는 사실이 일관되게 입증되었는데, 이는 종교와 관련한 가장 중요한 사실 가운데 하나다."[141]

주목할 만한 몇몇 인물을 제외하면 여성은 구약성서에 가부장적 가정 내 분쟁을 주도하거나 폭력의 희생자가 되어 남성이 전쟁을 벌일 빌미를 제공하는 존재로 등장할 뿐이다. 디나의 오빠들은 동생이 강간당한 사건을 빌미로 개종할 의지를 보였음에도 세겜의 주민을 학살했다. 판관기에는 기브아 주민들이 한 여자를 밤새도록 성폭행한 사건이 나온다. 다음 날 그 여자의 남편은 칼을 뽑아 "자기 첩의 시체를 열두 조각으로 내가지고는 이스라엘 전국에 보냈다." 이 소식을 들은 이스라엘 민족의 나머지 지파가 공동으로 기브아 주민을 상대로 복수전에 나서게 되었다.[142]

구약성서의 이야기와는 반대로 복음서에는 반反가부장적 요소가 다양하게 등장한다. 간음한 여자의 사례에서 본 것처럼 예수는 창녀같이 사회가 배척한 여성을 포용했다. 예루살렘에서 예수에게 기름을 부어 적법한 메시아임을 알린 것도 여성이었다. 이 모든 사례는 인간의 첫 번째 본성, 즉 수렵·채집인의 본성이 복귀하고 있다는 이 책의 주장을 완성하는 주요 퍼즐 조각이라고 할 수 있다. 앞서 설명한 것처럼 수렵·채집인 여성은 정착 생활을 시작한 후 등장한 가부장제 사회의 여성보다 훨씬 많은 자유를 누렸다. 따라서 예수 운동에서 볼 수 있는 이런 현상은 여성의 해방적 포용이라고 해도 과언이 아니다.

마지막 한 사람까지

예수는 모든 사람을 소중히 여긴다. 그와 관련한 메시지를 성서 곳곳에서 찾아볼 수 있다. 예수는 잃어버린 양에 대한 이야기와 같은 비유로 이 메시지를 포장한다.

> 너희 가운데 누가 양 백 마리를 가지고 있었는데 그중에서 한 마리를 잃었다면 어떻게 하겠느냐? 아흔아홉 마리는 들판에 그대로 둔채 잃은 양을 찾아 헤매지 않겠느냐? 그러다가 찾게 되면 기뻐서양을 어깨에 메고 집으로 돌아와 친구들과 이웃을 불러모으고 '자,같이 기뻐해주십시오. 잃었던 양을 찾았습니다' 하며 좋아할 것이다. 잘 들어두어라. 이와 같이 회개할 것 없는 의인 아흔아홉보다죄인 한 사람이 회개하는 것을 하늘에서는 더 기뻐할 것이다.[143]

이런 이야기 덕분에 그리스도교는 "사랑의 종교"로 보일 수 있었다.[144] 아버지는 물려받은 재산을 외국에서 물 쓰듯 써버린 뒤절망에 빠져 후회하는 마음으로 집에 돌아온 탕자를 반갑게 맞이한다. 용서할 마음의 준비는 수렵·채집인이 고수한 도덕의 핵심이다. 소규모 집단에서는 모든 사람이 다른 사람에게 의존하기 때문에 잘못을 저지른 사람을 그토록 빨리 그리고 쉽게 포기할 수 없었다. 인류학자 크리스토퍼 뵘은 그 이유를 이렇게 설명한다. "한편으로는 당시 사람들이 집단 구성원을 동료로 인식했기 때문이고, 다른 한편으로는 되도록 많은 사냥꾼을 집단에 둘 필요를 이해하는 실용적인 사람이었기 때문이다."[145]

사회에서 소외된 사람들의 입장을 대변하고 아픈 사람을 치료하는 예수의 모습에서 이런 유형의 도덕을 찾아볼 수 있다. 따라서 복음서 저자들은 이런 예수의 행동을 기록해 신뢰도를 높일 증거로 활용했다. 예수 운동은 고난의 시기에 연대를 과시함으로써 사람들에게 후한 점수를 받았다. 그것이 전하는 메시지는 분명했다. 단 한 사람도 포기하지 않을 것이다. 공동체는 구성원 개개인을 옹호할 것이다. 여기서 예수는 개인의 조언자이자 보호자로 등장하는데, 그것이야말로 인간의 첫 번째 본성이 항상 염원해온 모습이다. 예수는 개개인에게 깃든 악령을 남김없이 쫓아낸다. 이런 유형의 예수는 토라에서 만날 수 있는 하느님이 아니라 시편에서 찾게 되는 하느님을 대변한다.

"자, 이 사람이다"

이제 정리해보자. 신약성서에서 만날 수 있는 두 가지 유형의 예수는 누적적인 문화적 진화의 산물이다. 지성적 종교는 매혹적인 종말론적 방식으로 세계를 설명하는 그 기반을 혁신했고 그럼으로써 선과 악으로 양분된 세계를 창조했다. 이 세계에 첫 번째 예수그리스도는 어둠의 세력과 맞서 싸우는 영웅으로 등장한다. 복음서에서 만날 수 있는 두 번째 예수는 오래된 인간의 심리적 욕구에 부응한다. 심지어 교황도 예수의 이중적 도덕 가운데 두 번째 측면의 특징을 "친밀한 관계"라는 단어를 사용해 표현했다.[146] 따라서 복음서에서는 종말론적 예수와 더불어 친구 예수를 만날 수 있다.

종말론적 예수가 최후의 심판에서 공정한 판결을 내릴 결정권자라면 친구 예수는 모든 악행을 용서할 준비가 되어 있는 "죄인을 사랑하는 친구"다.[147] 이런 두 가지 측면이 고통받는 인간의 모습인 한 인물 안에 녹아들었다는 점에서 예수가 성공한 비결을 찾을 수 있다. 마지막 복음서의 저자 요한은 예수에 대한 판결을 준비하던 로마 총독 본디오 빌라도가 선고를 주저하며 책임을 모면할 궁리를 하는 모습을 묘사한다. 빌라도는 즉결심판을 하는 사람으로 널리 알려졌기에 아마 이 이야기는 사실이 아닌 것으로 보이지만, 어쨌든 성서에는 빌라도가 예수의 머리에 가시관을 씌우고 자홍색 용포를 입힌 뒤 사람들에게 예수를 가리켜 보이며 "자, 이 사람이다"라고 말했다고 기록되어 있다.

이 말을 통해 복음서에 등장하는 예수가 일개 인간, 즉 약하고 가련하며 곤경에 빠진 인간이라는 사실을 알 수 있다. 폴 벤은 예수가 "요정의 시대에 산 신화적 존재가 아니라" 실제 살아 있는 인간이었다는 사실이 초기 그리스도교가 보유한 가장 큰 자산이었다고 믿는다.[148] 복음서의 저자들은 예수를 도움의 손길이 절실한 한 개인으로 묘사했고 덕분에 사람들의 마음을 잡아끌 수 있었다. 연민이라는 감정 역시 결국 인간의 기본적 심리 구조의 일부이기 때문이다.

초기 그리스도교가 보유한 또 다른 자산은 아사비야의 가능성을 극대화하는 능력이었다. 예수 운동의 종말론적 세계에 대한 이해는 친구 대 적이라는 오래된 인간의 심리를 활성화했다. 평등주의와 용서라는 이상은 신자들을 하나로 묶었고, 근본적 윤리에 대한 요구는 값비싼 신호로 기능했다. 이런 요구에 따라 살아갈 준비가 된 사람들은 분명 자신이 설교하는 그대로 실천했을 것이다. 이것은 초기 그리스도교의 매력을 증가시켰고, 사도행전Acts of the Apostles이 입증하는 것처럼 예수가 죽은 뒤에도 그리고 그들이 겪은 모든 보복에도 불구하고 예수를 따르는 추종자들의 결속력을 보장했다.

반면 초기 그리스도교가 악마로 규정한 적에게 보인 적대감은 사회의 결속을 다지는 지극히 효과적인 접착제로 기능했다. 일레인 페이절스는 이렇게 설명한다. "그리스도교 운동이 유대교 공동체에서 그리고 로마제국에서 박해받고 의심받는 소수파로 남아 있는 한, 그리스도교도는… (마태오의 복음서에서 예수가 바리사이파 사람들을 두고 한 말처럼) 적이 '지옥의 자식'이라고 믿는 데에서 안정감과 연대감을 찾을 수 있었을 것이다."[149] 권력자를 비롯한 다수의 사람이 그리스도교를 받아들이면 이런 특징의 치명성이 입증될 터였다. 왜냐하면 그 후 이 새로운 종교는 자신의 적을 모조리 사탄으로 규정하고 그들을 곧장 지옥으로 보내버리는 입장을 취했기 때문이다.

역사상 이런 이중적 가능성은 그리스도교의 성공 비결로 작용했다. 그리스도교는 가난한 사람, 약한 사람, 아픈 사람의 편에 서는 사랑의 종교인 동시에 적을 악마로 규정하는 증오의 종교였다. 그 추종자들은 악한 세력이 이교도, 유대인, 이단자, 마녀의 모습으로 구석구석에 숨어 있다고 믿었다. 십자군이나 십자군이 벌인 전쟁은 말할 필요도 없을 것이다. 그러나 친구 대 적이라는 뿌리 깊은 인간의 심리를 하느님이 축복하는 순간 조작의 가능성이 생겼다는 점 그리고 악으로 보이는 세력과 치르는 전쟁이 천상의 왕국으로 들어가기 위해 악으로 규정된 적을 처단하는 수단으로 변모했다는 점만은 꼭 짚고 넘어가고 싶다.

예수와 예수의 제자들은 사탄의 악행을 저지하기 위해 무대에 모습을 드러냈다. 여기서 강조하고 싶은 결정적 요인은 그런 "종말론적 기반"에 매우 민감하게 반응하는 인간의 심리 구조다.[150] 인간이 종말론에 민감하게 반응하는 것을 종교의 탓으로 돌려서는 안 된다. 종교는 그런 인간의 특성을 극대화할 뿐이다. 신자든 아니든 모든 사람은 가장 깊고 어두운 악에 맞서 싸울 준비가 된 사람들에게 매력을 느낀다. 오늘날 사람들에게 사랑받는 대서사시를 예로 들어보자. 〈반지의 제왕Lord of the Rings〉 3부작과 〈스타워즈 Star Wars〉 그리고 《해리 포터Harry Potter》 시리즈는 맹세로 맺은 가상의 형제(자매)가 은밀히 퍼져나가는 어둠의 세력에 맞서 싸우는 내용이 주를 이룬다.[151] 인간의 첫 번째 본성은 프로도와 동맹 세력이 사우론과 오크 세력에 맞서 전투를 벌이고, 루크 스카이워커와 제다이가 다스베이더와 제국에 맞서 반란을 도모하고, 해리와 헤르미온, 론이 볼드모트 경과 죽음을 먹는 자에게 대항하는 모습에 흥미를 느낀다.

18

천국에 오른 예수

그리스도교의 탄생

예수는 십자가에 못 박혀 죽었고, 이 사건은 예수의 추종자들에게 큰 충격을 안겼다. 메시아라면 그토록 수치스러운 죽음을 맞이해서는 안 되기 때문이다. 그럼에도 그들은 예수의 죽음을 예수가 제시한 더 너른 종말론적 메시지에 부합하게 해석함으로써 충격을 비교적 수월하게 극복했다. 예수는 결국 죽음에서 돌아왔다. 그것은 그 자체로 완벽한 종말을 나타내지 않는가? 예수는 악마, 악령과 맞서 싸웠고 사제나 로마인에게 굴복해 그릇된 길로 빠지지도 않았다. 십자가에 못 박힌 예수는 가장 끔찍한 고통을 겪었지만 죽음을 이겨내고 승리했다. 이것이 "종말론적 표식"이 아니라면 무엇이 그렇다는 말인가. 하느님의 왕국은 분명 가까이에 있었다.[1]

그러나 하느님의 왕국은 도래하지 않았다. 몇 년을 기다려도, 몇십 년을 기다려도 하느님은 인류를 악에서 건져주지 않았고 그러는 사이 로마인은 예루살렘을 파괴했다. 초기 그리스도교는 최악의 시대에 모습을 드러냈다. 팔레스타인을 점령한 로마인은 반복되는 반란을 무자비하게 진압했다. 초기 그리스도교도에 대한 로마인의 박해가 어느 정도 수준이었는지는 알려지지 않았는데, 흔히 제시하는 상황만큼 나쁘지는 않았을 것이라는 시각도 있다.[2] 그러나 분명 이 한 가지 질문만큼은 예수의 추종자들을 지속적으로 괴롭혔을 것이다. 종말에 대한 예수의 입장이 잘못된 것인가? 그들은 사기꾼에게 속은 것인가?

기본적으로 종교에 대한 지식은 지금까지 살아남은 소수의 성공한 종교에서 나온 것이므로 생존 편향의 영향을 배제할 수 없다. 그러나 성서에서 정립한 개념이 더 이상 현실에 부합하지 않음에도 폐기되지 않고 수정되어가는 과정은 매우 인상적이다. 하느님의 왕국이 도래하지 않았다는 당혹스러운 사실은 서로를 강화하는 두 가지 과정을 촉발했다. 하나는 구원에 대한 희망을 개인화하는 것이고, 다른 하나는 예수를 신으로 격상할 뿐 아니라 온갖 천상의 존재를 창조해 신격화하는 것이다. 이런 분석은 신약성서를 넘어서는 영역에 속하지만, 여전히 인간의 본성이 그리스도교의 문화적 진화에 어떤 영향을 미쳤는지는 살펴볼 가치가 있다.

구원의 개인화

예수는 돌아오지 않았고 종말도 도래하지 않았다. 그렇다면 초기 그리스도교도들은 구원에 대한 모든 희망을 포기해야 하는 것일까? 다행히 종말이라는 개념 자체가 출구를 제시했다. 그 개념에는 밀접하게 연관된 두 가지 사고가 포함되어 있으므로 그리스도교도들은 단순히 한 곳에서 다른 곳으로 초점을 옮기는 것으로 출구를 찾아낼 수 있었다. 세계의 종말론적 전환이 살아생전에 도래할 것이라는 사고가 죽은 사람이 동시에 부활할 것이라는 사고와 결합했다. 이에 마지막 날 최후의 심판에서 산 사람과 죽은 사람이 한꺼번에 구원받을 것이라는 사고가 종말론의 바탕을 이루게 되었다.

만약 종말이 지금 여기서 일어나지 않는다면 최후의 심판은 죽은 사람만이 겪게 될 것이라고 생각하는 것은 자연스럽지 않은가? 이렇게 생각할 경우 구원은 죽음의 순간에 저승에서 개별적으로 이루어진다. 순교자가 저승에서 구원받는다는 생각이 이미 널리 퍼져 있었으므로 이렇게 추론하는 것은 어렵지 않았다. 게다가 예수가 죽은 뒤 사흘 만에 부활했다는 사실 역시 최후의 심판이 죽은 직후에 이루어진다는 것을 방증하는 증거였다.

이것은 분명 매력적인 생각이었다. 게다가 그 덕분에 종말론이 안고 있는 또 다른 문제도 해결할 수 있었다. 사람들은 자신의 혼이 어떤 일을 겪게 될지 확실히 알지 못한 채 마지막 날의 심판을 기다려야 했다. 그날이 도래할 때까지 몇 년이 걸릴지, 수세기가 걸릴지 모르는 상황에서 죽은 사람들은 어디서 무엇을 하며 지내야 하는가? 타고난 이원론자인 인간은 죽은 사람, 즉 존재하지만 존재하지 않는 일시적 존재가 어떤 모습을 하고 있을지 상상조차 할 수 없었다.

새로운 구원의 개념을 정립하는 과정은 죽은 사람의 혼이 겪을 운명에 대한 만족스러운 해답을 구하는 여정이었다. 중세까지 이어진 이 여정에서 성서에 기록된 최후의 심판은 개별 심판으로 대체되었다. 현재 가톨릭교회 교리서는 이렇게 설명한다. "각 사람은 죽자마자 자신의 삶을 그리스도께 셈 바치는 개별 심판으로 그 불멸의 영혼 안에서 영원한 갚음을 받게 된다."[3] 이런 설명은 (죽지 않으면 입증할 수 없다는 점에서) 반박이 불가능하다는 장점이 있을 뿐 아니라 인간의 첫 번째 본성 또한 만족시킨다.

결국 그리스도교는 구원에 대한 희망을 최후의 날이 아니라 저승으로 미루기로 하고, 천국과 지옥도 하느님의 정의가 실현되는 우주로 탈바꿈시켰다. 그러나 이를 이루기 위해서는 적당한 인물이 필요했다. 그리스도교로서는 다행스럽게도 이미 많은 신격화 과정이 진행되고 있었다.

높이, 더 높이

막스 베버는 이렇게 기록했다. "엄밀하게 말하면 원칙적으로 유대교와 이슬람교만이 유일신교라고 할 수 있다."[4] 폴 벤은 그리스도교의 "이원론에 의구심"을 품었다. 그리스도교는 "세 명의 초자연적 존재", 즉 하느님, 그리스도, 마리아를 "숭배 대상"으로 삼는데, "엄밀히 말하면 다신교적 성격을 띠기" 때문이다.[5] 사실 그리스도교는 "재신화화"[6] 또는 "원시적인 신화적 종교로 회귀"[7]했다는 비난을 받는다. 그러나 이런 변화는 지성적 종교가 창조한 "세계를 재마법화한 것"[8]이라고 보는 편이 더 적절하다. 세계의 재마법화는 하느님의 왕국의 도래가 지연되면서 나타난 두 번째 반작용이다.

지금까지 이 책에서 이런 현상을 몇 번이고 보았다. 인간의 세 번째 본성, 즉 지성적 본성이 제시한 해결책인 문화적 진화를 지속적으로 유지하기란 쉽지 않은데, 인간의 첫 번째 본성이 그것에 저항하는 경향이 있기 때문이다. 앞서 엄격한 유일신교로 인해 사람들이 겪는 어려움과 "신학적으로 올바르지 않은" 경향을 보이는 인간의 첫 번째 본성 덕분에 세상에 다양한 신이 존재하게 된 과정을 살펴보았다. 적어도 공식적으로는 세상에 하나뿐인 유일한 하느님 이라는 허구를 유지하는 대신 그리스도교는 인간의 첫 번째 본성이 자아낸 다양한 신이 자유롭게 활동할 수 있는 길을 열어놓았다.

여기서 다시 한번 혼합 과정을 만나게 된다. 철저하게 도덕적인 하느님은 또 다른 초자연적 행위자, 즉 예수와 마리아, 수천에 달 하는 성자와 천사, 악마와 악마가 부리는 악령을 동원했다. 그리고 그 덕분에 누구든 자신에게 필요한 것을 얻을 수 있었다. 이제 그리 스도교의 신성한 우주를 구성하는 개별 인물들에 대해 자세히 살펴 보자. 이런 존재들이 신으로 탈바꿈하는 데 도움을 준 것은 무엇일 까? 천상에서 이루어진 노동의 분업이 하느님 자신에게는 어떤 영 향을 미쳤을까?

예수, 신이자 인간

예수가 부활한 뒤 무슨 일이 일어났는가? 사도행전에 따르면 예수는 40일이 지난 뒤 (다니엘에서 "사람 모습을 한" 천상의 존재가 지 상에 내려오는 것과 정반대의 과정을 거쳐) 구름 너머 천국으로 올라갔 다. 몇 년 뒤 스테파노Stephanos는 예수가 하느님 오른편에 서 있는 환상을 보았고, 그 말을 신성모독으로 여긴 유대인은 그를 돌로 쳐 죽였다. 그리스도교는 첫 번째 순교자인 스테파노를 성인으로 시성 했다. 다마스쿠스로 향하는 다르소의 사울(그리스도교를 박해했지만 나중에 바울로로 이름을 바꾸고 사도가 된 인물)에게 예수가 나타났을 때 그는 하늘에서 번쩍인 빛 때문에 시력을 잃었다. 이때 이미 예수 는 천상의 존재라는 지위를 얻은 상태였다.

"하느님의 아들"이라는 호칭이 상황을 이해하는 데 도움이 될 것이다. 유대교 전통에서 이것은 메시아의 속성일 뿐, 신의 혈통을 의미하는 것이 아니었다. 그러나 신의 아들이라는 개념에 익숙한 이교의 세계에서는 유대교와 다른 방식으로 이해했고, 결국 예수는 진정한 하느님의 아들로 격상되었다. 따라서 유대인이 아닌 사도 루가는 복음서에서 처녀 잉태를 통해 신을 아버지로 두고 태어난 예수의 출생 과정을 매우 상세히 다룬 것이다.[9]

신으로 격상된 인간은 "높이, 더 높이" 올라 천국에 이르렀다. 바트 어먼만큼 이 문제를 잘 요약하긴 쉽지 않을 것이다. "부활의 순간에 예수는 (인간) 메시아에서 하느님의 아들로 격상되어 신의 지위를 얻었다. 그리고 예수는 인간의 모습으로 지상에 내려오기 전부터 존재한 천상의 존재로 승격했다. 한편 예수는 시간이 존재하기 전부터 존재하면서 세계를 창조한 하느님의 말씀이 현현한 존재로 격상되었다. 그리고 마침내 하느님 아버지와 동등한 신으로 승격해 하느님과 항상 함께하는 존재가 되었다."[10]

3~4세기에 걸쳐 그리스도교 교회는 이런 일이 정확히 어떻게 일어났는지를 두고 격렬한 논쟁을 벌였다. 이 주제를 다룬 책을 펴낸 필립 젠킨스는 이 논쟁에 "예수 전쟁"이라는 이름을 붙였다. 매우 복잡한 이 논쟁에 깊이 빠져들고 싶지 않지만, 이 논쟁의 본질적인 핵심 질문은 이것이다. 예수는 신인가, 인간인가? 예수가 인간일 뿐이라면 그를 둘러싼 이 모든 소란은 도대체 무엇인가? 예수가 신이라면 고통을 받는 이야기가 오히려 신뢰성을 떨어뜨리는 것은 아닌가? 신학자 루돌프 불트만Rudolf Bultmann(1884~1976년)은 이 문제를 간결하게 정리했다. "사흘 만에 부활할 것을 알고 있는 사

람에게 죽음은 그리 큰일이 아닐 것이다!"[11] 따라서 그리스도교는 예수가 신이자 인간이라는 사실을 입증해야 했다. 말하자면 네모를 동그라미로 만들어야 하는 것이다.

결국 삼위일체 교리가 네모를 동그라미로 만드는 그 어려운 일을 해냈다. 삼위일체 교리는 그리스 철학을 이용해 신적 존재(ousia, 실체)를 (성부, 성자, 성령이라는) 세 가지 인격으로 묘사할 수 있는 이유를 설명했다. 즉 세 가지 인격은 동일 실체homoousios인 동시에 별개의 존재였다(여기서 또 다른 모순을 마주하게 된다). 외르크 라우스터는 삼위일체 교리를 통해 성공의 발판을 다진 그리스도교가 인상적이라고 말하면서도 그 덕분에 그리스도교 신학은 "철학적 개념을 통해 성취할 수 있는" 극한의 수준으로 내몰리게 되었다고 설명한다.[12] 그러나 그리스도교 공동체는 어떤 희생을 치르더라도 예수를 구해낼 필요가 있었다.

그리스도교는 예수를 두 번째 하느님으로 공식화할 수 없었다. 그래서 동일 실체 같은 복잡한 논거를 끌어들인 것이다. 대신 평범한 인간을 뛰어넘는 인간이 필요했다. 인간 예수가 없다면 그리스도교는 아무것도 성취할 수 없었을 것이다. 예수는 하느님에게 인간의 얼굴을 부여했고 구약성서의 유일신 하느님 때문에 인간의 첫 번째 본성이 겪게 된 문제를 해결하는 데 기여했다. 사람들은 예수의 모습을 상상할 수 있을 뿐 아니라 그림으로 표현할 수도 있었다. 세상에서 가장 많이 그린 그림은 단연 예수의 초상화일 것이다. 신을 표현하고자 하는 열망을 지닌 인간이 그린 예수의 초상화는 인간, 즉 인간과 소통할 수 있는 인간 예수를 보여준다.

이제 인간은 개인적 문제를 해결하기 위해 예수에게 의지할 수 있게 되었다. 앞서 논의한 수렵·채집인 예수를 말하는 것이다. 교황 베네딕토 16세가 언급한 것처럼 예수는 인간의 친구가 되었다. 예수는 병들고 곤경에 빠진 개인을 돕고 악한 영혼의 공격에서 보호한다. 그리고 치료사의 역할을 하며 거의 사라져가던 의학적 연민이라는 개념을 천상의 왕국에 도입했다.

하지만 결국 예수는 신격화를 향해 가는 내부의 추진력에서 벗어나지 못했다. 사람들에게서 점점 멀어진 예수는 결국 전능자 그리스도로 격상되어 세계를 지배하는 존재로 경배를 받게 되었다.[13] 그리고 예수가 신성화될수록 인간의 얼굴을 한 신에 대한 인간의 욕구는 더욱 커져갔다.

성모마리아

가장 오래된 성서 문헌에는 마리아의 이름조차 등장하지 않는다. 갈라디아인에게 보낸 편지에 바울로가 이렇게 썼을 뿐이다. "그러나 때가 찼을 때 하느님께서 당신의 아들을 보내시어 여자의 몸에서 나게 하시고…."[14] 바울로가 편지를 쓰고 수십 년이 지난 시점에 복음서 저자들은 예수의 어머니에 대해 기본 사항만 기록했다. 마리아의 외모에 대해 전혀 언급하지 않았을 뿐 아니라 마리아의 생애와 죽음을 둘러싼 상황에 대해서도 침묵으로 일관했다. 그 공백을 전설이 메우는 듯했지만, 마침내 지성적 종교가 예수의 신적 본성과 관련한 문제를 해결하는 과정에서 마리아에게 관심을 보였다. 결국 마리아는 신을 낳은 존재이므로 평범한 사람들이 알고 있는 것처럼 "신의 어머니Theotokos"라고 부르는 것이 적절하지 않은가? 431년 에페소 공의회에 모인 주교들은 그 질문에 대해 그렇다고 인정했다. "성모"가 된 마리아는 이내 천국에 머물 수 있는 존재의 반열에 올랐다. 물론 성서에는 이에 대한 언급이 전혀 없다. 1950년 교황 비오 12세Pius XII는 동정녀 마리아가 승천했다는 가정을 공식 교리로 채택했다.[15]

마리아는 또한 성서를 경전으로 삼은 종교가 안고 있는 커다란 공백을 메워야 했기에 많은 일에 직면하게 되었다. 신에게 여성의 얼굴을 부여한 마리아는 여자들이 의지할 수 있는 존재가 되었다. 여자들은 개인적 어려움과 근심을 같은 여자인 마리아에게 허심탄회하게 털어놓았다. 예수를 품에 안아 기르고 아들의 죽음을 애도하는 어머니의 역할이 마리아에게 주어진 것은 우연이 아니다. 의술이라고 할 만한 것이 없고 유아 사망률이 지극히 높은 시대에 사람들은 삶의 다른 측면에서도 신의 도움을 절실히 필요로 했다. 그리고 무엇보다 여성의 언어를 이해할 수 있는 존재가 필요했다.

제도적 종교는 확실히 따라잡아야 할 부분이 있었다. 이시스에서 아르테미스에 이르기까지 모든 이교에는 어머니 여신이 있었다. 이에 대해 역사학자 클라우스 슈라이너Klaus Schreiner는 이렇게 설명한다. "그리스도교가 선교에 성공할 가능성은 교회가 개종을 원하는 이교도들에게 과거에 믿은 종교와 달리 구원을 제공할 수 있는지 여부에 달려 있었다."[16] 바로 여기서 마리아가 결정적 요인으로 작용했다. 고대 이스라엘에서도 어머니와 다산의 여신은 높은 인기를 누렸는데, 앞서 여신 아세라가 야훼의 아내였을 것으로 추정된다는 사실과 이스라엘 가정의 종교에서 여성을 형상화한 다양한 테라코타를 사용했다는 사실에 대해 이미 논의했다. 여성에 대한 제의는 금지되었을지 모르지만 일상과 관련한 종교 영역에서는 여전히 여신이 중요한 역할을 하고 있었다.[17] 사람들에게는 여신이 필요했고, 그리스도교는 동정녀 마리아를 모심으로써 여신의 존재를 합법화했다.

남자들도 어려움에 처하면 신성한 어머니에게 의지할 수 있었다. 그러면 세상의 모든 어머니와 마찬가지로 마리아도 이해하고 용서하고 위로한다. 천상에서 경력을 한껏 끌어올린 예수가 개개인이 요청하는 지원, 보호, 치료를 더 이상 제공할 수 없게 되자 마리아가 그 역할을 대신 짊어졌다. 오늘날에도 수백만 명의 순례자가 마리아에게 근심을 털어놓고 질병을 치료하기 위해 멕시코 과달루페, 프랑스 루르드, 폴란드 쳉스토호바, 독일 알퇴팅으로 발걸음을 옮긴다. 순례지마다 "마리아께서 도와주셨다"라는 봉헌패가 수천 개에 달하는 것을 보면 마리아가 순례자들의 기도를 들어준 것으로 보인다.

스위스 신학자 요제프 임바흐Josef Imbach가 설명한 것처럼 마리아는 "사회에서 소외된 사람들의 동반자"다.[18] 마리아는 정의보다 자비를 앞세우는데, 전설에 따르면 임신한 수녀와 간음한 아내에게도 아낌없는 지지를 보낸다. 신약성서에 등장하는 수렵·채집인 예수가 더 이상 할 수 없게 된 일을 도맡아 처리하는 마리아는 최후의 심판에서 저울추를 들어 올려 사람들의 죄가 지나치게 무거워지지 않도록 배려해줄 존재다.

성자와 천사, 악마와 악령

필연적으로 마리아도 예수와 같이 신적 존재로 격상되었다. 공식적으로 여신에 등극한 것은 아니지만 여전히 그 기능을 충실히 수행했다.[19] 마리아가 천상에서 경력을 쌓게 되면서 사람들에게는 의지할 수 있는 또 다른 신성한 존재가 필요해졌는데, 그리스도교로서는 다행스럽게도 그런 인물은 항상 사람들과 더불어 존재했다.

막스 베버는 "영혼과 악령의 존재를 완전히 제거한" 유일신교는 존재하지 않는다고 기록했다. "유일신교에서 영혼과 악령은 적어도 이론상으로는 세상에 하나뿐인 유일한 하느님에게 무조건적으로 종속되는 존재다."[20] 영혼과 악령의 존재에 대한 믿음은 보통 "평범한 사람"의 저급한 종교적 특성에서 기인한 원시적 미신으로 치부하지만 이는 지나치게 단순한 설명이다. 그 믿음은 인간의 본성이 주장한 정당한 요구를 그리스도교가 받아들인 결과 나타난 것이기 때문이다. 무엇보다 중요한 것은 인간의 첫 번째 본성이 늘 원한 초자연적 행위자가 다시 모습을 드러냈다는 점이다. 천사, 악마, 악령, 남녀 성자 군단이 바로 그들이다.

히브리 성서에서 천상의 궁정에 속한 구성원 가운데 하나로 등장한 천사는 그리스도교에서도 다양한 역할을 했다. 종말론 덕분에 복귀한 악한 영혼은 타락한 천사로 공식 선언되었다.[21] 지옥 역시 문화적 체계가 성립되는 과정에서 나타난 차별화에서 자유로울 수 없었다. 원래 지옥에 떨어진 사람들을 처벌하는 것은 천사의 역할이었고[22] 악마는 "불과 유황의 바다에서" 밤낮으로 영원히 고통받는 존재였다.[23] 그러나 사람들은 천사가 고문을 자행한다는 사실을 받아들일 수 없었다. 인간의 본성은 선한 존재는 선한 일을, 악한 존재는 악한 일을 행한다고 여기기 때문이다. 따라서 지옥은 사탄이 지배하는 영역이 되었다. 그리고 어둠의 주인이 된 사탄은 산 자들의 세상을 배회하며 사람들의 마음에 공포를 심어주었다.[24]

흥미로운 점은 결국 조상 숭배가 순교한 성자의 모습으로 그리스도교에 잠입했다는 것이다. 하느님의 시험을 통과하고 순교한 사람들은 하느님 가까이에 자리하는 영광을 누릴 수 있었다.[25] 바로 이것이 누구나 알고 있는 호혜의 논리로, 돋보이는 성과에는 마땅히 돋보이는 보상이 뒤따라야 한다. 따라서 순교자의 혼은 저승에서 천사와 같은 존재로 격상되었다.[26] 그렇다면 사람들이 성자에게 의존하지 않을 이유가 없었다. 결국 순교자들도 다른 사람과 마찬가지로 욕구와 감정에 익숙했기에 사람들은 그들을 통해 자신의 필요를 하느님에게 전달했다. 나중에는 경건한 삶을 영위한 모범적인 사람도 죽은 뒤 성자로 시성될 수 있었다.[27]

로마 가톨릭교회가 모시는 성자에 대한 기록인《로마 순교록 Martyrologium Romanum》에 등장하는 성자는 무려 7,000명에 달한다. 하루에 한 명 이상의 성자가 사람들의 생활 영역 전반을 돌보는데, 언제 무슨 일이 일어나든 사람들은 성자의 도움과 지원을 받을 수 있었다. 아시시의 성 클라라Sancta Clara Assisiensis를 예로 들어보자. 1253년 사망한 성 클라라는 아시시의 수호자이자 세탁부, 자수업자, 유리세공업자. 유리도색업자, 금세공인의 수호자이며 맹인의 수호자고 전신, 전화, TV의 수호자다. 그리고 발열과 눈 관련 질병의 치료를 돕고 출산의 어려움을 덜어주며 일하기 좋은 날씨를 기원하는 존재이기도 하다.[28]

이런 방식으로 그리스도교는 영혼과 조상에 대한 과거의 믿음에 합법적인 두 번째 기회를 주었다. 이는 물론 그리스도교를 위한 일이기도 했다. 당연하게도 인간의 첫 번째 본성은 인간의 직관에 반하지 않는 신념 체계에 저항하지 않았다. 덕분에 그리스도교는

Part 5 신약성서

직관적 종교의 막강한 힘까지 거머쥐게 되었다. 과민반응 행위자 감지 장치(HADD) 같은 심리적 경향 덕분에 사람들은 보이지 않고 목소리를 들을 수 없을지라도 모든 일을 배후에서 조종하는 행위자가 존재한다는 느낌을 받았다. 영혼에 대한 믿음이 호모사피엔스의 기본 심리 구조에 속한다는 사실에 대한 단 한 점의 의혹도 품지 않도록 한마디 더한다면, 영혼에 대한 믿음은 전통 사회에서만 발견되는 것이 아니다. 놀라는 독자도 있겠지만, 최근 조사 결과에 따르면 미국인의 75퍼센트, 독일인의 66퍼센트가 천사의 존재를 믿는다고 밝혔다.[29]

그렇다면 아직도 하느님이 필요한 이유는 무엇인가?

10대에 그리스도교도가 된 성서학자 바트 어먼은 유대인 여자 친구에게 예수를 믿으라고 권유했다. 그녀는 잠시 생각한 뒤 이렇게 물었다. "이미 하느님이 내 삶에 들어와 계신데, 왜 예수가 필요한 거지?"[30] 앞서 논의한 모든 내용을 바탕으로 이 질문을 반대로 바꿔보려 한다. 예수, 마리아, 수없이 많은 성자, 천사, 악령이 인간의 곁에 있는데 왜 아직도 하느님이 필요한 것인가? 결국 인간은 신과 영혼으로 가득한 우주, 잘 조직되었을 뿐 아니라 성性 분업까지 이루어진 우주를 손에 넣게 되었고 그들의 도움을 받으며 일상에서 마주치는 어려움을 극복했다. 그뿐 아니라 악령의 무리를 통해 세계에 존재하는 모든 악을 설명할 수 있게 되었고, 수많은 선한 영혼은 남신과 여신의 명령에 따라 어둠의 세력과 전쟁을 치를 준비도 마쳤다.

토라에 등장하는 하느님은 직접 세계에 재앙을 내렸다. 하지만 이제 하느님을 대신해 그 일을 해줄 존재, 바로 악마가 있었다. 악마는 스스로 잔인한 행동을 일삼았고, 덕분에 하느님의 대척점에 서서 세계의 모든 악을 지휘하는 존재가 되었다.[31] 하느님은 이 전환의 순간이 제공한 기회를 놓치지 않았다. 일상에 간여하던 하느님은 일선에서 물러나 본연의 핵심 사업에 집중하기 시작했다. 모든 것을 존재하게 한 창조자이자 도덕의 수호자인 하느님은 이제 악마의 도움을 받아 완전히 선하고 연민으로 가득한 추상적 존재로 격상되었다. 그럼으로써 하느님은 기원전 6세기 바빌로니아가 예루살렘에 있는 하느님의 성전을 파괴한 그 순간 시작한 여정을 끝마쳤다. 초월에 도달해 마침내 완벽한 존재가 되었다.

여기서 하느님이 마지막으로 강화되는 단계를 만날 수 있다. 역사학자 베르너 달하임은 이렇게 말한다. "그리스도교는 유대교의 메시아 분파로 출발했지만 그리스어와 그리스 문화가 지배하는 세계에서 성장했다." 그리고 그 과정을 간결하게 요약한다. "그리스도교도는 그리스어로 번역한 구약성서(70인역성서)만 읽었고 복음서의 저자, 사도 서간의 저자, 기원후 2세기에 걸쳐 기록을 남긴 저자들은 모두 그리스어를 사용했으며 그리스도교를 이끈 영적 지도자들은 모두 그리스어로 사고했다. 그리고 그리스도교 선교 활동에 나선 사람들은 그리스어를 사용하거나 헬레니즘의 영향권에 있는 로마와 이탈리아의 여러 도시, 스페인, 프랑스 남부에서 활동했다. 그리고 그곳에서 새로운 종교의 미래를 좌우할 결정이 내려졌다."[32]

유대인의 하느님과 그 하느님이 개개인에게 요구한 유례없이 높은 수준의 도덕은 플라톤Platon과 스토아학파 같은 그리스 철학자들이 전파한 절대 선이라는 사고와 결합되었다.[33] 그제야 오늘날 사람들이 알고 있는 하느님의 가장 위대한 속성이 세상에 모습을 드러낼 수 있었다. 이제 하느님은 전지전능한 존재로 격상되었다. 앞서 살펴본 것처럼 이런 속성은 히브리 성서에 등장하는 하느님에게서는 찾아볼 수 없다. 히브리 성서 속 야훼는 변함없는 존재도, 전지전능한 존재도 아니었다. 이스라엘 철학자 요람 하조니Yoram Hazony는 이렇게 말한다. "하느님을 완전한 존재와 동일시한 것은 그리스 사상의 영향이 크다. 특히 크세노파네스Xenophanes, 파르메니데스Parmenides, 플라톤의 영향을 많이 받았는데, 하느님이 불변하고 완전한 존재여야 한다는 관념은 그리스 철학에서 온 것이지 성서에서 기원한 것이 아니다."[34]

높은 수준의 도덕을 요구하는 하느님과 천지를 창조한 단 하나의 힘이라는 사고에 내재된 수학적 아름다움은 그리스 사상가들의 마음을 단번에 사로잡았다. 이런 하느님은 신은 선의 절대적 기초를 의미한다는 다소 "인간미 없는" 사고에 대한 확신을 강화했다. 반대로 하느님은 헬레니즘 문명의 영향 덕분에 마침내 초월이라는 영역에 발을 들였다.[35] 유대교와 그리스 문화의 결합을 통해 도덕과 철학이 동맹을 맺으면서 막강한 영향력을 행사하게 되었다.

유대인 역시 그리스 사상의 영향을 받았다. 예수와 같은 시대를 살아간 유대인 철학자 알렉산드리아의 필론은 유대인의 지혜를 그리스 철학에 접목하기 위해 노력했다. 그는 그리스 철학에서 제우스, 하느님 또는 섭리라고 묘사하는 우주적 힘, 즉 로고스 또는 세계를 주관하고 세계에 구조를 부여하는 영원한 이성이라는 개념을 받아들였다.[36]

그리스도교도 이런 사고를 적극적으로 받아들였다. 그리스식 교육을 받은 그리스도교도는 예수를 신적 로고스의 화신으로 여겼다. 마지막 복음서인 요한의 복음서에는 이런 그리스 문화의 영향이 상당히 반영되었다. 요한의 복음서는 이렇게 시작한다. "한처음, 천지가 창조되기 전부터 말씀이 계셨다. 말씀은 하느님과 함께 계셨고 하느님과 똑같은 분이셨다." 여기서 그리스 철학의 "로고스"가 다소 모호한 개념인 "말씀"으로 대체된 것을 볼 수 있다. 따라서 다음 문장까지 살펴봐야 한다. "말씀이 사람이 되셔서 우리와 함께 계셨는데 우리는 그분의 영광을 보았다. 그것은 외아들이 아버지에게서 받은 영광이었다. 그분에게는 은총과 진리가 충만하였다."[37]

이런 사건의 전환은 서구 문화에 엄청난 영향을 미쳤다. 철학자 베르너 바이어발테스Werner Beierwaltes는 "그리스 철학과 그리스도교 신학은 공생 관계를 구축했다"라고 지적한다. 그리스 철학과 그리스도교 신학은 분명한 차이가 있었으므로 "이 둘의 공생 관계는 긴장의 연속이었지만 서로를 보완하며 지원하는 생산적 관계를 유지했다." 로고스 또는 이성은 "그리스도교 하느님의 개인적 속성"이 되었다. 그리고 마침내 그리스도교의 하느님은 "순수하고 절대적인 존재"[38]가 되어 인간의 세 번째 본성을 사로잡았다. 순수한 지적 원리로 격상된 하느님은 사람들이 인식할 수 있는 현실과의 연관성을 모두 끊었다. 하느님에게는 그것이 더 이상 필요하지 않았기 때문이다. 따라서 현실과의 연계는 예수, 마리아, 악마, 그 밖의 모든 천상의 존재들 몫이 되었다.

종교심리학자 윌리엄 제임스는 다소 비웃는 듯한 어조로 다음과 같이 요약했다. 하느님은 "단지 논리에 따라 형이상학적 괴물"이 되었다. 하느님이 제1 원인이라는 아리스토텔레스Aristoteles의 전제에서 출발하는 조직신학이 사람들에게 제시하는 "하느님의 완전함을 드러내는 증거"는 다음과 같다. 하느님은 필연적 존재이자 절대적 존재다. 하느님은 세상에 하나뿐인 유일한 존재다. 하느님은 변함없고 무한하며 헤아릴 수 없는 존재다. 하느님은 무소부재無所不在하고 영원하며 전지전능한 존재다. 그러나 제임스에 따르면 이런 증거는 "도덕과 무관하고 인간의 욕구와도 무관한 현학적 형용사의 남발"일 뿐 아니라 "학자의 머릿속에서 창조한 절대 무가치한 것"에 지나지 않는다. 인간의 어려움을 덜어주는 문제에 봉착하면 아무런 쓸모가 없는 것이다.[39]

한편 하느님이 초월적 존재로 변모하는 과정을 통해 하느님의 모습이 그리스도교 초기에 아버지나 선한 목자처럼 수염을 길게 기른 노인의 모습으로 굳어진 이유를 설명할 수 있다. 그런 모습은 가부장제에 완벽하게 들어맞았다. 특히 사랑을 베푸는 아버지의 모습은 자녀에게 가치 있는 교훈을 가르치는 근엄한 가장의 모습으로 쉽게 전환될 수 있었다. 게다가 세속적 통치자와 종교 지도자의 권위를 세우는 데에도 안성맞춤이었다.[40] 그러나 신학적으로 올바르지 않기로 유명한 인간의 첫 번째 본성 덕분에 신자들의 마음에는 하느님 아버지, 성모마리아, 아들 예수라는 진정한 의미의 삼위일체가 자리 잡았다.

성공 비결

지금까지 그리스도교를 자세히 해부한 결과 그리스도교가 사실상 이중적 종교라는 사실을 알게 되었다. 한편에서는 애니미즘적·다신교적 우주를 바탕으로 인간의 첫 번째 본성에 말을 걸면서 직관적 종교의 필요를 충족하는 종교가 자리 잡았다. 그 덕분에 인간은 예수와 온갖 천상의 존재를 구체적으로 그려볼 수 있고, 사악한 영혼을 쫓아낼 수 있으며, 동정녀 마리아의 성지로 순례를 떠나 기적을 일으키는 유물에 경배를 드릴 수 있고, 스포츠 경기에서 응원하는 팀이 점수를 낼 수 있도록 도와달라고 성자에게 기도할 수 있게 되었다. 다른 한편에서는 우주에서 가장 강력한 힘인 유일신 하느님이라는 지적 개념을 바탕으로 한 종교가 자리 잡았다. 순수한 이성인 하느님은 인간의 세 번째 본성의 자랑이고 도덕의 신성한 수호자이며 우주의 창조자다. 신비로운 방식으로 역사하는 하느님의 계획은 이 세계가 아닌 다른 세계에서 결실을 맺을 것이다. 이런 의견은 그리스도교 교부 가운데 가장 큰 영향력을 행사한 아우구스티누스의 《신국론De Civitate Dei》에서 찾아볼 수 있다.[41]

이런 이중성이야말로 그리스도교가 엄청난 성공을 거둔 진짜 이유다. 문화적 진화는 독립적일뿐더러 각기 특성이 뚜렷한 다양한 구성 요소를 바탕으로 누구나 만족할 수 있는 너른 영역을 주관하는 종교를 창조해냈다. 그것은 인간의 직관적 필요와 지적 필요를 모두 충족하면서 평범한 사람들의 종교성과 더불어 사회 지도층이 추구하는 철학적 지식에 막대한 가능성을 제공한다. 가장 먼저 생각해볼 것은 (순수한 성찰을 통해서만 만날 수 있는) 추상적이고 초월적인 존재인 하느님이라는 관념으로, 이것은 많은 자연과학자들의 마음을 사로잡았다. 다음으로는 초자연적 존재로 가득한 놀라운 세계를 생각해볼 수 있다. 일상에서 마주치는 모든 면에서 다양한 방식으로 도움을 주는 초자연적 존재 덕분에 사람들은 모든 사건을 설명할 수 있게 되었다.

그러나 이 논의의 완성도를 높이려면 초기 그리스도교의 성공 요인인 세 가지 다른 요소를 추가해야 한다. 무엇보다 그리스도교의 하느님은 당대의 통치자들에게 특별한 매력을 발산했다. 폴 벤이 직접 언급한 인물은 콘스탄티누스 황제뿐이지만 그의 말은 그리스도교 문화권인 서양의 모든 통치자에게 적용될 수 있다. "위대한 황제가 되기를 원하는 통치자에게는 위대한 하느님이 필요했다. 인류의 안녕을 누구보다 원한 크고 자상한 하느님은 자신의 이익만 추구하는 이교의 신보다 강한 감정을 불러일으켰다. 그리고 그리스도교의 하느님은 인류의 영원한 구원이라는 원대한 계획을 드러냈다. 사람들에게 엄격한 도덕규범을 따를 것을 요구하며 독실한 신자들의 삶에 직접 간여했다."[42]

여기서 또다시 그리스도교의 하느님에 대한 관념이 혼합적이라는 사실을 마주하게 된다. 한편에는 복음서에 등장하는 수렵·채집인 예수에게서 그 흔적을 찾을 수 있는 하느님의 사랑과 자비가 자리 잡았다. 이 자비로운 하느님은 직관적·개인적 종교의 필요에 따라 도출된 존재다. 그러나 다른 한편에는 천지 창조자 야훼가 있다. 바다를 가르고 고대 세계에서는 유례를 찾아볼 수 없던 도덕적 열정을 지닌 야훼는 지성적·제도적 종교의 산물이다. 그리고 이 하느님은 사회의 선을 위해 지상의 통치자를 자기 권위 아래에 두는 존재다.

성공의 두 번째 요인은 친구 대 적이라는 오래된 인간의 심리를 포함한 종말론적 기반을 추가로 도입한 것이다. 사람들은 종말론 덕분에 폐쇄적인 집단을 구성할 수 있었다. 따라서 종말론은 그리스도교 공동체에 지극히 유용한 관념이었다. 성서가 제시한 높은 수준의 도덕 덕분에 이미 아사비야가 자리 잡았지만, 종말론이 전하는 메시지는 가난한 사람과 약한 사람을 사랑하고 지원하며 그들에게 자선을 베풀도록 강제함으로써 연대를 더욱 강화했다. 한편 종말론은 세속적 통치자와 종교 지도자에게 새로운 무기를 안겨주었다. 그들은 그 덕분에 야만족뿐 아니라 악령과 마녀까지 지옥행 열차에 태워야 할 적으로 지목할 근거를 얻게 되었다.

세 번째 성공 요인은 완전히 새로운 것은 아니다. 앞서 논의했지만 그리스도교에서 가장 큰 영향력을 행사하게 되었다는 점에서 지나칠 수 없는 요인이다. 오늘날 진화론을 바탕으로 종교를 연구하는 학자들은 이 요인을 "초자연적 감시" 또는 "초자연적 징벌"이라고 부르는데, 한마디로 "감시당하는 사람은 행동거지가 올바른 사람"이라는 말로 요약할 수 있다.[43] 사람들의 활동을 감시하고 죽음에 이른 사람들을 심판하는 전지한 하느님이 자신의 힘을 최대한 발휘하려면 저승이라는 개념에 하느님의 정의가 실현되는 장소라는 의미가 포함되어야 했다. 이런 장치는 반론에 대한 면역을 제공했다. 사람들은 일상의 경험을 통해 이승에서 하느님의 보상과 처벌이 얼마나 임의적인지 잘 알고 있었기 때문이다. 저승에 집중함으로써(그 정점에는 메멘토모리memento mori(누구나 결국 죽는다는 사실을 기억하라)라는 표현이 자리 잡았다) 그리스도교는 완벽한 감시 체계를 구축할 수 있었다.

고전 종교에서 출발한 그리스도교는 스위스 아미 나이프 같은 종교로 발돋움하며 유례없는 성공을 거두었다. 문화적 진화 과정을 거쳐 강력한 혼합 종교가 탄생했고, 그 결과 삶의 모든 측면에서 많은 도움을 제공할 수 있었다.

내부에 숨어 있는 폭탄

그리스도교는 모든 사람과 모든 것을 위한 종교지만 또한 긴장으로 가득 차 있다. 놀랄 일도 아닌 것이 지성적 종교와 직관적 종교를 하나로 융합하는 것이 쉬운 일은 아니기 때문이다. 그 결과 그리스도교는 언제든 폭발할 수 있는 가능성을 안게 되었다. 이제부터 그 가능성에 관한 세 가지 사례를 분석할 것이다. 그리스도교의 모순을 폭로하기보다는 그리스도교의 문화적 진화가 누적된다는 사실을 보여주기 위한 것이다. 이것은 문화적·지성적 구성 요소와 인간의 기본 심리 구조에 뿌리내린 직관적 구성 요소를 분리하면 종교를 좀 더 제대로 이해할 수 있다는 사실을 보여주는 또 하나의 증거일 뿐이다.

처음 두 가지 문제는 지성적 종교의 지나친 일관성 추구에서 비롯했다. 윌리엄 제임스가 설명한 것처럼 전능하고 한없이 선하며 영원한 하느님은 순수한 논리의 결과로 탄생한 존재다. 믿음에 권위를 부여하는 가톨릭교회 교리서를 보면 이런 문제를 해결하는 데 도움이 된다. "하느님께서는 시작도 마침도 없으신 충만한 '존재'요, '완전'이시다."[44] 그러나 불완전한 세계와 완전한 존재의 결합은 가장 뛰어난 사상가조차 골머리를 앓을 정도로 해결하기 어려운 문제였다.

첫 번째 딜레마는 분명하다. 신학자들은 이 딜레마를 이렇게 묘사한다. "그리스도교는 하느님이 구원자 예수그리스도의 모습으로 세상에 참여한 그 순간부터 그리스도론에 입각해 하느님과 세계를 해석한다."[45] 즉 예수가 세상에 모습을 드러낸 순간부터 하느님은 인간이 된 것이다. 그러나 영원불변하는 존재가 역사의 특정 시점에 하나의 사건을 통해 인간의 모습으로 세상에 나타나는 것은 논리적으로 불가능하다. 불변하는 존재는 변할 수 없기 때문이다.

두 번째 딜레마 역시 같은 논리에 기원을 두는데, 이것은 특히 받아들이기 어렵다. 여기서 다시 한번 신정론 문제가 대두된다. 하느님이 완전하다면 세계는 왜 완전하지 않은가? 전능하고 한없이 선한 하느님이 주관하는 세계에 왜 이토록 많은 고통이 존재하는가? 욥 이야기를 다룬 장에서 이런 딜레마를 검토하고 성서가 탄생하기 전에는 왜 이런 문제가 불거지지 않았는지 설명했다. 물론 신학자들은 악의 기원과 악이 존재하는 원인을 두고 항상 논쟁을 벌여왔다. 그러나 대부분의 역사에서 신학자들은 악을 하느님이 내린 벌의 징후라거나 악마의 소행이라고 생각했다. 그런데 헬레니즘에서 영향을 받은 순수한 형태의 유일신교가 전능하고 한없이 선한 하느님이라는 관념을 갖추고 등장하면서 악의 기원이 중요한 문제로 떠올랐다. 만일 하느님이 모든 것을 주관하는 존재라면 말 그대로 모든 것을 주관해야 한다! 물론 수많은 초자연적 행위자가 존재하는 직관적 종교에서는 이런 비일관성이 그다지 문제가 되지 않았다. 직관적 종교에는 세계에서 가장 끔찍한 공포조차 충분히 설명할 수 있을 만큼 많은 악마와 악령이 존재했기 때문이다.

이 두 가지 딜레마는 말하자면 내부에서 발생한 문제다. 그리스도교가 헬레니즘 형이상학이 도입한 완전성이라는 개념을 지성적 종교에 활용하고 불완전한 세계에 적용하면서 나타났다. 그리스도교는 성서의 하느님이 항상 현실 세계를 구원하는 임무에 몰두하고 있다고 주장했으므로 완전성이라는 개념을 활용하지 않을 수 없었다. 그러나 다시 한번 강조하지만 성서의 하느님은 완전한 하느님인 적이 없고, 그렇게 주장한 적도 없다.[46] 앞 장에서 살펴본 것처럼 하느님은 자신의 경력을 큰 폭으로 끌어올리는 과정을 겪었다. 그렇지 않았다면 잭 마일스Jack Miles는 하느님의 생애를 다룬, 퓰리처상 수상에 빛나는 흥미진진한 전기 작품을 채울 만한 소재를 찾을 수 없었을 것이다![47]

구약성서 역시 이런 완전성 열풍에서 자유롭지 못했다. 신자든 비신자든 많은 이들이 완전한 하느님의 모습을 기대하며 구약성서를 펼친다. 그리고 거기에 나타난 비일관성과 온갖 오류는 이들이 하느님의 전능함을 의심하는 근거가 된다.

인간의 죄를 대신 지고 죽은 예수

이제 두 영역이 융합한 결과 생겨난 세 번째 문제로 눈을 돌려보자. 바로 예수가 죽어야 하는 이유에 대한 문제다. 신약성서에서 바울로는 이렇게 말한다. "그리스도께서 (…) 우리의 죄 때문에 죽으셨다는 것과…."[48] 그리스도교에서 제시하는 구원, 그 근본적 원리의 바탕에는 자기 생명을 내준 예수가 있다. 예수는 자신을 희생함으로써 세상의 모든 죄를 짊어졌고, 그럼으로써 인류를 구원했다. 그런데 구원의 진짜 의미는 무엇인가? 어떻게 이런 일이 일어날 수 있는가? 성서에서 누누이 강조하는 것처럼, 모든 사람을 위한 전면적 무죄 판결보다는 최후의 심판을 수반해야 하는 것 아닌가?

심지어 일부 신학자들도 바울로의 사고를 받아들이는 데 애를 먹는다. 20세기 가장 영향력 있는 개신교 사상가 중 한 명인 루돌프 불트만은 이렇게 물었다. "죄가 전혀 없는 인간이 존재한다고 해도, 죄가 없는 인간의 죽음으로 다른 인간의 죄를 씻을 수 있다는 것이 말이 되는가?" 그리고 거친 어조로 덧붙였다. "이런 식의 죄와 의로움이라니, 이 얼마나 원시적인 개념인가? 하느님이 이런 존재였다니, 이 얼마나 원시적인 생각인가? 일반적으로 희생의 원인을 통해 속죄 이론을 약간은 이해할 수 있을지 모르지만, 그렇더라도 신적 존재가 인간의 모습으로 피를 흘림으로써 인간의 죄를 씻을 수 있다니! 이 얼마나 원시적인 신화인가?"[49]

이에 불트만은 "신약성서의 탈신화화"를 요청했다. 이런 요청은 그리스도교의 직관적 종교 영역에 속하는 "영혼과 기적의 세계"를 제거하자는 말이나 다름없다.[50] 그 결과 매우 합리적인 신학, 즉 일부 유럽 개신교에 전형적으로 나타나는 가장 순수한 형태의 지성적 종교가 탄생했다. 이 상황에 내포된 모순을 피하기는 어렵다. 구원의 개념에 대해 많은 이들이 이해할 수 없는 주요 원인 중 하나는 이런 사건이 이미 "탈신화화" 과정을 거쳤다는 사실에 있다. 그렇다면 그것이 작동한 과정을 살펴보자.

인류의 구원이라는 관념은 희생이라는 견해에 의존한다. 희생의 경제학을 떠올려보자. 선물은 빚을 갚는 기능을 한다. 만일 빚이 없는 상태에서 선물을 주면 그것을 받은 사람은 빚을 지게 되므로 그 빚을 갚기 위해 무언가를 내줄 의무가 생긴다. 이런 호혜의 원리는 인간의 본성에 새겨진 기본 법칙이므로 하느님도 여기서 자유로울 수 없다. 이 법칙을 예수가 십자가에 못 박힌 사건에 대입해보자. 실제로 희생한 사람은 누구인가?

가톨릭교회 교리서에는 이렇게 기록되어 있다. "이 희생 제사는 우선 하느님 아버지께서 몸소 주신 선물이다. 바로 성부께서 우리를 당신과 화해시키기 위하여 당신 아드님을 내주신 것이다."[51]

복음서 저자 요한은 이렇게 언급했다. "하느님은 이 세상을 극진히 사랑하셔서 외아들을 보내주시어…"[52]

하느님이 자신에게 가장 소중한 자원, 즉 아들을 희생한 것이 사실이라면, 유일신교의 관점에서 생각해볼 수 있는 경우는 두 가지다. 첫 번째는 하느님이 인류에게 빚을 졌고, 그 빚을 갚기 위해 아들을 희생해야 하는 경우다. 이런 생각은 심지어 불가지론자의 귀에도 신성모독처럼 들린다. 두 번째는 하느님이 먼저 희생한 경우다. 즉 인류에게 의무를 부여하기 위해 아들을 희생한 경우다. 이 또한 받아들일 수 있는 해결책이 아니다. 인류의 사랑을 얻기 위해 인간을 희생시키는 신이 세상 어디에 있는가? 하느님이 인류를 위해 자신의 유일한 아들을 희생시킨다는 것은 직관적으로 매우 납득하기 어려운 사고다.

인류가 빚을 갚기 위해 예수를 희생시킨 경우라면 어떤가? 세례자 요한은 예수를 "이 세상의 죄를 없애시는"[53] 어린양이라고 묘사했다. 토라는 이스라엘 민족이 해마다 죄를 씻을 수 있는 희생양의 개념을 도입했지만 그들이 제물로 바친 것은 염소였다. 자신의 죄를 용서하고 씻어줄 것으로 여기는 존재의 아들이 아니었다. 하느님의 아들을 제물로 바칠 정도라면 그 빚의 크기는 헤아릴 수조차 없을 것이다. 따라서 이 경우도 납득하기 어렵다.

이제 남은 한 가지는 예수가 인류의 빚을 갚기 위해 스스로 희생한 경우다. 가톨릭교회 교리서는 이렇게 기록했다. "이와 동시에 그리스도의 희생 제사는 사람이 되신 하느님의 아들이 자유로이, 사랑으로, 성령을 통해서 우리의 불순종을 보상하기 위하여 성부께 당신의 생명을 바치시는 봉헌이다."[54] 그러나 이 경우도 납득하기 어렵기는 마찬가지다. 하느님이 아들의 희생을 수락했다고 하더라도 아들을 잃는 것은 하느님이지 인류가 아니다. 따라서 인류는 여전히 하느님에게 빚을 진 셈이다. 엄격한 유일신교의 환경에서는 예수의 희생에 대해 납득할 만한 설명을 제시할 방법을 찾기 어렵다. 그러나 이것은 실제 의도한 것이 아니라는 사실이 밝혀진다! 덕분에 우리는 예수가 십자가에 못 박힌 사건을 통해 "탈신화화"하게 되었기 때문이다.

성서의 종말론적 세계관을 바탕으로 제3의 힘, 즉 악마를 끌어들여야 예수의 죽음을 설명할 수 있다. 철학자 쿠르트 플라슈는 이렇게 설명한다. "성서의 텍스트는 악마의 지배를 받는 인류를 해방하기 위해 치러야 하는 몸값에 대해 언급한다." 다시 말해 하느님은 아들의 목숨을 몸값으로 지불해 사탄에게서 인류를 구한 것이다. 이레나에우스Irenaeus(130~202년), 오리게네스,[55] 그리고 원죄의 개념을 고수한 가장 중요한 인물 가운데 한 명인 아우구스티누스를 비롯한 교부들도 비슷한 입장을 취했다. 아우구스티누스에게 이런 생각은 완벽하게 논리적이었다. 아담과 이브가 에덴동산에서 타락한 이후 인류는 악마의 노예가 되었고, 출산을 통해 그 죄는 세대에서 세대로 대물림되었다. 그러나 죄로 얼룩지지 않은 처녀의 몸에서 태어나 원죄를 물려받지 않은 예수는 악마가 자신의 주관 아래 둘 수 없는 유일한 인간이었다. 그런 예수를 죽일 수 있었던 것은 하느님이 악마의 사슬에서 인류를 해방시키기 위해 유일한 아들을 세상에 보내 몸값으로 지불했기 때문이다. 하느님의 크나큰 희생으로 인류는 악에서 해방되었고 하느님은 인류에 대한 사랑을 입증할 수 있었다.[56]

인간의 첫 번째 본성은 이런 논거를 매우 쉽게 받아들인다. 수많은 신, 악령, 그리스도교에서 문제 삼지 않는 존재로 가득한 세계에서 벌어지는 이야기이기 때문이다. 한편 지성적 종교의 선봉에 선 유일신교를 대표하는 신학자들에게 이것은 유일신교의 원리를 위협하는 "원시적" 관념이었다. 사탄이 "하느님에게 대항하는" 존재라는 것은 있을 수 없는 일이므로 하느님이 악마에게 몸값을 지불해야 할 이유도 없었다. 만일 이것이 사실이라면 하느님의 전능함에 대한 의문이 제기될 수밖에 없었다. 악마는 유일신교를 구원하기 위해 무대에서 퇴장할 수밖에 없었다.

신학자들이 예수의 죽음 이면에 숨은 희생의 기능을 아예 제거해버렸다면 상황이 더 나아졌을까? 지성적 종교는 아마 그렇다고 대답할 것이다. 그러나 앞서 언급한 것처럼 죽음만큼 강력한 신뢰도를 높일 증거는 없다. 인간의 첫 번째 본성에 죽음만큼 강한 확신을 주는 사건은 세상에 없는 것이다. 예수가 십자가에 못 박힌 사건 없이는 그리스도교도 존재할 수 없었다. 인류를 구원하기 위한 희생이 아니라면 예수는 무엇을 위해 십자가에 못 박힌 것인가? 결국 예수가 십자가에 못 박혀 죽은 것은 역사적 사실이다. 따라서 교부들은 그 이유를 제공해야 했다. 냉소적으로 들릴 수도 있겠지만 여기서 다시 한번 교부들의 역량이 빛을 발한다. 교부들은 최악의 재앙을 기회로 만들었다.

제도화의 공포

흥미롭게도 이런 모순은 그리스도교의 발전을 위해 매우 생산적인 역할을 한다. 직관적 종교와 지성적 종교가 언제 폭발할지 모르는 상태로 융합되어 있었고, 그리스도교는 폭발을 막기 위한 신학적 노력을 기울였다. 그 결과 합리화의 새로운 물결이 무대에 등장하게 되었다.

그리스도교의 성립을 위해 필요한 것은 분명 무엇보다 중요한 지적·제도적 도전이었다. 우선 그리스도교는 예수의 죽음과 함께 그의 예언이 실현되지 않았다는 어색한 사실을 다루어야 했다. 결국 하느님의 왕국은 도래하지 않았다. 그리스도교는 또한 새로 탄생한 종교로서 이름을 알려야 했다. 유대교의 그늘에서 벗어나 사기꾼의 계략에 말려들었다는 주장에 맞서 스스로를 보호해야 했다. 그리스 사상을 흡수하는 동시에 영혼과 물질을 나누는 극단적 이원론인 영지주의靈知主義같이 경쟁 관계에 있는 종교 교리에도 맞서야 했다. 하지만 무엇보다도 내부에서 다양한 대안적 사고가 마구잡이로 확산되는 것을 막을 필요가 있었다. 애초에 그리스도교 내부에서는 참된 교리를 둘러싼 치열한 경쟁이 벌어졌다. 바울로의 서신에서 서로 경쟁하는 선교사들을 보고 분노를 금치 못하는 사도의 모습을 볼 수 있다. 이런 과정은 심지어 오늘날 신학자 중 일부가 군사 용어에 의지하는 원인이 되었다. 외르크 라우스터는 예수가 죽은 뒤 300년에서 400년 동안 줄곧 "혼란이 가중"되었다고 묘사했다. "새로 탄생한 종교에는 관용도, 대화도 없었다. 그저 지배와 배제만이 넘쳐흐를 뿐이었다."[57]

이 시기는 신학자들, 즉 테르툴리아누스Tertullianus(160~220년경)에 따르면 "과학의 은총을 받은" 교사들이 자신의 역량을 뽐낼 수 있는 황금 같은 기회였다.[58] 기원후 2세기 무렵에는 이미 여러 학파가 형성되어 그리스도교가 다른 종교와의 논쟁에서 압도적인 승리를 거머쥐는 밑거름이 되었다. 헬레니즘 철학을 교전 규칙으로 삼은 덕분에 그리스도교 신학은 "고전 철학의 적법한 상속자"가 되었다.[59]

이런 지적 도전뿐 아니라 초기 그리스도교는 제도화라는 과제도 해결해야 했다. 가난한 사람과 아픈 사람을 돌보는 정교한 시스템을 포함해 각 기관의 서열과 관계망이 생겨났고, 지중해 연안 전역에 퍼져 있는 교회의 고위층 인사들이 공의회에 모였다. 예수가 죽은 뒤 몇 세기도 채 지나지 않아 그리스도교 교회라는 "걸작"이 모습을 드러냈다.[60] 로마제국이 조성한 기반 시설도 그리스도교 교회의 성공에 한몫을 담당했다.

분명히 이런 지성적·제도적 성과는 그리스도교가 직관적·개인적 측면을 희생시킨 결과다. 카리스마와 관료주의는 어울리지 않는다. 복음서에 등장하는 무정부주의적이고 평등주의적인 수렵·채집인 예수의 모습은 길가에 버려졌다. 성서는 제도화 과정의 필연적 결과를 잘 드러낸 사례를 제시한다. 예수의 시대에는 함께 모여 식사하는 것이 공동체에서 중요한 역할을 했지만 제도화가 진행되며 상황이 달라졌다. 사도 바울로는 주님의 성찬이 엉망이 되어간다는 사람들의 불만을 듣게 되었다. 사람들이 모두 모이기도 전에 몇몇은 이미 술에 취해 있었다. 결국 바울로는 이런 지시를 내릴 수밖에 없었다. "만일 배가 고프면 집에서 미리 음식을 먹고서 모임에 나오도록 하십시오. 그래야 여러분이 단죄받는 일이 없을 것입니다."[61]

제도는 사회적 행동을 통제하기 위해 존재한다.[62] 새롭게 등장한 위계질서가 이내 그리스도교 본연의 열정과 평등주의를 앗아갔고, 특히 "권위의 원칙"[63]이 엄격하게 적용되었다. 이런 변화의 예봉에 타격을 입은 것은 여성이었다. 초기 그리스도교 공동체에서 여성은 특히 영적 지도의 영역에서 중요한 역할을 했지만 전문화가 진행되면서 교회는 차츰 남성의 전유물로 변해갔다.[64] 바울로와 아우구스티누스가 열렬히 지지한, 에덴동산에서 이브가 저지른 실수 때문에 죄가 세계에 나왔다는 관념은 여성이 나약하고 타락할 가능성이 있는 존재라는 사실을 정당화했고, 남성에 대한 여성의 복종이 그리스도교의 교리에 깊이 뿌리내리는 계기가 되었다.[65]

제도화의 또 다른 주요 피해자는 성서 자체였다. 성서는 1,000년이 넘는 시간 동안 조금씩 기록되었고, 각 시대마다 인간의 필요에 부응하는 하느님의 개념을 만들기 위해 조금씩 추가하거나 수정하는 과정을 거쳤다. 그런데 그리스도교가 등장하면서 이런 적응 과정은 갑작스레 멈추었고, 5세기 무렵에는 성서에 포함될 정경이 거의 확실해졌다.[66] 열정적이고 놀라운 성서 속 이야기를 주석이 대신하면서 신학자들의 저술이 도서관을 가득 메웠지만, 동료 신학자를 제외하면 그 글을 찾아 읽는 사람은 없는 형편이다.

인간의 세 번째 본성의 대사제

그리스도교의 경험은 독특하지 않았다. 사실 그리스도교가 지나온 길은 흔히 "진보"라고 부르는 과정인 문화적 진화의 예상 궤적이다. 막스 베버에 따르면 "합리화와 제도화"가 이 과정을 나타낸다. 그 결과 사람들은 더 이상 삶의 모든 측면에 관련된 지식을 가질 수 없게 되었다.[67] 카를 마르크스Karl Marx는 이 과정의 결과를 설명하기 위해 "소외"라는 용어를 선택한 반면, 지크문트 프로이트는 문명 속의 불만이라고 표현했다. 사람들에게는 이제 인간의 세 번째 본성의 대사제인 전문가의 도움이 필요했다.

그리스도교 역시 같은 과정을 거쳤다. 신학은 "사회 지도층 전문가 집단의 전유물"이 되어 "사회 전반에서 통용되는 평범한 지식에서 점점 멀어져갔다." 그리스도교의 "평신도[들]"은 더 이상 자신이 믿는 종교의 세계가 어떻게 구성되는지 정확히 알 수 없었다. 그들은 그저 어떤 전문가가 적절한 설명을 제공할 수 있는지에 대해서만 알 뿐이었다.[68]

이 책의 관점에서 볼 때 정말 중요한 것은 로마의 국교로 발돋움한 기원후 380년 이후 이루어진 제도화가 이미 그리스도교를 지배하고 있던 지성적 종교를 한층 강화했다는 점이다.[69] 그리스도교는 지식이 풍부한 소규모 성직자 지도층과 지식이 없는 대규모 평신도층으로 나뉘어 발전했다. 이토록 오랫동안 라틴어를 전례용 언어로 엄격하게 고수해왔다는 점에서도 이런 현실을 분명하게 확인할 수 있다. 종교학자 저스틴 배럿과 파스칼 부아예에 따르면 사람들을 "신학적으로 올바르지 않은" 길로 인도한 주범은 성직자의 독재 체제다. 여기서 다시 한번 출애굽기에서 만난 투덜거리는 사람들을 마주하게 된다. 그토록 추상적인 개념과 마주친 인간의 첫 번째 본성은 발끈할 수밖에 없는 것이다.

그리스도교가 이 모든 신학적 무게를 견딜 수 있었던 것은 인간의 첫 번째 본성에 기반을 두고 끈질긴 복원력을 자랑하는 직관적 종교 덕분이다. 앞서 논의한 것처럼 직관적 종교의 세계에는 초자연적 행위자가 차고 넘친다. 그리스도교가 발전해나갈 수 있는 힘은 강력한 공동체, 가난한 사람과 아픈 사람을 돌보는 일같이 아사비야를 강화하는 요소, 하느님의 사랑에 대한 집중, 다양한 의례와 종교 활동에서 나온다. 이와 같이 인간의 직관을 만족시키는 요소들은 그리스도교가 지닌 정서적 힘의 원천으로, 평신도뿐 아니라 성직자들의 개인적 필요를 충족한다.

마지막으로 이토록 폭발 가능성이 큰 종교가 무사히 살아남아 하느님의 왕국이 도래하길 기다릴 수 있는 이유를 하나 더 추가하고자 한다. 그리스도교는 널리 알려진 종교적 단일성에 대한 잠재적 위협을 박해하는 데에는 절대적으로 무자비했다. 실제로 종교재판이 일으킨 불꽃은 수세기에 걸쳐 밝게 타올랐다.

이 책에서 교회사를 자세히 다룰 생각은 없다. 그저 성서에서 그 기원을 목격한 지성적·제도적 종교가 그리스도교 교회에서 얼마나 완벽에 가까운 수준으로 격상되었는지 강조하고 싶을 뿐이다. 역사상 가장 강력한 전문가 집단이 권력을 거머쥐었고, 오늘날 대부분의 사람이 알고 있는 것보다 과학에 훨씬 많은 영향을 미쳤다. 이것이 이 책의 마지막 장에서 논의할 주제다.

19

자연의 책

하느님의 두 번째 성서

그리스도교가 없었다면 유럽은 중세와 근대에 꽃피운 문화와 과학의 혜택을 누릴 수 없었을 것이다. 교회가 직면한 지적·제도적 도전 과제가 늘어날수록 교회의 교육기관은 복잡해졌고 성직자에 대한 교육의 필요성도 커졌다. 다른 교육기관이 거의 없던 시절, 교회의 교육 시스템은 문화적 변화를 이끄는 최고의 원동력으로 작용했다. 수도원, 성당 학교, 수도회에서 운영하는 학교, 이후 대학에 이르는 종교 관련 교육기관이 없었다면 유럽에서는 과학은 물론 문학, 철학, 예술도 꽃피울 수 없었을 것이다.

과학은 종교에서 탄생했다. 좀 더 정확히 말하면, 과학은 설명하지 않으면 납득할 수 없는 지성적 종교의 적법한 상속자다. 그런데도 오늘날 사람들은 결국 종교를 비합리성의 전형으로 인식하곤 한다. 사람들은 대부분 과학이 고대 그리스에서 시작되어 첫 번째 황금기를 맞았고, 그리스도교가 과학을 적대시하면서 중세에 사라졌다고 생각한다. 과학사를 이렇게 인식하는 이들에 따르면 16세기와 17세기에 니콜라우스 코페르니쿠스Nicolaus Copernicus(1473~1543년), 요하네스 케플러Johannes Kepler(1571~1630년), 갈릴레오 갈릴레이Galileo Galilei(1564~1642년) 같은 사람이 현대 세계의 기반을 닦은 과학 혁명의 시작을 알렸다. 과학과 기술이 최고의 자리에 오르면 종교는 뒤로 물러날 수밖에 없다. 과학이 모든 것에 대한 설명을 제공할 수 있는 날이 오면 종교는 사라질 것이다.[1]

그러나 이런 생각은 모두 신화에 불과하다. 지난 수십 년 사이 근대 과학사가들은 과학과 종교가 영원한 갈등 관계에 있다거나 과학이 승리하면서 종교가 후퇴했다거나 하는 말이 이치에 맞지 않는다는 결론에 도달했다. 존 헨리John Henry는 이렇게 주장한다. 우선 "종교와 신학이 근대 과학의 발전에 주요한 역할을 했다는 점에는 의심의 여지가 없다."[2] 다음으로 현대에 접어들면 종교가 완전히 사라질 것이라는 세속화 가설은 잘못된 것이라는 사실이 입증되었다. 세계 곳곳에서 종교가 그 어느 때보다 생생한 모습으로 살아 있다는 사실을 확인할 수 있기 때문이다.[3]

이 책을 관통하는 문화적 진화의 관점에서 과학이 어떻게 종교에서 진화했는지 간략히 정리해보고자 한다. 이를 통해 직관적·개인적 종교와 지성적·제도적 종교의 차이를 밝히는 것이 유용한 이유를 입증하는 것은 물론, 문화적 보호 가설을 완성하는 데도 도움을 받을 수 있을 것이다. 마지막으로 이 과정에서 성서의 근본적 역할도 파악할 수 있을 것이다.

과학의 탄생

과학과 종교는 "자연적인 것"도 아니고 "문화적 상수"도 아니다. 과학과 종교를 독립적 개념으로 인식한 것은 지난 3세기 정도에 불과하다. 따라서 먼 과거의 일을 현대적 관점으로 분석하는 데에는 신중해야 한다.[4] 일찍이 1991년에 영국 과학사가 존 헤들리 브룩John Hedley Brooke은 이렇게 기록했다. "과학과 종교가 갈등 관계에 있다고 주장하는 이론의 근본적 약점은 과학과 종교를 현실적힘, 즉 실체가 있는 존재로 가정하는 경향이다." 그러나 오히려 과학과 종교는 "한 사람이 동시에 참여할 수 있는 복합적 사회 활동"으로 보는 것이 타당하다.[5]

성서 시대에는 과학, 종교, 정치가 독립적 학문 영역이 아니었다는 점을 이 책에서 누누이 지적했다. 대신 개별적 영역이 서서히 발전해가는 "원시적 문화 수프"의 관점에서 생각하기를 제안했다. 지성적 종교는 인류가 농경 생활을 시작할 무렵 등장한 전례 없는 재난, 질병, 사회적 폭력에서 사회를 보호할 목적으로 발전한 문화의 산물이다. 호모사피엔스에게 과학적 지식이 부족한 시절에 지성적 종교가 세계를 설명하기 위해 많은 노력을 기울인 덕분에 인류는 최악의 사태를 극복할 수 있었고, 어느 때보다 큰 사회에서 살아가야 하는 도전을 이겨낼 수 있었다. 앞서 토라의 613개 명령과 금령을 분석하며 이 종교법이 본질적으로 원형과학적이고 원형사회정치적이라는 사실을 밝혔다. 과학을 기반으로 발전한 오늘날의 기술과 마찬가지로 613개의 명령과 금령은 재앙으로부터 사회를 보호하기 위해 분투했다.

따라서 고대 그리스에서만 과학의 뿌리를 찾는 것은 잘못이다. 지성적 종교가 세계를 경험적으로 관찰해 인간을 불행으로부터 보호할 목적으로 규범을 발전시킨 곳이라면 어디에서든 그 뿌리를 찾을 수 있다. 신이 지상에서 일어나는 모든 일을 주관한다는 가설은 분명 세계 역사상 가장 성공적인 학습 도구 가운데 하나였다. 이런 관점에서 볼 때 토라는 과학사 명예의 전당에 이름을 올려야 마땅하다.

다음에 일어난 일에는 누적적인 문화적 진화의 추진력이 반영되었다. 종교 기관은 사회의 필요에 따라 분화되면서 더욱 복잡해졌다. "지성화"와 "합리화"는 그리스도교 교회에서도 특징적 과정이었다.[6] 앞서 그리스도교가 포괄적인 그리스식 교육을 받은 사람들을 중심으로 어떻게 성직자 지도층을 형성했는지에 대해 논의했다. 교회의 규모가 점점 커지고 국가에 통합됨에 따라 법, 의학, 천문학, 건축학, 수학과 관련한 문제를 해결하기 위해 더 많은 전문가를 배출했다. 이들은 모두 성직자로 교육받은 사람이므로 하느님의 영광을 드러내기 위해 맡은 바 임무를 충실히 이행했다. 교회가 그리스, 즉 이교의 과학적 전통과 항상 원만한 관계를 유지한 것은 아니지만 생산적 관계였다는 사실만큼은 틀림없다. 이른바 암흑시대에 과학이 몰락한 책임은 그리스도교가 아니라 로마제국의 멸망과 뒤이어 일어난 민족대이동이 유발한 혼란에 있다. 오히려 그리스도교 수도원은 문화의 구명보트로 기능해 과학이 몰락한 어두운 시기에 고대의 지식을 보존하는 데 기여했다.[7]

하느님이 지은 두 권의 책

이 책의 주제는 성서다. 기원후 400년 무렵 구약성서와 신약성서의 정경이 결정되어 과거의 텍스트가 편집되는 일도, 새로운 텍스트가 추가되는 일도 없지만 이내 새로운 성서가 등장했기에 아직 그에 대한 분석은 끝나지 않았다. 이 책의 관점에서 볼 때 하느님이 한 권이 아닌 두 권의 책을 지었다는 매혹적인 암시를 히포의 아우구스티누스가 남긴 글에서 볼 수 있는 것은 결코 우연이 아니다. 그는 하느님이 성스러운 경전뿐 아니라 "자연의 책Book of Nature"도 지었다고 기록했다.[8] 아우구스티누스는 성서뿐 아니라 현실 세계에 존재하는 풍부하고 다양한 사물을 통해서도 하느님의 메시지를 읽을 수 있다고 믿었다. 그런 생각은 근대에도 사람들에게 큰 호응을 얻었고, 심지어 오늘날에도 많은 신자가 성서보다 자연에서 더 많은 하느님의 흔적을 찾아낸다.

이것이 중대한 사건이라는 점을 잊지 말아야 한다. 앞서 언급한 것처럼 토라는 하느님의 질서를 재구성하기 위해 세계를 경험적으로 관찰한 끝에 완성되었다. 그러나 토라는 하느님을 기쁘게 하는 행동과 하느님의 노여움을 사는 행동을 가려내는 것을 목적으로 했기에 자연을 체계적으로 탐구할 가치가 있는 지식의 원천으로 여기지 않았다. 그런데 이제 상황이 바뀌면서 그리스도교의 누적적인 문화적 진화는 새로운 국면으로 접어들었다.

플라톤, 아리스토텔레스, 스토아학파는 모두 "이성을 통해 모든 존재를 설명"하고자 했다.[9] 하느님이 정말 질서정연한 우주를 창조한 원리인 로고스라면 세계의 모든 물질은 반드시 그 이성을 반영해야 한다. 그리스도교는 이 근본적 전제를 토대로 자연의 책을 읽고 하느님이 창조한 세계의 질서를 세부적으로 밝혀내려 했다. 이런 방식으로 학자들은 그리스 자연철학을 그리스도교의 신념 체계에 통합하고 정교할 뿐 아니라 매우 중요한 그리스도교의 문화적 보호 시스템에 맞게 조정할 수 있었다.

13장에서 과학, 더 정확하게 말하면 자연철학이 어떻게 고대 그리스에서 꽃피웠는지 살펴보았다. 올림포스의 신들은 믿을 만한 동반자가 아닌 것으로 판가름 났고 해양 민족이던 그리스인은 폭풍, 홍수, 그 밖의 자연재해에 맞서 싸울 효과적인 방법을 개발해야 했다. 이에 따라 천문학, 수학, 의학, 자연과학에 대한 연구 결과가 축적되었고 증거에 기반해 자연을 통제하는 방법을 발전시켰다. 신이 사회적·자연적 역경의 원인일 수 있다는 생각이 차츰 엷어지면서 신들은 뒤로 물러나 세계 질서의 수호자가 되었다.

두 부류의 전문가 집단이 형성되면서 하느님이 두 권의 책, 즉 성서와 자연의 책을 지었다는 생각이 확고하게 자리 잡았다. 성스러운 경전의 편에는 완성된 정경을 세상에서 가장 중요한 것으로 여기는 신학자들이 있었다. 성서의 권위를 어떤 논쟁도 불가능한 신성불가침의 영역에 올려놓은 덕분에 신학자들은 그리스도교가 수많은 분파로 쪼개질 위기에 놓였을 때조차 기득권을 보장받을 수 있었는데, 이때부터 성서는 하느님의 말씀을 드러내는 책이자 모든 말씀을 하나로 묶어내는 틀이 되었다. 그러나 하느님이 곧 로고스였으므로 성서는 완전한 하느님의 완전한 발걸음을 반영해야 했다. 따라서 신학자들은 믿음과 성스러운 의식의 문제를 해결할 뿐 아니라 성서 속 공백, 비일관성, 오류를 설명하느라 바쁜 나날을 보내야 했다. 동시에 그들은 자연에서 얻은 지식이 제기하는 문제를 해결하려고 노력했다. 결국 성서는 이치에 맞고 모순이 없어야 했다.

그 반대편, 자연의 책 편에는 자연의 비밀을 파헤치려고 애쓰는 전문가들이 있었다. 그들은 의학, 천문학, 자연철학을 아우르며 자연 세계를 검토하고 사회 세계에서는 법의 본질을 연구해 사회를 모든 형태의 재앙으로부터 보호하는 임무를 맡았다. 또한 자연과 우주를 하나로 묶는 신의 질서를 완벽하게 재구성할수록 사람들이 누리는 평화의 수준이 높아진다고 생각했다.

하느님이 지었다는 두 권의 책과 관련한 관념 이면에서 전문 지식의 분화가 일정한 분업으로 이어지는 과정을 확인할 수 있다. 지성적 종교는 점점 복잡해지는 세계에서 마주하는 도전을 극복할 수 있는 수많은 도구를 만들어냈고, 이 도구들은 성서의 진리를 드러내는 것 이상의 일을 해낼 만큼 효율적으로 기능했다. 이 힘의 원천을 바탕으로 그리스도교는 그 어느 때보다 복잡해진 세계가 던지는 도전을 이겨낼 수 있었다.

"하느님의 생각을 되짚어보다"

영원히 끝나지 않을 종교와 과학의 갈등이라는 신화가 주장하는 바와 달리 16세기와 17세기에 과학혁명을 이끈 주역들은 종교를 부정하지 않았다. 과학사가 존 헨리는 "당대를 풍미한 사상가들에게 자연철학을 연구하고자 하는 동기를 부여해 구체적 형태의 자연철학이 탄생하기까지 종교가 수행한 역할의 중요성"을 강조한다. 그가 꼽은 수많은 사상가 중 몇몇만 언급하면 요하네스 케플러, 프랜시스 베이컨Francis Bacon, 르네 데카르트René Descartes, 로버트 보일Robert Boyle, 고트프리트 빌헬름 라이프니츠Gottfried Wilhelm Leibniz, 아이작 뉴턴Isaac Newton 등이다.[10] 예컨대 그중 뉴턴은 자신이 "하느님의 선택을 받은 사람 가운데 한 명"이라고 믿었고 "하느님이 시간과 공간을 창조했다고 보았다."[11] 헨리는 이렇게 말한다. "당대의 사상가들은 종교에 헌신하고자 하는 동기를 품고 있었다. 그리고 이것이 초기 현대 과학이 제 모습을 갖춰나가는 데 큰 힘으로 작용했다는 사실에는 의심의 여지가 없다."[12]

그럼에도 이내 문제가 불거졌다. 하느님이 지은 두 권의 책이 서로 조화를 이루지 못했기 때문이다. 행성이 태양을 중심으로 궤도 비행을 한다는 사실을 발견한 요하네스 케플러는 자신을 "하느님이 지은 자연의 책의 사제"라고 묘사했고, "하느님이 우주에 부여한 패턴을 발견함으로써 '하느님의 생각을 따라가고 있다'"고 믿었다. 원래 케플러는 (궁정 천문학자보다 자리가 많은) 신학자가 되기를 희망했지만, 성스러운 경전이 자연에 대해 말하는 것을 가르치는 것에는 관심이 없었다. "성서는 광학 교과서도, 천문학 교과서도 아니다."[13]

여기서 이 책은 성서의 입장을 대변하고자 한다. 고대 세계가 쌓은 과학적 지식의 수준에 머무를 수 없었던 성서는 주어진 시대에 마주한 도전에 대처할 수 있는 방향으로 스스로 적응하며 진정 살아 있는 매개체라는 사실을 항상 입증했다. 기원전 800년경부터 기원후 200년경까지 정식으로 교육받은 사회 지도층이 나서서 성서를 끊임없이 다듬었다. 오래된 이야기를 다듬고 새로운 이야기를 추가하는 과정에서 성서는 누적적인 문화적 진화의 산물로 끊임없이 재탄생했다. 그럼에도 이런 사실은 인간의 집합 의식에 제대로 자리 잡지 못했다.

기원후 400년경 정경이 결정되면서 성서는 그 시대에 발이 묶였고, 더 이상 변화하는 통찰력을 반영할 수 없게 되었다. 이후 수세기에 걸쳐 인간의 첫 번째 본성과 관련한 문제에는 그럭저럭 대처할 수 있었지만 성서가 제시하는 물질적 세계의 모델은 점점 시대에 뒤처지게 되었다. 자연의 책 연구자들은 계속해서 지식을 갈고닦으며 개선해나갔지만 창세기에 등장하는 창조 이야기는 고대의 세계관을 반영한 채로 남게 된 것이다. 따라서 성서와 자연의 책 사이에 생긴 균열은 점점 더 벌어질 수밖에 없었다.

권력의 편에 선 성서 전문가들은 그동안 서양에서 가장 강력한 기관으로 성장한 교회를 대변했다. 그들은 그 권위를 유지하기 위해 성서에서 오류를 찾아내는 것을 교회의 권위에 도전하는 행위로 간주했다. 16세기 종교개혁 요구가 등장해 참된 믿음에 대한 논쟁이 최고조에 이르면서 성서에 오류가 없다고 여기는 성서 전문가들의 태도는 더욱 심해졌고, 결국 교회의 분열로 이어졌다. 그럴수록 성서의 올바른 해석을 지켜내려는 종교재판의 눈초리는 점점 더 매서워졌다.

갈릴레오도 자연의 책을 읽었다

이제 갈릴레오 갈릴레이 이야기에 이르렀다. 다들 알다시피 그는 우주와 태양계의 모든 행성이 지구가 아닌 태양 주위를 돈다는 니콜라우스 코페르니쿠스의 태양 중심 이론을 지지한다는 이유로 종교재판에 회부되었다. 오랫동안 학자들은 이 사건이 과학과 종교가 치른 최후의 결전을 의미한다고 주장해왔지만, 오늘날 과학사가들은 대부분 그렇게 해석하지 않는다.[14] 즉 갈릴레오 재판은 하느님이 지은 책 두 권의 통일성이 깨지기 시작했다는 사실을 부각한 사건인데, 흥미롭게도 사건의 주인공인 갈릴레오와 그를 종교재판에 회부한 교회 측 관계자들은 어떻게든 그것을 막으려고 애썼다. 따라서 널리 알려진 신화와 달리 갈릴레오 재판은 오랫동안 유지해온 과학과 성서의 연합을 지키기 위한 최후의 노력이라고 할 수 있다.

갈릴레오 갈릴레이라는 이름은 "자연의 책"이라는 용어와 떼려야 뗄 수 없는 관계로 길이 남을 것이다. 갈릴레오가 저서《황금 계량자Il Saggiatore》에 자연의 책과 관련해 남긴 말은 전설이 되었다. "인간의 눈앞에 펼쳐진 이 위대한 책, 즉 우주에는 철학이 기록되어 있다. 그러나 그 철학을 이해하기 위해서는 먼저 그것을 기록한 언어를 배우고 철자의 특성을 인식해야 한다. 그 언어는 바로 수학이고 그 철자는 삼각형, 원, 그 밖의 기하학적 도형이다. 이것을 모르면 인류는 이 위대한 책이 전하는 철학을 전혀 이해할 수 없다. 그러면 복잡한 미로 속을 정처 없이 헤매게 될 뿐이다."[15]

순수한 과학을 지향하는 말처럼 들리지만 사실 갈릴레오는 자연의 책뿐 아니라 성서도 진리라고 믿었다. 그는 아우구스티누스의 두 권의 책 이론에 대한 확고한 신념이 있었다. 베네데토 카스텔리Benedetto Castelli에게 보낸 유명한 편지에 갈릴레오는 이렇게 썼다. "성스러운 경전과 자연은 모두 성령이 구술한 신의 말씀을 받아 적은 성문서고 자연은 하느님의 명령을 실행에 옮기는 충직한 집행인이다."[16] 신자인 갈릴레오가 보기에 하느님은 이 두 권의 책을 모두 지었고, 둘 다 결점이 있을 수 없었다. 그러나 후자의 관념에는 문제가 있다는 사실이 차츰 드러나게 된다.

카스텔리에게 보낸 편지에서 갈릴레오는 구약성서의 여호수아를 언급한다. 여호수아가 요청하자 하느님은 태양을 멈추어 이스라엘 민족이 적에게 복수할 충분한 시간을 확보해주었다. 그런데 어떻게 태양을 멈출 수 있다는 말인가? 코페르니쿠스의 이론이 옳다면 태양은 우주의 특정 위치에 고정되어 있고 지구와 지구상의 모든 사람이 태양을 중심으로 회전한다. 그렇다면 하느님이 태양을 그 자리에 멈추게 했다는 것을 어떻게 이해해야 하는가? 하느님이 자신이 창조한 우주의 진리에 관해 자신이 선택한 민족을 호도할 리는 만무했다.[17]

흥미롭게도 가톨릭교회와 천문학자 모두 하느님이 지은 두 권의 책이 서로 갈등을 일으킨다는 사실을 인식했다. 양측 모두 하느님이 성서와 자연을 창조했다는 확고한 믿음이 있었고, 갈릴레오는 카스텔리에게 보낸 편지에 이렇게 썼다. "두 진리가 서로 모순되는 것은 있을 수 없다."[18] 따라서 갈등 관계인 양측 당사자는 근본적 가정을 공유했다. 해결책이 다를 뿐이었는데, 사실 그것 역시 놀라울 정도로 닮은 구석이 있었다. 양측 모두 상대방의 책을 조작하려 했다. 교회는 지구가 우주의 중심이라는 성서의 세계관이 올바르고 갈릴레오가 자연의 책을 읽는 과정에서 망원경이나 계산에 착오가 있었을 것이라고 주장했다. 갈릴레오는 성서가 진리를 대표한다고 수긍하면서도 종종 은유적 표현으로 해석의 오류가 발생할 수 있으므로 자연의 문제에 관한 한 궁극적 권위를 인정할 수 없다고 맞섰다. 그는 이렇게 기록했다. "성스러운 경전의 많은 내용이 문자적 의미에서 그리고 분명하게 절대적 진리와 상충한다. 그 이유는 많은 사람이 이해할 수 있도록 하기 위해서라는 데에 동의한다."[19] 사실 갈릴레오는 자연의 책을 통해 얻은 태양 중심의 세계관과 여호수아 이야기를 조화시킬 수 있는 주석을 찾아내려고 노력하기도 했다.

갈등이 자리 잡은 지점은 정확히 어디인가? 과학의 영역인가, 아니면 종교의 영역인가? 독일 과학사가 클라우스 피셔Klaus Fischer 는 갈릴레오가 "종교와 과학이 갈등한다고 생각하지 않았다"고 말한다. "좋은 과학과 나쁜 과학이 갈등한다"고 생각한 갈릴레오는 나쁜 과학이 낡은 세계관을 뒷받침하기 위해 "천문 현상을 다룬 몇 안 되는 성서 구절"을 근거로 삼았다고 비판했다.[20] 그러나 종교 재판에서 실제 갈등은 좋은 성서 주석과 나쁜 성서 주석 사이에 있었다. 존 헨리는 가톨릭교회의 문제를 이렇게 요약했다. "갈릴레오는 (코페르니쿠스의 지동설이 다양한 성서 구절과 양립할 수 있다는 사실을 입증하기 위해) 성서 해석에 대한 공개 토론 자리를 마련해야 한다고 주장했지만, 개혁에 반대한 당시 가톨릭교회는 성스러운 경전의 자유로운 해석을 제한하려 애썼다."[21] 갈릴레오의 유죄판결과 징역형(곧 가택연금으로 감형) 선고는 본질적으로 당시 뜨겁게 불타오른 종교전쟁의 부수적 피해일 뿐 과학에 대한 억압의 본보기는 아니었다.

두 권의 책의 갈등에 대한 가톨릭교회와 갈릴레오의 해석은 어떤 면에서는 옳았다. 아직 과학과 종교가 각자의 길을 걷고 있는 것은 아니었기 때문이다. 이런 사실은 과학이 지성적 종교의 적법한 상속자로 등장했다는 이 책의 주장과도 부합한다. 천문학자 갈릴레오의 재판 당시, 양측은 여전히 성서와 자연의 책이 모두 진리를 대표하는데 상대편의 전문가들이 그것을 잘못 읽고 있다고 믿었다. 결국 하느님의 실수일 수는 없다! 그러나 이때를 기점으로 이런 절충적 입장을 유지하기가 점차 어려워졌다. 따라서 결정적 분기점인 갈릴레오의 사건을 계기로 과학은 성서를 뒤로한 채 일관성을 추구하며 자신의 길을 걷기 시작했다.

적대시의 시작

천문학과 그 밖의 문제에 대해 가톨릭교회는 타협점을 모색하며 입장을 정리했지만[22] 점차 수세에 몰리고 있다는 것을 알게 되었다. 과학은 자연의 힘과 그 힘이 서로 연관되는 방식에 대한 놀라운 통찰력을 보여주기 시작했다. 동시에 역사적 성서 연구라는 새로운 학문이 등장해 불경한 의혹에 불을 붙였다. 하느님의 말씀은 사실 인간의 작품이라는 의혹이었다. 하느님이 지은 두 권의 책 가운데 한 권만이 옳을 수 있으므로 과학자와 철학자들은 성서에서 자신을 해방시키기 시작했다. 종교는 여전히 중요한 주제로 남아 있었지만 그 의미는 과거와 전혀 달랐다. 따라서 계몽주의 시대에는 하느님과 자연의 책을 조화시키려는 비성서적 시도를 바탕으로 한 이신론理神論, 범신론汎神論, 물리신학 같은 새로운 개념이 발전하기 시작했다.

19세기 이전에는 과학에 대한 현대적 개념이 존재하지 않았다. 실제로 많은 역사학자가 이전의 과학적 노력은 "자연철학"이나 "자연사"로 가장 잘 설명할 수 있고, 이 시점 이후의 과학을 말하는 것이 타당하다고 믿는다.[23] 어쨌든 문화적 진화는 자연과학과 지성적·제도적 종교가 공존할 수 없는 방향으로 나아갔다. 19세기에 이르러 완전히 결별한 과학과 지성적·제도적 종교는 각자 입장을 명확히 규정해야 했고, 서로 겹치지 않는 영역을 찾아 스스로를 규정함으로써 이를 달성했다. 과학은 스스로를 종교적 영향으로부터 완전히 자유로운 전문적 학문으로 보기 시작했다. (적어도 그들의 관점에서는) 종교는 과학적 접근법과 양립할 수 없었다.[24]

19세기에 놀라운 기술적 발견이 이루어지면서 진보의 힘에 대한 흔들림 없는 믿음이 널리 퍼져나갔다. 베를린 대학교 총장을 지 낸 생리학자 에밀 뒤 부아레몽Emil du Bois-Raymond(1818~1896년)은 한 강연에서 달뜬 어조로 이렇게 반문했다. "무엇이 근대 문명을 가로막을 수 있겠습니까? 번개인들 근대 문명이라는 바벨탑을 무너뜨릴 수 있을까요? 100년, 1,000년, 1만 년, 10만 년, 아니 그보다 훨씬 이후에 인류가 어떤 모습으로 살아갈지 생각하면 짜릿하기까지 합니다. 인류가 얻지 못할 것은 없을 테니 말입니다."[25] 인류 역사상 최고의 문화적 보호 시스템으로 등극한 자연과학은 이를 자축하기 시작했다!

새로운 구원의 메시지는 다음과 같다. 프로메테우스Prometheus 가 인류에게 불을 선물했듯이 과학은 모든 문제가 해결되는 새로운 시대로 인류를 이끌 것이다. 앤드루 딕슨 화이트Andrew Dickson White(1832~1918년)와 존 윌리엄 드레이퍼John William Draper (1811~1882년) 같은 작가들은 이 메시지를 전달하기 위한 서사를 제공했다. 《그리스도교 세계에서 과학과 신학이 치른 전쟁의 역사A History of the Warfare of Science with Theology in Christendom》와 《종교와 과학, 그 갈등의 역사History of the Conflict between Religion and Science》 같은 작품을 통해 그들은 미신에 맞서 싸워 승리한 과학의 무용담을 묘사했다. 위대한 사상가들의 영웅적 희생 덕분에 마침내 과학이 궁극적 승리를 거두게 되었다. 조르다노 브루노Giordano Bruno(1548~1600년)와 갈릴레오 갈릴레이는 과학이라는 새로운 종교의 순교자로 승화했는데, 이 관념은 과학과 종교가 수세기 동안 "대전"을 치르는 사이 탄생한 것이다.[26] 과학은 또한 자기 자리를 지키기 위해 애쓰는 교회에서 권력과 돈뿐 아니라 사회를 해석하는

특권, 즉 "권위의 상징"을 빼앗아오기 위해 고군분투했다.[27]

이때 오늘날까지 영향을 미치는 강력한 서사가 등장했다. 과학과 종교의 전쟁에서 싸우는 족족 과학이 승리를 거머쥐었다. 그 결과 아직 과학적 탐구의 빛이 미치지 못한 어두운 구석으로 내몰린 하느님은 그 간극을 메우는 신으로 살아남아 빅뱅 이전이나 죽음 이후의 세계에서 피난처를 찾았다. 따라서 현재 과학과 종교의 갈등은 영원한 갈등의 불씨가 아니라 19세기의 유산이라는 결론을 내릴 수 있다.

"하느님의 번개를 훔치다"

가톨릭교회에 가장 큰 일격을 가한 것은 한때 "성서에 기록된 모든 말씀을 문자 그대로 엄격한 의미에서 진리라고 믿어 의심치 않았다"는 신학을 전공한 한 학생이었다.[28] 그는 다름 아닌 찰스 다윈Charles Darwin(1809~1882년)이었다. 다윈의 진화론이 날린 결정타 덕분에 사람들은 더 이상 성서를 믿을 만한 과학적 지식의 원천으로 생각하지 않게 되었다. 지상에 존재하는 놀라울 정도로 다양한 생명이 하느님의 손으로 빚은 것이라는 생각은 사라졌고, "창조의 꽃"이던 인류도 일개 "유인원"으로 전락하고 말았다.

과학이 모든 것에 대한 답을 제공할 수 있는 날이 오는 것은 시간문제처럼 보였다. 프리드리히 니체의 말을 빌리면 결국 하느님은 죽고 모든 종교는 사라질 것이다. 그렇게 계몽된 근대 인류가 종교를 후진적 세계관으로 남겨두는 세속화 이론이 탄생했다. 그러나 거의 150년이 지난 오늘날 과학이 눈부시게 진보했음에도 종교는 여전히 꿋꿋하게 살아남았다. 그것도 성공적으로. 어떻게 이런 일이 가능할 수 있을까?

종교의 종말을 예언한 모든 이론은 종교와 과학에 대한 단순한 이해에서 출발했다. 우선 그들은 과학의 진보가 역사의 특정 시점에 세계를 설명하는 문화적 시스템으로 등장한 지성적·제도적 종교에만 위협을 가한다는 사실을 인식하지 못했다. 하지만 종교의 핵심에 자리 잡은 직관적·개인적 종교는 과학을 두려워할 필요가 없었다. 그것은 인간의 기본 조건 중 일부로 논리의 영향을 받지 않기 때문이다.

종교의 종말을 예언한 이론은 또한 과학적 세계관의 뿌리가 고대 그리스에 있다는 전통적 시각을 수용했다. 신이 자연 세계를 설명할 원천으로 적합하지 않다고 생각한 그리스 철학자들은 자신이 목격한 사건의 자연적 원인을 찾아 나섰는데, 오늘날 사람들이 알고 있는 과학은 바로 여기서 출발했다. 이런 전통적 시각에 따르면 과학은 애초에 반종교적 성격을 띤 학문이어야 하지만 앞서 살펴본 것처럼 19세기까지만 해도 과학과 종교는 적대적 관계가 아니었다.

지금이 바로 이 책이 채택한 인류학적 접근법의 위용을 자랑할 때라고 생각한다. 앞 장에서 설명한 것처럼 누적적인 문화적 진화가 거친 독특한 과정 덕분에 호모사피엔스는 지구의 생태적 변화에 대처하는 방향으로 생활 방식을 급격히 바꿀 수 있었다. 인간은 인간을 괴롭히는 온갖 전염병, 자연재해, 사회적 재앙 이면에 자리 잡은 것이 무엇인지 알지 못하는 상황에서도 문화적 보호 시스템, 즉 지성적·제도적 종교를 발전시키면서 이런 새로운 과제를 해결해나갔는데, 이때 지성적·제도적 종교는 인간에게 닥친 모든 불행의 원인을 신의 행동으로 돌렸다.

이 책이 제시하는 문화적 보호 가설에 따르면 지성적·제도적 종교는 그 어느 때보다 복잡해진 사회가 야기한 과제를 해결하고 재앙을 회피하는 기능을 했다. 새로운 재앙이 끊임없이 등장하면서 지성적·제도적 종교는 경험적 증거를 모아두는 거대한 저장소가 되었고 결국 합리화 과정을 밟게 되었다. 그 결과 필연적으로 등장한 과학은 마침내 하느님 없이 자신의 힘만으로 인류의 학습 과정을 지원하고 인류를 보호하는 학문으로 자리 잡았다.

과학 역시 문화적 보호 시스템에 불과하다. 세계에 대한 연구 그 자체를 목적으로 하지 않는다. 과학은 재난과 질병 이면에 자리 잡은 힘과 그 힘들이 따르는 법칙을 규명하는 오래된 과제를 해결하기 위해 그리고 이런 문제로부터 인류를 보호하거나 예방해 평화롭게 살아갈 수 있는 방법을 찾기 위해 세계를 연구한다. 사실 과학 덕분에 인류는 그 어느 때보다도 평온한 삶을 누리게 되었다. 과학은 피뢰침에서 쓰나미 조기 경보 시스템, 페니실린에서 MRI 검사, 화학비료에서 태양열에 의한 수처리 시설에 이르는 광범위한 영역에서 다양한 성과를 거두고 있다. 피뢰침을 발견한 벤저민 프랭클린Benjamin Franklin에 대한 필립 드레이Philip Dray의 저서 《하느님의 번개를 훔치다Stealing God's Thunder》의 제목은 이런 변화가 가톨릭교회에 얼마나 큰 위협이었는지 보여준다.[29] 과학은 신에게서 가장 오래되고 중요한 신뢰도를 높일 증거, 즉 재앙을 빼앗았다.

지성적 종교가 제공한 문화적 보호 시스템은 과학이 제공한 보다 효과적인 또 다른 시스템에 자리를 내주었다. 성서를 통해 세계를 설명하는 본연의 임무가 무용지물이 되었음에도 지성적·제도적 종교가 꿋꿋이 살아남은 것은 대부분의 서구 사회에서 인간의 두 번째 본성으로 굳건하게 자리 잡았기 때문이고, 여전히 자유롭게 활용할 수 있는 강력한 제도가 수중에 있었기 때문이다. 사실 어떤 반박에도 맞서 자신을 보호하려는 지성적·제도적 종교의 굳은 결심은 문화적 유전자의 일부다. 게다가 지성적 종교는 결코 순수한 형태로 존재하지 않는다. 생물학적 존재인 인간의 유전자에 깊이 뿌리내린 종교적 믿음을 움직이는 원동력이자 어떠한 형태의 과학적 진보도 의식하지 않는 직관적 종교성과 완전히 융합되어 있다.

이성에 직면한 믿음

"2006년 10월 〈타임Time〉이 실시한 설문 조사에서 과학이 특정 종교에 대한 믿음을 반증한다면 어떻게 하겠느냐는 질문에 응답자의 3분의 2(64퍼센트)가 반대되는 과학적 증거를 받아들이기보다는 종교가 가르치는 것을 계속 믿겠다고 답했다."[30] 근대의 온갖 상식에 맞서 자신의 종교에 충실하겠다고 인정하면 편협해 보일 것이 두려워 솔직히 답하지 못한 이들도 있을 수 있기 때문에 이 수치는 훨씬 높을 것으로 보인다.

이 수치는 두 가지 이유로 매혹적이다. 우선 이 수치를 통해 사람들이 충성심과 의존 가능성, 즉 인간의 첫 번째 본성에 가치를 두고 있다는 사실을 알 수 있다. 누군가 더 나은 논리를 제시한다는 이유만으로 자신이 속한 집단의 가치를 쉽게 포기하지 않는 것이다. 그러나 정말 흥미로운 점은 이 수치가 인지적 지식과 직관적 믿음이 서로 다른 정신 영역에서 기원한다는 사실을 보여준다는 것이다. 심지어 초자연적 존재가 존재한다는 사실을 절대로 입증할 수 없다는 사실을 알고 있는 사람들도 인간의 세 번째 본성을 내세워 첫 번째 본성을 침묵하게 하지 못한다. 인간 내면의 무언가가 영혼과 그 밖의 보이지 않는 행위자가 세계에 퍼져 있다는 사실을 믿게 한다. 인간의 직관이 확신하는 내용은 합리적 근거의 힘으로도 어쩌지 못하는 것이다.

"종교'음악'가"에 대한 막스 베버의 개념을 통해 종교 문제에 관한 한 인간의 세 가지 본성이 어떻게 상호작용하지 논의해보고자 한다.[31] 사실 음악성과 종교성은 놀라울 정도로 닮았는데, 모두 유전자에 새겨진 인간의 심리에 바탕을 두고 있기 때문이다. 그러나 그것을 표현하는 힘은 인간의 유전적 심리 구조뿐 아니라 인간이 성장하는 문화의 사회화에 훨씬 큰 폭으로 의존한다. 어린 시절부터 노래하고 피아노를 배우는 음악적 환경에서 자란 사람은 유전적으로 재능을 타고나지 않았더라도 실력 있는 음악가로 성장할 가능성이 높은 것이다. 그리고 음악이라는 문화가 인간의 첫 번째 본성과 조화를 이룰수록 음악은 두 번째 본성의 일부로 굳건하게 자리 잡을 가능성이 높아진다. 만일 인간의 세 번째 본성이 음악이 비상식적 현상이라는 사실을 입증한다면 사람들은 원칙적으로 그 주장에 동의하면서도 휘파람을 불거나 손가락을 움직여 박자를 맞추는 일을 멈추지 않을 것이다. 심지어 다시는 음악을 접하지 못하게 된다 해도 계속 그렇게 할 것이다. 음악이 인간의 유전적 심리 구조에서 완전히 사라지려면 족히 수백 세대는 지나야 할 것이다.

종교에 대해서도 동일한 논리를 적용할 수 있다. 오늘날 그리스도교를 믿는 사람은 20억 명이 넘는다. 그리스도교가 아우르는 영역이 얼마나 넓은지도 살펴보았다. 그리스도교는 지성적·신학적 측면뿐 아니라 인간의 첫 번째 본성에 필요한 모든 것을 예수, 마리아, 성자, 악령의 형태로 제공하며 인간의 혼과 공명한다. 또한 교회에 기반한 강력한 제도가 사회 깊숙이 스며들어 지성적 종교가 존속하는 데 기여한다. 이런 사실을 염두에 두고 종교의 현주소에 대해 간략히 짚어보고자 한다.

영성의 탄생

과학의 진보에도 불구하고 종교가 사라지지 않는 이유를 살펴보았다. 종교는 사라지기는커녕 오히려 왕성하게 활동하고 있다. 전 세계적으로 종교가 융성하고 있어 사회학자들은 마침내 세속화 이론에 대한 논쟁을 끝낼 수 있다고 믿게 되었다.[32] 그렇더라도 오늘날의 상황을 자세히 들여다볼 필요가 있다. 종교의 현주소를 통해 이 책이 주장하는 내용을 입증할 수 있기 때문이다. 오늘날 번성하는 종교는 직관적 요소를 상당히 많이 갖추었는데, 지성적·제도적 측면이 지배하는 종교를 믿던 사람들은 영적 측면이 강한 종교를 찾아 기존 종교를 떠나가고 있다.

전 세계적으로 카리스마를 앞세우는 오순절 운동이 부흥하면서 직관적 종교는 신자들을 동원하는 엄청난 능력을 입증했다. 오순절 운동은 직관적 종교를 구성하는 요소인 "성령을 통한 세례, 계시, 방언, 열정적 영성"에 초점을 맞춘다. 천상의 행위자와 악령에 개방적인 종교일수록, 풍요로운 의례와 마술적 실천을 통제하지 않는 종교일수록, 여성이 주요한 역할을 하는 종교일수록, 무엇보다 공동체와 집합적인 정서적 경험을 중요시하는 종교일수록 더 강력한 힘을 발휘한다. 이런 교회는 구성원에게 엄격한 도덕성을 강요할 뿐 아니라 크나큰 희생을 요구하는 경우가 많고 세상에서 자신

을 엄격하게 분리하려는 경향을 보인다.[33]

세속화 이론이 애초에 인기를 끌었던 유럽은 상황이 사뭇 다르다. 자유주의 개신교 전통이 특히 강한 유럽의 종교는 지성화와 제도화 수준이 높아 교회를 찾는 이들이 크게 줄어들고 있다. 유럽의 그리스도교도 국가별로 단일한 관료 조직을 갖춘 국가교회를 탈피해 다원화된 종교 체계로 탈바꿈하지 못했다.[34] 이런 교회는 인간의 첫 번째 본성을 만족시킬 만한 요소를 갖추지 못했기 때문에 근대의 지식 체계와 경쟁하는 데 어려움을 겪는다. 더 이상 세계를 설명하는 수단으로 기능할 수 없게 된 교회는 철학을 대체하는 학문으로서 소수의 사람에게만 말을 걸고 있다. 유럽 대부분의 지역에서 교회는 지역 주민의 두 번째 본성에 자리 잡은 박물관 같은 기관으로 전락할 위기에 처했다. 이제 사람들은 크리스마스, 결혼식, 장례식 등 특별한 경우에만 교회를 찾기 때문이다.

그러나 전통적 교회를 떠나는 사람이 많은 곳이라 해도 그곳 사람들의 종교성이 다른 곳에 사는 사람들의 종교성에 못 미친다고 할 수는 없는데, 이것이 인간의 첫 번째 본성에 부응하는 종교의 존재를 입증하는 또 하나의 인상적인 증거다. 종교사회학자 토마스 루크만은 이미 1960년대에 제도화된 종교를 떠난 사람들이 종교적 경험을 할 수 있는 대안적 종교를 찾아 나선다는 사실을 깨닫고 세속화 이론의 정당성에 의문을 품게 되었다. 그사이 뉴에이지 운동은 천사에 대한 믿음에서 금욕적 황홀경, 영적 투영에서 풍수지리에 이르는 다채로운 비전秘傳의 종교로 모습을 바꿨다. 뉴에이지 운동은 초자연적 힘을 실제로 경험하고자 하는 모든 기대에 부응할 수 있을 만큼 많은 분파로 거듭났다. 1960년대에 루크만은 이런 대안 종교를 "보이지 않는 종교"라는 용어로 묘사했지만 오늘날 그것은 "매우 가시적인 형태"로 나타날 뿐 아니라 "대중 종교"의 지위까지 넘보고 있다.[35]

과거 주류를 이룬 개신교 교회의 신도 수가 줄고 있는 미국에서도 조직화된 종교에 등을 돌리는 사람들은 세속주의를 받아들이지 않는다. 미국 종교사회학자 호세 카사노바José Casanova의 설명에 따르면 미국에서는 기존 "교단"을 떠나 "개인적 신비주의"로 흘러 들어가는 추세가 강하게 나타나면서 "영적이지만 종교적이지 않은" 새로운 범주가 탄생했다.[36] 그 어느 때보다 민감하게 촉각을 곤두세운 학자들은 이미 자기만의 용어로 이 새로운 종교를 설명하기 시작했다. 이 주제와 관련해 이미 《종교와 영성의 심리학 핸드북 Handbook of the Psychology of Religion and Spirituality》이라는 표준 참고서까지 나온 상황이다.[37]

과학과 기술이 그리스도교의 지성적 측면을 약화시키면서 인간의 첫 번째 본성은 잃어버린 영역을 되찾기 위해 영성에 의존했다. 이런 변화가 분명하게 나타나지 않은 영역은 하느님의 마지막 보루인 저승뿐이지만, 그곳에서조차 하느님은 심각한 곤경에 처했다는 것을 알게 된다.

죽음에 새 생명을

16장에서 유일신교가 영혼과 조상에 대한 믿음의 직관적 확실성과 그에 따른 애도 의례를 어떻게 원시적 미신으로 선언해 금지했는지 살펴보았다. 그 결과 죽음의 영역은 진공 상태로 방치되었다. 유대교가 저승 문제를 다루지 않으면서 다양한 개념의 공존을 허용한 반면, 그리스도교는 이 문제에 적극적으로 대처하기로 결정하고 죽은 사람에 대한 심판이라는 하나의 관념으로 압축해 제시했다. 그리스도교가 이런 결정을 내린 것은 우연이 아니다. 역사학자 폴 벤은 이렇게 지적했다. "그리스도교는 새로운 신자의 개종을 유도하기보다 그들을 위협할 가능성이 높은 문제를 제시했다. 시험에 통과하면 구원되지만 통과하지 못하면 지옥에서 영원한 고통을 받게 된다. 어떻게 하겠는가?"[38]

독실한 그리스도교도조차 이런 관념이 직관을 거스른다고 생각한다. 찰스 다윈은 성서를 문자 그대로 엄격한 의미에서 진리라고 믿어 의심치 않았고, 심지어 성직자가 되는 것을 꿈꾸었다. 그러나 진화에 대한 그의 혁명적 개념이 아니라 저승에 대한 그리스도교의 가정이 그에게서 믿음을 빼앗고 그를 불가지론자로 만들었다. 그는 자서전에 이렇게 기록했다. "그리스도교를 진리라고 믿어야 한다는 사실을 이해하기 어렵다. 그리스도교의 텍스트는 그리스도교를 믿지 않는 사람, 즉 내 아버지와 형제 그리고 가장 친한 친구 대부분이 영원한 처벌을 받을 것이라고 말하는데, 정말 지독한 교리가 아닐 수 없다."[39]

영원한 처벌의 절대적 성격은 호혜주의를 바탕으로 하는 정의감과 충돌하면서 인간의 첫 번째 본성이 반발하도록 부추긴다. 따라서 계몽주의 시대부터 특히 개신교 신학자들은 예수가 직접 지옥에서 영원한 고통을 받는다는 설교를 한 적이 없다고 주장하기 시작했다.[40] 실제로 사회학자 후베르트 크노블라우흐Hubert Knoblauch에 따르면 그 무렵부터 유럽 교회는 이 주제를 거의 다루지 않았다. "계몽주의의 영향을 받은 교회는 죽음과 광범위한 의례 절차에 대한 해석을 점차 삼가게 되었다." 20세기 후반에는 "죽음의 금기화"가 전면에 나서는 경우도 많아졌다.[41]

죽음을 소홀히 하는 공식 종교의 태도는 천국과 지옥에 대한 믿음을 설파하는 문화에서 성장하는 세대에게 문제가 아닐 수 없다. 이 믿음에 대한 의심이 싹트면, 어떤 행동에 대한 보상이나 처벌이 뒤따르지 않을 경우 과연 사람들이 선하게 행동할 것인가 하는 문제가 떠오르기 때문이다. 그것은 모든 것을 무작위로, 임의적으로, 또는 사회학자들이 생각하는 것처럼 우발적인 것으로 만들지 않을까? 무엇보다 죽음의 순간이 찾아오는 이유도, 죽은 뒤 무슨 일이 일어날지도 알 수 없게 될 것이다.

이런 발전 양상은 사람들이 그리스도교에서 제공하는 해결책, 즉 인간의 두 번째 본성에 속하는 전통적 해결책에 의문을 제기하기 시작했다는 흥미로운 사실을 드러낸다. 그러면서도 사람들은 여전히 인간의 첫 번째 본성을 바탕으로 한 고대 종교를 미신으로 여겨 거부해야 한다고 느낀다. 따라서 인간의 세 번째 본성이 새로운 해결책을 제시해야 하는 과제를 떠안게 되었지만, 안타깝게도 합리적 접근법은 사람이 죽은 뒤 무슨 일이 일어나는지에 대한 권위 있는 설명을 제시하지 못한다. 사실 과학적 관점에서 보면 죽음은 모든 것의 끝을 의미한다. 결과적으로 사람들은 이른바 우연성을 경험하게 된다. 즉 죽음은 무작위적일 뿐 아니라 무의미한 것처럼 보인다. 죽은 사람은 무無로 돌아가는데, 그것은 우리가 이해할 수 없는 세계다. 그래서 사람들은 죽음을 두려워하는 것이다.

아이러니하게도, 종교가 죽음과 관련한 우연성에 대처하는 데 도움을 줄 수 있다는 주장을 심심치 않게 만날 수 있다. 결국 사람들에게 해답을 제시하고 위로를 주며 유효성이 입증된 의례를 준비하는 것은 과학을 바탕으로 한 사고가 아니라 종교다. 따라서 많은 사람이 죽음의 문제에 관한 한 종교 없이는 세계가 돌아갈 수 없다고 주장하는 것이다.[42]

지금까지 일반적으로 통용되는 주장을 정리해보았는데, 이는 사실이 아니다. 위기의 진짜 이유는 지성적 종교가 제공하는 전통적 해결책이 신뢰를 잃었다는 데 있기 때문이다. 물론 교회는 저승이라는 개념을 재구성하는 방식으로 이 문제에 대응할 수 있을 것이다. 사실 이런 움직임은 이미 일어나고 있다. 앞서 언급한 것처럼 많은 독일 성직자가 지옥이라는 개념을 거의 지워버렸다. 그러나 시대를 초월한 진리를 전파한다고 주장하는 종교에 이것은 위험천만한 전략이다. 따라서 철학자 쿠르트 플라슈가 이런 불만을 터뜨리는 것도 무리는 아니다. "지난 수천 년 동안 교회는 지옥의 모습을 묘사하면서 사람들을 공포에 떨게 했다. 그런데 이제는 성서가 지옥을 명시한 적이 없다면서 사람들을 안심시킨다."[43]

우연성의 경험은 사실 문화적 보편성과는 거리가 먼 특별한 경험이다. 그것은 인간의 두 번째 본성과 세 번째 본성이 인간에게 설득력 있는 답을 제시하지 못한 데에서 비롯한다. 덕분에 첫 번째 본성은 오래된 인간의 직관을 복원할 기회를 얻게 되었다. 오래된 인간의 직관은 사라진 것이 아니라 신학적으로 올바르지 않은 것으로 낙인찍혀 모습을 드러내지 못했을 뿐이기 때문이다.

사회학자들은 실제로 "교회 밖"에서 죽음과 관련한 새로운 문화가 "고유한 의례, 경험, 해석 체계"를 갖춰가는 유럽의 동향을 주목하고 있다.[44] 환생과 윤회에 대한 믿음이 큰 호응을 얻고 있다.

임사체험을 다룬 책이 베스트셀러 목록에 오르고, 공동묘지 대신 자연 속에 묻히기를 원하는 사람이 늘고 있으며 과거 조상이 차지한 자리를 수호천사가 대신하고 있다. 다시 말해 혼의 불멸성에 대한 인간의 애니미즘적 믿음이 돌아오고 있는 것이다.

그러나 이 모든 것이 너무 난해하다고 여기는 사람이나 천국과 지옥을 믿지 않는 사람들조차 오래된 인간의 심리에서 쉽게 벗어나지 못한다. 영장류를 연구하는 동물학자 프란스 더발은 이렇게 주장한다. "누구도 자신이 결국 죽음에 이른다는 사실을 부정할 수 없다. 그런데도 사람들은 마치 영원히 살 것처럼 행동한다."[45] 심리학자 제시 베링은 무신론자임에도 사망한 어머니가 저승에서 자신에게 연락을 취했다고 확신했다. 그 경험은 인류의 조상에게 "물려받은 것이 틀림없는 총체적 비합리성으로 인해 인간의 인지 기능에 일어나는 일종의 딸꾹질이다"라고 말했다.[46] 이런 비합리적 착각은 적응 행동으로도 볼 수 있는데, 착각을 통해 인간은 마음의 평화를 얻을 뿐 아니라 죽음에 대한 두려움을 떨쳐낼 수 있기 때문이다. 인간은 논리적이지 않은 비합리적 착각 덕분에 내밀한 희망을 품을 수 있다. 따라서 셰익스피어Shakespeare의 작품 속 주인공 햄릿이 이렇게 말하는 것도 무리는 아니다. "이 천지간에는 말일세, 허레이쇼, 자네의 철학으로는 상상도 못할 일이 많이 일어난다네."

죽음이 심각한 문제로 대두되는 것은 위기가 발생해 인간의 세 번째 본성이 그것에 집중하도록 강요할 때, 그리고 자신이 더 이상 존재하지 않는 상황을 생각해보려고 애쓸 때다. 바로 그때 사람들은 대부분 공포에 빠진다. 그러나 리처드 도킨스가 《만들어진 신》에서 제시한 것을 제외하면 인간의 세 번째 본성은 어떤 해결책도 내놓을 수 없다. 그는 마크 트웨인Mark Twain의 말을 인용하며 이야기를 시작한다. "나는 죽음을 두려워하지 않는다. 태어나기 전에 이미 수십억 년 동안 죽어 있었고, 그로 인해 조금도 불편함을 겪지 않았다." 그리고 이렇게 덧붙인다. "지금의 나는 정복왕 윌리엄 1세 William I, 공룡, 삼엽충이 살았던 시대에 존재한 나와 같다. 그러니 죽음을 두려워할 이유가 무엇이겠는가?"[47]

인간은 어디로 가고 있는가?

죽음에 대한 이야기는 잠시 내려놓고 현실의 삶으로 돌아가자. 지금까지 역사상 그리스도교가 얼마나 놀라운 혼합 종교로 자리매김해왔는지 살펴보았다. 그리스도교는 개인의 필요를 충족할 뿐 아니라 문화적 보호 시스템으로 기능하며 사회의 결속을 다지는 데에도 기여했다. 그러나 성서가 완성되었다고 선포함으로써 세계와 성스러운 경전 사이에 틈이 벌어질 수밖에 없는 환경을 조성했다. 자연의 책을 연구하는 데 헌신한 학자들은 하느님을 전제하지 않은 상태에서 연구하는 것이 훨씬 수월하다는 사실을 알게 되었고, 19세기 무렵부터는 세계와 성서 사이의 틈이 혼합 종교인 그리스도교에 균열을 일으킬 정도로 벌어지고 말았다. 그때부터 과학은 하느님으로부터 완전히 자유로워졌고, 문화적 보호 시스템의 기능도 과학자들과 사회과학에 바탕을 둔 세속적인 기관으로 넘어가게 되었다.

이 책은 인류가 그 후에도 계속되고 있는 변화의 과정을 아직 밟고 있다고 생각한다. 그렇다면 지금 인류는 어디로 향하고 있는가? 미래학자가 아닌 입장에서는 그저 문화적 진화의 관점에서 미래의 향방을 예측할 수 있을 뿐이다. 우선 종교 스스로 세계의 움직임을 드러내는 데 기여할 수 있는 개선된 도구를 창조한 순간, 그동안 세계를 설명해온 기존 모델은 쓸모를 다하게 되었다. 따라서 적어도 이론상으로는 종교와 과학이 갈등할 가능성은 없다고 생각할 수 있다. 그리고 유럽과 그리스도교만 놓고 보면 실제로 그렇게 되어가고 있다.

다음으로 이 책은 종교가 신의 호의를 얻어 재앙으로부터 사회를 보호하려고 노력하는 과정에서 도덕을 규제하는 기능을 했다는 사실을 살펴보았다. 사실 인간의 도덕은 종교보다 훨씬 오래전부터 존재했지만 크고 작은 폭군의 자아가 사회를 파괴할 위험에 직면하면서 종교가 도덕의 주도권을 잡게 되었고, 그럼으로써 성서를 경전으로 삼은 종교는 인권과 민주주의의 기틀을 닦을 수 있었다. 그러나 세속적인 제도가 확고히 자리 잡으면서 종교는 더 이상 이런 가치의 수호자로서 기능하지 못하게 되었다. 역사의 어느 시점에는 인간의 도덕을 규제하는 종교의 기능이 매우 중요했지만 이제는 그 기능이 수명을 다한 것이다. 물론 규범을 제시할 수 있는 유일한 제도로서 종교가 누리던 특권이 사라졌다는 말일 뿐, 도덕의 감시자로 활동할 필요성까지 사라졌다는 의미는 아니다.

이에 따라 다소 놀라운 세 번째 발전 과정에 대해 생각해볼 수 있다. 종교의 지성적 측면에 걸맞은 여러 제도 덕분에 종교의 문화적 보호 기능이 쓸모를 다하면서 이제 직관적 종교가 자유롭게 활동할 수 있는 장이 열렸다. 직관적 종교에서는 신학적 교리가 중요한 역할을 하지 못할 뿐 아니라 종교의 지성적 측면이 전반적으로 약해짐에 따라 강박적으로 합리적 일관성을 추구하는 경향도 약해진다. 이제는 공유된 경험과 높은 영성을 훨씬 중요하게 여긴다. 이런 발전 양상으로 팝에서 클래식에 이르는 다양한 장르로 분화된 음악처럼 종교에도 다양화 바람이 불고 있다. 물론 존경할 만한 신학적 가르침을 체계적으로 갖춘 종교를 높이 평가하고 그 가르침을 활용해 자연의 힘과 상호작용하는 방법을 이해하고자 하는 신자는 항상 있을 것이다. 다시 말해 유럽에서도 종교적 믿음은 분명 점점 더 다원화되고 있다.

현재 새로운 신도를 가장 많이 끌어모으고 있는 종교는 인간의 첫 번째 본성에 호소하는 영적 활동을 활발하게 하는 곳이다. 거기서 사람들은 행복을 찾고, 더 큰 힘에 의해 보호받고 있다는 생각에 안정감을 느낀다. 그들은 수렵·채집인 조상이 생기 넘치는 집단의 구성원으로 생활하며 느낀 감정, 즉 진짜 공동체의 일부처럼 느낀다. 이런 측면에서 볼 때 미래의 종교는 인간의 첫 번째 본성의 안식처, 부조화가 자리 잡을 수 없는 공간, 세 번째 본성의 요구에서 잠시 벗어나 자유를 만끽할 수 있는 낙원으로 발전해나갈 가능성이 높다. 미래의 종교는 문명 속의 불만을 잠시나마 털어버릴 수 있는 장소로 자리 잡을 것이다.

그렇게 되지 못할 이유가 있을까? 영장류를 연구하는 동물학자 프란스 더발이 설명한 것처럼 인간은 마음에 제2의 현실을 창조할 수 있는 능력이 있다. 다른 현실을 위해 하나의 현실을 차단하는 것은 어려운 일이 아니다. 이것이 바로 "배우들이 연기하고 있을 뿐이라는 것을 알면서도 영화 속 사랑, 경쟁, 죽음의 이야기에 빠져들 수 있는" 이유다. 조너선 갓셜은 이야기야말로 인간의 가장 강력한 "가상현실" 기술로, 그것을 통해 미래의 대안적 시나리오를 미리 시뮬레이션해볼 수 있다고 지적했다. 그래서 사람들은 영화관에 가고 소설을 읽고 컴퓨터게임에 몰입하는 것을 좋아하는 것이다. 프란스 더발은 종교 역시 이런 "이중 현실"에 속한다고 말한다. 이를 근거로 그는 경험적 현실만 사실이라고 생각하는 "신新무신론자"를 이렇게 빗대어 설명한다. 신무신론자는 "영화관 밖에 서서 〈타이타닉Titanic〉의 주인공 리어나도 디캐프리오Leonardo Dicaprio가 실제로 물에 빠져 죽은 것이 아니라고 말하는 사람들과 같다. 놀랍지 않은가? 사람들은 대부분 이런 이중성에도 완벽하게 편안함을 느낀다."[48]

여기서 네 번째 추세를 유추할 수 있다. 전통적 교회는 이런 경향을 인정하지 않는다. 종교의 "영성화"와 "개인화"를 꾸준히 비판하면서 종교가 임의로 선택할 수 있는 생활 방식 가운데 하나, 즉 안녕을 제공하는 역할을 하는 단순한 제도로 전락해서는 안 된다고 주장한다. 왜냐하면 참된 종교는 인간 존재의 모든 측면에 결부되어 있기 때문이다. 즉 하느님에 대한 헌신은 삶의 모든 측면을 아우르기 때문이다. 그러나 "가벼운 종교"는 그렇게 할 수 없다.

전통적 교회가 보이는 이런 태도는 오래된 인간의 심리를 반영한다. 인간은 집단을 이루고 생활해야 한다! 인간의 첫 번째 본성은 무임승차 문제로 나머지 구성원이 부담해야 하는 비용이 늘어나지 않을까 우려한다. 누구나 쉽게 드나들 수 있다면 그 종교는 요가 강좌나 다름없는 존재로 전락하고 말 것이다. 이런 인간의 특성은 자유주의 교회의 신도가 지속적으로 줄어드는 상황에서도 타협하지 않는 교회가 큰 인기를 누리는 이유를 설명한다. 구성원에게 금전이나 헌신 등 많은 것을 요구하는 교회일수록 더 많은 신도를 모으는 것이 현실이다.[49] 이런 교회는 성스러운 경전을 문자 그대로 엄격한 의미에서 진리라고 믿어 의심치 않는다. 만약 오늘날 누군가가 기원전 4004년 10월 22일 토요일 오후 6시 정각(1624년 아일랜드 대주교 제임스 어셔James Ussher가 성서를 바탕으로 추론한 시각)[50]에 세계가 창조되었다고 믿는다고 주장한다면 그는 특별히 하나의 메시지를 전하고 있는 것이다. 나만은 믿어도 된다! 나는 집단에 절대적으로 충성하는 사람이다! 이 또한 수렵·채집인이 보여준 정신의 일부다.

그러나 여기에 위험이 도사리고 있다. 이것이 바로 다섯 번째 경향이다. 단지 세상이 오래전에 변했고, 인류가 더 이상 작은 집단을 이루어 돌아다니지 않기 때문만은 아니다. 왕성하게 활동하는 집단에서는 친구 대 적이라는 오래된 심리가 그리 멀리 있지 않다. 결국 그것은 인간의 첫 번째 본성의 본질적인 부분이다. 그 결과 외부인은 금세 자신이 악마화된 것을 알 수 있다. 집단의 구성원은 음모 이론에 민감한 반응을 보인다. 그중 누군가가 초자연적 행위자를 믿을 준비가 되어 있다면 (인간의 첫 번째 본성은 수많은 초자연적 행위자가 존재한다고 믿기 때문에) 어디서든 그것을 볼 위험이 있기 때문이다. 특히 집단 외부의 거대한 나쁜 세계에서 그런 초자연적 행위자를 만나게 될 가능성이 높다.

종교는 양날의 검이 되기 쉽다. 그리고 그렇기 때문에 지금과 같은 성공을 거둘 수 있었다. 내부적으로는 집단의 결속을 다지고 외부적으로는 집단의 문을 닫아 건 채 외부 세계와의 단절을 꾀한다. 그리스도교는 역사를 통틀어 이 성공 비결을 분명히 이해하고 있었다. 성서에서 그 증거를 찾을 수 있다. 어려움에 직면한 사람의 곁에 은혜롭게 서 있는 친구 예수와 사탄의 세력에 맞서 싸우는 종말론적 영웅 예수는 하나이자 동일한 존재다. 그러나 근대 세계에서는 그중 하나의 예수만 인정한다.

앞으로도 종교는 호모사피엔스와 동행할 것이고, 그리스도교의 직관적인 면이 더 큰 힘을 얻게 될 것이라고 확신한다. 그러나 종교가 인간의 행동을 규정하는 독점권을 갖고 있다고 주장하는 일은 없어야 할 것이다. 그것은 인류의 역사상 중요한 한 시점에 종교가 맡은 역할이고, 대체로 실행에 옮길 만한 다른 대안이 없는 상황에서 종교는 그 역할을 훌륭히 수행했다. 그러나 문화적 진화를 통해 얻은 교훈을 고려할 때 그것이 종교의 영원한 임무일 수는 없다. 이것은 성서의 입장에서 분명 희소식일 것이다. 더 이상 완벽한 하느님의 완벽한 경전이 되어야 할 필요가 없기 때문이다.

The Good Book of Human Nature

에필로그

드디어 최종 목적지에 도달했다. 성서를 읽는 이 책의 여정은 창세기에서 출발해 요한의 묵시록에서 막을 내렸다. 그사이 낙원에서 쫓겨나는 아담과 이브를 지켜보았고, 그 후 등장한 문제로 골머리를 썩인 인류가 문제에 대응하기 위해 노력하는 모습도 지켜보았다. 그러나 완전한 회복은 이루어질 수 없었다. 행복한 순간은 극히 적었고, 결국 성서의 세계는 활활 타오르는 지옥불 속에서 막을 내렸다. 요한의 묵시록에 따르면 바로 이때 새 하늘과 새 땅, 천상의 예루살렘이 등장한다.

에덴동산과 아마겟돈은 성서의 알파와 오메가로, 그 사이에서 인류는 아무 준비도 갖추지 못한 채 세계에 대응해나가야 했다. 준비되지 않은 세계에서 살아가야 하는 인류의 삶, 이것이 바로 성서의 진짜 주제다. 지금까지 살펴보았듯이 성서는 옳다. 정착 생활을 시작한 후 인류의 조상은 생물학적으로 충분히 적응하지 못한 환경에서 살아남을 방법을 찾아야 했는데, 그 모든 내용이 성서에 기록되어 있다. 사람들은 가뭄, 전염병, 억압, 전쟁 같은 재앙에서 살아남기 위해 최선을 다했다. 그러나 형제는 적이 되었고, 여성은 자유를 잃었고, 날뛰는 이기심에 굴복한 폭군은 수단과 방법을 가리지 않고 부를 쌓았다.

전통적으로 신학자들은 성서에 등장하는 이런 현실을 인간이 죄로 얼룩진 존재라는 사실을 입증하는 증거로 해석해왔다(아담과 이브가 하느님의 뜻에 복종했다면 이런 끔찍한 운명을 피할 수 있었을 것이다!). 사실 이런 현실은 지구상에 존재하는 생물종이라면 누구나 견뎌내야 한 급격한 행동 변화에 대처하기 위한 고투를 반영한 것이다. 그러나 인간은 궁극적인 비장의 카드를 써서 이런 도전을 성공적으로 극복했는데, 그것은 바로 누적적인 문화적 진화를 수행할 수 있는 능력이다.

그러나 이런 노력에는 대가가 따랐다. 부조화가 등장한 것이다. 이 책은 부조화라는 용어를 통해 타고난 인간의 심리 구조와 인간이 마주친 새로운 생활 방식 사이에 벌어진 틈을 설명하는데, 오늘날까지도 인간은 그 문화적 진보의 대가를 치르고 있다. 인간은 점점 이해하기 어려울 뿐 아니라 알려지지 않은 도전으로 가득한 세계에서 익명으로 살아가며 불편함을 느끼는데, 여기서는 이것을 문명 속의 불만 또는 진화의 관점에 따라 낙원에 대한 갈망이라고 표현했다.

이런 관점에서 볼 때 성서의 새로운 중요성이 부각된다. 성서가 거의 1,000년에 걸친 노력의 산물이라는 것을 아는 사람은 많지 않지만, 어쨌든 1,000년간 쌓아 올린 경험 덕분에 성서는 진정한 책 중의 책이 되었다. 성서에 등장하는 이야기는 인간이 직면한 온갖 재앙에 대처하기 위해 어떤 노력을 기울였는지, 어떻게 다양한 전략을 실험했는지, 그리고 그럼으로써 어떻게 완전히 새로운 문제에 직면하게 되었는지 들려준다. 따라서 성서는 새로운 세계에 적응하기 위해 시도한 모든 것을 기록한 인류의 일기장이라고 할 수 있다. 성서는 인간에게 많은 가르침을 준다.

일기장에 숨어 있는 비밀

일기장을 읽으면 과거에 대한 호기심을 충족할 수 있을 뿐 아니라 특정 분야가 발전한 원인과 현재를 살아가는 사람들을 특징 짓는 전형적 행동 패턴을 파악할 수 있다. 성서라는 이름의 일기장도 마찬가지다. 성서를 제대로 읽으면 인간의 본성과 문화의 상호작용에 대해 많은 것을 알 수 있다. 또한 문화적 진화의 작용 방식에 대한 근본적 통찰력을 제공할 뿐 아니라 현대를 살아가는 사람들이 아직도 고군분투하는 온갖 어려움의 기원을 확인할 수 있다.

그렇게 성서를 읽은 결과 파악한 사실은 다음과 같다. 우선 종교는 항상 하나의 실체로 존재해온 것이 아니다. 오히려 종교는 두 가지 요소로 이루어져 있다. 첫 번째 구성 요소는 직관적·개인적 종교로, 그 의식과 실천이 인간의 두 번째 본성의 오래된 구성 요소이기 때문에 자체 교리는 없다. 이 종교는 세계를 인지하고 해석하는 방식을 지배하는 인간의 기본 조건에 본질적으로, 유전적으로 새겨진 종교성에 의존한다. (막스 베버의) 종교음악에 대한 비유를 떠올려보자. 인간의 종교성은 개인적 성향과 사회화, 즉 인간이 태어난 문화의 상호작용에 의존한다.

두 번째 구성 요소는 인간이 새로운 세계에 대처할 수 있도록

626

지원할 목적으로 문화에 통합된 지성적·제도적 종교다. 이런 유형의 종교는 전문가 없이는 유지될 수 없다. 인류학적 관점에서 성서를 읽은 결과 이 책이 제시한 문화적 보호 가설의 영역에 속하는 종교다. 결국 이 종교는 문화를 통해 새롭게 자리 잡은 질서에 맞서 스스로를 보호하려 한 인류의 시도에 지나지 않는다.

지성적·제도적 종교는 처음부터 원시적인 문화 수프의 형태를 띠었다. 그 안의 다양한 기능도 기껏해야 초보적 형태를 보였을 뿐이다. 지성적 종교를 제대로 이해하려면 한때 과학과 종교가 하나이자 동일한 것이었다는 사실을 전제해야 한다. 물론 과학이나 종교라고 부를 만한 것이 존재한 경우에 한해 그렇다는 말이다. 오늘날 이런 유형의 문화를 본질적으로 종교로 보는 이유는 지성적·제도적 종교를 실천하는 사람들이 주변에서 일어나는 모든 일을 초자연적 행위자가 일으킨다고 믿었기 때문이다. 이런 세계관은 인간의 첫 번째 본성과 두 번째 본성이 선물한 것으로, 당시에는 세 번째 본성이 세계의 작동 방식을 설명할 대안적 인식 체계를 개발하지 못한 상태였다. 부글부글 끓어오르는 문화 수프, 즉 문화적 진화는 결국 전문화와 차별화의 길을 걷게 되었고, 마침내 과학으로 분화하기에 이른다. 그 과정이 점진적으로 이루어진 탓에 19세기에 이르러서야 대부분의 과학자가 연구를 통해 하느님이 창조한 세계의 아름다움을 밝힐 수 있다는 사실을 확신하게 되었다.

문화적 보호 시스템은 여러 형태로 나타났는데, 우선 토라에서 찾아볼 수 있는 원형과학적 요소를 꼽을 수 있다. 토라에는 체액의 접촉을 피하고 특정한 성적 접촉을 금지하고 병든 사람을 격리하라는 내용이 담겨 있는데, 모두 하느님의 처벌이라고 여긴 재앙을 피하기 위한 노력이었다. 시간이 지남에 따라 과학과 의학이 발전하면서 토라가 제시한 방법은 쓸모를 다하게 되었다. 그럼에도 그것이 사라지지 않는 이유는 인간의 두 번째 본성이 되어 자기 자리를 굳건히 지키고 있기 때문이고 종교 공동체의 결속력을 강화하는 값비싼 신호로 기능하기 때문이다. 그 대표적 사례로 꼽을 수 있는 것이 동성애 금지다. 시대에 뒤떨어진, 과학이 등장하기 전 이론의 산물에 지나지 않는 동성애 금지가 여전히 사람들에게 유효한 금기로 작용하는 것이다.

문화적 보호 시스템의 두 번째 형태는 종말론을 앞세우며 등장했다. 악한 세력이 세계에서 일어나는 모든 나쁜 일을 주관한다. 자신의 생명과 문화를 지키려면 악한 세력에 맞서 싸워야 하고 선한 세력의 도움을 구해야 한다. 그러나 이런 문화적 보호 시스템 역시 인간이 주변에서 일어나는 사건의 원인을 훨씬 정확히 파악하면서 낡은 것이 되었다. 오늘날에는 과학과 논리로 설명할 수 없는 영역에서만 이런 사고를 찾아볼 수 있는데, 기존 의학으로는 증상이나 질병을 치료할 수 없는 경우 성지순례를 떠나거나 축귀逐鬼 의식에 의존하는 사람들의 모습에서 이를 확인할 수 있다. 세속의 영역으로 들어온 "종말론적 기반"은 주로 음모론의 형태를 취한다. 인간의 본성 깊은 곳에는 사회적 인과관계를 찾으려는 경향이 뿌리내렸는데, 그 덕분에 사람들은 주변에서 일어나는 모든 일의 이면에 그 일을 일으키는 행위자가 있다고 생각하는 것이다.

문화적 보호 시스템의 세 번째 형태는 집단의 결속, 이른바 아사비야를 다루는 사회적 측면과 관련된다. 심지어 이웃을 사랑하라고 요구하는 자비로운 하느님도 부조화의 경험을 완화하고자 하는 시도를 반영한 것이다. 시편과 신약성서는 추종자들을 지원할 준비가 되어 있는 하느님이 사람들에게 얼마나 절실한 존재인지 보여주었다. 사람들은 죄인의 편에 서서 정의보다는 자비를 베푸는 하느님을 갈망하는데, 예수가 바로 그런 존재였다. 물론 여기서 말하는 예수는 자비라고는 찾아볼 수 없는 최후의 심판자 예수가 아니라 17장에서 살펴본 수렵·채집인 예수다. 인간의 심리가 형성된 선사시대의 집단에는 추상적인 법 같은 것이 없었다. 집단 구성원의 폭력적 행동에는 격분했지만 결국 기나긴 토론과 협상 끝에 그런 사건은 대부분 용서로 마무리되곤 했다. 다른 사람에게 의존하지 않고 생활할 수 있는 사람은 없었기에 피고의 입장을 이해해 저울의 무게중심을 옮기려고 애쓰는 사람은 항상 존재했다.

그리고 오늘날 신자들이 바라는 것 역시 예수가 간음한 여인과 함께한 것처럼 그들에게 자비롭고 관대한 하느님이 아닐까? "너희 중에 누구든지 죄 없는 사람이 먼저 저 여자를 돌로 쳐라." 하느님은 많은 결점에도 불구하고 모든 인간을 사랑하는 존재다. 하느님은 자신의 법을 위반하는 사람을 포함해 누구도 포기하지 않는다. 법, 교회, 사회 전체의 입장을 고려하는 지성적 종교의 하느님과 달리 직관적 종교의 하느님은 언제나 개인의 편에 선다.

인간의 정체성이 사회적 정체성이기도 하다는 사실을 잊어서는 안 된다. 집단은 항상 인간의 성격을 이루는 일부였다. 서로 촘촘히 연결된 집단이 사라지는 것은 인간에게 신체의 일부를 잃은 것과 같은 아픔이었고, 환상통을 남겼다. 과거 집단의 결속력이 약해질수록 인간은 천상의 관계에 점점 더 많이 투자하게 되었다. 신은 이런 현실을 바탕으로 경력을 쌓아갔고 전염병과 재난 같은 새로운 불행을 일으키는 존재로 격상되었다. 직설적으로 말하면 하느님은 인간이 느끼는 환상통을 덜어주는 데 도움을 주었기에 과거 집단의 연대를 대변하는 대리인이 될 수 있었다.

최초의 계명이자 마지막 계명

구약성서와 신약성서에 모두 하느님을 사랑하라는 계명이 등장하는 이유가 바로 여기에 있다. 인간이 하느님을 사랑하면 하느님도 인간을 사랑할 것이다. 이것이 바로 오래된 호혜의 법칙이다. 하느님을 사랑하라는 요구는 이웃을 사랑하라는 계명으로 이어지는데, 예수와 바리사이파 모두 이것이 가장 중요한 토라의 율법이라는 데 의견을 같이했다. 그러나 인간에게 보편적인 오래된 황금률은 종교가 세운 법보다 수십만 년이나 앞서 있었다.

수렵·채집인은 호혜의 법칙을 당연하게 여겼다. 그것은 모든 사회적 결속의 기초를 이루는 요소로, 사실상 인류 최초의 계명이자 마지막 계명이었다. 영장류를 연구하는 동물학자들은 인류의 친척들에게도 이미 호혜의 법칙이 작용하고 있다는 사실을 발견했다. 지금까지 연구한 모든 영장류는 화해, 특히 친구 사이의 화해에 가치를 두었다. 프란스 더발은 공정성에 대한 갈망을 인류 진화의 역사에서 가장 오래된 능력 중 하나로 반드시 고려해야 한다고 주장한다. "인류는 자원을 두고 경쟁하는 상황에서도 조화를 유지해야 할 필요가 있었고, 바로 여기서 공정성에 대한 갈망이 비롯했다."[1] 성서에 기록된 네 이웃을 사랑하라는 계명은 항상 공동체의 일원으로 생활한 수렵·채집인처럼 행동하라는 요구나 다름없다.

인류의 역사를 통틀어 거의 절대적 법칙으로 군림한 황금률을 성서가 실천하라고 요구할 수밖에 없었다는 사실은 사회가 점점 커지고 익명성이 강화되면서 그것이 일상에서 사실상 사라졌음을 증명한다. 이것이 바로 하느님과 이웃을 사랑하라는 호소가 성서라는 이름의 문화적 보호 시스템에 자연스럽게 흘러든 방식이다. 고립, 사회적 통제의 결여, 그로 인한 사회의 분열에 맞서 싸우기 위해 이미 오래전에 잃어버린 조화의 감각을 되찾고자 노력했다. 처벌하겠다는 위협만큼 효과가 확실하지는 않았지만 이 계명 역시 사회의 결속을 다지는 접착제로 기능했다. 사실상 성서는 인간의 생물학적 차원이 다시 한번 영향력을 행사할 수 있는 길을 열어준 것이다.

재난과 질병에 맞서 싸울 수 있는 적절한 수단을 더 많이 보유하고 있는 오늘날에도 이타주의와 협동의 문제에 봉착하면 여전히 종교가 중요한 역할을 할 수밖에 없다. 다른 효과적인 대안은 찾아보기 어렵다. 심지어 새로운 국가기관의 지원도 큰 영향을 미치지 못한다. 여기서 설교단에 선 전 세계 목사들이 형제애를 외치는 이유를 찾을 수 있다. 그러나 인간의 첫 번째 본성을 대신할 수 있는 것은 종교뿐이라는 사실을 잊어서는 안 된다. 종교가 전하는 메시지는 단순하지만 지극히 인간적이다. 다시 인간으로 돌아가자는 것이다!

근원으로 복귀

이스라엘 민족의 이집트 탈출 이야기를 떠올려보자. 야훼는 이스라엘 민족을 노예 생활에서 해방시켰고 모세는 그들을 영광스러운 미래로 인도했지만 사람들은 끊임없이 투덜거렸다. 그들은 결코 만족하지 않았고, 모세가 시나이산에 오르자마자 다시 금송아지를 둘러싸고 춤을 추기 시작했다. 하느님과 하느님의 예언자 모세가 세운 가장 가혹한 규율로도 규제할 수 없었던 이 끊임없는 투덜거림은 자기 목소리를 전하려는 인간 본성의 노력을 상징한다. 이스라엘 민족은 약속의 땅으로 들어간 뒤에도 과거 모시던 신을 다시 불러냈다. 새로운 신이 너무 추상적이고 너무 비현실적이며 여성적인 면이 지나치게 적은 탓이었다. 다시 말해 새로운 신은 일상의 신으로 모시기에는 적합하지 않았다.

1,000년에 걸친 인류의 역사를 기록한 일기장인 성서를 분석하면서 성서에 체화된 문화적 진화 과정이 변증법적이라는 사실을 확인할 수 있었다. 특히 반복되는 자연재해와 인간이 빚은 재앙이 야기한 인류의 고난은 문화적 진화의 속도 조절기였다. 재앙으로 사회가 초토화되는 일이 반복되자 인간의 세 번째 본성이 나서서 예언자 예레미야가 언급한 "전쟁과 기근과 염병"에서 사람들을 구하고 인류가 평화로운 생활을 영위할 수 있게 하는 새로운 전략을 강구하도록 거듭 강요했다. 그러나 문화적 해결책이 인간의 첫 번째 본성이 타고난 선호와 잘 어울리지 못하면서 후자는 "투덜거리기" 시작했고, 그것은 그칠 줄 몰랐다. 인간의 첫 번째 본성이 겪는 괴로움은 세 번째 본성이 제시한 해결책을 수정해 진자의 추를 첫 번째 본성이 만족하는 방향으로 되돌릴 때 비로소 줄어들 수 있었다. 인간의 필요에 부합하는 방향으로 수정된 해결책은 매우 자명한 문화의 구성 요소인 인간의 두 번째 본성에 쉽게 자리 잡을 가능성이 있었다.

새로운 재앙이 닥칠 때마다 문화적 진화라는 가마솥은 뜨겁게 끓어올랐다. 새로운 해결책을 찾고 과거의 해결책을 개선해야 했다. 이 변증법적 원리는 매번 작동했고, 그 결과 문화적 진화는 진화생물학자들이 "경로 의존성"이라고 부르는 것에 묶이게 되었다. 일단 방향을 선택하면 그 방향을 따라가려는 경향을 보이는 것이다. 따라서 변화와 수정 역시 그 방향에서 크게 벗어날 수 없다. 문화적 진화의 경우 인간의 첫 번째 본성이 선호와 기대를 꿋꿋이 표현하며 수정을 일으키는 요인으로 끊임없이 작용해왔다.

이런 의미에서 비록 그 여정이 다소 꼬인 길을 택했을지라도 서구 문화사, 혹은 적어도 그중 일부는 근원으로 복귀하려는 움직임, 즉 수렵·채집 시대의 사회제도로 돌아가려는 열망을 반영한다고 할 수 있다. 더 높은 수준의 민주주의를 영위하고, 여성이 더 많은 자유를 누리고, 더 직관적인 종교가 다시 등장하는 오늘날 서구 사회에서 이런 사실을 확인할 수 있다. 이 모든 것이 목적 달성을 눈앞에 둔 인간의 첫 번째 본성을 만족시키는 요소다.

지금까지 제기한 주장이 올바르다면 인류의 역사를 생물학과 문화 사이의 변증법적 과정으로 설명하는 것도 가능하다. 즉 인간의 조건은 "본성"에서만 찾을 수 있는 것(유전자, 화석, 보편적 행동 패턴에서 추론할 수 있는 것)이 아니라 문화의 산물로도 인식할 수 있다는 것을 의미한다. 반대로 인간의 유전자에 새겨진 심리적 기질이 특정한 선호를 야기한다는 가정에 따라 문화적 진화의 궤적을 재구성할 수도 있다. 이런 장기적 관점은 역사적 접근법의 대안이라기보다는 확장의 의미로 볼 수 있다. 광범위한 영역을 아우르는 진화론적 관점을 채택하면 세부 사항에 발목을 잡힐 일이 없을뿐더러 새롭고 생산적인 질문을 이끌어낼 수 있다. 이것이 없었다면 이 책은 세상의 빛을 보지 못했을 것이다.

성서에서 얻을 수 있는 교훈

이 책이 하느님을 조금 더 제대로 이해하는 데 기여했는지 여부는 독자들의 판단에 맡긴다. 하지만 여기서 논의한 내용이 인간을 조금 더 제대로 이해하는 데에는 분명 도움이 될 것이라고 생각한다. 인간의 본성에 대해 논의하기를 꺼리는 분위기가 여전히 팽배하지만, 이 책은 인간의 본성이 결정적인 것이 아닐뿐더러 문화와 떼려야 뗄 수 없는 관계라는 것을 분명히 하고자 한다. 현대를 살아가는 호모사피엔스의 유전자에 새겨진 전형적인 행동과 인지 성향을 부인함으로써 개개인의 문제를 고유한 개별적 문제로 한정할 뿐 아니라 모든 사람이 느끼는 불안을 호소하는 일 역시 개인의 문제로 치부해 책임을 지우는 경향이 있다. 앞서 사람들이 느끼는 문명속의 불만에 대해 설명했는데, 이것은 자연선택을 통해 인간의 첫 번째 본성이 형성된 환경과 전혀 다른 환경에서 생활하며 겪는 부조화의 산물이다. 인간은 새롭고 다양한 환경에서 마주친 문제들을 다루기 위해 문화적 해결책에 의존했지만 문제를 완전히 없애지는 못했다.

이런 지식이 인류의 걱정을 어느 정도 완화하는 데 도움이 될 것이라고 생각한다. 오늘날 사람들이 씨름하고 있는 많은 문제가 개인의 탓이 아니라는 사실을 아는 것만으로도 마음이 편안해지지 않는가? 그 원인이 개인에게 있지 않고 진정한 "원죄", 즉 인류의 문화적 진화의 유산이라는 사실을 아는 것만으로도 위안이 되지 않는가? 이런 문제는 에덴의 동쪽에 자리 잡은 사람들이 문화적 성공을 이룬 결과 치르게 된 대가이므로 지혜를 모아 인류에게 적합하지 않은 생활 방식이 낳은 딜레마를 해결할 수 있는 대책을 마련해야 한다. 낙원으로 돌아갈 수는 없다. 그 입구를 인간이면서 동물인 날개 달린 거룹이 불칼을 들고 지키고 있기 때문이다.

　성서를 읽으면서 인간의 첫 번째 본성이 보이는 몇 가지 전형적인 반응을 파악할 수 있었다. 인간의 첫 번째 본성은 비록 수렵·채집 시대가 저문 지 오래되어 그 바람이 비합리적인 것으로 치부되는 세계에서도 항상 자기 권리를 주장한다. 심리학자 조너선 하이트는 인간의 합리적 정신을 완고하고 반항적인 코끼리 위에 올라탄 사람에 빗대어 설명했는데,[2] 성서에서 직접 마주친 또는 성서를 통해 재구성할 수 있는 인간의 첫 번째 본성의 별난 점을 몇 가지만 짚어보면 다음과 같다. 인간은 재난, 질병 또는 갈등의 원인을 규명하지 못하면 평안을 얻을 수 없다. 인간은 스스로를 보호하기 위해 항상 신뢰도를 높일 증거를 요구한다. 말보다 행동의 효과가 크기 때문이다. 부정의, 즉 호혜의 결여는 인간의 내면에 의분을 일으킨다. 인간은 외부인을 쉽게 악마화한다. 인간은 세계 곳곳에서 일어나는 모든 일을 이해하려 노력하고 심지어 천국과 지옥 같은 상상의 세계도 탐험한다. 인간은 추상적인 과정보다 초자연적 행위자에 관한 설명을 더 쉽게 받아들이는 경향이 있다. 인간은 타고난 애니미즘 신자로 마술, 주문, 카리스마에 매력을 느낀다. 아무리 합리적인 사람이라도 미신을 믿는 성향을 조금씩은 갖고 있다. 인간은 모든 것을 통제하고자 한다. 인간은 비록 현실적으로 어려움이 있을지라도 일부일처제가 바람직하다고 생각한다. 인간은 타인의 의견을 중요시한다. 인간은 사회적 관계망을 형성하고 협력에 뛰어난 재능을 보인다. 그러나 경쟁자를 물리치기 위해 이용할 수 있는 모든 이점을 기꺼이 활용하는 이기주의자이기도 하다. 인간은 죽는 것이 두렵지만 죽음 자체를 두려워하지는 않는다. 죽음이 끝이 아니라는 사실을 직관적으로 알기 때문이다.

인류학적 관점에서 성서를 읽으며 인간의 첫 번째 본성이 정말 좋아하는 것이 무엇인지 알게 되었다. 공동체, 공동 수행, 평등주의, 평등권, 이야기, 특히 더 나은 이야기를 좋아한다. 쉽게 말해 그 모든 것이 인류에게 잃어버린 낙원의 조각을 돌려준다. 그리고 인간이라면 누구나 성서에 의지할 수 있다. 수천 년 동안 인간이 경험한 모든 것이 성서에 압축되어 있기 때문이다.

성서의 정체

마침내 여정의 끝에 다다랐다. 앞서 언급한 것처럼 이 책은 성서에 대한 새로운 주석을 제시할 의도가 없었다. 그저 성서에 숨어 있는 문화적 진화에 대한 풍부한 기록을 부각해 설명하고, 그럼으로써 지금까지 인정받지 못한 측면에 빛을 비추고자 했을 뿐이다. 이렇게 새로운 관점으로 성서를 읽는 과정에서 성서가 인류 역사상 가장 중요한 책이라는 사실을 깨닫게 되었다.

성서의 기념비적 성격에 비춰 볼 때, 이 책을 통해 수행한 작업은 그저 초보적 연구에 불과하다. 성서가 얼마나 환상적인 자료인지 보여주기에는 충분했을 테지만 말이다. 인간의 문화적 진화에 관심이 있는 사람이라면 성서는 확실히 더 자세히 탐독할 만한 가치가 있다. 물론 다른 종교에도 같은 접근법인 문화적 진화라는 관점을 적용한다면 그 또한 매우 보람 있는 작업일 것이라고 기대한다.

무엇보다 성서에 대한 독자들의 호기심을 깨우는 데 이 책이 기여했기를 바란다. 솔직히 성서가 읽기 쉬운 책은 아니기 때문이다.

다행히 성서학자 마이클 새틀로Michael Satlow의 고백에서 위안을 얻을 수 있다. 그는 평생을 성서 연구에 헌신했지만 심지어 구약성서와 신약성서 중 어느 하나도 처음부터 끝까지 탐독하지 못했다고 고백했다. "성서는 결코 읽기 쉬운 책이 아니다."[3] 성서를 인류의 일기장, 즉 1,000년에 걸쳐 기록하고 재구성한 문서라고 이해한다면, 따라서 오류와 모순이 있을 수밖에 없다는 사실을 이해한다면 훨씬 쉽게 읽을 수 있을 것이라고 믿는다. 성서는 낙원에서 추방된 인류가 벌인 영웅적 투쟁을 증언하는 문서다.

이런 관점에서 읽으면 성서는 지금까지 지고 온 짐, 즉 절대 실수하지 않는 하느님의 흠 없는 말씀이라는 짐에서 자유로워질 수 있다. 이런 관점은 많은 독자를 당혹스럽게 했다. 어떻게 성서가 오류와 참상으로 가득할 수 있는가? 그리고 언뜻 대수롭지 않아 보이는 잘못을 저질렀다는 이유로 하느님은 왜 인류에게 노여움을 퍼부은 것인가? 사실 이런 관점은 전적으로 잘못된 것이다. 성서 스스로 완벽하다고 주장한 적은 없기 때문이다. 1,000년에 걸쳐 성서는 조금씩 발전해왔다. 어느 순간 그 작업을 멈추지 않고 지금까지 계속되었다면 어떤 일이 일어났을지 상상해보자. 아마도 학자와 성직자들은 다섯 번째 성서를 연구하고 있을 것이다. 서양의 역사도 지금과는 다른 경로로 발전하지 않았을까 추측해본다.

성서의 행간에서 신의 영혼을 발견하기를 기대할 것인지 여부를 결정하는 것은 결국 독자들의 몫이다. 다만 이 책이 전하는 메시지, 즉 성서는 인간의 본성을 기록한 책이라는 사실이 독자들의 마음 한구석에 가닿기를 바란다.

감사의 글

지난 5년간 이 책을 집필하는 과정에서 우리는 200번 넘게 만나 논의를 이어가며 성서에 흠뻑 빠져들었다. 그리고 19세기 중반에 활동한 독일 고고학자 하인리히 슐리만Heinrich Schliemann의 심정을 이해할 수 있게 되었다. 슐리만은 호메로스의 《일리아드》와 《오디세이The Odyssey》를 읽은 뒤 고대 도시 트로이의 위치를 알려주는 결정적 단서가 숨어 있을 것이라고 확신했다. 말 그대로 그는 노다지를 발견한 기분이었을 것이다.

비록 삽을 사용할 수는 없었지만, 보물을 캐내는 것 같은 느낌으로 성서를 탐독해나갔다. 친구와 지인들 덕분에 인내심을 가지고 작업에 매진할 수 있었다. 이 프로젝트에 대해 알게 된 후 그들의 질문이 끊이지 않았기 때문이다. 이런 반응은 성서에 아직 해결되지 않은 문제가 많이 남아 있을 뿐 아니라 하느님을 믿지 않는 사람들의 마음까지 사로잡는 매력이 있다는 확신을 굳히기에 충분했다.

무엇보다 몇몇 장의 초고를 읽고 소중한 의견을 보내준 재레드 다이아몬드에게 감사 인사를 드린다. 에이전트인 존 브록먼John Brockman과 맥스 브록먼Max Brockman에게도 깊이 감사드린다. 이들의 노력이 없었다면 이 책은 세상의 빛을 보지 못했을 것이다. 베이식북스의 부사장이자 과학 분야 편집장인 T. J. 켈러T. J. Kelleher는 처음부터 이 프로젝트에 큰 관심을 갖고 현명한 조언을 아끼지 않았다. 그리고 트라두카스의 마크 윌러드Mark Willard, 카피 편집자 제니퍼 켈랜드 페이건Jennifer Kelland Fagan, 프로젝트 편집자 미셸 웰시호스트Michelle Welsh-Horst에게도 감사 인사를 드린다. 이들의 노력이 없었다면 지금의 유려한 영문판은 나올 수 없었을 것이다. 멋진 취리히 시민께도 감사드리고 싶은데, 오늘날 서유럽에서는 공공장소에서 성서를 읽는 것이 흔한 일이 아님에도 트램이나 식당에서 성서에 흠뻑 빠져 헤어날 줄 모르는 우리의 모습을 못 본 척하는 아량을 베풀었기 때문이다.

무엇보다 큰 힘이 되어준 것은 역시 가족이다. 격려와 조언을 아끼지 않았을 뿐 아니라 보물을 캐낸답시고 바쁘게 살았지만 남은 것이라고는 책 한 권뿐인 지난 5년의 세월을 너그럽게 눈감아준 마리아Maria, 요하나Johanna, 야프Jaap와 카타리나Katharina, 아나Anna, 니콜라이Nikolai에게 고마움을 전한다.

주

서문

[1]   Glenday, 2015, 374.

[2]   Keller, 2015. Finkelstein & Silberman, 2001. Ellens & Rollins, 2004.

[3]   Janowski, 2005. Wolff, 2010. Frevel, 2010. Staubli & Schroer, 2014.

[4]   Bellah, 2011, 289.

[5]   Schnabel, 2008.

[6]   Norenzayan, 2013. Richerson & Christiansen, 2013.

[7]   Bulbulia et al., 2013, 398.

[8]   Pinker, 2011. Douglas, 2003. Harris, 1990. R. Wright, 2009. Teehan, 2010.

[9]   Dawkins, 2006a, 237.

[10]   Diamond, 1987. Diamond, 2013.

[11]   Schmid, 2012a, 158. Frankemolle, 2006, 27–29.

[12]   Madigan & Levenson, 2008, 235.

[13]   Zenger & Frevel, 2012, 103f. Halbfas, 2010, 37. Flasch, 2013, 50f.

[14]   Zenger & Frevel, 2012, 104.

[15]   Kugel, 2008, 40–42. Schmid, 2012a, 28–30.

[16]   Schmid, 2012a, 27.

[17]   Dever, 2012, 373.

[18]   Keel, 2012, 19.

[19]   Zenger & Frevel, 2012, 22.

[20]   Schmid, 2012a, 17-22.

[21]   Schmid, 2012a, 24.

[22]   Schmitz, 2011, 157.

[23]   Schmid, 2012a, 36.

[24]   Levin, 2005, 28.

[25]   Halbfas, 2010, 15에서 재인용.

[26]   Schmid, 2012a, 51.

[27]   Schmid, 2012a, 173, 89.

[28]   Staubli, 2010, 9. Keel, 2012, 17.

[29]   Jacobs, 2007, 201.

[30]   Richerson & Boyd, 2005. Richerson & Christiansen, 2013.

[31]   van Schaik et al., 2003. van Schaik, 2004.

[32]   van Schaik, 2016.

[33]   Diamond, 2013.

[34]   Tooby & Cosmides, 1992.

[35]   Lieberman, 2013.

[36]   Bourdieu, 1993, 28.

[37]   Elias, 1997.

[38]   Boyer, 2001, 250.

Part 1 창세기
삶이 고달파질 때

[1]   Lang, 2013, 47-49.

1 아담과 이브

[1]   Bloch, 1975, 45.

[2]   Zevit, 2013, 76.

[3]   Blum, 2004, 12.

[4]   Ranke-Graves & Patai, 1986, 80.

[5]   Flasch, 2005, 83.

[6]   Ego, 2011, 11.

[7]   Albertz, 2003, 23.

[8]   Albertz, 2003, 23.

[9]   Albertz, 2003, 23, 33.

[10]   Ego, 2011, 22.

[11]   Kugel, 2008, 49f.

[12]   Flasch, 2005, 48.

[13]   Gottschall, 2013.

[14]   Boyer, 2001, 204.

[15]   Boyer, 2001, 301.

[16]   Gottschall, 2013, 103.

[17]   Dobelli, 2011, 22.

[18]   Otto, 1996, 189.

[19]   Flasch, 2013, 189.

[20]   R. Wright, 2009, 191ff.

[21]   Otto, 1996, 175.

[22]   Ego, 2011, 44.

[23]   Ruppert, 2003, 170.

[24]   Flasch, 2005, 38ff.

[25]   Ruppert, 2003, 169.

[26]   Katechismus, 2005, 397.

[27]   Odil Hannes Steck, Albertz, 2003, 33f에서 재인용.

[28]   Willmes, 2008.

[29]   Flasch, 2005, 81.

[30]   Schmid, 2012a, 176.

[31]   Blum, 2004, 15.

[32]   Ruppert, 2003, 27.

[33]   Schmid, 2012a, 175.

[34]   Otto, 1996, 167ff. Albertz, 2003.

[35]   Ruppert, 2003, 61.

[36]   Schmid, 2012a, 174. Albertz, 2003, 1-22.

[37]   Steymans, 2010, 201-228.

[38]   Ego, 2011, 16.

[39]   Pfeiffer, 2001, 7.

[40]   Korpel & de Moor, 2014.

[41]   R. Wright, 2009, 125.

[42]   Keel, 2011, 12.

[43]   Ruppert, 2003, 55-77.

[44]   Pfeiffer, 2001, 3. Ruppert, 2003, 128.

[45]   Weber, 1995, 19.

[46]   Ruppert, 2003, 145f.

[47]   Ruppert, 2003, 167.

[48]   R. Wright, 2009, 104.

[49]   Keel, 2011, 43.

[50]   Ruppert, 2003, 167.

[51]   Ruppert, 2003, 120.

[52]   Blum, 2004, 13.

[53]   Keel & Schroer, 2008. Winter, 2002.

[54]   Ego, 2011, 16.

[55]   Ruppert, 2003, 119. Pfeiffer, 2000. Pfeiffer, 2001. Pfeiffer, 2006a.
         Pfeiffer, 2006b.

[56]   Assmann, 2009, 12ff. Schmidt-Salomon, 2012, 38.

[57]   Albertz, 2003, 37.

[58]   Albertz, 2003, 38f.

[59]   Pfeiffer, 2001, 11.

[60]   Keel & Schroer, 2008, 138.

[61]   Pfeiffer, 2001, 16.

[62]   Diamond, 2012. van Schaik, 2016.

[63]   Boehm, 2012.

[64]   Berbesque et al., 2014.

[65]   Bowles, 2011.

[66]   Assmann, 2007. Assmann, 2013a.

〔67〕 Gatz, 1967, 212. Heinberg, 1995, 161ff.

〔68〕 Gottschall, 2013, 67, 58.

〔69〕 Marlowe, pers. com.

〔70〕 Gazzaniga, 2012, 198에서 재인용.

〔71〕 R. Wright, 2009, 58.

〔72〕 Diamond, 2012, 524. van Schaik, 2016, 299.

〔73〕 Rousseau, 1981, 230.

〔74〕 Hill & Hurtado, 1996.

〔75〕 Crawford, 2009, 60.

〔76〕 Diamond, 2013, 196.

〔77〕 출애굽기 22:18. 레위기 18:22-23. 레위기 20:13-15.

〔78〕 Crawford, 2009, 23. Clark, 2010, 142.

〔79〕 출애굽기 22:16. 신명기 22:13-21.

〔80〕 Hewlett & Hewlett, 2013.

〔81〕 Meyers, 2010, 65.

〔82〕 Zingsem, 2009, 30f. Frey-Anthes, 2008. Flasch, 2005, 23f에서 재인용.

〔83〕 Wells et al., 2012.

〔84〕 Zevit, 2013, 206.

〔85〕 Berger & Luckmann, 1998, 94f.

2 카인과 아벨

〔1〕 Byron, 2011, 2.

〔2〕 Kugel, 2008, 60f.

〔3〕 Stuttgarter Erklärungsbibel, 2007, 15.

〔4〕 Brandscheidt, 2010.

〔5〕 Kugel, 2008, 63ff.

〔6〕 Brandscheidt, 2010.

〔7〕 Hensel, 2011, 327, 335.

〔8〕 Hendel, 2002, 50.

〔9〕 Turchin, 2007, 264.

〔10〕 신명기 21:15-17.

〔11〕 Byron, 2011, 6. Schmid, 2012a, 173.

[12]   van Schaik, 2016, 238.

[13]   Byron, 2011, 138ff.

[14]   Boehm, 2012.

[15]   Stuttgarter Erklärungsbibel, 2007, 15.

3   사람의 아들들, 하느님의 아들들

[1]   Hieke, 2010, 150.

[2]   Hieke, 2010, 65.

[3]   Diamond, 2012, 50.

[4]   Hendel, 2002, 49.

[5]   Atran & Henrich, 2010, 19.

[6]   Norenzayan, 2013, 116. Slingerland et al., 2013, 344f.

[7]   Hieke, 2010, 185.

[8]   Assmann, 2013a, 73-75.

[9]   Clark, 2010, 167.

[10]   Cohen & Armelagos, 2013.

[11]   Schmid, 2012a, 244.

[12]   Steymans, 2010, 226.

[13]   Schmid, 2012a, 46.

[14]   Tilly & Zwickel, 2011, 114.

[15]   Diamond, 2002. Mummert et al., 2011.

[16]   Stuttgarter Erklärungsbibel, 2007, 17.

[17]   R. Wright, 2009, 124.

[18]   Metzger, 2012, 25-34.

4   홍수

[1]   Pinker, 2011, 10.

[2]   Wälchli, 2014. Assmann, 2015, 114.

[3]   Jeremias, 2011, 3. Pinker, 2011, 10.

[4]   Jeremias, 2011, 5f.

[5]   Norenzayan, 2013. Johnson, 2015b.

[6]   Johnson & Kruger, 2004. Johnson & Bering, 2009.

[7]   Bering, 2012, 201.

[8]   Bateson et al., 2006.

[9]   Bering, 2012, 93-99.

[10]   Sosis & Bressler, 2003.

[11]   Voland, 2007, 119. Johnson, 2005.

[12]   Johnson & Bering, 2009, 33.

[13]   Norenzayan, 2013, 171.

[14]   Foucault, 1977, 256ff.

[15]   Diamond, 2012, 368.

[16]   Norenzayan, 2013, 158. Norenzayan et al., 2014.

[17]   Diamond, 2012, 336.

[18]   Bering, 2012, 82.

[19]   McCauley, 2011.

[20]   R. Wright, 2009, 12-19.

[21]   Boyer, 2001, 267-270.

[22]   R. Wright, 2009, 24f. Bulbulia et al., 2013, 397f.

[23]   Norenzayan, 2013, 136f.

[24]   Atran & Henrich, 2010, 25.

[25]   Boyer, 2001, 7.

[26]   Durkheim, 2007, 76.

[27]   Norenzayan, 2013, 7f.

[28]   Haidt, 2012, 256.

[29]   Norenzayan, 2013, 8f., 23.

[30]   Diamond, 2013, 288.

[31]   Pinker, 2011, 42.

[32]   Kugel, 2008, 71f.

[33]   베드로의 첫째 편지 3:20-21.

[34]   Herget, 2012, 7.

[35]   Halbfas, 2010, 67.

[36]   Baumgart, 2005.

[37]   Buchner & Buchner, 2011.

[38]   Albertz, 2003, 49-63. Ruppert, 2003, 309. Kugel, 2008, 74-77.

Bosshard-Nepustil, 2005.

[39]   Nietzsche, 1955, 972f.

[40]   Hume, 2000, 10. Dennett, 2008, 144.

[41]   Guthrie, 1993. Boyer, 2001. Barrett, 2004.

[42]   Boyer, 2001, 145.

[43]   Nietzsche, 1955, 975.

[44]   Gopnik, 2000. Bering, 2012, 140ff.

[45]   R. Wright, 2009, 17. Boyer, 2001, 195ff.

[46]   Piaget, 1992, 210-225.

[47]   McCauley, 2011.

[48]   Bering, 2012, 112.

[49]   Kirkpatrick, 2005, 247. Lehmann et al., 2005. Steadman et al., 1996.
       Bloom, 2004.

[50]   Boyer, 2001, 138.

[51]   R. Wright, 2009, 21.

[52]   Boyer, 2001, 214f.

[53]   Clark, 2010, 174.

[54]   Boyer, 2001, 227.

[55]   Diamond, 2013, 221.

[56]   Crawford, 2009, 59f.

[57]   Diamond, 2013, 221.

[58]   Clark, 2010, 6.

[59]   Boyer, 2001, 330.

[60]   Brotherton, 2013. Leman & Cinnirella, 2007.

[61]   Jeremias, 2011, 9. Wälchli, 2014. Assmann, 2015, 393.

[62]   Burkert, 1996, 102-128. Murdock, 1980, 20. Sonnabend, 1999.

[63]   Burkert, 1996, 121, 125.

[64]   Burkert, 1996, 103.

[65]   Maul, 2013.

[66]   Weber, 1988, 256.

[67]   Veyne, 2008, 58.

[68]   Schulze, 2008, 9.

[69]   Clark, 2010, 36.

[70]   Clark, 2010, 11.

[71]   Clark, 2010, 6.

[72]   Clark, 2010, 163.

[73]   Burkert, 1996, 108.

[74]   Botero et al., 2014.

[75]   Bentzen, 2013, 1. Bentzen, 2015. Sibley & Bulbulia, 2013.

[76]   Steinberg, 2006.

[77]   R. Wright, 2009, 39. Clark, 2010, 166.

[78]   Taleb, 2013.

[79]   Nietzsche, 1955, 975.

[80]   Crawford, 2009, 25.

[81]   Taleb, 2013, 146-154.

5   바벨탑

[1]   Baumgart, 2006.

[2]   Parzinger, 2014, 141f. Smith et al., 2014, 1530.

[3]   Newitz, 2014. Shennan et al., 2014.

[4]   Kuijt, 2000.

[5]   Newitz, 2014.

[6]   Smith et al., 2014, 1530.

[7]   Halbfas, 2010, 69f.

[8]   Clark, 2010, 3. Crawford, 2009, 58.

[9]   Diamond, 2013, 221.

[10]   Clark, 2010, 3f.

[11]   Diamond, 2013, 221.

[12]   Clark, 2010, 3.

6   족장과 그의 아내들

[1]   Mühling, 2009. Gertz, 2010b, 269ff. I. Fischer et al., 2010, 240f. I.
         Fischer, 2013. Moore & Kelle, 2011, 43.

[2]   Stuttgarter Erklärungsbibel, 2007, 23.

[3]   Michel, 2007.

[4]   Schmitz, 2011, 125ff.

[5]   Finkelstein & Silberman, 2001, 36－38.

[6]   Schmitz, 2011, 130.

[7]   Schmitz, 2011, 131. Schmid, 2012a, 138.

[8]   Meyers, 2013b, 109.

[9]   Otto, 1994, 49.

[10]   신명기 21:15.

[11]   Henrich et al., 2012, 664f.

[12]   Michel, 2007.

[13]   Keel & Schroer, 2006, 24.

[14]   Hieke, 2010, 182.

[15]   Goethe, 1998, Vol. 9, 137.

[16]   van Schaik, 2016, 187.

[17]   Henrich et al., 2012, 660f.

[18]   Pinker, 2011, 7.

[19]   열왕기하 3:26-27.

[20]   Henrich, 2009.

[21]   Henrich et al., 2012, 666.

[22]   Hieke, 2010, 171.

[23]   Dyma, 2010.

[24]   민수기 36.

[25]   Alt et al., 2013.

[26]   Eberhart, 2008.

[27]   Eberhart, 2008.

[28]   레위기 20:17.

[29]   Marlowe, 2003.

[30]   Henrich et al., 2012, 657.

[31]   Finkelstein & Silberman, 2001, 47.

[32]   예레미야 29:18.

Part 2 모세와 이스라엘 민족의 이집트 탈출

하느님, 세상에 하나뿐인 유일한 존재로 발돋움하다

[1]   Schmid, 2012b, 5.

[2]   Köckert, 2013, 15.

[3]   Schmitz, 2011, 132.

[4]   Assmann, 2015, 19, 389.

7   모세

[1]   민수기 20:12.

[2]   출애굽기 33:11

[3]   여호수아 1:7.

[4]   신명기 34:10-11.

[5]   Moroni & Lippert, 2009. Keller, 2015. Kugel, 2008.

[6]   Frevel, 2012, 717f.

[7]   Finkelstein & Silberman, 2001, 61.

[8]   Freud, 1993, 59.

[9]   Assmann, 2009, 5. Assmann, 1997.

[10]   Otto, 2006, 26.

[11]   Gertz, 2008.

[12]   Otto, 2006, 30.

[13]   민수기 31:17.

[14]   Otto, 2006, 31-33.

[15]   Schmitz, 2011, 134. Jericke, 2012.

[16]   Otto, 2006, 33.

[17]   Blum, 2012.

[18]   Otto, 2006, 35.

[19]   Schmitz, 2011, 135.

[20]   Schmid, 2012a, 92f.

[21]   Crüsemann, 1996, 59.

[22]   Goethe, 1998, Vol. 2, 208f. Zenger & Frevel, 2012, 100.

[23]   Crüsemann, 1996, 10.

[24]   Albertz, 2003, 188.

〔25〕 Assmann, 2009, 52. Albertz, 2003, 190.

〔26〕 레위기 26:1-40. 신명기 28:1-68.

〔27〕 레위기 26:16-17.

〔28〕 Freuling, 2008.

〔29〕 Weber, 1988, 231.

〔30〕 Otto, 2007, 118ff. Keel, 2011, 78ff.

〔31〕 Berlejung, 2012. Burkert, 1996. Murdock, 1980. Sonnabend, 1999. Walter, 2010.

〔32〕 Crüsemann, 1996, 75f.

〔33〕 Köckert, 2013, 12.

〔34〕 D. Wright, 2009.

〔35〕 Albertz, 2003, 187ff. Schmid, 2012a, 108. Weber, 1988, 81.

〔36〕 출애굽기 21:12.

〔37〕 출애굽기 21:18-19.

〔38〕 출애굽기 21:21.

〔39〕 출애굽기 21:7.

〔40〕 Crüsemann, 1996, 151-159.

〔41〕 출애굽기 22:25-26.

〔42〕 출애굽기 22:26.

〔43〕 출애굽기 22:20.

〔44〕 Crüsemann, 1996, 182-185.

〔45〕 Crüsemann, 1996, 253.

〔46〕 출애굽기 21:15.

〔47〕 레위기 18:15-16.

〔48〕 Gertz, 2010b, 225.

〔49〕 Crüsemann, 1996, 73.

〔50〕 출애굽기 21:24-25.

〔51〕 Gertz, 2010b, 228f.

〔52〕 Dawkins, 2006a, 248.

〔53〕 Wesel, 1997, 62

〔54〕 Otto, 1994, 64f.

〔55〕 레위기 19:18

[56]   Moenikes, 2012.

[57]   Baumard & Boyer, 2013.

[58]   신명기 17:17.

[59]   출애굽기 22:2.

[60]   Crüsemann, 1996, 164.

[61]   신명기 22:22.

[62]   Crüsemann, 1996, 256.

[63]   Clark, 2010, 2.

[64]   Murdock, 1980, 20, xiii.

[65]   Berlejung, 2010b, 203, 212.

[66]   출애굽기 15:26.

[67]   신명기 28:27-28.

[68]   신명기 28:58-61.

[69]   Berlejung, 2010b, 212.

[70]   Thornhill & Fincher, 2014, 237-264.

[71]   Ego, 2007.

[72]   Parker, 1983.

[73]   Maier, 1997, 476.

[74]   Rozin et al., 2008. Schaller, 2014.

[75]   Ego, 2007.

[76]   레위기 15:31.

[77]   Douglas, 2003, 30. James, 2014, 46f.

[78]   Clark, 2010, 38.

[79]   레위기 15:2-18.

[80]   Frey-Anthes, 2007.

[81]   레위기 15:21-24.

[82]   Strassmann et al., 2012.

[83]   신명기 23:10-15.

[84]   Crüsemann, 1996, 265.

[85]   Clark, 2010, 116. Crawford, 2009, 74.

[86]   열왕기하 19:35.

[87]   Flavius Josephus, 2011, 461.

[88]   Schmitz, 2011, 107.

[89]   Veit, 2013.

[90]   Clark, 2010, 115.

[91]   Diamond, 2013, 221.

[92]   레위기 18:22-23. 레위기 20:13-16.

[93]   출애굽기 22:18.

[94]   Crawford, 2009, 23. Zehnder, 2008.

[95]   Frey-Anthes, 2007.

[96]   레위기 13:1-8.

[97]   Olyan, 2008, 9

[98]   레위기 21:18-21.

[99]   레위기 21:13.

[100]   민수기 19:1-13.

[101]   Schaller, 2011. Schaller et al., 2015.

[102]   민수기 25:1-9.

[103]   Frey-Anthes, 2007.

[104]   Frey-Anthes, 2007.

[105]   R. Wright, 2009, 124.

[106]   Jacobs, 2007, 43.

[107]   신명기 22:9-10.

[108]   신명기 23:3.

[109]   Weber, 1988, 329, 231, 178.

[110]   레위기 26:14-39.

[111]   레위기 19:19.

[112]   Crüsemann, 1996, 264.

[113]   신명기 22:5.

[114]   Geertz, 1987, 9.

[115]   Staubli, 2010, 92f.

[116]   레위기 11:2-3.

[117]   Gies, 2012. Keel, 2011, 110f.

[118]   Douglas, 2003, 46에서 재인용.

[119]   Douglas, 2003, 32에서 재인용.

[120]   Harris, 1990, 69-76.

[121]   Finkelstein & Silberman, 2001, 119-120.

[122]   Gies, 2012.

[123]   Douglas, 2003, 56f. Ego, 2007.

[124]   Douglas, 2003, 40-46.

[125]   Staubli, 2001, 46.

[126]   Crüsemann, 1996, 263.

[127]   Staubli, 2001, 46.

[128]   Staubli, 2001, 47.

[129]   레위기 17:14.

[130]   Eberhart, 2006.

[131]   Schmitz, 2011, 38f.

[132]   레위기 19:27.

[133]   신명기 22:12.

[134]   Berlejung, 2010a, 171.

[135]   U. Zimmermann, 2012.

[136]   레위기 12:3. Tilly & Zwickel, 2011, 106.

[137]   U. Zimmermann, 2012.

[138]   Berlejung, 2010a, 170f.

[139]   민수기 16:22.

[140]   민수기 5:12-31.

[141]   신명기 21:4-8.

[142]   민수기 15:22-29.

[143]   레위기 16:21-34.

[144]   Crüsemann, 1996, 314.

[145]   Tylor, 1871, Vol. 2., 375.

[146]   Mauss, 1996. Mauss, 2012.

[147]   Burkert, 1996, 137f.

[148]   출애굽기 39:2.

[149]   Boyer, 2001, 238-240

[150]   Plaut, 2000, 173.

8 야훼

[1] Zenger & Frevel, 2012, 98.

[2] Kugel, 2008, 216.

[3] Colpe, 2007. Bauks, 2011.

[4] Hazony, 2015. Barton, 2013, 192. Niehr, 2013, 31.

[5] Schmid, 2003, 29. Becker, 2005, 3.

[6] Niehr, 2003, 245.

[7] Becker, 2005, 5f.

[8] Kaiser, 2013, 25.

[9] Kottsieper, 2013.

[10] Grätz, 2006.

[11] Keel, 2011, 43.

[12] Dever, 2006. Keel & Uehlinger, 2010. Keel & Schroer, 2006. Keel, 2008.

[13] Weber, 1988, 281, 177, 262.

[14] Keel, 2011, 51.

[15] Pakkala, 2006, 240.

[16] Weber, 1988, 267, 301.

[17] 이사야 10:5-6.

[18] Becker, 2005, 6.

[19] Aurelius, 2003, 150f.

[20] Becker, 2005, 7.

[21] Schmid, 2003. Bauks, 2011.

[22] Kessler, 2008, 77.

[23] R. Wright, 2009, 86.

[24] Schmitz, 2011, 75.

[25] Frahm, 2011, 267, 283.

[26] Keel, 2011, 79f.

[27] Schmid, 2012a, 90.

[28] Crüsemann, 1996, 131.

[29] Lehnhart, 2009.

[30] 민수기 25:3-4.

[31]   Keel, 2011, 78.

[32]   신명기 13:7-12.

[33]   Frahm, 2011, 283f.

[34]   신명기 6:4-5.

[35]   신명기 6:4-5. 마르코의 복음서 12:28-31. Avalos, 2015, 39-49.

[36]   Otto, 1999, 362f.

[37]   Otto, 2007, 129.

[38]   Finkelstein, 2014, 9.

[39]   Crüsemann, 1996, 197.

[40]   Otto, 1999, 364-366.

[41]   Schmitz, 2011, 31.

[42]   Finkelstein & Silberman, 2001, 10.

[43]   Finkelstein & Silberman, 2001, 10. Otto, 2006, 43.

[44]   Schmitz, 2011, 34-37.

[45]   Levin, 2005, 26.

[46]   Schmitz, 2011, 18.

[47]   Niehr, 2003, 228f.

[48]   Niehr, 2003, 230. Köckert, 2009.

[49]   Pakkala, 2006, 245.

[50]   Niehr, 2003, 236.

[51]   Frevel, 2003, 75.

[52]   R. Wright, 2009, 165f.

[53]   Keel, 2011, 83.

9   투덜거리는 민족

[1]   Aurelius, 2003, 148f.

[2]   Assmann, 2015, 319f. Achenbach, 2007.

[3]   Schmitz, 2011. Berlejung, 2010a.

[4]   Dever, 2012, 287.

[5]   Stavrakopoulou & Barton, 2013, 1.

[6]   Stavrakopoulou, 2013, 38.

[7]   Berlejung, 2010a, 71.

[8]   Tilly & Zwickel, 2011, 78.

[9]   Dever, 2012, 250.

[10]   van der Toorn, 1996. Albertz & Schmitt, 2012.

[11]   Meyers, 2013b, 103.

[12]   Dever, 2012, 293.

[13]   Dever, 2006, 3.

[14]   Gudme, 2010, 79-81.

[15]   Meyers, 2013b, 170.

[16]   Bauks, 2011.

[17]   Niehr, 2003, 234f.

[18]   Schroer, 2006, 24f.

[19]   Bellah, 2011, 289.

[20]   Dever, 2012, 291, 279f.

[21]   R. Wright, 2009, 150.

[22]   Boyer, 2001, 245f.

[23]   Gudme, 2010, 85.

[24]   Meyers, 2013a, 130.

[25]   Niehr, 2013, 29. Schmitt, 2006.

[26]   Meyers, 2013b, 3.

[27]   Meyers, 2010, 97. Albertz, 2013, 138.

[28]   Dever, 2012, 287.

[29]   R. Wright, 2009, 80f.

[30]   Barrett, 2011, 135-138.

[31]   Barrett, 2011, 137.

[32]   Slone, 2005, 122.

[33]   Boyer, 2001, 285.

[34]   Assmann, 2009, 1.

[35]   Assmann, 2009, 114.

[36]   Boyer, 2001, 142.

[37]   Norenzayan, 2013, 18.

[38]   Meyers, 2013b, 118f.

[39]   James, 2014, 63.

[40]   Weber, 1980, 257.

[41]   Beit-Hallahmi, 2015, 234.

[42]   Henrich, 2009, 244. Atran & Henrich, 2010.

[43]   Henrich, 2009, 247.

[44]   Norenzayan, 2013, 98.

[45]   R. Wright, 2009, 36f.

[46]   Ernest Thomas Lawson, Robert McCauley, Boyer, 2001, 284에서
         재인용.

[47]   출애굽기 14:2-4.

[48]   출애굽기 14:15-18.

[49]   민수기 16:32.

[50]   Popper, 2014.

[51]   신명기 34:10-11.

[52]   신명기 13:2-4.

[53]   출애굽기 20:18-19.

[54]   Trivers, 2011.

[55]   Whitehouse, 2004.

[56]   Berlejung, 2010a, 79.

[57]   Schmitz, 2011, 132. Meyers, 2012, 155f.

[58]   신명기 6:4-9.

[59]   Berger & Luckmann, 1998, 65.

[60]   예레미야 31:33.

10   토라의 유산

[1]   Assmann, 2009, 10.

[2]   출애굽기 23:19. 출애굽기 24:26. 신명기 14:21.

[3]   Gies, 2012.

[4]   Keel, 2011, 110.

[5]   Clark, 2010, 52.

[6]   Weber, 1988, 231.

[7]   Durkheim, 2007, 613.

[8]   Norenzayan, 2013, 172f.

[9]   Otto, 1994, 11.

[10] Schieder, 2014.

[11] Assmann, 2009, 2. Assmann, 2015, 106.

[12] Assmann, 2009, 23.

[13] Assmann, 2013b, 23.

[14] Assmann, 2009, 4.

[15] Assmann, 2009, 21f.

[16] Burkert, 1996, 8.

[17] Burkert, 1998, 47.

[18] Burkert, 1996, 171. Burkert, 1998, 47.

[19] Jenkins, 2010, 3.

[20] 신명기 34:7.

[21] 민수기 20:1-12.

Part 3   왕과 예언자
도덕으로 신을 세우다

[1]   Gladwell, 2013.

[2]   Gintis et al., 2015.

[3]   Dawkins, 2006a, 31.

11   판관과 왕

[1]   Assmann, 2015, 11f, 103ff.

[2]   Zenger & Frevel, 2012, 271.

[3]   Gertz, 2010b, 292.

[4]   Finkelstein & Silberman, 2006, 6f.

[5]   Keel, 2011, 48.

[6]   사무엘하 21:19.

[7]   Schmid, 2012a, 68f.

[8]   Hentschel, 2012b, 294.

[9]   Finkelstein & Silberman, 2001, 134f.

[10] Finkelstein, 2014, 16f.

[11]   Finkelstein & Silberman, 2006, 264-265.

[12]   Finkelstein & Silberman, 2006, 21-22.

[13]   Hentschel, 2012c, 310f.

[14]   Biale, 2002, 1150.

[15]   Anderson, 2006, 6.

[16]   Finkelstein & Silberman, 2001, 81.

[17]   Hentschel, 2012a, 264.

[18]   Weber, 1988, 331.

[19]   Bering, 2012, 189.

[20]   Henrich, 2009.

[21]   Burkert, 1996, 171. Burkert, 1998, 47.

[22]   Teehan, 2010, 42.

[23]   Norenzayan, 2013, 7f.

[24]   Johnson, 2015b.

[25]   Giese, 2011, 53.

[26]   Enz, 2012, 43에서 재인용.

[27]   Enz, 2012, 44에서 재인용.

[28]   Giese, 2011, 54에서 재인용.

[29]   Enz, 2012, 9.

[30]   Turchin, 2007, 92.

[31]   Finkelstein & Silberman, 2006, 31-59. Keel, 2011, 50.

[32]   Ibn Khaldun, 2011, 179.

[33]   사무엘하 23:8-39.

[34]   Turchin, 2007, 92.

[35]   Turchin, 2007, 93.

[36]   Enz, 2012, 54f.

[37]   Rilke, 1955, 486.

[38]   Schäfer, 2004, 300.

[39]   Finkelstein, 2014, 184f.

[40]   Finkelstein, 2014, 178-180.

[41]   Sand, 2014, 193f.

[42]   신명기 17:16-20.

[43]   Noort, 2012, 21-50.

[44]   Finkelstein & Silberman, 2006, 5.

12   예언자

[1]   Nissinen, 2010, 16.

[2]   Kratz, 2003, 7.

[3]   Zenger & Frevel, 2012, 509f.

[4]   Assmann, 2010, 15.

[5]   Kelle, 2014, 286.

[6]   Grabbe, 2010, 130.

[7]   Schmid, 2010a, 314.

[8]   Kratz, 2003, 12-14.

[9]   Schmid, 2010a, 313.

[10]   Kratz, 2003, 16f.

[11]   Kratz, 2003, 7.

[12]   Weber, 1988, 300f.

[13]   Schart, 2014. Weber, 1988, 301.

[14]   Poser, 2012. Morrow, 2004. Joyce, 2010.

[15]   Kelle, 2014, 290. Wolff, 1987, 19.

[16]   Zenger & Frevel, 2012, 513.

[17]   Kelle, 2014, 275.

[18]   Schmid, 2010a, 315.

[19]   Schmid, 2010a, 323. Kratz, 2003, 26.

[20]   Zenger & Frevel, 2012, 510.

[21]   신명기 18:21-22.

[22]   Taleb, 2013, 146.

[23]   Kratz, 2003, 41, 46-49. Schmid, 2012a, 195f.

[24]   Kratz, 2003, 94.

[25]   Schmid, 2012a, 224f. Kratz, 2003, 98.

[26]   Kratz, 2003, 49f.

[27]   Burkert, 1996, 169f.

[28]   Boyer, 2001, 198.

[29]   van Schaik, 2016, 424.

[30]   이사야 51:16.

[31]   Schmitt, 2004, 383.

[32]   Weber, 1988, 327.

[33]   Wolff, 1987, 27.

[34]   Wolff, 1987, 22. Weber, 1980, 269.

[35]   Wolff, 1987, 19.

[36]   Albertz, 2006, 7.

[37]   Weber, 1980, 141, 268ff.

[38]   Nissinen, 2010, 18. Kelle, 2014, 304.

[39]   Kratz, 2003, 17f.

[40]   Zenger & Frevel, 2012, 518.

[41]   Assmann, 2009, 48-56.

13   선한 하느님이 그토록 나쁘게 행동하는 이유

[1]   Assmann, 2000, 53.

[2]   Nissinen, 2010, 17.

[3]   Pinker, 2011, 10.

[4]   Dawkins, 2006a, 31.

[5]   Janowski, 2013, VII.

[6]   Janowski, 2013, 7.

[7]   Janowski, 2013, 344.

[8]   Dawkins, 2006a, 235-278.

[9]   Johnson, 2015a, 292f.

[10]   Boyer, 2001, 51-92.

[11]   Boyer, 2001, 51-92.

[12]   Timo Veijola, Janowski, 2013, 144에서 재인용.

[13]   Timo Veijola, Janowski, 2013, 144에서 재인용.

[14]   Pinker, 2011, 11.

[15]   Katechismus, 2005, 42.

[16]   Dawkins, 2006a, 226.

[17]   de Waal, 2013. van Schaik, 2016.

[18]   Assmann, 2009, 54, 50.

[19]   Norenzayan, 2013. Norenzayan et al., 2014.

[20]   Norenzayan, 2014, 64.

[21]   Stark, 2001, 620.

[22]   Baumard & Boyer, 2013.

[23]   사무엘하 24. 역대기상 21.

[24]   Rosenzweig, 2007.

[25]   Hazony, 2015.

[26]   Berlejung, 2012, 22.

[27]   Bering, 2012, 144.

[28]   Murdock, 1980.

[29]   Schmitt, 2011, 215.

[30]   Sonnabend, 1999, 119ff.

[31]   Alain Cabantous, Walter, 2010, 29에서 재인용.

[32]   Gray & Wegner, 2010, 11.

[33]   Schaudig, 2012, 425f.

[34]   Maul, 2013, 316-323.

[35]   Schöogl, 2006, 43-52.

[36]   Assmann, 2001, 114f.

[37]   Linke, 2014, 22-27.

[38]   Burkert, 1996, 152.

[39]   Veyne, 2008, 20.

[40]   Dahlheim, 2014, 326.

[41]   Sonnabend, 1999, 126, 161.

[42]   Veyne, 2008, 87-89.

[43]   Veyne, 2008, 51.

[44]   Gladwell, 2013.

Part 4   시편 외

성서에 등장하는 또 다른 하느님

[1]   Bloch, 1975, 53.

[2]   Witte, 2010, 414.

[3]   Staubli, 2010, 296.

[4]   Witte, 2010, 414.

14   시편

[1]   Zenger & Frevel, 2012, 450.

[2]   Zenger & Frevel, 2012, 452.

[3]   Witte, 2010, 415. Staubli, 2010, 307. Zenger & Frevel, 2012, 431.

[4]   Zenger & Frevel, 2012, 435.

[5]   Zenger & Frevel, 2012, 447-459.

[6]   Albertz, 2005, 16, 95.

[7]   Albertz, 2013, 135.

[8]   Feldmeier & Spiekermann, 2011, 51f.

[9]   Albertz, 2005, 94.

[10]   Kirkpatrick, 2005, 52f. Kaufman, 1981, 67.

[11]   Bowlby, 1988.

[12]   Lang, 2012, 24에서 재인용.

[13]   James, 2014, 61f.

[14]   Lang, 2012, 23.

[15]   Robarchek, 1990, 66.

[16]   Kirkpatrick, 2005, 247. Lehmann et al., 2005. Steadman et al., 1996.

[17]   Barrett, 2004, 59.

[18]   Kirkpatrick, 2005, 248.

[19]   Meyers, 2013b, 170.

[20]   Rosenthal, 1985.

[21]   Steadman et al., 1996, 73.

[22]   Barrett, 2013, 247.

[23]   Meyers, 2013b, 151.

[24]   Otto, 2005, 222.

[25]   Avalos, 2010, 45.

[26]   Avalos, 1995, 419.

[27]   Stuttgarter Erklärungsbibel, 2007, 677.

[28]   Madigan & Levenson, 2008, 46f.

[29]   Clark, 2010, 192.

[30]   Albertz, 2005, 92f. Albertz, 2013, 137.

[31]   Albertz, 2005, 49.

[32]   Steadman et al., 1996, 74. Kirkpatrick, 2005, 248.

[33]   Eberhardt, 2007, 396.

[34]   Sand, 2014, 257. Stern, 2005, 347.

15   욥기

[1]   Schwienhorst-Schönberger, 2012, 426f.

[2]   Schmid, 2010b, 19.

[3]   Witte, 2010, 440-445.

[4]   Schmid, 2010b, 8.

[5]   von Stosch, 2013, 10.

[6]   von Stosch, 2013, 7f.

[7]   Hoerster, 2005, 87-113.

[8]   Hazony, 2015, 2f.

[9]   von Stosch, 2013, 7.

[10]   Loichinger & Kreiner, 2010, 7.

[11]   Weber, 1988, 231.

[12]   이사야 45:6-7.

[13]   Schmid, 2010b, 24f.

[14]   Schmid, 2010b, 21.

[15]   Witte, 2010, 441f. Schwienhorst-Schönberger, 2012, 419f. Schmid, 2010b, 56-62.

[16]   열왕기하 23:25-29.

[17]   예레미야 31:29-30. 에제키엘 18:1-9.

16   다니엘

[1]   Boyer, 2001, 203-207. Bering, 2012, 113f.

[2]   Barrett, 2004, 56. Boyer, 2001, 225.

[3]   Bering, 2012, 121-124.

[4]   Bloom, 2004, 191, 207.

[5]   Steadman et al., 1996.

[6]   Dever, 2012, 291.

[7]   A. Fischer, 2011b.

[8]   A. Fischer, 2011b.

[9]   Janowski, 2009, 466.

[10]   A. Fischer, 2011b.

[11]   Witte, 2010, 505f.

[12]   Niehr, 2012, 611.

[13]   Janowski, 2009, 471. Liess, 2005.

[14]   Madigan & Levenson, 2008, 59.

[15]   Janowski, 2009, 451.

[16]   Kühn, 2011.

[17]   Boyer, 2001, 207, 227.

[18]   Bering, 2012, 129, 88.

[19]   Bellah, 2011, 102. Lang, 2009, 19.

[20]   Assmann, 2001, 526.

[21]   Veyne, 2008, 138.

[22]   Assmann, 2006, 269. Boyer, 2001, 267.

[23]   van der Toorn, 1996, 218–230. Schmitt, 2006.

[24]   Janowski, 2009, 447f.

[25]   Janowski, 2009, 458–461. Riede, 2014. Eberhardt, 2007, 396.

[26]   van der Toorn, 1996, 225. Kuhn, 2011.

[27]   A. Fischer, 2011b. Lang, 2009, 10ff.

[28]   van der Toorn, 1996, 225.

[29]   Madigan & Levenson, 2008, 69f.

[30]   Madigan & Levenson, 2008, 71–80.

[31]   Eberhardt, 2007, 398.

[32]   Tilly & Zwickel, 2011, 114.

[33]   Kratz, 2003, 106–110. Berlejung, 2010a, 184.

[34]   Oppenheimer, 2008, 34–36.

[35]   Madigan & Levenson, 2008, 3.

[36]   Lang, 2009, 22. A. Fischer, 2011a.

[37]   Antonacci, 2000, 107.

[38]   Dahlheim, 2014, 35-52.

[39]   Bieberstein, 2009, 443.

[40]   Lang, 2009, 21.

[41]   Lang, 2009, 26-28.

[42]   Katechismus, 2005, 291-300.

[43]   Sagan, 2013, 206.

[44]   A. Fischer, 2011a.

[45]   Lang, 2009, 39-42.

[46]   Lang, 2009, 54-61.

[47]   Lang, 2009, 61.

[48]   Dawkins, 2006a, 319f.

[49]   Johannes B. Kerner, ZDF(독일 TV 토크쇼), November 15, 2007.

[50]   Madigan & Levenson, 2008, 257.

[51]   Bronner, 2011, 182f.

[52]   Flasch, 2013, 252.

Part 5   신약성서
구원

[1]   Frankemolle, 2006, 23-29.

[2]   Veyne, 2011, 44.

[3]   Frankemolle, 2006, 42.

[4]   Stern, 2005, 353-355. Sand, 2014, 199-288.

[5]   Sand, 2014, 257.

[6]   Aslan, 2013, 202-212.

[7]   Veyne, 2011, 13.

[8]   Dawkins, 2006b.

17   나자렛 예수

[1]   Lauster, 2014, 31.

〔2〕 R. Wright, 2009, 247.

〔3〕 Roloff, 2007, 12. Lauster, 2014, 20f. Aslan, 2013, 152.

〔4〕 마르코의 복음서 1:10-13.

〔5〕 Lauster, 2014, 23f. Roloff, 2007. Theissen & Merz, 2011.

〔6〕 Merz, 2009, 43.

〔7〕 Lauster, 2014, 34f.

〔8〕 Ratzinger, 2007, 10f.

〔9〕 Roloff, 2007, 120-127.

〔10〕 Linder, 2009, 12.

〔11〕 Ratzinger, 2007, 18.

〔12〕 Skiena & Ward, 2014, 5.

〔13〕 Aslan, 2013, 103. Theissen & Merz, 2011, 458.

〔14〕 Kratz, 2003, 36.

〔15〕 Burkert, 1996, 171.

〔16〕 Jenkins, 2010, 3.

〔17〕 Aslan, 2013, 164f.

〔18〕 Aslan, 2013, 164f.

〔19〕 마태오의 복음서 28:13-15. Aslan, 2013, 176f.

〔20〕 Barrett, 2004, 21-30. Boyer, 2001.

〔21〕 Madigan & Levenson, 2008, 7, 32.

〔22〕 Flasch, 2013, 109.

〔23〕 Stuttgarter Erklärunsbibel, 2007, 1403.

〔24〕 Roloff, 2007, 58.

〔25〕 마태오의 복음서 1:18-23.

〔26〕 Flasch, 2013, 112. Pagels, 1998, 120.

〔27〕 마르코의 복음서 6:3.

〔28〕 마태오의 복음서 13:55.

〔29〕 루가의 복음서 4:22.

〔30〕 Aslan, 2013, 36f. Roloff, 2007, 59. Posener, 2007, 11-15. Pagels, 1998, 70.

〔31〕 Posener, 2007, 18.

〔32〕 Pagels, 1998, 121.

668

[33]   Posener, 2007, 91. Schreiner, 2003, 108.

[34]   Schreiner, 2003, 8.

[35]   Flasch, 2013, 113.

[36]   Aslan, 2013, 36.

[37]   루가의 복음서 2:4-5.

[38]   Roloff, 2007, 58.

[39]   Dahlheim, 2014, 37-47. Roloff, 2007, 36.

[40]   Lauster, 2014, 94.

[41]   Dahlheim, 2014, 47-52.

[42]   Bringmann, 2005, 258.

[43]   Aslan, 2013, 212.

[44]   Frankemölle, 2006, 118-125.

[45]   Pagels, 1998, 67-101. Flasch, 2015, 79.

[46]   Pagels, 1998, 247.

[47]   Lauster, 2014, 20.

[48]   Clark, 2010, 180.

[49]   Avalos, 2010. Lauster, 2014, 79.

[50]   Ehrman, 2014, 99.

[51]   Stern, 2005, 356.

[52]   Madigan & Levenson, 2008, 7f. Frankemolle, 2006, 96f.

[53]   루가의 복음서 11:20.

[54]   요한의 묵시록 1:3.

[55]   Pagels, 2014, 167.

[56]   마르코의 복음서 13:7-8.

[57]   마르코의 복음서 13:24-27.

[58]   Roloff, 2007, 39f.

[59]   마르코의 복음서 13:13.

[60]   Dahlheim, 2014, 74. Theissen & Merz, 2011, 468.

[61]   마태오의 복음서 10:34.

[62]   Aslan, 2013, 120.

[63]   Frankemolle, 2006, 116-118. Roloff, 2007, 50f.

[64]   Lauster, 2014, 26. Merz, 2009, 30. Pagels, 1998, 25-66.

주   669

[65]   Aslan, 2013, 31f. Theissen & Merz, 2011, 467.

[66]   Merz, 2009, 40.

[67]   Theissen & Merz, 2011, 470-480.

[68]   Theissen & Merz, 2011, 481f. Aslan, 2013, 136.

[69]   Theissen & Merz, 2011, 458f.

[70]   Moeller, 2011, 16.

[71]   Theissen & Merz, 2011, 468. Merz, 2009, 41.

[72]   Merz, 2009, 36, 42. Moeller, 2011, 14.

[73]   마르코의 복음서 9:1.

[74]   마태오의 복음서 6:9-10. Aslan, 2013, 116.

[75]   마태오의 복음서 5:17.

[76]   마태오의 복음서 15:11.

[77]   마태오의 복음서 2:27.

[78]   마태오의 복음서 5:21-44.

[79]   Lauster, 2014, 28.

[80]   Theissen & Merz, 2011, 351.

[81]   Lauster, 2014, 28.

[82]   Theissen & Merz, 2011, 353.

[83]   마태오의 복음서 6:24.

[84]   van Schaik, 2016. Boehm, 2012. Bernhard et al., 2006.

[85]   Boehm, 2012, 135.

[86]   Wilson et al., 2014.

[87]   Goodall, 1990, 210.

[88]   de Waal, 2006, 185.

[89]   Keeley, 1996. Gat, 2006. Pinker, 2011. Diamond, 2013.

[90]   Diamond, 2013, 158.

[91]   Wiessner, 2006.

[92]   Zimbardo, 2007. Smith, 2011.

[93]   마태오의 복음서 12:30-31.

[94]   Baumard & Boyer, 2013.

[95]   Aslan, 2013, 121.

[96]   Moenikes, 2012.

[97]   Aslan, 2013, 122.

[98]   마태오의 복음서 10:5-6.

[99]   Roloff, 2007, 94.

[100]   Theissen & Merz, 2011, 348. Moenikes, 2012.

[101]   R. Wright, 2009, 260.

[102]   마태오의 복음서 7:3.

[103]   요한의 복음서 8:3-11.

[104]   Theissen & Merz, 2011, 331.

[105]   Diamond, 2013, 86-90.

[106]   마태오의 복음서 12:30.

[107]   마태오의 복음서 13:29-43.

[108]   Pagels, 1998, 39, 46.

[109]   Turchin, 2007, 264.

[110]   마태오의 복음서 6:19.

[111]   마르코의 복음서 10:25.

[112]   Merz, 2009, 51.

[113]   마태오의 복음서 6:24.

[114]   Merz, 2001, 90.

[115]   Boehm, 2012, 46.

[116]   마르코의 복음서 7:24-30.

[117]   마태오의 복음서 5:3.

[118]   Theissen & Merz, 2011, 232, 247.

[119]   루가의 복음서 6:24-25.

[120]   마태오의 복음서 5:4-6.

[121]   R. Wright, 2009, 262.

[122]   Linder, 2009, 62.

[123]   Ebner & Schreiber, 2013, 597.

[124]   Roloff, 2007, 79f.

[125]   Crossan, 1991. Mack, 2001. Lang, 2010.

[126]   Theissen & Merz, 2011, 29. Bilde, 2013, 263f.

[127]   Roloff, 2007, 91.

[128]   Roloff, 2007, 96.

[129]   마르코의 복음서 10:42-44.

[130]   마르코의 복음서 3:31-35. Roloff, 2007, 96.

[131]   Avalos, 2015, 51.

[132]   마태오의 복음서 6:25-26.

[133]   마태오의 복음서 11:19.

[134]   Lang, 2010, 176.

[135]   Diamond, 2013, 457.

[136]   Theissen & Merz, 2011, 203-208.

[137]   Roloff, 2007, 68f.

[138]   Dever, 2012, 287.

[139]   Meyers, 2013b, 4f.

[140]   Meyers, 2013b, 170.

[141]   Beit-Hallahmi, 2015, 89.

[142]   판관기 19.

[143]   루가의 복음서 15:4-7.

[144]   Veyne, 2011, 27.

[145]   Boehm, 2012, 47.

[146]   Ratzinger, 2007, 11.

[147]   Räisänen, 2012, 382.

[148]   Veyne, 2011, 31f.

[149]   Pagels, 1998, 251.

[150]   Trimondi & Trimondi, 2006, 13.

[151]   Schmidt-Salomon, 2012, 26-33.

18   천국에 오른 예수

[1]   Madigan & Levenson, 2008, 21.

[2]   Moss, 2013. Dahlheim, 2014, 388. Clauss, 2015, 75.

[3]   Katechismus, 2005, 1022.

[4]   Weber, 1980, 255.

[5]   Veyne, 2011, 28f.

[6]   David Flusser, Frankemölle, 2006, 130f에서 재인용.

[7]   Lauster, 2014, 20.

[8]   Lauster, 2014, 13.

[9]   Theissen & Merz, 2011, 482.

[10]   Ehrman, 2014, 353.

[11]   Bultmann, 1960, 20.

[12]   Lauster, 2014, 119. Dahlheim, 2014, 366-372.

[13]   Böttrich, 2009, 112.

[14]   갈라디아인들에게 보낸 편지 4:4.

[15]   Posener, 2007. Schreiner, 1994. Schreiner, 2003.

[16]   Schreiner, 2003, 26.

[17]   Keel, 2008.

[18]   Imbach, 2008, 17.

[19]   Keel, 2008, 62.

[20]   Weber, 1980, 255.

[21]   Katechismus, 2005, 391.

[22]   Lang, 2009, 54.

[23]   요한의 묵시록 20:10.

[24]   Flasch, 2015.

[25]   Moeller, 2011, 68.

[26]   Lang, 2009, 32.

[27]   Moeller, 2011, 85.

[28]   Ökumenisches Heiligenlexikon.

[29]   Knoblauch, 2009, 172.

[30]   Ehrman, 2014, 212.

[31]   Flasch, 2015, 26, 399f.

[32]   Dahlheim, 2014, 357.

[33]   Veyne, 2008, 87f.

[34]   Hazony, 2015, 2f.

[35]   Veyne, 2011, 29.

[36]   Grabner-Haider, 2007, 323-334.

[37]   요한의 복음서 1:1-14.

[38]   Beierwaltes, 2014, 205-214.

[39]   James, 2014, 432-440.

[40]   C. Zimmermann, 2010.

[41]   Lauster, 2014, 125.

[42]   Veyne, 2011, 25.

[43]   Norenzayan, 2013. Johnson, 2015b.

[44]   Katechismus, 2005, 213.

[45]   Otto, 2007, 171.

[46]   Hazony, 2015.

[47]   Miles, 1995.

[48]   고린토인들에게 보낸 첫째 편지 15:3.

[49]   Bultmann, 1960, 20.

[50]   Bultmann, 1960, 18.

[51]   Katechismus, 2005, 614.

[52]   요한의 복음서 3:16.

[53]   요한의 복음서 1:29.

[54]   Katechismus, 2005, 614.

[55]   Metzger, 2012, 67f.

[56]   Flasch, 2013, 212f.

[57]   Lauster, 2014, 46, 49.

[58]   Dahlheim, 2014, 355.

[59]   Lauster, 2014, 62.

[60]   Veyne, 2011, 42.

[61]   고린토인들에게 보낸 첫째 편지 11:17-34.

[62]   Berger & Luckmann, 1998, 58.

[63]   Veyne, 2011, 46.

[64]   Dahlheim, 2014, 381f.

[65]   Flasch, 2005, 34-42.

[66]   Lauster, 2014, 66f.

[67]   Weber, 1995, 18f.

[68]   Berger & Luckmann, 1998, 120.

[69]   Lauster, 2014, 97.

19   자연의 책

[1]   Harrison, 2015, 22.

[2]   Henry, 2008, 985.

[3]   Luckmann, 1991. Berger, 1997. Graf, 2004. Joas & Wiegandt, 2007. Knoblauch, 2009.

[4]   Harrison, 2015.

[5]   Brooke, 1991, 42.

[6]   Weber, 1995, 19.

[7]   Lindberg, 2010.

[8]   Nobis, 1971, 957-959. Vanderjagt & van Berkel, 2005.

[9]   Beierwaltes, 2014, 209.

[10] Henry, 2008, 86f.

[11] E. P. Fischer, 2007, 306.

[12] Henry, 2008, 87.

[13] Nobis, 1971, 957-959. Henry, 2008, 86. E. P. Fischer, 2007, 304.

[14] K. Fischer, 2015, 13. Harrison, 2015, 172.

[15] Galilei, 2012, 115.

[16] Galilei, 2012, 67.

[17] Dorn, 2000, 22-25, 103-106.

[18] Galilei, 2012, 58.

[19] Galilei, 2012, 67.

[20] K. Fischer, 2015, 13f.

[21] Henry, 2008, 85.

[22] Singh, 2008, 86.

[23] Harrison, 2010, 23.

[24] Harrison, 2010, 23, 32.

[25] E. P. Fischer, 2007, 300에서 재인용.

[26] Numbers, 2009, 1f.

[27] Harrison, 2010, 28.

[28] Darwin, 1989, 119.

[29] Dray, 2005.

[30] Masci, 2007.

[31]   Weber, 1995, 41.

[32]   Joas, 2007, 14. Graf, 2004. Knoblauch, 2009.

[33]   Graf, 2004, 64f.

[34]   Casanova, 2007.

[35]   Luckmann, 1991. Knoblauch, 2009, 265.

[36]   Casanova, 2007, 340. Graf, 2004, 29.

[37]   Paloutzian & Park, 2013.

[38]   Veyne, 2011, 34f.

[39]   Darwin, 1989, 123.

[40]   Flasch, 2013, 252.

[41]   Knoblauch, 2009, 267.

[42]   Lübbe, 2004. Franz, 2009, 42-53.

[43]   Flasch, 2013, 252.

[44]   Knoblauch, 2009, 267.

[45]   de Waal, 2013, 207.

[46]   Bering, 2012, 114.

[47]   Dawkins, 2006a, 354-357.

[48]   de Waal, 2013, 204. Gottschall, 2013.

[49]   Graf, 2004, 65.

[50]   Singh, 2008, 87f.

에필로그

[1]   de Waal, 2013, 234.

[2]   Haidt, 2006, 17-22.

[3]   Satlow, 2014, 1.

참고 문헌

Achenbach, Reinhard (2007). Murren. *Das wissenschaftliche Bibellexikon im Internet* (www.wibilex.de) (11/11/2015).

Albertz, Rainer (2003). *Geschichte und Theologie. Studien zur Exegese des Alten Testaments und zur Religionsgeschichte Israels.* Berlin: Walter de Gruyter.

Albertz, Rainer (2005/1978). *Persönliche Frömmigkeit und offizielle Religion. Religionsinterner Pluralismus in Israel und Babylon.* Atlanta, GA: Society of Biblical Literature.

Albertz, Rainer (2006). *Elia. Ein feuriger Kämpfer für Gott.* Leipzig: Evangelische Verlagsanstalt.

Albertz, Rainer (2013/2010). Personal Piety. In: Francesca Stavrakopoulou & John Barton (Eds.). *Religious Diversity in Ancient Israel and Judah.* London: Bloomsbury. 135-146.

Albertz, Rainer & Schmitt, Rudiger (2012). *Family and Household Religion in Ancient Israel and the Levant.* Winona Lake, IN: Eisenbrauns.

Alkier, Stefan, Bauks, Michaela & Koenen, Klaus (Eds.) (2007ff.). *Das wissenschaftliche Bibellexikon im Internet* (www.wibilex.de) (11/11/2015).

Alt, Kurt W., Benz, Marion, Müller, Wolfgang, Berner, Margit E., Schultz, Michael, Schmidt-Schultz, Tyede H., Knipper, Corina, Gebel, Hans-

Georg, Nissen, Hans J. & Vach, Werner (2013). Earliest Evidence for
Social Endogamy in the 9,000-Year-Old-Population of Basta, Jordan.
Public Library of Science (PLOS) ONE 8. 65649.

Anderson, Benedict (2006/1983). *Imagined Communities: Reflections on the Origin and
Spread of Nationalism.* 2nd ed. London: Verso.
〔국역본:《상상의 공동체: 민족주의의 기원과 전파에 대한 성찰》, 윤형숙
옮김, 나남, 2004년.〕

Antonacci, Mark (2000). *The Resurrection of the Shroud: New Scientific, Medical, and
Archeological Evidence.* New York: M. Evans and Company.

Aslan, Reza (2013). *Zealot: The Life and Times of Jesus of Nazareth.* New York:
Harper Element. 〔국역본:《젤롯》, 민경식 옮김, 와이즈베리, 2014년.〕

Assmann, Jan (1997). *Moses the Egyptian: The Memory of Egypt in Western
Monotheism.* Cambridge, MA: Harvard University Press.
〔국역본:《이집트인 모세: 서구 유일신교에 새겨진 이집트의 기억》, 변학수
옮김, 그린비, 2010년.〕

Assmann, Jan (2000). *Herrschaft und Heil. Politische Theologie in Altägypten, Israel und
Europa.* Munich: Hanser.

Assmann, Jan (2001). *Tod und Jenseits im Alten Ägypten.* Munich: C. H. Beck (*Death
and Salvation in Ancient Egypt.* Ithaca, NY: Cornell University Press, 2005).

Assmann, Jan (2006). Kulte und Religionen. Merkmale primärer und sekundärer
Religion(serfahrung) im Alten Ägypten. In: Andreas Wagner (Ed.). *Primäre
und sekundäre Religion als Kategorie der Religionsgeschichte des Alten Testaments.*
Berlin: Walter de Gruyter. 269-280.

Assmann, Jan (2007/2000). *Religion und kulturelles Gedächtnis. Politische Theologie in
Altägypten, Israel und Europa.* Munich: Hanser (Religion and Cultural Memory.
Stanford, CA: Stanford University Press, 2005).

Assmann, Jan (2009/2000). *The Price of Monotheism.* Stanford, CA: Stanford
University Press.

Assmann, Jan (2010). Zur Einführung: Die biblische Einstellung zu Wahrsagerei
und Magie. In: Jan Assmann & Harald Strohm (Eds.). *Magie und Religion.*
Munich: Wilhelm Fink Verlag. 11-22.

Assmann, Jan (2013a/1992). *Das kulturelle Gedächtnis. Schrift, Erinnerung und politische*

Identität in frühen Hochkulturen. Munich: C. H. Beck (*Cultural Memory and Early Civilization: Writing, Remembrance, and Political Imagination*. Cambridge, MA: Harvard University Press, 2011).

Assmann, Jan (2013b/2006). *Monotheismus und die Sprache der Gewalt.* Vienna: Picus.

Assmann, Jan (2015). *Exodus. Die Revolution der Alten Welt.* Munich: C. H. Beck.

Atran, Scott (2002). *In Gods We Trust: The Evolutionary Landscape of Religion.* Oxford: Oxford University Press.

Atran, Scott & Henrich, Joseph (2010). The Evolution of Religion. How Cognitive By-Products, Adaptive Learning Heuristics, Ritual Displays, and Group Competition Generate Deep Commitments to Prosocial Religions. *Biology Theory* 5. 18-30.

Aurelius, Erik (2003). Die fremden Götter im Deuteronomium. In: Manfred Oeming und Konrad Schmid (Eds.). *Der eine Gott und die Götter. Polytheismus und Monotheismus im antiken Israel.* Zurich: Theologischer Verlag. 145-169.

Avalos, Hector (1995). *Illness and Health Care in the Ancient Near East: The Role of the Temple in Greece, Mesopotamia, and Israel.* Atlanta, GA: Scholars Press.

Avalos, Hector (2010/1999). *Health Care and the Rise of Christianity.* Grand Rapids, MI: Baker.

Avalos, Hector (2015). *The Bad Jesus: The Ethics of New Testament Ethics.* Sheffield: Sheffield Phoenix Press.

Barrett, Justin L. (2004). *Why Would Anyone Believe in God?* Walnut Creek, CA: AltaMira Press.

Barrett, Justin L. (2011). *Cognitive Science, Religion, and Theology: From Human Minds to Divine Minds.* West Conshohocken, PA: Templeton Press.

Barrett, Justin L. (2013). Exploring Religion's Basement: The Cognitive Science of Religion. In: Raymond D. Paloutzian & Chrystal L. Park (Eds.). *Handbook of the Psychology of Religion and Spirituality.* New York: Guilford Press. 234-255.

Barton, John (2013/2010). Reflecting on Religious Diversity. In: Francesca Stavrakopoulou & John Barton (Eds.). *Religious Diversity in Ancient Israel and Judah.* London: Bloomsbury. 191-193.

참고 문헌

Bateson, Melissa, Nettle, Daniel & Roberts, Gilbert (2006). Cues of Being Watched Enhance Cooperation in a Real-World Setting. *Biology Letters* 2. 412–414.

Bauks, Michaela (2011). Monotheismus. *Das wissenschaftliche Bibellexikon im Internet* (www.wibilex.de) (11/11/2015).

Baumard, Nicolas & Boyer, Pascal (2013). Explaining Moral Religions. *Trends in Cognitive Science* 17. 272–280.

Baumgart, Norbert Clemens (2005). Sintflut/Sintfluterzählung. *Das wissenschaftliche Bibellexikon im Internet* (www.wibilex.de) (11/11/2015).

Baumgart, Norbert Clemens (2006). Turmbauerzählung. *Das wissenschaftliche Bibellexikon im Internet* (www.wibilex.de) (11/11/2015).

Becker, Uwe (2005). Von der Staatsreligion zum Monotheismus. Ein Kapitel israelitischjüdischer Religionsgeschichte. *Zeitschrift für Theologie und Kirche* 102. 1–16.

Beierwaltes, Werner (2014/1998). *Platonismus im Christentum*. 3rd Edit. Frankfurt am Main: Vittorio Klostermann.

Beit-Hallahmi, Benjamin (2015). *Psychological Perspectives on Religion and Religiosity*. London: Routledge.

Bellah, Robert (2011). *Religion in Human Evolution: From the Paleolithic to the Axial Age*. Cambridge, MA: Belknap Press of the Harvard University Press.

Ben-Sasson, Haim-Hillel (Ed.) (2005/1976). *Geschichte des Jüdischen Volkes. Von den Anfängen bis zur Gegenwart*. 5th Edit. Munich: C. H. Beck (*A History of the Jewish People*. Cambridge, MA: Harvard University Press, 1985/1976).

Bentzen, Jeanet Sinding (2013). Origins of Religiousness: The Role of Natural Disasters. University of Copenhagen, Department of Economics. Discussion Paper 13–02 (http://cope.ku.dk/publications/workingpaper_SSRN–id2221859.pdf) (11/11/2015).

Bentzen, Jeanet Sinding (2015). Acts of God? Religiosity and Natural Disasters Across Subnational World Districts. University of Copenhagen, Department of Economics. Discussion Paper 15–06 (www.economics.ku.dk/research/publications/wp/dp_2015/1506.pdf) (11/11/2015).

Berbesque, J. Colette, Marlowe, Frank W., Shaw, Peter & Thompson, Peter

(2014). Hunter-Gatherers Have Less Famine Than Agriculturalists. *Biology Letters* 10. 8-53.

Berger, Peter L. (1997/1992). *Sehnsucht nach Sinn. Glauben in einer Zeit der Leichtgläubigkeit.* Frankfurt/New York: Campus (*A Far Glory: The Quest for Faith in an Age of Credulity.* New York: The Free Press, 1992).

Berger, Peter L. & Luckmann, Thomas (1998/1966). *Die gesellschaftliche Konstruktion der Wirklichkeit.* 5th Edit. Frankfurt am Main: Fischer (*The Social Construction of Reality.* New York: Doubleday, 1966). 〔국역본:《실재의 사회적 구성》, 하홍규 옮김, 문학과지성사, 2014년.〕

Bering, Jesse (2012/2011). *The God Instinct: The Psychology of Souls, Destiny, and the Meaning of Life.* New York: Norton.

Berlejung, Angelika (2010a). Geschichte und Religionsgeschichte des antiken Israel. In: Jan Christian Gertz (Ed.). *Grundinformation Altes Testament.* Göttingen: Vandenhoeck & Ruprecht. 59-192.

Berlejung, Angelika (2010b). Auf den Leib geschrieben. Körper und Krankheit in der physiognomischen Tradition des Alten Orients und des Alten Testaments. In: Gregor Etzelmüller & Annette Weissenrieder (Eds.). *Religion und Krankheit.* Darmstadt: Wissenschaftliche Buchgesellschaft. 185-216.

Berlejung, Angelika (Ed.) (2012). *Disaster and Relief Management. Katastrophen und ihre Bewältigung.* Tübingen: Mohr Siebeck.

Berlejung, Angelika & Janowski, Bernd (Eds.) (2009). *Tod und Jenseits im alten Israel und in seiner Umwelt. Theologische, religionsgeschichtliche, archäologische und ikonographische Aspekte.* Tübingen: Mohr Siebeck.

Bernhard, Helen, Fischbacher, Urs & Fehr, Ernst (2006). Parochial Altruism in Humans. *Nature* 442. 912-915.

Biale, David (Ed.) (2002). *Cultures of the Jews: A New History.* New York: Schocken Books.

Bieberstein, Klaus (2009). Jenseits der Todesschwelle. Die Entstehung der Auferweckungshoff nungen in der alttestamentlichen-frühjudischen Literatur. In: Angelika Berlejung & Bernd Janowski (Eds.). *Tod und Jenseits im alten Israel und in seiner Umwelt. Theologische, religionsgeschichtliche, archäologische und ikonographische Aspekte.* Tübingen: Mohr Siebeck. 423-446.

Bilde, Per (2013). *The Originality of Jesus: A Critical Discussion and a Comparative Attempt*. Göttingen: Vandenhoeck & Ruprecht.

Bloch, Ernst (1975). Sinn der Bibelkritik. In: Hans Jürgen Schultz (Ed.). *Sie werden lachen die Bibel. Überraschungen mit dem Buch*. Stuttgart: Kreuz. 43-56.

Bloom, Paul (2004). *Descartes' Baby: How the Science of Child Development Explains What Makes Us Human*. New York: Basic Books. 〔국역본:《데카르트의 아기: 아기한테 인간의 본성을 묻다》, 곽미경 옮김, 소소, 2006년.〕

Blum, Erhard (2004). Von Gottesunmittelbarkeit zu Gottähnlichkeit. Überlegungen zur theologischen Anthropologie der Paradieserzählung. In: Gönke Eberhardt & Kathrin Liess (Eds.). *Gottes Nähe im Alten Testament*. Stuttgart: Katholisches Bibelwerk. 9-29.

Blum, Erhard (2012). Der historische Mose und die Frühgeschichte Israels. *Hebrew Bible and Ancient Israel* 1. 37-63.

Boehm, Christopher (2012). *Moral Origins: The Evolution of Virtue, Altruism, and Shame*. New York: Basic Books.

Bosshard-Nepustil, Erich (2005). *Vor uns die Sintflut. Studien zu Text, Kontexten und Rezeption der Fluterzählung Genesis 6-9*. Stuttgart: Kohlhammer.

Botero, Carlos A., Gardner, Beth, Kirby, Kathryn R., Bulbulia, Joseph, Gavin, Michael C. & Gray, Russell D. (2014). The Ecology of Religious Beliefs. *Proceedings of the National Academy of Sciences (PNAS)* 111. 16784-16789.

Böttrich, Christfried (2009). Jesus und Maria im Christentum. In: Christfried Böttrich, Beate Ego & Friedmann Eissler (Eds.). *Jesus und Maria in Judentum, Christentum und Islam*. Göttingen: Vandenhoeck & Ruprecht. 60-119.

Bourdieu, Pierre (1993). *Soziologische Fragen*. Frankfurt am Main: Suhrkamp. 〔국역본:《사회학의 문제들》, 신미경 옮김, 동문선, 2004년.〕

Bowlby, John (1988). *A Secure Base: Parent-Child Attachment and Healthy Human Development*. New York: Basic Books. 〔국역본:《존 볼비의 안전기지: 애착이론의 임상적 적용》, 김수임·강예리·강민철 옮김, 학지사, 2012년.〕

Bowles, Samuel (2011). Cultivation of Cereals by the First Farmers Was Not More Productive Than Foraging. *Proceedings of the National Academy of Sciences of the United States of America (PNAS)* 108. 4760-4765.

Boyer, Pascal (2001). *Religion Explained: The Evolutionary Origins of Religious*

Thought. New York: Basic Books. 〔국역본: 《종교 설명하기: 종교적 사유의 진화론적 기원》, 이창익 옮김, 동녘사이언스, 2015년.〕

Brandscheidt, Renate (2010). Kain und Abel. *Das wissenschaftliche Bibellexikon im Internet* (www.wibilex.de) (11/11/2015).

Bringmann, Klaus (2005). *Geschichte der Juden im Altertum. Vom babylonischen Exil bis zur arabischen Eroberung*. Stuttgart: Klett-Cotta.

Bronner, Leila Leah (2011). *Journey to Heaven: Exploring Jewish Views of the Afterlife*. Jerusalem: Urim Publications.

Brooke, John Hedley (1991). *Science and Religion: Some Historical Perspectives*. Cambridge, UK: Cambridge University Press.

Brotherton, Robert (2013). *The President Is Dead: Why Conspiracy Theories Aboutthe Death of JFK Endure* (http://conspiracypsychology.com/2013/11/21/jfk-conspiracy-theories) (11/11/2015).

Buchner, Norbert & Buchner, Elmar (2011). *Klima und Kulturen. Die Geschichte von Paradies und Sintflut*. Weinstadt: Bernhard Albert Greiner.

Bulbulia, Joseph, Geertz, Armin W., Atkinson, Quentin D., Cohen, Emma, Evans, Nicholas, François, Pieter, Gintis, Herbert, Gray, Russell D., Henrich, Joseph, Jordon, Fiona M., Norenzayan, Ara, Richerson, Peter J., Slingerland, Edward, Turchin, Peter, Whitehouse, Harvey, Widlok, Thomas, & Wilson, David S. (2013). The Cultural Evolution of Religion. In: Peter J. Richerson & Morton H. Christiansen (Eds.). *Cultural Evolution: Society, Technology, Language, and Religion*. Cambridge, MA: MIT Press. 381-404.

Bultmann, Rudolf (1960/1941). Neues Testament und Mythologie. Das Problem der Entmythologisierung der neutestamentlichen Verkündigung. In: Hans-Werner Bartsch (Ed.). *Kerygma und Mythos. Ein theologisches Gespräch*. Vol. 1. 4th Edit. Hamburg: Herbert Reich. Evangelischer Verlag. 15-48.

Burkert, Walter (1996). *Creation of the Sacred: Tracks of Biology in Early Religions*. Cambridge, MA: Harvard University Press.

Burkert, Walter (1998). *Kulte des Altertums. Biologische Grundlagen der Religion*. Munich: C. H. Beck.

Byron, John (2011). *Cain and Abel in Text and Tradition: Jewish and Christian*

Interpretations of the First Sibling Rivalry. Leiden: Brill.

Casanova, José (2007). Die religiöse Lage in Europa. In: Hans Joas & Klaus Wiegandt (Eds.). *Säkularisierung und die Weltreligionen*. Frankfurt am Main: Fischer. 322–358.

Clark, David P. (2010). *Germs, Genes, & Civilization: How Epidemics Shaped Who We Are Today*. Upper Saddle River, NJ: FT Press.

Clauss, Manfred (2015). *Ein neuer Gott für die alte Welt. Die Geschichte des frühen Christentums*. Berlin: Rowohlt-Berlin Verlag.

Cohen, Mark N. & Armelagos, George J. (2013/1984). *Paleopathology at the Origins of Agriculture*. Gainesville: University Press of Florida.

Colpe, Carsten (2007). Monotheismus. In: Gesine Palmer (Ed.). *Fragen nach dem einen Gott. Die Monotheismusdebatte im Kontext*. Tübingen: Mohr Siebeck. 23–28.

Crawford, Dorothy H. (2009/2007). *Deadly Companions: How Microbes Shaped Our History*. Oxford: Oxford University Press. 〔국역본:《치명적 동반자, 미생물》, 강병철 옮김, 김영사, 2021년.〕

Crossan, John Dominic (1991). *The Historical Jesus: The Life of a Mediterranean Jewish Peasant*. New York: HarperCollins. 〔국역본:《역사적 예수》, 김준우 옮김, 한국기독교연구소, 2012년.〕

Crüsemann, Frank (1996). *The Torah: Theology and Social History of Old Testamental Law*. Edinburgh: T&T Clark.

Dahlheim, Werner (2014). *Die Welt zur Zeit Jesu*. Munich: C. H. Beck.

Darwin, Charles (1989). *The Works of Charles Darwin*. Vol. 29. New York: New York University Press.

Dawkins, Richard (2006a). *The God Delusion*. Boston: Houghton Mifflin. 〔국역본:《만들어진 신》, 이한음 옮김, 김영사, 2007년.〕

Dawkins, Richard (2006b). *Atheists for Jesus* (www.rationalresponders.com/atheists_for_jesus_a_richard_dawkins_essay) (11/11/2015).

Day, John (Ed.) (2010). *Prophecy and Prophets in Ancient Israel: Proceedings of the Oxford Old Testament Seminar*. New York: T&T Clark.

de Waal, Frans (2006). *Der Affe in uns. Warum wir sind, wie wir sind*. Munich: Hanser (*Our Inner Ape: A Leading Primatologist Explains Why We Are Who We Are.*

New York: Penguin, 2006). 〔국역본: 《내 안의 유인원》, 이충호 옮김, 김영사, 2005년.〕

de Waal, Frans (2013). *The Bonobo and the Atheist: In Search of Humanism Among the Primates.* New York: W. W. Norton & Company. 〔국역본: 《착한 인류: 도덕은 진화의 산물인가》, 오준호 옮김, 미지북스, 2014년.〕

Dekkers, Midas (1994). *Geliebtes Tier. Die Geschichte einer innigen Beziehung.* Munich: Hanser.

Dennett, Daniel C. (2008/2006). *Den Bann brechen. Religion als natürliches Phänomen.* Frankfurt am Main: Verlag der Weltreligionen (*Breaking the Spell: Religion as a Natural Phenomenon.* New York: Viking, 2006).

Dever, William G. (2006). *Did God Have a Wife? Archaeology and Folk Religion in Ancient Israel.* Grand Rapids, MI: W. B. Eerdmans.

Dever, William G. (2012). *The Lives of Ordinary People in Ancient Israel: When Archaeology and the Bible Intersect.* Grand Rapids, MI: W. B. Eerdmans.

Diamond, Jared (1987). The Worst Mistake in the History of the Human Race. *Discover Magazine*, May. 64-66.

Diamond, Jared (2002) Evolution, Consequences and Future of Plant and Animal Domestication. *Nature* 418. 700-707.

Diamond, Jared (2012). *The World until Yesterday: What can We Learn from Traditional Societies?* New York: Penguin. 〔국역본: 《어제까지의 세계: 전통 사회에서 우리는 무엇을 배울 수 있는가?》, 강주헌 옮김, 김영사, 2013년.〕

Diamond, Jared (2013/1997). *Guns, Germs, and Steel: The Fate of Human Societies.* London: Vintage. 〔국역본: 《총, 균, 쇠: 무기·병균·금속은 인류의 운명을 어떻게 바꿨는가》, 김진준 옮김, 문학사상사, 2013년.〕

Dobelli, Rolf (2011). *Die Kunst des klaren Denkens. 52 Denkfehler, die Sie besser anderen überlassen.* Munich: Hanser (*The Art of Thinking Clearly.* New York: Harper, 2013). 〔국역본: 《스마트한 생각들: 사람의 마음을 움직이는 52가지 심리 법칙》, 두행숙 옮김, 걷는나무, 2012년.〕

Dorn, Matthias (2000). *Das Problem der Autonomie der Naturwissenschaften bei Galilei.* Stuttgart: Franz Steiner Verlag.

Douglas, Mary (2003/1966). *Purity and Danger: An Analysis of Concepts of Pollution and Taboo.* New York: Routledge. 〔국역본: 《순수와 위험》, 유제분 옮김,

현대미학사, 1997년.]

Dray, Philip (2005). *Stealing God's Thunder: Benjamin Franklin's Lightning Rod and the Invention of America*. New York: Random House.

Durkheim, Émile (2007/1912). *Die elementaren Formen des religiösen Lebens*. Frankfurt am Main: Verlag der Weltreligionen (*The Elementary Forms of the Religious Life*. New York: Free Press, 1995).

Dyma, Oliver (2010). Ehe (AT). *Das wissenschaftliche Bibellexikon im Internet* (www.wibilex.de) (11/11/2015).

Eberhardt, Gönke (2007). *JHWH und die Unterwelt. Spuren einer Kompetenzausweitung JHWHs im Alten Testament*. Tübingen: Mohr Siebeck.

Eberhart, Christian (2006). Schlachtung/Schächtung. *Das wissenschaftliche Bibellexikon im Internet* (www.wibilex.de) (11/11/2015).

Eberhart, Christian (2008). Blutschande. *Das wissenschaftliche Bibellexikon im Internet* (www.wibilex.de) (11/11/2015).

Ebner, Martin & Schreiber, Stefan (Eds.) (2013/2008). *Einleitung in das Neue Testament*. 2nd Edit. Stuttgart: Kohlhammer.

Ego, Beate (2007). Reinheit/Unreinheit/Reinigung (AT). *Das wissenschaftliche Bibellexikon im Internet* (www.wibilex.de) (11/11/2015).

Ego, Beate (2011). Adam und Eva im Judentum. In: Christfried Böttrich, Beate Ego & Friedmann Eissler (Eds.). *Adam und Eva in Judentum, Christentum und Islam*. Göttingen: Vandenhoeck & Ruprecht. 11-78.

Ehrman, Bart (2014). *How Jesus Became God: The Exaltation of a Jewish Preacher from Galilee*. New York: HarperOne. 〔국역본:《예수는 어떻게 신이 되었나》, 강창헌 옮김, 갈라파고스, 2015년.〕

Elias, Norbert (1997/1939). *Über den Prozess der Zivilisation*. 2 vols. Frankfurt am Main: Suhrkamp (*The Civilizing Process: Sociogenetic and Psychogenetic Investigations*. Malden, MA: Blackwell, 2000). 〔국역본:《문명화 과정 1·2》, 박미애 옮김, 한길사, 1999년.〕

Ellens, J. Harold & Rollins, Wayne G. (Eds.) (2004). *Psychology and the Bible: A New Way to Read the Scriptures*. 4 vols. Westport, CT: Praeger.

Enz, Peter (2012). *Der Keim der Revolte. Militante Solidarität und religiöse Mission bei Ibn Khaldun*. Freiburg: Alber.

686

Feldmeier, Reinhard & Spiekermann, Hermann (2011). *Der Gott der Lebendigen. Eine biblische Gotteslehre*. Tübingen: Mohr Siebeck.

Finkelstein, Israel (2014). *Das vergessene Königreich. Israel und die verborgenen Ursprünge der Bibel*. Munich: C. H. Beck (*The Forgotten Kingdom: The Archaeology and History of Northern Israel*. Atlanta, GA: Society of Biblical Literature, 2013).

Finkelstein, Israel & Silberman, Neil A. (2001). *The Bible Unearthed: Archaeology's New Vision of Ancient Israel and the Origin of Its Sacred Texts*. New York: Free Press. 〔국역본:《성경: 고고학인가 전설인가》, 오성환 옮김, 까치, 2002년.〕

Finkelstein, Israel & Silberman, Neil A. (2006). *David and Solomon: In Search of the Bible's Sacred Kings and the Roots of Western Tradition*. New York: Free Press.

Fischer, Alexander (2011a). Auferweckung. *Das wissenschaftliche Bibellexikon im Internet* (www.wibilex.de) (11/11/2015).

Fischer, Alexander (2011b). Tod. *Das wissenschaftliche Bibellexikon im Internet* (www.wibilex.de) (11/11/2015).

Fischer, Ernst Peter (2007). Die Wissenschaft zittert nicht. Die säkularen Naturwissenschaften und das moderne Lebensgefühl. In: Hans Joas & Klaus Wiegandt (Eds.). *Säkularisierung und die Weltreligionen*. Frankfurt am Main: Fischer. 284–321.

Fischer, Irmtraud (2013/1995). *Gottesstreiterinnen. Biblische Erzählungen über die Anfänge Israels*. Stuttgart: Kohlhammer.

Fischer, Irmtraud, Navarro Puerto, Mercedes & Taschl-Erber, Andrea (Eds.). (2010). *Tora. Die Bibel und die Frauen. Eine exegetisch-kulturgeschichtliche Enzyklopädie*. Vol. 1.1. Stuttgart: Kohlhammer.

Fischer, Klaus (2015). *Galileo Galilei. Biographie seines Denkens*. Stuttgart: Kohlhammer.

Flasch, Kurt (2005/2004). *Eva und Adam. Wandlungen eines Mythos*. Munich: C. H. Beck.

Flasch, Kurt (2013). *Warum ich kein Christ bin. Bericht und Argumentation*. Munich: C. H. Beck.

Flasch, Kurt (2015). *Der Teufel und seine Engel. Die neue Biographie*. Munich: C. H. Beck.

Flavius Josephus (2011/94 ce). *Jüdische Altertümer*. Wiesbaden: Marixverlag.

〔국역본:《유대 전쟁사 1 · 2》, 박정수 옮김, 나남, 2008년.〕

Foucault, Michel (1977). *Überwachen und Strafen. Die Geburt des Gefängnisses.*
Frankfurt am Main: Suhrkamp (*Discipline and Punish: The Birth of the Prison.*
London: Vintage, 1995). 〔국역본:《감시와 처벌: 감옥의 탄생》, 오생근 옮김,
나남, 2016년.〕

Frahm, Eckart (2011). Mensch, Land und Volk: Assur im Alten Testament.
In: Johannes Renger (Ed.). *Assur: Gott, Stadt und Land.*
Wiesbaden: Harrassowitz. 267-285.

Frankemölle, Hubert (2006). *Frühjudentum und Urchristentum. Vorgeschichte, Verlauf,
Auswirkungen.* Stuttgart: Kohlhammer.

Franz, Jürgen H. (2009). *Religion in der Moderne. Die Theorien von Jürgen Habermas
und Hermann Lübbe.* Berlin: Frank & Timme.

Freud, Sigmund (1993/1914). *Der Moses des Michelangelo. Schriften über Kunst und
Künstler.* Frankfurt am Main: Fischer. 〔국역본:《예술, 문학, 정신분석》,
정장진 옮김, 열린책들, 2002년.〕

Freud, Sigmund (2010/1930). *Das Unbehagen in der Kultur. Und andere
kulturtheoretische Schriften.* Frankfurt am Main: Fischer (*Civilization and Its
Discontents.* New York: Penguin, 2002). 〔국역본:《문명 속의 불만》, 성해영 옮김,
서울대학교출판문화원, 2014년.〕

Freuling, Georg (2008). Tun-Ergehen-Zusammenhang. *Das wissenschaftliche
Bibellexikon im Internet* (www.wibilex.de) (11/11/2015).

Frevel, Christian (2003). YHWH und die Göttin bei den Propheten. In: Manfred
Oeming und Konrad Schmid (Eds.). *Der eine Gott und die Götter. Polytheismus
und Monotheismus im antiken Israel.* Zurich: Theologischer Verlag. 49-75.

Frevel, Christian (Ed.) (2010). *Biblische Anthropologie. Neue Einsichten aus dem Alten
Testament.* Freiburg: Herder.

Frevel, Christian (2012). Grundriss der Geschichte Israels. In: Erich Zenger &
Christian Frevel (Eds.). *Einleitung in das Alte Testament.*
Stuttgart: Kohlhammer. 701-870.

Frey-Anthes, Henrike (2007). Krankheit und Heilung (AT). *Das wissenschaftliche
Bibellexikon im Internet* (www.wibilex.de) (11/11/2015).

Frey-Anthes, Henrike (2008). Lilit. *Das wissenschaftliche Bibellexikon im Internet* (www.wibilex.de) (11/11/2015).

Galilei, Galileo (2012). *Selected Writings*. New York: Oxford University Press.

Gat, Azar (2006). *War in Human Civilization*. New York: Oxford University Press.

Gatz, Bodo (1967). *Weltalter, goldene Zeit und sinnverwandte Vorstellungen*. Hildesheim: Olms.

Gazzaniga, Michael (2012/2011). *Die Ich-Illusion. Wie Bewusstsein und freier Wille entstehen*. Munich: Hanser (*Who's in Charge? Free Will and the Science of the Brain*. New York: Ecco, 2011).

Geertz, Clifford (1987/1973). *Dichte Beschreibung. Beiträe zum Verstehen kultureller Systeme*. Frankfurt am Main: Suhrkamp (*Interpretation of Culture: Selected Essays*. New York: Basic Books, 1973). 〔국역본:《문화의 해석》, 문옥표 옮김, 까치, 2009년.〕

Gertz, Jan Christian (2008). Mose. *Das wissenschaftliche Bibellexikon im Internet* (www.wibilex.de) (11/11/2015).

Gertz, Jan Christian (2010a/2006). *Grundinformation Altes Testament*. 4th Edit. Götingen: Vandenhoeck & Ruprecht.

Gertz, Jan Christian (2010b). Tora und Vordere Propheten. In: Jan Christian Gertz (Ed.). *Grundinformation Altes Testament*. Götingen: Vandenhoeck & Ruprecht. 193-311.

Gies, Kathrin (2012). Speisegebote (AT). *Das wissenschaftliche Bibellexikon im Internet* (www.wibilex.de) (11/11/2015).

Giese, Alma (2011). Ibn Khaldun-Leben und Werk. In: Ibn Khaldun. *Die Muqaddima. Betrachtungen zur Weltgeschichte*. Munich: C. H. Beck. 13-62.

Gintis, Herbert, van Schaik, Carel & Boehm, Christopher (2015). Zoon Politikon: The Evolutionary Origins of Human Political Systems. *Current Anthropology* 56. 327-353.

Gladwell, Malcolm (2013). *David and Goliath: Underdogs, Misfits and the Art of Battling Giants*. New York: Little, Brown and Company. 〔국역본:《다윗과 골리앗: 강자를 이기는 약자의 기술》, 선대인 옮김, 21세기북스, 2014년.〕

Glenday, Craig (2015). *Guinness World Records*. New York: Bantam Books.

Goethe, Johann Wolfgang von (1998/1981). *Werke. Hamburger Ausgabe*.

Munich: Deutscher Taschenbuch Verlag.

Goodall, Jane (1990). *Through a Window: My Thirty Years with the Chimpanzees of Gombe*. Boston/New York: Houghton Mifflin. 〔국역본:《침팬지와 함께한 나의 인생》, 박순영 옮김, 사이언스북스, 2014년.〕

Gopnik, Alison (2000). Explanation as Orgasm and the Drive for Causal Understanding: The Function, Evolution, and Phenomenology of the Theory Formation System. In: Frank C. Keil & Robert A. Wilson (Eds.), *Cognition and Explanation*. Cambridge, MA: MIT Press. 299-323.

Gottschall, Jonathan (2013). *The Storytelling Animal: How Stories Make Us Human*. New York: Mariner. 〔국역본:《스토리텔링 애니멀: 인간은 왜 그토록 이야기에 빠져드는가》, 노승영 옮김, 민음사, 2014년.〕

Grabbe, Lester M. (2010). Shaman, Preacher, or Spirit Medium? The Israelite Prophet in the Light of Anthropological Models. In: John Day (Ed.), *Prophecy and Prophets in Ancient Israel: Proceedings of the Oxford Old Testament Seminar*. New York: T&T Clark. 117-132.

Grabner-Haider, Anton (Ed.) (2007). *Kulturgeschichte der Bibel*. Götingen: Vandenhoeck & Ruprecht.

Graf, Friedrich Wilhelm (2004). *Die Wiederkehr der Götter. Religion in der modernen Kultur*. Munich: C. H. Beck.

Grätz, Sebastian (2006). Baal. *Das wissenschaftliche Bibellexikon im Internet* (www.wibilex.de) (11/11/2015).

Gray, Kurt & Wegner, Daniel M. (2010). Blaming God for Our Pain: Human Suffering and the Divine Mind. *Personality and Social Psychology Review 14*. 7-16.

Gudme, Anne Katrine de Hemmer (2010). Modes of Religion: An Alternative to "Popular/Official" Religion. In: Emanuel Pfoh (Ed.), *Anthropology and the Bible: Critical Perspectives*. Piscataway, NJ: Gorgias Press. 77-90.

Guthrie, Stewart (1993). *Faces in the Clouds: A New Theory of Religion*. New York: Oxford University Press.

Haidt, Jonathan (2006). *The Happiness Hypothesis: Finding Modern Truth in Ancient Wisdom*. New York: Basic Books. 〔국역본:《행복의 가설: 고대의 지혜에 현대 심리학이 답하다》, 권오열 옮김, 물푸레, 2010년.〕

690

Haidt, Jonathan (2012). *The Righteous Mind: Why People Are Divided by Politics and Religion*. London: Allen Lane. 〔국역본:《바른 마음: 나의 옳음과 그들의 옳음은 왜 다른가》, 왕수민 옮김, 웅진지식하우스, 2014년.〕

Halbfas, Hubertus (2010/2001). *Die Bibel*. Ostfildern: Patmos.

Harris, Marvin (1990/1985). *Wohlgeschmack und Widerwillen. Die Rätsel der Nahrungsmitteltabus*. Stuttgart: Klett-Cotta (*Good to Eat: Riddles of Food and Culture*. New York: Simon & Schuster, 1985).

Harrison, Peter (2010). "Science" and "Religion": Constructing the Boundaries. In: Thomas Dixon, Geoffrey Cantor & Stephen Pumfrey (Eds.). *Science and Religion: New Historical Perspectives*. New York: Cambridge University Press. 23-49.

Harrison, Peter (2015). *The Territories of Science and Religion*. Chicago: University of Chicago Press.

Hazony, Yoram (2015). *The Question of God's Perfection* (http://bibleandphilosophy.org/wp-content/uploads/2015/01/hazony-question-of-gods-perfection.pdf) (11/11/2015).

Heinberg, Richard (1995). *Memories and Visions of Paradise: Exploring the Universal Myth of a Lost Golden Age*. Wheaton: Quest Books.

Hendel, Ronald S. (2002). Israel Among the Nations: Biblical Culture in the Ancient Near East. In: David Biale (Ed.). *Cultures of the Jews: A New History*. New York: Schocken Books. 43-76.

Hendel, Ronald S. (2010). *Reading Genesis: Ten Methods*. New York: Cambridge University Press.

Henrich, Joseph (2009). The Evolution of Costly Displays, Cooperation and Religion: Credibility Enhancing Displays and Their Implications for Cultural Evolution. *Evolution and Human Behavior* 30. 244-260.

Henrich, Joseph, Boyd, Robert & Richerson, Peter J. (2012). The Puzzle of Monogamous Marriage. *Philosophical Transactions of the Royal Society B* 367. 657-669.

Henry, John (2008/1997). *The Scientific Revolution and the Origins of Modern Science*. 3rd ed. New York: Palgrave Macmillan.

Hensel, Benedikt (2011). *Die Vertauschung des Erstgeburtssegens in der Genesis*.

Berlin: Walter de Gruyter.

Hentschel, Georg (2012a). Das Buch Josua. In: Erich Zenger & Christian Frevel (Eds.). *Einleitung in das Alte Testament*. Stuttgart: Kohlhammer. 257–268.

Hentschel, Georg (2012b). Die Samuelbücher. In: Erich Zenger & Christian Frevel (Eds.). *Einleitung in das Alte Testament*. Stuttgart: Kohlhammer. 290–300.

Hentschel, Georg (2012c). Die Königsbücher. In: Erich Zenger & Christian Frevel (Eds.). *Einleitung in das Alte Testament*. Stuttgart: Kohlhammer. 301–312.

Herget, Jürgen (2012). *Am Anfang war die Sintflut. Hochwasserkatastrophen in der Geschichte*. Primus: Darmstadt.

Hewlett, Bonnie L. & Hewlett, Barry S. (2013). Hunter–Gatherer Adolescence. In: Bonnie L. Hewlett (Ed.). *Adolescent Identity: Evolutionary, Developmental and Cultural Perspectives*. London: Routledge. 73–104.

Hieke, Thomas (2010). Genealogie als Mittel der Geschichtsdarstellung in der Tora und die Rolle der Frauen im genealogischen System. In: Irmtraud Fischer, Mercedes Navarro Puerto & Andrea Taschl-Erber (Eds.). *Tora. Die Bibel und die Frauen. Eine exegetisch-kulturgeschichtliche Enzyklopädie*. Vol. 1.1. Stuttgart: Kohlhammer. 149–185.

Hill, Kim & Hurtado, A. Magdalena (1996). *Aché Life History: The Ecology and Demography of a Foraging People*. New York: Aldine de Gruyter.

Hoerster, Norbert (2005). *Die Frage nach Gott*. Munich: C. H. Beck.

Hume, David (2000/1757). *Die Naturgeschichte der Religion*. Hamburg: Felix Meiner Verlag (*Dialogues and Natural History of Religion*. New York: Oxford University Press, 1993). 〔국역본:《종교의 자연사》, 이태하 옮김, 아카넷, 2004년.〕

Ibn Khaldun (2011/1377). *Die Muqaddima. Betrachtungen zur Weltgeschichte*. Munich: C. H. Beck. 〔국역본:《역사서설: 아랍, 이슬람, 문명》, 김호동 옮김, 까치, 2003년.〕

Imbach, Josef (2008). *Marienverehrung zwischen Glaube und Aberglaube*. Düsseldorf: Patmos.

Jacobs, A. J. (2007). *The Year of Living Biblically*. New York: Simon & Schuster. 〔국역본:《미친 척하고 성경 말씀대로 살아본 1년 상·하》, 이수정 옮김,

세종서적, 2008년.]

James, William (2014/1902). *Die Vielfalt religiöser Erfahrung. Eine Studie über die menschliche Natur*. Frankfurt am Main: Verlag der Weltreligionen (*The Varieties of Religious Experience: A Study in Human Nature*. New York: Penguin, 1982).
〔국역본:《종교적 경험의 다양성》, 김재영 옮김, 한길사, 2000년.〕

Janowski, Bernd (2005). Der Mensch im alten Israel. Grundfragen alttestamentlicher Anthropologie. *Zeitschrift für Theologie und Kirche 102*. 143-175.

Janowski, Bernd (2009). JHWH und die Toten. Zur Geschichte des Todes im Alten Israel. In: Angelika Berlejung & Bernd Janowski (Eds.). *Tod und Jenseits im alten Israel und in seiner Umwelt. Theologische, religionsgeschichtliche, archäologische und ikonographische Aspekte*. Tübingen: Mohr Siebeck. 447-477.

Janowski, Bernd (2013). *Ein Gott, der Straft und Tötet? Zwölf Fragen zum Gottesbild des Alten Testaments*. Neukirchen-Vluyn: Neukirchener Theologie.

Jenkins, Philip (2010). *Jesus Wars: How Four Patriarchs, Three Queens and Two Emperors Decided What Christians Would Believe for the Next 1500 Years*. New York: HarperOne.

Jeremias, Jörg (2011/2009). *Der Zorn Gottes im Alten Testament. Das biblische Israel zwischen Verwerfung und Erwählung*. Neukirchen-Vluyn: Neukirchener Theologie.

Jericke, Delef (2012). Hebräer/Hapiru. *Das wissenschaftliche Bibellexikon im Internet* (www.wibilex.de) (11/11/2015).

Joas, Hans (2007). Die religiöse Lage in den USA. In: Hans Joas & Klaus Wiegandt (Eds.). *Säkularisierung und die Weltreligionen*. Frankfurt am Main: Fischer. 358-375.

Joas, Hans & Wiegandt, Klaus (Eds.) (2007). *Säkularisierung und die Weltreligionen*. Frankfurt am Main: Fischer.

Johnson, Dominic (2005). God's Punishment and Public Goods: A Test of the Supernatural Punishment Hypothesis in 186 World Cultures. *Human Nature 16*. 410-446.

Johnson, Dominic (2015a). Big Gods, Small Wonder: Supernatural Punishment Strikes Back. *Religion, Brain & Behavior 5*. 290-298.

참고 문헌　　693

Johnson, Dominic (2015b). *God Is Watching You: How the Fear of God Makes Us Human*. New York: Oxford University Press.

Johnson, Dominic & Bering, Jesse (2009). Hand of God, Mind of Man: Punishment and Cognition in the Evolution of Cooperation. In: Jeffrey Schloss & Michael Murray (Eds.). *The Believing Primate: Scientific, Philosophical, and Theological Reflections on the Origin of Religion*. New York: Oxford University Press. 26-43.

Johnson, Dominic & Kruger, Oliver (2004). The Good of Wrath: Supernatural Punishment. *Political Theology* 5. 159-176.

Joyce, Paul (2010). The Prophets and Psychological Interpretation. In: John Day (Ed.). *Prophecy and Prophets in Ancient Israel: Proceedings of the Oxford Old Testament Seminar*. New York: T&T Clark. 133-148.

Kaiser, Otto (2013). *Der eine Gott Israels und die Mächte der Welt. Der Weg Gottes im Alten Testament vom Herrn seines Volkes zum Herrn der ganzen Welt*. Götingen: Vandenhoeck & Ruprecht.

Katechismus der Katholischen Kirche (2005). Munich: Oldenbourg. 〔국역본: 《가톨릭교회 교리서》, 주교회의 교리교육위원회 옮김, 한국천주교중앙협의회, 2008년. http://ebook.cbck.or.kr/gallery/view.asp?seq=157803&pa th=110610121307〕

Kaufman, Gordon D. (1981). *The Theological Imagination: Constructing the Concept of God*. Philadelphia: Westminster.

Keel, Othmar (2008). *Gott weiblich. Eine verborgene Seite des biblischen Gottes*. Gütersloh: Gütersloher Verlagshaus.

Keel, Othmar (2011). *Jerusalem und der eine Gott. Eine Religionsgeschichte*. Götingen: Vandenhoeck & Ruprecht.

Keel, Othmar (2012). Die Heilige Schrift ist eine Bibliothek und nicht ein Buch. In: Steymans, Hans Ulrich & Staubli, Thomas (Eds.). *Von den Schriften zur (Heiligen) Schrift. Keilschrift. Hieroglyphen, Alphabete und Tora*. Freiburg: Bibel+Orient Museum. 14-18.

Keel, Othmar & Schroer, Silvia (2006/2004). *Eva-Mutter alles Lebendigen. Frauen- und Göttinnenidole aus dem Alten Orient*. 2nd Edit. Freiburg: Academic Press.

Keel, Othmar & Schroer, Silvia (2008). *Schöpfung. Biblische Theologien im Kontext altorientalischer Religionen.* Götingen: Vandenhoeck & Ruprecht.

Keel, Othmar & Uehlinger, Christoph (2010/2001). *Göttinnen, Götter und Gottessymbole. Neue Erkenntnisse zur Religionsgeschichte Kanaans und Israels aufgrund bislang unerschlossener ikonographischer Quellen.* 6th Edit. Freiburg: Academic Press.

Keeley, Lawrence H. (1996). *War Before Civilization.* New York: Oxford University Press.

Kelle, Brad E. (2014). The Phenomenon of Israelite Prophecy in Contemporary Scholarship. *Currents in Biblical Research* 12. 275–320.

Keller, Werner (2015/1955). *The Bible as History.* 2nd ed. New York: William Morrow. 〔국역본:《역사로 읽는 성서》, 조원영·장병조 옮김, 중앙북스, 2009년.〕

Kessler, Rainer (2008). *Sozialgeschichte des alten Israel. Eine Einführung.* Darmstadt: Wissenschaftliche Buchgesellschaft.

Kirkpatrick, Lee A. (2005). *Attachment, Evolution, and the Psychology of Religion.* New York: Guilford Press.

Knoblauch, Hubert (2009). *Populäre Religion. Auf dem Weg in eine spirituelle Gesellschaft.* Frankfurt am Main: Campus.

Köckert, Matthias (2009). Vom Kultbild Jahwes zum Bilderverbot. Oder: Vom Nutzen der Religionsgeschichte für die Theologie. *Zeitschrift für Theologie und Kirche* 106. 371–406.

Köckert, Matthias (2013/2007). *Die Zehn Gebote.* Munich: C. H. Beck.

Korpel, Marjo & de Moor, Johannes (2014). *Adam, Eve, and the Devil: A New Beginning.* Sheffield: Sheffield Phoenix Press.

Kottsieper, Ingo (2013). El. *Das wissenschaftliche Bibellexikon im Internet* (www.wibilex.de) (11/11/2015).

Kratz, Reinhard Gregor (2003). *Die Propheten Israels.* Munich: C. H. Beck.

Kugel, James L. (2008/2007). *How to Read the Bible: A Guide to Scripture: Then and Now.* New York: Free Press.

Kühn, Dagmar (2011). Totenkult (Israel). *Das wissenschaftliche Bibellexikon im Internet* (www.wibilex.de) (11/11/2015).

Kuijt, Ian (2000). People and Space in Early Agricultural Villages: Exploring Daily Lives, Community Size, and Architecture in the Late Pre-pottery Neolithic. *Journal of Anthropological Archaeology* 19. 75-102.

Lang, Bernhard (2002). *JAHWE der biblische Gott. Ein Porträt.* Munich: C. H. Beck.

Lang, Bernhard (2009/2003). *Himmel und Hölle. Jenseitsglaube von der Antike bis heute.* 2nd Edit. Munich: C. H. Beck.

Lang, Bernhard (2010). *Jesus der Hund. Leben und Lehre eines jüdischen Kynikers.* Munich: C. H. Beck.

Lang, Bernhard (2012). Persönliche Frömmigkeit. Vier Zugänge zu einer elementaren Form des religiösen Lebens. In: Wiebke Friese, Anika Greve, Kathrin Kleibl, Kristina Lahn & Inge Nielsen (Eds.). *Persönliche Frömmigkeit. Funktion und Bedeutung individueller Gotteskontakte im interdisziplinären Dialog.* Münster: LIT Verlag. 19-36.

Lang, Bernhard (2013). *Die Bibel. Die 101 wichtigsten Fragen.* Munich: C. H. Beck.

Lauster, Jörg (2014). *Die Verzauberung der Welt. Eine Kulturgeschichte des Christentums.* Munich: C. H. Beck.

Lehmann, Arthur C., Myers, James E. & Moro, Pamela A. (2005/1985). Ghosts, Souls, and Ancestors: Power of the Dead. In: Arthur C. Lehmann, James E. Myers & Pamela A. Moro (Eds.). *Magic, Witchcraft, and Religion: An Anthropological Study of the Supernatural.* 6th ed. New York: McGraw-Hill. 301-304.

Lehnhart, Bernhart (2009). Leiche/Leichenschändung. *Das wissenschaftliche Bibellexikon im Internet* (www.wibilex.de) (11/11/2015).

Leman, Patrick J. & Cinnirella, Marco (2007). A Major Event Has a Major Cause: Evidence for the Role of Heuristics in Reasoning About Conspiracy Theories. *Social Psychological Review* 9. 18-28.

Levin, Christoph (2005). *The Old Testament: A Brief Introduction.* Princeton, NJ: Princeton University Press. 〔국역본: 《구약성서》, 원진희 옮김, 한우리, 2006년.〕

Lieberman, Daniel E. (2013). *The Story of the Human Body: Evolution, Health, and*

Disease. New York: Pantheon Books.

Liess, Kathrin (2005). Auferstehung (AT). *Das wissenschaftliche Bibellexikon im Internet* (www.wibilex.de) (11/11/2015).

Lindberg, David, C. (2010). The Fate of Science in Patristic and Medieval Christendom. In: Peter Harrison (Ed.). *The Cambridge Companion to Science and Religion*. New York: Cambridge University Press. 21-38.

Linder, Leo G. (2009). *Das Unternehmen Jesus. Wahrheit und Wirklichkeit des frühen Christentums*. Köln: Fackelträger.

Linke, Bernhard (2014). *Antike Religion*. Munich: Oldenbourg.

Loichinger, Alexander & Kreiner, Armin (2010). *Theodizee in den Weltreligionen*. Paderborn: Ferdinand Schöningh.

Lübbe, Hermann (2004). *Religion nach der Aufklärung*. Munich: Wilhelm Fink Verlag.

Luckmann, Thomas (1991/1967). *Die unsichtbare Religion*. Frankfurt am Main: Suhrkamp (*The Invisible Religion: The Problem of Religion in Modern Society*. New York: MacMillan Company, 1967). 〔국역본:《보이지 않는 종교》, 이원규 옮김, 기독교문사, 1982년.〕

Mack, Burton, L. (2001). *The Christian Myth: Origins, Logic, and Legacy*. New York: Continuum.

Madigan, Kevin J. & Levenson, Jon D. (2008). *Resurrection: The Power of God for Christians and Jews*. New Haven, CT: Yale University Press.

Maier, Bernhard (1997). Reinheit I. Religionsgeschichtlich. In: Gerhard Müller, Horst Balz & Gerhard Krause (Eds.). *Theologische Realenzyklopädie*. Vol. 28. Berlin: Walter de Gruyter. 473-477.

Marlowe, Frank W. (2003). The Mating System of Foragers in the Standard Cross-Cultural Sample. *Cross-Cultural Research* 37. 282-306.

Masci, David (2007). How the Public Resolves Conflicts Between Faith and Science. *Pew Research Center Publications* (www.pewforum.org/2007/08/27/how-the-public-resolves-conflicts-between-faith-and-science) (11/11/2015).

Maul, Stefan (2013). *Die Wahrsagekunst im Alten Orient. Zeichen des Himmels und der Erde*. Munich: C. H. Beck.

Mauss, Marcel (1996/1950). *Die Gabe. Form und Funktion des Austauschs in archaischen Gesellschaften*. Frankfurt am Main: Suhrkamp (*The Gift: The Form and Reason* for *Exchange in Archaic Societies*. London: Routledge, 2010). 〔국역본:《증여론》, 이상률 옮김, 한길사, 2011년.〕

Mauss, Marcel (2012/1968). *Schriften zur Religionssoziologie*. Frankfurt am Main: Suhrkamp.

McCauley, Robert N. (2011). *Why Religion Is Natural and Science Is Not*. Oxford: Oxford University Press.

Merz, Annette (2001). Mammon als schärfster Konkurrent Gottes-Jesu Vision vom Reich Gottes und das Geld. In: Severin J. Lederhilger (Ed.). *Gott oder Mammon. Christliche Ethik und die Religion des Geldes*. Frankfurt am Main: Peter Lang. 34-90.

Merz, Annette (2009). Der historische Jesusfaszinierend und unverzichtbar. In: Friedrich Wilhelm Graf & Klaus Wiegandt (Eds.). *Die Anfänge des Christentums*. Frankfurt am Main: Fischer. 26-56.

Metzger, Paul (2012). *Der Teufel*. Wiesbaden: Marixverlag.

Meyers, Carol (2010). Archäologie als Fenster zum Leben von Frauen in Alt-Israel. In: Irmtraud Fischer, Mercedes Navarro Puerto & Andrea Taschl-Erber (Eds.). *Tora. Die Bibel und die Frauen. Eine exegetisch-kulturgeschichtliche Enzyklopädie*. Vol. 1.1. Stuttgart: Kohlhammer. 63-109.

Meyers, Carol (2012). The Function of Feasts: An Anthropological Perspective on Israelite Religious Festivals. In: Saul M. Olyan (Ed.). *Social Theory and the Study of Israelite Religion: Essays in Retrospect and Prospect*. Atlanta, GA: Society of Biblical Literature. 141-168.

Meyers, Carol (2013a). Household Religion. In: Francesca Stavrakopoulou & John Barton (Eds.). *Religious Diversity in Ancient Israel and Judah*. New York: Bloomsbury. 118-135.

Meyers, Carol (2013b). *Rediscovering Eve: Ancient Israelite Women in Context*. Oxford: Oxford University Press.

Michel, Andreas (2007). Isaak. *Das wissenschaftliche Bibellexikon im Internet* (www.wibilex.de) (11/11/2015).

Miles, Jack (1995). *God: A Biography*. New York: Alfred A. Knopf. 〔국역본:《신의 전기 상·하》, 김문호 옮김, 지호, 1997년.〕

Moeller, Bernd (2011). *Geschichte des Christentums in Grundzügen.*
Götingen: Vandenhoeck & Ruprecht.

Moenikes, Ansgar (2012). Liebe/Liebesgebot. *Das wissenschaftliche Bibellexikon im Internet* (www.wibilex.de) (11/11/2015).

Moore, Megan Bishop & Kelle, Brad (2011). *Biblical History and Israel's Past: The Changing Study of the Bible and History.* Grand Rapids, MI: Eerdmans.

Moroni, Claudia & Lippert, Helga (2009). *Die Biblischen Plagen. Zorn Gottes oder Rache der Natur.* Munich: Piper.

Morrow, William (2004). Post-traumatic Stress Disorder and Vicarious Atonement in the Second Isaiah. In: J. Harold Ellens & Wayne G. Rollins (Eds.). *Psychology and the Bible: A New Way to Read the Scriptures.* Vol. 1. Westport, CT: Praeger. 167-183.

Moss, Candida (2013). *The Myth of Persecution: How Early Christians Invented a Story of Martydom.* New York: HarperOne.

Mühling, Anke (2009). Erzeltern. *Das wissenschaftliche Bibellexikon im Internet* (www.wibilex.de) (11/11/2015).

Mummert, Amanda, Esche, Emely, Robinson, Joshua & Armelagos, George J. (2011). Stature and Robusticity During the Agricultural Transition: Evidence from the Bioarchaeological Record. *Economics & Human Biology* 8. 284-301.

Murdock, George Peter (1980). *Theories of Illness: A World Survey.* Pittsburgh, PA: University of Pittsburgh Press.

Newitz, Annalee (2014). How Farming Almost Destroyed Ancient Human Civilization (http://io9.com/how-farming-almost-destroyed-human-civilization-1659734601) (11/11/2015).

Niehr, Herbert (2003). Götterbilder und Bilderverbot. In: Manfred Oeming und Konrad Schmid (Eds.). *Der eine Gott und die Götter. Polytheismus und Monotheismus im antiken Israel.* Zurich: Theologischer Verlag. 227-247.

Niehr, Herbert (2012). Das Buch Daniel. In: Erich Zenger & Christian Frevel (Eds.). *Einleitung in das Alte Testament.* Stuttgart: Kohlhammer. 610-621.

Niehr, Herbert (2013/2010). "Israelite" Religion and "Canaanite" Religion. In: Francesca Stavrakopoulou & John Barton (Eds.). *Religious Diversity in*

Ancient Israel and Judah. New York: Bloomsbury. 23–36.

Nietzsche, Friedrich (1955). Götzen-Dämmerung. Oder: Wie man mit dem Hammer philosophiert. 1889. In: Friedrich Nietzsche. Werke. 2, Munich: Hanser (*The Twilight of the Idols and the Anti-Christ: Or How to Philosophize with a Hammer*. New York: Penguin. 1990). 〔국역본:《우상의 황혼》, 박찬국 옮김, 아카넷, 2015년.〕

Nissinen, Martti (2010). Comparing Prophetic Sources: Principles and a Test Case. In: John Day (Ed.). *Prophecy and Prophets in Ancient Israel: Proceedings of the Oxford Old Testament Seminar*. New York: T&T Clark. 3–24.

Nobis, Heribert Maria (1971). Buch der Natur. In: Joachim Ritter (Ed.). *Historisches Wörterbuch der Philosophie*. Vol. 1. Basel: Schwabe. 957–959.

Noort, Ed (2012). Josua im Wandel der Zeiten: Zu Stand und Perspektiven der Forschung am Buch Josua. In: Ed Noort (Ed.). *The Book of Joshua*. Leuven: Peeters. 21–50.

Norenzayan, Ara (2013). *Big Gods: How Religion Transformed Cooperation and Conflict*. Princeton, NJ: Princeton University Press.

Norenzayan, Ara (2014). Does Religion Make People Moral? *Behaviour* 151. 365–384.

Norenzayan, Ara, Shariff, Azim. F., Gervais, Will M., Willard, Ayana K., McNamara, Rita A., Slingerland, Edward & Henrich, Joseph (2014). The Cultural Evolution of Prosocial Religions. *Behavioral and Brain Sciences*. 1–86.

Numbers, Ronald L. (Ed.) (2009). *Galileo Goes to Jail and Other Myths About Science and Religion*. Cambridge, MA: Cambridge University Press.

Oeming, Manfred & Schmid, Konrad (Eds.) (2003). *Der eine Gott und die Götter. Polytheismus und Monotheismus im antiken Israel*. Zurich: Theologischer Verlag.

Ökumenisches Heiligenlexikon (www.heiligenlexikon.de) (11/11/2015).

Olyan, Saul M. (2008). *Disability in the Hebrew Bible. Interpreting Mental and Physical Differences*. Cambridge, MA: Cambridge University Press.

Olyan, Saul M. (Ed.) (2012). *Social Theory and the Study of Israelite Religion: Essays in Retrospect and Prospect*. Atlanta, GA: Society of Biblical Literature.

Oppenheimer, Aharon (2008). Heilige Kriege im antiken Judentum. Monotheismus als Anlass zum Krieg? In: Klaus Schreiner (Ed.). *Heilige*

Kriege. Religiöse Begründungen militärischer Gewaltanwendung: Judentum, Christentum und Islam im Vergleich. Munichburg: Oldenbourg. 31-42.

Otto, Eckart (1994). *Theologische Ethik des Alten Testaments.* Stuttgart: Kohlhammer.

Otto, Eckart (1996). Die Paradieserzählung Genesis 2-3: Eine nachpriesterschriftliche Lehrerzählung in ihrem religionshistorischen Kontext. In: Anja A. Diesel, Reinhard G. Lehmann, Eckart Otto & Andreas Wagner (Eds.). *Jedes Ding hat seine Zeit... Studien zur israelitischen und altorientalischen Weisheit.* Berlin: Walter de Gruyter. 167-192.

Otto, Eckart (1999). *Das Deuteronomium. Politische Theologie und Rechtsreform in Juda und Assyrien.* Berlin: Walter de Gruyter.

Otto, Eckart (2005). Magie-Dämonen-göttliche Kräfte. In: Werner H. Ritter & Bernhard Wolf (Eds.). *Heilung-Energie-Geist: Heilung zwischen Wissenschaft, Religion und Geschäft.* Götingen: Vandenhoeck & Ruprecht. 208-225.

Otto, Eckart (2006). *Mose. Geschichte und Legende.* Munich: C. H. Beck.

Otto, Eckart (2007). *Das Gesetz des Mose.* Darmstadt: Wissenschaftliche Buchgesellschaft.

Pagels, Elaine (1994/1988). *Adam, Eva und die Schlange. Die Geschichte der Sünde.* Reinbek: Rowohlt (*Adam, Eve, and the Serpent.* New York: Random House, 1988).

Pagels, Elaine (1998/1995). *Satans Ursprung.* Frankfurt am Main: Suhrkamp (*The Origin of Satan.* New York: Random House, 1995). 〔국역본: 《사탄의 탄생》, 권영주 옮김, 루비박스, 2006년.〕

Pagels, Elaine (2014/2012). *Apokalypse. Das letzte Buch der Bibel wird entschlüsselt.* Munich: Deutscher Taschenbuch Verlag (*Revelations: Visions, Prophecy, and Politics in the Book of Revelation.* New York: Viking, 2012).

Pakkala, Juha (2006). Die Entwicklung der Gotteskonzeptionen in den deuteronomistischen Redaktionen von polytheistischen zu monotheistischen Vorstellungen. In: Jan Christian Gertz, Doris Prechel, Konrad Schmid & Markus Witte (Eds.). *Die deuteronomistischen Geschichtswerke. Redaktions-und religionsgeschichtliche Perspektiven zur "Deuteronomismus"-Diskussion in Tora und Vorderen Propheten.* Berlin: Walter de Gruyter. 239-248.

Paloutzian, Raymond D. & Park, Crystal L. (Eds.) (2013). *Handbook of the Psychology of Religion and Spirituality.* New York: Guilford Press.

Parker, Robert (1983). *Miasma: Pollution and Purification in Early Greek Religion.* Oxford: Clarendon Press.

Parzinger, Hermann (2014). *Die Kinder des Prometheus. Eine Geschichte der Menschheit vor der Erfindung der Schrift.* Munich: C. H. Beck.

Pfeiffer, Henrik (2000). Der Baum in der Mitte des Gartens. Zum überlieferungsgeschichtlichen Ursprung der Paradieserzählung. Teil I: Analyse. *Zeitschrift für die Alttestamentliche Wissenschaft* 112. 487–500.

Pfeiffer, Henrik (2001). Der Baum in der Mitte des Gartens. Zum überlieferungsgeschichtlichen Ursprung der Paradieserzählung. Teil II: Prägende Traditionen und theologische Akzente. *Zeitschrift für die Alttestamentliche Wissenschaft* 113. 2–16.

Pfeiffer, Henrik (2006a). Eden. *Das wissenschaftliche Bibellexikon im Internet* (www.wibilex.de) (11/11/2015).

Pfeiffer, Henrik (2006b). Paradies/Paradieserzählung. *Das wissenschaftliche Bibellexikon im Internet* (www.wibilex.de) (11/11/2015).

Piaget, Jean (1992/1926). *Das Weltbild des Kindes.* Munich: Deutscher Taschenbuch Verlag (*The Child's Conception of the World.* London: Routledge, 1929).

Pinker, Steven (2011). *The Better Angels of Our Nature: Why Violence Has Declined.* New York: Penguin. 〔국역본:《우리 본성의 선한 천사》, 김명남 옮김, 사이언스북스, 2014년.〕

Plaut, W. Gunther (Ed.) (2000/1981). *Die Tora in jüdischer Auslegung.* Vol. 2: Schemot/Exodus. Gütersloh: Gütersloher Verlagshaus.

Popper, Karl (2014/1963). *Conjectures and Refutations: The Growth of Scientific Knowledge.* London: Routledge. 〔국역본:《추측과 논박》, 이한구 옮김, 민음사, 2001년.〕

Posener, Alan (2007/1999). *Maria.* Reinbek: Rowohlt.

Poser, Ruth (2012). *Das Ezechielbuch als Trauma-Literatur.* Leiden: Brill.

Räisänen, Heikki (2012). Jesus and Hell. In: Tom Holmén (Ed.). *Jesus in Continuum.* Tübingen: Mohr Siebeck. 355–385.

Ranke-Graves, Robert & Patai, Raphael (1986). *Hebräische Mythologie. Über die Schöpfungsgeschichte und andere Mythen aus dem Alten Testament.* Reinbek: Rowohlt.

Ratzinger, Joseph-Benedikt XVI (2007). *Jesus von Nazareth*. Vol. 1. Freiburg im
Breisgau: Herder (*Jesus of Nazareth: From the Baptism in the Jordan to the Transfiguration*.
New York: Doubleday, 2007).

Richerson, Peter J. & Boyd, Robert (2005). *Not by Genes Alone: How Culture
Transformed Human Evolution*. Chicago: University of Chicago Press.
〔국역본:《유전자만이 아니다: 문화는 어떻게 인간 진화의 경로를
바꾸었는가》, 김준홍 옮김, 이음, 2009년.〕

Richerson, Peter J. & Christiansen, Morton H. (2013). *Cultural Evolution: Society,
Technology, Language, and Religion*. Cambridge, MA: MIT Press.

Riede, Peter (2014). Jenseitsvorstellungen. *Das wissenschaftliche Bibellexikon im
Internet* (www.wibilex.de) (11/11/2015).

Rilke, Rainer Maria (1955). *Sämtliche Werke*. Vol. 1. Wiesbaden: Insel.

Robarchek, Clayton (1990). Motivations and Material Causes: On the
Explanation of Conflict and War. In: Jonathan Haas (Ed.). *The Anthropology
of War*. Cambridge, MA: Cambridge University Press. 56-76.

Roloff, Jürgen (2007/2000). *Jesus*. Munich: C. H. Beck.

Rose, Jeffrey I. (2010). New Light on Human Prehistory in the Arabo-Persian
Gulf Oasis. *Current Anthropology* 51. 849-883.

Rosenthal, Carolyn J. (1985). Kinkeeping in the Familial Division of Labor.
Journal of Marriage and the Family. 965-974.

Rosenzweig, Phil (2007). *The Halo Effect... and the Eight Other Business Delusions
That Deceive Managers*. New York: Free Press.

Rousseau, Jean-Jacques (1981). *Schriften*. Vol. 1. Berlin: Ullstein.

Rozin, Paul, Haidt, Jonathan & McCauley, Clark (2008). Disgust. In: Michael
Lewis, Jeanette M. Haviland-Jones & Lisa Feldman Barrett (Eds.). *Handbook
of Emotions*. 3rd ed. New York: Guilford Press. 757-776.

Ruppert, Lothar (2003). *Genesis. Ein kritischer und theologischer Kommentar. 1.
Teilband: Gen 1,1-11,28*. Würzburg: Echter.

Sagan, Carl (2013/1980). *Cosmos*. New York: Random House.
〔국역본:《코스모스》, 홍승수 옮김, 사이언스북스, 2006년.〕

Sand, Shlomo (2014/2008). *Die Erfindung des jüdischen Volkes. Israels Gründungsmythos
auf dem Prüfstand*. Berlin: List (*The Invention of the Jewish People*. London: Verso,

2009).

Satlow, Michael L. (2014). *How the Bible Became Holy*. New Haven, CT: Yale University Press.

Schäfer, Daniel (2004). *Alter und Krankheit in der Frühen Neuzeit. Der ärztliche Blick auf die letzte Lebensphase*. Frankfurt: Campus.

Schaller, Mark (2011). The Behavioural Immune System and the Psychology of Human Sociality. *Philosophical Transactions of the Royal Society B*. 366. 3418–3426.

Schaller, Mark (2014). When and How Disgust Is and Is Not Implicated in the Behavioral Immune System. *Evolutionary Behavioral Sciences* 8. 251–256.

Schaller, Mark, Murray, Damian R. & Bangerter, Adrian (2015). Implications of the Behavioural Immune System for Social Behaviour and Human Health in the Modern World. *Philosophical Transactions of the Royal Society B* 370. 2014.0105.

Schart, Aaron (2014). Prophetie AT. *Das wissenschaftliche Bibellexikon im Internet* (www.wibilex.de) (11/11/2015).

Schaudig, Hanspeter (2012). Erklärungsmuster von Katastrophen im Alten Orient. In: Angelika Berlejung (Ed.). *Disaster and Relief Management. Katastrophen und ihre Bewältigung*. Tübingen: Mohr Siebeck.

Schieder, Rolf (Ed.) (2014). *Die Gewalt des einen Gottes: Die Monotheismusdebatte zwischen Jan Assmann, Mischa Brumlik, Rolf Schieder, Peter Sloterdijk und anderen*. Darmstadt: Wissenschaftliche Buchgesellschaft.

Schlögl, Hermann Alexander (2006). *Das alte Ägypten: Geschichte und Kultur von der Frühzeit bis zu Kleopatra*. Munich C. H. Beck.

Schmid, Konrad (2003). Differenzierungen und Konzeptualisierungen der Einheit Gottes in der Religions- und Literaturgeschichte Israels. In: Manfred Oeming & Konrad Schmid (Eds.). *Der eine Gott und die Götter. Polytheismus und Monotheismus im antiken Israel*. Zurich: Theologischer Verlag. 11–38.

Schmid, Konrad (2010a). Hintere Propheten (Nebiim). In: Jan Christian Gertz (Ed.). *Grundinformation Altes Testament*. Götingen: Vandenhoeck & Ruprecht. 313–412.

Schmid, Konrad (2010b). *Hiob als biblisches und antikes Buch. Historische und* intellektuelle Kontexte seiner Theologie. Stuttgart: Verlag Katholisches Bibelwerk.

Schmid, Konrad (2012a). *The Old Testament: A Literary History*. Minneapolis, MN: Fortress Press.

Schmid, Konrad (2012b). Editorial. *Hebrew Bible and Ancient Israel* 1. 5-6.

Schmidt-Salomon, Michael (2012). *Jenseits von Gut und Böse. Warum wir ohne Moral die besseren Menschen sind*. Munich: Piper.

Schmitt, Rüdiger (2004). *Magie im alten Testament*. Münster: Ugarit-Verlag.

Schmitt, Rüdiger (2006). Hausgott/Terafim. *Das wissenschaftliche Bibellexikon im Internet* (www.wibilex.de) (11/11/2015).

Schmitt, Rüdiger (2011). *Der "Heilige Krieg" im Pentateuch und im deuteronomistischen Geschichtswerk. Studien zur Forschungs-, Rezeptions- und Religionsgeschichte von Krieg und Bann im Alten Testament*. Münster: Ugarit-Verlag.

Schmitz, Barbara (2011). *Geschichte Israels*. Paderborn: Schöningh.

Schnabel, Ulrich (2008). *Die Vermessung des Glaubens. Forscher ergründen, wie der Glaube entsteht und warum er Berge versetzt*. Munich: Blessing.

Schreiner, Klaus (1994). *Maria. Jungfrau, Mutter, Herrscherin*. Munich: Hanser.

Schreiner, Klaus (2003). *Maria. Leben, Legenden, Symbole*. Munich: C. H. Beck.

Schroer, Silvia (2006). Idole- die faszinierende Vielfalt der Frauen- und Göttinnenfigürchen. In: Othmar Keel & Silvia Schroer. *Eva Mutter alles Lebendigen. Frauen- und Göttinnenidole aus dem Alten Orient*. Freiburg: Academic Press. 8-25.

Schulze, Gerhard (2008). *Die Sünde. Das schöne Leben und seine Feinde*. Frankfurt am Main: Fischer.

Schwienhorst-Schönberger, Ludger (2012). Das Buch Ijob. In: Erich Zenger & Christian Frevel (Eds.). *Einleitung in das Alte Testament*. Stuttgart: Kohlhammer. 414-427.

Shennan, Stephen, Downey, Sean S., Timpson, Adrian, Edinborough, Kevan, Colledge, Sue, Kerig, Tim, Manning, Katie & Thomas, Mark G. (2014). Regional Population Collapse Followed Initial Agriculture Booms in Mid-Holocene Europe. *Nature Communications* 4. 3486.

Sibley, Chris G. & Bulbulia, Joseph (2013). Faith After an Earthquake: A Longitudinal Study of Religion and Perceived Health Before and After the

2011 Christchurch New Zealand Earthquake. *Public Library of Science* (*PLOS*) *ONE* 12. 49648.

Singh, Simon (2008/2004). *Big Bang. Der Ursprung des Kosmos und die Erfindung der modernen Naturwissenschaft.* Munich: Deutscher Taschenbuch Verlag (*Big Bang: The Origin of the Universe.* London: Four Estate, 2004). 〔국역본:《우주의 기원 빅뱅》, 곽영직 옮김, 영림카디널, 2015년.〕

Skiena, Steven S. & Ward, Charles B. (2014). *Who's Bigger? Where Historical Figures Really Rank.* Cambridge: Cambridge University Press.

Slingerland, Edward, Henrich, Joseph & Norenzayan, Ara (2013). The Evolution of Prosocial Religions. In: Peter J. Richerson & Morton H. Christiansen (Eds.). *Cultural Evolution: Society, Technology, Language, and Religion.* Cambridge, MA: MIT Press. 335-348.

Slone, D. Jason (2005). *Theological Incorrectness: Why Religious People Believe What They Shouldn't.* New York: Oxford University Press.

Smith, David Livingstone (2011). *Less Than Human: Why We Demean, Enslave, and Exterminate Others.* New York: St. Martin's Press.

Smith, Michael E., Ur, Jason & Feinman, Gary M. (2014). Jane Jacobs' "Cities First" Model and Archaeological Reality. *International Journal of Urban and Regional Research* 38. 1525-1535.

Sonnabend, Holger (1999). *Naturkatastrophen in der Antike. Wahrnehmung-Deutung-Management.* Stuttgart: J. B. Metzler.

Sosis, Richard & Bressler, Eric R. (2003). Cooperation and Commune Longevity: A Test of the Costly Signaling Theory of Religion. *Cross-Cultural Research* 37. 211-239.

Stark, Rodney (2001). Gods, Rituals, and the Moral Order. *Journal for the Scientific Study of Religion* 40. 619-636.

Staubli, Thomas (2001). Tiere als Teil menschlicher Nahrung in der Bibel und im Alten Orient. In: Othmar Keel & Thomas Staubli (Eds.). *Im Schatten Deiner Flügel. Tiere in der Bibel und im Alten Orient.* Freiburg: Universitätsverlag Freiburg Schweiz.

Staubli, Thomas (2010/1997). *Begleiter durch das Erste Testament.* Ostfildern: Patmos.

Staubli, Thomas & Schroer, Silvia (2014). *Menschenbilder der Bibel*.
Ostfildern: Patmos.

Stavrakopoulou, Francesca (2013/2010). "Popular" Religion and "Official"
Religion: Practice, Perception, Portrayal. In: Francesca Stavrakopoulou &
John Barton (Eds.). *Religious Diversity in Ancient Israel and Judah*.
London: Bloomsbury. 37–58.

Stavrakopoulou, Francesca & Barton, John (Eds.) (2013/2010). *Religious Diversity
in Ancient Israel and Judah*. London: Bloomsbury.

Steadman, Lyle B., Palmer, Craig T. & Tilley, Christopher F. (1996).
The Universality of Ancestor Worship. *Ethnology* 35. 63–76.

Steinberg, Ted (2006/2005). *Acts of God: The Unnatural History of Natural Disaster in
America*. New York: Oxford University Press.

Stern, Menahem (2005/1976). Die Zeit des Zweiten Tempels. In: Haim-
Hillel Ben-Sasson (Ed.). *Geschichte des Jüdischen Volkes. Von den Anfängen bis
zur Gegenwart*. 5th Edit. Munich: C. H. Beck (*A History of the Jewish People*.
Cambridge, MA: Harvard University Press, 1976).

Steymans, Hans Ulrich (2010). Gilgameš und Genesis 1–9. *Biblische Zeitschrift* 54.
201–228.

Steymans, Hans Ulrich & Staubli, Thomas (Eds.) (2012). *Von den Schriften zur
(Heiligen) Schrift. Keilschrift, Hieroglyphen, Alphabete und Tora*.
Freiburg: Bibel+Orient Museum.

Strassmann, Beverly I., Kurapati, Nikhil T., Hug, Brendan F., Burke, Erin E.,
Gillespie, Brenda W., Karafet, Tatiana M. & Hammer, Michael F. (2012).
Religion as a Means to Assure Paternity. *Proceedings of the National Academy of
Sciences of the United States of America* (*P.NAS*) 109. 9781–9785.

*Stuttgarter Erklärungsbibel mit Apokryphen. Die Heilige Schrift nach der Übersetzung Martin
Luthers* (2007). Stuttgart: Deutsche Bibelgesellschaft.

Taleb, Nassim Nicholas (2013/2007). *Der Schwarze Schwan. Die Macht höchst
unwahrscheinlicher Ereignisse*. Munich: Deutscher Taschenbuch Verlag (*The Black
Swan: The Impact of the Highly Improbable*. New York: Random House, 2007).
〔국역본:《블랙스완》, 차익종 옮김, 동녘사이언스, 2008년.〕

Teehan, John (2010). *In the Name of God: The Evolutionary Origins of Religious Ethics and Violence*. Malden, MA: Wiley-Blackwell.

Theissen, Gerd & Merz, Annette (2011/1996). *Der historische Jesus. Ein Lehrbuch.*
4th Edit. Götingen: Vandenhoeck & Ruprecht (*Historical Jesus: A Comprehensive
Guide*. Minneapolis, MN: Fortress Press, 1998).

Thornhill, Randy & Fincher, Corey L. (2014). *The Parasite-Stress Theory of Values
and Sociality: Infectious Disease, History and Human Values Worldwide.*
Cham: Springer.

Tilly, Michael & Zwickel, Wolfgang (2011). *Religionsgeschichte Israels. Von der
Vorzeit bis zu den Anfängen des Christentums.* Darmstadt: Wissenschaftliche
Buchgesellschaft.

Tooby, John & Cosmides, Leda (1992). Cognitive Adaptations for Social
Exchange. In: Jerome Barkow, Leda Cosmides, and J. Tooby (Eds.).
The Adapted Mind: Evolutionary Psychology and the Generation of Culture.
New York: Oxford University Press. 163-228.

Trimondi, Victor & Trimondi, Victoria (2006). *Krieg der Religionen. Politik, Glaube
und Terror im Zeichen der Apokalypse.* Munich: Wilhelm Fink Verlag.

Trivers, Robert (2011). *Deceit and Self-Deception: Fooling Yourself the Better to Fool
Others.* New York: Penguin.

Turchin, Peter (2007). *War and Peace and War: The Rise and Fall of Empires.*
New York: Plume. 〔국역본: 《제국의 탄생: 제국은 어떻게 태어나고 지배하며
몰락하는가》, 윤길순 옮김, 웅진지식하우스, 2011년.〕

Tylor, Edward B. (1871). *Primitive Culture: Researches into the Early History of
Mankind and the Development of Civilization.* 2 vols. London: John Murray.

van der Toorn, Karel (1996). *Family Religion in Babylonia, Syria and Israel:
Continuity and Change in the Forms of Religious Life.* Leiden: Brill.

van Schaik, Carel (2004). *Among Orangutans. Red Apes and the Rise of Human
Culture.* Cambridge, MA: The Belknap Press of Harvard University Press.

van Schaik, Carel (2016). *The Primate Origins of Human Nature.* Hoboken,
NJ: Wiley-Blackwell.

van Schaik, Carel, Ancrenaz, Marc, Borgen, Gwendolyn, Galdikas, Birute,
Knott, Cheryl D., Singleton, Ian, Suzuki, Akira, Utami, Sri Suci &
Merrill, Michelle (2003). Orangutan Cultures and the Evolution of Material

Culture. *Science* 299. 102-105.

Vanderjagt, Arjo & van Berkel, Klaas (Eds.) (2005). *The Book of Nature in Antiquity and the Middle Ages*. Leuven: Peeters.

Veit, Christoph (2013). *Krieg und Medizin. if-Zeitschrift für innere Führung* (www.if-zeitschrift.de) (11/11/2015).

Veyne, Paul (2008). *Die griechisch-römische Religion. Kult, Frömmigkeit und Moral*. Stuttgart: Reclam.

Veyne, Paul (2011/2008). *Als unsere Welt christlich wurde. Aufstieg einer Sekte zur Weltmacht*. Munich: C. H. Beck (*When Our World Became Christian: 312-394*. Malden, MA: Polity, 2010).

Voland, Eckart (2007). *Die Natur des Menschen. Grundkurs Soziobiologie*. Munich: C. H. Beck.

von Stosch, Klaus (2013). *Theodizee*. Paderborn: Schöningh.

Wälchli, Stefan (2014). Zorn AT. *Das wissenschaftliche Bibellexikon im Internet* (www.wibilex.de) (11/11/2015).

Walter, François (2010). *Katastrophen. Eine Kulturgeschichte vom 16. bis ins 21. Jahrhundert*. Stuttgart: Reclam.

Weber, Max (1980/1921). Wirtschaft und Gesellschaft. 5th Edit. Tübingen: Mohr Siebeck (*Economy and Society: An Outline of Interpretive Sociology*. Berkeley, CA: University of California Press, 1978). 〔국역본:《경제와 사회 1》, 박성환 옮김, 문학과지성사, 2003년.〕

Weber, Max (1988/1920). *Gesammelte Aufsätze zur Religionssoziologie III*. 8th Edit. Tübingen: Mohr Siebeck.

Weber, Max (1995/1919). *Wissenschaft als Beruf*. Stuttgart: Reclam. 〔국역본:《직업으로서의 학문》, 전성우 옮김, 나남, 2006년.〕

Wells, Jonathan C. K., DeSilva, Jeremy M. & Stock, Jay T. (2012). The Obstetric Dilemma: An Ancient Game of Russian Roulette, or a Variable Dilemma Sensitive to Ecology? *Yearbook of Physical Anthropology* 55. 40-71.

Wesel, Uwe (1997). *Geschichte des Rechts. Von den Frühformen bis zum Vertrag von Maastricht*. Munich: C. H. Beck.

Whitehouse, Harvey (2004). *Modes of Religiosity: A Cognitive Theory of Religious Transmission*. Walnut Creek, CA: AltaMira Press.

Wiessner, Polly (2006). From Spears to M-16s: Testing the Imbalance of Power Hypothesis Among the Enga. *Journal of Anthropological Research* 62. 165-191.

Willmes, Bernd (2008). Sündenfall. *Das wissenschaftliche Bibellexikon im Internet* (www.wibilex.de) (11/11/2015).

Wilson, Michael L., Boesch, Christophe, Fruth, Barbara, Furuichi, Takeshi, Gilby, Ian C., Hashimoto, Chie, Hobaiter, Catherine L., Hohmann, Gottfried, Itoh, Noriko, Koops, Kathelijne, Lloyd, Julia N., Matsuzawa, Tetsuro, Mitani, John C., Mjungu, Deus C., Morgan, David, Muller, Martin N., Mundry, Roger, Nakamura, Michio, Pruetz, Jill, Pusey, Anne E., Riedel, Julia, Sanz, Crickette, Schel, Anne M., Simmons, Nicole, Waller, Michel, Watts, David P., White, Frances, Wittig, Roman M., Zuberbühler, Klaus, & Wrangham, Richard W. (2014). Lethal Aggression in *Pan* Is Better Explained by Adaptive Strategies Than Human Impacts. *Nature* 513. 414-417.

Winter, Urs (2002). Der Lebensbaum im Alten Testament und die Ikonographie des stilisierten Baumes in Kanaan/Israel. In: Ute Neumann-Gorsolke & Peter Riede (Eds.). *Das Kleid der Erde. Pflanzen in der Lebenswelt des Alten Israel*. Stuttgart: Calwer Verlag. 138-162.

Witte, Markus (2010). Schriften (Ketubim). In: Jan Christian Gertz. *Grundinformation Altes Testament*. Götingen: Vandenhoeck & Ruprecht. 413-534.

Wolff, Hans Walter (1987). *Studien zur Prophetie-Probleme und Erträge*. Munich: Ch. Kaiser Verlag.

Wolff, Hans Walter (2010). *Anthropologie des Alten Testaments*. Gütersloh: Gütersloher Verlagshaus. 〔국역본: 《구약성서의 인간학》, 문희석 옮김, 분도출판사, 1976년.〕

Wright, David P. (2009). *Inventing God's Law: How the Covenant Code of the Bible Used and Revised the Laws of Hammurabi*. Oxford: Oxford University Press.

Wright, Robert (2009). *The Evolution of God*. New York: Little, Brown and Company. 〔국역본: 《신의 진화》, 허수진 옮김, 동녘사이언스, 2010년.〕

Zehnder, Markus (2008). Homosexualität (AT). *Das wissenschaftliche Bibellexikon im Internet* (www.wibilex.de) (11/11/2015).

Zenger, Erich & Frevel, Christian (Eds.). (2012/1995). *Einleitung in das Alte Testament*. 8th Edit. Stuttgart: Kohlhammer.

Zevit, Ziony (2013). *What Really Happened in the Garden of Eden?* New Haven, CT: Yale University Press.

Zimbardo, Philip (2007). *The Lucifer Effect: Understanding How Good People Turn Evil*. New York: Random House. 〔국역본:《루시퍼 이펙트: 무엇이 선량한 사람을 악하게 만드는가》, 임지원·이충호 옮김, 웅진지식하우스, 2007년.〕

Zimmermann, Christiane (2010). Vater (NT). *Das wissenschaftliche Bibellexikon im Internet* (www.wibilex.de) (11/11/2015).

Zimmermann, Ulrich (2012). Beschneidung (AT). *Das wissenschaftliche Bibellexikon im Internet* (www.wibilex.de) (11/11/2015).

Zingsem, Vera (2009). *Lilith. Adams erste Frau*. Stuttgart: Reclam.

지은이 카럴 판스하이크_Carel van Schaik_

행동생물학자이자 진화생물학자. 프린스턴 대학교에서 연구자로, 1989년에서 2004년까지 듀크 대학교에서 생물인류학 교수로 재직했다. 현재 취리히 대학교 생물인류학 교수이며 인류학 연구소 및 박물관Anthropological Institute and Museum 관장이기도 하다. 네덜란드 위트레흐트 대학교에서 생물학을 전공했으며 이후 약 30년 동안 열대우림에 서식하는 영장류, 그중에서도 특히 오랑우탄을 집중적으로 연구했다.

지은이 카이 미헬_Kai Michel_

역사가이자 문학연구가, 과학 저널리스트. 저명한 독일 잡지에 과학, 고고학, 역사, 종교 등 광범위한 분야에 관련된 글을 기고해왔다. 〈디 차이트Die Zeit〉, 〈팩트Facts〉, 〈디 벨트보헤Die Weltwoche〉의 편집자 또는 부서장을 역임했고 〈프랑크푸르터 알게마이네 차이퉁Frankfurter Allgemeine Zeitung〉에서 논픽션 서적 검토자로도 활동했다.

옮긴이 추선영

전문 번역가. 역서로 《심층적응》, 《누가 지구를 망치는가》, 《파타고니아 이야기》, 《멸종》, 《두 얼굴의 백신》, 《천재에 대하여》, 《퓰리처》, 《여름전쟁》, 《세상을 뒤집는 의사들》, 《감시 사회, 안전장치인가, 통제 도구인가?》, 《에코의 함정》, 《이슬람에서 여자로 산다는 것》(《이단자》의 개정판), 《녹색 성장의 유혹》, 《싸구려 모텔에서 미국을 만나다》 등이 있다.

신은 성서를 쓰지 않았다

초판 1쇄 발행일 2023년 1월 2일
초판 2쇄 발행일 2023년 3월 15일

지은이 카럴 판스하이크 · 카이 미헬
옮긴이 추선영

발행인 윤호권
사업총괄 정유한

편집 최안나 **디자인** 서윤하 **마케팅** 윤아림
발행처 ㈜시공사 **주소** 서울시 성동구 상원1길 22, 6-8층(우편번호 04779)
대표전화 02-3486-6877 **팩스(주문)** 02-585-1755
홈페이지 www.sigongsa.com / www.sigongjunior.com

글 ⓒ 카럴 판스하이크 · 카이 미헬, 2023

ISBN 979-11-6925-448-9 03200

*시공사는 시공간을 넘는 무한한 콘텐츠 세상을 만듭니다.
*시공사는 더 나은 내일을 함께 만들 여러분의 소중한 의견을 기다립니다.
*잘못 만들어진 책은 구입하신 곳에서 바꾸어 드립니다.